Rebecca Cutter
Wenn Gegensätze sich anziehen

Rebecca Cutter

Wenn Gegensätze sich anziehen

Chaoten und Pedanten in einer glücklichen Beziehung

Aus dem Amerikanischen
von Bettina Münch

Wolfgang Krüger Verlag

2. Auflage: 9.-10. Tausend
Die amerikanische Originalausgabe erschien 1994
unter dem Titel »When Opposites Attract«
im Verlag Dutton / Penguin Books, New York

Gesamtherstellung: Wagner GmbH, Nördlingen
Printed in Germany 1996
ISBN 3-8105-0352-5

Gedruckt auf chlor- und säurefreiem Papier

Inhalt

Für Rick
der mich lehrte, Bindungen einzugehen
Für Sarah Dustin und Anna Nicole
Zwei der besten Entscheidungen,
die ich je getroffen habe

Danksagungen

Die Geburt eines Buches bedarf vieler Hebammen; sie ist kein Werk eines einzelnen. Denjenigen, die geholfen haben, dieses Werk zur Welt zu bringen, gehört mein besonderer Dank.
Zum Zeitpunkt der Konzeption waren es nur wenige, die mir, anhand meiner nur spärlich verteilten Informationen, unter die Arme greifen konnten. Unter ihnen waren: meine Agentin Rhoda Weyr, die bereits vor sich »sah«, was ich mir kaum vorstellen konnte, und deren Erfahrung mich auf dem richtigen Weg hielt; Dr. Miriam Polster, die mir zeigte, daß die Lebensmitte gleichzeitig auch ein Anfang sein kann; Susan Challen, die als erste in den Genuß meiner Art kam, Worte zu Papier zu bringen; Nora Clarck, deren Enthusiasmus bei unseren Ferngesprächen die Leitungen zum Klingen brachte; und Dr. Ellen Rose Lavin mit ihren zeitlich perfekt passenden Einladungen zum Tee und den anregenden Notizen, die sie mir auf meinem Computer hinterließ.
Während das Projekt wuchs, erhielt ich Unterstützung durch mehrere hinzugekommene Paare, die für hervorragendes Essen und gute Gesellschaft sorgten und mir vor allem ihre eigenen Beziehungsgeschichten anvertrauten. Danke: Pat und Mike Goldhamer; Dough Braun und Al Killen; Sara Rosenthal und Julie Prazich; Eve Boyer und Russ Hamm; John Davis und Janet Bowermaster; Mary Ann Petino und John Curtis; Tom und Carolyn Owen-Towle; Dr. Dorothy Johnson und Donald Johnson und meine göttlichen Schwiegereltern.
Die Endphase des Entstehungsprozesses dieses Buches

brachte mir die größte Herausforderung – und die Bekanntschaft mit meiner Lektorin Carole DeSanti. Sie ließ alles so mühelos wirken, während sie mich meisterhaft durch die letzten Manuskriptbearbeitungen schleuste, Veränderungen vorschlug und gleichzeitig sensibel genug war, zu verstehen, daß dies *mein* Baby war, das ich wunderbar fand, so wie es war.

Selbstverständlich hätte dieses Buch nie entstehen können ohne den Mut meiner Patienten, die bereit waren, mir ihre Beziehungen zu offenbaren, in der Hoffnung, die daraus gewonnenen Erkenntnisse würden anderen helfen können.

Und schließlich möchte ich noch einige Worte über den »Vater« dieses Buches verlieren, meinen Mann Rick Johnson. Er hatte vom ersten Tag an Vertrauen in mich und in dieses Projekt. Er glaubte daran, lange bevor ich es tat, und war entschlossen, es Wirklichkeit werden zu lassen. Tag und Nacht war er in »Rufbereitschaft«, um mir bei einer Reihe von Schwierigkeiten mit meinem Computer aus der Patsche zu helfen. Unbeirrbar las er jedes Wort und lieferte als »Linkshirndenker« wertvolle Beiträge zu meinen Bemühungen, eine möglichst ausgewogene Perspektive zu bieten. Vor allen Dingen aber lehrte er mich, daß all unser Tun von Liebe bestimmt wird, so wie es auch in den folgenden Worten zum Ausdruck kommt, die von unserer Jahre zurückliegenden Hochzeitsfeier stammen: »Ihr habt euch entschlossen, euch in Liebe zusammenzutun, ohne euch selbst aufzugeben. Ihr habt euch entschlossen, weder den anderen zu übertrumpfen noch von ihm übertrumpft zu werden, sondern würdevoll Seite an Seite zu leben.«*

* Tom Owen-Towle.

Einleitung

Beziehungen haben mich schon immer neugierig gemacht. Fasziniert von ihrer Komplexität und erschüttert von ihrer Einfachheit fragte ich mich: Wie kommt es, daß manche Paare so gut zusammenpassen, während andere in permanentem Aufruhr leben? Was macht die eine Beziehung so einfach und die andere so anstrengend? Warum fühlen sich manche Partner unentwegt miteinander verbunden, während andere dieses Gefühl nur selten teilen?
Der Antrieb, dieses Buch zu schreiben, entspringt sowohl meinen persönlichen als auch meinen beruflichen Erfahrungen. Auch ich habe in meiner Ehe all die positiven und negativen Seiten einer Beziehung zwischen zwei Menschen kennengelernt, die sich auf sehr unterschiedliche Weise verhalten, denken und kommunizieren.
Die Frustration war mitunter riesengroß. Im ersten Jahr unserer Ehe führten unsere ungleichen Bedürfnisse und Lebensweisen zu täglichen Auseinandersetzungen. Und oft genug schien meinem Mann und mir eine »Auflösung« wahrscheinlicher als eine Lösung. Trotzdem bewies sich unser Engagement und der Wille, es zu schaffen, als treibende Kraft, die uns immer wieder in den »Schneideraum« brachte, wo wir den Streit wie einen Film langsam rückwärtslaufen ließen und uns unser Verhalten Bild für Bild ansahen. Zu Anfang taten wir das, um festzustellen, wer recht hatte. Im Laufe der Jahre jedoch diente uns diese Rückschau nicht mehr nur dazu, zu erkennen, was falsch gelaufen war, sondern auch um herauszufinden, wie wir wieder aufs richtige Gleis gelangen und dort bleiben konnten.

Als wir mit unseren Meinungsverschiedenheiten besser umzugehen lernten, stellten wir fest, daß für jeden von uns ein völlig anderer Film abgelaufen war! Ich hatte keine Ahnung, wovon mein Mann eigentlich sprach, konnte mir nicht vorstellen, wie er zu seinen Schlüssen gekommen war und war verwirrt über seine Sichtweise meiner Rolle in dem Streit. Ihm ging es genauso. So gelangten wir schließlich von der Annahme, daß einer von uns verrückt sei, zu der Möglichkeit, es könnte eventuell zwei Verrückte geben.

Die offensichtlichste Erkenntnis war die traditionelle: Männer und Frauen sind sehr verschieden. Damit war ich eine Zeitlang zufrieden, bis mir auffiel, daß viele Paare in der Psychotherapie die gleichen Klagen äußerten, diese jedoch häufig nicht mit der Geschlechterverteilung übereinstimmten. Bei manchen Paaren wurden die Klagen, die ich zu Hause führte, vom Mann geäußert, während die Position meines Mannes eher der mancher Frau entsprach. Das gleiche Schema zeigte sich auch bei Paaren mit gleichgeschlechtlichen Partnern. Das Geschlecht schien also nicht der verantwortliche Faktor zu sein.

Zur gleichen Zeit fiel mir ein kleines Buch in die Hände, das sich mit Paarstrukturen in der High-Tech-Welt des Silicon Valley beschäftigte. Und obwohl es nicht alle meine Fragen beantwortete, erfuhr ich zum ersten Mal von der Differenzierung zwischen »rechtem« und »linkem« Gehirn. Damit war der Grundstein für weitere Beobachtungen gelegt.

Paare finden, trennen und versöhnen sich wieder aus einer Vielzahl von Gründen. Sie wissen um diverse Faktoren, die sie zueinander hinziehen und gleichzeitig ihre Mißverständnisse schüren. Sie suchen nach Gründen für ihre Schwierigkeiten. Der enorme Einfluß der traditionellen Sozialisation kann Partner leicht zu dem Schluß führen, daß »Männer/Frauen einfach so sind«, und sie fangen an, das andere Geschlecht für den »Feind« zu halten.

Mit diesem Buch möchte ich Sie einladen, über eine andere,

nicht geschlechtsbezogene Perspektive nachzudenken, die es Menschen beiderlei Geschlechts ermöglicht, sich mit individuellen Verhaltensmustern auseinanderzusetzen und gleichzeitig Hilfestellung beim Aufbau von hetero- oder homosexuellen Beziehungen bietet.
Grundlage dieser Perspektive ist die Feststellung, daß Menschen (in unterschiedlichem Maße) dominante Eigenschaften besitzen, die ihren Ursprung entweder in der rechten oder linken Hemisphäre unseres Gehirns haben und die die Art und Weise, in der sich die Menschen mit dem eigenen Ich, aber auch mit anderen Personen auseinandersetzen, kommunizieren, Probleme lösen und sogar lieben, bestimmen.
Wenn aus einem rechts-dominanten und einem links-dominanten Menschen ein Paar wird, ist dies ein Zusammentreffen von »Gegensätzen«, und damit wären wir beim Kernpunkt dieses Buches. Die »Gegensatzpaare« können männlich / weiblich, männlich / männlich oder weiblich / weiblich sein. Viele solcher Paare berichten von einem hohen Grad an Frustration und einem niedrigen Grad an Befriedigung bei ihrem Versuch, »kompatibel« zu werden.
Noch schmerzhafter wird es, wenn die »Gegensatzpartner« feststellen, daß sie sich nicht einmal darauf einigen können, was sie unter »kompatibel« verstehen. Für den einen mag dies mehr Nähe, mehr Intimität und größtmögliche Übereinstimmung bedeuten (*Seelen*verwandte), für den anderen bietet die ideale Beziehung einen größeren individuellen Freiraum, geistige Freiheit und die Fähigkeit zur Problemlösung (*Team*kameraden). »Gegensatzpartner« investieren viel Zeit und Kraft in ihre Bemühungen, »kompatibel« zu werden, merken dabei aber nicht, daß ihr Konflikt auf der Tatsache beruht, daß sie völlig verschiedene, wenn auch *gleichwertige* Vorstellungen von Veränderung haben.
Die zunehmende Tendenz, menschliche Probleme ganzheitlich zu betrachten, verstärkt das Verlangen danach, unser

Leben ins Gleichgewicht zu bringen. In diesem Sinne stelle ich mir ein Beziehungsmodell vor, das die genannten Unterschiede nicht als Verständnisblockaden betrachtet, sondern als unterschiedliche Wege zur Erfüllung gemeinsamer Grundbedürfnisse.
Zur Zeit sind eine ganze Reihe bekannter Ratgeber auf dem Markt, die sich unter rein geschlechtsspezifischen Gesichtspunkten mit Beziehungsproblemen auseinandersetzen. Obwohl das Geschlecht sicherlich eine Rolle spielt, ist es doch nicht der *einzige* Faktor. Millionen von Männern und Frauen widersprechen den stereotypen Rollenbildern und wissen mit diesen Büchern nichts anzufangen.
Es gibt Männer mit Eigenschaften, die eigentlich mit weiblicher Sozialisation verbunden werden, ebenso wie es Frauen gibt, die nicht zu Denkweisen oder Methoden der Problemlösung und Kommunikation neigen, die man gemeinhin mit »weiblich« assoziiert. Und was ist mit gleichgeschlechtlichen Partnerschaften? Wo können diese Männer und Frauen Orientierungshilfen finden bei ihrem Versuch, glückliche und dauerhafte Beziehungen aufzubauen? Sicherlich nicht in Büchern mit Titeln wie *Warum Männer*... oder *Warum Frauen*...
Geschlechterrollen (Gender) sind ein soziales Konstrukt, kulturell bestimmte Vorstellungen von »Männlichkeit« und »Weiblichkeit«, die es in der Natur nicht gibt. Unsere Kultur schafft künstliche Unterschiede in den Erwartungen an Männer und Frauen. Problematisch daran ist, daß wir, während wir heranwachsen, die Widersprüchlichkeit dieser »Richtlinien« nicht wahrnehmen. Wir lernen sie als »gegeben« zu akzeptieren und stellen sie in unserem späteren Leben nie in Frage. Diese künstlichen Definitionen legen nicht nur den Grundstein für spätere Mißverständnisse zwischen den Geschlechtern, sondern beeinträchtigen auch unsere Gefühle gegenüber dem eigenen Geschlecht. Für den Aufbau einer erfüllten Partnerschaft ist es unbedingt

notwendig, sich von diesen Rollenbildern freizumachen; schließlich wird es auch niemals zwei Personen des gleichen Geschlechts geben, die sich in der gleichen Situation völlig identisch verhalten. Das zu erwarten, wäre zutiefst sexistisch.

Als Therapeutin, die sich mit Geschlechterbeziehungen beschäftigt, halte ich geschlechtsspezifische Rollenzuschreibungen für einen wesentlichen Faktor bei der Entstehung von Streß, chronischer persönlicher Unzufriedenheit, mangelndem Selbstwertgefühl, Drogenabhängigkeit, Eßstörungen, Depressionen und Beziehungsproblemen sowohl bei Männern als auch bei Frauen.

Wenn wir versuchen, unser Leben innerhalb dieser starren Rahmenvorgaben zu leben, erfahren wir diese als einengend, hemmend und bedrohlich. Männer und Frauen, die sich von solchen Erwartungen freimachen und sich anderen Möglichkeiten zuwenden, berichten dagegen von einem gestärkten Selbstbewußtsein, größerer Freiheit, sich auszuleben, und einem positiveren Lebensgefühl.

Gegen den Strom zu schwimmen, ist ein schwieriges Unterfangen. Viele geben auf, weil sie es vorziehen, den Erwartungen anderer, in bezug darauf was »weiblich« oder »männlich« ist, zu entsprechen und im Laufe der Zeit das Gefühl dafür verlieren, was natürlich ist. In Sam Keens Werk »Feuer im Bauch« heißt es dazu:

»Männlichkeit wie Weiblichkeit werden beide durch einen Ausgrenzungs- und Verleugnungsprozeß bestimmt. Jedem Geschlecht wird die Hälfte aller denkbaren menschlichen Tugenden und Laster zugeordnet ... Wir wissen nicht, wie die Menschen wären, falls sie ihre angeborenen Gaben ohne den systematischen Verkrüppelungseffekt des Geschlechterspiels entwickeln könnten. Jeder Mann und jede Frau ist die Hälfte eines verkrüppelten Ganzen.« (S. 284)

»Gefühle, Wahrnehmungs- oder Handlungsweisen mit einem platten Etikett – ›maskulin, feminin‹ – zu versehen, ähnelt dem Versuch, aus Menschen im Stechschritt marschierende Kolonnen zu machen. Gute Männer und Frauen können gleichermaßen als mitfühlend, aggressiv, fürsorglich, stark, intuitiv, vernünftig, verspielt, weise, erotisch oder loyal bezeichnet werden.« (S. 291)

Bei meiner Arbeit als Ehe- und Familientherapeutin bin ich zahllosen Paaren* begegnet, die Konflikte, Schmerz und Frustration abwechselnd vermieden und bekämpften, ohne den Ansprüchen an eine Beziehung zwischen »Gegensatzpartnern« gerecht werden zu können. In diesem Buch möchte ich Ihnen vorstellen, was ich durch diese Paare gelernt habe. Mitunter handelt es sich um die Wiedergabe dessen, was sich während der Sitzungen ereignet hat, an anderer Stelle sind es Zusammenfassungen einer Reihe ähnlicher Erlebnisse, mit denen ich eine bestimmte Aussage verdeutlichen will. Die tragischsten Paare sind jene, die keine professionelle Hilfe aufsuchen und deren Beziehungen unnötigerweise zerbrechen, weil die Liebenden glauben, sie hätten sich einfach den »falschen« Partner ausgesucht.

Am zufriedensten wirken Paare, die keine »Gegensatzpartner« sind, sondern Menschen mit einer Art »gemeinsamem Draht«. Sie haben oft ein ähnliches Naturell und neigen dazu, sich weniger gegenseitig zu ergänzen als widerzuspiegeln. Bei solchen Paaren kann man unterscheiden zwischen *siamesischen Zwillingen* und *parallelen Partnern*. Erstere empfinden sich als Einheit und auf einer tiefen, fast geistigen Ebene verbunden. Letztere respektieren und bevorzugen einen gewissen persönlichen Freiraum. Obwohl sich die Paar-Typen in ihrem Verhalten stark voneinander unterscheiden,

* Ich habe sowohl mit hetero- als auch mit homosexuellen Paaren zusammengearbeitet. Wo die Bezeichnung »Ehe« auftaucht, meint sie jede ernsthafte enge Beziehungsform zwischen Liebenden.

weisen die Partner innerhalb ihrer Beziehungen ähnliche Verhaltensweisen auf, unabhängig von ihrem Geschlecht.
Wenn es Gegensatzpaaren nicht gelingt zu erkennen, welche Rolle ihre unterschiedlichen Wesensarten bei ihren Problemen spielen, und sich Umgangsweisen anzueignen, mit denen sie auf ihre Gegensätzlichkeit reagieren können, werden sie unweigerlich in eine Krise steuern. Mit der Weitergabe meiner Erkenntnisse möchte ich es anderen Gegensatzpaaren ersparen, zuerst in die Krise hineinschlittern zu müssen, ehe sie anfangen, ihre Probleme im Zusammenhang mit ihrer Gegensätzlichkeit zu sehen und nach Umgangsweisen zu suchen, die für beide befriedigend sind. Wenn Sie beim Lesen dieses Buches zu der Einsicht gelangen sollten, daß es sich hier um ein weitverbreitetes Problem handelt – eines, *das gelöst werden kann* –, dann habe ich mein Ziel erreicht.
Dieses Buch wendet sich auch an all die Menschen, die keine Beziehung haben, aber einen Partner* suchen. Neben der Arbeit in meiner Privatpraxis halte ich auch Vorträge und veranstalte Workshops. Immer wieder kommt es vor, daß ein Teilnehmer oder eine Teilnehmerin darüber klagt, es sei unmöglich, einen Partner zu finden. Oft stellt sich nach einem kurzen Gespräch heraus, daß diese Person diverse Bekanntschaften hinter sich hat, aber fast jedesmal enttäuscht wurde. Ein häufig geäußerter Satz ist dabei: »Wir sind das genaue Gegenteil voneinander. Das würde niemals gutgehen.«
Es *kann* gutgehen, aber es erfordert deutlich mehr Anstrengung als eine Beziehung zwischen wesensähnlichen Partnern, und wie bei jeder neuen Herausforderung ist der Anfang am schwersten, weil die Erfahrung fehlt. Wenn Sie gewillt sind,

* Aus Gründen der Lesbarkeit wurde der Begriff »Partner« meist als Synonym für männliche und weibliche Partner verwendet. Dort, wo sprachlich nicht näher differenziert wird, steht der männliche Begriff für beide Geschlechter.

das, was dieses Buch für Sie bereithält, zu lesen, zu diskutieren und auszuprobieren, dann wird es Ihnen gelingen, einen »Mittelweg« zu finden und damit beiderseitige Zufriedenheit zu erlangen. Menschen *können* sich verändern. Wäre dies nicht so, gäbe es keine Therapeuten. Aber denken Sie daran: Das Wichtigste ist die *Bereitschaft* sich zu verändern. Ohne sie wird Ihnen dieses Buch kaum von Nutzen sein.

Mir ist bewußt, daß die Unterscheidung zwischen Rechtshirn-dominierten (RH) und Linkshirn-dominierten (LH) Menschen eine starke Vereinfachung darstellt. Das menschliche Wesen ist viel zu komplex, um sich so einfach erfassen zu lassen. Zudem ist das Bestreben, bestimmte Verhaltensweisen und Einstellungen Gruppen zuordnen zu wollen, gefährlich und oftmals die Ursache für gesellschaftliche Übel wie Sexismus, Rassismus und Homophobie.

Die Klassifizierung der in diesem Buch enthaltenen Informationen dient dem Zweck, meine eigenen Erfahrungen und die Forschungsergebnisse anderer leichtverständlich und übersichtlich zu präsentieren. Diese Zuordnungen sind nicht zwingend und können hinterfragt werden. Sie sind eher als Denkanstöße zu sehen, die der Leser nach seinem Gutdünken annehmen oder ablehnen kann. Sie sind im Grunde nichts anderes als weitere Möglichkeiten, das Wesen von Beziehungen verstehen zu lernen.

Da es sich bei den Kategorien RH und LH um Abstraktionen handelt, gehen Verallgemeinerungen auf Kosten individueller Verhältnisse. Menschen sind wunderbare und geheimnisvolle Wesen, deren Verhalten durch viele Faktoren bestimmt wird. Die hier vorgestellten Informationen entspringen dem gesammelten Wissen einer einzelnen Person – nicht mehr und nicht weniger.

Wenn Sie ein rechtshemisphärischer (RH) Mensch sind, werden Sie sich vielleicht wünschen, daß Ihr linkshemisphärischer (LH) Partner das Buch ebenfalls von der ersten bis zur

letzten Seite liest. Doch dieses Werk handelt von Partnerschaften, Beziehungs- und Bindungsmustern, die allesamt mit der rechten Hirnhälfte assoziiert werden. Die Informationen dienen der sachlichen Auseinandersetzung, werden jedoch eher anekdotenhaft als in Form »knallharter« Fakten dargeboten, was einen LH weniger ansprechen mag. Sie oder er wird daher vielleicht dazu neigen, auszugsweise und selektiert zu lesen. In diesem Falle empfehle ich, sich auf die Kapitel 1, 2 und 12 zu konzentrieren.
Als letztes möchte ich anmerken, daß dieses Buch sich weniger mit der Frage beschäftigt, *warum* Gegensatzpartner sich finden (obwohl auch dazu einige Gedanken enthalten sind), als damit, *wie* man als ein solches Gespann lebt, arbeitet und liebt. Es geht um die Herausforderungen menschlicher Beziehungen: Wie man lernt, über die eigenen Vorstellungen hinauszuwachsen, zu akzeptieren und nach den Sternen zu greifen und – vor allen Dingen – Unterschiede zu überwinden und zu schätzen.

1
Linkes Hirn, rechtes Hirn: Was ist der Unterschied?

Der Prüfstein für höchste Intelligenz ist die Fähigkeit, zwei gegensätzliche Gedanken im Kopf haben zu können und trotzdem weiter zu funktionieren.

F. Scott Fitzgerald

Ich liege zusammengerollt auf dem Teppich und ordne meine Aufzeichnungen, um dieses Kapitel zu schreiben. Es ist ein warmer Oktobertag, und durch die offenstehende Schiebetür scheint die Sonne ins Zimmer. Immer wieder marschiert eine unserer drei Katzen über meinen »Arbeitsplatz«, um sich auf einer der Inseln aus Papierstapeln niederzulassen, die ich früher oder später benötigen werde. Wir werden den ganzen Nachmittag damit verbringen, uns gegenseitig zu stören.

Ohne darüber nachzudenken, hebe ich in regelmäßigen Abständen einen der samtpfötigen Eindringlinge auf und verpflanze ihn an einen anderen Ort. Sie sind so halsstarrig, wie nur Katzen es sein können. Trotzdem schaffe ich es, den Faden nicht zu verlieren. Ich agiere innerhalb von Beziehungen, und genau das geschieht in diesem Moment. Völlig unbewußt erledige ich mehrere Aufgaben gleichzeitig, deshalb sind diese Störungen nicht von Bedeutung für mich.

Hin und wieder werfe ich einen Blick auf meinen Mann, der ganz in seine Lektüre vertieft auf der anderen Seite des Zimmers sitzt. Ich stelle ihm eine Frage, deren Antwort ich eigentlich bereits weiß, aber ich mag es, seine Stimme zu hören, und liebe es, wenn zwischen uns Kontakt besteht und uns etwas verbindet, selbst wenn es nur wenige Sekunden dauert.

Ich kann sehen, daß ich ihn in seiner Konzentration gestört habe, daß er versucht, von seiner Beschäftigung zum Inhalt meiner Frage umzuschalten. Das Umschalten scheint ewig zu dauern, ich verliere die Geduld und sage: »Egal. Ist nicht so wichtig.«

Für mich ist die Sache erledigt. Ich ordne meine Karteikarten und wende mich anderen Dingen zu. Wenig später bemerke ich, daß er noch immer über meine Frage nachdenkt. Ein vertrauter Ausdruck huscht über sein Gesicht, der mir sagt, daß ich ihn verletzt habe, als ich ihn einer Antwort enthob, nur weil es mir nicht schnell genug ging.

Ich entschuldige mich und bitte ihn um seine Meinung. Er beginnt mit einer durchdachten, detaillierten und faktenreichen Erklärung. Ich bekomme meine Antwort und viele weitere Informationen, von denen er glaubt, daß sie mir – wenn nicht sofort – dann später vielleicht nützlich sein werden.

Diese Situation zeigt unser Verhaltensmuster, ein typisches Muster für Gegensatzpaare: Ich suche Verbindung, also stelle ich ihm eine Frage und störe ihn damit in seiner Konzentration. Doch ehe er antworten kann, werde ich ungeduldig und fege die Sache vom Tisch, ohne zu bemerken, daß ich ihm damit die Chance nehme, seine Unterstützung für meine Arbeit in Form einer wohldurchdachten Antwort zum Ausdruck zu bringen. Inzwischen haben wir dazugelernt. Er hat gelernt, mein »chaotisches« Wesen und mein geringes Verständnis für Faktenberge zu akzeptieren. Und mir ist klargeworden, daß diese ausführlichen, ja pedantisch genauen Informationen seine Art sind, Interesse auszudrücken, und daß ich diese Art nicht übergehen darf, indem ich zu sehr auf meinem Stil beharre.

Wir sind sehr verschieden, aber wir können die Unterschiede nun überbrücken. Das war nicht immer leicht, oft sogar schmerzhaft und manchmal eine sehr einsame Angelegenheit, während wir uns aufeinander zubewegten. Wir begannen an entgegengesetzten Punkten und wußten nicht, wie wir uns in der Mitte treffen sollten. Inzwischen weiß ich, daß dies für rechts/links-dominante Paare typisch ist. Und genau aus diesem Grund ist dieses Buch entstanden. Unser Weg aufeinander zu war hart, aber jeder Schritt hat sich gelohnt.

Die Vorstellung von den Gegensätzen, die sich anziehen, hat die Menschen schon immer fasziniert. Als Therapeutin, die sich auf Partnerschaftsprobleme spezialisiert hat, und als Frau, die mit einem Gegensatzpartner verheiratet ist, kenne ich die Vor- und Nachteile dieser Situation: Die Anziehung ist sehr groß, aber auch die Schwierigkeiten, die meines Erachtens mit den unterschiedlichen Wesenstypen der Partner zusammenhängen, und die im folgenden als rechtshemisphärisch oder linkshemisphärisch bezeichnet werden.

Um herauszufinden, ob Ihr Wesen eher von der rechten (RH) oder der linken (LH) Hemisphäre dominiert wird oder in einem ausgewogenen Maße von beiden, beantworten Sie die folgenden Fragen. (Wenn Sie möchten, daß auch Ihr Partner oder Ihre Partnerin die Übung durchführt, sollten Sie die Antworten auf einem Zettel notieren.)

Rechtshirn-/Linkshirn-Präferenz

Obwohl jeder Mensch beide Hälften des Gehirns beansprucht, dominiert in bestimmten Situationen und unter bestimmten Umständen eine der beiden Hemisphären. Im Laufe seiner Entwicklung arbeitet ein Mensch Verhaltensmuster heraus, die anzeigen, um welche Hemisphäre es sich dabei handelt. Die folgende Übung ist eine einfache Möglichkeit, Ihren eigenen Typ zu bestimmen. Sollten Sie bei einer Frage unsicher sein, wenden Sie sich an jemanden, der Sie gut kennt.

Es ist möglich, daß Sie sich in gewisser Weise von jeder dieser Aussagen angesprochen fühlen. Zur Feststellung, ob Sie ein überwiegend Rechts- oder Linkshirn-dominierter Typ sind, ist es jedoch wichtig, daß Sie jeweils nur **eine Aussage pro Einheit** ankreuzen. Wir befinden uns ständig im Wandel und verändern uns, deshalb mag es Ihnen schwerfallen, nur eine Antwort auszuwählen. Entscheiden Sie sich für diejenige, die Ihnen am ehesten oder am häufigsten entspricht (*entweder* »A« oder »B«). Es gibt keine richtigen oder falschen Antworten.

1. A. Ich neige dazu, Schritt für Schritt vorzugehen und nicht mehrere Dinge gleichzeitig zu tun.
B. Ich beschäftige mich oft problemlos mit mehreren Dingen gleichzeitig.

2. A. Ich ziehe es vor, die Dinge in logischer Abfolge anzugehen, also am Anfang anzufangen und mit dem Ende aufzuhören.
B. Ich mache da keine Unterschiede. Ich fange irgendwo an zu arbeiten und kümmere mich später um die Reihenfolge.

3. A. Wenn ich kommuniziere, bewege ich mich gern auf der Sachebene.
B. Wenn ich kommuniziere, bewege ich mich gern auf der Gefühlsebene.

4. A. Mir wird oft nachgesagt, ich sei zu logisch-rational.
B. Mir wird oft nachgesagt, ich sei zu emotional.

5. A. Mehrdeutigkeiten und »Grauzonen« sind mir unangenehm.
B. Angelegenheiten, die klar umrissen oder eindeutig sein müssen, sind mir unangenehm.

6. A. Bevor ich etwas als wahr akzeptiere, brauche ich Fakten, Belege und Beweise.
B. Ich glaube Dinge auch aus dem Gefühl heraus.

7. A. Ich bin ein kritischer Mensch. Mir müssen die

Dinge erst einleuchten, bevor ich sie als »wahr« akzeptiere.

B. Manchmal glaube ich Dinge, weil ich einfach das Gefühl habe, daß es stimmt.

8. A. Ich löse Probleme, indem ich sie in einzelne Fakten zerlege und versuche, diese zu verstehen.

B. Ich löse Probleme, indem ich Zusammenhänge herstelle und versuche, diese zu verstehen.

9. A. Neue Situationen in unbekanntem sozialen Umfeld sind mir unangenehm.

B. Neue Situationen finde ich aufregend.

10. A. Man sagt von mir, ich sei gut einschätzbar.

B. Man sagt, ich sei oft schwer einzuschätzen.

11. A. Ich ziehe es vor, erst in Ruhe nachzudenken, bevor ich meine Gedanken mit anderen teile.

B. Ich gehe eher spontan mit meinen Gedanken um; manchmal spreche ich Dinge aus, bevor ich sie zu Ende gedacht habe.

12. A. Ich ziehe es vor, wenn mein Partner/meine Partnerin mir beim Liebesspiel sagt, was ihm/ihr gefällt. Ich gehe nicht gerne Risiken ein.

B. Ich finde, mein Partner/meine Partnerin sollte selbst herausfinden, was mir beim Liebesspiel gefällt. Das ist viel romantischer.

13. A. Ich konzentriere mich beim Sex vor allem auf die richtige »Technik«.

B. Ich konzentriere mich beim Sex vor allem auf das »Verschmelzen« unserer Körper, auf das »Einswerden«.

14. A. Ich habe oft Probleme, Menschen wiederzuerkennen.

B. Ich erkenne Menschen auch wieder, wenn ich sie jahrelang nicht gesehen habe.

15. A. Ich neige dazu, ein Ereignis als das zu nehmen, was es ist und nicht mehr.

B. Ich neige dazu, die symbolische Bedeutung eines Ereignisses ebenso ernst zu nehmen wie das Ereignis selbst.

16. A. Man sagt mir oft, ich wirke gedankenverloren.

B. Man sagt mir oft, ich könne mich nicht auf eine Sache konzentrieren.

17. A. Ich bin eher scheu, introvertiert, nachdenklich und einzelgängerisch.

B. Ich bin eher extrovertiert und mitteilsam.

18. A. Man wirft mir oft vor, daß ich zu egozentrisch sei.

B. Man wirft mir oft vor, daß ich Dinge zu persönlich nehme.

19. A. Ich gehe in meiner Freizeit gern allein und ungestört meinem Hobby nach.

B. Ich verbringe meine Freizeit gern mit anderen Leuten.

20. A. Wenn mich etwas quält, muß ich mich zurückziehen, um nachzudenken.

B. Wenn mich etwas quält, spreche ich gern mit anderen darüber.

21. A. Ich spreche in kontrollierten, wohlüberlegten Sätzen.

B. Ich rede spontan und denke oft nicht darüber nach, was ich sage.

22. A. Ich bin leicht zurückhaltend und gehemmt im Umgang mit anderen Menschen.

B. Ich ziehe oft die Aufmerksamkeit anderer auf mich.

23. A. Man sagt von mir, ich sei zu ernst und müsse erst ein bißchen »auftauen«.

B. Man sagt von mir, daß ich voreilige Schlüsse ziehe.

24. A. Ich drücke mich gern präzise aus.

B. Wenn ich mit anderen kommuniziere, ist es mir

wichtig, meinem Gesprächspartner verbunden zu sein.

25. A. Ich weiß oft nicht genau, was ich fühle.
    B. Ich lasse mich bei meinen Entscheidungen von meinem Gefühl leiten.

26. A. Ich habe ein gutes Namensgedächtnis.
    B. Ich habe ein gutes Gedächtnis für Gesichter.

27. A. Ich ziehe es vor, Werkzeuge für den ihnen bestimmten Zweck einzusetzen.
    B. Ich benutze häufig das falsche Werkzeug, um schnell fertig zu werden.

28. A. Ich ziehe es vor, mir beim Lernen möglichst viele Details anzueignen.
    B. Ich ziehe es vor, mir beim Lernen einen Überblick über den Stoff zu verschaffen.

29. A. Ich interessiere mich dafür, wie Dinge funktionieren.
    B. Ich interessiere mich dafür, wie Dinge aussehen.

30. A. Ich bin sehr gewissenhaft und neige dazu, mich an einer Sache festzubeißen.
    B. Ich fühle mich schnell entmutigt, wenn ein Projekt zu lange dauert.

31. A. Ich möchte lieber als »genau« bezeichnet werden.
    B. Ich möchte lieber als »kreativ« bezeichnet werden.

32. A. Ich gehe lieber auf Nummer Sicher.
    B. Ich gehe gern Risiken ein.

33. A. Ich rede lieber über Tatsachen.
    B. Ich rede lieber über Möglichkeiten.

34. A. Ich helfe Menschen gern dabei, ein Problem zu lösen.
    B. Ich helfe Menschen gern dabei, ihre Gefühle zu ergründen.

35. A. Ich lasse mein Zuhause gern lange Zeit unverändert.
B. Ich verändere mein Zuhause gern und oft, indem ich die Möbel umstelle, tapeziere oder die Wände neu anstreiche.

Auswertung

Zählen Sie die Anzahl der »A«-Antworten zusammen: ______

Zählen Sie die Anzahl der »B«-Antworten zusammen: ______

(Vergessen Sie bitte nicht, daß wir alle sowohl von der rechten als auch von der linken Hemisphäre beeinflußt werden. Das Resultat Ihrer Antworten ergibt lediglich ein Muster, das anzeigt, ob bestimmte Bereiche Ihrer Interaktion mit anderen Menschen eher von der einen oder von der anderen Seite dominiert werden. Vielleicht werden Sie auch feststellen, daß bei Ihnen ein mehr oder weniger ausgewogenes Verhältnis vorliegt.)

A	B	
35–25	0–10	Stark linkshemisphärisch
24–20	11–15	Leicht linkshemisphärisch
19–16	16–19	Ausgewogenes Rechts-Linkshirn-Verhältnis
15–11	20–24	Leicht rechtshemisphärisch
10– 0	25–35	Stark rechtshemisphärisch

Zweck dieses Buches ist es, Gegensatzpartnern zu helfen, ihre gegenseitigen Wahrnehmungen, Erwartungen und Ansichten voneinander so zu verändern, daß sie ihre Partnerschaft respektvoller und liebevoller gestalten können. Um dies zu erreichen, müssen beide bereit sein, mehr über die

Welt des anderen zu erfahren. Dieses Lernen beginnt mit einigen grundlegenden Informationen über die Funktionsweise unseres Gehirns und einem kurzen Überblick über die Forschungen, die uns in diesem Bereich neue Türen geöffnet haben.

In bezug auf das Verständnis des menschlichen Gehirns sind wir ein gutes Stück vorangekommen, seit Platon annahm, es produziere Samen, und Aristoteles erklärte, es diene vor allem als Kühlmittel. Zu allen Zeiten haben sich Wissenschaftler fasziniert mit der Frage beschäftigt, wie das menschliche Gehirn funktioniert, und danach gestrebt, sein Geheimnis zu ergründen. Von herausragender Bedeutung für unsere Auseinandersetzung mit menschlichem Beziehungsverhalten ist vor allem eine der zahlreichen Entdeckungen: die Erkenntnis, daß *die rechte und die linke Hemisphäre des Gehirns völlig unterschiedliche Funktionen steuern.*

Bei meinen Recherchen konnte ich feststellen, daß die Meinungen darüber, wie diese Erkenntnis anzuwenden ist, weit auseinandergehen. Unter Wissenschaftlern, Ärzten, Psychologen, Pädagogen und anderen Fachleuten herrscht diesbezüglich keine Übereinstimmung. Wie auf vielen anderen Gebieten auch, widerlegen die Ergebnisse der einen Studie die Ergebnisse einer anderen. Und in der Zwischenzeit ...

1981 erhielt Dr. Roger Sperry für seine Arbeit im Bereich der sogenannten »Split-Brain«*-Forschung den Nobelpreis für Medizin. Er fand heraus, daß die *linke* Hirnhälfte für logisches Denken und die Sprache verantwortlich ist. Man kann sie sich als eine Art Computer vorstellen. Sie denkt in logischen Sequenzen (Folgen) und verarbeitet Informationen sequentiell, d. h. eine nach der anderen. Eingehende Daten werden in kleinere Einheiten zerlegt. Dieses sequentielle Denken bildet die Basis der Sprache: »Petra fährt Michaels

* Split-brain = wörtl. etwa »Spalthirn«.

Auto« bedeutet etwas völlig anderes als »Michael fährt Petras Auto«. Die linke Seite konzentriert sich auf die Teile eines Ganzen, indem es Informationen in kleinere Einheiten zerlegt, um sie zu verstehen (so wie man eine Uhr auseinandernimmt, um herauszufinden, warum sie nicht mehr funktioniert).

Die *rechte* Hemisphäre ist das Zentrum von Kreativität und Intuition. Sie denkt in Bildern und Beziehungen und verarbeitet eingehende Daten als Ganzes. Sie sucht nach Mustern im Verhalten von Menschen (manche sind real, andere erfunden) – aber auch in Ereignissen – und mißt diesen Bedeutung zu. Wie ein Kaleidoskop kann die rechte Gehirnhälfte viele Informationsbruchstücke parallel, also gleichzeitig verarbeiten. Sie konzentriert sich darauf, zu integrieren, fehlende Teile zu erkennen und Vollständigkeit herzustellen (indem sie sich beispielsweise vorstellt, wie ein Raum nach der Renovierung aussehen wird).

Abhängig davon, welche Gehirnhälfte dominiert, kann ein und dieselbe Aufgabe auf verschiedene Arten gelöst werden. Nehmen wir die Verwaltung eines Kontos beispielsweise: Ein Mensch, dessen linke Hirnhemisphäre den größten Teil seines Verhaltens bestimmt, kennt den Kontostand auf den Pfennig genau, während ein von der rechten Hemisphäre bestimmter Mensch »weiß«, daß noch »ungefähr etwa« hundert Mark auf dem Konto sein müßten. Zur Lösung anderer Aufgaben wiederum ist die Dominanz einer bestimmten Hemisphäre Voraussetzung (bei mathematischen Berechnungen die linke Hirnhälfte, bei »Brainstorming« die rechte). Wieder andere Aufgaben bedürfen der Zusammenarbeit beider. Beim Autofahren zum Beispiel schätzt die eine Hälfte die Geschwindigkeit ein, während sich die andere bereits das Ziel vorstellt.

Viele Menschen entwickeln eine Neigung zu Verhaltensweisen, die den Funktionen der rechten oder linken Gehirnhälfte zugeordnet werden können. Da die Hemisphären das

Wesen eines Menschen auf ganz spezifische Art und Weise prägen, spricht man von rechts- oder linkshemisphärischen Menschen bzw. Rechts- oder Linkshirn-Dominanz.
Gegensatzpaare bestehen aus einem rechtshemisphärischen (RH) und einem linkshemisphärischen (LH) Partner. Sie bilden, im Sinne dieses Buches, ein »RH/LH«-Paar. Wir werden uns im folgenden mit typischen Problemen solcher Paare auseinandersetzen und Lösungsmöglichkeiten besprechen.
Hemisphärenbedingte Unterschiede, die bei RH/LH-Paaren zum Tragen kommen, sind:

Linkes Gehirn	*Rechtes Gehirn*
Tatsachenbezogen	Experimentierfreudig
Logisch-rational	Intuitiv, erfaßt gefühlsmäßig
Mathematisch	Musterorientiert
Denkt sequentiell (in Folge)	Denkt parallel (gleichzeitig)
Sprachliche Fähigkeiten (Lesen, Schreiben, Buchstabieren)	Träumt (Brainstorming, Ideen)
Zielgerichtet	Spontan, ungeordnet
Linear	Räumlich
Objektiv	Subjektiv
Analytisch	Synthetisch
Explizit	Implizit
Speichert praktische Informationen	Speichert Emotionen (nostalgisch)
Denotativ (wörtlich) (Sprachliches Ziel ist Genauigkeit)	Konnotativ (assoziativ) (Sprachliches Ziel ist, Verbindung herzustellen)
Erinnert sich an Namen	Erinnert sich an Gesichter
Metapher: Ein Computer	Metapher: Ein Kaleidoskop

Jede Hälfte des Gehirns ist mit der gegenüberliegenden Seite des Körpers verbunden. Die rechte Gehirnhälfte steuert die linke Seite des Körpers, die linke Hemisphäre die rechte Körperseite. Daher kann ein Schlaganfall im rechten Gehirnbereich zur Lähmung des linken Armes und Beines führen. Manche Schlaganfallopfer können sich nicht mehr an altbekannte Musikstücke erinnern, andere keine leichten mathematischen Aufgaben mehr lösen, geometrische Figuren nachzeichnen oder nahe Angehörige erkennen, je nachdem, welche Gehirnhälfte Schaden genommen hat. Doch die Fähigkeit des Gehirns, sich selbst neu zu programmieren, ist verblüffend. Dies ist in Untersuchungen von Patienten mit Hirnschäden wiederholt bewiesen worden. Den Patienten gelang es, während der Rehabilitation Fähigkeiten wiederzuerwerben, die ursprünglich der nun geschädigten oder entfernten Hirnhälfte zugeordnet waren, jetzt aber von der anderen Hemisphäre übernommen werden.

Auch unsere Gesichtsfeldhälften werden von der ihnen gegenüberliegenden Hirnhälfte gesteuert. Nimmt man die Fotografie eines Gesichts und fertigt einen spiegelverkehrten Abzug an, erhält man ein spiegelverkehrtes Gesicht. Schneidet man beide Abzüge (das Original und den Spiegelabzug) in der Mitte durch und fügt jeweils die beiden rechten und die beiden linken Gesichtshälften zusammen, erhält man zwei neue Gesichter. Die Resultate sind hochinteressant. Die Bildmontage aus den beiden rechten Gesichtshälften (die ein ganzes, vom linken Hirn gesteuertes Gesicht ergeben) vermitteln den Eindruck eines harten, bestimmten und etwas verschlossen wirkenden Gesichtes. Das aus den beiden linken Gesichtshälften zusammengefügte Foto (mit dem ausschließlich vom rechten Hirn gesteuerten Porträt) zeigt ein Gesicht mit viel freundlicheren, entspannteren und milderen Zügen. Die zwei Seiten eines Menschen werden durch diese Überspitzung sehr deutlich. Und genau mit diesen werden wir uns im folgenden zu beschäftigen haben.

Wenn Sie während Ihrer täglichen Arbeit zwei komplexe Aufgaben gleichzeitig ausführen, werden diese von *verschie-*

denen Hemisphären gesteuert. Lassen sich bestimmte Aufgaben nicht gleichzeitig ausführen, handelt es sich um Funktionen der *gleichen* Hemisphäre, die sich gegenseitig behindern. (Aus diesem Grund hat die NASA für ihre Astronauten Aufgaben entwickelt, bei denen diese die gegenüberliegenden Hände und Füße benutzen müssen, um sicherzustellen, daß sie von verschiedenen Hemisphären – also ohne Behinderung – gesteuert werden.)

Rechte und linke Gehirnhälfte müssen nicht nur in der Lage sein, solche unterschiedlichen Tätigkeiten zu koordinieren, sondern auch zusammenzuarbeiten. Das tun sie in Form von Signalen, die über eine Nervenverbindung, den sogenannten Balken (Corpus callosum), hin- und hergeschickt werden und die beiden Hälften miteinander verbinden. Über den Balken erfährt die linke Hand also, was die rechte tut. Und erst durch diese Integration der beiden Hemisphären können wir das zum Ausdruck bringen, was uns als ganze Person ausmacht.

Liegen bei beiden Hemisphären gravierende Störungen vor, ist dies nicht möglich. Bei Schizophrenie beispielsweise kommt es zu zusammenhanglosen, sprunghaften Gedankenfolgen und unlogischem Denken (ein Hinweis auf Störungen der sprachlichen und kognitiven Funktionen der linken Hemisphäre), aber auch zu unangemessenen oder abgestumpften Gefühlsäußerungen (was auf Störungen des emotionalen Aspekts der rechten Hemisphäre schließen läßt).

Rechte und linke Gehirnseite arbeiten generell auf unterschiedliche Weise und in unterschiedlichen Rhythmen. Ausnahmen von dieser Regel sind Momente der tiefsten Meditation oder der höchsten Kreativität, in denen beide Hemisphären in gemeinsamer Anstrengung zusammenwirken, was als »whole-brain thinking« oder Synchronismus bezeichnet wird. Bei einem Komponisten würde das bedeuten, daß er, während sich die linke Seite auf die Anzahl der Taktschläge konzentriert, durch einen Wechsel zur rechten zwar

das Zeitgefühl verliert, dafür aber nach dem richtigen künstlerischen Ausdruck suchen kann.
Beide Hemisphären können also sowohl zusammen als auch getrennt arbeiten. Ein faszinierendes Beispiel dafür ist der Vater der amerikanischen Schriftstellerin Eudora Welty. Er war in der Lage, mit beiden Händen gleichzeitig zu schreiben – und zwar jeweils verschiedene Worte, und er konnte Briefe sowohl richtig herum als auch auf dem Kopf stehend verfassen!
Die Tatsache, daß jede Gehirnhälfte die gegenüberliegende Körperseite steuert, legt die Annahme nahe, daß Links- oder Rechtshändigkeit der beste Indikator für Rechts- oder Linkshirn-Dominanz sein müßte. Aber dem ist nicht so. Studien haben ergeben, daß etwa neunzig Prozent aller Menschen Rechtshänder sind und die Sprache in der linken Hemisphäre entwickeln. Zehn Prozent der Menschen sind Linkshänder, wobei Tests ergeben, daß Linkshänder weniger lateralisiert sind, das heißt, bei ihnen ist die Trennung der spezifischen Funktion zwischen links und rechts weniger eindeutig. Acht Prozent aller Linkshänder entwickeln die Sprache, genau wie die Rechtshänder, im *linken* Gehirn. Nur zwei Prozent der Linkshänder haben die Sprachdominanz im *rechten* Gehirn.
Noch vor wenigen Jahren war es Kindern in der Schule nicht erlaubt, sich ihrer Händigkeit entsprechend zu entfalten, und sie waren gezwungen, »richtig« zu schreiben (also mit »gerader« rechter Hand). Da die Hirnorganisation im Menschen jedoch fest angelegt ist, kann diese Beeinflussung Stottern, Orientierungsprobleme und Leseschwächen verursachen. Zum Glück herrschen heute, am Ausgang des zwanzigsten Jahrhunderts, wieder humanere Verhältnisse. Wer weiß, was aus Leonardo da Vinci, Michelangelo und Picasso geworden wäre, hätte man sie zur Rechtshändigkeit gezwungen?
Andere Kulturkreise wissen die Unterschiede zwischen den

Hemisphären schon lange zu schätzen. So unterscheiden die Hopi-Indianer zwischen der Hand zum Schreiben und der Hand zum Musizieren. Die Mojave-Indianer sehen die linke Hand (die vom rechten Hirn gesteuert wird) als die passive, mütterliche, sorgende Seite an und die rechte (vom linken Hirn gesteuerte) Hand als die aktivere, entscheidungsfindende, väterliche.

Es gibt mehr als nur eine Möglichkeit, etwas zu wissen und Erfahrungen auszuwerten. Jede Hemisphäre hat ihre eigenen Stärken, und jede liefert ihren spezifischen Beitrag in bezug auf unser Denken und unser Bewußtsein. Trotzdem lernen wir, daß intuitive Gedanken (rechtes Hirn) nicht die »Wahrheit« darstellen, daß sich »Wahrheit« nur mathematisch und in Form von Fakten ausdrücken läßt.

Zur Zeit der alten Griechen existierte in der europäisch-abendländischen Philosophie ein dichotomisches Weltbild; etwas war entweder wahr oder nicht wahr und konnte nicht beides gleichzeitig sein (die Quintessenz heutiger Computer). Diese Vorstellung, das Endprodukt der (linkshemisphärischen) Logik, prägt die Geschichte der westlichen Welt, mit einer einzigen Ausnahme: der Renaissance und ihrer Besinnung auf die Künste und die klassische Philologie. In den vierhundert Jahren seit der Renaissance standen abermals die Funktionen der linken Gehirnhälfte hoch im Kurs. Sowohl im Bereich der Erziehung als auch gesamtgesellschaftlich gesehen nimmt das dort angelegte logische Denken auf Kosten der »irrationalen« rechten Gehirnseite eine absolute Vorrangstellung ein.

Die besondere Gewichtung des rational-logischen Denkens wird als Wegbereiter wissenschaftlicher Entwicklungen angesehen, von denen wir heute profitieren, und doch ist es ebenso wichtig, die Bedeutung der rechten Hemisphäre zu würdigen.

Der in der Wissenschaft angewandte klassische Prozeß der Problemlösung beginnt mit dem Einsatz der *rechten* Gehirnhälfte. Dann folgt die gemeinsame Anstrengung beider Hemisphären, die sich gegenseitig abwechseln. Betty Edwards beschreibt dies sehr eindrucksvoll in »Drawing on the Artist within«. Das erste Stadium beinhaltet die Erfassung des gesamten Problemkomplexes (rechts). Ihm folgt eine Phase der »Durchdringung«, in der die linke Seite Fakten sammelt, sortiert und einordnet. Irgendwann tauchen Informationen auf, die sich nicht eindeutig analysieren lassen, Frustration setzt ein, und der Denkprozeß verliert an Stringenz. Das Rätsel entzieht sich einer logischen Auflösung.

Aufgebracht schieben wir die Aufgabe »beiseite«, indem wir uns einer anderen Tätigkeit zuwenden und das Problem ins Unbewußte (zur rechten Hälfte) überwechselt. Hier wird es nun regelrecht »ausgebrütet«; die rechte Seite versucht, das Material zusammenzufügen und es zu einem sinnvollen Muster zu verbinden, indem es das Gebilde vervollständigt. Sobald das gelingt, erleben wir eine Art plötzlicher Eingebung, bei der mit einem Mal alles einen Sinn ergibt. Dieser Prozeß findet so unbewußt statt, daß wir uns oft fragen: »Wo kommt das denn her?« Im Anschluß an die plötzliche Einsicht oder Intuition wechselt der Vorgang wieder in die linke Hemisphäre, wo er überprüft und ausgeführt wird.

Albert Einstein war sich der Bedeutung der rechten Gehirnhälfte vollkommen bewußt, als er erklärte, das wichtigste bei seiner Arbeit sei seine Intuition, die er oft in Form visueller Bilder erfahre. Überzeugt davon, daß Schönheit und Eleganz grundlegende Prinzipien der theoretischen Physik seien, stand er in dem Ruf, das Interesse an »häßlichen« Gleichungen verloren zu haben. Mittelmäßige Wissenschaftler ziehen ihre Motivation aus der Herausforderung ihrer Arbeit. Bahnbrechende Wissenschaftler dagegen ziehen ihre Motivation auch aus dem Genuß, dem reinen »Vergnügen« an dem, was sie tun. Die Fähigkeit, das »Kind in sich« herauszulassen, setzt jedoch voraus, daß die linke zugunsten der rechten Hirnhälfte in den Hintergrund tritt.

Diese bewußte Verschiebung der Hemisphärendominanz kennzeichnet Menschen, die allen Denkweisen gegenüber offen sind und die Oliver Sacks als »romantische« Wissenschaftler bezeichnet. In seinem Buch »Flow: das Geheimnis des Glücks« berichtet der Psychologe Mihaly Csikszentmihalyi von Menschen, die sich besonders gern mit jenen Ideen und Methoden befassen, die ihre Kollegen als suspekt empfinden. Hier handelt es sich offensichtlich um Wissenschaftler, die jede ihrer Hemisphären voll einzusetzen vermögen.

Die führenden Forscher wissen um die Schwächen einer Beschränkung auf die logischen Fähigkeiten des linken Gehirns. Und sie vermeiden es tunlichst, die richtige Antwort auf die falsche Frage zu finden. Die Natur erschließt sich einem oft auf unvorhersehbare, ja paradoxe Weise. Was zunächst völlig chaotisch und zusammenhanglos scheint, wird durch eine plötzliche Intuition absolut nachvollziehbar. Die Nutzung beider Hemisphären, der linken wie der rechten, eröffnet uns die Chance, nicht nur kreativ, sondern auch produktiv zu sein.

Dies läßt sich an dem alltäglichen Beispiel eines Paares verdeutlichen, das ein Haus bauen will. Alles beginnt mit einem Traum, einer Idee, die im rechten Hirnbereich entsteht. In diesem Stadium müssen beide Partner ihre rechte Hemisphäre beanspruchen, um sich etwas vorzustellen, was noch gar nicht existiert. Sind die Partner Gegensatzpartner, dann stimmen die Bilder in ihrer Vorstellung nicht überein. Der rechtshemisphärische Partner wird eher dazu neigen, sich bereits das fertige Haus vorzustellen, vielleicht ist auch schon – trotz des frühen Zeitpunkts – der dazugehörige Garten dabei.

»Rechtshirn-Denker« (RH) haben eine stärkere Vorstellungskraft, aber es bedarf der Fähigkeiten des linkshemisphärischen Partners, wenn es darum geht, lineare Größen wie die Menge des benötigten Baumaterials auszurechnen.

Der RH-Partner hat eine Idee: Wie wäre es mit einer Galerie? Wobei er sie schon bildlich vor sich sieht. Und der LH-Partner wird darüber nachdenken, ob dies logistisch sinnvoll und statisch möglich ist. »Linkshirn-Denker« knobeln gern Lösungen aus, letztendlich aber werden *beide* Partner diese Seite beanspruchen müssen, um die finanziellen Möglichkeiten zu durchdenken, die diesen Traum wahr werden lassen.
Später, bei der Frage der Inneneinrichtung, wird die Beziehung wiederum auf die räumliche Vorstellungskraft des RH-Partners zurückgreifen. Ein RH/LH-Paar, das gelernt hat, seine Unterschiede als Bereicherung anzusehen, sie zu bedenken und zu integrieren, wird am Ende ein Haus bauen, zu dem beide Partner Entscheidendes beigetragen haben.
Auch wenn die Hirnhemisphären in vielen Fällen geradezu ideal miteinander kooperieren und zusammenarbeiten können, gibt es Situationen, in denen die Dominanz einer Hemisphäre zum Problem wird. So erfordert es viel Disziplin, sich ein Kunstwerk anzusehen, ohne es zu analysieren, weil die linke Seite darauf beharrt, zu urteilen und Schlüsse zu ziehen, während die rechte versucht, die Eindrücke einfach auf sich wirken zu lassen und die Schönheit zu genießen. Studien über Zeichenfähigkeit weisen darauf hin, daß Menschen, die angeblich nicht zeichnen können, oftmals Schwierigkeiten haben, Zugang zu ihrem rechten Gehirn zu finden und ihre kritische linke Hemisphäre abzuschalten. Die Wahrnehmungsweise des linken Gehirns wird beim Zeichnen zum Hindernis. Wenn es gelingt, diesen inneren Analytiker abzuschalten, werden auch Menschen, die sich für völlig unbegabt halten, Arbeiten hervorbringen, die ihre angebliche Unfähigkeit Lügen strafen.
Aber auch die rechte Gehirnhälfte kann zum Störfaktor werden. So vermag sie in uns Bilder oder Phantasien über mögliches Versagen hervorzurufen, die uns davon überzeugen, daß wir beispielsweise niemals mit Mathematik zu-

rechtkommen werden, statt weiterhin daran zu glauben, daß wir es mit der Zeit schon schaffen werden.
Unsere Erkenntnisse über die Fähigkeiten des menschlichen Gehirns und das geistige Leistungsvermögen werden zur Zeit ständig vorangetrieben. Amerikanische Forschungen (im Institute of Living in Hartford, Connecticut, und dem Salk Institute for Biological Sciences in La Jolla, Kalifornien) haben bestätigt, daß wir ununterbrochen zwischen der rechten und der linken Hirnhemisphäre hin- und herwechseln. Bei schockhaften Erlebnissen (wie einer plötzlichen Krankheit, einer Trennung oder dem Verlust des Arbeitsplatzes) suchen wir nach Anhaltspunkten oder überdenken unser früheres Verhalten, um eine Erklärung für das Vorgefallene zu finden, und beanspruchen damit unsere linke Gehirnhälfte. Dann wechseln wir in die rechte Hemisphäre über, um in die Zukunft zu planen und uns vorzustellen, was vor uns liegt. Durch eine Reihe von Übungen ist es sogar möglich, selbst zu bestimmen, welche Hirnhälfte angesprochen wird.
Beim Lösen eines Problems können wir zusätzliche Erkenntnisse gewinnen, indem wir von der linken in die rechte Hemisphäre überwechseln. Erleichtert wird dies durch jede Art von geistloser, sich wiederholender Tätigkeit (wie dem Zusammenharken von Laub). Alles, was uns sozusagen auf »Autopilot« stellt, aktiviert unsere rechte Gehirnhälfte. Auch Tagträumen ist eine ausgemachte rechtshemisphärische Tätigkeit.
Wenn Ihre Gefühle Sie im Wartezimmer eines Arztes beispielsweise zu überwältigen drohen, können Sie als eine Art Ablenkungsmanöver Ihre linke Gehirnseite ansprechen, indem Sie sich Mathematikaufgaben stellen: Wieviel Quadratmeter mißt dieser Raum? Aus wie vielen Fliesen setzt sich der Boden zusammen?

Aktivitäten, die Ihr rechtes Gehirn ansprechen
Meditation/gesteuerte Phantasien
Sich ein vertrautes Gesicht vor Augen rufen
Schreiben mit der nicht-dominanten Hand
Die Sinne stimulieren
Phantasieren/Tagträumen
Freie Gedankenflüge
Etwas Schönes bewundern
Langweilige, monotone Bewegungen
Das Liebesspiel
Sich vorstellen, wie man ein Zimmer anstreichen würde
An ein trauriges Kindheitserlebnis denken

Aktivitäten, die Ihr linkes Gehirn ansprechen
Kreuzworträtsel lösen
Mathematische Berechnungen durchführen
Schreiben mit der dominanten Hand
Kategorisieren, Organisieren
Laut sprechen
Sich einen Namen ins Gedächtnis rufen
Ein Kunstwerk interpretieren
Über ein Thema diskutieren
Elektrische Leitungen verlegen
Eine Ablaufliste erstellen
Einen Toaster reparieren

(Im Übungsteil finden Sie Tips zum bewußten Wechseln der Hemisphären.)

Wenn ich in diesem Buch von »Rechts- oder Linkshirn-dominiert« bzw. von »Hemisphären-Dominanz« spreche, bedeutet dies nicht, daß ein Mensch in *allen* Lebenslagen das eine oder das andere sein muß. Vielmehr gehe ich davon aus, daß manche Menschen in Bereichen wie Kommunikation, Konflikten, Problemlösung oder dem Umgang mit sich selbst und anderen ein Verhalten demonstrieren, das zum überwie-

genden Teil von einer der beiden Hemisphären bestimmt wird. Sie entwickeln im Laufe ihres Lebens eine Vorliebe für spezielle Verhaltensweisen, gewöhnen sich daran und werden in ihren Reaktionen berechenbar.
Auch wenn sich die Wissenschaftler in der Frage, ob Menschen tatsächlich von einer Hemisphäre *dominiert* werden, noch uneinig sind, gilt es als erwiesen, daß sie in Tests, in denen die unterschiedlichen Hemisphärenfunktionen angesprochen werden, sehr unterschiedlich reagieren. Darüber hinaus ist nachweisbar, daß sie dazu neigen, Berufe zu wählen, die die Funktionen einer bestimmten Hemisphäre ansprechen. Aus diesem Grund können wir sagen, daß ein Künstler einen stärker Rechtshirn-orientierten Beruf ergriffen hat als ein Computerprogrammierer, dessen Tätigkeit eher vom linken Hirn bestimmt wird. Einige Berufe lassen sich folgendermaßen vergleichen:

Linkes Hirn	*Rechtes Hirn*
Buchhalter/in	Sozialarbeiter/in
Arzt/Ärztin	Krankenpfleger/in
Ingenieur/in	Lehrer/in
Finanzexperte/-expertin	Ausbilder/in
Pilot/in	Familienpfleger/in
Anwalt/Anwältin	Dekorateur/in
Programmierer/in	Künstler/in

Jeder dieser Berufe läßt sich zudem auf einer Rechts-links-Achse einordnen. So gibt die Wahl des Spezialgebietes eines Arztes/einer Ärztin Aufschluß darüber, wie ausgeprägt das Interesse an einer Arzt-Patienten-Beziehung ist.

Linkes Hirn	*Rechtes Hirn*
Pathologie	Allgemeinmedizin
Unfallchirurgie	Kinderheilkunde
Anästhesie	Altersheilkunde

Viele Menschen werden unzufrieden mit ihrem gewählten Beruf, wenn sie erst einmal genügend Erfahrung und Routine erworben haben, weil sie feststellen, daß ihre Arbeit den Charakteristiken ihrer dominanten Hemisphäre nicht entspricht. Einer meiner Patienten war Ingenieur, der jedoch in Farben dachte und in Metaphern sprach. Er fühlte sich in seinem Beruf unglücklich und fehl am Platz. Da er sein erworbenes Wissen nicht aufgeben wollte, wandte er sich dem Unterrichten zu, um eine Beschäftigung zu finden, in der er »aufgehen« konnte. Glücklicherweise sind einige Berufe ihrem Wesen nach wesentlich ausgeglichener als andere, und Unterrichten gehört dazu.

Obwohl es scheint, als würden die Menschen bei der Ausbildung ihrer Hemisphären-Dominanz stark von Familie und Gesellschaft beeinflußt, kann es mitunter vorkommen, daß sich die Dominanz im späteren Leben noch einmal verschiebt. Eines der berühmtesten Beispiele hierfür ist der französische Spätimpressionist Paul Gauguin, der bis zu seinem fünfunddreißigsten Lebensjahr als erfolgreicher Börsenfachmann arbeitete und erst dann seine Arbeit (und seine Familie) verließ, um sich ausschließlich der Malerei zu widmen.

Hunderte von Büchern sind dem Versuch gewidmet, das Verhalten erwachsener Menschen zu erklären. Und es gibt ebenso viele Theorien wie Verhaltensweisen. Viele Philosophen, Schriftsteller und Theoretiker vertreten den Standpunkt, menschliches Verhalten sei geschlechtsabhängig. Ich bin jedoch der Ansicht, daß diese Denkart nur die Entfremdung zwischen Männern und Frauen fördert. Geschlechtsbedingte Unterschiede gibt es, aber ebenso existieren unzählige Beispiele, die sich mit der Geschlechterthese nicht erklären lassen.

In der heutigen Zeit, in der Frauen als hervorragende Ingenieurinnen und Männer als exzellente Kindergärtner arbeiten, müssen wir solche Erwartungshaltungen neu überdenken. Versetzen Sie sich beispielsweise in die folgenden Situationen hinein:

»Ein Mädchen wächst in einer Familie auf, in der beide Elternteile als Wissenschaftler tätig sind und der Logik einen weitaus höheren Stellenwert einräumen als Gefühlen. Im Zusammenleben mit ihren Eltern lernt das Mädchen im Laufe der Jahre, wie zurückhaltend diese in der Öffentlichkeit mit Gefühlen umgehen, wie sorgfältig sie ihre Worte abwägen, bevor sie sie aussprechen, wieviel Zeit sie immer wieder ihren individuellen Beschäftigungen widmen und wieviel Bedeutung sie Fakten im Gegensatz zu Gefühlen beimessen. Infolgedessen entwickelt das Mädchen in seiner Denkweise und in seinem Verhalten eine Linkshirn-Präferenz, obwohl die meisten ihrer Geschlechtsgenossinnen durch gesellschaftliche Sozialisation eine Rechtshirn-Dominanz entwickeln.
Ein Junge wächst in einer Familie auf, in der beide Eltern als Sozialarbeiter tätig sind und Kommunikation groß geschrieben wird. Beziehungen und Anteilnahme am Schicksal anderer werden als wichtiger angesehen als finanzieller Erfolg. Obwohl die Mehrzahl der Männer Linkshirn-dominiert ist, ist es durchaus möglich, daß ein in einer von Rechtshirn-dominierten Faktoren geprägten Umwelt aufgewachsener Junge zu einem Erwachsenen heranreift, der Empfindungen höher wertet als Logik, sich künstlerisch auszudrücken versteht und ein hochentwickeltes Gespür für die Gefühle anderer besitzt.«

Meine Arbeit mit heterosexuellen, schwulen und lesbischen Paaren unterstützt diese These. Die Probleme und Klagen dieser Paare sind keine geschlechtsspezifischen. Nicht der Umstand, ob jemand männlich oder weiblich ist, sondern die Art und Weise, in der ein Mensch gelernt hat, bestimmte Hirnfunktionen einzusetzen, findet im Laufe der Zeit in individuellen Verhaltensmustern ihren Ausdruck. Anders »verdrahtet« zu sein als der Gegensatzpartner, das verursacht die Probleme der Paare. Das ist der Ursprung vieler Mißverständnisse und Gegenstand dessen, was Sie zu erforschen im Begriff sind.

2
Wenn Gegensätze sich anziehen

Das Herz hat seine Gründe,
die die Vernunft nicht kennt.
Blaise Pascal

Jeder von uns möchte von dem Menschen, den wir lieben, verstanden werden. Wenn dieser Mann oder diese Frau mit uns »synchron« ist, ist das nicht schwer: Die Verständigung klappt mühelos, und wir gehen dafür großzügig mit unseren Gefühlen um. Haben die Partner jedoch Schwierigkeiten im Umgang miteinander, neigen sie oft dazu, aus Frustration aufzugeben, statt sich zu bemühen, diese Kluft zu überwinden.

Um die Ursache dieser Probleme besser zu begreifen, stellen Sie sich diese Menschen am besten als völlig anders »verdrahtete« Wesen vor, mit völlig anderen Denkweisen und Methoden, ihre Wahrnehmungen zu verarbeiten, ihre Gedanken und Gefühle auszudrücken und sich mit sich selbst und anderen auseinanderzusetzen. Stephen Covey weist in »Die sieben Wege zur Effektivität« darauf hin, daß Menschen dazu neigen, in der »bequemen Zone« ihrer dominanten Hemisphäre zu verharren.

Aber bevor ich beginne, diese Unterschiede genauer zu erläutern, sehen wir uns einmal an, wie verschiedene Gegensatzpaare ihre Probleme beschreiben. Achten Sie beim Lesen der Kommentare darauf, ob Sie sich mehr mit dem einen oder dem anderen Partner identifizieren.

Dave (LH): Sheila ist viel zu emotional. Sie ist einfach nicht dazu zu bewegen, unsere Probleme auf der Vernunftebene zu diskutieren. Wir fangen an zu reden, und ehe ich mich versehe, schreit sie mich wegen irgendwas an und dann weint sie. Ich verstehe sie einfach nicht. Ich gebe dann auf und gehe weg, weil das alles keinen Sinn ergibt.
Sheila (RH): Dave ist mir gegenüber so unnahbar. Er lebt in seiner eigenen kleinen Welt. Ich könnte von einem Auto überfahren werden, und er würde es wahrscheinlich gar nicht merken. Er wirkt so kalt. Ich glaube nicht, daß er viel empfindet. Ich glaube nicht, daß ihn Dinge wirklich berühren können, wie das bei normalen Menschen der Fall ist.

Für Dave gibt es nur eine Möglichkeit der Verständigung: eine vernunftbestimmte Diskussion, die sich auf die Fakten der Situation konzentriert. Wenn in seinen Augen etwas keinen Sinn ergibt, fällt es ihm schwer zu akzeptieren, daß es überhaupt »existiert«. Sheila dagegen fühlt sich abgeschnitten und entfremdet, weil Dave Mühe hat, ihre Empfindungen als stichhaltig und diskussionswürdig anzuerkennen. Sie ist so sehr mit ihrem Innenleben beschäftigt, daß sie sich nicht auf die Fakten konzentrieren kann, die ihm so wichtig sind. Jeder der beiden fühlt sich unverstanden und für den anderen unsichtbar.

Ben (RH): Leo ist mit seiner Arbeit verheiratet. Er verbringt seine ganze Freizeit mit Arbeiten. Ich würde viel lieber mehr mit ihm unternehmen. Wie oft warte ich mit dem fertigen Abendessen auf ihn, nur um dann angerufen zu werden und zu hören, daß irgendein Projekt länger dauert als geplant. Ich frage mich, ob ich ihm wirklich wichtig bin.
Leo (LH): Ben ist zu sehr auf meine Gesellschaft angewiesen. Er braucht irgendein Hobby oder so was. Ich bin der Hauptverdiener von uns beiden, und ich kann nicht einfach alles

stehen- und liegenlassen und mit ihm spielen, wenn ihm danach ist.

Ben zieht große Befriedigung aus seiner Beziehung mit Leo. Er genießt gemeinsame Aktivitäten und identifiziert sich stark über die Paarbeziehung. Leo dagegen ist vor allem damit beschäftigt, sich in seinem Beruf zu behaupten; er vergißt alles um sich herum, sobald er an einem Projekt arbeitet. Ben brüstet sich damit, daß *er* Leo niemals vergesse, deshalb nimmt er Leos Säumigkeit persönlich und wertet sie als Zeichen mangelnder Zuneigung. Er versteht nicht, daß dies nichts mit ihm zu tun hat, sondern mit Leos Neigung, sich als typischer »Linkshirn-Denker« immer nur auf eine Sache zu konzentrieren. Ben fällt es leicht, zwischen Arbeit und Privatleben hin- und herzuschalten, für Leo dagegen bedeutet es eine große Anstrengung.

Gegensatzpartner, die ihre Verschiedenheit nicht wirklich verstanden haben, äußern häufig Klagen wie »Wenn ich das kann, warum kann sie das nicht?« oder »Wenn er nur wirklich wollte, dann würde er es auch tun«. Ben steigert sich in den Glauben hinein, alles, was Leo davon abhalte, sich zu ändern (und so zu werden wie er), seien dessen Halsstarrigkeit, Egoismus oder mangelnde Liebe. Indem er Leos Motive derart in Frage stellt, erfährt die Beziehung eine wesentliche Veränderung, und Ben beginnt Leo mit kritischeren Augen zu sehen.

Einer der frustrierendsten Aspekte von Gegensatzbeziehungen ist gleichzeitig eine der am schwersten nachvollziehbaren Vorstellungen: Was für den einen Partner eine einfache, fast unbewußte Sache sein mag, kann für den anderen eine enorme Anstrengung bedeuten. Was der eine instinktiv tut, mag dem anderen niemals auch nur in den Sinn kommen.

Es ist leicht, mitten in einem hitzigen Streit, wenn die Luft vor Anspannung knistert, den Charakter des anderen anzugreifen. Gegensatzpartnern, die nur auf ihrer eigenen Haltung beharren und keine andersartigen Einstellungen oder Erklärungen zulassen, wird es niemals gelingen, die Harmlosigkeit bestimmter Verhaltensweisen zu erkennen, die zunächst wie absichtliche Gedankenlosigkeit oder Nachlässigkeit wirken mögen. Bens »Wenn du mich wirklich liebtest, würdest du nicht zu spät kommen« könnte sonst auch lauten: »Ich finde es schade, wenn du dich verspätest, aber ich weiß, daß du mich liebst und es nicht mit Absicht tust«. Diese Verschiebung gäbe Leo die Möglichkeit, seine Zeiteinteilung selbst zu bestimmen und zu überprüfen, ob er sich nicht vielleicht zuviel vornimmt.

Maria (RH): Ron kümmert sich nicht um meine Bedürfnisse und denkt nur an sich. Manchmal glaube ich, wir hätten nicht heiraten sollen. Ich wünschte, er würde mehr an mich denken.
Ron (LH): Maria nimmt alles persönlich; sie ist viel zu empfindlich. Wenn ich einen schlechten Tag hatte und zu Hause darüber nachgrüble, meint sie, ich wäre wütend auf sie und fühlt sich verletzt. Wenn ich ihr dann sage, sie soll aufhören zu weinen, sagt sie, ich würde sie weniger lieben als früher. So wie es jetzt läuft, ist es verrückt.

Maria braucht viel Aufmerksamkeit. Wie Harry in dem Film »Harry und Sally« hat sie sozusagen einen hohen »Pflegebedarf« (ein typischer Aspekt bei rechtshemisphärischen Menschen), Ron dagegen ist »pflegeleicht« (typisch für linkshemisphärische Menschen). Ron widmet sich selbst viel Zeit und Aufmerksamkeit. Wie viele LH-dominierte Menschen hat er schon als Kind häufig allein gespielt und seine Hobbys dem Kontakt mit anderen Kindern vorgezogen. Infolgedessen hat er kein starkes Bedürfnis nach Gesellschaft entwikkelt und bleibt auch weiterhin gern für sich.
Maria ist daher weniger ein Teil seiner Welt, als daß sie diese

umkreist. Die Probleme tauchen auf, sobald sie sich durch Rons Ichbezogenheit vernachlässigt fühlt. Als RH tendiert Maria dazu, ohne nähere Überprüfung alles zuerst auf sich zu beziehen und darauf zu reagieren. Sie muß lernen, daß Rons Art nichts mit ihr zu tun hat.

Ron dagegen muß lernen, sie in seine Welt miteinzubeziehen, selbst wenn dies am Anfang rein »mechanisch« geschieht. Maria kann nicht sofort erwarten, daß er dies »instinktiv« tut, weil es seiner Natur eher entspricht, andere auszuschließen.

Obwohl Veränderungen normalerweise nur langsam und nicht immer reibungslos vor sich gehen, ist es Gegensatzpaaren durchaus möglich, ihre Umgangsweisen entscheidend zu verändern. RH-Partner sind dabei gewöhnlich die Schnelleren. Da jedoch die Menschen davon ausgehen, daß beide Partner sich verändern sollen – und nicht die individuelle Auseinandersetzung mit den eigenen Verhaltensänderungen im Vordergrund steht –, fallen RH-Partner oft in ihr altes Verhaltensmuster zurück, wenn der LH-Partner nicht schnell genug nachzieht. Rechtshemisphärische Menschen »geben, um zu nehmen«, und wenn das Geben nicht schnell genug erwidert wird, folgt der Unmut auf dem Fuß. Selbstgerecht wird dann behauptet: »Nun, *ich* habe alles versucht, aber es hat trotzdem nichts genutzt.«

Die Ursache dafür ist in den meisten Fällen nicht das Desinteresse der LH-Partner, sondern die Tatsache, daß rechtshemisphärische und linkshemisphärische Menschen in völlig verschiedenen Zeitrahmen agieren. Bis sich ein LH an den Gedanken gewöhnt hat, etwas verändern zu müssen, und sich an die Umsetzung macht, hat ein rechtshemisphärischer Mensch das Warten mitunter schon aufgegeben und verkündet, daß es nun »zu spät« sei; womit das Paar wieder da wäre, wo es angefangen hat.

LHs verbringen viel Zeit damit, über die Auswirkungen einer Verhaltensänderung nachzudenken, ehe sie sie angehen. Sind sie jedoch erst einmal dabei, werden die Veränderungen auch umgesetzt – aber all das braucht Zeit. RHs gehen die Dinge schneller an, haben dann jedoch Schwierigkeiten, sie durchzuhalten, weil sie die Veränderungen vielleicht nicht genügend durchdacht haben. Wie auf vielen anderen Gebieten auch, müssen sich die Gegensatzpartner bei ihren Versuchen wechselseitig unterstützen. RH-Partner eignen sich wunderbar dazu, Starthilfe zu geben, wenn die Beziehung einzuschlafen droht, LH-Partner dagegen können dafür sorgen, daß die Beziehung konstant, wenn auch langsam, vorankommt.

Francine (LH): Ich möchte gern rechtzeitig vorgewarnt werden. Mir ist es viel lieber, wenn ich vorausplanen kann, weil ich gern alles in Ruhe erledige und mich dann richtig entspannen kann. Nick überrennt mich ständig mit irgendwelchen Dingen und reagiert dann beleidigt, wenn ich nein sage. Er denkt nie voraus.
Nick (RH): Fran braucht zwei Wochen, um einen Zweitagesausflug zu planen. Nach Hause zu kommen und vorzuschlagen, in zwanzig Minuten ins Kino zu gehen – vergiß es! Unmöglich! Nie läßt sie es einfach mal darauf ankommen. Als wäre ein Kinobesuch eine wahnsinnig wichtige Entscheidung.

In Francines Welt werden nur wohlkalkulierte Risiken eingegangen. Als LH wird sie sich immer die größte Mühe geben, keine Fehler zu machen. Auch wenn es Nick unnötig erscheint: dadurch, daß sie ihre Vorhaben rechtzeitig vorausplant, wird Francine niemals in die Situation kommen, unvorbereitet zu sein, den falschen Gürtel mitgenommen zu haben oder ohne Lektüre lange Wartezeiten überbrücken zu müssen.
Diese Liebe fürs Detail mag für Francine nützlich sein, für Nick ist sie ein Hindernis bei dem Versuch, ein bißchen Ver-

spieltheit und Spannung in ihr Leben zu bringen, das er als überorganisiert und zu überschaubar empfindet. Die Probleme entstehen da, wo Francine abstreitet, daß ihre Lebensweise auch Nick beeinträchtigt, und Nick das herabwürdigt, was Francine Sicherheit gibt.

Zu Beginn ihrer Beziehung sind die meisten Gegensatzpartner von ihren Unterschieden fasziniert. Sie sehen die gegensätzlichen Lebensweisen als Teil der Anziehung an. Später werden die gleichen Gegensätze häufig Dreh- und Angelpunkt vieler heftiger Auseinandersetzungen, und die Partner kommen zu Unrecht zu dem Schluß, daß ihre Beziehung zum Scheitern verdammt ist.

Um all diese Informationen auf Ihre eigene Beziehung übertragen zu können, ist es vielleicht hilfreich, einige spezifische Charakteristiken vorzustellen, die häufig bei rechtshemisphärischen bzw. linkshemisphärischen Partnern zu beobachten sind. Achten Sie beim Lesen darauf, ob Sie sich mehr in den Eigenschaften auf der einen oder der anderen Liste wiederfinden und welche der beiden am ehesten auf Ihren Partner zutrifft.

Vergessen Sie bitte nicht, daß jeder von uns sowohl rechts- als auch linkshemisphärische Eigenschaften besitzt. Bei vielen Menschen scheint dieses Verhältnis relativ ausgewogen zu sein, sie werden auf jeder Liste einige passende Eigenschaften finden. Andere werden herausfinden, daß sie mehr zu einer bestimmten Liste tendieren oder sich sogar ganz auf ihr wiederfinden.

Linkshemisphärische Partner

- Konzentrieren sich ungern auf mehrere Dinge gleichzeitig; lassen sich nicht leicht ablenken
- Brauchen einen geordneten Ablauf; gehen Probleme der Reihe nach an, sind systematisch und gründlich
- Lernen gern; sie suchen das Wissen; sind offen für neue Informationen

- Bevorzugen eine direkte Art; sind geradeheraus, manchmal zu unnachgiebig
- Denken in Schwarzweiß-Schemata, mögen keine Grauzonen, hassen Mehrdeutigkeiten
- Gehen Probleme ausgesprochen logisch und analytisch an
- Sind kritische Menschen, denen die Dinge erst einleuchten müssen, ehe sie sie als »wahr« akzeptieren; kritischer Blick
- Brauchen Vorerfahrungen; haben Schwierigkeiten mit neuen Situationen
- Sind gut einschätzbar; gehen ungern Risiken ein
- Verlassen sich auf Fakten, nicht auf ihre Intuition
- Sind eher »technische« Geliebte, die sich darauf konzentrieren, die »richtigen Knöpfe« zu drücken und sich gern sagen lassen, was sie tun sollen
- Haben Probleme damit, Gesichter wiederzuerkennen
- Pflegen eine zurückhaltende, etwas verknappte Ausdrucksweise; mitunter gleichbleibende, ausdruckslose Sprache; wenig Mimik und Gestik
- Beschäftigen sich mehr mit »Tatsachen« als mit »Möglichkeiten«
- Vermeiden Gefühlskonflikte, bevorzugen sachliche Debatten
- Schätzen Routine
- Legen eher Wert auf die praktische Seite der Dinge (Funktion vor Form)
- Brauchen Anstoß durch andere, um aktiv zu werden
- Bleiben gut bei der Sache (gewissenhaft)
- Erwarten auch von anderen die gleiche logische Denkweise

Rechtshemisphärische Partner

- Sind Jongleure, die sich oft mit mehreren Dingen gleichzeitig beschäftigen

- Benötigen keine geordneten/strukturierten Aufgaben
- Nutzen Ahnungen und Intuition
- Verlassen sich auf ihre Gefühle
- Akzeptieren oder verwerfen Informationen aus dem Gefühl heraus, brauchen keine Beweise
- Schätzen Bindungen; können mit Grauzonen umgehen
- Können unterschiedliche, auch widerstreitende Gefühle tolerieren; Dinge müssen nicht unbedingt einen Sinn ergeben, um als »wahr« akzeptiert zu werden
- Wissen mit Mehrdeutigkeiten, Verwirrung und Widersprüchlichkeiten umzugehen
- Nehmen die symbolische Bedeutung eines Ereignisses oft wichtiger als das Ereignis selbst
- Sind schwer einschätzbar, spontan und risikobereit
- Sind eher »romantische« Geliebte; sie legen Wert auf das Verschmelzen und auf Innigkeit; geben ungern Anleitungen beim Liebesspiel
- Haben Schwierigkeiten, Fakten und Gefühle auseinanderzuhalten
- Haben ein schlechtes Namensgedächtnis
- Pflegen eine expressive, ausdrucksvolle Sprechweise, mit lebhafter Mimik und Gestik
- Neigen dazu, Konflikte heraufzubeschwören (um den weniger emotionalen Partner einzubinden)
- Vermeiden Routine, wo immer möglich
- Schätzen eher den ästhetischen Wert von Dingen (Form vor Funktion)
- Regen andere zu Aktivitäten an
- Haben wenig »Biß«; sind schnell entmutigt
- Erwarten von anderen das gleiche Interesse an Beziehungen

Jeder Mensch besitzt Eigenschaften von beiden Listen, dennoch läßt sich unsere Lebensweise in den meisten Fällen eher der einen als der anderen Seite zuordnen. Trotz der offensichtlichen Unterschiede sollten Paare die *Stärken* einer solchen Gegensatzbeziehung schätzen lernen. Genau wie die Gesellschaft auf die Zusammenarbeit von Links- und Rechtshirn-Aktivitäten angewiesen ist (die Künste und das Rechtssystem, Musik und Wissenschaft), ist auch eine Paarbeziehung eine Schule des Miteinanders. Zusammen schaffen die Partner eine Atmosphäre, die sowohl individuelles als auch gemeinsames Wachstum erlaubt.

Sich mit einem Gegensatzpartner abzustimmen, ist keine einfache, aber eine sehr wichtige Aufgabe, die Betty Berzons in »Permanent Partners« so wundervoll beschreibt:

»Es geht nicht länger darum, mir zu überlegen, ob ich mit ihr zusammensein will oder nicht. Es geht darum, unsere Unterschiede anzuerkennen und zu akzeptieren, statt sie als Angriffe auf meinen Verstand oder als Anfang vom Ende unserer Beziehung anzusehen. Ich weiß jetzt, daß es bestimmte Dinge an mir gibt, die sie nie verstehen wird, egal wie lange ich auf sie einrede oder welche Mühe ich mir gebe, sie ihr verständlich zu machen. Und ich weiß, daß ich immer wieder Dinge tun werde, die sie ablehnt, weil sie sie für grundfalsch hält, ebenso wie sie Ansichten und Verhaltensweisen besitzt, die mich wohl immer wieder kränken werden.« (S. 37)

Alle Paare müssen sich an ihre Unterschiede gewöhnen und sie akzeptieren, wenn sie auf Dauer und mit gegenseitigem Respekt zusammenleben wollen. In der Paartherapie äußern Gegensatzpartner viele Vorwürfe. Sie erzählen aber auch von ihren Sorgen darüber, ob es ihnen gelingen wird, die Unterschiede zu überwinden und eine dauerhafte Beziehung aufzubauen.

Gerade an diesen alltäglichen Vorwürfen läßt sich am besten erkennen, worin die Unterschiede liegen; zudem bieten sie Ihnen die Möglichkeit, zu überprüfen, womit Sie und Ihr Partner sich identifizieren. Auch wenn Sie mitunter meinen, die einzigen zu sein, die solche Probleme haben, diese Klagen sind weit verbreitet. Verlieren Sie nie Ihr Ziel aus den Augen: die Unterschiede überwinden, um eine für beide Seiten befriedigendere Liebesbeziehung aufzubauen. Später werden wir uns Einzelaspekten wie Konfliktsituationen, Verständigung und Zuneigung zuwenden und nach Möglichkeiten suchen, damit verbundene Probleme anzugehen. Unten finden Sie die häufigsten Klagen von RH- und LH-Partnern. Und vergessen Sie bitte nie, daß Sie sich möglicherweise mit der einen Auflistung eher identifizieren werden als mit der anderen.

Häufig geäußerte Klagen über LH-Partner
Sie oder er

- ist mir gegenüber so unnahbar
- ist mit seinen/ihren Gedanken woanders; zwanghaft
- ist mit seinen/ihren Gedanken nie beim Heute, sondern immer in der Vergangenheit oder in der Zukunft
- ist zu zurückhaltend und nie locker und verspielt
- ist gefühllos, zu direkt
- ist zu ich-bezogen, introvertiert, ungesellig
- braucht mich nicht
- spricht nie über Gefühle
- ist unromantisch; sollte eigentlich wissen, was ich mir wünsche; wird nicht eins mit mir beim Liebesspiel
- zeigt nicht, was er/sie für mich empfindet
- ist ein langweiliger Gesprächspartner; unterhält sich nicht gern
- klebt zu sehr an Routine

Häufig geäußerte Klagen über RH-Partner
Sie oder er

- reagiert zu emotional, wenn wir über unsere Probleme reden
- will zu oft mit mir zusammensein

- ist zu extrovertiert; zieht zuviel Aufmerksamkeit auf sich
- schweift vom Thema ab
- geht Probleme nicht logisch an
- nimmt alles zu persönlich, ist viel zu empfindlich
- hat nicht genügend eigene Interessen, will von mir unterhalten werden
- zieht falsche Schlüsse aus meinem Verhalten (Schweigen muß nicht unbedingt bedeuten, daß ich unglücklich bin)
- spricht nicht aus, was er/sie will; sondern erwartet von mir, daß ich es »weiß«; legt zuviel Wert auf das Einswerden
- weiß meine Art, Gefühle zu zeigen, nicht zu schätzen oder würdigt sie herab
- äußert in Gesprächen so viel Irrelevantes
- achtet zu wenig aufs Detail; ist sorglos

Da wir alle von beiden Hälften des Gehirns gesteuert werden, besitzt jeder von uns einige dieser Eigenschaften. Probleme entstehen erst dann, wenn wir als Paar die Balance verlieren und mit unserem Verhalten entgegengesetzte Positionen beziehen, ohne zu wissen, wie wir uns wieder aufeinander zubewegen können oder es an dem nötigen Willen dazu fehlen lassen. Und doch ist gerade dies der Schlüssel zu einer dauerhaften, glücklichen Beziehung von Gegensatzpartnern, wie wir später noch sehen werden.

Unterschiede sind wichtig für Beziehungen, und nur dadurch, daß wir sie ausleben, wird die wahre Stärke einer Beziehung offenbar. Respekt vor sich selbst und der Persönlichkeit des Partners ist für eine intakte Verbindung lebenswichtig.

Die Probleme von Gegensatzpartnern lassen sich zwei Bereichen zuordnen: Entweder entstehen die Mißverständnisse durch die Art und Weise, in der jeder das Verhalten des anderen beurteilt, oder beide verwenden in ihrem Bemühen um Angleichung zuviel Energie darauf, das Verhalten des anderen zu ändern. Natürlich hält jeder Partner seine eigene Art für die »eigentlich richtige«. Eher rechts- oder linkshemisphärisch zu sein, ist ein zentraler Aspekt unserer Persönlichkeit. Er prägt unsere Wertvorstellungen und unsere Lebensweise, er bestimmt, welche Prioritäten wir setzen, wie wir reagieren, uns Ausdruck verschaffen und sogar, wie wir von anderen beschrieben werden. Wenn diese Identität durch die Forderung des Partners, uns zu ändern, bedroht wird, ist es nur verständlich, daß wir defensiv reagieren.

Die eigentliche Herausforderung aber besteht darin, den eigenen Partner so zu akzeptieren, wie er ist. Das bedeutet jedoch nicht, daß wir unbefriedigte Bedürfnisse übergehen sollen. Einige Ihrer Bedürfnisse können nur von Ihrem Partner gestillt werden, und es ist wichtig, Mängel offen anzusprechen. Es wird nicht ausbleiben, daß Ihre Bedürfnisse von Zeit zu Zeit auseinanderlaufen – oder miteinander kollidieren –, schließlich ist jeder von Ihnen ein eigenständiges Individuum.

Eine alte Faustregel besagt: *Wer zufrieden ist, der will auch nichts verändern.* Das leuchtet ein. Wer würde schon etwas reparieren wollen, das seiner Meinung nach funktioniert? Während es der eine Partner vorzieht, nicht am Status quo zu rütteln, statt an einer Beziehung herumzubasteln, die seiner oder ihrer Ansicht nach in Ordnung ist, kann dies im anderen Partner Hilflosigkeit oder Ohnmachtsgefühle hervorrufen. Irgendwann verwandeln sich diese Gefühle in Ablehnung und Wut und richten sich nach innen (Depressionen, Eßstörungen, Schlaflosigkeit), gegen den Partner (chronisches Nörgeln, tägliche Auseinandersetzungen, fehlendes sexuelles Verlangen) oder gegen die Beziehung (Untreue, Verlassensdrohungen).

Paarberatern ist die folgende Situation nicht fremd: Ein Partner hat den anderen in die Therapie »geschleppt«. In erschreckender Deutlichkeit wird hier offenbar, daß dies verzweifelte Stunden sind und die Psychotherapie als Wiederbelebungsversuch an einer ernsthaft gefährdeten Beziehung angesehen wird. In vielen solcher Fälle kommt das Paar zu spät, oder nur einer von beiden ist wirklich am Ergebnis interessiert.

In Kapitel 11 werden wir uns eingehender mit Erwartungen beschäftigen, die Sie an eine Paarberatung stellen können. Liebesbeziehungen sind zu wertvoll, um sie zu vernachlässigen oder einfach fallenzulassen. Am Ende dieses Buches sollten Sie in der Lage sein, die spezifischen RH/LH-Probleme Ihrer Beziehung zu erkennen und eine Vorstellung davon haben, wie Sie diese angehen können.

3
Fakten und Gefühle: Wie wird man ein »zweisprachiges« Paar

Es gibt zwei Arten, Licht zu spenden: entweder man ist die Kerze oder der Spiegel, der das Licht reflektiert. Edith Wharton

Paare und Kommunikation

Wissenschaftler haben schon vor geraumer Zeit festgestellt, daß es unmöglich ist, *nicht* miteinander zu kommunizieren. Das gilt besonders für Paare. Obwohl der in meiner Praxis am häufigsten geäußerte Vorwurf lautet: »Wir reden nicht miteinander« oder »Mein Partner redet nicht mir mir«, weiß ich, daß das unmöglich ist. Kommunikationsmangel innerhalb einer Partnerschaft gibt es nicht. Das Ausbleiben eines lange erwarteten Briefes, ein vergessener Telefonanruf, eine verschlossene Tür, ein schweigender, schmollender Partner, eine Ohrfeige: alle diese scheinbar so unkommunikativen Gesten enthalten eine Mitteilung.

Kommunikation wird erlernt, und die einflußreichsten Lehrer sind unsere Eltern oder wer immer diese Rolle ausfüllt. Diese Erwachsenen geben das weiter, was sie selbst in ihrer Kindheit gelernt haben. Infolgedessen haben viele von uns von wohlmeinenden Erwachsenen nur in sehr unzureichendem Maße erfahren, wie man miteinander kommuniziert. Wir reproduzieren lediglich Verhaltensmuster, die sowohl uns selbst als auch unseren Partnern Probleme bereiten. Zu diesen Mustern gehören: oberflächliches Verhalten (statt echten Dialog zu fördern), das Errichten von Fassaden (statt unser wahres Selbst offenzulegen), das Betreiben zwischen-

menschlicher Spielchen (statt eigene Bedürfnisse konkret zu benennen) und das Manipulieren mit Hilfe von Sprache (was ein Ungleichgewicht herstellt).
Das Senden und Empfangen verbaler und nonverbaler Mitteilungen ist die Grundlage der Kommunikation. Wir kommunizieren, um zu überleben, Informationen auszutauschen, andere zu überzeugen, Macht zu etablieren und zu erhalten, unsere Vorstellungen auszudrücken, körperliche Bedürfnisse zu befriedigen, Entscheidungen zu treffen, die Welt zu verstehen und um Beziehungen aufzubauen.
Menschen kommunizieren miteinander, weil sie mit anderen Beziehungen eingehen wollen, in denen sie ihre emotionalen Bedürfnisse stillen, sich geborgen, geschätzt und verbunden fühlen können. Virginia Satir, eine Therapeutin, deren Lebenswerk darin bestand, die Beziehungsstrukturen von Familienmitgliedern zu untersuchen, faßte die Rolle von Kommunikation in ihrem Werk »Selbstwert und Kommunikation« zusammen:

»Sobald ein Mensch zur Welt gekommen ist, *ist Kommunikation der einzige und wichtigste Faktor, der bestimmt, welche Arten von Beziehungen er mit anderen eingeht und was er in seiner Umwelt erlebt.*
Wie er zurechtkommt mit seinem Leben, wie er vertraute Beziehungen knüpft, wie er produktiv ist, wie er einen Sinn findet, wie er mit seinem persönlichen Gott verbunden ist, all dies hängt weitgehend von seinen Kommunikationsfähigkeiten ab.« (S. 49)

Informationen über den Partner sind für eine Partnerschaft unerläßlich. Wir erarbeiten sie uns stufenweise, beginnend mit oberflächlichen, äußerlichen Beobachtungen, die sich im Laufe der Zeit und durch viele gemeinsame Erfahrungen zu einem tieferen Verständnis des Partners erweitern. Mit zunehmender Vertrautheit wird die Kommunikation um eine dritte Art von Wissen erweitert: die Fähigkeit, das Verhalten des Partners einzuschätzen.

Eine intime Paarbeziehung ist ein Privileg, denn Intimität wird durch Vertrauen geschaffen. Und der größte Vertrauensbeweis liegt darin, dem Partner Zugang zum eigenen Innenleben zu gewähren, sie oder ihn teilhaben zu lassen an den eigenen Hoffnungen, Träumen, Ängsten und Zweifeln. Dies kann nur über eine offene und ehrliche Kommunikation geschehen.

Vertraute Paare entwickeln im Laufe der Zeit ihre eigene Sprache, die aus speziellen Bezeichnungen, Kosenamen und persönlichen Bezügen besteht und sich aus vielen gemeinsamen Erfahrungen ableitet – guten wie schlechten. Diese Privatsprache ist sowohl verbal als auch nonverbal und hat zwei wichtige Funktionen. Zum einen ermöglicht sie es den Partnern, in Gegenwart anderer intim miteinander zu kommunizieren. Zum anderen verstärkt sie ihre Identität als Paar, indem sie eine unsichtbare Grenze zwischen ihnen und jenen zieht, die diese Sprache nicht teilen.

Diese Art von Verständigung zwischen Partnern setzt Vertrauen und eine offene, ehrliche Kommunikation voraus. Paare mit einer gut funktionierenden eigenen Sprache zu beobachten, ähnelt dem Betrachten eines Balletts. Die Partner bewegen sich in einem bestimmten Rhythmus aufeinander zu oder voneinander fort, in abwechselnden Soli oder einem gelegentlichen Pas de deux.

Wenn Sie und Ihr Partner eine solche Verständigung anstreben, dann müssen Sie sich zunächst einmal als individuelle, eigenständige und gleichwertige Wesen anerkennen. Echte Verständigung vermittelt Verbundenheit auf einer Ich-Du-Beziehungsebene, wie der Theologe Martin Buber es formulierte. Auf dieser Ebene ist der Partner kein Objekt, das man zur Befriedigung der eigenen Bedürfnisse nutzt (Ich-Es), sondern ein Pfad zu *geteiltem* Wissen. Bei der Ich-Du-Kommunikation geht es um das »Zwischen«.

Unser Kommunikationsstil wird stark davon beeinflußt, wie wir uns selbst sehen. Dieses Selbstbild entwickeln wir durch unsere Beziehungen zu anderen, durch die Art und Weise, wie wir von anderen »widergespiegelt« werden. Jeder Mensch hat in seinem Innern eine Idealvorstellung davon, wie er gern sein und von anderen gesehen werden möchte. Die Kluft zwischen diesem geistigen und dem eigentlichen Bild bietet fruchtbaren Boden für Kommunikationsstörungen und schafft Blockierungen bei dem Versuch, mit anderen in Beziehung zu treten. Das Selbstbild ist unser innerer Eindruck von uns selbst. Und unsere Selbstachtung drückt aus, wie wir diesen Eindruck bewerten. Beide, der innere Eindruck und seine Bewertung, können bei dem Versuch, sowohl mit uns selbst als auch mit anderen zu kommunizieren, zu Problemen führen.

Das Selbstgefühl ist mit unserer Wahrnehmung der anderen Person eng verknüpft. Sobald wir mit jemandem eine Unterhaltung anfangen, bilden wir gleichzeitig Urteile und Meinungen, die jedoch kaum mehr als auf Stereotypen basierende Vorurteile darstellen. Denn obwohl wir unser Gegenüber noch gar nicht kennen, ziehen wir bereits allgemeingültige Schlüsse über dessen Natur, Absichten, Eigenschaften und Vertrauenswürdigkeit. Wir versuchen, im anderen Menschen »zu lesen« und anschließend seine Gefühle für uns zu erraten.

In Liebesbeziehungen kann diese Neigung zu erheblichen Problemen führen, da wir emotional stark in der Beziehung verhaftet und von ihr abhängig sind. Wir verzerren die Signale, die unser Partner aussendet, indem wir unsere eigenen Wünsche projizieren, nur das sehen und hören, was wir sehen oder hören wollen, voreilige Schlüsse ziehen oder uns aufgrund eines ersten Eindrucks eine feste Meinung bilden, obwohl wir inzwischen anderslautende Informationen besitzen.

Die meisten von uns sehnen sich nach einer glücklichen und

befriedigenden Beziehung mit einem ganz besonderen Menschen. Allerdings fehlt es vielen trotz der guten Vorsätze an den notwendigen »Beziehungstechniken«. Ohne diese Techniken aber laufen wir Gefahr, einträchtig nebeneinanderher zu leben, aber mit wenig oder gar keinem Vertrauen zueinander, und riskieren damit, daß Kommunikationsblockaden die Bindung zerstören.
Ineffektive Kommunikation verursacht Frustration, Unzufriedenheit und Streß. Und chronische Kommunikationsstörungen geben uns das alles beherrschende Gefühl, einsam und von unserem Partner isoliert, entfremdet zu sein. Diese Einsamkeit oder »Leere« wird nicht nur in therapeutischen Praxen immer häufiger beklagt, sondern in der gesamten Gesellschaft. Es scheint, als sei der wachsende Materialismus nichts anderes als die Suche nach Trost in *Dingen* statt in *Menschen*, weil man mit Dingen nicht kommunizieren muß. Und nun ist die »Ich«-Generation dabei festzustellen, daß die Zahl der Spielzeuge keine Rolle spielt, wenn man niemanden hat, mit dem man spielen kann.
Die problematischsten Paare in meiner Praxis sind diejenigen, bei denen es beide Partner versäumt haben, schon *vor* Aufnahme ihrer Beziehung gute zwischenmenschliche Kontakte aufzubauen. Wenn wir nicht lernen, uns an andere Menschen zu binden und mit ihnen zu kommunizieren, können wir uns nicht voll entwickeln. Läßt uns später ein anderer Mensch in sein Leben ein, wird uns damit nicht nur eine Bindung angeboten, sondern wir sind auch vor die Aufgabe gestellt, die *Eigenliebe* und die Liebe für den anderen im Gleichgewicht zu halten. Ohne ausreichende Erfahrung im Umgang mit Freundschaften fehlt es uns an der notwendigen »Übung« in der Kunst des Gebens und Nehmens; der Austausch wird sehr schwer.
Kommunikation ist die Lebensader aller Beziehungen. Ist diese Ader blockiert, wird die Beziehung geschwächt; wird sie dauerhaft vernachlässigt, kann dies ihr Ende bedeuten.

Liebesbeziehungen sind zerbrechlich und deshalb in besonderem Maße auf gut funktionierende Kommunikation angewiesen. Aaron Beck stellt in seinem Buch »Love Is Never Enough« fest, daß der intimste Austausch zwischen Partnern, neben der sexuellen Begegnung, in ihren Gesprächen stattfindet. Da ein Paar wesentlich mehr Zeit damit verbringt, sich zu unterhalten als sich zu lieben, sind die Gespräche letztendlich entscheidend für den Erhalt und die Entwicklung der Beziehung.

Eine Nachricht: Zwei verschiedene Sprachen

Jede Kommunikation besteht aus einer Inhalts- und einer Beziehungsebene. Jedes Ereignis (Fakt) verursacht zugleich eine Emotion (Gefühl). Diese beiden »Sprachen«, die Sprache der Fakten (LH) und die Sprache der Gefühle (RH), werden von allen Gegensatzpaaren gesprochen. Probleme entstehen da, wo jeder Partner nur eine der beiden Sprachen beherrscht, diese für die einzig »richtige« hält und sich nicht für die des Partners interessiert.
Ähnlich veranlagte Partner sprechen die gleiche Sprache und kommunizieren zum gleichen Zweck. Sie haben daher weniger Schwierigkeiten, sich zu verständigen, und erfahren weniger Mißverständnisse. Zwei rechtshemisphärische Menschen beispielsweise kommunizieren, um sich einander verbunden zu fühlen, und bedienen sich dazu einer intimen, persönlichen Sprache, um ihre Wahrnehmungen auf der Gefühlsebene zu erkunden.
Sarah und Len, beides rechtshemisphärische Menschen, sind seit sieben Jahren zusammen. Sarah ist Kunstlehrerin, und Len arbeitet mit körperbehinderten Jugendlichen. Sie beschreiben ihre Beziehung als »ungewöhnlich eng«. Während sie in meinem Büro sitzen und ihr Renovierungsvorhaben

beschreiben, beendet immer wieder einer der beiden den Satz des anderen. Ihre Ausführungen fließen ineinander über, sie erzählen lebhaft, schwungvoll und bildreich. Beide berichten angeregt von der Wahl eines Stoffes für ein altes Sofa, das Len von seiner Tante geerbt hat.

Len (RH): Sarah und ich haben uns nach Stoffen umgesehen. Ich fand etwa fünf oder sechs wunderschöne Muster, von denen ich mir vorstellen konnte, daß sie zu Hause großartig aussehen würden.
Sarah (RH): Ja. Unglücklicherweise fand ich noch weitere sechs Stoffe, die mir gefielen. Also setzten wir uns im Wohnzimmer auf den Boden, umgeben von diesem Regenbogen aus zwölf oder mehr Möglichkeiten, und kapierten sofort, daß das eine unmögliche Aufgabe war...
Len: ... also fingen wir an, uns über die Stoffe zu unterhalten. Warum wir sie ausgesucht hatten, was sie in uns auslösten, warum wir sie schön fanden usw.
Sarah: Ungefähr nach einer Stunde merkte ich, daß Len sich zu einem Stoff besonders hingezogen fühlte, der mir aber nicht gefiel...
Len: ... also fragte sie mich, was mich daran so anspricht. Sie wollte meine Wahl verstehen. Ich erzählte ihr vom Haus meiner Tante und warum diese Farbkombination mich an ihr Sonnenzimmer erinnerte und die vielen Male, die ich darin gespielt hatte.
Sarah: ... und weil dies das Sofa seiner Tante war, hielt er den Stoff für sehr passend.
Therapeutin: Also haben Sie diesen Stoff genommen?
Len: Nein. Wir schwanken immer noch. Sarah hat zwei oder drei Stoffe, die sie für absolut »perfekt« hält.
Sarah: Aus diesem Grund sind wir hier. Die ganze Sache hat ihren Reiz verloren. Am Anfang fanden wir es wunderbar, uns darüber zu unterhalten, was und warum wir etwas mochten. Aber jetzt können wir uns nicht mehr entscheiden,

und wir haben angefangen, die Sache persönlich zu nehmen. Len behauptet, ich hätte etwas gegen seine Tante, und ich finde, daß er kein Gespür für Farben hat.

Im Gegensatz zu RH-Paaren fällt es linkshemisphärischen Partnern nicht schwer, Entscheidungen zu treffen. Sie haben ein geringeres Bedürfnis nach tiefem gegenseitigen Verständnis und bevorzugen eine Sprache, die auf Logik basiert. Da sie Gefühle meist ausklammern, konzentrieren sich auch ihre Auseinandersetzungen rein auf die Fakten und werden nie persönlich. Linkshemisphärische Paare ziehen es vor, ihre Probleme ohne fremde Hilfe zu lösen, und tun dies meist mit großem Erfolg. Aus diesem Grund haben es Therapeuten nur in seltenen Fällen mit LH-Paaren zu tun.
Das folgende Pärchen stellt eine der wenigen Ausnahmen dar. Maureen und Robert sind beide im Gesundheitswesen tätig, Maureen arbeitet als Laborassistentin, Robert als Biochemiker.
Grund ihres Besuches in meiner Praxis ist eine ungeplante Schwangerschaft (was bei zwei linkshemisphärischen Partnern ebenfalls selten vorkommt), die die beiden stärker auf ihre Gefühle zurückgeworfen hat, als ihnen lieb ist. Ihr Vertrauen in harte Fakten und Logik ist ihnen in diesem Punkt keine große Hilfe, während gegenseitige Unterstützung und eine intime, gefühlsmäßige Auseinandersetzung ihnen vermutlich weiterhelfen könnten.

Maureen (LH): Wie ich schon am Telefon gesagt habe, haben wir das überhaupt nicht eingeplant. Ich habe ein paar Informationen eingeholt, aus denen hervorgeht, daß die Fehlerquote bei meiner Verhütungsart bei zwei Prozent liegt. Ich glaube, damit bin ich wohl ein Fall für die Statistik.
Therapeutin: Was empfinden Sie beim Gedanken an diese Schwangerschaft?
Maureen: Ich verstehe einfach nicht, wie das passieren

konnte. Wir sind immer so verantwortungsbewußt damit umgegangen.
Therapeutin: Robert, welche Gefühle haben Sie angesichts von Maureens Schwangerschaft?
Robert (LH): Ich glaube, einige der Studien, die ich gesehen habe, sprechen von mehr als zwei Prozent.
Therapeutin: Maureen, haben *Sie* irgendwelche Empfindungen bezüglich dieses plötzlichen Ereignisses?
Maureen: Ich habe vor, meine Arbeit wiederaufzunehmen. Ich war eine Woche krankgeschrieben, weil ich mich schlecht konzentrieren konnte. Deshalb bin ich hier. Ich kann mir bei meiner Arbeit keine Fehler leisten.
Therapeutin: Robert, aus welchem Grund sind *Sie* hier?
Robert: Ich bin immer offen für Vorschläge, weitere Informationen, alles, was uns helfen könnte. Wir stehen vor einschneidenden Veränderungen, über die wir reden müssen.

Maureen und Robert sind es nicht gewöhnt, sich auf ihre Gefühle zu konzentrieren, und ziehen es vor, sich auf die reinen Fakten der Situation zu beschränken. Beide LHs sprechen die gleiche Sprache und kommunizieren mit dem gleichen Ziel.

Wenn Sie mit einem Gegensatzpartner zusammen sind, wird es Sie nicht überraschen, daß schon die *Funktion* von Kommunikation für einen rechtshemisphärischen Menschen eine andere ist als für einen linkshemisphärischen. Ersterer sieht in Kommunikation eine Möglichkeit, Interesse zu erzeugen, Solidarität zu erfahren und die Intimität mit dem Partner zu steigern. Letzterer will durch Kommunikation Klarheit erlangen, Probleme lösen und gemeinsame Entscheidungen treffen. Folgerichtig sehen RH-Paare in Beziehungsgesprächen eine Möglichkeit zur Herstellung von *Verbundenheit*, LH-Paare dagegen werten sie als *Anzeichen für Probleme*.

In Diskussionen wird Ihr Gegensatzpartner Sie, Ihre Argumente und sämtliche Ereignisse immer vor dem Hintergrund seiner eigenen Erfahrungen, seines eigenen Verständnisses und seiner eigenen Sprache interpretieren – genau wie Sie selbst. Dies ist zwar ein natürlicher Vorgang, kann aber zu einer Polarisierung der Positionen führen, die letztendlich keinen von Ihnen zufriedenstellt.

In gut funktionierenden Partnerschaften werden Unterschiede als Stärke angesehen und nicht als etwas, das es abzuschaffen gilt. Die Partner haben gelernt, daß Wahrheit nichts Absolutes und daß menschliches Verhalten komplex und auf vielfache Weise erklärbar ist.

Ein Großteil der Meinungsverschiedenheiten unter Paaren dreht sich um Ambivalenzen, stellt der Familientherapeut Robert Beavers in »Successful Marriage« fest. Die Gefährten sollten sich darüber klarwerden, daß diese Teil der menschlichen Natur sind, rät er, vor allem wenn es darum geht, sich mit etwas so Wichtigem auseinanderzusetzen wie dem eigenen Partner oder der Partnerin.

Verschiedenheit muß kein Kommunikationshindernis darstellen. Im Gegenteil: Sie kann unser Bewußtsein für neue Möglichkeiten sensibilisieren und uns Wege eröffnen, die wir noch nie in Erwägung gezogen haben. Gerade unsere Unterschiede sind es – die Fähigkeit, Vernunft und Gefühle in Einklang zu bringen –, die Interdependenz ermöglichen.

Wenn die Gefühle die Fähigkeit zur rationalen Problemlösung überlagern, können die Partner nicht zusammenarbeiten. Doch auch mit Logik allein lassen sich Paarprobleme nicht beseitigen. Viele Aspekte einer Beziehung entziehen sich schlichtweg einer rationalen Bewältigung.

So sehr es bei der Verständigung auf Genauigkeit ankommen mag, suchen die meisten Menschen in Liebesbeziehungen auch Verbundenheit. Roger Fisher und Scott Brown kommen in »Gute Beziehungen« zu der Feststellung: »Emotionen können wichtige Informationen vermitteln, können uns helfen, unsere Kräfte gezielt einzusetzen, und stellen oft einen Handlungsanreiz dar. Ohne sie gelangt man selten zu klugen Entscheidungen ...« Sie fordern daher nicht nur eine »von Emotionen durchdrungene Vernunft«, sondern auch »von der Vernunft kanalisierte und gemäßigte Emotionen«. (S. 28)

Für einen linkshemisphärischen Menschen ist es schwer, sich mit einem rechtshemisphärischen Partner zu verständigen, der sich allein auf Intuition, »höheres« Wissen und andere mysteriöse Eingaben verläßt, emotional überreagiert, Widersprüchlichkeit zu rechtfertigen versucht und häufig unlogisch argumentiert. Ein solches Verhalten verhindert die zur Problemlösung notwendigen Gespräche.

Ebenso frustrierend ist es für einen rechtshemisphärischen Menschen, sich mit einem LH-Partner auseinanderzusetzen, der darauf besteht, alles rational anzugehen, und der gänzlich neutral wirkt, ohne je eine Meinung oder ein Gefühl zu offenbaren. Ein solches Verhalten erlaubt keine Intimität, und Intimität ist das Herzstück aller Liebesbeziehungen.

Nora und Evan sind seit drei Jahren zusammen. Nora arbeitet als Programmiererin, Evan als Sozialarbeiter in einer Reha-Klinik. Der Grund für die begonnene Therapie ist Evans Frustration über seine Kommunikationsprobleme mit Nora. Noras Pragmatismus und Logik prägt die Gespräche der beiden derart, daß Evans Bedürfnis nach einem liebevoll-intimen Umgang völlig unbefriedigt bleibt. Enttäuscht wirft er Nora Lieblosigkeit vor. Nora reagiert defensiv und weist den Vorwurf zurück. Diesen Kommunikationsversuchen folgt langes Schweigen. In meiner Praxis bitte ich sie, den letzten Streitpunkt noch einmal aufzurollen.

Evan (RH): Ich kam nach Hause und schimpfte über den Berg von Papierkram, mit dem ich zu kämpfen hatte, und daß man aus den Formularen für einen einzigen Patienten einen kompletten Wald wiederaufforsten könnte.

Therapeutin: Was wollten Sie mit diesem Kommentar bei Nora erreichen? Was erhofften Sie sich?
Evan: Irgendwelches Verständnis, das Gefühl, daß sie weiß, wie es mir geht.
Therapeutin: Und was war das Ergebnis?
Evan: Ein Vortrag über die Notwendigkeit der Erfassung von Patientendaten, um eine korrekte Abrechnung zu gewährleisten. Eben die Sorte Antwort, die ich von meinem Chef erwartet hätte!
Nora (LH): Ich glaube, ich habe etwa gesagt: »Ich bin sicher, daß es für diese Formulare einen guten Grund gibt, selbst wenn es so viele sind.«
Evan: Es ging nicht nur darum, *was* du gesagt hast, sondern *wie* du es gesagt hast. Das ist mir auf den Magen geschlagen. Ich komme völlig fertig nach Hause, knalle die Tasche auf den Tisch und jammere, daß ich in Papierkram fast ersticke. Und dann kommst du mit deiner kontrollierten Art und erzählst mir noch, daß das Krankenhaus gute Gründe haben muß.
Therapeutin: Wie war das für Sie, Evan?
Evan: Es war, als hätte mir Nora einen Eimer Wasser über den Kopf geschüttet. Ich fühlte mich völlig isoliert und abgeschnitten. Wie ausgeknipst. Das passiert mir oft. Ich hoffe darauf, daß Sie etwas sagt, was mir hilft, und am Ende geht es mir schlechter als vorher.
Therapeutin: Nora, was geht in Ihnen vor bei Evans Schilderung der Situation?
Nora: Da hat sich nichts verändert. Ich bin immer noch der Ansicht, daß diese Formulare notwendig sind. Ich weiß einfach nicht, was er von mir *erwartet*. Mir erscheint das, was ich gesagt habe, vollkommen logisch.

Jeder der beiden beharrt auf seinem Kommunikationsstil, was häufig auf Kosten der Beziehung geht. Die magischen Worte: »Laß mich mal sehen, ob ich dich wirklich verstanden habe« sind ihnen fremd. Noch deutlicher wird dies in der folgenden Geschichte, die ich Stephen Coveys »Die sieben Wege zur Effektivität« verdanke:

»Nehmen wir einmal an, Sie hätten Probleme mit den Augen und suchen deswegen einen Augenarzt auf. Nachdem er sich kurz Ihre Beschwerden angehört hat, nimmt er seine Brille ab und reicht sie Ihnen.
›Setzen Sie sie auf‹, sagt er. ›Ich habe diese Brille jetzt zehn Jahre getragen, und sie hat mir wirklich geholfen. Ich habe zu Hause noch einen Ersatz; Sie können diese haben.‹ Also setzen Sie sie auf, aber das macht alles nur noch schlimmer.
›Die ist furchtbar‹, rufen Sie aus. ›Ich kann überhaupt nichts sehen.‹ ›Woran fehlt's denn?‹ fragt er. ›Bei mir funktioniert sie prima. Geben Sie sich ein bißchen mehr Mühe.‹« (S. 218)

Während der Studien für ihr Buch »Das andere Denken« fanden Mary Field Belenky und ihre Mitarbeiterinnen heraus, daß, obwohl die Denk- und Kommunikationsweisen vieler Frauen auf eine traditionelle Sozialisation zurückgeführt werden können, das Geschlecht nicht in jedem Fall ausschlaggebend ist. Entgegen der weitverbreiteten Annahme, werden Frauen auf ganz verschiedene Weise geprägt. Eine Frau zu sein, sagt noch nichts darüber aus, wie man denkt, Probleme löst oder mit anderen kommuniziert: »Abgelöstes und gebundenes Denken sind nicht geschlechtsspezifisch... Die Frauen, die wir interviewten... neigten der einen oder der anderen Orientierung zu.« (S. 122)
Belenky unterscheidet zwischen »gebundenem« und »abgelöstem Denken«: Gebunden Denkende weisen viele Übereinstimmungen mit rechtshemisphärischen Menschen auf, während abgelöst Denkende eher den linkshemisphärischen Menschen entsprechen. Wie LH- und RH-Partner verwen-

den auch gebunden und abgelöst Denkende nicht nur verschiedene Sprachen, sondern verbinden mit Kommunikation auch unterschiedliche Funktionen.

Die für uns bedeutsamste Entdeckung Belenkys und ihrer Mitarbeiterinnen ist die Erkenntnis, daß gebundenes (rechtshemisphärisches) Denken ebenso prozedural (vernunftgesteuert) ist wie ungebundenes (linkshemisphärisches) Denken. In unserem Kulturkreis, in dem rechtshemisphärisches Denken weitaus weniger Anerkennung findet als linkshemisphärisches Denken, ist dies eine erfreuliche Nachricht für alle Rechtshirn-dominierten Menschen.

Für gebunden Denkende (RHs) ist persönliche Erfahrung die verläßlichste Wissensquelle und weitaus zuverlässiger als reines Fachwissen. Da sie davon ausgehen, daß man andere Menschen durch Kennenlernen am besten verstehen lernt, ist Kommunikation in der Partnerschaft für sie der Schlüssel zum Verständnis des anderen. Sie schaffen eine Bindung zu dem, was sie verstehen wollen. Ihre Gespräche sind voller Fragen, nicht um die logischen Gedankengänge des anderen zu erforschen, sondern weil sie sich dafür interessieren, wie die Erfahrungen eines Menschen seine Ansichten prägen.

Die anderen Frauen dieser Studie, die ungebunden Denkenden (LHs), bevorzugen eine unpersönliche Verfahrensweise. Ihr Verständnisprozeß beruht auf kritischem Denken, konzentriert sich auf die Suche nach Hintertürchen und Fehlern. Solche linkshemisphärischen Menschen verlassen sich auf ihre Kombinationsgabe und analytischen Fähigkeiten und sind stolz auf ihre Bereitschaft, die eigenen Vorstellungen ebenso kritisch zu hinterfragen wie die von anderen. Sie kennen lieber die Regeln (die zu einer logischen Schlußfolgerung führen) als die Person, die sie sogar vom eigentlichen Ziel der Kommunikation ablenken kann: mit Hilfe einer exakten Sprache Fakten herauszuarbeiten und so die »Wahrheit« zu finden.

Linkshirn-dominierte Menschen bedienen sich einer unpersönlich-objektiven Sprache und streben nach Unvoreingenommenheit. Das bedeutet jedoch gleichzeitig, daß sie das »Ich« aus der Kommunikation ausblenden, um einen möglichst unpersönlichen Standpunkt einnehmen zu können. Dies ist der Grund für ihre Scheu vor intimen, persönlichen Gesprächen, in denen es natürlich völlig subjektiv zugeht und diese Subjektivität auch noch öffentlich bekundet wird. Viele linkshemisphärische Menschen haben darin keine Erfahrung und besitzen kein entsprechendes Vokabular, mit dem sie sich verständlich machen können. (Der Übungsabschnitt am Ende des Buches enthält eine Sammlung von »Gefühlsvokabeln«, die Ihnen vielleicht nützlich sein wird.)

Harriet Goldhor Lerner beschreibt in »Wohin mit meiner Wut?« Paare, in denen der eine Partner mit Gefühlen wesentlich besser umzugehen weiß als der andere: »Gegensätzliche Partner ziehen sich tatsächlich an, aber sie leben nicht, wie im Märchen, in Frieden und Seligkeit. Einerseits ist es beruhigend, mit einem Partner zu leben, der die uneingestandenen Anteile der eigenen Persönlichkeit stellvertretend auslebt; andererseits hat ein solches Arrangement unweigerlich einen Preis.« (S. 50) An den »gefühlsneutralen« Partner gewandt, fügt sie die Warnung hinzu, wer sich darauf verlasse, daß der andere Partner für die »Gefühlsarbeit« zuständig sei, vernachlässige einen wesentlichen Teil von sich selbst. Ein typisches Dilemma von Gegensatzpartnern reflektiert der folgende Dialog:

RH: Ist dir schon einmal aufgefallen, daß wir fast nie über *uns* sprechen? Wir reden immer nur über *Dinge*. Ich habe das Gefühl, wir sind uns fremd geworden. Ich habe keine Verbindung mehr zu dir. Ich weiß nie, was du denkst oder fühlst. Es macht mir Angst, so wenig von dir zu wissen.
LH: Was möchtest du denn gern wissen?

RH: Ich weiß nicht. Alles!
LH: Alles über *was*? Drück dich doch ein bißchen genauer aus.
RH: Du bist unmöglich.

Die Neigung linkshemisphärischer Menschen, Gefühle zu ignorieren, basiert auf der Vorstellung, man könne eine Situation nur dann analysieren, wenn man sie frei von eigenen Ansichten und Emotionen so unpersönlich wie möglich und unter rein pragmatischen Gesichtspunkten angeht. Mary Field Belenky erklärt dazu, abgelöst Denkende mißbilligten die »Egozentrik« von gebunden Denkenden und hielten deren Gefühle für irreführend, weil sie der Ansicht seien, alle unter subjektiven Gesichtspunkten und ohne »unumstößliche« Tatsachen getroffenen Schlüsse könnten nur Halbwahrheiten sein. Ein linkshemisphärischer Mensch würde sogar seinen eigenen Standpunkt fallen lassen, wenn er ihn mit nichts anderem vertreten könnte als subjektiven Fakten (Gefühlen).
Klammert ein LH-Partner in der Kommunikation die Gefühle aus, dann tut er dies auch mit den Gefühlen des RH-Partners, was diesen sozusagen entwaffnet. Wenn eine Beziehung Verbundenheit vermitteln soll, die Kommunikation innerhalb der Beziehung jedoch völlig objektiv bleibt, führt dies zur Entfremdung zwischen den Partnern und steigert das Gefühl der Unzufriedenheit.
Um sich als Partner verständigen zu können, ist es notwendig, die Sprache des anderen anzuerkennen. Die linkshemisphärische Sprache ist faktenzentriert und von logischer Struktur. Sie ist grundsätzlich binär, d. h. etwas ist entweder schwarz oder weiß, um so präzise wie möglich zu sein und Mißverständnisse auszuschließen.

Die linkshemisphärische Sprache der Fakten
- Ist präzise

- Benutzt ein autoritäres, sachliches Vokabular
- Betont die Loslösung, Unabhängigkeit
- Bezugsebene ist die Logik
- Sieht Kommunikation als Klärungsprozeß
- Kernpunkt der Kommunikation ist kritisches Denken
- Pflegt eine unpersönlich-objektive Ausdrucksweise
- Zielt darauf ab, Fakten auf sachlicher Ebene zu präsentieren
- Nutzt Fragen als Schlüssel zum Verständnis der Logik des anderen (welche Gedankengänge haben meinen Partner von A nach B gebracht?)
- Dient im Problemfall dazu, den anderen zur »korrekten« Lösung hinzuführen; Mentorenrolle

Die rechtshemisphärische Sprache ist die Sprache der Gefühle und daher weniger präzise als die LH-Sprache. Sie enthält zwar eine gewisse Logik, aber nicht im klassischen Sinne. Sie hat weniger mit Mathematik als mit einem Film gemein – sie ist voller Bilder und damit verbundener Emotionen. Ihr Ziel ist es, den Gesprächspartner in eine Beziehung einzubinden und gegenseitiges Verständnis herzustellen.

Die rechtshemisphärische Sprache der Gefühle
- Ist voller Widersprüche
- Benutzt ein ausdrucksstarkes, gefühlsbetontes Vokabular
- Betont Verbindung und Interdependenz
- Verwendet symbolische Bezüge und Metaphern
- Sieht Kommunikation als verbindenden Vorgang
- Kern der Kommunikation ist die gemeinsame Erfahrung
- Ist eine persönliche Sprache aus subjektiven Einsichten
- Zielt darauf ab, durch gemeinsame Erfahrungen einen inneren Kontakt herzustellen
- Will durch Fragen herausfinden, wie Erfahrungen zur jetzigen Einstellung geführt haben (was hat mein Partner erlebt, daß er/sie von A nach B gekommen ist?) [Dies ent-

spricht dem, was Belenky als »experimentelle Logik« bezeichnet.]

- Dient im Problemfall dazu, dem Partner bei der Lösungsfindung zu helfen; Hebammenrolle

Obwohl sich Gegensatzpartner der Wahrheit auf unterschiedliche Weise nähern, teilen sie doch, wie Belenky es formuliert, die Fähigkeit, »hinter ihren eigenen Augen hervorzutreten und eine andere Linse zu verwenden«. (S. 136) Gebunden Denkende (RHs) tun dies, indem sie ihre Gefühle ausdrücken und aus ihrem eigenen Erlebnisbereich heraustreten, um die Erlebnisse des anderen nachzuvollziehen (Empathie). Abgelöst Denkende (LHs) dagegen streben nach einer objektiven, formalen Präsentation von Fakten unter Ausklammerung von Vorurteilen. Dieser Kontrast wird nirgends deutlicher als in einem Streit zwischen Gegensatzpartnern. Der RH-Partner hält den Streit für eine Auseinandersetzung unter *Partnern*, der LH-Partner für eine Kontroverse um divergierende *Positionen*.

LH: Diese Wahl wird knapp werden. Beide Kandidaten haben gute Aussichten. Trotzdem glaube ich, daß unsere Organisation jemanden mit Erfahrung braucht, und das ist Jackson.
RH: Jackson? Du machst Witze! Der Mann ist von gestern. Mit diesem Orlando-Geschäft hat er sich einen Riesenärger eingebrockt.
LH: Da bin ich anderer Ansicht. Seine Erklärung für die vermißten Gelder war recht glaubwürdig. Er wurde nie offiziell belastet.
RH: *(Ich kann nicht glauben, daß er für Jackson Partei ergreift!)* Hast du vergessen, wie er auf dieser Party zu mir gekommen ist und auf mir herumgehackt hat?
LH: Was hat das mit seinen Führungsqualitäten zu tun?
RH: *(Nicht einmal da hält er zu mir.)* Ich halte zu Emory. Sie

ist wesentlich kompetenter und außerdem viel sympathischer.
LH: Was hat ihre Persönlichkeit mit ihren Führungsqualitäten zu tun?
RH: *(Jetzt sucht er wirklich Streit.)* Ich mag sie eben. Hast du etwas dagegen?
LH: Ich finde nur, daß du unsachlich wirst, und sachlich gesehen spricht alles für Jackson.
RH: *(Ich hasse es, wenn er so redet. Es gibt mir das Gefühl, Lichtjahre von ihm entfernt zu sein.)* Ich habe keine Lust mehr, darüber zu reden; und ins Kino will ich auch nicht mehr.
LH: Wie bitte? Wie kommst du denn jetzt darauf?
RH: Wir sind Lichtjahre auseinander in diesem Punkt. Ich fühle mich dir nicht nahe, also habe ich im Moment auch keine Lust, mit dir zusammenzusein.

Wenn diese Partner lernen, die Situation als Teil der Natur ihrer Beziehung zu begreifen und sie sich nicht gegenseitig als Fehler anzulasten, dann können sie anfangen, auf eine zweisprachige Existenz hinzuarbeiten, indem sie ihre Beziehung ausgewogener gestalten und sich über ihre individuellen Eigenheiten austauschen.
Voraussetzung für dieses Unterfangen ist jedoch das Verständnis der Partner dafür, daß gute Kommunikation nur dann stattfinden kann, wenn die Mitteilung des anderen genau so verstanden wird, wie sie gemeint war. Der »sendende« Partner muß sich klar verständlich ausdrücken, und der »empfangende« Partner darf die Mitteilung nicht entstellen. Die Verantwortung dafür liegt bei beiden; wird sie vernachlässigt, kommt es zu Störungen und Mißverständnissen.

4
Mit dem Partner reden

Takt ist die Fähigkeit, einem anderen auf die Beine zu helfen, ohne ihm dabei auf die Zehen zu treten. Curt Goetz

Sie kommunizieren seit vielen Jahren. Seit Sie auf der Welt sind, bemühen Sie sich darum, mit anderen in Verbindung zu treten, sich ihnen verständlich zu machen und die Menschen um Sie herum zu verstehen. An jedem x-beliebigen Tag stehen Sie vor der Aufgabe, Geschäftsgespräche zu führen, sich aus einem Strafzettel herauszureden, ein wunderbares Menü zu bestellen oder eine Rede zu halten. Sie sind stolz auf Ihre Kommunikationsfähigkeit; die Menschen verstehen ohne Mühe, was Sie ihnen sagen wollen.

Und doch, selbst wenn Sie sich ansonsten für einen wirklich redebegabten Menschen halten, müssen Sie feststellen, daß Sie bei dem Versuch, mit Ihrem Gegensatzpartner zu kommunizieren, häufig kläglich scheitern. Trotz allem guten Willen mißlingen die Versuche, und die Folgen sind Mißverständnisse und verletzte Gefühle. Der Hauptübeltäter ist die Tatsache, daß Sie verschiedene »Sprachen« sprechen. Aber selbst wenn Sie zweisprachig werden, kann die Kommunikation immer noch scheitern.

Hält man sich vor Augen, wie viele Verständigungsprobleme sich Gegensatzpartnern in den Weg stellen können, dann könnte man leicht zu dem Schluß kommen, daß es schon eines Wunders bedarf, um zu dem erwünschten Ergebnis zu gelangen.

Die folgende Liste benennt einige der häufigsten »Stolpersteine« beim Aussenden von Mitteilungen. Sie gelten für alle Paare, wobei diejenigen Aspekte, die sich besonders bei Gegensatzpaaren als problematisch erweisen, optisch hervorgehoben wurden.

Sendeprobleme

- **Mangelndes Vertrauen**
- **Das Versäumnis, den Partner miteinzubeziehen**
- **Einweg-Kommunikation**
- **Das Senden mißverständlicher Signale**
- **Mangelnde Selbstreflexion**
- Aggressive/verletzende Sprache
- Abstrakte Ausdrucksweise/indirekte Kommunikation
- Das Vermeiden von »heißen Eisen«
- Informationen vorenthalten
- **»Mechanische« Probleme**
- **Einer hat das Wort**
- Streß
- Alkohol und Drogen
- **Konkurrenzverhalten/Machtkämpfe**
- Die Unfähigkeit, in der Gegenwart zu leben
- **Überempfindlichkeit**
- Schuldvorwürfe

Mangelndes Vertrauen. Vertrauen ist die Grundvoraussetzung für intime Kommunikation. Um das Wagnis einzugehen, ein Gefühl mitzuteilen oder eine Lösung vorzuschlagen, braucht man zweierlei: das Gefühl, daß die eigene Beziehung stark genug ist für eine offene Kommunikation, und eine ungefähre Vorstellung von der zu erwartenden Reaktion des Partners. Fehlt auch nur eine dieser Komponenten, wird zumindest einer, wenn nicht gar beide Partner »dichtmachen« und der notwendige Dialog nicht zustande kommen. Linkshemisphärischen Menschen fällt es oft schwer, einem rechtshemisphärischen Partner zu vertrauen, weil dessen Verhalten und Reaktionen schwer einschätzbar und nicht selten äußerst überraschend sind. Dem können RH-Partner entgegenwirken, indem sie sich über die Wirkung ihrer Art klar werden und lernen, Dinge erst zu überdenken, bevor sie sie kommentieren.

Das Versäumnis, den Partner miteinzubeziehen. Eine vertrauensvolle Atmosphäre allein reicht jedoch nicht aus. Selbst mit dem sicheren Gefühl, unbesorgt reden zu können, wird ein linksdominanter Mensch mitunter Dinge für sich behalten, weil es ihm einfach nicht in den Sinn kommt, darüber zu reden. Sein Verstand konzentriert sich auf Inhalte und nicht darauf, wer ins Vertrauen gezogen werden soll. Linkshemisphärische Menschen sind mehr auf ihre Eigenständigkeit bedacht als auf die Förderung einer guten Kommunikation; den Partner um Rat zu fragen, kommt daher vielen dem »Einholen einer Erlaubnis« gleich.

LH: Es schien mir wichtiger, die Sache vom Tisch zu bekommen, als dich zu fragen. Es ist mir gar nicht in den Sinn gekommen, daß es dich kümmern könnte.

Auch rechtshemisphärische Menschen versäumen es, ihren Partner in Entscheidungsprozesse miteinzubeziehen, allerdings aus anderen Gründen. Sie sind häufig überzeugt, die Reaktion des Partners abschätzen zu können, und sehen daher keinen Grund, sich mit ihm oder ihr abzustimmen.

RH: Ich habe unseren neuen Teppich in Blau genommen, weil ich wußte, daß es dir gefallen würde.

Den Partner nicht im voraus zu konsultieren und eine Sache zu besprechen, bevor sie entschieden wird, kann zu Vertrauensverlust und Entfremdung führen, besonders dann, wenn die Entscheidung auf den anderen Partner Auswirkungen hat. Es reicht nicht, sie hinterher bekanntzugeben. Damit gibt man dem Partner das Gefühl, nicht genügend berücksichtigt zu werden und seine oder ihre Gefühle und Bedürfnisse außer acht zu lassen.

Einweg-Kommunikation. Wenn zwei Menschen sich zusammentun, die Kommunikation jedoch nur in eine Richtung verläuft, wird sie früher oder später zusammenbrechen. Linkshirn-dominierte Menschen neigen gern dazu, zu anderen zu sprechen, während sie sich gleichzeitig auf die Fakten und ihre diesbezüglichen Wahrnehmungen konzentrieren. Sie vergessen dabei das Zuhören und vertun damit die Chance, die Reaktionen des RH-Partners zu registrieren, vereiteln also letztendlich den Dialog. Der RH-Partner seinerseits wird die mangelnde Wertschätzung und die Erkenntnis, daß sein Feedback nicht wirklich erwünscht ist, damit quittieren, daß er den LH-Partner früher oder später »ausklinkt«. Linkshemisphärische Menschen müssen lernen, Fragen anzuregen und Meinungen einzuholen und so eine wechselseitige Kommunikation zu fördern.

Auf Unterbrechungen reagieren LHs häufig verärgert, und sie nehmen den Faden gern da wieder auf, wo sie unterbrochen wurden, so, als hätte niemand etwas gesagt. Mitunter schließt sich dann eine komplette Wiederholung ihrer Ausführungen an, damit auch bestimmt nichts verlorengeht. Dies ist für LHs eine Sicherheitsmaßnahme, die dazu dient, sich so verständlich wie möglich zu machen. Unglücklicherweise kann ein solches Vorgehen jedoch genau das Gegenteil bewirken, indem der RH-Partner das Interesse verliert und Frustration einsetzt. Vergessen Sie bitte nicht, daß Linkshirn-dominierte Menschen mit dem Ziel kommunizieren, sich so präzise wie möglich auszudrücken, während rechtsdominante Menschen eine Verbindung suchen, und genau das hoffen sie mit der Unterbrechung zu erreichen. Konflikte zwischen Gegensatzpartnern sind oft auf Frustrationen in der Kommunikation zurückzuführen.

Das Senden mißverständlicher Signale. Partner sollten darauf achten, Widersprüche zu vermeiden. Sie entstehen da, wo das Verhalten nicht mit den eigenen Worten übereinstimmt oder Meinungen von einem Tag auf den anderen geändert werden. Auch wenn rechtshemisphärische Menschen mit Unbeständigkeit keine Probleme haben, sollten sie bedenken, wie verwirrend dies für einen LH-Partner sein kann, der weniger schnell umzuschalten vermag.

Mangelnde Selbstreflexion. Wenn der Sender einer Mitteilung es versäumt, zuerst mit sich selbst ins reine zu kommen, wird die Kommunikation diffus. Für einen linksdominanten Menschen ist die Kommunikation mit sich selbst eine Art Debatte oder Vorlesung; sie dreht sich nur selten um Gefühle:

LH: Ich brauche noch mehr Zeit für dieses Projekt, aber wie soll ich das bewerkstelligen? Alles drängt, ich habe mir zuviel vorgenommen. Wie kann ich dem hier noch mehr Aufmerksamkeit widmen und es trotzdem zur Sitzung schaffen heute abend? Ich muß irgend etwas ausfallen lassen. Das Abendessen! Damit gewinne ich eine Stunde.

Der innere Dialog eines rechtsdominanten Menschen dagegen wird von Empfindungen beherrscht, von Gefühlen über sich selbst und über Beziehungen zu anderen:

RH: Ich frage mich, was Phil sagen wird, wenn er hört, daß ich wieder länger bleiben muß. Hoffentlich versteht er es. Vielleicht kann uns das schaden? Ich fühle mich überladen mit Arbeit und total allein. Es scheint überhaupt nicht mehr aufzuhören. Auch Phil wird es langsam leid. In letzter Zeit zieht er sich zurück, wenn ich nach Hause komme, ausgerechnet dann, wenn ich seine Nähe und seine Hilfe brauche.

Es gibt eine Menge Gründe dafür, warum Partner Gefühle nicht wahrnehmen oder sie, falls sie wahrgenommen werden, nicht mitteilen: eine Kindheit in einer wenig gefühlsorientierten (nicht-affektiven) Familie (zwei LH-Eltern), die Zugehörigkeit zu einer Minderheit oder der Besitz einer speziellen Persönlichkeitsstruktur, die Gefühlsäußerungen verbietet.

Ein in einer nicht-affektiven Familie aufgewachsener Mensch wird sich mitunter gegen das Drängen des Partners nach Öffnung und Austausch zur Wehr setzen. Dies kann sich proportional zu den Bemühungen des Partners steigern und in einem kindischen Machtkampf und extremem Vertrauensmangel enden.

Don Clark weist in »Loving Someone Gay« darauf hin, daß Homosexuelle noch ein weiteres, durch unsere heterosexuell orientierte Gesellschaft geprägtes Kommunikationsproblem haben. Vom ersten Versuch an, über ihre Andersartigkeit zu sprechen, werden ihre Gefühle herabgewürdigt. Bei einigen führt diese Erfahrung dazu, sich dem eigenen Innenleben gegenüber zu verschließen, andere dagegen entwickeln als Resultat ihres Kampfes um Aufmerksamkeit eine erhöhte Sensibilität.

Der Psychiater Irvin Yalom hat bei einigen Erwachsenen eine Persönlichkeitsstruktur festgestellt, die es diesen nur schwer erlaubt, zwischen verschiedenen Gefühlen zu unterscheiden. Sie sind unfähig, ihre eigenen Reaktionen zu lokalisieren und haben kaum Phantasien, die mit ihren Gefühlen verknüpft sind. Yalom beobachtete weiter, daß diese Menschen gravierende Beziehungsprobleme erleben, weil sie nicht in der Lage sind, dem Partner ihre Gefühle mitzuteilen. Häufig werden sie als unspontan, hölzern, schwerfällig, leblos und langweilig beschrieben.

Die verödete Gefühlslandschaft dieser Menschen geht oft mit einem Mangel an Körpergefühl einher. Ihre Bewegungen wirken gewollt, gezwungen und gehemmt. Sie ernten viel

Kritik für ihre hölzerne Sprechweise, in der keine Emotionen »durchschimmern«. Sie neigen zu extremer Selbstbewußtheit, Nachdenklichkeit und Ernsthaftigkeit und werden als Erwachsene selten gute Gefährten. Alle diese Beobachtungen könnten auch dazu dienen, einen extrem Linkshirn-dominierten Partner zu beschreiben.

Gefühle zu erkennen und mitzuteilen ist nicht zuletzt deshalb wichtig, weil sie Fakten eine ganz andere Bedeutung verleihen. Emotionen spiegeln die Beziehung zwischen einem Ereignis und dem inneren Ich; und Informationen über das innere Ich sind die Basis für eine vertrauensvolle Verständigung. Wenn ein Partner nicht weiß, was im anderen vorgeht, »ertrinkt« er in der Beziehung, weil er oder sie die Verantwortung und die Gefühlsarbeit für beide übernehmen muß.

Aggressive / verletzende Sprache. Eine verletzende Ausdrucksweise hat immer zur Folge, daß die eigentliche Mitteilung in den Hintergrund gedrängt wird. Dies ist der Grund, warum es aggressiven Partnern nur selten gelingt, sich mitzuteilen. Der Zuhörer konzentriert sich nur noch auf die Sprache, während die Information zwischen den bösen Worten verlorengeht. Der Partner kann dann zwar weiter *hören*, was gesagt wird, aber *zuhören* wird er oder sie vermutlich nicht länger.

Ein wütender Mensch befindet sich in einem Zustand, in dem die Fehler und Schwächen des anderen wie durch eine Lupe vergrößert erscheinen. Alle positiven Seiten sind vergessen. Und doch glauben viele rechtshemisphärische Menschen, daß nur während extremer Gefühlsausbrüche die wahren Emotionen zum Vorschein kommen. In Wirklichkeit verhält es sich so, daß Partner in extremen Affektsituationen am allerwenigsten ihre wirklichen Gedanken aussprechen werden. Ein außer Kontrolle geratener Lebensgefährte wird nichts anderes provozieren als Wut, Entfremdung – oder gar Rückzug.

Abstrakte Ausdrucksweise / indirekte Kommunikation. Sogar Menschen, die einen »direkten Draht« zu ihren Emotionen haben, neigen mitunter dazu, ihre Gefühle zu verbergen und sich hinter intellektuellen Analysen zu verstecken. »Wir sind einfach zu verschieden, um es zu schaffen«, ist nur ein Beispiel für eine »axiomatisierende«* Sprache, die in die Sackgasse führt. Trifft ein Partner eine Entscheidung, kommt es nicht nur darauf an, sich darüber auszutauschen, sondern auch über die Gedankengänge und Erlebnisse, die zu dieser Entscheidung geführt haben. Worte sind unpräzise, und je vieldeutiger eine Mitteilung ist, desto geringer ist die Chance, sie zu verstehen.

Die meisten von uns wurden dazu erzogen, unsere Bedürfnisse ungenau und vage mitzuteilen. Aus diesem Grund müssen unsere Aussagen vom Partner oft regelrecht entschlüsselt werden. Da dies viel Ratearbeit erfordert, wird die Verantwortung damit vom Sender auf den Empfänger verlagert, der, wenn er Fehldeutungen und Mißverständnisse vermeiden will, sich um Klarheit bemühen muß. Häufig mißlingt dies, und es entstehen viele unnötige Probleme.

Das Vermeiden von »heißen Eisen«. Eine andere Variante, die uns hilft, vage zu bleiben, ist das Ausklammern konfliktträchtiger Themen. So wie wir die Zehen ins Wasser halten, bevor wir hineinspringen, senden wir eine Botschaft aus und warten auf die Reaktion des Partners, um sie notfalls noch einmal in eine gefälligere Version abzuändern. Das beugt Konflikten vor und erhält uns die Gunst des anderen, verhindert jedoch eine ehrliche und vor allem vertrauensvolle Verständigung. Der Preis für diese »sicheren« Beziehungen sind oberflächliche Gespräche, die niemals das berühren, was wirklich eine ernsthafte Auseinandersetzung erfordern würde.

Alle Paare haben solche »heißen Eisen« (die häufigsten sind:

* Von griechisch axioma, »für recht halten«, etwas, was nicht weiter bewiesen werden muß.

Sex, Geld, Elternschaft, Religion, Politik und Schwiegereltern), aber nicht allen gelingt es, das Unbehagen und die Angst vor einem möglichen Konflikt zu überwinden, um die Dinge wirklich zu bereden. Beziehungen, in denen viele Vermeidungsstrategien angewandt werden, leiden unter permanenten Spannungen und dem Mangel an Spontaneität, was den Gesprächen eine gewisse Leblosigkeit verleiht.

Informationen vorenthalten. Um sich in unangenehmen Situationen zu schützen, versuchen manche Partner, bestimmte Informationen vorzuenthalten (Unterlassungslügen) oder sie zu verzerren (Begehungslügen). Die Verständigung ist eine *scheinbare*, weil sie zwischen einem Partner und dem »falschen Ich« des anderen stattfindet.

»Mechanische« Probleme. Jeder Mensch muß sich an Timing und Tempo seines Gefährten gewöhnen. Der Zeitpunkt des Beginns einer Diskussion sollte von verschiedenen Faktoren abhängig gemacht werden; ignorieren Sie sie, so laufen Sie Gefahr, daß Ihr Partner auf Ihre Wünsche nicht eingeht. Wenn Sie nicht gehört werden, können Sie auch nicht ernstgenommen werden, es wird Ihnen jedoch keiner zuhören, wenn Sie nicht bemerken, daß Ihr Partner (körperlich oder geistig) abgelenkt ist, gestreßt, besorgt oder müde ist, unter Alkohol- oder Drogeneinfluß steht oder sich auf etwas anderes konzentriert.

Wie oft wollten Sie gerade ins Bett gehen und begannen statt dessen ein endloses Beziehungsgespräch? Rechtshemisphärische Menschen sind für diese »Marathons« wesentlich besser ausgestattet und schaffen es häufig, aus den stundenlangen Gesprächen Kraft zu ziehen. Sie fühlen sich dem LH-Partner durch das gewonnene Verständnis und die neuen Einsichten stärker verbunden.

Für LH-Partner sind solche Gespräch-Marathons kein Vergnügen und sie vermeiden sie tunlichst. Im Gegensatz zu ihren RH-Partnern fühlen sie sich dem anderen am Ende einer solchen Auseinandersetzung nicht enger verbunden, sondern empfinden die ganze Situation als außerordentlich kraftraubend. Während der RH-Partner gerade zum zweitenmal zur Höchstform aufläuft, fühlt sich der LH-Partner kurz vor dem Fall ins Koma. Solange geredet wird, empfindet ein RH die Beziehung als befriedigend – also gilt es weiterzureden –, ein LH dagegen als problematisch.

Einer hat das Wort. Wenn Partner unterschiedlich schnell agieren, kann dies für beide frustrierend sein. Ebenso unbefriedigend aber ist es, wenn der LH-Partner das Gespräch durch überlange und detaillierte Monologe zu dominieren versucht und somit einen echten Austausch verhindert. Linkshemisphärische Menschen fürchten oft, sich nicht klar genug ausdrücken zu können, und reihen daher Beispiel an Beispiel, in der Hoffnung, sich verständlicher zu machen. Doch das genaue Gegenteil ist der Fall. Statt dem RH zu helfen, sich auf die wichtigen Punkte zu konzentrieren, wird dessen Interesse (und sein Zuhörvermögen) durch die Wiederholungen und Übergenauigkeit des LH restlos erschöpft. Läßt man ihm jedoch Zeit, Stellung zu nehmen, so hat er selbst Gelegenheit festzustellen, welche Punkte klar sind bzw. welche es noch genauer zu erläutern gilt. Linkshirndominierte Menschen sind weniger bestrebt, den Partner zu kontrollieren als vielmehr die Mechanismen des Kommunikationsprozesses selbst. Sie scheinen von der Vorstellung geleitet zu werden: »Je mehr ich rede, desto mehr mußt du mir zuhören. Je mehr du zuhörst, desto besser wirst du die Stichhaltigkeit meiner Argumente und die Notwendigkeit meiner Wünsche verstehen.«

Streß. Jeder Mensch reagiert defensiv, wenn er unter Druck gerät und das Gefühl hat, »mit dem Rücken zur Wand« zu stehen. Streßzeiten sind immer unproduktiv – weil die Partner entweder emotional reagieren (RHs) oder sich zurückziehen (LHs), aber Kommunikation kann nicht stillstehen. In diesem Fall ist es angebracht, die Problemlösungsgespräche beiseite zu lassen und sich gegenseitig mehr Unterstützung zukommen zu lassen. Sollten Sie das Gefühl haben, es sei schon alles beredet und Sie drehen sich mit ihren Gesprächen im Kreis, kann es ratsam sein, sämtliche Diskussionen abzubrechen und etwas zu tun – selbst wenn dies bedeutet, sich darauf zu einigen, daß man sich in nichts einig ist.

Alkohol und Drogen. Bewußtseinsverändernde Mittel sind Selbstläufer. Sie verstärken Isolation und Aggressionen und enden damit, daß einer oder keiner der Partner mehr in der Lage ist, zu kommunizieren. Einige Menschen glauben, dem Verständnisprozeß mit Alkohol auf die Sprünge helfen zu müssen, indem sie mit seiner Hilfe die Angst vor Zurückweisung, Versagen oder anderen Fehlschlägen betäuben. Echte partnerschaftliche Nähe ist jedoch gerade dann unmöglich, wenn diese Gefühle künstlich beseitigt werden. Sie kommt nur zustande, wenn beide trotz ihrer Vorbehalte zum Gespräch bereit sind. Offenheit verlangt eine gewisse Risikobereitschaft; und da, wo ein Mensch unter Alkohol- oder Drogeneinfluß steht, geht wirklicher Mut verloren.

Alkohol und Drogen verzerren die Eigen- und die Fremdwahrnehmung, sie verstärken Vorbehalte gegen andere Menschen, erschweren enge Kontakte und verhindern ein genaues Zuhören. Ein unter Drogen stehender Mensch ist zu sehr auf sich selbst konzentriert, die Auswirkungen seines Verhaltens auf den Partner oder die Qualität der Beziehung interessieren ihn wenig oder gar nicht.

Konkurrenzverhalten / Machtkämpfe. In Beziehungen, in denen Diskussionen ständig in Auseinandersetzungen enden, bei denen der eine gewinnt und der andere verliert, ist eine offene, ehrliche Kommunikation unmöglich. Gegensatzpaare müssen lernen, daß es durchaus möglich ist, gleichzeitig völlig verschiedene Ansichten zu vertreten und trotzdem *beide* recht zu haben.

Die Unfähigkeit, in der Gegenwart zu leben. Beziehungen sind zerbrechlich und brauchen Schutz vor schädlichen Einflüssen. Einer davon ist die Vergangenheit. Wenn ein Paar miteinander kommuniziert, ist es wichtig, in der Gegenwart zu bleiben und nicht ständig auf Ereignisse oder Personen aus einem früheren Leben zurückzugreifen, um etwas zu veranschaulichen. Auch die Zukunft kann ein solches Hindernis sein, wenn sie in Form von Drohungen eingesetzt wird. Eingekeilt zwischen dem, was hinter einem liegt und vielleicht bitter bereut wird, und dem, was noch kommen mag und nicht vorauszusehen ist, kann es für Paare durchaus eine Herausforderung sein, in der Gegenwart zu bleiben.

Überempfindlichkeit. Meinungsverschiedenheiten wirken in Liebesbeziehungen aus verständlichen Gründen bedrohlicher als in anderen Beziehungen. Ein rechtshemisphärischer Mensch (der nach Bindung strebt) reagiert häufig mit Angst, wenn der linkshemisphärische Partner eine abweichende Meinung oder gar eine gänzlich gegensätzliche Ansicht vertritt. RHs fällt es schwer, »Meinungen« von »Personen« zu trennen, und sie verwechseln häufig Kritik an der geäußerten Meinung mit Ablehnung der eigenen Person. Dissenz wird als bedrohlich empfunden, denn er erfordert eine – wenn auch nur vorübergehende – Trennung. RHs sind in ihrem Bemühen, den Partner zu verstehen, so sehr darauf aus, mit ihm oder ihr eins zu werden, daß eine gegensätzliche Meinung durchaus als Betrug aufgefaßt werden kann.

RH: Ich finde es wunderbar, daß wir beide gern campen. Ich habe sonst niemanden, den ich dazu überreden kann, mit mir in die Wüste zu fahren.

LH: Die meisten Menschen bewegen sich ungern von ihrem Fernsehgerät weg. Ich liebe das Campen, aber ich hasse die Wüste. Das Gebirge ist mein Zuhause. Es gibt nichts Schöneres, als in den Bergen zu sein.

RH: Aber du hast gesagt, daß wir beide zusammen campen würden. Ich habe uns schon vor einer meiner Lieblingshöhlen sitzen sehen.

LH: Was das Campen angeht, hat sich meine Meinung ja nicht geändert. Ich will einfach nicht in der Wüste zelten.
RH: Welche meiner Vorschläge haßt du noch? Du willst eigentlich überhaupt nicht mit mir campen fahren, stimmt's?

Vorteilhaft für die Beziehung ist es, wenn die Partner von vornherein davon ausgehen, unterschiedlicher Meinung zu sein, statt wilde Vermutungen darüber anzustellen, was die Meinungsverschiedenheiten zu bedeuten haben. Unterschiedliche Standpunkte sind für Gegensatzpaare nichts Neues, dennoch muß dies nicht zur Beeinflussung der Qualität ihrer Kommunikation führen. Viele Paare lernen zu akzeptieren, daß es bestimmte Themen gibt, bei denen sie unterschiedlicher Meinung sind und die sie einfach stehen lassen müssen, um die Beziehung nicht weiter zu belasten. Dieses Verfahren läßt Unterschiede zu, ohne die Bindung zu gefährden, und jeder Partner kann weiter zu seinen Ansichten und Prinzipien stehen. Auch wenn rechtshemisphärische Menschen sich häufig mißverstanden fühlen, wenn es sich in Wirklichkeit nur um Meinungsverschiedenheiten handelt, müssen Menschen nicht ein Herz und eine Seele sein, um in ihrer Beziehung miteinander glücklich zu werden.
Schuldvorwürfe. Schuldvorwürfe sind echte Kommunikationskiller und verhindern das Lösen von Problemen. Jeder Partner mag den anderen für eine Tat oder ein Versäumnis verantwortlich halten, aber das allein wird keinen Fortschritt herbeiführen.

Nonverbale Kommunikation

Robert Bolton stellt in seinem Buch »People Skills« fest, daß der rein durch Worte erzielte Anteil der Kommunikation zwischen sieben und fünfunddreißig Prozent liegt. Worte eignen sich am besten zur Übermittlung von Fakten, die Körpersprache oder sogenannte nonverbale Kommunikation (NVK) dagegen bringt unsere Gefühle, den Grad der Intensität und unser Wohlbefinden zum Ausdruck. Nonverbale Kommunikation setzt sich zusammen aus der Körperhaltung einer Person in Reaktion auf eine andere Person, der Mimik und Gestik und dem Anteil an Blickkontakt. *Widersprechen sich die Inhalte der verbalen und nonverbalen Aspekte einer Mitteilung, dann wiegt der nonverbale Aspekt schwerer, er ist ehrlicher und von größerem Einfluß.* Die NVK erfüllt eine ganze Reihe von Funktionen:

- Sie signalisiert den Stand zwischenmenschlicher Beziehungen: wie sehr wir eine Person mögen beispielweise, welchen Status wir ihm oder ihr in unserem Verhältnis zuordnen und den Grad unseres Interesses.
- Sie enthüllt die Emotionen hinter unseren Worten; unser Gesicht zeigt, welche Gefühle wir ausdrücken wollen, und der Rest des Körpers offenbart die Stärke dieser Gefühle.
- Sie dient der Veranschaulichung und Übertreibung verbaler Äußerungen.
- Sie bietet Abschieds-, Begrüßungs- und Gratulationsrituale.
- Sie dient dort als Ersatz, wo Worte versagen.
- Sie ermöglicht es, in eine Unterhaltung Gefühle einfließen zu lassen, ohne den Redefluß des Sprechers zu unterbrechen.
- Sie erlaubt das Andeuten von Botschaften, die verbal als sehr unhöflich empfunden würden: Gähnen beispielsweise statt zu sagen: »Du langweilst mich.«
- Sie fungiert als eine Art »Steno«, wenn die Zeit keine ausgiebige Diskussion zuläßt.
- Sie verleiht unseren Worten Nachdruck.

- Sie ermöglicht die Verständigung über weite Entfernungen, wenn Rufen unmöglich oder unerwünscht ist.

Da die nonverbale Kommunikation mit Gefühlen zu tun hat, geben sich linkshemisphärische Menschen große Mühe, sie unter Kontrolle zu halten. Tarntechniken mögen eine Weile funktionieren, untergraben jedoch auf Dauer die Beziehung, weil zu viel Energie darauf verwendet wird, Reaktionen und Gesten zu unterdrücken, nur weil diese gewisse Gefühle »durchsickern« lassen könnten. Der LH-Partner kann sich nicht mehr offen einbringen, die Spontaneität geht verloren, und die Intimität nimmt ab.

Wenn zwei Menschen jahrelang als Paar zusammenleben, wird einer für den anderen im Laufe der Jahre transparenter. In Verbindung mit dem Gefühl größerer Sicherheit kann dies dazu führen, daß auch extrem vorsichtige Menschen ihren Schutzwall allmählich abbauen. Unglücklicherweise geben jedoch viele Paare frustriert auf, bevor sich eine solche Offenheit entwickeln kann.

Nonverbale Kommunikation wird uns nicht beigebracht; wir erlernen sie, indem wir die nachahmen, die uns aufgezogen haben. Wer in einem nicht-affektiven Elternhaus aufgewachsen ist – mit zwei LH-Eltern beispielsweise –, hat die deutliche Botschaft erhalten, daß es gefährlich und unerwünscht ist, sich anderen Menschen zu öffnen. Verhält sich ein Kind in einem solchen Elternhaus dennoch offen (wie es der Natur gesunder Kinder entspricht), wird es so lange gemaßregelt, bis es verstanden hat: Wer du bist, ist nicht akzeptabel und sollte nicht thematisiert werden. Das Kind beginnt natürliche Reaktionen zu unterdrücken und schließt damit Energien kurz, durch die, hätten sie sich frei entfalten dürfen, ein spontanerer, ausdrucksfähigerer und lebhafterer Erwachsener herangewachsen wäre.

Bei einem Kind, das ungestört heranreifen darf, spielt Körperkontakt eine große Rolle. Andere berühren zu wollen, ist

eine natürliche Reaktion, die da unterdrückt wird, wo Familien mehr Wert auf die Erfüllung von Gruppenerwartungen und die Befolgung strenger Verhaltensnormen legen als auf die Entfaltung der eigenen Persönlichkeit. Linkshemisphärische Menschen berichten sehr häufig von der Unterdrükkung ihrer Ausdruckskraft aufgrund starker elterlicher Mißbilligung.
Bei einigen Menschen kann die Scheu vor Körperkontakt auf Kindesmißbrauch zurückgehen. Erwachsene, die in ihrer Kindheit als Objekt behandelt wurden, haben ein anderes Verhältnis zu Berührungen als andere. Partner sollten immer daran denken, daß, obwohl es Zeiten gibt, in denen nur Berührungen wirklich ausdrücken können, was man fühlt, erwachsene Opfer von Kindesmißbrauch dies anders empfinden können.
Selbst wenn, wie bei der nonverbalen Kommunikation, keine Gespräche stattfinden, können durchaus Mitteilungen ausgesandt werden. Wenn Sie sich also das nächste Mal sagen hören: »Mein Partner will einfach nicht mit mir reden«, dann fragen Sie sich: »Was hat mir sein/ihr Schweigen (Passivität, Abwesenheit, Ausweichen) zu sagen?« Die Antwort kann schmerzhaft offensichtlich werden, wenn Sie nur den Mut haben, Sie zu erforschen.

Herb Goldberg betont in »Man(n) bleibt Mann«, daß Paare Kommunikationsstörungen überstehen können, wenn sie »sich fest vornehmen, sich mit diesen Problemen bei ihrem Auftreten auseinanderzusetzen, statt vor ihnen davonzulaufen und sich in neue Luftschlösser zurückzuziehen«. Er ist davon überzeugt, daß Kommunikationsprobleme überwunden werden können, wenn den Partnern »ihre *persönliche Entfaltung* innerhalb der Beziehung wichtig bleibt und [sie] sich auch vor gewissen Ängsten und Risiken bei diesem Prozeß nicht scheuen«. (S. 130)
Es liegt in unserer Natur, immer die Kommunikationsfehler

des anderen suchen zu wollen. Allerdings ist wesentlich nützlicher, unsere *eigenen* Verhaltensweisen herauszufinden, die möglicherweise Verständigungsbarrieren darstellen, und uns mit ihnen auseinanderzusetzen. Schließlich sind sie die einzigen, auf die wir Einfluß haben. Noch mehr Mut erfordert es, den Partner zu bitten, die im Übungsteil aufgeführte Checkliste »Reden« auszufüllen. Sie wird Ihnen eine Rückmeldung darüber geben, wie Sie in den Augen Ihres Partners Kommunikation blockieren.

Es ist nicht leicht, sein Verhalten zu verändern, nachdem man es ein Leben lang praktiziert hat. Aber es ist zumindest möglich. Unmöglich dagegen ist es, den Partner verändern zu wollen. Das Gute daran ist: Wenn auch nur einer von Ihnen sich ändert, verändert sich automatisch die ganze Beziehung.

Sollten Sie sich dazu entschließen, Ihre gewohnte Kommunikationsweise ändern und verbessern zu wollen, werden Sie eine Reihe von Stadien durchlaufen. Sie werden als erstes feststellen müssen, was Sie verändern wollen, um dann neue Reaktionen anzunehmen, die die alten ersetzen. Bis Sie genügend Erfahrung gesammelt haben, werden Sie sich unwohl und unsicher fühlen, aber schließlich wird Ihnen – mit etwas Übung – Ihr neuer Stil zur zweiten Natur werden.

Aber auch wenn Sie Ihre Kommunikationsweise nicht ändern, wird Ihre Beziehung sich verändern. Sie wird entweder schwächer oder stärker werden, schließlich ist sie etwas Lebendiges und wird niemals stillstehen.

5
Die Kunst des Zuhörens

Manche Dinge kann man nur fühlen,
aber nicht verstehen.
Chinesisches Sprichwort

Ob gut oder schlecht, die Wirkung einer Mitteilung ergibt sich nicht durch das, was mit ihr *beabsichtigt* wurde, sondern dadurch, wie sie *empfangen* wird. In diesem Zusammenhang verweist Robert Bolton in »People Skills« auf den Unterschied zwischen *hören* und *zuhören*. Hören beinhaltet den physiologischen Vorgang der Wahrnehmung akustischer Signale. Zuhören ist ein wesentlich komplexerer Vorgang und beinhaltet die Interpretation und das Verstehen dieser Signale. Man kann einen Menschen hören, ohne ihm zuzuhören. Ob wir wirklich zuhören – und uns zugehört wird –, ist für unsere Lebensqualität von entscheidender Bedeutung: für den Wert unserer Freundschaften, den Zusammenhalt unserer Familie und die Effektivität unserer Arbeit.

Zuhören ist mehr, als nur den Mund zu halten, auch wenn wir gelernt haben, daß die Höflichkeit dies verlangt. Nur schweigend dazusitzen genügt nicht; diese »passive« Form des Zuhörens kann zu Mißverständnissen zwischen den Partnern führen. Zuhören ist eine Kunst, bei der dem »empfangenden« Partner die Aufgabe zukommt, so aktiv wie möglich zuzuhören, während der »sendende« Partner dafür sorgen muß, die ausgesandte Mitteilung so unmißverständlich wie möglich zu formulieren.

Aktives Zuhören ist ein Ausdruck von Anteilnahme und Achtung, Interesse und Liebe, und fällt einigen Partnern nicht leicht, wie Dr. Carlfred Broderick in seinem Buch »Couples« zu berichten weiß. Im Augenblick des Zuhörens, erklärt er, verlieren wir unseren Status als Hauptexperte für die Gedanken, Wünsche und Gefühle unseres Partners. Statt dessen übernimmt dieser selbst die Macht über seine Gefühle.

Aktives Zuhören beinhaltet ein gewisses persönliches Risiko, weil wir dabei »Gefahr laufen«, den eigenen Standpunkt zu verlassen, um – wenn auch nur vorübergehend – den des Partners einzunehmen. Aber denken Sie daran, je absoluter und rigider wir an unseren eigenen Positionen festhalten, desto wahrscheinlicher ist es, daß sie auf der Furcht basieren, unsere persönliche Integrität könnte angegriffen werden.

Unvoreingenommenes Zuhören bedeutet, die eigenen Ansichten lange genug außer acht zu lassen, um die des Partners in Erwägung zu ziehen. Partnerschaftliche Nähe und Vertrauen setzen voraus, daß Sie und Ihr Partner dazu fähig sind. Wenn nur einer von beiden für das Reden zuständig ist, kann dieser nichts dazulernen, und somit können auch Nähe und Vertrauen nicht entstehen.

Aktives Zuhören ist äußerst anstrengend, weil wir uns eigentlich lieber »normal« verhalten, was für viele bedeutet, entweder teilnahmslos zu schweigen, wenn ein anderer redet, oder in aggressive Konkurrenz zu treten. Aktives Zuhören fängt damit an, daß eine Atmosphäre von Akzeptanz und Interesse für das geschaffen wird, was der Sprecher zu sagen hat. Dies geschieht durch bewußte und gewollte Hilfestellung: *Aufmerksamkeit* und *Unterstützung*.

Aufmerksamkeit ist gegeben, wenn der Zuhörende bereit ist, sich der Situation voll und ganz zu widmen, dem Sprechpartner hundertprozentige Beachtung zu schenken und sich mit nichts anderem zu beschäftigen. Ehrliche Aufmerksamkeit ist ungeheuer wirkungsvoll: Sie vermittelt dem Sprecher das Gefühl, wichtig zu sein und daß das Gesagte für den Zuhö-

renden von Interesse und Bedeutung ist, außerdem erleichtert sie den Informationsfluß.
Aufmerksamkeit wird durch das nonverbale Verhalten des Zuhörenden vermittelt. Unsere Körpersprache spricht deutlicher als alle Worte, weil sie unbewußt und damit ungesteuert stattfindet. Wenn ich sage: »Ich höre dir zu«, gleichzeitig aber in einem Buch lese oder auf den Fernsehbildschirm starre, dann drücke ich damit in Wirklichkeit aus: »Ich höre dich zwar, aber du hast nicht meine ganze Aufmerksamkeit.« (Genauer: »Ich höre dir nicht zu.«) Es gibt Zeiten, in denen es nicht weiter ins Gewicht fallen mag, wenn ein Partner uns zwar hört, aber nicht zuhört. In anderen Situationen jedoch, in denen wir die volle Konzentration des anderen brauchen, muß der Partner uns ganz zur Verfügung stehen und darf nicht nur »Pseudo-Aufmerksamkeit« schenken.
Blickkontakt ist die beste Möglichkeit, sein Interesse zu signalisieren; er steigert die Aufmerksamkeit und die Vertrautheit, und wir drücken damit wortlos Verständnis und Sympathie aus. Dies kommt auch in dem Sprichwort »Das Auge ist der Spiegel der Seele« zum Ausdruck. Ähnliches gilt für Berührungen. Mit der Hand den Arm oder das Bein des anderen zu berühren, ist eine andere Möglichkeit, schweigend Kontakt zu wahren.
Darüber hinaus können aktive Zuhörer durch ihre Unterstützung zu einem fruchtbaren Kommunikationsklima beitragen – und zwar vor und während einer Diskussion. Schon lange vor einem Gespräch spürt ein Partner vielleicht, daß der oder die andere von Sorgen gequält wird und nicht darüber spricht. Hier wäre eine Einladung zum Reden der erste Schritt der Unterstützung:

- Machen Sie sich klar, daß Sie festgestellt haben, daß Ihr Partner »besorgt aussieht«.
- Machen Sie das Angebot, zuzuhören: »Ich bin hier, wenn du darüber reden willst.«

- Halten Sie den Kontakt aufrecht, während Sie schweigen (durch Blickkontakt oder Berührungen), damit Ihre Einladung erwogen werden kann.
- Reagieren Sie auf die erste Ablehnung mit »Ich habe wirklich Zeit für dich« oder »Ich möchte dir gern helfen«.
- Reagieren Sie auf die zweite Ablehnung mit einem respektvollen »Du weißt, wo du mich finden kannst, wenn du es dir anders überlegst«.

Partner, die ein zweites Nein nicht akzeptieren und weiterdrängen, weil sie unbedingt eine Klärung herbeiführen wollen, geraten mitunter in die Rolle eines »Verfolgers«. In diesem Fall übernimmt der zuhörende Partner zuviel Verantwortung und setzt zuviel daran, um die Verbindung aufrechtzuerhalten. Damit ist der zuhörende Partner involvierter als der betroffene Partner selbst. Als Faustregel gilt: *Sie können Ihren Partner nicht zwingen, über mehr zu reden als er oder sie möchte.* Und selbst wenn Sie es schaffen, ist das Resultat meist nur, daß Ihr Partner sich von Ihnen bedrängt fühlt. Seien Sie nicht zu hartnäckig, es sei denn, das Gespräch ist für einen oder Sie beide oder für die Beziehung lebenswichtig.

Nachfolgend finden Sie eine Auflistung der Faktoren, die aktives Zuhören am häufigsten verhindern. Wiederum gilt: Es ist viel nützlicher, Ihre eigenen Kommunikationsblocker herauszufinden als die des Partners. Und denken Sie bitte daran, daß diese Störfaktoren für alle Paare gelten. Die Hervorhebungen markieren wiederum typische Konfliktpunkte von Gegensatzpaaren. (Checklisten finden Sie und Ihr Partner unter »Zuhören« im Übungsteil.)

Hindernisse beim Zuhören
- **Unerbetene Ratschläge**
- **Einseitige Problembetrachtung**
- **Logik zum falschen Zeitpunkt**

- **Teilnahmsloses Schweigen/»Lieber den Mund halten«**
- **Starrheit**
- Wunde Punkte
- Nachlassende Aufmerksamkeit
- Verbale Tretminen
- Geringe Selbstachtung
- Fehlende Klarheit
- **Zurückhaltende/erdrückende Resonanz**
- **Fehlendes Interesse**
- **Mangelnde eigene Offenheit**
- Unfähigkeit, Schweigen zu ertragen
- **Unfähigkeit zu unterbrechen**
- **Vorgefaßte Meinungen**
- **Falsch verteilte Aufmerksamkeit**
- **Innerliche Ablenkungen**
- Unpassende Beruhigungen
- Selektiertes Zuhören
- Kritik und Verurteilungen
- Beschimpfungen
- Hinterfragen
- Taktieren
- Ablenkungen

Unerbetene Ratschläge. Für Gegensatzpaare ist das größte Hindernis beim Empfang von Mitteilungen die Kluft zwischen dem Wunsch des RH-Partners nach einfühlenden Reaktionen und der Neigung des LH-Partners, statt dessen Ratschläge zu erteilen. Dies verletzt die Gefühle des RH-Partners, und er oder sie verkennt die ehrliche Anteilnahme, die der Rat ausdrücken sollte. Es ist daher notwendig, daß RH-Partner trotz ihrer Enttäuschung ein besseres Gespür für das entwickeln, was ihnen tatsächlich geboten wird.

Einfühlungsvermögen bedeutet, die eigenen Erfahrungen als Schablone zu nutzen und gegenüber den Erlebnissen, die die andere Person uns schildert, offen zu sein. Die Fähigkeit, sich in andere hineinzuversetzen, ist für aktives Zuhören unerläßlich, weil Gefühle und Fakten nicht getrennt werden können, ohne dabei die Mitteilung zu verändern. Unabhängig davon, was manche Menschen glauben mögen, sind Emotionen kein Anzeichen für Probleme, sondern Teil der Nachricht, die übermittelt wird.

Während einfühlendes Zuhören darauf abzielt, die in eine Mitteilung eingebundenen Gefühle zu unterstreichen, bevorzugen linkshemisphärische Menschen ein Vorgehen, das man als überlegtes Zuhören beschreiben könnte. Dabei unterscheiden sie zwischen den akzeptierbaren und nichtakzeptierbaren Elementen einer Nachricht. Auf das Gesagte wird dichotom reagiert, d. h. entweder erteilt der LH-Partner einen Rat oder er schweigt. Weder die eine noch die andere Reaktion befriedigt das Bedürfnis des RH-Partners nach Mitgefühl und Anteilnahme, beide schüren die anhaltende Enttäuschung über den LH-Partner und möglicherweise die Unzufriedenheit mit der gesamten Beziehung.

LH-Partner sind stolz auf ihre Fähigkeit, Probleme zu lösen, und empfinden sie als Bereicherung für die Beziehung. Daher fällt es ihnen schwer, zu verstehen, daß ihr RH-Partner diese Leistung nicht zu schätzen weiß. Der Versuch, die Probleme des Partners zu lösen, kann jede der folgenden Formen annehmen: Ratschläge erteilen, schlichte Logik anbieten, Predigten (»du solltest«), Befehle oder sogar Drohungen. Letztere sind für den RH-Partner äußerst demoralisierend und führen fast immer zu Konflikten.

Vielen linkshemisphärischen Menschen mangelt es an Verständnis dafür, daß Diskussionen nicht unbedingt schlüssig sein müssen; als begnadete Problemlöser fühlen sie sich in der Rolle des bloßen Zuhörers wie ein Fisch auf dem Trokkenen. Da sie auch beruflich häufig mit Problemlösungen beschäftigt sind, können sie nur schwer anerkennen, daß es auch andere Möglichkeiten gibt, mit den Sorgen eines Menschen umzugehen. Sie unterschätzen sowohl die Bedeutung des Zuhörens als auch die Tatsache, daß es durchaus ausreichend sein kann, wenn ihr Partner mit mehr Klarheit und Perspektive aus dem Gespräch herausgeht und nicht unbedingt gleich mit der Lösung des Problems. Linkshemisphärische Menschen sind ergebnisorientiert und übertragen dies auch auf ihre RH-Partner.

Als Richtlinie für Gegensatzpaare, die mit dem Problem Anteilnahme vs. Ratschläge zu kämpfen haben, gilt: *Probleme werden am besten von dem gelöst, der sie hat.* Der betroffene Partner besitzt die detailliertesten Informationen, trägt das Risiko und die Konsequenzen und muß letztendlich auch die Lösung herbeiführen, wie immer sie aussehen mag. Bringt ein linksdominanter Partner seine Ratschläge und Hilfe zu vehement ein, schwächt dies das Selbstvertrauen des RH und verstärkt die Abhängigkeit vom Partner. Fährt der LH-Partner fort, Ratschläge zu erteilen, aber niemals zuzuhören, führt dies zur Herausbildung einer Hierarchie innerhalb der Beziehung, die Gleichberechtigung und damit auch eine enge Paarbindung unmöglich macht.

Auch wenn Ratschläge einem linkshemisphärischen Menschen als die größte Hilfe für den Partner erscheinen mögen, so werden sie oft genug in Form von Beleidigungen erteilt. Die unterschwellige Botschaft lautet dabei: »*Ich* finde, die Lösung liegt klar auf der Hand. Warum bist *du* nicht darauf gekommen?« Damit wird angedeutet, daß der andere nicht in der Lage ist, die Dinge auf seine Art zu lösen.

Einseitige Problembetrachtung. Bei der Suche nach der Lösung eines Problems nutzt es wenig, nur eine Hemisphäre zu beanspruchen. Problemlösung ist ein kreativer Prozeß, der in beiden Hirnhälften abläuft. Die erste Phase findet in der linken Seite statt, wo das eigentliche Problem erkannt und formuliert wird. In der zweiten Phase wird das Problem »beiseite geschoben« und hin zur unbewußten, kreativen, »ausbrütenden« rechten Hälfte verlagert, während sich die Person einer ganz anderen Sache zuwendet. Irgendwann

taucht die Lösung dann völlig unerwartet in Form eines Aha-Erlebnisses auf! Bleibt das Problem in der »logischen« linken Hirnhälfte, wird es dort zigfach analysiert und geprüft und jedem möglichen Test unterzogen, die Kreativität aber bleibt außen vor. Dies gilt auch für Probleme von Liebenden.
Ziel sollte es sein, mit beiden Hirnhälften zu arbeiten (whole-brain thinking), um eine Lösung zu finden. Die westliche Kultur orientiert sich ganz an der Vorstellung von einer geteilten Welt, die sich aus falsch und richtig, gut und böse zusammensetzt. Wir wurden dazu erzogen, unsere Umwelt nach einem dualistischen Entweder-Oder-Prinzip wahrzunehmen. Erst durch die Beschäftigung mit der östlichen Denkweise wurde uns eine weitere Möglichkeit offenbart: *beides/und* statt *entweder/oder*. Eine solche Wahrnehmungsweise ist keine ausschließende, sondern eine umfassende.
Logik zum falschen Zeitpunkt. Logik ist für partnerschaftliche Diskussionen sehr wichtig. Allerdings gibt es Situationen, in denen sie nicht nur fehl am Platz, sondern auch zerstörerisch sein kann, weil sie dort, wo ein Partner nach dem Gefühl der Zusammengehörigkeit und Anteilnahme sucht, das Gegenteil, nämlich Entfremdung, bewirkt. In Streßsituationen beispielsweise ist Logik oft wenig hilfreich, es sei denn, der Streß steht in direktem Zusammenhang mit einem ungelösten Problem. Der LH-Partner trennt bei seinem Versuch, die Dinge zu ordnen, den anderen vom Problem ab und verengt dadurch das eigene Blickfeld. Dies gibt dem RH-Partner das Gefühl, eine Unperson zu sein – und schlimmer noch –, eine Unperson, die alleingelassen und mit ihren Gefühlen nicht wahrgenommen wird.

RH: Ich habe mich verspätet, weil mir jemand eine Schramme ins Auto gefahren hat, als ich aus dem Büro kam. Eigentlich wollte ich noch nach Hause fahren und mich umziehen, aber dann hätte ich es nicht mehr rechtzeitig zum Essen geschafft. Deshalb komme ich so spät, tut mir leid...

außerdem bin ich völlig unpassend angezogen für ein Grillfest. Ich komme mir wirklich dämlich vor in diesen Kleidern. Alle werden denken, ich...

LH: Hast du dir das Kennzeichen aufgeschrieben? *(Völlig außer acht lassend, wie aufgewühlt und niedergeschlagen der Partner ist.)* Du solltest sofort die Versicherung anrufen.

Die Hauptaufgabe des aktiven Zuhörens besteht darin, den Partner zu unterstützen und seine Gedanken, Gefühle und Ideen zu ordnen. Das gelingt einem Zuhörenden nicht, indem er unterbricht und Lösungsvorschläge einwirft, sondern dadurch, daß er Aufmerksamkeit, Unterstützung und Rückmeldung gewährt. Menschen, die ihre eigenen Gefühle und die anderer lieber außer acht lassen, neigen dazu, in den unpassendsten Momenten logisch-rational vorgehen zu wollen. Logik konzentriert sich auf die Fakten einer Situation, für einen bekümmerten Menschen jedoch stehen die Gefühle im Mittelpunkt. Ein logischer Ansatz umgeht diese Gefühle, was dazu führt, daß genau in dem Moment, in dem der betroffene Partner Nähe braucht, Distanz hergestellt wird.
Eine weitverbreitete Fehlannahme unter Gegensatzpartnern ist die Vorstellung, daß nur logische Partner in ihrem Denken richtig schlußfolgern können. Eine zutreffendere Beschreibung wäre, daß die Art der Schlußfolgerungen bei linkshemisphärischen Menschen eher deduktiv*, bei rechtshemisphärischen Menschen dagegen eher induktiv** ist. Linksdominante Menschen zerlegen Informationen in kleinere Einheiten, um sie zu verstehen, und streben nach »absoluten« Wahrheiten, während rechtsdominante Menschen vom Einzelnen auf das Allgemeine schließen und »Wahrscheinliches« vorziehen.

* Deduktiv: vom Allgemeinen auf das Besondere schließen.
** Induktiv: vom Besonderen auf das Allgemeine schließen.

Teilnahmsloses Schweigen/»Lieber den Mund halten«. Ihre Vorliebe für Ratschläge hat zur Folge, daß linkshemisphärische Menschen, bittet man sie, einfach nur zuzuhören, nicht wissen, wie sie sich verhalten sollen. Sind Anleitungen und »konkrete« Hilfsmaßnahmen nicht gefragt, verfallen sie in Schweigen, das auf RH-Partner wie mangelndes Interesse wirkt. Die Furcht davor, etwas Falsches zu sagen, macht LH-Partner stumm; dieses Schweigen kann schnell zu Teilnahmslosigkeit, Gleichgültigkeit und Apathie werden, weil der zuhörende Partner sich »ausklinkt«.
Dies kann durch eine Überbrückungstechnik leicht verhindert werden. »Brücken« sind in diesem Falle Phrasen, die darauf abzielen, den Gesprächsverlauf voranzubringen, den Redefluß zu erleichtern und gleichzeitig Kontakt zu signalisieren. Sie beginnen Ihren Unterstützungsprozeß mit der Aufforderung zu sprechen und erhalten ihn durch das Überbrücken aufrecht. Solche Phrasen sind unter anderem: »hm«, »aha«, »ja«, »richtig«, »und weiter«, »und dann?«, »wirklich?« Das Schöne an ihnen ist die Tatsache, daß sie es dem Zuhörenden ermöglichen, den Sprechpartner ohne lange Erwiderung oder gar Zustimmung zu ermutigen. Durch das gelegentliche Äußern einer dieser Phrasen signalisiert der Zuhörende: »Ich folge dir. Du hast meine volle Aufmerksamkeit. Deine Worte kommen an.«
Auch wenn es für rechtsdominante Menschen frustrierend sein mag, ist dennoch verständlich, warum LH-Partner mitunter lieber schweigen. Sie könnten bei dem Versuch, das Gesagte zu ergänzen oder zum Verständnis beizutragen, leicht etwas Falsches sagen; wenn sie dies nicht riskieren wollen und mit der Anwendung von Überbrückungs-Phrasen nicht vertraut sind, dann ist, aus ihrer Sicht gesehen, keine Reaktion immer noch die beste. Eine Alternative dazu ist die Kunst des Spiegelns. Diese Technik befriedigt das Bedürfnis danach, etwas zu tun, vermeidet aber gleichzeitig das Erteilen von Ratschlägen.

Wer seinen Partner spiegelt, muß in der Lage sein, dessen Gefühle zu deuten. Das mag zunächst ein wenig riskant wirken, weil es scheinbar in den Bereich der »Intuition« gehört, für linksdominante Menschen also unsicheres Terrain darstellt. In Wirklichkeit jedoch ist es genau das Gegenteil, bedeutet es doch, mit Hilfe offenkundiger Angaben zu einem Schluß zu kommen. Man muß lediglich die Daten erkennen und akzeptieren.

Informationen über das Innenleben eines Sprechers erhalten wir auf zweierlei Arten: indem wir seine Körpersprache registrieren und unser eigenes Innenleben überprüfen. Sitzt mein Partner beim Reden zusammengesunken vor mir, kann ich mich fragen, wann ich selbst eine solche Körperhaltung hatte und wie es mir dabei gegangen ist. Verbinde ich damit das Gefühl von Glück, Hilflosigkeit oder Freude?

Dann wenden wir uns nach innen und fragen uns selbst: »Was würde ich empfinden, wenn mir etwas zugestoßen wäre wie das, was mein Partner beschreibt? Habe ich so etwas oder etwas Ähnliches selbst schon erlebt? Wie habe ich reagiert?« Natürlich gibt es keine Garantie dafür, daß die Reaktionen identisch sind, aber es ist ein Anfang.

Linkshemisphärische Menschen neigen dazu, erst dann zu handeln, wenn sie sich absolut sicher fühlen. Und doch ist es ratsam, nicht zu sehr auf Nummer Sicher zu gehen, denn Vertrautheit und Nähe ist ohne Risiko nicht möglich. Kann ein LH keinerlei übertragbare Situationen ausmachen und auch in der Körpersprache des Partners keine Hinweise entdecken, die ihm weiterhelfen, dann ist die anteilnehmendste (und ehrlichste) Art, Aufmerksamkeit zu zeigen, immer noch der Satz: »Ich kann mir nicht vorstellen, wie du dich gefühlt haben mußt.« Indem wir spiegeln, was der Partner uns erzählt hat, zeigen wir, daß seine Worte ernstgenommen werden und daß wir versuchen, die Dinge mit seinen Augen zu sehen. Spiegeln ist ein schwieriger Vorgang und erfordert viel Übung, kann andererseits aber zu erstaunlichen Ergebnissen führen. Nichts ist so schön wie das Gefühl, richtig verstanden zu werden.

Starrheit. Da sie gern mit gesicherten Kenntnissen umgehen, weisen linkshemisphärische Menschen oft stark strukturierte Denkmuster auf. Das macht es ihnen mitunter schwer, auf Kompromisse einzugehen, weil sie damit gegen selbst auferlegte Regeln verstoßen müssen. Auf gewisse Weise empfinden sie einen solchen Regelverstoß als »völlig falsch«. Bittet man einen linksdominanten Menschen, den Standpunkt des RH-Partners zu erwägen (der ja seinerseits nicht in absoluten Wahrheiten denkt) und er geht darauf ein, kann es dazu kommen, daß dieser das Gefühl hat, eine tiefverwurzelte Überzeugung über Bord werfen zu müssen. Dieses Unbehagen können LH-Partner vermeiden, indem sie sich klarmachen, daß sie sich lediglich dafür öffnen sollen, eine abweichende Ansicht zu *erwägen*, das bedeutet jedoch nicht, ihr zustimmen zu müssen.

In Gesprächen von Gegensatzpaaren halten sich linskhemisphärische Partner an die Fakten. Diese sind wichtig, aber darüber hinaus gibt es auch zwischen einem Ereignis und einer daran beteiligten Person eine Beziehung: die Reaktion der Person auf das Ereignis. Diese manifestiert sich in Gefühlen – Gefühle gegenüber Fakten –, die ebenfalls als Tatsachen angesehen werden sollten, auch wenn sie im Vergleich zu »knallharten« Fakten eher »weich« erscheinen mögen. LH-Partner ignorieren dies nur allzu oft, weil sie davon ausgehen, nur meßbare Fakten seien zulässig. Da ein rechtshemisphärischer Mensch sich vor allem auf Erfahrungen verläßt (und die damit verbundenen Gefühle), wird aus der Abwehrhaltung linkshemisphärischer Menschen gegenüber solchen »weichen« Fakten bei anstehenden Entscheidungen sehr schnell ein: »Diese Daten existieren nicht wirklich, die Ansicht ist nicht ausreichend belegt, also muß ich das Anliegen des Partners auch nicht ernst nehmen.«

Rechtsdominante Menschen tun genau das Gegenteil: sie

ignorieren die Fakten und befassen sich lieber mit einer Person als mit einer Situation. Gerade dann, wenn es wichtig wäre, sich mit dem Inhalt einer Nachricht auseinanderzusetzen und nicht mit dem Überbringer der Nachricht, reagieren RHs zu emotional. Ebenso wie ein LH Probleme hat, nicht meßbare oder beweisbare Tatsachen zu akzeptieren, fällt es einem RH schwer, Fakten ernst zu nehmen, die nicht dem Erfahrungsschatz einer Person entstammen. Auch dies ist eine starre Position.

In Gegensatzbeziehungen ist die Debatte um harte und weiche Fakten ein bekanntes Phänomen; und der Klärungsprozeß darüber, was wirklich zählt, ist keine leichte Aufgabe.

In »Das intelligente Universum« führt der Astrophysiker Timothy Ferris dazu aus:

»Der naive Realist tut jede Sehweise, die nicht zum offiziellen Bild paßt, entweder als nur eingebildet ab ... oder er nennt sie unsinnig ... sich selbst zum alleinigen Richter über das aufzuschwingen, was Wirklichkeit ist, versetzt einen in den Genuß gottähnlicher Macht ... Sobald der Realist sich auf eine einzige Darstellung der Wirklichkeit festgelegt hat, schlägt die Tür hinter ihm zu, und er ist fortan dazu verdammt, in dem Universum zu leben, für das er sich entschieden hat.

Wir fühlen uns im eigenen Bezugsrahmen vielleicht wohler als in dem anderer und halten ihn für gültiger, aber es ist dennoch ein Rahmen. Da gibt es kein Entkommen ...

... und sofern meine verschiedenen ›Teilgeiste‹ die Wirklichkeit verschieden sehen – z. B. räumlich oder sprachlich, gefühlsmäßig oder rational –, kann ich mir korrekterweise ebensowenig nur ein einziges Modell aufzwingen wie jedem anderen.« (S. 15 f.)

Auch Paul Watzlawick spiegelt diese Auffassung wider, wenn er in seinem Buch »Wie wirklich ist die Wirklichkeit?« meint:

»Es soll gezeigt werden, ... daß das wacklige Gerüst unserer Alltagsauffassungen der Wirklichkeit im eigentlichen Sinne wahnhaft ist, und daß wir fortwährend mit seinem Flicken und Abstützen beschäftigt sind – selbst auf die erhebliche Gefahr hin, Tatsachen verdrehen zu müssen, damit sie unserer Wirklichkeitsauffassung nicht widersprechen, statt umgekehrt unsere Weltschauung den unleugbaren Gegebenheiten anzupassen. Es soll ferner gezeigt werden, daß der Glaube, es gäbe nur eine Wirklichkeit, die gefährlichste all dieser Selbsttäuschungen ist«. (S. 7)

Wunde Punkte. Jeder von uns ist in bestimmten Angelegenheiten auf einem Auge blind, was einen erheblichen Anteil an Kommunikationsproblemen mit dem Partner haben kann. Ein solcher wunder Punkt ist da vorhanden, wo wir uns weigern oder nicht in der Lage sind, einen Wesenszug an uns wahrzunehmen, der für andere ganz offensichtlich ist. Hier offenbart sich einer der Vorzüge einer ehrlichen und gefestigten Beziehung: Von jemandem, dem wir vertrauen, auf unsere Fehler hingewiesen zu werden.
Offene Auseinandersetzungen sind eine Wissenschaft für sich, und den Partner auf einen wunden Punkt aufmerksam zu machen, ist nicht leicht. Sie sollten ihn auf den Widerspruch hinweisen, der verhindert, daß Sie ihn völlig verstehen, dabei jedoch nicht vergessen, daß solche Schwachstellen immer auch eine Art Selbstschutz sind. Der menschliche Verstand klammert all das aus, was unser Ego angreifen könnte (beziehungsweise was unangenehm, verletzend oder beschämend ist). Aus Angst vor Zurückweisung errichten wir eine Mauer um uns herum, die uns davon abhält, erfolgreich miteinander zu kommunizieren, und uns da gefühllos

wirken läßt, wo wir uns nur vor unserer eigenen Überempfindlichkeit schützen wollen.
Jeder Mensch braucht Selbstschutzmechanismen. Manche allerdings bewirken das Gegenteil von dem, was sie erreichen sollen. Daher ist es wichtig zu lernen, sich ausreichend zu schützen, ohne dabei in Abwehrhaltung zu gehen.
Wunde Punkte lassen sich häufig an Diskrepanzen zwischen dem festmachen, was Ihr Partner sagt, und dem, was er tut, oder an gegensätzlichen Äußerungen. Beispiele für eine sanfte Art der Auseinandersetzung sind:

»Du sagst, du willst einen anderen Job, dabei bist du diese Woche dreimal nach Hause gekommen und hast erzählt, wie schön es ist, mit diesen Leuten zusammenzuarbeiten. Du scheinst gemischte Gefühle zu haben.« *(Widersprüchliche Gedanken.)*
»Du sagst, es macht dir nichts aus, wenn ich allein tanzen gehe, dabei siehst du aus, als müßtest du gleich weinen. Vielleicht sollten wir noch einmal darüber reden.« *(Widerspruch zwischen Worten und Körpersprache.)*
»Du sagst, du willst, daß wir mehr Zeit miteinander verbringen, trotzdem steckst du am Wochenende weiterhin jede freie Minute in dein Hobby. Das ergibt keinen Sinn. Du sagst das eine und tust das andere. Ich würde dich gerne verstehen, aber du bist widersprüchlich.« *(Widerspruch zwischen Worten und Taten.)*
»Du sagst, es macht dir nichts aus, aber du kannst von nichts anderem mehr reden. Es sieht aus, als würde es dir eine ganze Menge ausmachen. Wollen wir lieber noch einmal darüber reden oder sollen wir ins Kino gehen? *(Widerspruch zwischen Verhalten und geäußerten Gefühlen.)*
»Du sagst, du hast keine Probleme mit dem Trinken, hältst es aber keinen Tag ohne Alkohol aus. Wir müssen darüber reden.« *(Widerspruch zwischen Worten und Wirklichkeit.)*

Vergessen Sie bitte nicht, daß jeder von uns seinen schwachen Punkt hat. Deshalb sollten Sie sich als erstes die Frage stellen: »Wie sollte man mir etwas nahebringen, das ich lieber gar nicht hören würde?«

Nachlassende Aufmerksamkeit. Selbst wenn Worte, Taten und Körpersprache übereinstimmen und keine Widersprüche aufgedeckt werden müssen, heißt es für den zuhörenden Partner dennoch aufmerksam sein. Unsere Sprechgeschwindigkeit variiert zwischen 125 und 175 Worten pro Minute, zuhören können wir viermal schneller. Daher haben wir als Zuhörende mitunter zuviel »freie« Zeit. Spricht ein linksdominanter Partner noch dazu in langsamem, gleichbleibendem Tonfall, erhält die Kommunikation eine fast hypnotische Wirkung, die es für den RH-Partner noch anstrengender macht, den Ausführungen konzentriert zu folgen.

Umgekehrt läßt beim LH die Aufmerksamkeit nach, wenn der RH-Partner das Gespräch mit einem Übermaß an Gefühlen belastet. Erinnern wir uns daran, daß linksdominante Menschen immer nach einem zentralen Punkt in der Diskussion suchen, etwas, an das sie sich halten können, wenn die Dinge sich zuspitzen. Geht der Kern der Diskussion verloren, schwindet auch die Aufmerksamkeit des LH-Partners.

Aktives Zuhören ist anstrengender als Reden. Es ist ein Prozeß, der Ihre ganze Aufmerksamkeit beansprucht und voraussetzt, daß Sie in der Lage sind, sich gegen innerliche und äußerliche Ablenkungen abzuschirmen.

Aus Höflichkeit zu tun, als höre man zu, geht selten lange gut. Wer seine gesamte Kraft dafür aufwendet, so zu tun als ob, statt tatsächlich aufmerksam zu sein, kann nicht wirklich verstehen – und wird irgendwann vor der unangenehmen Aufgabe stehen, etwas kommentieren zu müssen, was gar nicht wirklich verstanden wurde.

Wenn Ihre Gedanken abwandern, verlassen Sie die Gegenwart. Holen Sie sich zurück, indem Sie Ihre Sinne wieder auf das Gegenwärtige konzentrieren.

Tun Sie alles, was erforderlich ist, um sich dem Augenblick zuzuwenden und sich nicht von konkurrierenden Gedanken ablenken zu lassen, die Sie in die Zukunft oder die Vergangenheit entführen und Ihren Partner allein zurücklassen.
Gestehen Sie sich ein, nicht länger zuhören zu können, statt Ihrem Partner anzulasten, daß er Sie nicht länger zu fesseln vermag. Sagen Sie einfach, Sie könnten sich jetzt nicht mehr konzentrieren, seien aber dennoch interessiert und würden das Gespräch gern zu einem späteren Zeitpunkt fortsetzen. Zeigen Sie Ihr Interesse dadurch, daß Sie selbst die Initiative ergreifen und Ihren Partner bei passender Gelegenheit auffordern fortzufahren. Oder noch besser: Schaffen Sie selbst die Gelegenheit.

Verbale Tretminen. Alle Menschen haben spezifische emotionale Filter, die Kommunikationsstörungen verursachen. Ein ganz bestimmtes Wort kann beim einen augenblicklich die stärksten Gefühle auslösen, während der andere dabei völlig unbeteiligt bleibt. Worte sind für sich genommen nur Symbole; doch wir verleihen ihnen Bedeutung, die nicht nur auf dem basiert, was wir von anderen gelernt haben, sondern auch auf unseren eigenen Erfahrungen, auf unserer eigenen Geschichte.

Fallen bei einem Gespräch zwischen Partnern bestimmte Schlüsselworte, kann es bei dem einen zu ganz unerwarteten Reaktionen kommen, die den anderen möglicherweise völlig verblüffen, weil dieser sich nicht erklären kann, was geschehen ist. Aber auch den Betroffenen selbst wird die Heftigkeit seiner Reaktion vielleicht überraschen.

Geringe Selbstachtung. Neben Gefühlen können auch das eigene Selbstbild und Selbstwertgefühl zur Beeinträchtigung dessen führen, was wir wahrnehmen. So hat unsere Einstellung gegenüber der sprechenden Person großen Einfluß auf unser Gefühl bezüglich ihrer Glaubwürdigkeit und Autorität und dem, was sie sagt. Aber auch die Einstellung gegenüber uns selbst hat Auswirkungen darauf, wie wir Mitteilungen empfangen. Ein selbstsicherer Mensch wird ein Gespräch ganz anders aufnehmen und interpretieren als eine unsichere Person. Ein Mensch, der voller Selbstzweifel ist, dem es an Selbstvertrauen und Vertrauen zum Partner fehlt, wird vieles zu persönlich nehmen und Dinge auf sich selbst beziehen, die ihn gar nicht betreffen, und auf diese Weise die Kommunikation verzerren.

Partner 1: Ich glaube, ich gehe in mein Arbeitszimmer und lese ein Stündchen oder zwei. Mir ist nach Alleinsein.
Partner 2: Warum sagst du es nicht gleich?
Partner 1: Was?
Partner 2: Daß du nicht gern mit mir zusammen bist.

Fehlende Klarheit. Es ist wichtig, sofort Klärung zu erbitten, wenn Sie das Gefühl haben, Sie verstehen nicht, was Ihr Partner Ihnen mitteilen will. Tun Sie so als ob, werden Sie bald merken, daß Ihre Kräfte nachlassen und Sie nicht länger aufmerksam sein können. Paare sollten sich mehr Zeit nehmen, sich über das Gesagte und Gehörte klarzuwerden (auch wenn sie *glauben*, es verstanden zu haben). So vermeiden sie viele Probleme durch ein nur scheinbares Verständnis.
Am problematischsten wird es dort, wo eine Entscheidung gefällt wurde und beide Partner, in der falschen Annahme, sie seien sich einig, mit unterschiedlichen Schlüssen zu agieren beginnen.
Trotz des mahnenden Zeigefingers aus der Kindheit, der uns anhält, andere Menschen nicht zu unterbrechen, ist die Erkenntnis, etwas nicht verstanden zu haben, ein guter Zeitpunkt zum Einhaken. In Wirklichkeit fördern Sie damit die Kommunikation. Ein einfacher Einwurf genügt: »Entschuldige bitte, aber ich glaube, ich habe nicht verstanden, was du damit gemeint hast.« Dies ist eine diskussionsfördernde Form der Informationssuche und nicht zu verwechseln mit Unterbrechungen aus Abwehr oder Ablehnung. Letztere

werden oft als Mißverständnisse getarnt: »Entschuldige bitte, aber ich verstehe nicht, wie du behaupten kannst, daß...« (Dies ist kein Versuch, etwas klarzustellen, sondern eine Aufforderung zur Debatte.)

Klarstellungen können erforderlich werden, weil der Sprecher sich mißverständlich ausgedrückt hat oder weil Sie sich beim Abschweifen ertappt haben. Im letzteren Fall sollten Sie lieber ehrlich sein, denn Ihr Partner hat es wahrscheinlich ohnehin schon gespürt. Sagen Sie einfach: »Moment, den letzten Satz habe ich nicht mitbekommen. Tut mir leid, aber ich war gerade abgelenkt. Wiederholst du noch einmal? Ich möchte das gerne richtig verstehen.« Ein reifer und großzügiger Partner gibt Ihnen sicher eine zweite Chance und wird Ihre Offenheit zu schätzen wissen.

Einen Sprecher wissen zu lassen, daß man den Faden verloren hat, ist ein Wagnis; zu tun als ob, bis man inhaltlich wieder aufgeholt hat, erfordert dagegen wenig Mut. Gerade die emotionalen Risiken aber schaffen Nähe und Vertrauen. Indem Sie Ihre Unaufmerksamkeit zugeben, um Klärung bitten und damit Ihr Interesse bekunden, stellen Sie in einem Moment möglicher Entfremdung Nähe her.

Zurückhaltende/erdrückende Resonanz. Per Definition ist ein Gespräch ein Austausch von Informationen. Erhält der Sprechende von seinem Gegenüber kein Feedback, wird er sich fragen, ob der oder die andere ihm wirklich zuhört oder uninteressiert oder abgelenkt ist. Dies kann zu Mißverständnissen führen und sehr verletzend sein, sollte der Partner doch zugehört haben. Ein Sprecher, der keine Resonanz spürt, fühlt sich alleingelassen, weil er nicht einschätzen kann, ob oder welchen Einfluß seine Worte haben. Feedback ermutigt einen Sprecher fortzufahren; es sei denn, ein RH überschüttet den LH-Partner damit. Auch zurückgehaltene Resonanz verwirrt den Sprecher, vor allem wenn das Gegenüber ein RH-Zuhörer ist, der damit automatisch signalisiert, daß er das Interesse am Gesagten verloren hat.

Hilfreich ist es auch, wenn es dem Zuhörenden gelingt, mit seinem Feedback den Ton des Sprechers zu treffen. Wenn Ihnen Ihr Partner etwas Widerliches erzählt, reagieren Sie angewidert. Ist er enthusiastisch, reagieren Sie begeistert. Ein Zuhörer, der mit gefühlloser monotoner Stimme antwortet, mag inhaltlich zwar das Richtige sagen, hinterläßt aber dennoch den Eindruck, den Sprecher nicht ganz verstanden zu haben. Eine reflektierende Ausdrucksweise ist die beste Art zu sagen: »Ich weiß genau, was du meinst.«

Vielen linkshemisphärischen Menschen fehlt es beim Sprechen an Rhythmus; ihren Ton zu treffen, ist daher nicht einfach. Sie neigen dazu, sehr kontrolliert zu sprechen und Spontaneität zu unterdrücken. Durch das peinlich genaue Abwägen ihrer Worte, bevor sie sie aussprechen und sich stundenlang in der Sachlichkeit einer offiziellen Amtssprache ergehen, entwickeln sie eine Monotonie in ihrer Sprechweise, die jegliche Individualität unterdrückt. Ihre Gespräche sind daher weniger lebhaft, als sie eigentlich sein könnten, und machen es rechtshemisphärischen Menschen schwer, aufmerksam zu bleiben.

Fehlendes Interesse. Eine Möglichkeit, den Sprecher wissen zu lassen, daß ich zugehört habe, besteht darin, eine passende Frage zu stellen. Mit ihr signalisiere ich außerdem, daß ich interessiert genug bin, um noch mehr zu erfahren. Vom Zeitpunkt sowie der Art und Weise, wie eine Frage gestellt wird, hängt es ab, ob diese die Diskussion voranbringt oder abwürgt.

Da sie nach »gebundenem Wissen« streben, sind Fragen für rechtshemisphärische Menschen eine Möglichkeit, ihre Paarbindung zu betonen. Interesse zu zeigen gibt ihnen das Gefühl der Verbundenheit, weil es den Austausch von Informationen fördert und damit den Grad der Vertrautheit steigert. Die Art der Fragen von RHs macht dies deutlich: Sie konzentrieren sich weniger auf die Fakten, als auf die Auswirkungen dieser Fakten auf die andere Person, auf die

Beziehung der Person zu dem Ereignis und deren Erwartungen und Enttäuschungen. Rechtsdominante Menschen werten Fragen als Zeichen von Interesse, als Möglichkeit zu verstehen, was im anderen vorgeht.
Macht ein linkshemisphärischer Mensch den Eindruck, mit seinen Gefühlen im unklaren zu sein, wird der RH-Partner meistens versuchen, in ihn zu dringen. LHs empfinden ein solches Nachhaken häufig als Einmischung oder Aufdringlichkeit und weniger als Ausdruck von Anteilnahme. Vielmehr neigen sie zu der Auffassung: »Wenn mein Partner mir etwas zu sagen hat, dann wird er/sie es schon tun, auch ohne meine Aufforderung.« Aus diesem Grund stellen LHs ihren RH-Partnern seltener Fragen, was dazu führen kann, daß diese sich unwichtig, uninteressant und mißachtet fühlen.
Äußert ein LH-Partner eine Frage, so beginnt sie höchstwahrscheinlich mit »Warum«. Ursache dafür ist das Bedürfnis linkshemisphärischer Menschen, das, was der Partner ihnen mitteilt, vollkommen verstehen zu wollen. Fragen werden so oftmals zum Versuch, den Partner festzunageln, wenn in dessen Verhalten keine eindeutige Logik erkennbar ist. Zudem sind sie eine gute Möglichkeit, unerbetene Ratschläge miteinfließen zu lassen:

LH: Warum belegst du eigentlich noch mehr Zeichenkurse, wenn du doch genau weißt, daß das eine brotlose Kunst ist?
RH: Weil sie mir Spaß machen. Ich finde es toll, Sketche anzufertigen und Ideen umzusetzen.
LH: Warum lernst du nichts über Computergrafiken? Auf diese Weise könntest du dich wenigstens auf einen *richtigen* Beruf vorbereiten.

»Warum«-Fragen sind weniger dazu geeignet, Intimität herzustellen, als Abwehrreaktionen hervorzurufen. Trotz ihres vorgeschobenen Zwecks, »verstehen« zu wollen, sind sie häufig provokativ und der Auslöser für Auseinandersetzungen. Indem er mehr darauf bedacht ist, die logischen Brüche des Partners aufzuzeigen, als ihm mit Einfühlungsvermögen zur Seite zu stehen, konzentriert sich der LH stärker auf die *eigenen* Bedürfnisse als auf die des Partners. Der »unlogische« RH-Partner hat am Ende nicht nur das Gefühl, mißverstanden worden zu sein, sondern in der »Falle« zu sitzen.

Keine Fragen zu stellen, kann ebenfalls zum Problem werden, weil zu wenig Informationen ausgetauscht werden. Rechtshemisphärische Menschen benötigen Fragen, um den Grad der Verbundenheit festzustellen; linkshemisphärische Menschen beseitigen mit ihrer Hilfe Widersprüche und Unklarheiten.

Der Familientherapeut Richard Stuart schlägt vor, mit Hilfe von Doppelfragen ehrliches Interesse auszudrücken:

(Alter Einzelfragen-Ansatz:)
Ruth: »Wie ist dein Vorstellungsgespräch gelaufen?«
Susan: »Tja, ich glaube, ganz gut.«
Ruth: »Ja, das ist manchmal schwer zu sagen.«

(Doppelfragen-Ansatz:)
Ruth: »Wie ist dein Vorstellungsgespräch gelaufen?«
Susan: »Tja, ich glaube, ganz gut.«
Ruth: »Ja, das ist manchmal schwer zu sagen. Was hatten sie dir denn Interessantes anzubieten?«

Mangelnde eigene Offenheit. Sich gegenseitig Fragen zu stellen, ist eine Art, mehr voneinander zu erfahren – von sich aus zu erzählen eine andere. Doch nur durch gegenseitige Offenheit kann Nähe und Vertrauen hergestellt werden. Ein guter Zuhörer wird gelegentlich auch von sich selbst erzählen, nicht um das Thema zu wechseln, sondern um damit den eigenen Bezug zu dem, was den Sprecher bewegt, zu unterstreichen. Das Einflechten von persönlichen Informationen erhöht die Authentizität der Beziehung. LH-Partner halten solche intimen Informationen oftmals zurück, weil sie davon ausgehen, der Partner würde nachfragen, wenn er oder sie etwas wissen möchte. RH-Partner dagegen bringen häufig zu früh zu viele Informationen in das Gespräch ein und überfordern damit den LH-Partner, der sich Daten nur nacheinander zuwenden kann.

Während der Verliebtheitsphase ist bei Paaren ein hohes Maß an Interesse, Fragebedarf und Offenheit vorhanden. Wird dieses Interesse nicht bewußt gepflegt, schleicht sich im Laufe der Zeit Gleichgültigkeit ein, und Fragen bleiben nur noch Momenten hitziger Diskussionen oder Auseinandersetzungen vorbehalten.

Unfähigkeit, Schweigen zu ertragen. »Aufmerksames« Schweigen herrscht dort, wo der Zuhörende dem Sprecher Zeit gibt, in sich zu gehen und in seinem eigenen Tempo zu erzählen. Für Menschen, die mit Schweigen nicht umzugehen wissen, ist dies schwierig, weil sie in dieser Zeit sich selbst überlassen bleiben. Dies gilt in besonderem Maße für Situationen, in denen der Sprecher ein Gefühl empfindet, von dem sich der Zuhörende nur schwer distanzieren kann. Da rechtshemisphärische Menschen auf die Gefühle anderer sehr sensibel reagieren, fällt es ihnen häufig schwer, sich als Zuhörer in emotionsgeladenen Situationen schweigend zurückzuhalten.

Wenn Ihnen Schweigen Probleme bereitet, sollten Sie versuchen, sich auf den Sprechpartner zu konzentrieren. Dies ist eine gute Gelegenheit, über das bisher Gesagte nachzudenken: Was bedeutet es für den Sprecher? Wie fühlt es sich wohl für sie oder ihn an, darüber zu reden?

Der erzählende Partner ist derjenige, um den es geht, und wenn sie oder er eine Denkpause braucht, ist Schweigen das Mittel, mit dem der zuhörende Partner Unterstützung ausdrücken kann. Es erlaubt dem Sprechenden, seine Gedanken zu ordnen und genau zu überdenken, was sie oder er sagen möchte. Schweigen demonstriert Respekt vor diesem Vorgang.

Was das Schweigen mitunter so problematisch macht, ist die Tatsache, daß jeder Mensch seine eigenen Erfahrungen damit hat und diese Erinnerungen in die Partnerschaft miteinbringt. Manche Erwachsene wurden als Kind mit Schweigen bestraft, indem die Eltern so lange nicht mit ihnen sprachen, bis bestimmte Forderungen erfüllt waren. Dies ähnelt dem Ausgrenzen von Menschen innerhalb bestimmter Gruppen. Andere wurden in ihrer Kindheit ignoriert oder haben gelernt, den Mund zu halten, bis sie zum Sprechen aufgefordert werden. Die symbolische Bedeutung des Schweigens ist für Ihren Partner vermutlich eine andere als für Sie. Sprechen Sie darüber, *bevor* es zum Thema wird.

Unfähigkeit zu unterbrechen. Da es beim Zuhören um die Aufnahme von Informationen geht, sollte sich ein Zuhörer nicht scheuen, ein Gespräch zu unterbrechen. Wenn das Gesagte keinen Sinn mehr ergibt und der Zuhörende nicht darauf hinweist, wird dieser bald nicht mehr folgen können und abschalten. Damit riskiert er eine Auseinandersetzung am Ende der Unterhaltung, wenn der Sprecher feststellt, daß nichts von dem, was er gesagt hat, angekommen ist. Rechtzeitige Unterbrechungen sind ein Beweis für aktives Zuhören und Engagement, sie fördern den Kommunikationsprozeß, indem sie den Sprechenden auffordern, sich gegebenenfalls deutlicher, konkreter oder schlüssiger auszudrücken.

Manchmal wird es einem Zuhörer schwerfallen, in der Schilderung scheinbar zusammenhangloser Ereignisse einen Sinn zu erkennen. Dies gilt besonders für linkshemisphärische Menschen mit ihrem wesentlich logischeren und geordneteren Denken. Haben diese Zuhörer genug Geduld, wird sich ihnen bisweilen vielleicht doch das eigentliche »Thema« des RH-Partners erschließen. Bleiben die Zusammenhänge weiterhin verborgen, ist immer noch ausreichend Zeit, um Klarstellung zu bitten.

RH: Gestern hätte ich dich wirklich gebraucht, als ich an meiner Steuerabrechnung saß, während du Tennis gespielt hast.
LH: Das tut mir leid. Aber du weißt, daß dieses Spiel schon seit einem Monat geplant war. Ich hatte es extra in den Kalender eingetragen.
RH: Der Hund muß zum Tierarzt gebracht werden.
LH: *(wundert sich in Gedanken über die Zusammenhanglosigkeit)* Ich weiß.
RH: Wenn du keine Lust hast, die Reise mit mir zu planen, dann sag es ruhig.
LH: Augenblick mal! Jetzt bin ich völlig durcheinander. Worüber reden wir eigentlich?
RH: Ich kann mich einfach nicht auf dich verlassen. Immer sagst du, du willst mir helfen, und dann bist du doch mit anderen Dingen beschäftigt. *(Thema)*

Vorgefaßte Meinungen. Jede Kommunikation, ob intim oder nicht, verliert an Wirkung, wenn sie mit Vorurteilen belastet wird, weil der Zuhörende eine vorgefaßte Meinung hat. Zuhörer errichten Barrieren, wenn es ihnen nicht gelingt, ihre Empfindungen über das Gesagte außer acht zu lassen und dieses ablehnen, weil es scheinbar uninteressant, zu trivial, zu kompliziert oder bereits bekannt ist. Ehrliche partnerschaftliche Diskussionen setzen voraus, daß die Partner ihre vorgefaßten Meinungen beiseite lassen und sich ganz der Situation zuwenden.
Falsch verteilte Aufmerksamkeit. Wenn Linkshirn-dominierte Menschen zu sehr auf Regeln und Konventionen bedacht sind, geben sie schlechte Zuhörer ab. Sie würdigen dadurch sowohl den Mitteilenden als auch die Mitteilung selbst herab, weil sie sich, statt auf den Wortinhalt zu achten,

auf schlechte Grammatik, Logik, Syntax oder vulgäre Ausdrucksweise konzentrieren.
Der erzählende Partner ist derjenige, der zu kommunizieren versucht, ihm/ihr sollte die Aufmerksamkeit gelten. Mitunter kommt es jedoch vor, daß der Zuhörende sich mehr und mehr seinen eigenen Problemen zuwendet und vom Ausgangsthema des Sprechers abschweift. Grund dafür ist oftmals, daß dem Zuhörenden das Thema unangenehm ist und er eine Diskussion vermeiden will. So könnte ein RH beispielsweise versuchen, sich den Vorschlägen des LH-Partners zu entziehen, obwohl das Problem vielleicht von ihm selbst angesprochen wurde:

LH: Ich habe darüber nachgedacht, wie du dein Geld am besten anlegen könntest. Hier sind ein paar Broschüren aus dem Seminar, das ich letzte Woche besucht habe.
RH: Niemals. So etwas lese ich nicht. Schon der Gedanke an Zahlen ist mir ein Greuel. Und die Vorstellung, Entscheidungen in Geldangelegenheiten treffen zu müssen, ist furchtbar. Schaff' die Dinger hier raus! Laß uns lieber überlegen, welchen Film wir uns heute abend ansehen wollen.

Geteilte Aufmerksamkeit und Themenwechsel sind Hindernisse auf dem Weg zum aktiven Zuhören, weil beides die ursprüngliche Absicht des Sprechers sabotiert.
Innerliche Ablenkungen. Linkshemisphärische Menschen reagieren nicht gern spontan und fürchten sich davor, etwas Dummes zu sagen. Daher sind sie häufig damit beschäftigt, ihren nächsten Einwurf zu formulieren, während sie gleichzeitig versuchen, dem Partner weiter zu folgen.
Ebenso irritierend sind Zuhörer, die, statt sich ganz auf den Sprecher zu konzentrieren, Antworten, Dementis oder Gegendarstellungen zurechtzulegen beginnen. Auch dies kostet Kraft und Aufmerksamkeit. Obwohl die Mehrheit solcher Zuhörer behauptet, ganz bei der Sache zu sein, handelt es

sich in Wirklichkeit nur um die rein akustische Wahrnehmung, sie sind viel zu sehr in Anspruch genommen, um tatsächlich aufmerksam zu sein.
Man nennt dies auch selektives Zuhören, das sich rein auf die sachliche Ebene beschränkt. Wesentlich anstrengender ist es, nicht nur auf die Worte, sondern auch auf die darin enthaltenen Gefühle zu achten; und diese zusätzliche Energie verwenden LH-Partner oft auf die Konstruktion ihrer Antworten. Nach und nach führt dies zu einer Verschlechterung des Kontaktes zwischen den Gegensatzpartnern.

RH: Ich mache mir Sorgen darüber, daß wir uns auseinanderleben. Ich fühle mich dir nicht mehr so nah. Am Mittwoch hast du mich sogar völlig ignoriert.
LH *(nimmt Abwehrhaltung ein/konstruiert eine Gegendarstellung): »Was soll das? Was meint er mit Mittwoch? Weiß er denn nicht, daß ich von diesem Projekt völlig in Anspruch genommen war?«* Ja, also, ich war völlig in Anspruch genommen, falls du das nicht bemerkt hast. *(Das übergeordnete Problem wird völlig außer Betracht gelassen und das Augenmerk auf den angesprochenen Mittwoch gerichtet.)*
RH: Wir reden kaum noch miteinander, und wenn, sieht es aus, als wärst du mit deinen Gedanken woanders. Ist dir denn unsere Beziehung nicht mehr wichtig?
LH *(konstruiert eine Erwiderung): »Reden? Worüber will er denn reden? Warum sagt er mir nicht, wenn er über etwas reden will?«* Na, schließlich sagst du ja auch nichts. *(Übersieht die Sorge und die Angst in der Mitteilung des RH-Partners.)*

Unpassende Beruhigungen. Dieses Hindernis beim Zuhören mag zunächst gar nicht wie eines aussehen. Die meisten von Ihnen werden Beruhigungen richtigerweise für ein Zeichen der Unterstützung halten; bei bestimmten Anlässen jedoch sind sie einer effektiven Kommunikation abträglich, denn sie können einem Menschen auch das Gefühl geben, unverstanden und in der jeweiligen Situation alleingelassen zu sein:

David: Ich werde bei dieser Prüfung morgen durchfallen. Ich weiß es ganz genau.
Ellen: Nein, das wirst du nicht. Du wirst bestimmt mit einem Top-Ergebnis abschließen.

Obwohl Ellen David mit ihrem Kommentar beruhigen will, sagt sie im Grunde genommen: »Deine Eigenwahrnehmung ist falsch. Du hast keine Ahnung, wovon du sprichst« – und verstärkt damit sein Gefühl der Unzulänglichkeit. Diese Art von Beruhigung tröstet nicht, sie *korrigiert*. Beruhigende Bemerkungen sind immer dann fehl am Platz, wenn sie von Menschen ausgesprochen werden, die sich auf die Gefühle ihres Partners gar nicht einlassen wollen.
Haben Menschen erst einmal ein Bild von sich entwickelt, korrigieren sie dieses nur ungern. Partner, die Trost spenden wollen, sollten das Selbstbild des anderen dabei nicht angreifen. Ellen könnte z. B. sagen: »Ich weiß, daß du so empfindest, aber ich habe einen ganz anderen Eindruck von dir. Sollen wir darüber reden?« Dies verhindert die Konfrontation zweier gegensätzlicher Bilder und ermöglicht Verständigung.

Selektiertes Zuhören. Der zuhörende Partner weigert sich, das zu hören, was gesagt wird, weil die Mitteilung zu beschämend, zu schmerzhaft oder zu überwältigend ist oder sich einfach nicht mit seinem Selbstbild vereinbaren läßt.
Selektiertes Zuhören bedeutet, daß der Partner sich aussucht, was er oder sie gerne hören und anerkennen möchte oder aufzunehmen bereit ist.
Kritik und Verurteilungen. Kritik ist an und für sich nichts Negatives; behutsam und mit Respekt vorgebracht, ist sie

sogar überaus nützlich. So können wir beispielsweise davon profitieren, jemandem zuzuhören, der uns gut kennt. Gefährlich wird es erst, wenn sich einer oder sogar beide Partner permanent auf Fehlersuche befinden.

Beschimpfungen. Eine Beschimpfung ist nichts anderes als ein stark reduziertes Urteil: »Du bist ein Idiot.« Sie wird aus Schmerz, Wut oder Frustration abgefeuert und die Person als Ganzes dabei völlig außer acht gelassen. Statt ehrlich zuzugeben, was er oder sie in diesem Moment empfindet, nimmt der beschimpfende Partner lieber eine Abkürzung und schlägt auf den anderen ein. Entschuldigungen mögen folgen, aber die Wunde bleibt länger spürbar.

Hinterfragen. Hinterfragen ist ein weiteres Beispiel für defensives Zuhören. So, wie sich der »Kritiker« auf Fehlersuche begibt, geht der hinterfragende Partner auf Motivsuche. Weil er nichts von dem, was ihm erzählt wird, unbesehen glauben kann, wird in und hinter allem eine verborgene Bedeutung vermutet.

Das Problem liegt darin, daß ein hinterfragender Partner nicht wirklich zuhört. Zeit und Energie werden darauf verwendet, Verborgenes auszugraben, statt sich einfach auf das Gesagte einzulassen. Ein Partner auf Motivsuche geht entweder in die Vergangenheit zurück und versucht, ein Puzzle zusammenzufügen, das irgendeine These stützen soll, oder er schaut in die Zukunft, um aufgrund seiner »Kenntnisse« vorherzusagen, was passieren wird.

Beschimpfungen und Hinterfragen sind für den berichtenden Partner verletzend, und beide bedienen sich einer axiomatisierenden (rechthaberischen) Sprache, die eine ausweglose Situation und zudem eine Hierarchie schafft, die eine partnerschaftlich-gleichberechtigte Verständigung unmöglich macht. Die Gefährlichkeit eines solchen Verhaltens wird deutlich, wenn man Sigmund Freuds Analyseverfahren auf eine ganz alltägliche Situation überträgt:

- Kommen Sie zu spät auf eine Party, sind Sie *feindselig*.
- Kommen Sie zu früh auf eine Party, sind Sie *ängstlich*.
- Kommen Sie pünktlich auf eine Party, sind Sie *zwanghaft*.

Taktieren. Niemand kann gleichzeitig zuhören und Taktiken entwerfen. Beginnt ein Partner damit, sich seine Erwiderungen zurechtzulegen, einen beeindruckenden Gesprächsauftakt oder eine Verteidigungsrede vorzubereiten, dann hört er oder sie nicht länger zu, konzentriert sich nicht mehr auf das Gesagte, sondern projiziert in die Zukunft. Häufig halten die Sprechpartner in einem solchen Moment ein und fragen: »Hörst du mir eigentlich zu?«

Ablenkungen. Das letzte Beispiel für defensives Zuhören ist Ablenkung. Sie findet dann statt, wenn ein Partner dem anderen ein Kompliment macht und dieser sich dadurch unangenehm berührt fühlt, das Kompliment als peinlich empfindet und zurückweist.

Partner mit geringer Selbstachtung oder Menschen, die es als Kind nicht gelernt haben, in gewissem Maße stolz auf sich selbst zu sein, empfinden Lob und Anerkennung als unangenehm; bei ihrem Versuch, dieses unangenehme Gefühl loszuwerden, versäumen sie es, das Kompliment entgegenzunehmen. Wenn Sie feststellen sollten, daß Sie diesen Zug haben, können Sie die Qualität Ihrer Kommunikation steigern, indem Sie lernen, mit einem schlichten »Vielen Dank« zu reagieren. Ein Kompliment ist ein Geschenk; es zurückzuweisen, gleicht einer Beleidigung.

Sie und Ihr Partner lieben sich, aber auch Sie sind nur Menschen. Niemand kann jederzeit ganz und gar für den anderen dasein. Aktives Zuhören verlangt viel Kraft und die volle Konzentration auf den jeweiligen Moment. Um ganz für Ihren Partner dazusein, brauchen Sie Erfahrung, Offenheit und die Fähigkeit, mehr als nur Ihre eigenen Bedürfnisse wahrzunehmen. Wenn Ihnen das gelingt, und Ihr Partner dieses

Geschenk erkennt, kann dies für Ihre Beziehung eine große Bereicherung sein.

Miteinander kommunizieren zu lernen, ist nicht besonders schwierig; die Herausforderung besteht darin, schlechte Angewohnheiten und alte Verhaltensweisen abzulegen, die sich sowohl beim »Senden« als auch beim »Empfangen« von Mitteilungen störend bemerkbar machen. Sie abzulegen und ein besseres Verständnis für die Eigenheiten des RH- oder LH-Partners zu entwickeln, wird Ihnen helfen, eine innigere Partnerschaft und bessere Problemlösungsstrategien zu schaffen.

6
Problemfall: Sie haben beide recht!

Wir sind auf den Feind gestoßen,
und er sind wir. Pogo

Als rechtshemisphärischer Mensch reagiere ich gern ungezwungen und spontan, wann immer mir der Sinn danach steht. Als linkshemisphärischer Mensch zieht mein Mann, Rick, es vor, erst zu reagieren, wenn er weiß, was von ihm erwartet wird, d. h. wenn er die Regeln kennt und sicher sein kann, keinen Fehler zu machen. Infolgedessen geraten wir mitunter an den ungewöhnlichsten Orten in Konflikt.
Auf der Tanzfläche zum Beispiel. Im einen Moment gleiten wir unbeschwert umher, im nächsten bleiben wir wie angewurzelt stehen.

Rick: Was war das?
Ich: Was war *was*?
Rick: Der kleine Hüpfer, den du gerade gemacht hast.
Ich: Keine Ahnung. Ich war ganz der Musik hingegeben, und es kam ganz von selbst. Ich habe nicht darüber nachgedacht.
Rick: Dies ist eine Rumba. Da sind keine Hüpfer vorgesehen. Außerdem hast du mich aus dem Takt gebracht.
Ich: Takte zählen ist doch langweilig. Ich will mich einfach zur Musik bewegen.
Rick: So funktioniert das aber nicht. Beim Paartanzen werden bestimmte Figuren in einem bestimmten Takt ausgeführt. Du kannst nicht einfach machen, was du willst. Versteh' das doch.

Ich: Ich finde, da geht die ganze Romantik verloren. Außerdem verstehe ich nicht, warum du mich die ganze Zeit herumstoßen und schieben mußt. Ich komme mir vor wie ein Einkaufswagen.
Rick: Das nennt man Führen. Und ist Aufgabe des Mannes beim Tanzen. Was hat das mit Takthalten zu tun?
Ich: Für mich fühlt es sich an wie Herumgeschiebe. Sehr feministisch ist das nicht. Was ist, wenn ich woanders hin will? Warum nennen sie uns Tanz*partner*, wenn die Macht doch nicht gleichmäßig verteilt ist?
Rick: Keine Ahnung. Ich habe das alles nicht erfunden. Willst du nun tanzen oder nicht?

Inzwischen habe ich keine Lust mehr zu tanzen, weil es mir keinen Spaß mehr macht. Auch Rick kann den Abend nicht mehr genießen; meine Impulsivität hat ihn aus der Fassung gebracht, er ist frustriert und muß sich sammeln.
Er hat recht, was das Takthalten angeht, und *ich* habe recht mit meiner Klage über die verlorene Romantik. Jeder von uns beiden hat seine eigenen Probleme mit dieser Situation – es gibt keinen Grund, sich solange darüber zu streiten, bis einer der Sieger ist. Weil wir beide verschiedene Aspekte völlig verschieden empfinden, haben wir tatsächlich *beide* recht. Dies müssen wir anerkennen, damit Situationen wie diese nicht eskalieren und wir eine beständige und für uns beide erfüllende Beziehung aufrechterhalten können.
Damit sich solche Szenen nicht ständig wiederholen, muß ich als RH lernen, ein besseres Gespür für Ricks Bedürfnis nach Richtlinien zu entwickeln, und für die Sicherheit, die diese Richtlinien ihm in neuen, vor allem öffentlichen Situationen geben. Als LH kann Rick zum häuslichen Frieden beitragen, indem er sich daran erinnert, daß es gerade meine Spontaneität war, die ihn faszinierte und in die er sich verliebt hat. Um sie aufrechtzuerhalten, wird er flexibler darauf reagieren müssen … oder sie wird vergehen.

Paartanzen beinhaltet eine gewisse mathematische Präzision und Folgerichtigkeit, die die linke Hirnhälfte anspricht. Gleichzeitig bietet es die Möglichkeit, sich selbst kreativ und ausdrucksvoll darzustellen, eine Eigenschaft, die in der rechten Hirnhälfte verankert ist. Wenn Sie sich Profi-Tänzer genauer ansehen, werden Sie diese Vereinigung bemerken. Sie sind einerseits kontrolliert und berechnend, andererseits wirken sie durch und durch frei und scheinen ihre Ausdruckskraft voll zu genießen. Gegensatzpartner müssen das gleiche tun, um in den Genuß einer festen und innigen Beziehung zu kommen. Respekt und das Bewußtsein für beide Ebenen, für beide Wesensarten, sind notwendig, weil beide von gleichem Wert sind.

Gegensatzpartner, die dies noch nicht erkannt haben, befinden sich in ständigem Konflikt. Sie nehmen sich und ihre Probleme nur ungenügend wahr und verfügen deshalb nur über unzulängliche Lösungsstrategien. Sie streiten sich über Vorlieben, Angewohnheiten, Prioritäten, Weltanschauungen, Geschmacksrichtungen, Glauben, Empfindlichkeiten, Werte und Perspektiven. In diesem Stellungsspiel können selbst die nüchternsten Angelegenheiten zum Gegenstand völlig überzogener Auseinandersetzungen werden, weil sich darin ein Machtkampf offenbart. Jeder ist absolut von seiner eigenen Meinung überzeugt; schon der leiseste Zweifel, man könnte sich vielleicht im Irrtum befinden, würde unweigerlich bedeuten, den Kampf zu verlieren.

Permanente Konfliktsituationen können für ein Paar äußerst entmutigend sein: Ihre tiefsten Bedürfnisse bleiben unerfüllt, und die Basis ihrer Beziehung gerät ins Trudeln. Die Partner konzentrieren sich mehr darauf, die eigenen Ansichten zu vertreten (die natürlich die »richtigen« sind!), als die des anderen in Betracht zu ziehen. Um Probleme zu lösen, statt sich in permanenten Machtkämpfen zu verstricken, müssen Gegensatzpartner die *Kunst* (RH) beziehungsweise *Wissenschaft* (LH) erlernen, sich in der Mitte zu treffen.

Obwohl zufriedene Paare angeben, sich weitaus weniger zu streiten und seltener über eine Trennung nachzudenken als unzufriedene, ist keine wirklich innige Liebesbeziehung frei von Meinungsverschiedenheiten. Die Annahme, Konflikte in Beziehungen seien ein böses Zeichen, ist falsch und unrealistisch.

In Wirklichkeit gibt es bei allen Paaren einige »unvereinbare Unterschiede«, weil sich zwei Menschen niemals völlig gleichen. Die Zufriedenheit eines Paares hängt davon ab, wie diese Unterschiede interpretiert und gehandhabt werden. Geben sie einem Partner das Gefühl, isoliert und allein zu sein und Verbundenheit unmöglich zu machen, dann können daraus Probleme entstehen. Werden die Unterschiede geschätzt und als Möglichkeit angesehen, daß die Partner durch die zweifache Stärke wachsen, dann verbessern sie die Beziehung. Um herauszufinden, welche spezifischen Unterschiede Ihre eigene Partnerschaft beeinflussen, bearbeiten Sie im Übungsteil die Übung »Die unvermeidlichen Unterschiede«.

Nicht die Existenz unterschiedlicher Wesensarten ist der kritische Punkt, sondern das Bestreben, diese unterschiedlichen Wesensarten aufeinander abstimmen zu wollen – und die Erkenntnis, daß Reibung notwendig sein kann, um diese Integration zu erreichen. Reibung hat eine lebenswichtige Aufgabe, weil kein Paar kontinuierlich harmonieren kann, identische Bedürfnisse hat und in allen Belangen des Zusammenlebens übereinstimmt. Befragt man Paare, die von sich behaupten, »niemals zu streiten«, in Einzelgesprächen, kann man in den meisten Fällen feststellen, daß einer der beiden eine Frieden-um-jeden-Preis-Strategie entwickelt hat, wobei der Preis in diesem Fall die Selbstaufgabe bedeutet.

Eine konfliktlose Beziehung mag formal weiterbestehen, doch fehlt es ihr an Leben. Konflikte ausleben bedeutet, sich zu weigern, eine Beziehung an Apathie sterben zu lassen. Und eine gute Beziehung ist es wert, daß man sich ihretwegen streitet.

Jeder Mensch bringt in eine Beziehung seine eigene Konfliktgeschichte mit ein, und diese prägt seine Erfahrungen und Umgangsweisen und seine Fähigkeiten zur Konfliktlösung. Für einen in einer LH-Familie aufgewachsenen Menschen bedeutet Konflikt etwas völlig anderes als für einen Menschen, der in einer RH-Familie oder von Gegensatz-Eltern (RH/LH) aufgezogen wurde.

In einer rein Linkshirn-orientierten Familie gab es vermutlich rationale, kontrollierte Diskussionen, keine starken Gefühlsäußerungen und eine große Wertschätzung für Problemlösungen und Diskussionen sowie die Entwicklung der dazu notwendigen Fähigkeiten. Konflikte in einem Rechtshirn-orientierten Haushalt ähnelten vermutlich eher einem bewegten Theaterstück, mit vielen Emotionen, aber wenig Klärungen. Problemlösung stand hier nicht im Vordergrund, Schreien und Weinen dagegen schon. In einer Gegensatzfamilie (mit RH/LH-Eltern) ist jede der genannten Varianten denkbar.

Unsere Erwartungen darüber, was Konflikte ausmachen, werden maßgeblich von unseren Erfahrungen als Heranwachsende geprägt. Diese Vorstellungen bringen wir in unsere späteren Liebesbeziehungen mit ein, weil sie uns am vertrautesten sind. Wir neigen dazu, in diese altbekannten Verhaltensmuster zurückzufallen, unabhängig davon, wie sehr wir es zu vermeiden versuchen. Dies gilt insbesondere für Streßzeiten. Jeder von uns meint die Dinge so zu sehen, wie sie sind, in Wirklichkeit aber sehen wir sie so, wie wir sie zu sehen konditioniert wurden. Niemand ist so objektiv, wie wir gerne glauben würden: *Was* wir sehen, hängt stark davon ab, *wie* wir sehen.

Dies wird in hierarchischen Partnerschaften ignoriert, weil einer der Partner eine unfehlbare Autorität darstellt, so daß für Subjektivität kein Platz ist. Doch gerade Subjektivität überbrückt Unterschiede, daher brauchen Paare mit einer gleichberechtigten Beziehung auch keinen »Gewinner« und keinen »Verlierer«. Ihnen geht es nicht um Macht, sondern darum, gegenseitiges Verständnis – vielleicht sogar Übereinstimmung – zu erreichen. Mit Formulierungen wie »Wenn ich mich richtig erinnere« oder »Aus meiner Sicht« räumt ein Partner ein, daß es durchaus Alternativen geben kann, und erkennt den Standpunkt des oder der anderen von vornherein als dem eigenen ebenbürtig an.

In einer gut funktionierenden Beziehung müssen Partner miteinander reden, wenn einer von ihnen ein Problem hat. Damit aus einer solchen Diskussion kein Streit wird, sollten jedoch beide damit rechnen, daß zwei sehr unterschiedliche und dennoch völlig gleichwertige Standpunkte zutage kommen werden. Bei RH-/LH-Partnern drehen sich Konflikte weniger darum, was *in* den Menschen vorgeht, wenn ihre unterschiedlichen Wesensarten aufeinandertreffen, als darum, was *zwischen* ihnen passiert.

Informationen gewinnen wir nicht nur über unsere Sinne und durch Erfahrungen, sondern auch über kognitive Prozesse. Wie schon im ersten Kapitel erwähnt wurde, gibt es mehr als nur eine Möglichkeit, Dinge zu lernen und Erfahrungen auszuwerten. Obwohl wir gelernt haben, daß nur harte Fakten wirklich »wahr« sein können, ist es unsere Intuition, die diesen Fakten Bedeutung beimißt. Dies sollten Sie bei Ihren Auseinandersetzungen mit dem Partner beherzigen. Die Art und Weise, wie der oder die andere Informationen aufnimmt, ist nicht besser und nicht schlechter als unsere eigene; sie ist lediglich anders.

Roger Fisher erinnert in seinem Werk »Getting to Yes« daran, daß Konflikte niemals unabhängig von uns existieren, sondern vor allen Dingen in unseren Köpfen stattfinden:

»Wahrheit ist einfach nur ein weiteres Argument..., um mit Unterschieden umzugehen. Und Unterschiede gibt es nur deshalb, weil sie in unseren Köpfen existieren. Ängste, auch unbegründete, sind reale Ängste... Fakten, selbst wenn sie noch so anerkannt sind, vermögen an dem Problem mitunter nichts zu ändern ... So hilfreich das Streben nach objektiver Wahrheit auch sein mag; letztendlich ist immer nur das, was jede Seite für die Wahrheit hält, die Ursache eines Problems ... und ausschlaggebend für dessen Lösung.«

Bevor Sie mit Ihrem Partner eine Auseinandersetzung beginnen, machen Sie sich klar, was Sie damit erreichen wollen. Es gibt viele Gründe, Konflikte herbeizuführen. Dazu gehören der Wunsch,

- aufgestauten Gefühlen Luft zu machen (Groll, Wut, Frustration).
- etwas klarzustellen.
- die Beziehung zu beleben (weil sie nüchtern, absehbar oder langweilig geworden ist).
- einen Kampf zu gewinnen (beweisen zu wollen, daß man recht hat).
- die Art oder die Meinung des Partners zu ändern.
- ernstgenommen zu werden.
- sich verständlich zu machen.
- eine alte Verletzung heimzuzahlen.
- ein bestimmtes Verhalten zu rechtfertigen (den Partner wütend zu machen, ist eine gute Entschuldigung für übermäßiges Essen und Trinken).
- Intimität zu vermeiden (wenn wir uns streiten, werden wir nicht miteinander schlafen).
- sich vor Verantwortung zu drücken (wenn wir uns streiten, muß ich nicht aufräumen).
- nach Aufmerksamkeit, weil man sich vernachlässigt fühlt.
- ein Problem zu lösen.
- der Partner möge sich öffnen und reden.
- Macht über den Partner auszuüben.

- für die Beziehung einzutreten (Hilfe! Wir stecken in Schwierigkeiten!).

Was immer Ihre Gründe sein mögen, denken Sie darüber nach, ob es nicht einen konfliktfreien Weg gibt. Vielleicht haben Sie auch schon mehrere Anläufe genommen, sind gescheitert und nun frustriert. Benennen Sie diese Anläufe und reden Sie mit Ihrem Partner darüber. Manchmal werden solche Versuche nicht rechtzeitig erkannt. Wenn Sie sie jedoch ansprechen, kann Ihr Partner sehen, wie wichtig Ihnen dieses Thema ist und wie dringend Sie darüber reden möchten.

Im folgenden finden Sie einige Richtlinien, die Sie beherzigen sollten, wenn Sie darüber nachdenken, wie Sie als Gegensatzpaar einen Konflikt angehen können:

- Streitpunkte müssen sowohl auf der Faktenebene als auch auf der Gefühlsebene besprochen werden.
- Diskutieren Sie sowohl die konkreten als auch die emotionalen Auswirkungen jeder Lösungsmöglichkeit.
- Konfliktlösung in der Partnerschaft ist Teamarbeit.
- Niemand kann sich gegenseitig schlimmer verletzen als zwei Liebende.

Streitpunkte müssen sowohl auf der Faktenebene als auch auf der Gefühlsebene besprochen werden

Partner tauschen sich aus in der Hoffnung, sich besser verstehen zu lernen, Lösungen und häufig auch Trost zu finden. Ihre unterschiedliche Wahrnehmungsweise bedingt jedoch, daß sie Probleme unterschiedlich lösen, auf Streß verschieden reagieren und deshalb ihre jeweiligen Bedürfnisse häufig nicht befriedigt sehen. Tauschen beide Seiten sich aus, ist es möglich, sich in der Mitte zu treffen und Kompromisse zu schließen. Sie ermöglichen es Paaren voranzukommen und nicht in der jeweiligen Sichtweise des Problems zu verharren oder in festgefahrenen Lösungsvorstellungen steckenzubleiben.

Diskutieren Sie sowohl die konkreten als auch die emotionalen Auswirkungen jeder Lösungsmöglichkeit

Kompromisse sind ein gegenseitiges »Geschenk« und eine Möglichkeit, der Beziehung Beachtung zu schenken. Jeder angestrebte Wandel bedingt sowohl eine äußere (faktische) als auch eine innere (gefühlsmäßige) Veränderung, so daß die Partner also nicht nur ihr Verhalten ändern müssen, sondern auch ihre innere Sichtweise über das eigene Verhalten und das des Partners. Gefühle, die Lösungsvorschlägen möglicherweise folgen, müssen besprochen werden.

Konfliktlösung in der Partnerschaft ist Teamarbeit

Gelegentlich wird es erforderlich sein, die Wünsche des einzelnen zugunsten dessen, was für die Beziehung am besten ist, zurückzustellen. Eine Partnerschaft kann nicht bestehen, wenn sie nicht von beiden gepflegt wird.

In den traditionellen heterosexuellen Beziehungen der fünfziger bis siebziger Jahre lag es in der Verantwortung der Frau, den »Zustand« der Ehe zu überwachen und das Flämmchen der Liebe zu hüten. Mit dem Erstarken der Emanzipationsbewegung traten mehr und mehr Frauen ins Erwerbsleben ein und übernahmen damit die Probleme und Streßfaktoren der Männer.

Mehr und mehr Paare stellen nun fest, daß, selbst wenn sich die vielen Stunden im Büro auszahlen mögen, die Beziehung dabei vernachlässigt wird. Sich ihr hin und wieder zu widmen, wie das viele berufstätige Paare (insbesondere die mit Kindern) tun, genügt nicht.

Es wird immer Zeiten geben, in denen ein Mensch ein Bedürfnis hat, das mit seiner Beziehung nicht zu vereinbaren ist und sich sogar negativ auswirken kann. Wer darüber nicht mit dem Partner spricht und die Folgen, die dieses Bedürfnis auf die Stabilität der Beziehung haben kann, nicht mit einbezieht, gefährdet die Partnerschaft.

Das bedeutet nicht, daß individuelle Bedürfnisse keinen Vorrang haben dürfen vor Beziehungsbedürfnissen. Aber die Existenz einer Bindung zu ignorieren und ohne Berücksichtigung der Folgen im Alleingang zu handeln, schädigen den Bund, den die Partner geschlossen haben. Beziehungen sind zerbrechlich und bedürfen der Pflege; sie sind keinesfalls immun gegen äußere Einflüsse, Fehler und Vernachlässigungen.

Eine Art der Beziehungspflege ist die Übernahme größerer persönlicher Verantwortung für Probleme und ihre Beseitigung, statt auf die »Selbstheilungskräfte« der Beziehung zu bauen und zu hoffen, daß sich die Dinge »von selbst« regeln werden. Möglich wird dies durch eine Veränderung der eigenen Sichtweise. Fragen Sie sich, warum Sie so auf Ihren Absichten beharren. Was wäre nötig, um Alternativen in Erwägung zu ziehen? Versuchen Sie, sich mindestens drei verschiedene Sichtweisen irgendeiner Situation vorzustellen. Damit bewegen Sie sich weg von persönlicher Halsstarrigkeit hin zu mehr Verhandlungsbereitschaft.

Einer der Gründe, warum nur wenige LH/LH-Partner Paartherapien aufsuchen, liegt darin, daß sie über Problemlösungstechniken verfügen. Da Emotionalität in ihren Konflikten nur eine untergeordnete Rolle spielt, können sie Partnerschaftsprobleme auf die gleiche Weise behandeln wie die Probleme am Arbeitsplatz. In Ehen unter Wissenschaftlern beispielsweise wird Verhandeln als die wichtigste Problemlösungstechnik angesehen.

Niemand kann sich gegenseitig schlimmer verletzen als zwei Liebende

Intimität bedeutet auch, vertrauliche Informationen auszutauschen. Unsere engste Bindung an einen Menschen entsteht dadurch, daß wir ihm unsere geheimsten Gedanken, Träume, Ängste und Fehler enthüllen. Diese Bindung fußt auf dem Vertrauen, daß eben jene Informationen nicht im nächsten Streit gegen uns verwendet werden.

Intimität ist ein Paradox; je größer das Gefühl der Nähe und Vertrautheit, desto stärker auch das Gefühl der Verwundbarkeit. Wenn sich zwei Menschen durch und durch kennen, haben sie die Macht, sich sehr weh zu tun. Es erfordert große innere Reife, diese Macht nicht zu mißbrauchen.

Jeder Gegensatzpartner hat seine ganz besonderen Stärken. In Kapitel 7 werden Sie erfahren, warum es rechtshemisphärischen Menschen leichter fällt, den Zauber der Liebe zu bewahren, und was LHs tun können, um darin besser zu werden. Geht es allerdings darum, Konflikte zu lösen, sind die linkshemisphärischen Menschen im Vorteil. Im folgenden werden einige Möglichkeiten aufgelistet, wie rechtshemisphärische Menschen ihre Fähigkeiten in diesem wichtigen Bereich der Kommunikation steigern können.

Wie RH-Partner ihre Konfliktfähigkeit verbessern können (und wo ihre Schwächen liegen)

- Achten Sie auf den richtigen Zeitpunkt, wenn Sie ein konfliktträchtiges Thema besprechen möchten. »Überfallen« Sie Ihren LH-Partner nicht.
  (RHs stellen selten gründliche Vorüberlegungen an. Häufig überraschen sie ihren LH-Partner, der ansonsten vielleicht in Ruhe zugehört hätte.)

- Konzentrieren Sie sich immer nur auf eine Angelegenheit und lösen sie, bevor Sie sich der nächsten zuwenden. (RHs stellen mitunter Querverbindungen her, die es ihnen ermöglichen, eine ganze Reihe von Themen zusammenzupacken.)
- Tolerieren Sie die Fakten. Sie schmälern Ihre Gefühle nicht und sind der Schlüssel zur Lösung von Problemen. (RHs reagieren häufig verletzt, wenn sie mit Fakten konfrontiert werden, während sie in ihren Ängsten gefangen sind. Fakten verwirren RHs.)
- Versuchen Sie ein Konfliktgespräch systematisch anzugehen und nicht vom Hundertsten ins Tausendste zu springen. Das ist für LHs sehr verwirrend. (Bei Gefühlen gibt es keine logische Anordnung, deshalb sind RHs es nicht gewohnt, Dinge zu strukturieren.)
- Zeigen Sie Geduld für das Bedürfnis Ihres LH-Partners, die Ereignisse so lange methodisch aufzuarbeiten, bis sie für ihn einen Sinn ergeben. (RHs befassen sich lieber mit der »Oberfläche« eines Problems und übergehen dabei die Fakten der Situation. Es langweilt sie, sich mit Details zu befassen, wenn diese keine emotionale Erleichterung bringen.)
- Lassen Sie Ihren LH wissen, daß Sie ihm nicht länger folgen können, weil Sie innerlich zu angespannt sind. (Für RHs ist schwer zu begreifen, warum ein LH nicht sofort alles abbricht und sich ihren überströmenden Gefühlen zuwendet. Ein RH erwartet vom Gegensatzpartner, daß dieser sensibel reagiert und sagt: »Ich sehe, die Diskussion nimmt dich wirklich mit. Laß uns doch lieber über deine Gefühle reden.«)
- Vermuten Sie nicht, klären Sie! Haben Sie die gleichen Vorstellungen von Ihrem Problem? Welche Lösungen wären noch möglich? Sind Sie sich über die Lösung wirklich einig? Sind Sie sicher? (RHs ziehen gerne voreilige Schlüsse und bauen dann dar-

auf, daß diese nicht nur gültig sind, sondern auch vom LH mitgetragen werden.)

Neben diesen allgemeinen Richtlinien sollten Sie unbedingt beachten, welche besonderen Auswirkungen die jeweiligen Charakteristiken der Links-/Rechtshirn-Dominanz auf die Entstehung und die Lösung von Konflikten haben. Wenn Sie die folgenden Punkte lesen, werden Sie feststellen, wie schnell Streit oder Mißverständnisse entstehen können und wie schwierig es sein kann, sich auf eine Lösung zu einigen.

Wie Gegensatzpaare zu Konflikten und Konfliktlösungen beitragen können

- Linkshemisphärische Menschen gehen Konflikten gern aus dem Weg und versuchen alles, um Streit mit dem RH-Partner zu vermeiden. Konflikte bergen immer die Gefahr des Kontrollverlusts, insbesondere der Kontrolle über die eigenen Gefühle, was LHs äußerst unangenehm ist. Sie vermeiden es, Gefühle anzusprechen oder auszudrücken, weil sie im Umgang damit unsicher sind. LHs empfinden Gefühle als hinderlich bei der Problemlösung, während sie für den RH die Voraussetzung darstellen. Was für den einen ein Ärgernis, ist für den anderen eine Notwendigkeit: kein Wunder, daß das Thema Gefühle ausreicht, um eine Auseinandersetzung zu verursachen. Wenn Sie als rechtshemisphärischer Mensch mit Ihrem Partner ein emotionsträchtiges Thema besprechen wollen, dann gehen Sie davon aus, daß Sie die Diskussion beginnen müssen.
- Linkshemisphärische Menschen gehen Probleme logisch-rational an und ziehen es vor, bedächtig und zweckorientiert zu handeln, statt zu schreien und zu weinen. Dennoch haben sie eine längere Reaktionszeit, weil sie es (trotz vielleicht vorhandener stichhaltiger Argumente) vermeiden wollen, sich lächerlich zu machen oder Fehler zu begehen.

Oft werden sie viel zu methodisch in ihrem Versuch, alles abzudecken und sich unmißverständlich auszudrücken. Das führt zu zweierlei Problemen: Zum einen fühlen sie sich gegenüber ihrem schneller denkenden und reagierenden RH-Partner im Hintertreffen, zum anderen ist es für den – wenig geduldigen – RH-Partner frustrierend, den langatmigen Ausführungen des LHs folgen zu müssen.

- LHs fürchten sich davor, ins kalte Wasser zu springen und Dinge zu tun, mit denen sie keine Erfahrung haben oder die ihnen neu sind. Eine spontane Forderung des RH-Partners löst beim LH Leistungsdruck und damit zusammenhängende Ängste aus. RHs können solche Konflikte vermeiden, indem sie ihren LH-Partner nicht mit Einfällen »erschlagen«, auf Vorschläge keine sofortige Reaktion verlangen (geben Sie einem LH Zeit zu entscheiden, ob er oder sie etwas wirklich tun will), und den Partner nicht Situationen aussetzen, in denen er oder sie im Rampenlicht steht. LHs können Konflikte vermeiden, indem sie ein wenig lockerer reagieren und spontane Vorschläge und Wünsche nicht ganz so ernst nehmen. RHs müssen lernen, mit Erwiderungen wie »Laß mich darüber nachdenken«, »Weiß ich nicht« oder »Ich muß mir das erst durch den Kopf gehen lassen, ehe ich mich entscheide« zu leben. Nur weil ein RH eine Frage stellt oder einen Wunsch äußert, muß ein LH nicht sofort springen.
- LHs nehmen sich Probleme gern einzeln vor und hassen es, wenn der RH-Partner plötzlich alte und scheinbar zusammenhanglose Themen ins Gespräch bringt. RHs sind durch ihr Talent, Muster und große Zusammenhänge zu erkennen, in der Lage, selbst die entferntesten Dinge so miteinander in Bezug zu setzen, daß sie ihnen völlig logisch erscheinen. Sie achten auf jedes Anzeichen, das ein Problem mit einer vorangegangenen Situation in Bezug bringt. Beispiele dienen RHs dazu, den zentralen Punkt zu veranschaulichen und zu stützen. Ein LH dagegen erkennt darin Ablenkungs-

manöver. Doch wenn ein LH die Verbindungen nicht sehen kann, bedeutet das noch lange nicht, daß sie nicht existieren. Wenn die Rede wieder einmal von »Pontius zu Pilatus« kommt, könnte der LH fragen: »Wie hängt das mit dem zusammen, worüber wir gerade reden?« und dann *zuhören*. Ein RH sollte nicht vom Thema abschweifen und bei dem bleiben, was notwendig ist.

- RHs, die sich von ihren Gefühlen überwältigen lassen, verlieren die Fakten aus den Augen. Ihre Argumente kommen nicht mehr an, weil der LH-Partner so verschreckt ist, daß er oder sie sich nicht zur eigentlichen Aussage »durcharbeiten« kann. Da ihm offene Gefühlsausbrüche unangenehm sind, verwendet der LH-Partner seine ganze Kraft darauf, den RH nicht völlig aus der Fassung geraten zu lassen. Je emotionaler der RH, desto rationaler und vernünftiger reagiert der LH. Eine derart polarisierte Konstellation bringt jedes Paar zur Verzweiflung. Eine gute Faustregel ist es, niemals in emotionsgeladenen Momenten (ob positiv oder negativ) beziehungsrelevante Entscheidungen zu treffen. Solche Entschlüsse sollten in besonnen geführten Gesprächen gefällt werden, da impulsive Entscheidungen häufig bereut werden.
- RHs fehlt es in Gesprächen mit ihren systematischeren LH-Partnern an Geduld. Ein LH ist bestrebt, kein wichtiges Detail auszulassen, um nicht mißverstanden zu werden. Allerdings kann es überaus anstrengend sein, den LH in Ruhe ausreden zu lassen (daher werden linkshemisphärische Menschen mitunter als langweilig bezeichnet). Häufig wird er oder sie vom RH-Partner unterbrochen, der auf eine Phrase oder einen Satz antwortet (aus diesem Grund werden rechtshemisphärische Menschen mitunter als unhöflich bezeichnet). In ihrer Impulsivität neigen RHs dazu, falsche Schlüsse zu ziehen oder Dinge persönlich zu nehmen, ohne sich zu vergewissern, ob es sich nicht vielleicht um ein Mißverständnis handelt.

- Für LHs ist das Ziel von Kommunikation eine möglichst präzise Ausdrucksweise, während RHs Interesse wecken und Verständigung herstellen wollen. Diese unterschiedlichen Ziele können, unabhängig vom Thema der Auseinandersetzung, Probleme verursachen. Weil sie selbst nach Präzision streben, verlangen LHs das gleiche auch von anderen. Mit Metaphern, Vermutungen, Andeutungen, Folgerungen und Annahmen wissen sie nur schwer umzugehen. RHs dagegen befassen sich häufig mit der tieferen Bedeutung von Dingen und entfernen sich weit von dem, was augenscheinlich ist. Für sie steckt in allem die Möglichkeit für etwas ganz anderes. Daher kann es während eines Gesprächs für einen LH-Partner öfters notwendig werden zu fragen: »Was meinst du damit? Was willst du damit eigentlich sagen? Worauf willst du hinaus?« Für einen RH, der glaubte, sich vollkommen klar und verständlich geäußert zu haben, kann das recht anstrengend sein.
- RHs verarbeiten Informationen seriell (parallel), LHs dagegen sequentiell (in Folge). Wird dieser Unterschied nicht beherzigt und respektiert, kommt es zu Mißverständnissen. LHs sind stärker als RHs darauf angewiesen, im Denken eine gewisse Abfolge einzuhalten. Wenn ein RH mehrere Dinge auf einmal anspricht, reagiert der LH verwirrt und muß zunächst eine gewisse Ordnung herstellen, um zu verstehen, worum es geht. Ein RH, der dies nicht berücksichtigt, trägt damit unbewußt zur Verschärfung des Konflikts bei.
- LHs stellen ihre Überlegungen gern in Teilschritten an, die sie einzeln überdenken (analytisch). RHs ziehen es vor, verschiedene Gesichtspunkte zu einem Gesamtbild zusammenzufassen (synthetisch). An bestimmten Punkten innerhalb der Diskussion werden LH und RH daher verschiedene Wege gehen: Der LH wird sich einer deduktiven Denkweise bedienen – d. h. vom Allgemeinen auf das Besondere schließen. Der RH-Partner wird eine induktive

Denkweise vorziehen – also vom Besonderen auf das Allgemeine schließen.

- LHs sind äußerst gradlinig und bisweilen von einer schonungslosen Offenheit. Sie sollten sich daher bewußt sein, daß sie die Gefühle ihres RH-Partners verletzen können. RHs dagegen sprechen aus, was immer ihnen gerade durch den Kopf geht; auch sie müssen sich bewußtmachen, daß sie den Partner mit ihrer Impulsivität verletzen können. Viele Konflikte werden erst durch mangelndes Einfühlungsvermögen der Partner ausgelöst.
- Ihre gradlinigere Art des Denkens bedingt bei linkshemisphärischen Menschen auch eine genauere Ausdrucksweise. Rechtshemisphärische Menschen sind weniger präzise, was dann zu Mißverständnissen führen kann, wenn beide stillschweigend davon ausgehen, in einer Angelegenheit übereinzustimmen. Daher ist es wichtig, Ansichten rechtzeitig zu überprüfen, d. h. *bevor* gehandelt wird. Das gilt für verabredete Treffpunkte und Uhrzeiten ebenso wie für die Auswahl von Gästen und Geschenken, vermutete Konfliktgründe und Wünsche. Sparen Sie sich den Ärger und stimmen Sie sich ab, bevor Sie handeln.
- RHs beginnen Gespräche, weil sie sich ihrem Partner verbunden fühlen wollen und, wenn sie besorgt oder betrübt sind, bei ihm oder ihr Anteilnahme suchen. LHs neigen allerdings dazu, Sorgen sofort als Problem einzustufen und sich auf Lösungssuche zu begeben. Dies kommt ihrer Vorliebe für Ratschläge sehr entgegen. Da der RH-Partner jedoch Verständnis und keine Lösung sucht, sind Konflikte vorprogrammiert. Der RH fühlt sich ungeliebt, wenn die Anteilnahme ausbleibt, und der LH fühlt sich zurückgestoßen, wenn sein Rat zurückgewiesen wird.

Jedes Paar muß gemeinsam wachsen und lernen, um auf Dauer Bestand zu haben. Partner müssen bereit sein, Risiken einzugehen und sich auf unbekanntes Gebiet vorzuwagen, was unangenehme, angstvolle und auch schmerzhafte Momente mit sich bringen kann. Wenn zwei Menschen versuchen, ihre individuellen Bedürfnisse und die der Beziehung in Einklang zu bringen, bleiben Konflikte nicht aus. Es gibt für Paare keine ideale Art der Auseinandersetzung, es gibt nur ein gemeinsames Ziel, das sie anstreben können: eine Partnerschaft, die für beide ein Gewinn ist.

Judith Jordan betont in ihrem Buch »Courage in Connection« die Bedeutung von Konflikten für gesunde Partnerschaften:

»Eine beziehungsorientierte Haltung, das Interesse am Wohlergehen der Beziehung, ist ein Schritt in Richtung auf das, was Jean Baker Miller ›gute Konflikte‹ nennt. In Auseinandersetzungen empfinden Menschen ihre Wahrnehmungen und Standpunkte oft als völlig konträr. Ich benutze den Begriff *Konflikt* jedoch nicht im Sinne von Kampf, sondern sehe ihn als eine Unterbrechung des Aufeinanderzugehens und der Harmonie in der Beziehung, ausgelöst durch trennende Unterschiede ... Das Ziel *guter Konflikt* ist nicht die Beseitigung von Unterschieden, sondern ein Hinauswachsen über das reine Tolerieren bestehender Unterschiede hin zur Schaffung neuer Möglichkeiten.« (S. 4)

Durch Konflikte werden nicht nur Probleme gelöst, sondern auch Informationen ausgetauscht, die das gegenseitige Verständnis der Partner füreinander verbessern. Dieses neue Wissen stärkt und bereichert die Beziehung, weil es Aspekte beleuchtet, die zuvor gar nicht wahrgenommen wurden.
Eine gute Partnerschaft ist keine unveränderbare Institution, sondern eine mächtige Kraft, die sich in ständigem Wandel befindet. Engagierte Partner wissen, daß Veränderungen häufig Konflikte mit sich bringen. Aber sie wissen auch, wie gewinnbringend es ist, Probleme anzupacken.

7

Die Kunst (RH) oder Wissenschaft (LH) zu lieben

Liebe ist der Triumph der Phantasie über die Intelligenz. H. L. Mencken

Liebe hat viele Gesichter – vor allem dann, wenn zwei sehr gegensätzliche Menschen ein Paar werden. Denn gerade ihre Verschiedenheit darin, wie sie lieben und geliebt werden möchten, ist der Ursprung für viele Verletzungen.
Wir sollten immer daran denken, daß jeder Mensch zwischen der rechten und der linken Hirnhemisphäre hin- und herschaltet. Je seltener das der Fall ist, desto polarisierter sind die Positionen eines Gegensatzpaares und desto anfälliger ist das Paar für Probleme. Jeder kann sich auf die goldene Mitte zubewegen, indem er ganz bewußt das Gegenteil dessen tut, was er gerne machen würde. Paare, die sich auf ihre Unterschiedlichkeit einstellen, erleben wesentlich weniger Konflikte und können dafür ihre Liebe intensiver genießen.
Obwohl Liebende sich ihre Gefühle gerne deutlich zeigen, vergessen sie dabei doch oft, daß es notwendig ist, den anderen samt seinen Wünschen wirklich gut zu kennen. Der »Liebes-Wegweiser« im Übungsteil wird Ihnen helfen, die Wünsche Ihres Partners herauszufinden.
Echte Liebe ist weniger ein Gefühl, als eine wohlüberlegte Entscheidung. Sie ist ein aktiver Prozeß, eine bewußte Handlung. Es ist die allmähliche Verwandlung von Faszination in etwas viel Tieferes und Ernsthafteres. Jemanden zu lieben, ist eine bewußt getroffene Wahl und bedeutet viel mehr, als nur von »Leidenschaft übermannt« zu werden.

Es ist schwer, das Wesen der Liebe in wenigen Worten zu beschreiben, deshalb habe ich einen Katalog mit »Liebesbeweisen« zusammengestellt, die sowohl das Gefühl geliebt zu werden als auch gegenseitige Liebe zum Ausdruck bringen.

- Zuneigung empfinden
- Zuneigung zeigen
- Unterstützung bieten
- Respekt zeigen
- Gefährte/Gefährtin sein
- Anteilnahme zeigen
- Vertrauen schenken und verdienen
- Beziehungen schützen
- Unvollkommenheit akzeptieren
- Offen und vertrauensvoll kommunizieren
- Sexuelles Verlangen zeigen und erwidern

Zuneigung empfinden. Zuneigung zu hegen bedeutet, für einen bestimmten Menschen ein großes Maß an Liebe und Zärtlichkeit zu empfinden. Da dieses Gefühl der rechten Hirnhemisphäre entspringt, fällt es Rechtshirn-dominierten Menschen leichter, einer Person dieses Gefühl der Einzigartigkeit zu vermitteln. Linkshemisphärische Menschen verbinden es eher mit einem bestimmten gemeinsamen Erlebnis als mit einer Vorstellung ohne realen Bezug. Ein RH dagegen vermag diese Vorstellung mehrmals am Tag heraufzubeschwören; die Erinnerung kann dabei bewußt oder unbewußt auftauchen, unabhängig davon, was er oder sie gerade tut. Bei Linkshirn-dominierten Menschen wird eine mit der geliebten Person verbundene Erinnerung und das Gefühl für ihre Besonderheit durch ein äußeres Ereignis ausgelöst. Das alles wirkt relativ harmlos, kann sich aber mit der Frage des RH-Partners: »Hast du heute an mich gedacht?« schnell ändern. Nun wird es gefährlich, denn für einen rechtshemisphärischen Menschen ist die Verneinung dieser Frage der

Beweis für mangelnde Liebe. Damit beginnt ein verdeckter Wettstreit, wer am häufigsten an wen denkt.

Der LH-Partner sitzt in der Zwickmühle. Tatsächlich war am Arbeitsplatz vielleicht zuviel zu tun, so daß er oder sie nicht an den Partner gedacht hat. Sich das Bild des oder der Geliebten ins Gedächtnis zu rufen, ist für einen LH ein wesentlich bewußterer Vorgang als für einen RH, da Linkshirndenker sich immer nur auf ein Detail auf einmal konzentrieren können und jede neue Information die vorhergehende ersetzt. Ist ein LH mit etwas beschäftigt, dann ist er das voll und ganz; für Gedanken an den Partner oder irgend etwas anderes bleibt einfach kein Raum.

Rechtshemisphärische Menschen sind häufig nicht in der Lage, das zu verstehen, so daß der LH-Partner sicherheitshalber mit »Ja, ich habe an dich gedacht« antworten wird, obwohl es gar nicht stimmt. Vermutungen, der LH-Partner sei weniger verliebt, lege weniger Wert auf die Beziehung oder denke vielleicht sogar an Trennung, verhindern eine offene Kommunikation, und all das nur, weil der LH-Partner nicht an den anderen gedacht hat. Vergessen Sie nicht: Für einen rechtshemisphärischen Menschen bedeutet Verbundenheit (Beziehung) alles.

Ein weiterer Aspekt der Zuneigung ist das aufrichtige Interesse für den Partner, für seine oder ihre Fähigkeiten und Stärken und die Freude an gegenseitigen Unterschieden. Zu Beginn einer Beziehung, in der ersten Verliebtheitsphase, zeigen alle Menschen ein starkes Interesse füreinander sowie ein hohes Maß an Verständnis, Aufmerksamkeit und Bewunderung. Leider tritt diese Bewunderung im Laufe der Zeit mehr und mehr in den Hintergrund, und der Partner wird zur Selbstverständlichkeit. Glückliche Paare berichten jedoch immer wieder, daß sie darauf achten, gerade dies zu verhindern. Sie haben begriffen, wie arrogant es ist, sich einzubilden, man kenne den anderen durch und durch, selbst wenn man bereits fünfzig Jahre zusammen ist. Und sie wissen, daß fehlendes Interesse am anderen nichts anderes als Gleichgültigkeit ist, die die Beziehung in ihrem Kern trifft.

In ihrem kontinuierlichen Streben nach Verbundenheit nutzen RHs Interesse am anderen häufig als Brücke. Die Reaktion darauf ist nicht selten Ablehnung, Abwehr oder sogar offene Aggression. Linkshemisphärische Menschen sind meist verschlossene und eher unzugängliche Individuen; sie konzentrieren sich darauf, persönliche Informationen zurückzuhalten statt sie preiszugeben. Mit einer spontan geäußerten Frage – die womöglich sehr persönlich ist – kann ihnen ein RH das Gefühl geben, verwundbar zu sein, und er oder sie wird alles daransetzen, »dichtzumachen«. Währenddessen versucht der RH-Partner nichtsahnend weiter in den LH-Partner zu dringen, der dieses Interesse als aufdringlich und bedrohlich empfinden muß.

Nur gemeinsam verbrachte Zeit und die unvoreingenommene Akzeptanz dessen, was der LH mitzuteilen bereit ist, kann helfen, besser mit solchen Situationen umzugehen. Zudem sollten rechtshemisphärische Menschen auf den richtigen Zeitpunkt achten. Ein LH wird auf eine überfallartig gestellte Frage anders reagieren, als auf eine, die ihm oder ihr Zeit läßt, die eigenen Gedanken zu ordnen und eine Antwort zurechtzulegen, mit der er oder sie sich nicht blamiert. So könnte der RH-Partner sagen: »Ich habe mich schon immer gefragt, was du empfunden hast, als deine Eltern deinen Hund weggaben. Denk doch mal darüber nach. Du kannst es mir ja morgen beim Spazierengehen erzählen, ja?«

Rechtshirn-dominierte Menschen möchten die Intimität ihrer Beziehung steigern, doch das geschieht nicht in einem Vakuum; sie brauchen dazu die Kooperation des LH-Partners. Und dieser hat auf dem Spaziergang immer noch die Möglichkeit zu antworten: »Ich habe darüber nachgedacht. Aber es tut mir zu weh, um darüber zu sprechen. Kannst du das verstehen?« An diesem Punkt hat der RH die Wahl, die

Antwort persönlich zu nehmen (Warum kann er oder sie nicht mit mir reden?) oder sie zu akzeptieren (er oder sie leidet zu sehr darunter).

Akzeptanz ist eine Form der Zuneigung, die dem Partner das Gefühl und die Sicherheit gibt, ernstgenommen zu werden. Selbstverständlich muß auch der RH-Partner in seinem Streben nach Intimität und Verbundenheit akzeptiert werden, statt dafür kritisiert – oder ignoriert – zu werden, daß er die Privatsphäre des LH verletzt.

Welchen Wert Partner einer Beziehung einräumen, zeigt sich daran, ob sie ihr eine gewisse Priorität zugestehen oder nicht. Da rechtshemisphärische Menschen die Welt in Bindungszusammenhängen sehen, übernehmen sie meist die Verantwortung für die Pflege der Beziehung. Sie sorgen dafür, daß man genügend Zeit miteinander verbringt und in ausreichendem Maße über die Beziehung redet. Angenehm ist diese Rolle nicht, weil LH-Partner sich häufig vom RH-Partner bedrängt fühlen, obwohl dieser in Wirklichkeit einen notwendigen Teil der Beziehungsarbeit leistet. Kümmert sich keiner von beiden um die Partnerschaft, wird sie irgendwann an Gleichgültigkeit und Vernachlässigung zerbrechen.

RHs schaffen gemeinsame Erinnerungen, indem sie Festtage und kleine feierliche Anlässe zelebrieren oder Ereignisse in Briefen und Fotoalben festhalten. Für sie sind ernsthafte Beziehungen etwas Lebendiges, das Aufmerksamkeit und Pflege verlangt. Im Gegensatz zu LHs, die mehr in der Gegenwart verankert sind, verbringen RHs viel Zeit damit, an die Vergangenheit zu denken – an die erste gemeinsame Zeit der Verliebtheit – oder an die Zukunft und das gemeinsame Altwerden.

Zuneigung zeigen. Dies ist der Bereich, der Gegensatzpartnern die größten Probleme zu bereiten scheint. Gegensatzpaare können sich nur sehr schwer darauf festlegen, wie sie ihre Zuneigung ausdrücken wollen, und dies sowohl verbal als auch körperlich. Der kritischste Punkt ist dabei der

Wunsch des RH-Partners nach Romantik, der auf seiten des LH-Partners, mit seiner eher praktischen Herangehensweise an Beziehungen, auf großes Unbehagen stößt.

Trotz ihrer Intensität und obsessiven Natur ist romantische Liebe allein nicht ausreichend, um eine dauerhafte Beziehung aufrechtzuerhalten. Die unvermeidliche Erkenntnis des RH-Partners, daß der Gegensatzpartner seinem Idealbild letztlich nicht entspricht, wird wie ein Betrug empfunden, und das Bemühen, diesen dennoch mit dem Phantasiebild in Einklang zu bringen, kann zur Entfremdung des Paares führen, da der LH so akzeptiert werden will, wie er oder sie wirklich ist.

Im Laufe der Zeit wird jedem deutlich, daß der »Traum«-Partner und der reale Partner nicht deckungsgleich sind. Für den praktischer veranlagten LH ist diese Erkenntnis jedoch weit weniger schockierend als für den RH. Ein linkshemisphärischer Mensch hat eine pragmatischere Vorstellung vom Zweck der ersten Verliebtheit und betrachtet diese lediglich als *Initialzündung* für eine zukünftige Beziehung; sobald diese etabliert ist, hat sie ihren Zweck erfüllt. Ein rechtshemisphärischer Mensch dagegen sieht Verliebtheit als Mittel zur *Fortsetzung* einer Beziehung.

Die erste Verliebtheit ist jedoch nichts anderes als eine Phase, in der wir uns zu einer anderen Person hingezogen fühlen, weil diese einer Phantasievorstellung ähnelt. Millionen von Menschen versuchen das wahre Ich ihres Partners dem Trugbild ihres romantischen Ideals anzupassen und frustrieren damit sich selbst und den Partner. Eheexperten sind sich darin einig, daß Freundschaft ein wesentlich stabileres Fundament für eine dauerhafte Beziehung darstellt als Romantik. Auch Sam Keen findet in »Feuer im Bauch« klare Worte:

»Wenn man unter Ehe ein lebenslanges Verliebtsein versteht, wird man mit Sicherheit desillusioniert ... Die Funktion der

Ehe besteht darin, daß zwei Menschen aus dem siebten Himmel fallen und auf dem Boden der Tatsachen zu stehen kommen... Die romantische Vorstellung von der großen Liebe ist totale Bejahung... – sie rankt sich um das Trugbild von der unentwegten, nicht enden wollenden Bestätigung. Die Ehe dagegen bedeutet ›Ja‹ und ›Nein‹ und ›Vielleicht‹, sie ist eine auf Vertrauen gründende Beziehung, die durchdrungen ist von dem uralten Zwiespalt von Liebe und Haß.« (S. 300 f.)

Dennoch ist Romantik für Rechtshirn-dominierte Menschen so wichtig, daß viele Partnerschaften aus keinem anderen Grund zerbrechen als dem, daß das Werben des Partners aufgehört hat. Für den LH, der niedergeschlagen in meiner Praxis sitzt, ergibt dies keinen Sinn. Er war (aus seiner Sicht) verantwortungsvoll, treu, beständig und liebevoll. Und doch wurde er verlassen. Im Gespräch mit seiner RH-Partnerin erfahre ich, daß er sich (aus ihrer Sicht) kalt, distanziert, uninteressiert und lieblos verhalten hat. Beim gemeinsamen Gespräch über das Vorgefallene stellt sich heraus, daß der eigentliche Faktor die Romantik war – oder besser gesagt, das Fehlen von Romantik. Dies vermittelte der RH-Partnerin das Gefühl, allein, isoliert und ungeliebt zu sein – eine oft gehörte Geschichte bei Gegensatzpaaren.

Rechtshemisphärische Menschen haben eine lebhafte Phantasie und bringen daher oft ganz bestimmte Vorstellungen in die Zeit des Werbens und Kennenlernens mit ein. Sie träumen von leidenschaftlichen, hemmungslosen Gefühlen, von denen sie überwältigt werden, und vom Leuchten in den Augen des Partners. Da sie sich stark auf ihre Intuition verlassen, ist das Gefühl, den Richtigen getroffen zu haben, für sie ein absolut zuverlässiger Beweis. Ein rechtshemisphärischer Mensch wird eine ganze Palette somatischer (körperlicher) Reaktionen beschreiben, wildes Herzklopfen, prickelnde Haut, weiche Knie, Schwindelgefühl, die als grünes

Licht verstanden werden. Je mächtiger das Gefühl, die Kontrolle über sich zu verlieren, desto stärker die Überzeugung, den oder die Richtige getroffen zu haben.
Rechtshirndenker leben in Einklang mit ihren Sinnen, woraus auch ihre Vorliebe für »Stimmungen« resultiert. Kerzenlicht, Blumen, Düfte, Satinbettwäsche und Musik sind allesamt Schlüssel zum Herzen eines RHs. Das müßte nicht unbedingt ein Problem sein, würde der RH nicht das gleiche von seinem LH-Partner erwarten. Für einen rechtshemisphärischen Menschen spiegeln diese Dinge nun einmal das Wesen von »Romantik«, und es führt immer wieder zu Enttäuschungen, wenn er oder sie entdeckt, daß der Partner an solchen Dingen weder Interesse noch Bedarf hat.

Terry (RH): Ich war so aufgeregt! Die ganze Wohnung hatte ich dekoriert wie am Valentinstag, obwohl es doch Juli war. Überall Rot. Ich hatte wunderschöne Musik spielen und zündete ein paar Kerzen an.
Lynn (LH): Mein erster Gedanke war, daß ich die Hand nicht vor den Augen sehen konnte. Und dann spielte diese merkwürdige Musik. Ich wollte nichts sagen, weil ich wußte, wie wichtig Terry die Stimmung war. Aber mir hat es gar nichts gebracht. Ich möchte einfach mit Terry zusammensein. Diesen ganzen Extrakram brauche ich nicht.

Es ist nichts dagegen einzuwenden, wenn Sie Situationen nach Ihrem Belieben gestalten, nur erwarten Sie von Ihrem Partner nicht, daß er oder sie das gleiche empfindet oder braucht. Die meisten linkshemisphärischen Menschen ziehen einschätzbare Situationen vor und empfinden Überraschungen eher als unangenehm. Sie werden der Routine nicht so schnell überdrüssig wir ihre Gegensatzpartner und bezeichnen gerade die täglichen Gepflogenheiten in ihrer Beziehung als Teil dessen, was sie befriedigt. Für einen LH bedeutet Routine Sicherheit, für einen RH Langeweile.

Rechtshemisphärische Menschen möchten in ihrer Ehe oder Partnerschaft fortwährend umworben werden. Das klingt einfach, führt aber in Wirklichkeit immer wieder zu Konflikten. Warum? Was ist so schwierig daran, romantisch zu sein? Um den Widerstand von LH-Partnern besser verstehen zu können, finden Sie im folgenden einige Vorschläge für LHs sowie die entsprechenden Erklärungen für RHs, warum diese Verhaltensweisen in Ihrer Partnerschaft noch nicht existieren.

Romantische Tips für LH-Partner
(und was ihnen daran Schwierigkeit bereitet)

- Schreiben Sie Gedichte oder kleine Nachrichten und hinterlassen Sie diese im Haus oder in der Wohnung.
  (Dies wird nicht geschehen, wenn Sie kein Vertrauen haben oder die Beziehung unsicher ist; geschriebene Worte machen angreifbar; kleine Nachrichten zu schreiben kann lächerlich wirken; es ergibt keinen Sinn, Offensichtliches niederzuschreiben.)
- Verschicken Sie Karten; aber unterschreiben Sie sie nicht nur, sondern fügen Sie ein paar Gedanken oder Gefühle hinzu, um sie persönlicher wirken zu lassen; ihr RH-Partner sucht nach Anhaltspunkten, die ihm das Gefühl geben, Sie halten ihn für etwas Besonderes.
  (LHs fürchten sich davor, zu viel, zu wenig, etwas Falsches oder Dummes zu schreiben.)
- Schenken Sie Ihrem RH-Partner Blumen einfach so, ohne besonderen Anlaß und nicht wegen eines bestimmten Datums im Kalender.
  (LHs haben das Gefühl, ihre Liebe zum RH sei so offensichtlich, daß Blumengeschenke unnötig sind. Sie haben Angst, die »falschen« Blumen auszuwählen.)

- Verschenken Sie kleine Liebesgaben: eine beim Spaziergang gepflückte Blume, eine Muschel vom Strand, einen Ring aus dem Automaten. Es ist die Absicht, die zählt.
  (LHs unterschätzen die Wirkung kleiner Gesten; und es mag ihnen auch zu »albern« vorkommen.)
- Machen Sie persönliche Geschenke. Nur Amateure verschenken rote Rosen, das kann schließlich jeder. Ein echter Romantiker wählt ein Geschenk, das zu dem oder der Beschenkten paßt.
  (Der LH-Partner ist sich der Vorlieben und Interessen seines RH-Partners nicht sicher. Sie oder er ist vielleicht zu beschäftigt, um den Wert solcher Informationen zu schätzen oder um zu erkennen, was sie dem Partner bedeuten.)
- Denken Sie an Ihre großen und kleinen Festtage. Wenn Sie die Daten nicht wissen, fragen Sie nach: »Welcher Tag war es genau, an dem wir das erste Mal zusammen ausgegangen sind?«
  (LHs können sich zwar große Ereignisse relativ gut merken, da sie jedoch ständig mit irgend etwas beschäftigt sind, kann es sein, daß sie sogar diese vergessen, wenn sie nicht im Kalender stehen.)
- Sprechen Sie aus, wie wichtig Ihnen Ihr RH-Partner und Ihre Beziehung ist.
  (LHs sind der Ansicht, Offensichtliches müsse nicht noch ausgesprochen werden und ihr Verhalten sei Zeichen genug: »Schließlich lebe ich mit dir zusammen, nicht wahr?«)
- Verbringen Sie – zu Hause oder außerhalb – Zeit miteinander, in der die Romantik im Mittelpunkt steht.
  (Davor wird ein LH zurückschrecken, wenn er oder sie befürchtet, es könnten sich daraus lange und heftige Beziehungsgespräche entwickeln. Sie sind oft zu abgelenkt und auf sich selbst konzentriert, um Zeit für die Beziehungspflege einzuplanen, und haben wenig Gespür für eine bewußte Beziehungspflege.)

- Zeigen Sie mehr Initiative und reden Sie offen – aber nicht schonungslos offen – über Ihre Bedürfnisse. Grobheit zerstört jede Romantik.

  (Ein LH geht vielleicht lieber indirekt vor: »Heute abend kommt nichts Interessantes im Fernsehen« –, um das Risiko der direkten Ablehnung zu umgehen; hat eventuell Probleme damit, den Partner zu umwerben, weil er oder sie sich lieber auf die »technischen« Aspekte des Liebesspiels konzentriert als auf die »Kunst« des Liebens.)
- Laden Sie Ihren RH dazu ein, dorthin zurückzukehren, wo Ihre Liebe begann. Erzählen Sie ihm oder ihr, wenn Sie nach Jahren wieder dort sind, was Sie damals gefühlt haben.

  (LHs mag das albern vorkommen. Sie messen solchen Ereignissen kaum symbolische Bedeutung bei, deshalb kommen sie oft gar nicht auf die Idee.)
- Verleihen Sie Ihrer Leidenschaft Worte. Stumme Liebhaber sind langweilige Liebhaber. Es ist erregend für Ihren Partner, wenn Sie sagen, was Ihnen gefällt.

  (LHs können sich nur schwer »gehenlassen«. Sie sind beim Sex mitunter zu sehr mit der »Mechanik« beschäftigt oder wirken in sich gekehrt, weil sie sich darauf konzentrieren, die richtigen Bewegungen auszuführen oder die Kontrolle nicht zu verlieren.)
- Zeigen Sie auch in der Öffentlichkeit spontane Zuneigung. Das ist sehr romantisch. Vielleicht nehmen Sie Ihren RH-Partner einfach in den Arm, küssen ihn oder erzählen davon, wie verrückt Sie nach Ihrem Partner oder Ihrer Partnerin sind. Dies ist nicht der Zeitpunkt, um auf Ihr Image zu achten oder die Zustimmung anderer einzuholen. Romantiker sind unberechenbar.

  (Sie oder er wird zögern, in einem Moment der Verwundbarkeit Aufmerksamkeit auf sich zu lenken, mag es auch für zu albern halten. Ein LH will aus Angst vor Kritik alles unter Kontrolle behalten, besonders in der Öffentlichkeit.)

Romantische und zärtliche Gefühle lassen sich sowohl verbal als auch körperlich ausdrücken. LHs werden oft als wortkarg und schüchtern, zurückhaltend, verschlossen oder gar gefühlskalt charakterisiert. Sie mögen mitunter nicht viel zu sagen haben, aber was sie sagen, kommt meist tief aus ihrem Herzen. Sie gehören nicht zu denen, die reden um des Redens willen. Es fällt ihnen daher nicht leicht herauszufinden, wann es ihrem RH-Partner wirklich um eine Herzensangelegenheit geht. Denn ein RH spricht über vieles gefühlvoll und ausgiebig, so daß das, was wirklich zählt, nur schwer zu erkennen ist.

Ein Großteil der Unzufriedenheit von RHs ist auf die mangelnde Spontaneität ihrer LH-Partner zurückzuführen. Spontaneität macht Romantik erst richtig aufregend; fehlt sie, wird das Liebesverhalten hölzern, leblos und roboterhaft.

Spontaneität ist ein natürlicher menschlicher Instinkt, was sich am besten an kleinen Kindern beobachten läßt, die die Freiheit des eigenen Ausdrucks noch voll genießen. Diese Freiheit ist oft schön mitanzusehen (beim Spielen am Strand), kann aber auch peinlich werden (bei sexueller Erregung mitten im Gemüseladen). Sie bezieht sich auf Momente und Handlungen, die frei sind von Absichten und Überlegungen. Ihre Willkürlichkeit bedingt einen gewissen Schockeffekt, der das Alltagsleben spannender macht.

Gerade der intuitive Charakter der Spontaneität hindert LHs daran, ihr nachzugeben. Spontane Handlungen sind niemals frei von Risiken, und jede beliebige Situation kann plötzlich voller potentieller Gefahren stecken, wie Ablehnung, Fehler, Mißfallen oder der Möglichkeit, sich gänzlich zu blamieren.

Spontaneität setzt Vertrauen voraus: Vertrauen, daß Sie die Situation gefühlsmäßig überstehen werden und das Leben, selbst wenn Sie Ihre eigenen Erwartungen oder die anderer enttäuschen sollten, trotzdem weitergeht. Spontan zu sein heißt zu riskieren, von anderen beurteilt und für lächerlich befunden zu werden und eine gewisse gesellschaftliche Ablehnung zu erfahren. Es bedeutet zu riskieren, einen Narren aus sich zu machen, Fehler zu begehen und kritisiert zu werden.

Vor alledem fürchten sich linkshemisphärische Menschen. Sie erahnen hinter dem fragwürdigen Vergnügen spontaner Handlungen lähmende Horrorvisionen. LHs sichern sich gerne ab, bevor sie sich auf etwas einlassen; Gratwanderungen sind ihnen unangenehm. Im Unterschied zu ihren RH-Partnern verspüren sie keine Neigung, das Glück herauszufordern.

Da LHs zu Perfektionismus neigen, reagieren sie sehr sensibel auf Ablehnung. Sie erwägen daher selbst in den profansten Situationen, wie dem Beginn eines Gespräches, das Risiko der Zurückweisung. Ein LH verwendet soviel Zeit darauf, eine Situation im voraus zu überdenken, daß er oder sie häufig nicht mehr dazu kommt, sie überhaupt anzugehen. Und gerade das bereitet RHs Probleme. Trotzdem befindet sich hinter dieser scheinbar so undurchdringlichen Mauer ein empfindsamer, warmherziger Mensch. Lassen Sie sich von der Tarnung nicht abschrecken.

Unterstützung bieten. In guten Beziehungen dient partnerschaftliche Nähe als Puffer zwischen dem Paar und dem Streß und Chaos um sie herum. Je ehrlicher die Beziehung – je besser die Partner sich kennen –, desto leichter fällt es ihnen, sich gegenseitig die Unterstützung zu geben, die sie brauchen. Wichtig für diesen Prozeß ist eine gemeinsame Geschichte aus negativen Momenten und erfolgreich gelösten Konflikten. Mit jedem Erlebnis wird das Band zwischen beiden stärker.

Unterstützung bedeutet die Fähigkeit, sich die Erlebnisse des Partners zu eigen zu machen und mitzuempfinden und durch Einfühlungsvermögen, Ratschläge, Hinweise, Ermutigungen und unvoreingenommenes Zuhören Hilfe zu gewähren. Sie mögen etwas Ähnliches noch nie erlebt haben oder den Standpunkt Ihres Partners nicht teilen, vielleicht können Sie sich eine solche Situation nicht einmal vorstellen, und dennoch sollten Sie versuchen, sich in seine Lage zu versetzen und die Welt einmal aus dieser Perspektive betrachten. Dazu müssen Sie in der Lage sein, Ihre eigenen Vorstellungen zurückzustellen und über das Ihnen Bekannte hinaus ins Unbekannte zu blicken. Wenn Sie Ihrer Beziehung nur für wenige Minuten einen solchen Dienst erweisen, sind Sie eine Hilfe.

Wenn Sie sich nicht in den Partner hineinversetzen können, fragen Sie ihn, wie er das Erlebte empfindet. Können Sie es wirklich nicht nachvollziehen, antworten Sie ehrlich: »Es hört sich so furchtbar an, daß ich es mir nicht einmal vorstellen kann. Aber es tut mir schrecklich leid für dich, daß du das durchmachen mußtest.«

Einfühlungsvermögen ist für RHs eine besonders wichtige Ausdrucksform von Verständnis, Anteilnahme und damit auch von Unterstützung. Da es eine gewisse Vorstellungskraft voraussetzt – um die Situation so nachvollziehen zu können, wie der andere sie beschreibt –, ist diese Fähigkeit eher bei rechtshemisphärischen Menschen anzutreffen.

Die Unterstützungsmaßnahmen von linkshemisphärischen Menschen bestehen dagegen meist aus Ratschlägen und Ermutigungen. Sie wollen Orientierung bieten und ersetzen Gefühle durch Anweisungen und Meinungen. Da sie eher dazu neigen, Situationen zu analysieren und Probleme bzw. Lösungen herauszuarbeiten, legen sie weniger Wert auf das Teilen von Erfahrungen als darauf, die Dinge ins Lot zu bringen.

Jeder Mensch, ob links- oder rechtshemisphärisch, braucht zumindest einen guten Zuhörer in seinem näheren Umfeld. Allerdings ist es schwer zuzuhören, wenn man sich gleichzeitig dagegen wehrt, die Andersartigkeit des Partners zu akzeptieren. Beziehungen sind anspruchsvoll, riskant und frustrierend. Für Paare, die ihre individuellen Unterschiede zu integrieren suchen, ist das Leben kompliziert. Versuchen Sie Umgangsweisen miteinander zu finden, die Ihre Individualität nicht einschränken, sondern fördern. Indem Sie die Persönlichkeit Ihres Partners unterstützen, stärken Sie gleichzeitig die Partnerschaft. Dabei ist es jedoch überaus wichtig, von Ihrem Partner zu erfahren, wie diese Unterstützung aussehen soll.

Respekt zeigen. Liebe verbindet das eigene Selbst mit der mitunter so undurchschaubaren Persönlichkeit des Partners. Deshalb ist es wichtig, auch das zu akzeptieren und zu respektieren, was Ihr Verständnis oder Erklärungsvermögen übersteigt. Erfolgreiche Gegensatzpartner machen es sich zur Aufgabe, einander mit gegenseitigem Respekt verstehen zu lernen. Dies setzt jedoch den Wunsch voraus, die Welt des anderen wirklich anerkennen zu wollen und sich nicht in der Hoffnung auf einen psychologischen Sieg gegenseitig zu sezieren.

Gehen Sie immer davon aus, mehr über Ihren Partner erfahren zu müssen, setzen Sie immer voraus, daß Sie zu wenig voneinander wissen. Jede Situation zwischen zwei Menschen ist das Resultat zweier aufeinandertreffender Geschichten. Akzeptieren Sie die Geschichte Ihres Partners, egal, ob Sie diese verstehen oder nicht. Gegenseitiger Respekt bedeutet nicht, die Wesensart des anderen verstehen oder billigen zu müssen; es bedeutet, sie ebenso zu akzeptieren wie die eigene.

Eine wichtige Frage bei Gegensatzpaaren ist, ob sich die Partner durch ihre Verschiedenartigkeit *bereichert* oder *eingeschränkt* fühlen. Zufriedene Gegensatzpaare berichten von einer Atmosphäre, in der Veränderung und Wachstum begrüßt werden und die jeweiligen Stärken nach und nach Anerkennung finden. Paare, die sich gegenseitig ergänzen, sind in der Lage, ihre Fähigkeiten großzügig auszutauschen.

Um ein erfolgreiches Gegensatzpaar zu werden, müssen Sie die Koexistenz von Liebe und Konflikt respektieren lernen. Sie können jemanden lieben und trotzdem seine Ansichten ablehnen, ohne daß dies die Liebe schmälert. (Wenn Sie glauben, Sie müßten in allen Fällen übereinstimmen, um sich wirklich zu lieben, dann riskieren Sie, zum Fußabtreter zu werden.) Das Problem liegt nicht in der Tatsache, daß Sie verschiedener Meinung sind, sondern in Ihrer daraus resultierenden Haltung. Unabhängig davon, wie groß oder klein die Differenzen eines Paares sind, sie eskalieren immer dann, wenn beide fest an die Richtigkeit ihrer eigenen Sichtweise glauben und diese für allgemeingültig und unfehlbar halten. Diese verbohrte, ichbezogene Perspektive entspringt einer subjektiven Wahrnehmungsweise, die die Wirklichkeit des Partners ausschließt.

Tiefgreifende Veränderungen in einer Beziehung erreicht man nicht allein durch intensive Auseinandersetzungen, sondern vor allem durch die Bereitschaft, jede in einer Auseinandersetzung gewonnene Erkenntnis anzuwenden. Von diesen Erkenntnissen hängt das Vorankommen ab; und das schließt auch die Anerkennung der eigenen Beiträge zu Konflikten mit ein.

Um intensiver lieben zu können, müssen Sie die Welt Ihres Gegensatzpartners auch in Konfliktsituationen anerkennen. Letzten Endes müssen alle Paare lernen, daß die Akzeptanz der Individualität des anderen die einzige Basis ist, auf der eine gesunde Liebe aufgebaut werden kann. Vergessen Sie nicht, daß Sie ein Traumbild von einem Wunschpartner geschaffen haben, an dem sich der wirkliche Partner nun messen muß. Für RHs ist dies oft ein äußerst schwieriger Moment. Und doch läßt sich die Kluft nur überwinden, wenn Sie die Perspektive Ihres Partners ebenso achten wie Ihre eigene. Gegensatzpartner drücken Zärtlichkeit, Liebe und Vertrautheit, sexuelles Verlangen und Leidenschaft auf völlig verschiedene Weise aus. Je mehr Sie diese Unterschiede

und die ihnen innewohnende Stärke respektieren, desto wahrscheinlicher werden Sie in der Lage sein, eine größere Intimität aufzubauen.
Respekt ist keine isolierte Angelegenheit, sondern eine Haltung, die sich wie ein roter Faden durch die Liebesbeziehung zieht. Dies wird in den Worten von Dennis Banks, einem der Führer des American Indian Movement, wunderbar zum Ausdruck gebracht:

»Für einen Indianer fängt ›Liebe‹ nicht erst an, wenn die Lichter ausgehen oder Hasch oder Alkohol konsumiert werden, und sie bleibt nicht auf das Schlafzimmer oder andere Verstecke beschränkt.
Die Art und Weise, wie ein Indianer im Laufe seiner Ehe seine Frau behandelt, ist ausschlaggebend dafür, ob er ein überragender Geliebter wird.
Die alltäglichen Gesten der Herzlichkeit, der Achtung und des Respekts sind der Beweis seiner Liebe.«

Gefährte / Gefährtin sein. Linkshemisphärischen Menschen wird häufig vorgeworfen, zu ichbezogen zu sein. Tatsächlich ziehen LHs das Alleinsein häufig der Gesellschaft anderer Menschen vor. Dies geschieht jedoch nicht aus Ablehnung heraus. Dazu fähig, stundenlang allein zu sein, berichten zahllose LHs davon, schon in ihrer Kindheit viel mit sich selbst beschäftigt gewesen zu sein und Glücklichsein nicht mit der Gesellschaft anderer in Verbindung gebracht zu haben. Einige übten dieses Verhalten von Anfang an; andere wurden vielleicht häufig alleingelassen und arrangierten sich mit ihrer Einsamkeit, indem sie das Bedürfnis nach Freunden und Spielkameraden zu unterdrücken lernten. Irgendwann dann erschienen ihnen Dinge verläßlicher, interessanter und emotional risikoloser als Menschen, und Beschäftigungen wie Lesen oder andere einzelgängerische Aktivitäten dominierten ihre Entwicklungsjahre.

In Beziehungen von Gegensatzpartnern schafft diese Tatsache eine Kluft, da die Entwicklung von rechtshemisphärischen Menschen völlig anders verläuft: Sie brauchen andere Menschen, denn erst durch sie wird das Leben interessant. RHs gehen am liebsten in Gesellschaft durchs Leben, zumindest jedoch mit einem Gefährten oder einer Gefährtin. In Begleitung zählt für einen RH jedes Erlebnis doppelt. Daher gibt es für einen RH-Partner nichts Schöneres, als etwas gemeinsam zu erleben und die Gefühle anschließend mit dem (LH-)Partner auszutauschen.
Aufgrund dieser Diskrepanz werden RHs in ihrem Streben nach Beisammensein mitunter zu regelrechten Verfolgern ihrer LH-Partner. Sie benötigen die Gesellschaft des anderen nicht nur, um die Qualität eines Erlebnisses aufzuwerten, sondern verbinden damit auch eine symbolische Bedeutung, die den meisten LHs gar nicht in den Sinn kommt.
Ein Linkshirn-dominierter Mensch würde einem Spaziergang keine eigenständige Bedeutung beimessen. Seine Qualität ergibt sich für ihn daraus, ob ein interessantes Ziel angestrebt oder eine reizvolle Aktivität damit verbunden wird. Die metaphorische Bedeutung eines Spaziergangs, die Verknüpfung zweier Leben für den Zeitraum des gemeinsamen Schlenderns, wird ihm gar nicht bewußt.

Betty (RH): Komm, wir gehen uns ein bißchen die Füße vertreten und reden dabei.
Pam (LH): Wo willst du denn hin?
(RH): Irgendwohin.
(LH): Und worüber willst du reden?
(RH): Über alles mögliche.
(LH): Sag mir doch einfach, was du willst.
(RH): Mit dir zusammensein.
(LH): Um *was* zu tun?
(RH): Ach, vergiß es.

Ganz offensichtlich ist Betty frustriert und Pam ratlos. Betty (RH) genießt das Gefühl, von einer Partnerin begleitet zu werden, sie braucht kein bestimmtes Ziel, weil für sie das Beisammensein im Vordergrund steht. Pam (LH) dagegen versteht das Problem nicht. Indem sie Betty nach Ziel und Grund fragt, überprüft sie die *Sicherheit* der Situation. Sie will nicht riskieren, am Ende eines Piers anzugelangen (ohne jede Ablenkung in der Nähe), während Betty einen Exkurs über sämtliche wunden Punkte ihrer Beziehung beginnt. Betty sagt »Spaziergang«, und Pam versteht »Falle«. Betty sagt »irgendwohin«, und Pam wird es unbehaglich. Betty sagt »alles mögliche«, aber Pam denkt »zu offen« und fühlt sich verletzbar. Es ist wichtig, daß jede der beiden Bereitschaft und Respekt dafür entwickelt, wie sich die Situation aus Sicht der anderen darstellt, unabhängig davon, ob sie es versteht oder nicht. Und es ist unnötig, sich über falsch und richtig der jeweiligen Perspektive zu streiten, weil vor dem Hintergrund der entsprechenden Wahrnehmungsweisen beide richtig sind.
Ohne viele Worte einfach nur mit dem Partner zusammenzusein, ist etwas sehr Schönes. Diese Schönheit geht jedoch verloren, wenn der LH-Partner sich innerlich zurückzieht und darüber nachdenkt, was er oder sie noch zu erledigen hat. Es scheint, als bräuchten LHs das Nachdenken, Grübeln und Sorgen quasi als Rechtfertigung zum »Nichtstun«. Zwar machen sie äußerlich den Eindruck, den Moment zu teilen, innerlich jedoch sind sie sehr beschäftigt. Leider verhindert dieses innere Abdriften, daß der LH in der Gegenwart bleibt und seinem RH-Partner ein echter Gefährte ist; was bleibt, ist der Anschein von körperlicher Anwesenheit und die *Illusion* von gemeinsam verbrachter Zeit.
Um gute Partner zu werden, brauchen linkshemisphärische Menschen eine positive Einstellung zum Nichtstun, so daß gemeinsam verbrachte Zeit, nur weil sie nicht zielorientiert oder vielleicht unproduktiv wirkt, nicht als »Zeitverschwen-

dung« angesehen wird. Es gibt ein Ziel: das Beisammensein. Für LHs ist dies jedoch zu vage und für ihr Verständnis zu unklar definiert und daher wenig ansprechend.

Anteilnahme zeigen. Wir können Liebe auch dadurch ausdrücken, daß wir deutlich machen, wie wichtig uns das Schicksal des Partners ist. Wenn Ihr Partner krank wird, Pech hat oder niedergeschlagen und mutlos ist, sollten Sie tröstende Worte finden, Worte, die Ihnen in einer ähnlichen Situation gutgetan hätten.

Aufgrund ihres ausgeprägten Einfühlungsvermögens fällt es rechtshemisphärischen Menschen gewöhnlich leichter, Anteilnahme zu zeigen. Sie können sie gut vermitteln und erwarten dafür das gleiche zurück. Was sie bekommen, ist allerdings oft etwas anderes. Wir können auf die Gefühle anderer nicht besser reagieren als auf unsere eigenen. Infolgedessen ist es für LHs, die häufig nicht einmal zu ihren eigenen Gefühlen Kontakt haben, schwerer, angemessen auf das einzugehen, was ein RH fühlt.

Linkshemisphärische Menschen, die mit Dingen besser umzugehen wissen als mit Worten, zeigen ihre Anteilnahme auf ganz andere Weise: Sie reparieren kaputte oder gefährliche Gegenstände (undichte Heizkörper, platte Reifen, schlecht isolierte Kabel, Schlösser); kümmern sich um Sicherheitsfaktoren (wie frische Batterien, Taschenlampen, Rauchmelder, Alarmanlagen); sie geben Anleitungen (wie man Ölwechsel vornimmt, einen schönen Schlips bindet) oder Tips zum Zeit- und Geldsparen (wie man schneller von A nach B kommt, seine Software ausbaut usw.). Mit der Reparatur eines zerbrochenen Gegenstandes oder der schnellen Einlösung eines Versprechens versuchen LHs auch auszudrücken: »Es tut mir leid... bitte verzeih mir... vertragen wir uns wieder?«

Da sich diese Gesten auf leblose Objekte beziehen, sind sie für rechtshemisphärische Menschen kein angemessenes Ausdrucksmittel von Anteilnahme. Die Folge davon ist, daß

RHs sich häufig ungeliebt und unbeachtet fühlen, während die LHs verletzt reagieren, weil ihre Gaben und Liebesbeweise nicht akzeptiert wurden. Liebe, Unterstützung und Anteilnahme haben viele Gesichter; das müssen rechtshemisphärische Menschen verstehen lernen, wenn sie sich nicht fortgesetzt isoliert fühlen wollen. Ohne ein gewisses Gefühl der Fürsorge füreinander entsteht eine Kluft. Doch um sie zu schließen, ist es nicht minder wichtig, daß auch LHs ihre Sorge und Anteilnahme auf eine liebevolle und weniger praktische Art auszudrücken lernen.

Vertrauen schenken und verdienen. Vertrauen spielt in Liebesbeziehungen eine große Rolle, und auch im Sexualleben ist es von entscheidender Bedeutung. Ein Mensch, der glaubt, seine Partnerschaft werde nur von einem dünnen Band zusammengehalten, wird permanent nach Rückversicherung streben und den oder die Geliebte damit eventuell vergraulen. Sicherheit dagegen gibt einem Menschen die Freiheit, die Beziehung zu genießen und sich in ihr zu entspannen. Sie setzt Energien frei, die auf andere Ziele gelenkt werden können, und verringert die Abhängigkeit des persönlichen Wohlergehens vom Stand der Beziehung.

LHs führen ein vorsichtiges Leben. Daher kann es für sie zunächst recht schwierig sein, einem RH-Partner, dessen impulsives, spontanes und wenig durchdachtes Verhalten mitunter sehr irritierend wirkt, zu vertrauen. Die Tatsache, daß ein RH ausspricht, was immer ihm oder ihr durch den Kopf geht, gibt LHs berechtigten Grund zu der Sorge, die eigene Intimsphäre könnte durch solche Gedankenlosigkeit verletzt werden. Schließlich sind es die rechtshemisphärischen Menschen und nicht ihre Gegensatzpartner, die immer wieder in die sprichwörtlichen »Fettnäpfe« treten.

Es ist diese in der Impulsivität mitschwingende Gefahr, und nicht gesunde Spontaneität, die LHs fürchten. Sie neigen zwar wesentlich seltener dazu, einem plötzlichen Impuls nachzugeben, sich auf einen One-Night-Stand einzulassen oder sich im Glücksspiel zu versuchen. Das soll aber nicht heißen, daß linkshemisphärische Menschen gefeit sind gegen Triebtaten, Ladendiebstähle, Alkoholismus, Spielsucht usw. In Zeiten großer Niedergeschlagenheit neigen LHs ebenso wie RHs zu Verhaltensweisen, über die sie sonst nicht einmal nachdenken würden.

Vertrauen ist auch für rechtshemisphärische Menschen ein wichtiges Thema. Sie haben dabei allerdings weniger Angst vor einem unpassenden Tanz auf dem Tisch als davor, daß ihr LH-Partner alte Fehler »vergessen« und wiederholen könnte. Dies ist eine Unsicherheit, die sie daran hindert, ihrem Partner voll zu vertrauen. Da LHs den *Beziehungen* zwischen Dingen weniger Bedeutung beimessen als den *Fakten* über Dinge, neigen sie zu der Fehlannahme, ein unterlaufener Ausrutscher, eine Fehleinschätzung oder eine verletzende Geste sei – einmal geschehen – wieder vorbei und vergessen.

Für einen in Polaritäten denkenden LH ereignet sich etwas im Moment oder ist Vergangenheit. Dazwischen gibt es keine Grauzonen. Das anschaulichste Beispiel dafür ist eine außerpartnerschaftliche Liebesaffäre. Für einen linkshemisphärischen Menschen ist eine beendete Affäre aus und vorbei. Es ärgert ihn, wenn dieses Thema immer wieder auftaucht, frustriert ihn, weil es nicht begraben werden kann, und verletzt ihn, weil das Verzeihen des RH-Partners scheinbar nur eine oberflächliche Geste gewesen ist.

Unsicherheit – das Gefühl eines zerbrechlichen Bandes – entsteht in Menschen, die grundsätzlich allen Beziehungen mißtrauen, entsteht aber auch durch Unaufrichtigkeit bzw. einen Fehltritt des Partners. Menschen, die belogen werden, reagieren mit Überängstlichkeit und Unsicherheit und suchen permanent nach Hinweisen, die sie über den ungefähren Stand ihrer Beziehung auf dem laufenden halten. Ihre Partner lehnen solche »Untersuchungen« ab, stoppen den Kommunikationsfluß und verstärken so die Panik.

Wird die Lüge zu einem chronischen Zustand, wie in Beziehungen mit einem drogenabhängigen Partner, kann es dazu kommen, daß ein Mensch sich selbst dann belogen fühlt, wenn dies gar nicht der Fall ist. In solchen Beziehungen ist Unsicherheit ein Dauergast, ebenso wie das Gefühl »verrückt zu sein«, das einen Partner beschleicht, wenn ihm stets das Gegenteil von dem erzählt wird, was er selbst beobachten kann. »Gesunder Menschenverstand« hält erst dann wieder Einzug, wenn der andere Partner zu einer offenen und ehrlichen Beziehung zurückfindet.

In Liebesbeziehungen zu lügen, ist ein Spiel mit dem Feuer, das irgendwann einen nicht wiedergutzumachenden Schaden anrichten wird. Ziehen wir noch einmal das Beispiel einer außerpartnerschaftlichen Affäre eines LH-Partners heran. Der RH weiß zwar, daß das Ereignis der Vergangenheit angehört, überträgt es aber dennoch immer wieder auf Vorkommnisse in der Gegenwart. Alles und jedes kann im RH die alten Gefühle wachrufen und sie mit neuen verknüpfen. RH-Persönlichkeiten suchen in allem ein Muster, das die Vergangenheit und die Gegenwart zu etwas verbindet, was sie erkennen können. Sie betrachten das Ganze von verschiedenen Seiten und mit verschiedenen Einstellungen und ordnen es schließlich so ein, wie es ihnen passend erscheint.

Gegensatzpartner müssen über ihre Gefühle sprechen, auch darüber, was sie unter Treuebruch verstehen. Viel zu häufig werden Beziehungen eingegangen unter der Voraussetzung, der Partner habe die gleichen Grundsätze wie man selbst. Die Entdeckung, daß doch eine Diskrepanz besteht, ist dann für mindestens einen von beiden eine äußerst schmerzhafte Erfahrung.

Ein Paar, mit dem ich zusammengearbeitet habe, betrachtete jeden Menschen außerhalb der Ehe als potentielle/n Geliebte/n der oder des anderen, und selbst ein Abendessen mit einem Außenstehenden wurde als »Betrug« empfunden. Ein anderes Paar verbrachte seinen Urlaub getrennt, aber mit

dem Wissen, daß sexuelle Erlebnisse mit anderen einen Vertrauensbruch darstellen würden. Ein drittes Paar hatte sich Grenzen gesteckt, die Sex mit anderen miteinschlossen, eine gefühlsmäßige Bindung dagegen als Untreue einstuften.
Jedes Paar muß seinen eigenen Treuekodex festlegen. Es ist wesentlich wichtiger, daß die Partner untereinander übereinstimmen, als daß die Gesellschaft mit den Partnern übereinstimmt. In manchen Fällen wird ein Partner auf einem Verhalten bestehen, das dem anderen unangenehm ist. Dann empfiehlt sich eine Paarberatung. In gut funktionierenden Beziehungen sollten Partner bezüglich ihrer Wertvorstellungen keine Kompromisse eingehen müssen. Es dennoch zu tun, führt fast immer zu einer Krise.
Vertrauen kann ohne Freiheit nicht existieren. Und Vertrauen, das niemals auf die Probe gestellt wird, ist ohne Wert. So wie sich ein Muskel bei mangelndem Gebrauch zurückbildet, wird Vertrauen in einer Beziehung, in der das Leben von Reglementierungen, Vorschriften und Verboten eingeschränkt wird, bedeutungslos. Das soll nicht heißen, daß die meisten Paare nicht aus freien Stücken monogame Beziehungen wählen, sondern vielmehr, daß Treue dort wertlos wird, wo Partner gar nicht die Möglichkeit haben, sie frei zu wählen. Ist einer der Partner ständig zu Hause und von allen Kontaktmöglichkeiten isoliert, dann wird seine oder ihre Vertrauenswürdigkeit weniger beansprucht als die des Partners, der oder die einer Arbeit nachgeht und häufig auf Reisen ist. Die Herausforderung liegt doch darin, nein zu sagen, wenn man die Möglichkeit hätte, ja zu sagen.
Treue ist etwas, das Sie um Ihrer Beziehung willen praktizieren und nicht, weil Ihr Partner es von Ihnen verlangt. Sie ist eine gelebte Entscheidung und keine bloße Philosophie der Grenzsetzung. Ein Partner, der sich dafür entscheidet, treu zu sein, weiß, daß es grundverschieden ist, sexuelle Phantasien zu haben oder diese auszuleben. Sie oder er entscheidet bewußt darüber, welchen Impulsen nachgegeben wird und

mit wem. Allerdings können Drogen oder Alkohol die Wahrnehmung beeinflussen und eine verantwortungsvolle Willensentscheidung unmöglich machen.

Frank Pittman bezeichnet »rückhaltlose Offenheit« in seinem Buch »Angenommen, mein Partner geht fremd...« als »das zentrale Element einer intimen Beziehung... Es gibt keine Wahrheit, die sich so destruktiv auswirken kann wie eine Lüge.« (S. 328 f.) Darüber hinaus warnt er seine Leser davor, mit einem anderen Menschen ein Geheimnis zu teilen, welches dem Partner oder der Partnerin vorenthalten wird. Auf diese Weise entsteht eine Bindung zwischen denen, die das Geheimnis teilen, und Distanz zum eigentlichen Partner.

Beziehungen schützen. Ist eine Beziehung erst einmal etabliert, wird sie leicht vernachlässigt. Fast jede zu ausgiebig betriebene Beschäftigung kann dazu führen, den Partner alleinzulassen. Rauchen, Trinken, Tennis, Fernsehen, Arbeiten, Spielen, Jogging, Segeln, Putzen, Lesen und selbst das Basteln in der Garage – alles kann den Anschein erwecken, als hätte der Partner eine/n Geliebte/n, die oder der ihn auf geheimnisvolle Weise fasziniert. In traditionellen Beziehungen trägt meist nur einer von beiden die Hauptverantwortung für das emotionale Wohlergehen der Partnerschaft. In heutigen Partnerbeziehungen sind jedoch häufig beide Partner berufstätig und investieren viel Zeit und Kraft in ihre Arbeit. Dies bedeutet, daß *beide* mit der gemeinsamen Zeit bewußter und pfleglicher umgehen müssen.

Um Ihre Beziehung zu schützen, sollten Sie ihr Vorrang einräumen, zwischen sich und äußeren Streßfaktoren Grenzen ziehen (das gilt auch für Invasionen Ihrer Freunde und Verwandten), die Zukunft Ihrer Beziehung gemeinsam planen, die Treuestandards einhalten, die Sie als Paar gemeinsam festgelegt haben, Ihre Beziehung vor Suchterscheinungen im weitesten Sinne schützen, wie Arbeitssucht, Alkoholsucht oder was immer sie sonst bedrohen könnte.

Sam Keen sieht in der Ehe die beste Heilstätte für alte Wunden und erinnert an den unschuldigen Wunsch aller Kinder, ganz und gar liebenswert zu sein. Dies ist natürlich eine Illusion, denn auch Eltern können nicht immer *bedingungslos* lieben. Keen allerdings sieht Hoffnung:

»... bedingungslose Liebe stirbt nicht, sie schlummert nur. Wenn wir heiraten, erwacht sie zu neuem Leben ... Die ersehnte bedingungslose Liebe, die uns heilen kann, ereignet sich nur, wenn ein Ehepaar, das das Beste und Schlimmste voneinander weiß, schließlich das Unannehmbare am anderen annimmt, die Brücken hinter sich abbricht und alle Fluchtwege versperrt.« (S. 303)

Unser Alltag steckt voller unangenehmer Ereignisse, die auf einer Skala von leichter Irritation bis Wut rangieren. An unseren Vorgesetzten können wir unseren Ärger nicht auslassen; gegenüber Fremden ausfällig zu werden, ist unhöflich, und unsere Freunde fühlen sich vielleicht vor den Kopf gestoßen, wenn wir wirklich »auspacken«. Wenn uns die Frustration also über den Kopf wächst, bleibt – als sicherste Zielscheibe – immer noch der Liebes- und Beziehungspartner.

Es ist wichtig, daß Sie Ihre Partnerschaft davor schützen, zu diesem Zweck mißbraucht zu werden, auch wenn es noch so verlockend erscheinen mag, weil unser Partner so leicht erreichbar und durch tiefe Gefühle mit uns verbunden ist, was leicht zu der Illusion führt, wir seien vor dem Verlassenwerden sicher.

In unserer erfolgsorientierten Gesellschaft müssen wir unsere Beziehungen vor den eigenen Ansprüchen und Konkurrenzverhalten ebenso schützen wie vor Druck von außen. Daran erinnern auch Irving und Suzanne Sarnoff in »Love-Centered Marriage in a Self-Centered World«:

»... lebenslange Liebe verlangt von den Partnern, dem anderen mehr zu geben, als sie jemals zuvor einem Menschen gegeben haben. Sie stellt ultimative Anforderungen an Mut, Einfühlungsvermögen, Geduld und die Fähigkeit, innere Widersprüche und Streß zu ertragen. Sie verlangt das Äußerste an Einsichtsvermögen und die Bereitschaft, sich zu verändern. Sie stellt die Partner unentwegt vor die Aufgabe, neue Wege zu suchen, um Vertrautheit und Nähe zu steigern – und dabei gleichzeitig Geld zu verdienen, Kinder aufzuziehen, mit anderen Menschen umzugehen und auf die rapiden Veränderungen der gesellschaftlichen Ansprüche an Männer und Frauen zu reagieren...« (S. 5)

Unvollkommenheit akzeptieren. Jeder von uns, unsere Partner miteingeschlossen, muß mit unvollkommenen Menschen leben. Erfolgreiche Gegensatzpartner wissen sich auf diese Tatsache einzustellen. Um in dauerhaften Liebesbeziehungen leben zu können, müssen wir auch die Gedankenlosigkeit, Eigensucht und Kleinlichkeit des anderen akzeptieren lernen. Eine Beziehung aufzugeben, wenn uns diese Eigenschaften zum erstenmal bewußt werden, bedeutet, die Chance auf persönliche Weiterentwicklung zu vertun und zu leugnen, daß Menschen sich ändern können. Natürlich kann jedes dieser alltäglichen Ärgernisse auf tieferliegende Probleme hinweisen, wie krankhafte Selbstsucht oder seelische Mißhandlungen. Der Grad und die Häufigkeit bedürfen einer genauen Prüfung.

Erfolgreiche Gegensatzpartner denken daran, daß alle Menschen Schwächen und Grenzen haben, daß alle Menschen Fehler machen. Doch gerade *weil* wir fehlbar sind, bieten Unterschiede die Möglichkeit zu wachsen, statt sinnlose Machtkämpfe auszutragen. Im Gegenteil, gerade Menschen in schlecht funktionierenden Beziehungen gehen davon aus, es gebe nur *eine* alleingültige Wahrheit und damit nur eine Wahrnehmungsart, Ansichtsweise, Erinnerung, Schlußfolge-

rung etc., und deshalb müsse jede abweichende Sichtweise bekämpft und der »inkorrekte« Partner »korrigiert« werden.
Glückliche Paare lassen Unsicherheiten zu und ermöglichen es einander, verschieden und dennoch »im Recht« zu sein; sie verzichten damit auf das Bedürfnis nach Machtkämpfen und nach Siegern. Glückliche Paare tolerieren die Schwächen des anderen und versuchen, auf humorvolle Art und Weise damit umzugehen. Partner, die dagegen eine Aura der Vollkommenheit zu wahren versuchen, müssen sich davor »schützen«, gesehen, erkannt und durchschaut zu werden; und indem sie das tun, machen sie Vertrautheit und Nähe unmöglich.
Offen und vertrauensvoll kommunizieren. Erwin Polster äußert in »Jedes Menschen Leben ist einen Roman wert« die Überzeugung, daß wir Geschichten auch dazu benutzen, um »unser Leben mit dem anderer Menschen zu verbinden«. (S. 50) Daran knüpft er die Feststellung, daß wir dazu neigen, anstelle von interessanten Details Abstraktionen zu präsentieren, was dazu führe, daß unsere Partner nicht genügend eingebunden werden. Allerdings, so schließt er, seien auch Details nicht ausreichend.
Intime Gespräche bestehen nicht aus reinen Fakten. Es sind die *Informationen über uns selbst*, die andere Menschen Anteil nehmen lassen und interessieren. LHs können in ihren Gesprächen tonnenweise Details aufführen, doch haben sie meist die Form trockener Fakten, die mit dem Innenleben des LH nicht das geringste zu tun haben. Ohne Verständnis für diesen Unterschied kann ein LH stundenlang erzählen, um sich am Ende dennoch verletzt zu fühlen, weil der RH gelangweilt das Gesicht verzieht.
Interesselosigkeit beim RH-Partner ist für den LH ein Zeichen, daß die Unterhaltung an Intimität verliert. Ein Anhaltspunkt für den LH könnte die Frage an sich selbst sein: »Würde ich das einem x-beliebigen erzählen?« Lautet die

Antwort ja, dann ist das Gespräch wahrscheinlich nicht länger intim, und das Bedürfnis des RH-Partners nach Nähe wird nicht mehr gestillt. Der Abschnitt »Informationsaustausch« im Übungsteil wird Ihnen helfen, die Dinge ins Rollen zu bringen.

Ein LH strebt beim Gespräch nach Genauigkeit, ein RH nach Kontakt. Wenn Menschen vertrauensvoll und offen miteinander kommunizieren, ist genügend Raum für beides. Ein von Liebe bestimmtes Verhalten setzt Toleranz für Dinge voraus, die wir nicht verstehen, mit denen wir nicht übereinstimmen, die für uns nicht einmal einen Sinn ergeben müssen. Intime Kommunikation kommt tief aus unserem Inneren und spricht etwas an, das tief im Inneren unseres Partners sitzt. Um diesen Ort zu erreichen, müssen beide Partner flexibel genug sein, die eigenen Stärken und Schwächen zu erkennen, und mutig genug, um diese miteinander zu teilen.

Linkshemisphärische Menschen sind bei intimen Gesprächen im Nachteil. Dabei fehlt es ihnen nicht etwa an Sensibilität, sondern an Bewußtheit und dem nötigen Vokabular, innerlich Erlebtes zu beschreiben. Das »Gefühlsvokabular« im Übungsteil kann Ihnen dabei helfen.

Denken Sie daran, daß LHs dazu neigen, vieles zu übersehen oder nicht wahrzunehmen, was helfen könnte, äußerliche Ereignisse mit inneren Erkenntnissen zu verknüpfen. Für einen LH stehen Informationen nicht automatisch in Verbindung mit anderen. Es liegt in der Verantwortung der Person selbst, nach einer Verbindung zu suchen; auch hier kann eine professionelle Beratung hilfreich sein.

Erfahrungen sind für einen LH Einzelphänomene, die jeweils für sich verarbeitet werden müssen. So kann ein LH beispielsweise zu einer Musik tanzen, ohne sich gleichzeitig darüber im klaren zu sein, welche Stimmung diese bei ihm auslöst, weil es bereits mehr als genug ist, gleichzeitig zuzuhören und zu tanzen. Später, wenn das Paar über dieses

Erlebnis spricht, kann der LH dem Partner oder der Partnerin keine Gefühle vermitteln, weil sie gar nicht wahrgenommen wurden.

Um zu enthüllen, was wir tief in unserem Inneren fürchten oder uns von Herzen wünschen, müssen wir das Risiko eingehen, verletzbar zu sein. Ein linkshemisphärischer Mensch, der nur von seinem Verstand gesteuert wird und keine Verbindung zu seinen Sinnen und Gefühlen hat, riskiert, in intimen Situationen nicht ansprechbar zu sein. Gefühle helfen intime Gespräche voranzubringen, denn jedes Problem, ob bedeutend oder unbedeutend, hat eine emotionale Komponente. Allerdings können starke Emotionen, gleich welcher Art, zu impulsiven Reaktionen führen und die Umgangsweise eines Paares mit seinen Unterschieden beeinträchtigen. Selbst »positive« Emotionen können Beziehungen schaden, vor allem dann, wenn sie sich zum sogenannten »co-abhängigen« Verhalten auswachsen: sich selbst bis zum äußersten Extrem aufzugeben.

Viele Partner teilen das Gefühl der Entfremdung von ihren Familien und ihren Eltern und sind überrascht, wenn sie feststellen, daß alte kindliche Gefühle, Bedürfnisse und Erwartungen in ihren Liebesbeziehungen wieder auftauchen. Läßt sich ein rechtshemisphärischer Mensch von seinen Gefühlen übermannen, ohne ein Gespür für Maß und Zeitpunkt zu entwickeln, dann riskiert er, den LH-Partner zu überfordern. An diesem Punkt wäre es vielleicht an der Zeit, einen außenstehenden Zuhörer zu finden. Gefühl und Vernunft können nebeneinander existieren; doch wie mit allen Extremen können ein Übermaß an Emotionen die Urteilskraft schwächen und zu viel Logik die Intimität zerstören. Die Lösung ist eine gesunde Einstellung und eine ausgewogene Dosis von beidem.

Intime Gespräche sollten in gegenseitigem Respekt vor der unterschiedlichen Art und Weise des Sendens und Empfangens des Partners stattfinden. Intimität kann ohne Konflikte entstehen, allerdings gehen Denken und Fühlen bei manchen Gegensatzpartnern so weit auseinander, daß zwischen ihnen kaum mehr als Spaltung, Ungeduld und Gereiztheit existieren. Ihre *Einstellungen* gegenüber ihren Unterschieden – nicht die Unterschiede selbst – sind das eigentliche Verständigungshindernis. Sie empfinden ihre Verschiedenartigkeit weder als Bereicherung oder als Möglichkeit, ungeahnte Potentiale freizusetzen, noch vermögen sie ihre Beziehung als Abenteuer in unbekannten Bewußtseinsbereichen anzusehen.

Ein weiteres Hindernis auf dem Weg zu intimer Kommunikation wird von Menschen errichtet, die festgeschriebenen Geschlechterrollen verhaftet sind und kulturell vorgegebene Vorstellungen von männlich oder weiblich fraglos akzeptieren. Ihre Beziehungen werden künstlich, weil sie sich zu sehr mit ihrer Männlichkeit oder Weiblichkeit beschäftigen. Intimität befreit die Partner von der Last, sich mit solchen Dingen auseinandersetzen zu müssen.

Da rechtshemisphärische Menschen stark auf Beziehungen, Intimität und einfühlende Kommunikation ausgerichtet sind, berichten Paare mit einem hohen gemeinsamen Anteil an RH-Eigenschaften (RH/RH-Paare) von einem hohen Grad an Intimität. Solche mit einem hohen gemeinsamen Anteil an LH-Eigenschaften (LH/LH-Paare) erfahren den niedrigsten Grad an Intimität, was für sie jedoch kein Problem darstellt, da Nähe und Vertrautheit bei ihnen keinen vorrangigen Stellenwert besitzen.

In Beziehungen von Gegensatzpartnern kann der Mangel an intimer Kommunikation beim RH-Partner ein verhängnisvolles Gefühl der Einsamkeit hervorrufen. Auslöser dafür ist das Unvermögen des LHs, persönliche Informationen preiszugeben und angemessen auf die Gefühle des RH-Partners zu reagieren. Dies gilt besonders für jene linkshemisphärischen Menschen, die von anderen als »schwer zugänglich« beschrieben werden. Sie bereichern Unterhaltungen mit zahllosen Fakten, geben aber niemals etwas über ihr Innenleben preis. Rechtshemisphärische Menschen sollten jedoch nie vergessen, daß LHs sich nicht absichtlich zurückhalten, sondern einfach nicht in diesen Kategorien denken. Eine offene, vertrauensvolle Sprache ist für den LH eine Fremdsprache. Dennoch können auch linkshemisphärische Partner durch die Aneignung einiger rechtshemisphärischer Eigenschaften im Laufe der Zeit lernen, mehr Intimität zuzulassen und so den Bedürfnissen des RH-Partners engegenzukommen.

Erfolgreiche Gegensatzpartner berücksichtigen in ihren Gesprächen die Tatsache, daß nicht nur Fakten – und Gefühle über Fakten – eine Rolle spielen, sondern auch die Wahl der Worte und der Zeitpunkt. Vor allen Dingen aber wissen sie den unterschiedlichen Kommunikationsstil des anderen zu respektieren und sehen es sowohl als Notwendigkeit als auch als Liebesbeweis an, sich auf diesen Stil einzustellen.

Sexuelles Verlangen zeigen und erwidern. In ihrem Buch »Für einander« setzt sich Lonnie Barbach mit dem Versuch auseinander, aus Filmen oder Liebesromanen etwas über Sex lernen zu wollen. Wer käme dagegen auf die Idee, sich mit Hilfe der »Schwarzwaldklinik« zum Arzt oder durch »Liebling Kreuzberg« zum Rechtsanwalt ausbilden zu wollen? Für Lonnie Barbach schüren Phantasieprodukte wie Filme oder Romane unrealistische Erwartungen und chronische Unzufriedenheit. Zudem weist sie darauf hin, daß solche fiktiven Handlungen keinerlei negative Erfahrungen enthalten. Den in der Wirklichkeit unausweichlich auftretenden Problemen stehen Paare somit völlig unvorbereitet gegenüber. Selbstverständlich leben Film- und Romanpaare immer in vollendeter Harmonie. Choreographie, Beleuchtung, Stimmungen, Wetter: alles ist perfekt. Die Partner sind voller Lebenskraft, aufregend, gut gekleidet und gepflegt. Doch so irritierend sie auch sein mögen, diese Phantasiewesen haben durchaus etwas mit Ihnen, den Gegensatzpartnern, zu tun.

Aufgrund ihrer unterschiedlichen Wesensarten berichten Gegensatzpartner häufig von einer starken Anziehungskraft. Trotz ihrer Konflikte sind sie vom anderen wirklich fasziniert. Alles am Partner erscheint ihnen geheimnisvoll, und Geheimnisse sind erregend. Gegensatzpartner können also eine große Herausforderung füreinander darstellen, während sie die verschiedenen Stadien der sexuellen Annäherung durchlaufen. Sie müssen sich lediglich bewußt sein, daß ein Unterschied, der außerhalb des Bettes zu einem handfesten Konflikt führen kann, sich im Bett oft als echter Vorteil entpuppt.

Jeder Mensch wächst in einem familiären Umfeld auf, das von einer ganz bestimmten Einstellung gegenüber Sexualität geprägt ist. In »The Intimate Circle: The Sexual Dynamics of Family Life« beschreiben Miriam und Otto Ehrenberg vier von Eltern demonstrierte Verhaltensweisen. Die Eltern oder Elternfiguren vermitteln (1) *Unterdrückung* (Ziel war die Kontrolle sämtlicher Formen von Sexualität, verbunden mit einem großen Gefühl der Scham gegenüber jeglichen sexuellen Aktivitäten); (2) *Vermeidung* (Sexualität wurde zwar als zum Leben gehörend akzeptiert, aber man sprach nicht darüber, was den Eindruck vermittelte, daß damit etwas nicht in Ordnung sei, obwohl es niemand thematisiert hat); (3) *Zwang* (hier wurden keinerlei Grenzen gezogen, und ungehemmte Eltern hatten Schwierigkeiten, ihre sexuellen Bedürfnisse zu zügeln; Sexualität wurde eventuell sogar aufgezwungen, statt den Kindern Gelegenheit zu geben, sie in ihrem eigenen Tempo zu entwickeln); oder (4) *Klarheit* (Sexualität wurde als Bereicherung angesehen und es gab altersgerechte Gespräche).

Die meisten Partner haben zu diesem Thema ähnliche Ansichten, allerdings können auch scheinbar geringfügige Differenzen zu erheblichen Störungen führen. So können rechtshemisphärische Menschen, die allen ihren Gefühlen freien Lauf lassen, LHs mitunter überfordern. Andererseits können gerade diese Unberechenbarkeit, Impulsivität und Emotionalität – so alarmierend sie für einen LH manchmal sein mögen – einen langweiligen Abend zu einem aufregenden Erlebnis machen. Unter den richtigen Umständen ist diese Zwanglosigkeit auch für einen LH-Partner sehr erregend.

Prallen die Zwanglosigkeit eines RHs und die Vorsicht und Wachsamkeit eines LHs aufeinander, dann hofft der RH auf ein Feuerwerk und der LH darauf, daß die Dinge nicht außer Kontrolle geraten mögen. Damit laufen ihre Interessen völlig konträr, und sollte es ihnen nicht gelingen, sich in der goldenen Mitte zu treffen und auf die Wünsche beider einzugehen, dann ist ein gemeinsames befriedigendes sexuelles Erleben unmöglich (die Betonung liegt auf gemeinsam).

Im Frühstadium von Verlangen und Annäherung sind linkshemisphärische Menschen im Nachteil, da die Rolle der Liebhaberin oder des Liebhabers für sie keine angenehme ist. Wie bereits erwähnt wurde, entsteht in dieser Phase eine Phantasievorstellung zwischen den beiden Partnern, die ihren Ursprung in der rechten Hirnhemisphäre hat. Das Bedürfnis des RHs nach rauschender Leidenschaft ist zu diesem Zeitpunkt sehr hoch. Da ein LH jedoch lieber mit beiden Beinen »auf dem Teppich« bleibt, begibt er sich bei dem Versuch, anders zu sein, als er oder sie wirklich ist, auf unbekanntes Gebiet. LHs haben wenig Talent zur Verstellung, so zu tun als ob, ist ihnen ein fremdes (und albernes) Verhalten.

Viele rechtshemisphärische Menschen klagen darüber, daß ihre LH-Partner, wenn sie schließlich und endlich (nach viel Überwindung und Willensanstrengung) etwas Romantisches sagen, so hölzern und unecht wirken, daß es trotz allem unbefriedigend ist. Dies ist der Punkt, an dem ein RH seine »Ideale« fallen lassen und die Tatsache akzeptieren sollte, daß ein linkshemisphärischer Mensch einfach nicht so ergreifend formulieren kann wie der Held oder die Heldin eines Liebesromans. Besser wäre es, wenn der RH-Partner die Worte annimmt, den Versuch und die dahinterstehende Absicht anerkennt und reagiert, als käme sie vom größten Herzensbrecher.

RHs, denen dies zu künstlich erscheint, sollten bedenken, daß sie schließlich auch von ihrem LH-Partner verlangen, sich anders zu geben, als er oder sie wirklich ist – sozusagen als ein geborener Verführer –, daher ist es nur gerecht, wenn auch der RH ein wenig »schauspielert«. Zudem erhöht sich dadurch die Wahrscheinlichkeit für weitere Versuche – andernfalls kann der RH sicher sein, daß der auf Ablehnung und Kritik so sensibel reagierende LH es nie wieder versuchen wird.

Verstellung ist nur ein Teil des Spiels. Ein weiterer Aspekt ist das Bewußtsein für die eigenen Sinne und deren Anwendung. Linkshemisphärische Menschen sind oft so stark im logischen Denken verhaftet, daß sie nur wenig Gespür für Sinneswahrnehmungen wie Fühlen, Schmecken oder Riechen haben. Würden sie ihnen mehr Beachtung schenken und sie ins Liebesspiel miteinbeziehen, könnten sie ihren RH-Partnern mit sinnesanregenden Mitteln wie Massagen, sinnlichen Speisen, Düften, Kerzen, das Verwenden von Körperölen, besonderen Stoffen, die Wahl einer bestimmten Musik ein wesentlich bereicherndes Erlebnis bereiten.

Die größte Herausforderung für einen LH besteht darin, die durch das Sehen, Hören, Streicheln, Riechen und Schmecken des RH-Partners gewonnenen Empfindungen verbal mitzuteilen. Und für den RH besteht die Herausforderung darin, den Partner in seinem eigenen Tempo und mit seinen eigenen Worten gewähren zu lassen, ohne sie oder ihn durch Kritik oder Ungeduld zu entmutigen. Wenn beide fortfahren, nur das zu tun, was ihnen leichtfällt oder vertraut ist, wird sich gar nichts ändern, die Polaritäten bleiben bestehen, ebenso wie die Unzufriedenheit des einen oder gar beider Partner. Lassen sie sich auf die Herausforderung ein, werden sie sich irgendwann in der Mitte treffen.

Es kommt vor, daß ein LH beim Liebesspiel abgelenkt wird, so daß er oder sie sich nicht mehr ausschließlich auf den Partner einlassen kann. Wenn das passiert, muß der LH sich wieder seinen körperlichen Empfindungen zuwenden oder seine Konzentration in Form sexueller Phantasien in die rechte Hemisphäre verlagern. Phantasie ist eine Möglichkeit, das Bewußtsein auszuschalten. Sie sitzt in der rechten Hirnhälfte, so wie die Leidenschaft. Das Problem liegt nicht darin, daß die betroffene Person kein Verlangen mehr verspürt, sondern darin, daß sie beim Anzeichen erotischer Empfindungen einfach abschaltet. Bei linkshemisphärischen Menschen kann dies durch »Überladung« passieren, den Versuch, vielfältige Empfindungen und Nachrichten gleichzeitig zu verarbeiten, etwas, was rechtshemisphärischen Menschen wesentlich leichter fällt.

Übernimmt beim Liebesspiel immer der gleiche Partner den aktiven Part, dann wird er oder sie niemals in den Genuß kommen, sich lieben zu lassen. Bleibt der andere Partner im Gegenzug immer nur passiv, wird er oder sie niemals erfahren, wie erregend es sein kann, den Partner reagieren zu sehen. Erfolgreiche Gegensatzpaare agieren nicht in festgelegten Rollen, sondern wechseln, um keine Langeweile aufkommen zu lassen. In unserer Gesellschaft herrscht die Auffassung vor, Stimulation komme von »außen« (Fernsehen, Alkohol, Drogen, Pornographie). Gegensatzpaare mit einem erfüllten Sexualleben wissen mit diesem Ammenmärchen nichts anzufangen. Für sie steht fest, daß beide Partner dafür sorgen müssen, erotische Spannung zu schaffen.

In ihrem Buch »Sex beginnt im Kopf« stellt Carol Wells fest:

»Langeweile in einer Beziehung ist vermutlich die am weitesten verbreitete und ernsthafteste Herausforderung, der wir uns heute gegenübersehen... Die Monogamie trägt jedoch nur allzu häufig die Züge der Monotonie.« (S. 28)

Wells weist darauf hin, daß wir zu Beginn einer Beziehung – in der ersten Phase der Verliebtheit – vor allem über unsere rechte Hirnhälfte agieren und brennende Leidenschaft und Erregung verspüren. Später jedoch, wenn sich unser Leben wieder normalisiert hat, ändert sich dies. Wells hält es daher bei berufstätigen Paaren für noch wichtiger, sich zwischen Büro und Schlafzimmer eine »Übergangsphase« zuzugestehen. Diese gibt ihnen Zeit, um von der LH-Welt des Alltags in die der rechten Hemisphäre zu gelangen, in der sie sich auf erotische Bilder und Gedanken konzentrieren können.

»Wirklich befriedigender Sex setzt voraus, daß wir uns in einen Zustand... versetzen, in dem wir unsere Befangenheit und Kontrolle vergessen.« (S. 51)

Es ist nicht leicht für einen LH, lästige Gedanken zu vertreiben, die die Erotik des Liebesspiels stören. Ein RH-Partner kann dabei leicht den Eindruck gewinnen, sie oder er sei nicht bei der Sache. Vergessen Sie nicht: RHs streben beim Sex auch nach emotionaler Vereinigung.
Sexuelle Phantasien wirken sehr erotisierend, und da sie gleichzeitig auch Gedanken über das Büro oder anderes verhindern, dienen sie zudem der Aufrechterhaltung der sexuellen Erregung. Allerdings sind Phantasien und erotische Bilder Produkte der rechten Hirnhälfte und daher für LH-Partner schwieriger erreichbar.
Ist der LH eine Frau, kommen noch zusätzliche Belastungen hinzu. Erst vor zwanzig Jahren kamen Forscher erstmalig zu der Erkenntnis, daß Frauen überhaupt sexuelle Phantasien haben. Vor den Erfolgen der Emanzipationsbewegung hatten sie, da ohne »Billigung« der Gesellschaft, ihre Vorstellungen für sich zu behalten oder sie riskierten ihr Ansehen. Neuere Zahlen weisen darauf hin, daß über neunzig Prozent aller Frauen sexuelle Phantasien erleben. Trotz der liberaleren Einstellungen heutzutage haben viele Frauen

noch immer Probleme damit, ihre Sexualität bewußt zu gestalten. Tief im Inneren wird das Heraufbeschwören sexueller Phantasien immer noch als etwas angesehen, was »anständige Mädchen« nicht tun.

In Wirklichkeit sind solche Phantasien unproblematisch. Schwierig wird es erst, wenn diese Träumereien die Beziehung oder gar das Leben eines Menschen beeinträchtigen. Und kritisch wird es dort, wo – wie bei anderen bewußtseinsverändernden Verhaltensweisen wie Alkohol- oder Drogengebrauch auch – das zwingende Bedürfnis nach impulsiven Handlungen vorherrscht, das sich jeglicher Kontrolle entzieht.

Nicht der Inhalt einer Phantasievorstellung kann zum Problem werden, sondern die Funktion. Sexuelle Phantasien, die dazu dienen, die sexuelle Befriedigung zu steigern, sind positiv. Werden sie allerdings fortgesetzt genutzt, um Ängste, Streß oder Niedergeschlagenheit zu bewältigen oder dem Partner und anderen Menschen auszuweichen, dann ist professionelle Hilfe angeraten.

Für rechtshemisphärische Menschen, die sich vor jeglicher »Loslösung« fürchten, kann die Erkenntnis, daß ihr LH-Partner sexuelle Phantasien hat, leicht zum Auslöser für eine heftige Auseinandersetzung um das alte Thema »Wenn du mich wirklich lieben würdest, dann...« werden. Auch romantische Liebe in ihrer reinsten Form enthält Phantasien, allerdings nur über die oder den Geliebte/n.

Mit diesem Wissen mag ein RH die Beziehung mit Fragen wie »Woran denkst du gerade?« oder »Denkst du eigentlich an mich, wenn wir zusammen schlafen?« auf die Probe stellen. RHs sollten verstehen lernen, daß Phantasien im Leben eines LH eine geringere Rolle spielen als in ihrem eigenen und daß sie während des Liebesspiels nur von Vorteil sein können, weil sie dazu beitragen, das Verlangen des LH aufrechtzuerhalten, statt sie oder ihn in Gedanken abdriften zu lassen.

Gemäß ihrer »romantischen Ader« hätten rechtshemisphärische Menschen am liebsten Partner, die Gedanken lesen können. Am schönsten wäre es, sie hätten jemanden, der oder die automatisch weiß, wann, wie und wo sie verführt und befriedigt werden wollen. Eine solche Phantasiegestalt malen sich RHs als sehr selbstbewußt, sexuell bewandert und voller hinreißender Leidenschaft aus. Für den LH bedeutet das einen hohen Leistungsdruck. In Anlehnung an ein altes Sprichwort sollte ein RH vielleicht bedenken, daß nicht alles, was glänzt, Gold ist – und umgekehrt Gold nicht in jedem Falle glänzen muß.

Den Partner »anzuleiten«, ist für rechtshemisphärische Menschen von keinerlei Reiz. Sie sind fest davon überzeugt, daß wahre Romantiker ihre Bedürfnisse nur andeuten. Trotzdem sollten sie anerkennen, daß LHs sich über Fakten freuen. Linkshemisphärische Menschen *wollen* Informationen über das Wie und Wann, weil sich für sie damit das Risiko verringert, Fehler zu machen. Viele LHs sind durchaus lernwillig, denn sie betrachten das Liebesspiel unter ebenso praktischen Aspekten wie alles andere auch, ganz nach dem Motto: Es ist besser, man weiß, wie man ein Ziel erreichen kann, und muß nicht erst lange raten. Bei einem RH stößt diese Auffassung natürlich auf wenig Verständnis. »Wenn du mich wirklich lieben würdest, dann wüßtest du, was ich mag«, lautet deren Klage. »Wenn du wirklich befriedigt werden wolltest, dann würdest du mir sagen, was dir gefällt«, ist die Antwort der LHs. Wichtig ist, daß *beide* Partner sich darüber austauschen, was ihnen gefällt oder nicht, so »unromantisch« das auch sein mag.

Ein weiterer wichtiger Beitrag zu einem erfüllten Sexualleben sind Berührungen, die kein bestimmtes Ziel verfolgen. LHs sind lösungsorientiert. Sie denken linear und möchten gern von A nach B gelangen. Das mag hilfreich sein, einen Orgasmus zu erreichen. Doch auch Streicheln um des Streichelns willen ist für beide Partner ein wichtiger Bestandteil

des Liebesspiels. Es wirkt beruhigend, tröstend, erregend und verbindend, ohne das Gefühl von Zwang oder Leistungsdruck zu vermitteln.
Da linkshemisphärische Menschen sich gern auf eine Sache konzentrieren und dies intensiv und nachdrücklich, sind sie beim Sex mitunter stark auf die mechanischen Aspekte fixiert. Für den RH-Partner kann es ungeheuer befriedigend sein, wenn jemand genau das Richtige zur richtigen Zeit tut und dadurch ein wahres Feuerwerk verursacht, es kann aber auch unpersönlich und automatisch wirken, wenn der LH seine Konzentration nicht hin und wieder unterbricht, um sich dem Partner zuzuwenden, indem er den Namen nennt, der oder dem Geliebten in die Augen sieht und eigene Empfindungen äußert. Solche Gesten schaffen Intimität, indem sie die ganze Person mit einbeziehen, statt sich rein auf die genitale Stimulierung zu beschränken.
Für einen LH ist das nicht einfach, weil es bedeutet, mehrere Dinge gleichzeitig zu tun. Für einen extrem linkshemisphärischen Menschen ist es fast unmöglich. Daher mag es für den LH notwendig sein, sich von Zeit zu Zeit loszureißen – also wirklich zurückzuziehen – und das Gegenüber als ganze Person wahrzunehmen. Da RHs ohnehin die Bindung zum Partner suchen, geschieht dies bei ihnen sozusagen von selbst. Vergessen Sie nicht: Erfolgreiche Gegensatzpaare verbinden die Kunst und die Wissenschaft zu lieben.
Da sie großen Wert auf die symbolische Bedeutung von Ereignissen legen, streben RHs beim Liebesspiel nach Verschmelzung mit dem Partner, sie wollen »eins werden«. LHs dagegen haben ein ausgesprochenes Bedürfnis nach Unabhängigkeit und ziehen einen gewissen Abstand vor. Ein LH wird sich also immer ein wenig zurückhalten. Das ist an sich kein Problem, kann jedoch eines werden, wenn RHs darauf beharren, daß ihr LH-Partner ebenso empfinden müsse wie sie, und sie zu dem Schluß kommen, es sei eben nicht der richtige Partner, wenn er oder sie das nicht tue.

Ein weiterer kritischer Punkt unter Partnern ist das Thema Verlangen. Alle Paare durchleben in dieser Hinsicht irgendwann Diskrepanzen, die entweder im Zusammenhang mit einer bestimmten Situation stehen oder als Beziehungsmuster auftauchen. Immer wieder stellen sich Paare die Frage, was denn »normales« Verlangen sei? Das ist selbstverständlich eine ganz und gar individuelle Angelegenheit. Und doch kann es für rechtshemisphärische Menschen, denen die romantischen Aspekte von Bindungen so wichtig sind, von entscheidender Bedeutung sein.

Was geschieht mit der Anziehungskraft im Laufe der Zeit? Je weniger wir – zu Beginn der Beziehung – über unseren Partner wissen, desto einfacher ist es anzunehmen, er oder sie besitze all die Eigenschaften, die wir so gern an ihm oder ihr sähen. Nachdem wir im Laufe der Jahre viele gemeinsame Alltagserfahrungen gemacht und alle Seiten ihrer oder seiner Persönlichkeit kennengelernt haben, ist es wesentlich schwieriger, ihr oder ihm unsere Wunschvorstellungen zuzuordnen.

Dr. Helen Singer Kaplan, die Leiterin des Forschungsprogramms für menschliche Sexualität am New Yorker Hospital-Cornell Medical Center, prägte den Begriff der »aktiven Monogamie«, um partnerschaftliche Treue zu beschreiben, die durch ungebrochene Anziehungskraft erreicht wird, selbst wenn die Partner schon seit Jahren zusammenleben. Erfolgreiche Gegensatzpaare wissen, daß Leidenschaft das wirkungsvollste Aphrodisiakum ist, und Leidenschaft innerhalb einer gut funktionierenden Partnerschaft ist das beste überhaupt.

Romantische RH-Partner setzen sich mit aller Kraft dafür ein, diese Leidenschaft und Spannung aufrechtzuerhalten. Sie wissen, daß die »Aura des Geheimnisvollen« die Spannung erhöht. Während eine Beziehung von der ersten Verliebtheit in die Normalität einer Paarbeziehung übergeht, werden Schicht für Schicht Informationen abgetragen, und die Liebenden werden von Unbekannten zu Vertrauten. Sich *zu* vertraut zu werden, zerstört die Aura des Geheimnisvollen – gemeinsame Zahnpflege im Bad dämpft das Feuer des Verlangens. Wahren Sie ruhig ein wenig Intimsphäre, das erhält das »Dunkel« um Ihre Person.

Eine weitere Möglichkeit, die Spannung in Ihrer Partnerschaft zu erhalten, liegt darin, auf Ihr Äußeres zu achten. Verfallen Sie nicht in die Gewohnheit, sich zwar für die Arbeit, für Gäste oder gesellschaftliche Anlässe in Schale zu werfen, in Gegenwart Ihres Partners zu Hause jedoch immer wieder die gleiche alte, zerschlissene Kluft zu tragen – oder noch schlimmer, wenn Sie zusammen ausgehen.

Es ist eine Sache, schmuddelig auszusehen, während man Schmutzarbeit verrichtet, etwa einen Ölwechsel vornimmt, den Ofen säubert oder den Dachboden aufräumt. Aber es gibt keinen Grund, sich in Lumpen zu hüllen, nur weil man mit dem Partner allein zu Hause ist. Natürlich ist nichts dagegen einzuwenden, nach der Arbeit oder an freien Tagen bequemere Kleidung zu tragen, aber wählen Sie solche, die sich nicht nur gut anfühlt, sondern auch gepflegt aussieht.

Nachlassende Spannung ist für den LH-Partner, der seine Befriedigung auch aus Aspekten wie Vertrautheit und Vorhersehbarkeit zieht, vermutlich weniger bedeutsam. Dennoch gilt es darüber zu sprechen, sobald sich der RH-Partner Gedanken macht. Was einen von beiden betrifft, betrifft die ganze Beziehung.

Das Gute daran ist, daß Sie nicht erst auf sexuelles Verlangen warten müssen, um etwas anzustoßen oder zu reagieren. Sie müssen lediglich bereit sein, mitzumachen und die Möglichkeiten auszutesten, bereit sein zu spielen und sich auf ein intimes Abenteuer einzulassen. Erfolgreiche Gegensatzpaare lassen sich von ihren Unterschieden nicht daran hindern, genau das auszuprobieren.

8
Die Wahl eines Lebensgefährten

Mir war so kalt, ich hätte fast geheiratet.
Shelly Winters

Seit der Verbreitung der Immunschwächekrankheit Aids suchen immer mehr Männer und Frauen nach dauerhaften monogamen Beziehungen. Obwohl einige Menschen behaupten, weiterhin die Abwechslung vorzuziehen, geben auch sie in vertraulichen Therapiegesprächen zu, irgendwann jemand ganz Besonderes finden zu wollen. Es scheint, als wünsche sich die Mehrheit der Menschen, Teil einer Zweierbeziehung zu sein; wir sehen die Welt als Arche.

In unserer zunehmend technologieorientierten Gesellschaft fühlen sich die Menschen entfremdet, ersetzbar und zunehmend verdrängt. Eine Liebesbeziehung ist ein Puffer zwischen einer scheinbar teilnahmslosen Gesellschaft und dem Individuum; sie ist eine Absicherung gegen die spürbare Realität des Alleinseins, eine Oase in einer entfremdeten Welt.

Unabhängig davon, ob Sie ein RH oder ein LH sind, keinen Partner haben oder sich in der Anfangsphase einer Beziehung befinden, stehen Sie vielleicht vor der Frage, wie man den *richtigen* Partner finden kann. Romantische Vorstellungen gehen davon aus, daß wir schon »wissen« werden, wenn der oder die Richtige vor uns steht. Wir ziehen es vor zu glauben, die Liebe werde uns schon finden, und halten sie für ein Ereignis, das sich unserer Kontrolle entzieht.

Diese Theorie hat zwei Schwachstellen. Erstens hängt der Erfolg einer Beziehung nicht ausschließlich davon ab, mit der »richtigen« Person zusammenzugehen, genauso wie das Ende einer Beziehung nicht notwendigerweise bedeuten muß, daß es die »falsche« Person gewesen ist. Es gibt allerdings Menschen, die für dauerhafte Beziehungen geeignetere Kandidaten sind als andere, und dieses Kapitel soll Ihnen helfen, solche Menschen zu erkennen.

Das zweite Problem ist die Annahme, die Liebe würde uns auswählen und in den seltsamsten Momenten über uns kommen. In Wirklichkeit wird Liebe zwischen zwei Menschen *geschaffen*. Sie ist anspruchsvoll, erfordert Arbeit und ist jede Mühe wert.

Alles andere, besonders das Gefühl, auf Wolken zu schweben, dreht sich nicht um Liebe, sondern um »Verliebtheit«, um Schwärmerei, um jene überwältigenden Gefühle, die jede Pore unseres Körpers in Besitz nehmen und zu Anfang einer Beziehung jeden Gedanken beherrschen. Dies sind die Gefühle, die zu großer Dichtkunst inspirieren, aber zu zerbrechlich sind, um das Gewicht des Alltags zu tragen. Dazu bedarf es der Liebe. Und Liebe verlangt Tiefe. Und Tiefe wiederum braucht ihre Zeit.

Gegensätze ziehen sich bekanntlich an, das bedeutet jedoch noch lange nicht, daß jede Anziehung das Potential für eine dauerhafte Beziehung besitzt. Hier gilt es viele Faktoren zu bedenken, angefangen bei Ihren eigenen Erwartungen. Als ich nach meiner Scheidung ins »wirkliche Leben« zurückkehrte, hatte ich eine »Niemals-Liste« erstellt. Ich würde *niemals* mit einem Mann ausgehen, der (unter anderem):

- jünger ist,
- weniger gebildet
- oder weniger verdient als ich.

Meine traditionelle Sozialisation ließ mich davon ausgehen, daß Männer in jeder Hinsicht ein wenig mehr aufzuweisen haben sollten als ich: Größe, Alter, Erfahrung, Studienabschluß und finanzielle Unabhängigkeit. Und mit jedem Punkt wurde die Auswahl meiner potentiellen Kandidaten kleiner. Meine Sozialisation entpuppte sich als Handicap. Mit jedem weiteren »Niemals«-Aspekt warf ich mehr und mehr Männer aus dem Rennen.

Eines Abends wurde ich einem Mann namens Rick vorgestellt, der sämtliche Eigenschaften meiner »Niemals«-Liste repräsentierte. Wäre ich meinen Richtlinien gefolgt, wären uns zwölf gemeinsame Jahre entgangen... und vielleicht noch weitere fünfzig. Wie gut, daß Rick Weitblick genug besaß, um mir zu helfen, mein eingeengtes Blickfeld zu erweitern.

Wenn Sie der Meinung sind, es gäbe keine interessanten (ungebundenen) Männer oder Frauen mehr, dann werfen Sie einen Blick auf Ihre »Niemals«-Liste. Inwieweit schränken Sie Ihre Auswahl an potentiellen Kandidaten ein? Was hält Sie davon ab, mit einem jüngeren/älteren, größeren/kleineren, behinderten/nicht behinderten, zerstreuten/coolen, dicken/dünnen Menschen oder jemandem mit anderer rassischer oder ethnischer Herkunft auszugehen? Um Ihre Gedanken zum Thema Partnersuche ein wenig zu ordnen, blättern Sie zum Übungsteil und füllen Sie den Bereich »Auf der Suche nach einem Lebensgefährten« aus.

Sobald es Ihnen mit einem potentiellen Lebenspartner ernst wird, kommen andere Faktoren ins Spiel: gemeinsame Wertvorstellungen, Glaubensfragen, Lebensziele usw. Indem Sie beide das Leben des anderen besser kennenlernen, können Sie »mögliche Fehlkombinationen« entdecken. Mit einer unerbittlichen »Niemals«-Liste jedoch weisen Sie Kandidaten ab, ohne die Gelegenheit zu haben, den Menschen hinter der »Verpackung« zu sehen.

Unglücklicherweise haben Werbung, Seifenopern, Liebesromane, Filme und MTV viel dazu beigetragen, ein »romantisches Ideal« zu kreieren, das mit einem erstrebenswerten

Lebensgefährten rein gar nichts zu tun hat. Dieses romantische Ideal führt ein kurzes Dasein und überlebt häufig nicht einmal den ersten Streit, eine ernsthafte Krankheit oder zehn Pfund Übergewicht. Es setzt strikte Verhaltensregeln voraus, legt keinen Wert auf Fakten und verursacht ein chronisches Gefühl der Unzufriedenheit, weil es sich um nichts anderes handelt als um eine Illusion, die dem Gewicht der Realität nicht standhalten kann.

Ehe Sie also beschließen, daß jener zu zerstreut wirkt, dieser zu dick, jene zu alt und eine blinde Person zu anstrengend ist, denken Sie daran, daß Sie potentielle Partner nicht ausschließen müssen, *bevor Sie sie überhaupt getroffen haben.*

Wer hat nicht schon einmal das Gefühl gehabt, daß manche Menschen immer den richtigen Leuten zu begegnen scheinen, während andere in einer Art Teufelskreis stecken und jedesmal aufs neue den falschen Partner wählen? Den richtigen Gefährten zu finden, hat gar nichts mit Glück, aber viel mit Information zu tun. Wenn Sie genügend wissen und sich danach verhalten, dann können Sie auch den Teufelskreis aufbrechen. Die Informationen, die Sie zur Wahl eines Lebensgefährten benötigen, bestehen aus:

- Fakten, Gefühlen und Gedanken über sich selbst
- Fakten, Gefühlen und Gedanken über den anderen.

Alle Entscheidungen, die wir treffen, fällen wir anhand eines Teilwissens. Wir wissen nicht alles, was notwendig wäre, also können wir auch zu keinem perfekten Entschluß kommen. Statt dessen versuchen wir einfach unser Bestes. Je mehr wir wissen, desto besser sind aber unsere Chancen, eine Wahl zu treffen, die unserer Persönlichkeit und unseren Bedürfnissen entgegenkommt.

Bei jeder Entscheidung sind drei Dinge zu berücksichtigen: Gedanken (die Ideen, Ansichten und Meinungen mit einschließen), Fakten und Gefühle. Fehlendes Wissen über einen oder mehrere dieser Aspekte kann später zu Problemen führen. Rechtshemisphärische Menschen, die stark auf Gefühle konzentriert sind, neigen dazu, offensichtliche Fakten zu übersehen, die ihnen, wären sie früher wahrgenommen worden, vielleicht einige Schmerzen erspart hätten. Linkshemisphärische Menschen dagegen bemerken mitunter erst viel zu spät, was sie für jemanden wirklich empfunden haben.

Wissen bedeutet Macht; und Wissen über sich selbst gibt Ihnen diese Macht. Wenn Sie einen Lebenspartner finden wollen, mit dem Sie eine gute und befriedigende Beziehung aufbauen können, dann sollten Sie sich einige wichtige Fragen beantworten, Fragen, die von Ihnen verlangen, daß Sie ehrlich in sich hineinsehen und Bestand aufnehmen. Zusätzlich würde ich Ihnen empfehlen, einen engen Freund oder eine Freundin zu bitten, Ansichten, Beobachtungen und Einschätzungen über Sie mitzuteilen. Das kann unangenehm werden, denn manche Dinge sind weder leicht auszusprechen noch leicht zu hören.

Aber auch wenn es riskant ist, sollte ein echter Freund oder eine Freundin bereit sein, Sie über sich selbst zu informieren. Vielleicht kommt Ihnen mein Vorschlag merkwürdig vor, einen anderen um Aufklärung über sich selbst zu bitten, aber das ist gerade deshalb notwendig, weil wir alle »tote Winkel« besitzen. Kein Mensch ist in der Lage, sich selbst objektiv zu beurteilen; dafür sind Freunde da.

Wir alle haben ein Bild von uns, das wir um jeden Preis erhalten möchten. Das ist der Zweck unserer »Abwehrmechanismen«. Wenn Sie einer Person etwas erzählen, was nicht mit ihrem Selbstbild übereinstimmt, dann wird sie sich dagegen (ver)wahren. Das geschieht häufig, unabhängig davon, ob die Information negativ oder positiv ist. Wenn die Person sich für unattraktiv hält und Sie machen ihr ein Kompliment, dann wird es ihr schwerfallen, dieses Lob anzunehmen, weil in ihrem Selbstbild dafür kein Platz ist. Das erklärt auch, warum enge Freunde und Liebende über die trivialsten Dinge in Streit geraten können. Häufig merken wir gar nicht, daß wir mit einer Aussage gerade das Selbstbild des oder der anderen bedroht haben. Schließlich wissen wir nicht, wie andere sich selbst wahrnehmen.

Beantworten Sie die folgenden Fragen und machen Sie sich Notizen. Lassen Sie Fragen und Antworten eine Woche auf sich wirken. Sie sind nur eine Orientierungshilfe. Vielleicht werden Sie feststellen, daß Ihnen eigene Fragen in den Sinn kommen. Der Inhalt Ihrer Fragen bedingt die Art Ihrer Entdeckungen. Einige Fragen sind nur für Sie bestimmt; sie hängen von Ihrem Innenleben ab, in das niemand sonst Einblick hat. Andere Fragen können Sie sich und Freund oder Freundin stellen.

Haben Sie einen Menschen gefunden, der Sie Ihrer Ansicht nach gut genug kennt, um hilfreiche Antworten geben zu können, der das Risiko nicht scheut, Sie mit der Antwort vielleicht zu verletzen, und dem Sie zutrauen, Ihnen nicht mit Absicht weh zu tun, dann können Sie um Mithilfe bitten. Versuchen Sie, so gut es geht, Ihrem Freund oder Ihrer Freundin Mut zu machen, die eigenen Ansichten mitzuteilen. Die folgenden Hinweise könnten Ihnen dabei helfen:

- Lassen Sie Ihren Freund oder Ihre Freundin von vornherein wissen, daß Ihnen klar ist, um welch großen Gefallen Sie ihn oder sie bitten und daß Sie das Eingehen dieses Risikos zu schätzen wissen.
- Weisen Sie Ihren Freund oder Ihre Freundin darauf hin, daß das Gesagte Sie eventuell sehr aufwühlen wird, daß Sie sich Notizen machen und versuchen werden, nicht darauf zu reagieren. (Das wird einigen von Ihnen sehr schwerfallen, vor allem dann, wenn Sie schnell in die Defensive geraten oder leicht verletzbar sind. Vergessen Sie nicht, daß Sie dieses Feedback gewollt haben.)

- Notieren Sie sich zu jeder erhaltenen Auskunft einige Schlüsselworte. Sagen Sie sich, daß Sie nicht darauf reagieren werden, daß Sie sich lediglich Notizen machen, um zu sehen, was Sie daraus lernen können.
- Wenn Ihr Freund oder Ihre Freundin fertig ist, gehen Sie alle Punkte noch einmal durch und überdenken Sie die Möglichkeit, daß er oder sie recht haben könnte. Steckt in dem Gesagten nicht ein Körnchen Wahrheit?

In meinen Gesprächen mit Hunderten von Klienten, Studenten und Freunden haben sich folgende Fragen als wesentlich herausgestellt:

- Wie befriedigend waren meine bisherigen Beziehungen? Habe ich mir Partner gesucht, die zu mir paßten, und wenn ja, wie habe ich das gemacht? Wenn nein, welche Rolle habe ich bei den auftauchenden Problemen gespielt? (Wirklich spannend wäre es, einen ehemaligen Partner oder eine Partnerin zu fragen.)
- Was erhoffe ich mir von einer dauerhaften Beziehung? Was habe ich anzubieten?
- Wie bin ich mit mir als Person zufrieden? Hoffe ich, jemanden zu finden, der oder die stärker, reicher, schöner, ehrgeiziger, intelligenter oder besser gebildet ist als ich? Warum? Suche ich in jemand anderem etwas, was ich selbst nicht habe? Hoffe ich, statt selbst voranzukommen, am Erfolg eines/einer anderen teilhaben zu können? Brauche ich jemanden, um mit mir selbst zufrieden zu sein?
- Wie stark ist meine eigene Identität? Will ich jemanden finden, mit dem oder der ich »eins werden« kann? Oder habe ich Angst davor, jemandem so nahe zu sein, daß ich mein Ich-Gefühl verlieren könnte?
- Wie risikobereit bin ich? Gehe ich bedrohliche Risiken ein? Erregt mich der Kitzel des Unbekannten oder ziehe ich eher Vertrautes vor? Welches war das größte Risiko,

das ich bisher eingegangen bin? Warum? Was habe ich daraus gelernt?

- Fällt es mir schwer zu akzeptieren, daß ich einen anderen Menschen nicht ändern kann? Warum fühle ich mich bedroht, wenn andere nicht so sind, wie ich sie gerne hätte? Was würde ich gern an mir selbst verändern?
- Wo und wie behindere ich mich selbst? Wovor habe ich Angst? Welchen Dingen weiche ich aus?
- Existiert eine alte Bindung, die mich daran hindert, vorwärtszukommen und mich neu zu binden? Gibt es noch Bande (negative oder positive), die mich an die Vergangenheit fesseln? Habe ich noch Kummer oder ungelöste Probleme mit einem früheren Partner? Was ist meinen Ex-Partnern gemeinsam? Was habe ich zu Beginn meiner Beziehungen über meine Partner gewußt, aber dennoch lieber übersehen? Warum?
- Gibt es noch ungelöste Konflikte mit einem oder beiden Elternteilen, die meine Partnerschaft behindern? Was könnte ich daran ändern?
- Was würde ich nur ungern über mich selbst hören, auch wenn es der Wahrheit entspräche? Inwieweit beeinflußt das mein Selbstbild? Bin ich daran interessiert, von diesem Bild abzuweichen? Was würde es mich kosten, das zu tun?
- Wie stark ist mein Bedürfnis danach, Ereignisse in meinem Leben, andere Menschen und meine Umgebung zu kontrollieren? Verursacht dieses Bedürfnis Probleme für mich? Für andere?
- Ist es mir wirklich Ernst damit, eine enge Beziehung aufbauen zu wollen? Bin ich wirklich bereit dafür? Woran kann ich das erkennen? Was erscheint mir dabei sicher und was riskant?
- Wie stark mache ich mein Selbstwertgefühl von anderen abhängig? Wieviel Macht gebe ich anderen über mein Wohlbefinden? Wie sehr brauche ich Aufmerksamkeit und

Anerkennung von anderen? Schafft das Probleme für mich? Für andere?

- Wofür schäme ich mich? Wofür fühle ich mich schuldig? Was würde es mich kosten, mir zu vergeben?
- Habe ich Verhaltensweisen, die ich scheinbar nicht kontrollieren kann? Verursachen sie mir und/oder anderen Probleme? Wie stark ist mein Wunsch, sie zu verändern? Möchte ich mich aus eigenem Antrieb verändern oder tue ich es für andere?
- Wie flexibel bin ich? Bin ich reif genug, über Dinge zu verhandeln, statt meine Art durchsetzen zu wollen? Wie strikt sind meine Vorstellungen darüber, was Männer/Frauen tun und lassen sollten?
- Wie setze ich mich durch? Welche Art von Macht habe ich: direkte (positiv und bestimmt) oder indirekte (aggressiv, passiv, manipulierend)? Wie machtvoll oder machtlos schätze ich mich ein im Leben? Woran kann ich das festmachen?

Die Rückmeldungen Ihres Freundes oder Ihrer Freundin werden Ihnen, zusammen mit Ihren eigenen Erkenntnissen, bei der Suche nach einem Lebensgefährten gute Dienste leisten. Von allen Hilfsmitteln, die Sie besitzen, sind Selbsterkenntnis und Eigenliebe die wichtigsten. Ohne sie werden Sie sich falsche Partner suchen und unbefriedigende, wenn nicht sogar schädliche Beziehungen eingehen. Mit etwas Selbsterkenntnis dagegen werden Sie wissen, wo Sie verletzbar sind, wann Sie auf sich vertrauen können und wann nicht, wie Sie Ihre Macht teilen können, welchen Dingen Sie unnötigerweise aus dem Weg gehen und welchen Sie aus dem Weg gehen sollten.

Achtung: Wenn die Beobachtungen und Ansichten Ihres Freundes oder Ihrer Freundin überhaupt nicht mit Ihrem eigenen Bild von sich übereinstimmen, sind ein oder zwei

Probleme am Werk: Entweder sind Sie zu leicht verletzbar und können keine negativen Aussagen über sich hören, ohne eine blinde Abwehrhaltung einzunehmen, oder das Vertrauen zwischen Ihrem Freund oder Ihrer Freundin und Ihnen ist weniger groß als angenommen, und er oder sie kennt Sie eben nicht besser.

Bei der Suche nach einem Lebensgefährten brauchen Sie neben Fakten, Gefühlen und Gedanken über sich selbst auch bestimmte Informationen über das Gegenüber, bevor Sie herausfinden können, ob er oder sie ein geeigneter Kandidat für eine dauerhafte Beziehung ist. Natürlich könnten Sie sich einige der oben angeführten Fragen beantworten lassen, aber das würde eher wie eine Vernehmung wirken. Schon durch einfaches Zuhören und Beobachten können Sie viel von dem erfahren, was Sie wissen müssen.

Ein Wort zur Vorsicht: In der ersten Phase der Verliebtheit sind wir alle Lügner. Unvermeidlich tun wir alles dafür, den oder die Auserwählte/n zu fesseln. Was normalerweise bedeutet, daß wir uns nur im besten Licht zeigen. Wenn wir vor der Wahl stehen, aufrichtig zu sein oder das Interesse des oder der Auserwählten zu erhalten (und glauben Sie nicht, wir könnten beides gleichzeitig), dann opfern wir meist die Aufrichtigkeit. Daher sind Fragen weit weniger aufschlußreich als das Beobachten und Wahrnehmen dessen, was wir sehen. Je mehr Zeit wir mit der anderen Person verbringen, desto schneller lernen wir Verhaltensmuster von Ausnahmereaktionen zu unterscheiden. Einige dieser Verhaltensmuster sind extrem wichtig, doch selbst diese werden mitunter übersehen, wie alle Ex-Partner zu berichten wissen, die ihre ehemaligen Beziehungen von einem objektiveren Standpunkt aus betrachten.

Wenn Sie darüber nachdenken, ob die Person, für die Sie sich gerade interessieren, einen guten Lebenspartner abgeben würde, dann stellen Sie sich die folgenden Fragen. Sie werden dazu eher rational als gefühlsbetont vorgehen müssen, was, wenn Sie ein rechtshemisphärischer Mensch sind, nicht Ihrem Naturell entspricht. Dennoch verlangt eine so ernste Angelegenheit wie die Wahl eines Lebenspartners rationales Handeln, vor allem dann, wenn Ihre emotionale Spontaneität in der Vergangenheit wiederholt zu Katastrophen geführt hat.

- Wie intelligent sollte der Partner sein? Wenn Ihnen Intelligenz wichtig ist, verwechseln Sie sie nicht mit Bildung oder Berufsstand. Etliche hochintelligente Menschen haben keinen akademischen Grad und sind (viel lieber) Facharbeiter oder Handwerker. Achten Sie darauf, wie er oder sie denkt, sich ausdrückt und ob er oder sie an anderen Standpunkten und unterschiedlichen Themen interessiert ist.
- Wie wichtig ist Kreativität? Auch das könnte für Sie ein Kriterium sein, das Sie jedoch vielleicht nur im künstlerischen Bereich suchen. Ich selbst habe lange gebraucht, Kreativität in wissenschaftlichen Forschungen, Mathematik, Computerprogrammierungen und den Leistungen von Ingenieuren zu erkennen. Ich habe die Könner auf diesen Gebieten einfach nicht zur Kenntnis genommen und mich auf »offensichtlichere« Felder der Kreativität konzentriert. Schließlich fiel mir auf, daß es wesentlich mehr Computerprogrammierer als Schauspieler gibt (was die Anzahl der potentiellen Kandidaten erhöht) und daß Kreativität auf sehr unterschiedliche Art und Weise zum Ausdruck gebracht werden kann.
- Wie wichtig ist für Sie Humor? Ein gewisser Sinn für Humor ist hilfreich, wenn es Ihnen mit einer Lebensgemeinschaft Ernst ist. Es wird Tage geben, an denen er Sie beide retten wird. Verwechseln Sie Humor jedoch nicht mit der Fähigkeit, Witze erzählen zu können. Große Komik entspringt großem Schmerz; Humor wird Ihnen helfen, die kleinen Verletzungen und Irritationen des Zusammenle-

bens zu ertragen. Ein guter Kandidat wird Humor in Streßsituationen als emotionales Heftpflaster benutzen, als Puffer zwischen Ihnen und den Härten des Lebens. Richtet er den Humor gegen Sie oder nutzt ihn auf Ihre Kosten, spricht das für ein geringes Selbstwertgefühl. Sarkasmus ist eine Form von Gewalt. Machen Sie sich den Unterschied klar.

- Was haben Sie gemeinsam? Gemeinsame Interessen sind wichtig, weil sie unsere Wertvorstellungen spiegeln. In das, was uns wichtig ist, investieren wir Zeit und Geld. Er sagt, er liest gern, aber Ihnen fällt auf, daß er nur zwei Bücher in der Wohnung hat und beide handeln von Serienkillern. Er sagt, er liebt Tiere, aber sein Fisch treibt seit einer Woche im Aquarium obenauf. Er glaubt an ehrenamtliche Tätigkeiten und macht sich Sorgen über den Zustand der Erde, unternimmt aber nicht das geringste. In diesem Fall haben Sie es mit jemandem zu tun, dessen Selbstbild nicht mit der Wirklichkeit übereinstimmt, denn das Leben wird überwiegend von dem geprägt, was wir tun, und nicht von dem, was wir sagen. Er hält sich für intellektueller, anteilnehmender und involvierter als er wirklich ist. Das ist kein Problem – es sei denn, Sie glauben lieber ihm als dem, was Sie sehen.
- Wie verhält es sich mit Respekt? Sie sagt von sich, sie sei sehr umgänglich, eine Menschenfreundin, die mit jedem umzugehen weiß. Das klingt vielversprechend, bis Sie das erste Mal zusammen ausgehen und sie die Kellnerin behandelt, als sei sie ihre persönliche Kammerzofe. Sehen Sie hin. Wie kommuniziert sie mit Alten, Jungen oder Behinderten, mit Menschen anderer Rassen, Religionen oder sexueller Ausrichtung? Wie spricht sie unter vier Augen über diese Menschen? Ist sie mit ihrem Urteil (vor)schnell bei der Hand? Dann können Sie davon ausgehen, früher oder später selbst auf den Prüfstand zu kommen. Daß Sie dann bereits der Partner sind, wird keine Rolle spielen;

schließlich haben *alle* Menschen Fehler. Zumindest ist sie »diplomatisch«. Sie bezeichnet sich selbst als »ausgesprochen kontaktfreudig«, hat aber »keine Zeit«, sich Freunde zu suchen. Jetzt sollten bei Ihnen die Alarmglocken läuten. (Leider macht uns die Liebe/Lust solchen wichtigen Hinweisen gegenüber bekanntlich blind und taub.)

- Wie fühlen Sie sich in seiner Gegenwart? Wohl genug, um Ihre Schutzmechanismen abzustellen? Fühlen Sie sich eingeladen, einfach Sie selbst zu sein, oder ist da nicht doch ein sanfter Druck, weniger oder mehr zu sein, als Sie sind? Ertappen Sie sich dabei, Ihr Verhalten zu kontrollieren und Ihre Spontaneität zu unterdrücken? Haben Sie den Eindruck, unterschiedliche Stimmungen und Gefühle ausleben zu können, oder herrscht ein gewisser Zwang zum »gut aufgelegt sein«? (Prüfen Sie, ob dieser Druck von ihm ausgeübt wird oder Ihrem eigenen Bedürfnis entspringt, vor ihm glänzen zu wollen.)
- Ist Ihr Umgang miteinander gleichberechtigt, oder leistet einer von Ihnen ständig mehr als nur seinen Teil in bezug auf Anregungen, Pläne, Amüsements, Gespräche, Bezahlen, Enthüllen intimer Informationen, Entschuldigungen? Achten Sie auf alle Anzeichen, die darauf hindeuten, daß Verantwortung nicht geteilt wird. Das mag für Sie kein Problem sein, wird es jedoch häufig im Laufe der Beziehung. Alle Informationen, die Sie brauchen, sind von Anfang an vorhanden, Sie müssen sie nur sehen wollen.

Achtung: Wenn Sie bereits einige fehlgeschlagene Beziehungen hinter sich haben, wird es Ihnen schwerfallen, Warnzeichen anzunehmen. Es macht Angst, sich diesem ersten kleinen Hinweis zuzuwenden, der Ihnen signalisiert: »Hier stimmt etwas nicht.« Eine andere Stimme ruft: »O nein. Ich kann unmöglich schon wieder den Falschen ausgesucht haben!« Diese kann Sie dazu verleiten, sich abzuwenden und das, was Sie vor Augen haben, zu verleugnen, statt zu akzeptieren, daß Sie vielleicht im Begriff sind, einen weiteren Fehler zu begehen. Auch wenn es weh tut: *Hören Sie auf Ihre innere Stimme.* Es sind Ihre eigenen Erfahrungen, die sich da zu Wort melden. Mit Ihrer Angst vor dem Alleinsein und dem verzweifelten Wunsch nach Verbundenheit übersehen Sie deren Bedeutung und marschieren geradewegs dorthin, wo Sie schon einmal gewesen sind... und nie wieder hin wollten.

- Was suche ich in einer Beziehung? Woran kann ich erkennen, daß ich es bei diesem Menschen finden werde? Oder nicht finden werde? Wenn Ihnen etwas wirklich wichtig ist, sollten Sie sich lieber eingestehen, daß es fehlt, als sich selbst etwas vorzumachen. Zeit und Aufmerksamkeit zur Beobachtung sind dabei sehr wichtig. Wenn Sie voreilig zusammengehen, kann sich das, was Sie vermissen, als so wichtig herausstellen, daß die Beziehung keine Chance hat.
- Mag sie sich selbst? Kann sie sich wirklich selbst leiden? (Weniger im Sinne von selbstbezogen sein als selbst akzeptieren.) Oder versucht sie Ihnen durch Leistungen und Besitztümer zu gefallen? Interessiert sie sich für Dinge, die nichts mit ihr selbst zu tun haben? In welchem Umfang drehen sich Ihre Unterhaltungen um sie und ihre Interessen? Schenkt sie Ihnen und dem, was Sie zu sagen haben, echte Aufmerksamkeit? Woran können Sie erkennen, daß Sie ihr wirklich wichtig sind?
- Kann ich diesem Menschen vertrauen? Nachdem Sie sich einige Male getroffen haben, sollten Sie anfangen, das Vertrauen einzuschätzen. Kommt er zum versprochenen Zeitpunkt (Verläßlichkeit)? Erinnert er sich an Dinge, die Ihnen wichtig sind, respektiert er Ihr Bedürfnis nach Intimsphäre (Vertraulichkeit/Diskretion)? Können Sie sich darauf verlassen, daß er eine getroffene Abmachung einhält (Verantwortungsgefühl)? Ist er in der Lage, einen

Fehler zuzugeben (Verantwortlichkeit)? Machen Sie sich Sorgen darüber, was er tut, wenn Sie nicht zusammen sind (Treue)? Sollte er Ihnen erzählen, er sei nicht verläßlich bzw. er traue niemandem, dann *glauben Sie ihm.* Mit jemandem eine Beziehung aufbauen zu wollen, der nicht vertrauen kann – oder dem Sie nicht trauen können –, ist wie Autofahren mit angezogener Handbremse.

- Wie unabhängig wirkt sie? Will sie jede freie Minute mit Ihnen verbringen? Wenn Sie ein eigenes Hobby haben, fühlt sie sich davon bedroht? Ist sie stark darauf bedacht, Ihnen zu gefallen, läßt sie Selbstbewußtsein vermissen? Wie gut geht sie mit Trennungen um? Wie intensiv erkundigt sie sich über Telefonate, die Sie führen, über Dinge, die Sie tun, wenn Sie nicht zu Hause sind etc.?

Achtung: Besitzansprüche und Eifersucht gehören zum romantischen Märchen, in einer dauerhaften Partnerschaft dagegen haben sie nichts zu suchen. Einem Menschen, der ein starkes Bedürfnis nach Verschmelzung mit Ihnen hat, fehlt es an Selbstbewußtsein. Das führt zwangsläufig zu Problemen. Derartig gefragt zu sein, ist zwar schmeichelhaft für das Ego, aber früher oder später werden Sie diese Abhängigkeit als belastend und wahrscheinlich ermüdend empfinden. Es wird nicht lange dauern, und Sie versuchen alles mögliche, um – zum Luftholen – auf Distanz zu gehen.

- Wie beschreibt er sich als Partner in früheren Beziehungen? Achten Sie darauf, ob die Ex-Partnerinnen alle in eine Schublade geworfen werden. Ist er davon überzeugt, sie seien samt und sonders die Falschen und er immer das Opfer gewesen? Singt er endlose Klagelieder darüber, daß er jedesmal verletzt, verstoßen und ausgenutzt wurde? Oder erkennt er seinen Beitrag zu den guten und schlechten Seiten seiner Beziehungen an? Wieviel gibt er zu? Wenn er behauptet, das Ende einer Beziehung nicht geahnt zu haben, dann *glauben Sie ihm.* Wichtiger noch, nehmen Sie es als deutliches Anzeichen dafür, daß er mehr in seinen Träumen lebt als in der Wirklichkeit, daß er dazu neigt, nur das zu sehen, was er sehen will. Außerdem ist es ein Zeichen für unzureichende Kommunikationsfähigkeit.

- Wie ernst sind ihre Absichten? Ist sie wirklich an einer dauerhaften Beziehung interessiert? Wenn sie Ihnen erzählt, sie wolle sich nur umsehen und ein bißchen Spaß haben, dann *glauben Sie ihr.* Wenn sie behauptet, mit Treue noch nie viel Glück gehabt zu haben, nehmen Sie sich das zu Herzen. Wenn sie davon spricht, sich schon einige Male die Finger verbrannt, kein großes Vertrauen in Beziehungen und mit der Liebe große Probleme zu haben, dann *seien Sie hellhörig*! Die Informationen sind da. Und Sie haben die Wahl: Entweder Sie spielen Rotes Kreuz und versuchen, sie von ihrer schmerzhaften Vergangenheit zu erlösen, oder Sie gehen und suchen weiter. (Wenn es Ihnen wirklich Ernst ist mit einem Lebenspartner, dann suchen Sie weiter. Wenn Sie ein hoffnungsloser Romantiker sind, tauchen Sie ein, lassen Sie sich das Herz brechen und suchen Sie *dann* weiter.)
- Er mag gefühlsmäßig bereit sein, aber ist er wirklich reif für eine Beziehung mit Ihnen? Ohne Privatdetektiv werden Sie nie ganz sicher sein können, ob jemand nicht schon anderweitig gebunden ist. Dennoch, ein guter Test sind Pläne für gemeinsame Wochenenden oder Ferien und gelegentlich eine überraschend ausgesprochene Einladung. Wenn er bei Ihnen anrufen kann, Sie aber nicht bei ihm, dann sind Sie wahrscheinlich nicht die einzige im Spiel.

Achtung: Sollten Sie feststellen, daß er oder sie tatsächlich anderweitig gebunden ist, und Sie bleiben dennoch weiter interessiert, kann es sein, daß Sie sich Ihr Bedürfnis nach einem Lebensgefährten nur einreden. Wahrscheinlicher ist, daß Sie selbst noch Zweifel haben und diese Situation Ihnen die Gelegenheit gibt, Ihre Angelegenheiten in Ruhe zu sortieren. Das über sich herauszufinden, ist nicht schlimm, nur nutzen Sie die Erkenntnis. Machen Sie sich klar, daß Sie etwas suchen, für das Sie noch nicht bereit sind. Das ist nicht nur Ihnen selbst gegenüber unfair, sondern auch gegenüber jedem Menschen, der sich in der Hoffnung auf eine dauerhafte Bindung auf Sie einläßt.

- Wirkt sein Verhalten unkontrolliert, impulsiv? (**Achtung:** Spontaneität ist völlig in Ordnung, weil sie Respekt vor anderen Menschen und Rücksichtnahme mit einschließt. Impulsivität dagegen ist unreif und ignoriert die Auswirkungen des eigenen Verhaltens auf andere Menschen.) Wird er gewalttätig? Trinkt er häufig Alkohol oder konsumiert Drogen, um seine Probleme zu bewältigen oder seine Selbst- und Fremdwahrnehmung zu verändern? Muß er »high« sein, um mit Ihnen ins Bett zu gehen? Stellt er sich selbst zur Schau, hat er ein übersteigertes Bedürfnis nach Aufmerksamkeit? Kann er auf Dinge verzichten, die er sich nicht leisten kann, oder stürzt er sich immer weiter in Schulden? Halten Sie ihn für »charmant« und »süß«, wenn er anderen auf die Nerven geht? Wirkt sein Leben außer Kontrolle geraten und wie eine ständige Krise? Wenn ja, ist er sich dessen bewußt? Hat er vor, daran etwas zu ändern? Sucht er professionelle Hilfe? Wenn nicht, wäre er bereit dazu, als Bedingung dafür, daß Sie sich stärker auf ihn einlassen?
- Wie stark wirkt ihre Bindung an den Ex-Partner? Spricht sie immer noch viel von ihm? Es ist eine weitverbreitete Fehlannahme zu glauben, für einen Menschen, der häufig darüber schimpft, sei die alte Beziehung wirklich beendet und er sei bereit, sich neu zu verlieben und zu binden. Schließlich kann sie auch im *negativen* Sinn an einen ehemaligen Partner gebunden sein, und zwar so stark, als wären die beiden immer noch ein Paar. Nachwirkungen,

Wut und Ressentiments können eine alte Beziehung am Leben erhalten. Suchen Sie nach Zeichen von Neutralität, nicht nach fortwährenden Beschwerden. Wer so viele (gute oder schlechte) Gedanken für einen alten Partner hegt, ist für den Aufbau einer neuen Beziehung noch nicht reif.

Alles hat seine Grenzen. Auch die Fragen, die wir auf der Suche nach einem Lebenspartner stellen, und die Beobachtungen, die wir machen können. Irgendwann müssen Sie eine Entscheidung treffen. Und weil Sie nicht alles wissen werden, was nötig ist, müssen Sie trotz allem ein Wagnis eingehen.

Auch wenn ich ausdrücklich auf die Bedeutung des Hinsehens, Zuhörens und Beobachtens hingewiesen habe, ist es durchaus möglich, daß Sie vielleicht ein wichtiges Problem übersehen. Manchmal vermögen Menschen hervorragend zu täuschen. Oder sie sehnen sich so sehr nach einer Beziehung, daß sie es vorziehen, ein Zerrbild der Welt anstelle der Wirklichkeit zu sehen. Durch selektive Wahrnehmung blenden sie jegliche Informationen aus, die nicht ihren Wunschvorstellungen entsprechen, oder sie entmutigen andere, widersprüchliche Eindrücke anzusprechen. Wenn gute Freunde, Verwandte, Arbeitskollegen oder selbst Fremde versuchen, die Situation richtigzustellen, bewirken sie meist das Gegenteil und befremden die Menschen, an denen ihnen eigentlich liegt.

Selbst in unseren klarsten Augenblicken können wir es versäumen, voll zu überblicken, auf was wir uns einlassen. Betrachten wir die Anfänge einer Beziehung in der Retrospektive und mit der Sicherheit vieler gemeinsamer Jahre im Rücken, fällt es leichter zu erkennen, welche Rolle Selbsttäuschung in der Zeit der ersten Verliebtheit gespielt hat. Wieviel positiver haben wir doch ein und dasselbe Verhalten zu Anfang der Beziehung ausgelegt, im Vergleich zu später, als wir uns sicher genug fühlten, um den Schleier der Verstellung fallen zu lassen. Seine anfängliche Scheu ist jetzt aufreizende Teilnahmslosigkeit. Ihr Spleen wird jetzt für Unreife gehalten, und sein anfängliches Organisationstalent für eine unerbittliche und fast zwanghafte Verhaltensweise. Aus heutiger Sicht wirkt ihr vielbewundertes Selbstvertrauen eher aufgesetzt, und sein Ehrgeiz ist zweifellos krankhafte Arbeitswut.

Liebe macht tatsächlich blind, aber das muß uns nicht davon abhalten, uns gegenseitig den Weg zu weisen. Einen Lebensgefährten zu haben, fördert unsere besten wie auch unsere schlechtesten Seiten zutage. Wir stehen jeden Tag aufs neue vor der Herausforderung, unseren Partner so zu lieben, wie er oder sie ist. Diejenigen, die sich auf Bindungen und all ihre schönen Seiten einlassen, nehmen diese Herausforderung an.

Um eine Partnerschaft aufzubauen, müssen Sie bereit sein, sich mit Ihrem neuen Gefährten ins Unbekannte vorzuwagen. Dieses Wagnis, das Sie im Laufe Ihrer Beziehung immer wieder eingehen werden, schafft ein Band des Vertrauens, das zu Beginn noch nicht da war, weil es erst durch viele gemeinsame Erfahrungen geknüpft wird. Diese Erfahrungen helfen Ihnen, sich kennenzulernen und eine für beide befriedigende Partnerschaft aufzubauen.

9
Unrealistische Erwartungen

Wenn zwei Menschen sich lieben, schauen sie sich nicht an, sondern nur in die gleiche Richtung. Ginger Rogers

Die Kindheit ist eine Werkstätte für das Leben, in der wir durch Beobachten lernen, was es heißt, eine Frau, ein Mann, ein/e Erwachsene/r und ein/e Partner/in zu sein. Indem wir die Menschen um uns herum beobachten, gewinnen wir Erkenntnisse darüber, wie man sich Respekt erwirbt, Bedürfnisse befriedigt, Macht anwendet, Zustimmung erntet und Liebe findet. Kinder sind neugierig, wie kleine Schwämme, die Informationen aufsaugen, wo immer sie verschüttet werden. Sie sind Nachmacher, sie sind Gutgläubige. Alles, was ein Erwachsener sagt, ist für ein kleines Kind *Tatsache*. Kinder wissen nicht, daß Eltern, Lehrer, Tanten, Nachbarn, Pfarrer usw. nur *Meinungen* und *Urteile* über das Leben äußern. Sie sind sich nicht bewußt, daß Erwachsene durcheinander, im Irrtum oder auch grausam sein können.

Erst ein entwickelter und erfahrener Verstand beispielsweise ist in der Lage, Sarkasmus zu erkennen. Kritische, verletzende und gehässige Kommentare, die wir in früher Kindheit zu hören bekamen, brennen sich uns für alle Zeiten ein. (Das ist auch der Grund, warum wir als Erwachsene fortfahren, Dinge über uns zu glauben, die unser Selbstwertgefühl verletzen.) Auch visuelle Kindheitserlebnisse haben einen großen Einfluß darauf, wie wir das Leben sehen. Wir wollen im folgenden feststellen, inwieweit das, was wir als Kinder gesehen, gehört und gelernt haben, zur Entstehung von unrea-

listischen Erwartungen in bezug auf Beziehungen beiträgt. In dieser Phase nämlich wurden unsere Vorstellungen von Vertrautheit, Liebesbeziehungen und Heirat geprägt.
Die folgenden unrealistischen Erwartungen wurden über viele Generationen weitergegeben, bis sie zu einem romantischen Gebilde wurden, das die meisten von uns leicht wiedererkennen, wenn sie über das Leben anderer Menschen sprechen, auch wenn sie sich des Vorhandenseins in den eigenen Beziehungen vielleicht nicht bewußt sind.
(Bevor Sie weiterlesen, sollten sie zum Übungsteil vorblättern und den Abschnitt »Erwartungen« ausfüllen.)

Liebe ist genug

Dahinter steht die Vorstellung, daß Sie sämtliche Probleme, egal um was es sich handelt (ob Krankheit, finanzieller Ruin, Drogenabhängigkeit oder Tod eines Kindes), überwinden können, wenn Sie sich nur stark genug lieben. Das ist ein romantischer Gedanke, mehr nicht! Eine gut funktionierende Beziehung setzt vieles voraus, was mit der emotionalen Bindung zwischen zwei Menschen nichts zu tun hat. Aus diesem Grund überstehen viele Beziehungen nicht einmal die erste Krise. Der Liebe wird viel zu viel Verantwortung aufgeladen, die sie, zerbrechlich wie sie ist, nicht aushalten kann.
Allison, zweiundzwanzig, hat sich kürzlich von ihrem Mann Dough, siebenundzwanzig, getrennt. In einer Therapiestunde versucht sie, die Ereignisse des letzten Jahres zu verstehen. »Ich begreife nicht, was passiert ist. Ich dachte, er liebt mich.« Die wahren Gründe für die Trennung sieht Allison nicht. Dough war ihr untreu, aber sie kann nicht akzeptieren, daß er seine Impulse nur schwer kontrollieren kann und einem Verhalten frönt, das ihre Beziehung gefährdet. Ihr einziger Gedanke gilt der Tatsache, daß ihre Liebe füreinander doch »sehr tief« war.

Wie Allison glauben viele Männer und Frauen, daß tiefe Gefühle füreinander Beziehungsarbeit unnötig machen. Paare, die davon erzählen, wie schwierig es sei, eine befriedigende Partnerschaft aufzubauen, sind in ihren Augen »nicht richtig verliebt«.

Konflikte sind ein Zeichen von Beziehungsproblemen

Viele Menschen wuchsen in Familien auf, in denen Konflikte extreme Reaktionen hervorriefen: Entweder ging man selbst den kleinsten Unstimmigkeiten aus dem Weg oder man erschien mit kugelsicherer Weste zum Abendessen. *Beides* kann den Eindruck vermitteln, Konflikte seien gefährlich. Wenn wir uns ernsthaft auf eine Liebesbeziehung einlassen, bringen wir unsere Kindheitserfahrungen im Umgang mit Familienkonflikten automatisch mit ein. Manche Menschen sehen in Konflikten nur eine Möglichkeit von vielen, sich Ausdruck zu verschaffen. Andere halten sie für zermürbend und unnötig. Das Problem ist, daß die Vertreter dieser unterschiedlichen Auffassungen sich häufig ineinander verlieben.

Konflikte selbst sind kein Anzeichen für eine zum Scheitern verurteilte Beziehung. Im Gegenteil, echte Nähe und Vertrautheit können ohne eine gewisse Art von Konflikten nicht entstehen. Sie ermöglichen es, persönliche Bedürfnisse anzusprechen und individuelle Entwicklungen innerhalb des Zusammenlebens zu fördern. Werden Konflikte jedoch zum Dauerzustand, ohne daß Lösungen gefunden werden – oder wenn körperliche Gewalt ins Spiel kommt –, dann besteht wirklich Grund zur Sorge.

Viele Partner assoziieren Konflikte mit Verlust: Ich-Verlust, Machtverlust, Beziehungsverlust. Wenn Spannungen entstehen, konzentriert sich die gesamte Energie auf die Konfrontation, und unangenehme Themen werden nicht angemessen behandelt. Wenn ausschließlich »ungefährliche« Themen zur Sprache kommen, werden Nähe und Vertrautheit durch eine Scheindiplomatie unterlaufen, die in Wirklichkeit nichts anderes ist als Vermeidungstaktik. Natürlich sind Respekt, Vernunft und Taktgefühl nötig, aber in gut funktionierenden Beziehungen werden dadurch Konflikte nicht ausgeschlossen.

Beziehungen erfordern bedingungslose Akzeptanz

Hier wird die Anschauung vertreten, daß mein Partner mich lieben muß – was immer auch passieren mag. Ganz nach dem Motto: Wenn du mich liebst, dann mußt du auch meine Fehler lieben. Das funktioniert, es sei denn, der »Fehler« besteht darin, Ihren Teil der Verantwortung für die Beziehung zu vernachlässigen oder es vorzuziehen, mehrere Liebhaber gleichzeitig zu haben oder zur Gewalttätigkeit zu neigen. Wir sollten langsam begreifen, daß bedingungslose Akzeptanz durchaus nichts Gutes ist; sie ist ein Symptom dessen, was gemeinhin als Coabhängigkeit bezeichnet wird.

Grenzen zu setzen in bezug auf unseren Umgang miteinander und das Maß unserer Verantwortung, trägt nicht nur dazu bei, den Partner zu stärken, der oder die nicht länger bereit ist, alles bedingungslos hinzunehmen, sondern die gesamte Beziehung. Eine Partnerschaft, in der »alles erlaubt« ist, ist eine »Kinderehe«, denn es ist kindisch, Grenzen als Restriktionen anzusehen und nicht als Orientierungspunkte einer Beziehung.

In gut funktionierenden Partnerschaften legen die Partner gemeinsam fest, was für sie akzeptabel ist und was nicht. Sollten Sie und Ihr Partner das nicht können, haben Sie unterschiedliche Wertvorstellungen und damit ein ernsthaftes Problem. Partner, die eine für beide Seiten befriedigende Beziehung anstreben, wissen den Wert solcher Grenzziehungen zwischen akzeptabel und nicht-akzeptabel zu schätzen. Sie

betrachten es als ihre gemeinsame Verantwortung und nicht als etwas, das man dem Partner aufdrückt und von diesem zähneknirschend akzeptiert wird.
Es ist erstaunlich, wie viele Paare ihren Toleranzbereich nach jahrelangem Zusammenleben noch immer nicht klar diskutiert und festgelegt haben. Jeder Partner geht solange stillschweigend davon aus, der oder die andere teile seine Ansichten, bis es zu einer Krise kommt und die Diskrepanz offenbar wird.
Wenn sich ein seit kurzem befreundetes Paar mit ernsthaften Zukunftsabsichten trägt, wäre es vielleicht vernünftig, ein paar konkrete Fragen zu stellen: »Wie denkst du über körperliche Gewalt bei Streitigkeiten« oder »Was verstehst du unter ›Untreue‹?«
Solche Fragen mögen Ihnen vielleicht überflüssig vorkommen, dennoch ist es nicht ungewöhnlich, daß in einer Beziehung der eine Partner unter »Untreue« eine gefühlsmäßige Bindung an eine dritte Person versteht, während der andere damit ein sexuelles Abenteuer verbindet. Und selbst wenn beide im letzten Punkt übereinstimmen, müssen sie noch einen Schritt weitergehen und klären, was sie unter einem »sexuellen Abenteuer« verstehen. Ist es ein Kuß? Intensives Petting? Oder Geschlechtsverkehr?
Frisch Verliebten mögen solche Themen unangenehm sein, weil sie ihre romantischen Gefühle stören. Anderen ist vielleicht generell nicht daran gelegen, sich zu sehr einzulassen; dies ist allerdings unmöglich, wenn ein offener Austausch bzw. Nähe und Vertrautheit angestrebt werden. Auch wenn die erste Zeit der Verliebtheit eher dem Vergnügen gewidmet ist und die Paare sich mehr auf Spaß und Lust konzentrieren, sollten sie sich, sobald Gedanken an eine gemeinsame Zukunft auftauchen, einigen ernsthafteren Themen zuwenden – dem, was für sie akzeptabel bzw. nicht mehr akzeptabel ist –, auch wenn das zunächst einiges Unbehagen bereiten mag.

Wenn mein Partner mich wirklich lieben würde, wüßte er oder sie ohne zu fragen, was ich mir wünsche

Als Kinder sind wir daran gewöhnt, daß die Erwachsenen in unserem Umfeld unsere Bedürfnisse kennen. Junge Eltern sind stolz darauf, das Weinen ihres Baby richtig zu deuten, bevor es lernt, seine Wünsche erfolgreich auszudrücken. Kinder sind darauf eingestellt, daß Erwachsene ihnen sagen, was sie brauchen. »Du siehst müde aus. Zeit für den Mittagsschlaf.« »Es ist schon nach Mittag. Ich wette, du hast Hunger.«

Wir wachsen mit der Erwartung auf, das gleiche telepathische Verhältnis werde sich mit einem Partner wiederholen, und begehen dabei den Fehler, dies mit Liebe zu verwechseln. Die Vorstellung, daß ein Erwachsener jederzeit die Bedürfnisse eines anderen erahnen kann, ist ein romantisches Ideal, birgt aber gleichzeitig eine Verantwortung, die bei den meisten tiefe Verärgerung hervorruft.

Wenn ein Partner das richtige Gespür hat und auf ein unausgesprochenes Bedürfnis reagieren kann, ist das wunderbar. Wie ein guter Vater oder eine gute Mutter kümmert er oder sie sich in diesem Moment um unser Kinder-Ich. Es ist allerdings kein Vergehen, wenn er oder sie das nicht tut.

Einer der Vorteile einer gut eingespielten Beziehung ist, daß wir mit der Zeit immer besser darin werden, das Verhalten unseres Partners zu deuten. Bedürfnisse zu erahnen gehört zu einer rücksichtsvollen Partnerschaft (zum Beispiel stillschweigend auf Sex zu verzichten, wenn Ihr Partner in der Nacht zuvor wenig geschlafen hat und aussieht, als wolle er sofort in Tiefschlaf fallen). Heikel wird es dann, wenn ein vermutetes Bedürfnis nicht überprüft und ungefragt als Tatsache angesehen wird. Besser ist es, nachzufragen: »Du siehst todmüde aus. Möchtest du gleich schlafen? Ich kann das Buch weglegen und das Licht ausmachen.«

Die eigenen Bedürfnisse *mitzuteilen*, wäre sicherlich das Verantwortungsvollste. Da dies jedoch nicht in ihr romantisches Bild paßt, werden die Menschen, die sich lieber ihren Idealvorstellungen als der Realität von Beziehungen widmen, es vorziehen, solange zu warten, bis ihnen ein Gedankenleser über den Weg läuft.

Die Liebe meines Partners wird sich nie verändern

Das ist ein weitverbreiteter, aber dennoch falscher Glaube unter Liebespaaren. In langjährigen Beziehungen existiert Liebe, allerdings nicht immer dicht an der Oberfläche. Es gibt Zeiten, in denen sich beide Partner desillusioniert, enttäuscht, wütend und zornig fühlen. Dies sind Emotionen, die nicht die tiefe gegenseitige Liebe füreinander widerspiegeln. In gut funktionierenden Beziehungen durchlaufen die Partner im Laufe der Jahre immer wieder solche Phasen, ohne sie als Zeichen der Zerrüttung ihrer Beziehung anzusehen. Jeder der beiden weiß, daß der oder die andere rechtzeitig zu den wesentlichen Gefühlen zurückfinden wird, auch wenn sie weniger leidenschaftlich sein mögen als zu Beginn.

Eine der schwierigsten Aufgaben in Beziehungen ist es, Durchhaltewillen aufzubringen, wenn man wütend, enttäuscht oder gleichgültig ist. Es ist wichtig, Zeiten der Langeweile, sexueller Lustlosigkeit und »Ehe«-Müdigkeit im weitesten Sinne überstehen zu können. Damit wird gleichzeitig die Vorstellung in Frage gestellt, alles müsse ständig glänzend und makellos aussehen, um wirklich attraktiv zu sein. Wenn wir lernen, mit Geduld zu warten, beweisen wir unser Vertrauen darauf, daß wir diese Phase überstehen und es wieder als schön empfinden werden, zusammenzugehören. Dies erinnert an die Worte von Anne Morrow Lindbergh:

»Wenn man jemanden liebt, so liebt man ihn nicht die ganze Zeit, nicht Stunde um Stunde auf die gleiche Weise. Das ist unmöglich. Es wäre sogar eine Lüge, wollte man diesen Eindruck erwecken. Und doch ist es genau das, was die meisten von uns fordern. Wir haben so wenig Vertrauen in die Gezeiten des Lebens, der Liebe, der Beziehung. Wir jubeln der steigenden Flut entgegen und wehren uns erschrocken gegen die Ebbe. Wir haben Angst, sie würde nie zurückkehren.« (S. 92)

Anziehung und Leidenschaft dürfen in einer Beziehung nicht nachlassen, sonst wird es den Partnern langweilig

Auch wenn die Anziehungskraft eines Partners unablässig fortbesteht, nimmt sie im Lauf der gemeinsamen Jahre ganz unterschiedliche Formen an. Was ursprünglich attraktiv war, hat sich nun mit anderen Attributen vermischt, die in den Anfangsjahren gar nicht wahrgenommen wurden oder die sich erst nach und nach entwickelt haben. Paare, die seit vielen Jahren glücklich zusammenleben, berichten davon, daß ihr Sexualleben im Laufe der Zeit immer offener und vertrauensvoller und weniger mechanisch werde. An die Stelle der glühenden Leidenschaft der ersten Verliebtheitsphase treten größere Intimität, Sicherheit und Vertrauen. Die meisten empfinden diesen Tausch als positiv, weil erfahrene Partner besser auf Körper, Geist und Seele des oder der anderen eingehen können.

Jeder Partner ist selbst dafür verantwortlich, das Interesse, die Neugier und Faszination für den anderen aufrechtzuerhalten. Diese am Anfang so reichlich vorhandenen Qualitäten verschwinden nicht einfach von selbst, sie werden das Opfer von Gewohnheit, Gleichgültigkeit und Bequemlichkeit. Wenn Sie glauben, Ihren Partner oder Ihre Partnerin in- und auswendig zu kennen, werden Sie automatisch ein schlechter Geliebter. Erhalten Sie sich Ihre Neugierde, bleibt Langeweile für Sie ein Fremdwort.

Wenn Sie erst einmal glauben, alles über sich enthüllt zu haben, sind Sie nicht länger interessant – weder für sich selbst noch für den anderen. Selbsterfahrung endet nie; es ist ein lebenslanger Prozeß. Wir hören viel zu früh auf, Fragen zu stellen. Sorgen Sie dafür, daß eine Entdeckung über Sie selbst (oder Ihren Partner) die nächste nach sich zieht. Ihr Partner wird nicht immer derjenige sein, der das Leben für Sie spannend macht – aber dafür zu sorgen, daß Spannung vorhanden ist, ist allein *Ihre* Verantwortung.

Zweisamkeit heilt Einsamkeit

Es gibt gute und schlechte Gründe, eine Beziehung einzugehen. Meine Arbeit mit Einzelpersonen und Paaren in unterschiedlichen Phasen der Trennung hat die These belegt, daß eine große Zahl von Menschen Beziehungen anstreben, weil sie der Leere ihres Lebens entkommen möchten. Sie hoffen, ein anderer Mensch möge das ausfüllen, was ihnen selbst nicht gelungen ist. Und die gleichen Menschen machen oft die schmerzhafte Entdeckung, daß eine Partnerschaft oder Ehe der einsamste Ort der Welt sein kann.

Die größte Zufriedenheit mit ihrer Beziehung äußern diejenigen, die ihre individuellen Interessen innerhalb der Partnerschaft weiterpflegen können oder sie dann entwickelten, als ihnen die Abhängigkeit ihres Selbstbewußtseins und Lebenszweckes von Partner und Beziehung klar wurde.

In Beziehungen, in denen einer der Partner sein Ich-Gefühl vom anderen abhängig macht, fühlt sich letzterer häufig überfordert und reagiert ablehnend. Es ist nicht Sache Ihres Partners, Ihr Leben interessanter zu gestalten oder Ihnen Motivation und Daseinszweck zu geben. Dafür sind vor allen Dingen Sie selbst zuständig. Sie müssen die Verantwortung für Ihr Leben tragen. Wenn Sie damit unzufrieden sind und sich isoliert, leer und gelangweilt fühlen, dann wenden Sie sich Dingen zu, die Sie selbst beeinflussen können, und beginnen Sie dort. *Ihr Partner gehört nicht dazu.*

Mein Partner ist mein bester Freund; andere Freunde brauche ich nicht

Auch wenn es keine bewußte Entscheidung war, stellen viele Paare nach einiger Zeit fest, daß sie ihr soziales Umfeld auf die eigene Familie, die Arbeitskollegen und möglicherweise noch eine Bekanntschaft in der Nachbarschaft haben schrumpfen lassen. Irgendwann im Laufe der Zeit wurden die Bande zu alten Freunden gelockert, zu den Menschen, »die mich früher gekannt haben«.

Die ersten Jahre einer Beziehung sind eine große Herausforderung. Sie verlangen von Ihnen, sich aneinander zu gewöhnen, zu verhandeln, Kompromisse zu finden und zusammenzuwachsen. Externe Freundschaften sind in dieser Zeit ungeheuer wichtig, denn sie haben die Aufgabe, Halt zu geben, wenn wir uns hin und her geworfen fühlen, wenn wir von Zweifeln über unsere Beziehungsfähigkeit übermannt werden oder uns nicht liebenswert fühlen. Dann erzählen uns Freunde genau das, was wir hören wollen. Es ist unrealistisch von unseren Partnern zu erwarten, dieses Bedürfnis nach Verbundenheit mit einem anderen Menschen zu stillen und – wenn sie uns wirklich lieben – nur noch mit uns zusammensein zu wollen. Diese Erwartung wird zu einem ernsten Problem, wenn sich zwischen einem der Partner und einem anderen eine Freundschaft entwickelt, die ein großes Maß an Spannung oder gar das Potential zu mehr hat.

In ausgefüllten, gut funktionierenden Beziehungen ist eine solche Situation keine Bedrohung, denn dort existiert ein großes Maß an Vertrauen. In Partnerschaften, in denen das Vertrauen auf wackligen Füßen steht, ist dies dagegen oft ein chronischer Konfliktpunkt. Tatsache ist, *jeder* Mensch braucht Freunde außerhalb seiner Liebesbeziehung. Sie werden erst dann zur Gefahr, wenn die Partnerschaft zu zerbrechlich ist, um die Erweiterung der Außenkontakte zu verkraften.

Mit der Wahl eines Lebensgefährten stellen wir einen Menschen über alle anderen potentiellen Kandidaten und Kandidatinnen. Sobald dieser Mensch den besonderen Status des Gefährten erhält, stehen wir vor einer neuen Situation. Von nun an wird das Paar Dinge übereinander wissen, zu denen »Außenseiter« keinen Zugang haben. Dadurch entsteht eine unsichtbare Grenze um das Paar, die für die Integrität der Beziehung notwendig ist, während die Partner ihr jeweiliges Leben fortführen. Diese Grenze signalisiert der Welt, daß ihrer beider Leben durch vielfältige tägliche Erfahrungen miteinander verknüpft sind, die nur sie kennen.

Die Grenze schützt sie vor den Ansprüchen, Erwartungen und dem Eindringen derer, die gerne Teil des inneren Kreises sein möchten. Sie kann aber auch schädlich sein. Konzentriert sich ein Paar zu sehr auf sich selbst, wird aus der Grenze eine Mauer, die sie von anderen isoliert, und damit auch von Freunden und Verwandten, die in Krisenzeiten Hilfe gewähren, abwechslungsreiche Gesellschaft leisten, als Spielgefährten oder einfach als gute Zuhörer dienen können. Je länger sich ein Mensch nur auf seinen Partner konzentriert, desto schwieriger ist es, alte Kontakte wiederaufleben zu lassen. Monate und Jahre vergehen, und aus einer einst geschätzten Freundin wird eine flüchtige Bekannte, der man einmal im Jahr eine Ansichtskarte aus dem Urlaub schickt.

Bei meiner Arbeit in der Paarberatung läßt sich immer wieder beobachten, wie Paare sich ausschließlich auf die Partnerschaft fixieren, in der Hoffnung, einander näherzukommen, nur um sich am Ende eingesperrt zu fühlen. Gelingt es den Partnern, sich wieder nach außen zu öffnen und die entsprechenden Bedürfnisse anderweitig zu stillen, dann können sie die Vielfalt ihres Lebens neu entdecken, die der Vorstellung zum Opfer fiel, der Partner sei alles, was man zum Leben brauche. Die Betonung liegt hierbei natürlich auf

»entsprechend«, denn bestimmte, wenn auch nicht alle Bedürfnisse sollten *nur innerhalb* der Beziehung gestillt werden.

Die sexuellen Phantasien und Wünsche meines Partners drehen sich ausschließlich um mich

Tatsächlich hat jeder normale Erwachsene sexuelle Phantasien, in denen nicht nur der eigene Partner oder die Partnerin auftauchen. Phantasien allein können keinen Schaden anrichten. Problematisch wird es erst dann, wenn aus Gedanken Obsessionen werden oder Phantasien reales Verhalten beeinflussen. In monogamen Beziehungen können sich Partner alles erträumen was sie mögen; vielleicht fühlen sie sich sogar des öfteren sexuell hingezogen zu anderen Menschen, aber sie leben diese Visionen nicht aus.
Beziehungen müssen nach bestimmten Prinzipien funktionieren, die die Partner im Alltag umsetzen können. Sind sie sich darin einig, daß sexuelle Experimente mit anderen unakzeptabel, sexuelle Phantasien dagegen nichts anderes als angenehme *geistige* Übungen sind, dann sind solche Träumereien völlig harmlos. Sollte dagegen einer der Partner seine Phantasien der Wirklichkeit unentwegt vorziehen (unter Nutzung von Pornographie als Anregung für diese Phantasien), dann ist die Beziehung ernsthaft gefährdet und professionelle Hilfe dringend angeraten.

Kinder können eine angeschlagene Ehe oder Partnerschaft retten

Eine Schwangerschaft sollte niemals als Mittel zur Problemlösung eingesetzt werden; in den meisten Fällen wird sie eine Situation nur verschärfen. Viele von uns kennen, haben oder sind selbst sogenannte »Krisen«-Babys, die eine angeschlagene Ehe oder Partnerschaft retten sollten. Diese Rechnung geht nicht auf! Sollte tatsächlich eine positive Veränderung eintreten, rührten die Spannung vermutlich daher, daß die Partner das Heim als leeres Nest empfanden, was durch eine Schwangerschaft behoben wurde. Doch auch diese Lösung währt nur eine kurze Zeit, bevor die Beziehungsprobleme von neuem auftauchen.

Eine gute Faustregel für Sie und die Kinder, die Sie vielleicht in die Welt zu setzen gedenken, ist: Lösen Sie zuerst Ihre Beziehungsprobleme, dann ist immer noch Zeit, Kinder zu zeugen oder zu adoptieren. (Suchen Sie sich professionelle Hilfe, auch wenn Sie bereits schwanger sein sollten. Meistens lassen sich noch rechtzeitig vor der Geburt wichtige Fortschritte erzielen. Das wäre Ihre erste Handlung als verantwortungsvolle und liebende Eltern.)

Eltern werden zu wollen, ist der einzige akzeptable Grund, um Kinder zu bekommen, alles andere ist unverantwortlich. Natürlich wären die meisten von uns und unseren Kindern nicht auf der Welt, hätten wir alle gewartet, bis wir zu reifen und verantwortungsvollen Erwachsenen geworden sind. Und denken Sie nur an jene Paare, die warten, bis sie vierzig und fest im Leben etabliert sind, bevor sie mit dem Kinderkriegen anfangen, um dann festzustellen, daß der kleine Neuankömmling in ihrem hochorganisierten und feststrukturierten Leben wie ein Eindringling wirkt.

Den richtigen Zeitpunkt zum Kinderkriegen gibt es wahrscheinlich nicht, aber es gibt Gründe, die besser sind als andere. Ein Kind zu bekommen, um eine Beziehungskrise zu überwinden, gehört nicht dazu.

In einer Beziehung wird alles genau geteilt

Das mag mitunter funktionieren, ist jedoch kein Regelfall. Aus beruflicher wie aus privater Erfahrung weiß ich, daß enge Partnerschaften sich eher in einem permanenten Auf und Ab befinden. An Tagen, an denen wir uns körperlich, geistig und emotional gut fühlen, sind wir imstande, neunzig Prozent unserer Kraft in die Beziehung zu stecken. Fühlen wir uns dagegen schlechtgelaunt und müde, können wir uns mitunter zu überhaupt nichts aufraffen.

Manche Menschen geben von sich aus mehr, als nötig ist. Andere müssen immer wieder aufgefordert und wieder andere regelrecht bestochen werden. Die Vorstellung von einer »Fifty-fifty«-Beziehung ist romantisch, hält der Realität aber nicht stand. Worauf es wirklich zu achten gilt, ist ein *Ungleichgewicht*. Ist einer von beiden immer nur der Gebende, wird dies unweigerlich zu ernsthaften Problemen führen, falls sie nicht bereits vorhanden sind. Das Auf und Ab von Beziehungsarbeit setzt Vertrauen voraus. Ich kann an einem guten Tag nur dann neunzig Prozent meiner Kraft geben, wenn ich weiß, daß mein Partner seine Kraft an einem anderen Tag ganz in die Beziehung gesteckt hat und dies auch wieder tun wird. (»Mehr geben« kann bedeuten, *keinen* Streit anzufangen oder eine Arbeit mit zu übernehmen, wenn der Partner zu müde ist, oder ihn wissen zu lassen, daß er geliebt wird, auch wenn der letzte Besuch beim Friseur ein Fehlschlag war. So einfach kann es manchmal sein.)

Wenn ein Paar viele Jahre zusammenlebt, wird sich das von den Partnern getragene Maß an Verantwortung, finanzieller Beteiligung und innerer Bindung immer wieder verschieben. Es ist Teil einer Partnerschaft, auch längere Phasen des Ungleichgewichts zu überdauern. Der Schlüssel dazu liegt darin, einen Schritt zurückzutreten und die Dinge im Zusammenhang zu betrachten: Ist der von Ihnen zu tragende Anteil zumutbar und gerecht? Fühlen Sie sich frustriert oder stark? Glauben Sie, daß das Ungleichgewicht nur vorübergehend ist? Haben Sie das Gefühl, daß Ihre Last im umgekehrten Fall vom Partner übernommen würde?

Eine Ehe ist für immer und ewig, egal was passiert

Für Menschen, die zu der Überzeugung gelangen, ihre Beziehungen beenden zu müssen, um nicht ihre Integrität, ihren Verstand oder ihre Gesundheit (oder alles zusammen) zu verlieren, ist dies eine sehr schmerzhafte Erfahrung. In Fällen von emotionaler, sexueller oder körperlicher Gewalt ist es notwendig, die Beziehung zu beenden, wenn das gewalttätige Verhalten kein Ende findet. Dennoch steht dies für viele Menschen im Widerspruch zu ihrer Erziehung und ihrem Glauben. Sie setzen sich lieber der Gefahr bedrohlicher Situationen aus, als gegen ihre Ansichten zu verstoßen. Ihr Leben besteht nur aus Schmerzen, und manche sterben daran. Andere, die nicht mißbraucht oder geschlagen werden, sich aber »gefangen« fühlen, werden depressiv, körperlich krank oder entwickeln Verhaltensstörungen wie Drogensucht oder Eßstörungen.

In gesunden Beziehungen ist für beide Partner Raum genug, das Beste aus sich zu machen, auch wenn es mitunter eine Belastung für die Partnerschaft mit sich bringt, bei Phasen längerer Abwesenheit beispielsweise, chaotischen Zeitplänen oder Veränderungen der jeweiligen häuslichen Zuständigkeiten. Am Ende wird die Beziehung dennoch davon profitieren, wenn 1. beide Partner mit der Entscheidung einverstanden sind, 2. die Partnerschaft weiterhin Priorität genießt und 3. das Gleichgewicht in absehbarer Zeit wiederhergestellt wird.

Wenn Menschen ihre Gedanken und Vorstellungen nicht frei äußern können, ihre Rechte nicht wahrnehmen und ihre Talente und Anlagen nicht fördern, verkümmern sie. Dort, wo Mauern errichtet werden, stagniert natürliches Wachstum, und die Frustration beginnt das Fundament der Beziehung zu unterhöhlen. Wenn es mit einer Partnerschaft soweit kommt, muß eine Entscheidung über ihre Zukunft gefällt werden, und häufig ist dies eine der schwierigsten und schmerzhaftesten Entscheidungen im Leben eines erwachsenen Menschen.

Bleibt eine Beziehung oder Ehe unentwickelt und in Besitzansprüchen und Unsicherheiten verhaftet, kann keiner der Partner darin wachsen. In diesen Fällen legt einer von beiden bei dem Versuch, die Beziehung zu schützen, häufig ein extrem mißtrauisches Verhalten an den Tag. Gut funktionierende Beziehungen dagegen fördern persönliches Wachstum, weil die Partner wissen, daß ihre Zufriedenheit mit sich selbst und mit der Partnerschaft voneinander abhängig sind.

Wir bringen viele unrealistische Erwartungen in Liebesbeziehungen mit ein, und diese kommen ans Licht, sobald wir beschließen, uns ernsthaft aufeinander einzulassen. Die meisten dieser Erwartungen sind uns nicht einmal bewußt. Sie werden so früh ausgebildet, daß sie zu festen Bestandteilen unseres Denkens und Verhaltens werden. Erst wenn wir uns willentlich mit ihnen auseinandersetzen, kann es uns gelingen, sie zu identifizieren und zu erkennen, wo sie unnötigen Schmerz verursachen, um sie anschließend aus dem Weg zu räumen.

10
Für immer und ewig: Bindungen unter der Lupe

> *»Wenn dich [jemand] ganz, ganz lange lieb hat, dann wirst du* wirklich *... Man kann sagen, daß dann, wenn du* wirklich *geworden bist, fast alle deine Haare verschwunden sind – vor lauter Liebe, weißt du! Und daß deine Augen herausgefallen sind und du ganz ausgeleiert und ziemlich schäbig bist. Aber das macht dir dann überhaupt nichts aus. Denn wenn du erst* wirklich *bist, kannst du nie mehr häßlich sein ...«*
>
> Der kleine Kuschelhase

Wir Menschen scheinen ein unstillbares Verlangen danach zu haben, anderen verbunden zu sein, Bindungen einzugehen, dazuzugehören, zu brauchen und gebraucht zu werden. Im letzten Jahr wurden in Deutschland über 150 000 Ehen geschlossen, alle in der guten Absicht, diesem Bund bis zum Tod Bestand zu geben. Und doch wird jedes zweite bis dritte Paar nicht einmal sieben Jahre zusammenbleiben. Rechnet man zu diesen eine unbekannte Zahl von Paaren mit nichtehelichen – aber nicht minder hoffnungsvollen – Beziehungen hinzu, die ebenfalls scheitern werden, dann wird schmerzlich deutlich, daß wir, trotz unseres starken Verlangens nach Bindung, offenkundig Schwierigkeiten damit haben, diese für immer einzugehen.
In einer zunehmend unpersönlichen und rivalisierenden Welt ist die Partnerschaft eine Art Oase. Sie dient als Puffer gegen die Unwägbarkeiten des Lebens und dämpft die Härten alltäglicher Erfahrungen, denen Frauen und Männer im Leben ausgesetzt sind.

Jemandes Partner oder Partnerin zu sein, bedeutet, daß Sie von diesem Menschen unter Millionen von Menschen ausgewählt wurden, weil er sein Leben mit Ihnen teilen möchte. Was für ein Kompliment! Eine gemeinsame Vergangenheit aufzubauen, mit einem Partner zusammenzubleiben und im Laufe der Jahre zusammenzuwachsen, gehört zu den befriedigendsten Aspekten einer Beziehung.

Wenn wir uns also alle nach einem Partner sehnen, und eine lebenslange Bindung an einen anderen Menschen durchaus Vorteile aufweist, warum ist das Ganze dann so schwierig? Das Konzept scheint einfach genug. Aber Menschen sind komplexe Wesen, und um zu verstehen, warum fast die Hälfte dieser hundertfünfzigtausend Ehen nicht einmal das verflixte siebte Jahr erreicht, ist es notwendig, zum Anfang zurückzukehren und sich den Entstehungsprozeß von festen Beziehungen genauer anzusehen.

Der Beginn einer Partnerschaft

Eine Ehe oder Partnerschaft ist kein fertiges Produkt, sondern eher ein Entwicklungsprojekt, das jeden Morgen neu definiert wird. So wie jeder Mensch über verschiedene Entwicklungsstufen vom Kind zum Erwachsenen heranreift, so entsteht auch eine Beziehung. Dauerhafte Partnerschaften lassen sich in drei separate Etappen untergliedern: In *Werben, Anpassen* und *Akzeptieren.* Jede Phase hat ihre typischen Eigenheiten und Schwerpunkte, Aufgaben, die zu lösen, und Erfolge, die zu feiern sind. Und in jeder dieser Etappen setzen sich die Liebenden mit ihren eigenen Erwartungen und Enttäuschungen auseinander und mit Lektionen, die es zu lernen gilt. Da Partner unterschiedliche Bedürfnisse haben, die mitunter völlig abweichende Prioritäten bedingen können, kann der Aufbau einer vertrauensvollen Beziehung eine der größten Herausforderungen des Lebens werden.

Der erste Abschnitt, die *Werbe- und Verliebtheitsphase*, ist voller Romantik, Spontaneität, Neugier und Spannung. Zwei Individuen treffen aufeinander und bilden ein neues Ganzes mit einer eigenen Existenz und Zukunft. Diese neugebildete Beziehung wird ihren ganz individuellen Lebenslauf haben: Sie wird unter Streß leiden, im Laufe der Partnerschaft immer wieder einmal »erkranken« und – wenn sie nicht genügend gepflegt wird – an Vernachlässigung sterben.

In dieser Etappe, wenn die Partner sich zum erstenmal öffentlich als Paar zeigen, ist Vernachlässigung kein Thema. Jeder ist fasziniert von dem oder der anderen, und beide investieren viel Zeit und Kraft in das Zusammensein. Das Beieinandersein genießt höchsten Vorrang, und die Liebenden schwören sich, daß das immer so sein wird. Beide sind hochmotiviert, und es gibt nichts, was der eine nicht für den anderen tun würde. Jeder idealisiert den Partner und empfindet eine Mischung aus Angst und Faszination darüber, auserwählt worden zu sein. Das Paar spürt eine gegenseitige Anziehung, die alles andere in den Schatten stellt; Arbeit und andere Verantwortungen werden häufig beiseite geschoben, um die Sehnsucht zu stillen. Es sind ausgesprochen gute Zeiten.

In dieser Phase geht es vor allem darum, sich eine Identität als Paar zuzulegen, sich gegenseitig zu pflegen und eine für beide Seiten befriedigende sexuelle Beziehung aufzubauen, die die Vorlieben und das Tempo jedes Partners berücksichtigt. Die Partner konzentrieren sich auf ihre Gemeinsamkeiten, das »Einswerden« steht im Mittelpunkt. Die Atmosphäre ist voller Leidenschaft; Augenkontakt und Körpersprache sind besonders intensiv.

Dagegen mahnt Frank Pittman in »Angenommen, mein Partner geht fremd ...«: »Die Eigenschaften und Fähigkeiten, die Menschen entwickeln, um bei der Partnersuche erfolgreich zu sein, machen sie für die Ehe ungeeignet ...

Verliebtheit ist wunderbar, geheimnisvoll und aufregend, schwindet schnell dahin und hat mit dem wirklichen Leben nichts zu tun.« (S. 105–107) Dies erklärt auch, warum Paare seit jeher davor gewarnt werden zusammenzuziehen, ehe sie sich nicht besser kennengelernt haben.

Die Verliebtheitsphase hat den Zweck, Erwachsenen auf der Suche nach einem Lebensgefährten Gelegenheit zu geben, zu prüfen, ob der oder die andere als möglicher Partner in Frage kommt. Dauert diese Phase lange genug an, können beide ihr eher angenommenes (künstliches) Verhalten aufgeben, um wieder sie selbst zu sein, und abwägen, ob der Partner wirklich zu ihnen paßt. Kommt es zu einem verfrühten Zusammenleben (häufig aus einem gesunden Lustgefühl heraus), dann ziehen zwei falsche »Ichs« zueinander. Die wahren Persönlichkeiten werden noch von oberflächlichen romantischen Idealvorstellungen verdeckt. Kommen sie zum Vorschein – was gar nicht ausbleiben kann –, gibt es oft ein böses Erwachen.

Partner, die voreilig zusammenziehen, müssen sich bereits mit der Aufgabe auseinandersetzen, eine Familie zu werden, während sie gleichzeitig noch damit beschäftigt sind, die allernotwendigsten Dinge über den anderen zu lernen. Das Verlangen nach Gründung einer Familie ist so stark, daß viele Erwachsene dazu neigen, sich zu früh zu binden. Alleinerziehende Eltern ziehen ihre Kinder dadurch immer wieder in Beziehungen hinein, die zu frisch sind, um die Verantwortung gemeinsam meistern zu können.

Mit dem Zusammenziehen zu warten, ist daher besonders wichtig, wenn Kinder vorhanden sind. Das erfordert von den betroffenen Elternteilen viel Disziplin, weil sie das Gefühl haben mögen, der oder die Neue sei viel zu wunderbar, um so weit weg zu leben oder den Kindern vorenthalten zu werden. Allerdings sollten Sie bedenken, daß nicht die Kinder in diesen Menschen verliebt sind, und die Dinge meist ganz anders sehen.

Viele der heutigen Scheidungskinder binden sich an eine potentielle Stiefmutter oder einen Stiefvater, um sich wenige Wochen oder Monate später wieder lösen zu müssen. Wenn Sie alleinerziehend sind, ist das Beste, was Sie für Ihre Kinder tun können, nicht jedes neue Gesicht gleich mit nach Hause zu bringen oder – noch schlimmer – mit den Kindern in ein fremdes Heim umzuziehen, bevor sich Ihre Beziehung von einer »möglichen« Partnerschaft zu einer tiefen »Bindung« entwickelt hat. Messen Sie die Ernsthaftigkeit Ihrer Beziehung daran, daß Sie ihr Zeit lassen: Zeit, um Ihre »wahren« Persönlichkeiten kennenzulernen; Zeit, um Ihre Erwartungen auszutauschen und herauszufinden, ob jeder von Ihnen vertrauenswürdig und verläßlich ist. Lassen Sie nicht Ihre Gefühle für den neuen Liebsten darüber entscheiden, ob Sie wirklich tief verbunden sind. Schließlich sind Sie in der Werbe- und Verliebtheitsphase alles andere als rational. Befreundet zu sein, ohne zusammenzuleben, erlaubt es Menschen, sich zurückzuziehen, bevor eine Beziehung ganz und gar etabliert ist.

Hat Ihre neue Beziehung Bestand, treten Sie nach einiger Zeit in das zweite Stadium ein: die *Anpassungsphase*. Jetzt beginnt die Arbeit, weil die Ideale durch die Wirklichkeit ersetzt werden. Das kann gleich beim ersten Streit passieren oder langsam im Laufe der ersten Jahre. Die Partner wirken weniger geheimnisvoll und dafür vertrauter und einschätzbarer, was die Anziehungskraft aus der Werbephase verringert. In dieser Etappe der Beziehung entdecken die Partner ihre Unvereinbarkeiten und gegensätzlichen Interessen – und auch ihre Fähigkeit, unangenehme Situationen zu überwinden.

Hauptaufgabe ist es nun, die durch die Versuche der Partner, sich in die Beziehung einzubringen, ohne das Gefühl für sich selbst zu verlieren, hervorgerufenen Machtkämpfe zu überstehen. Außerdem müssen sie lernen, mit Vertrautheit umzugehen, ihre gegensätzlichen Interessen abzustimmen und in

Einklang zu bringen. Immer abwechselnd sehen sich die Partner als Freunde oder Feinde, Gehilfen oder Konkurrenten, Bereicherung oder Klotz am Bein. Die Atmosphäre ist voller Widersprüche, gepfeffert mit Gefühlen der Enttäuschung, Begeisterung, Verwirrung, Übereinstimmung, Entfremdung und wachsender Vertrautheit.

Für viele Paare ist dies eine schwierige Zeit, weil sie gezwungen sind, sich mit ihren unbefriedigten Erwartungen an den anderen und die Beziehung auseinanderzusetzen. Unterschiedliche Vorstellungen prallen aufeinander; und jeder hat zu diesem Zeitpunkt erkannt, daß der oder die andere sich nicht so verändern wird, wie man es vielleicht erhofft hat. Die Erkenntnis, wie sehr sich der Partner von unseren Phantasievorstellungen unterscheidet, ist nicht leicht zu verdauen. Ernüchterung setzt ein, wenn die Illusion der Wirklichkeit Platz macht und die »perfekte« Beziehung sich mehr und mehr in Luft auflöst.

Menschen, die die Spannung und den Zauber der »falschen« Persönlichkeit der Werbephase der »wahren« Persönlichkeit der Anpassungsphase vorziehen, werden an diesem Punkt gewöhnlich abspringen. Und genau diese Etappe ist verantwortlich dafür, daß etwa die Hälfte aller Paare noch vor dem siebten Jahr scheitert, *wenn die Bindung auf die Probe gestellt wird*. Zusammenzubleiben, wenn es einem gutgeht, ist kein Kunststück. Aber eine Schwalbe macht noch keinen Sommer.

Die größten Probleme in der Anpassungsphase einer Beziehung haben Menschen, die zu sehr romantischen Vorstellungen verhaftet sind. Keine andere Gesellschaft knüpft an Ehe und Partnerschaft so hohe Erwartungen wie unsere. Wir wachsen auf in dem Glauben, die Liebe sei die alleinige Basis für Ehe und Partnerschaft. Wir wurden dazu erzogen, uns in eine Fiktion zu verlieben. Der Boom der Heiratsindustrie beweist dies. Hunderttausende von Familien stürzen sich in hohe Schulden, um die »perfekte« Hochzeit zu arrangieren.

Die Hochzeit, nicht die Ehe, erhält das Hauptaugenmerk. Und alberne Streitereien während der Hochzeitsvorbereitungen bringen Paare an den Rand der Trennung. Dinge, die mit der Feierlichkeit des Tages nichts zu tun haben, entwickeln ein Eigenleben, in dessen Sog der eigentliche Zweck völlig verlorengeht.

Romantische Liebe strebt nach Glück; doch wiederum ist es Pittman, der daran erinnert, daß »die Ehe nicht dazu da sei, für das Lebensglück eines Menschen zu sorgen ... Glück an sich kann kein Lebensziel sein. Glück ist – ähnlich wie Schweiß – ein Nebenprodukt harter Arbeit.« (S. 117)

In der frühen, romantischen Phase einer Beziehung sind wir tolerant genug, die Unzulänglichkeiten unseres Partners zu akzeptieren. In der Anpassungsphase nehmen die gleichen Fehler ungeheure Proportionen an. Was früher als unwichtige Irritation abgetan wurde, wird zum Auslöser für zahllose Auseinandersetzungen, sobald es zwei Menschen darum geht, ihr Leben zu vereinigen und gleichzeitig ihre unveränderbaren Züge zu bewahren. Gerade in dieser Phase braucht ein Paar einen guten Unterstützungsapparat, wie Kurt Vonnegut es so passend formulierte.

Diejenigen Paare, die die Stürme der Anpassungsphase erfolgreich überstehen, finden ihre Belohnung im dritten und endgültigen Abschnitt einer Beziehung: der *Akzeptanzphase*. In dieser Etappe erntet ein Paar die Früchte seiner harten Arbeit in der Vergangenheit. Die Partner sind sich jetzt nicht nur ihrer Stärken und Schwächen als Individuen bewußt, sondern auch als Lebensgefährten. Sie kennen die Möglichkeiten und Grenzen des Partners und wissen sie zu schätzen.

In dieser Phase geht es vor allem darum, die unterschiedlichen Wesensarten entspannt hinzunehmen und die gegenseitigen Schwächen und Grenzen zu akzeptieren. Darüber hinaus entwickeln die Partner ein noch stärkeres Ich-Gefühl, ohne daß der Kontakt zum anderen darunter leiden würde.

Sie lernen, selbst die Verantwortung für die Erfüllung ihrer Bedürfnisse zu übernehmen und den kindischen Wunsch, der Partner möge dies tun, zu überwinden. Sie bemühen sich darum, ihre Vertrautheit durch Offenheit zu steigern, und sie müssen lernen, sich noch engagierter zu unterstützen, sobald das Alter seine Spuren zu hinterlassen beginnt. In dieser Zeit entwickeln die Partner eine eher geistige Verbundenheit, die sie auf das unausweichliche Lebensende vorbereitet.

In dieser dritten und letzten Phase wird der Partner zum Teamkameraden, Kollegen, Freund und mitunter auch Seelenverwandten. Die Atmosphäre ist entspannter, voller Wärme, Zärtlichkeit und einer Verbundenheit, in der Verständigung leichtfällt.

Beide Partner haben nun ihre Phantasievorstellungen über den anderen und ihre Erwartungen in bezug auf die Beziehung aufgegeben. Die Spannung mag gewichen sein, an ihre Stelle ist Sicherheit getreten. Die Partner sind nicht nur durch eine reiche Vergangenheit, sondern auch durch ein starkes, dauerhaftes Band verbunden.

Die drei Gesichter der Liebe

In jeder der drei genannten Phasen geben die Partner an, den anderen zu »lieben«, und doch können sie damit ganz verschiedene Dinge meinen. Robert Sternberg, Professor für Psychologie und Erziehungswissenschaften an der Universität Yale, erklärt dies.

Nach Sternberg gibt es drei Komponenten von Liebe: Das *Emotionale*, die *Stimulanz* und das *Kognitive*. Der emotionale Aspekt beinhaltet Intimität, ein tiefes inneres Wissen umeinander. Wir vermitteln Intimität durch den Austausch unserer innersten Gedanken und Sorgen über uns und unser Aussehen, durch das Äußern von Hoffnungen und Ängsten und – vor allen Dingen – unserer Wünsche und Bedürfnisse in bezug auf den Partner. Zur Intimität gehört auch, Besitztümer und Zeit zu teilen und den anderen emotional zu unterstützen. Dieser Aspekt der Liebe ist zu Beginn einer Beziehung, in der Werbephase, am stärksten ausgeprägt. Mühelos wird er durch unsere natürliche Neugier aufeinander aufrechterhalten. Mit der Zeit gewinnen die Anforderungen des täglichen Lebens die Oberhand, und die Intimität tritt hinter anderen Prioritäten zurück. Dies geschieht in der Anpassungsphase, und es erfordert von nun an eine bewußte Anstrengung, sie wiederaufleben zu lassen.

Der zweite Aspekt von Liebe ist die Stimulanz, oder besser gesagt, die Leidenschaft. Auch Anziehungskraft ist hierunter zu verstehen, das ausgeprägte Verlangen danach, so oft wie möglich mit dem Partner zusammenzusein. Beide sind bis zum nächsten Wiedersehen in Gedanken mit dem oder der anderen beschäftigt. Mit der Zeit verwandelt sich die Spannung in Vorhersehbarkeit, die Leidenschaft verliert ihren Schwung. Zwar bekommen die Partner gelegentlich immer noch Herzklopfen, aber sie leiden nicht mehr unter »Entzugserscheinungen«, wenn der oder die andere einmal nicht da ist.

Wenn also sowohl die Intimität als auch die Leidenschaft im Laufe der Zeit abnehmen, was hält Paare dann noch zusammen? Die Antwort liegt in der dritten Komponente der Liebe: dem Kognitiven.

Das Kognitive ist das, was wir Verbundenheit nennen. Verbundenheit bringen wir zum Ausdruck, indem wir unseren Partner als ganz besonderen Menschen ansehen, der sich von allen anderen in unserem Leben abhebt; indem wir auch in schwierigen Zeiten auf die Beziehung bauen, unsere Versprechen einhalten, der Partnerschaft Vorrang einräumen und sie vor vermeidbaren Verletzungen schützen (das schließt Gewalt gegen den Partner oder selbstzerstörerisches Verhalten ebenso mit ein wie fortgesetzte Schädigungen der Beziehung

durch Alkohol- oder Drogenmißbrauch, Spielsucht etc.) und schließlich durch sexuelle Treue.
Alle Beziehungen, die in beiderseitigem Einverständnis aufgelöst werden, enden aus einem einzigen Grund: dem Entzug der Verbundenheit. Auch in unfreiwillig aufgelösten Beziehungen (mit Ausnahme von Todesfällen) entzieht zumindest einer der Partner seine Verbundenheit. Die Partner mögen Gründe wie Sex, Geld, Elternschaftsprobleme, Schnarchen usw. anführen; in Wirklichkeit hat das Ende nur eine einzige Ursache: den Tod der Verbundenheit, dem normalerweise eine längere Zeit des Ausharrens und ein Gefühl der Hilflosigkeit und Unfähigkeit zur Veränderung vorausgegangen ist.
Wenn wir uns näher mit dem Aspekt der Verbundenheit auseinandersetzen, werden wir feststellen, daß es dabei nicht nur um das Ausharren geht, die Aneinanderreihung von Jahren. Verbundenheit verlangt Hingabe, keine Leidensfähigkeit.

Wie Verbundenheit möglich wird

Zu unserer ersten Bindung kommt es mit der Geburt, bei der wir augenblicklich eine Beziehung mit anderen eingehen. Zu diesem Zeitpunkt sind wir so verletzlich, daß wir ohne die völlige Hingabe und Verbundenheit der Menschen, von denen wir abhängig sind, zugrunde gehen. Ohne die persönliche Erfahrung, im Laufe unserer Entwicklung von vertrauenswürdigen Erwachsenen abhängig gewesen sein zu können, fehlt einem Menschen das Urvertrauen, die Grundvoraussetzung für Verbundenheit, denn ohne aneinander glauben zu können, gibt es keine Verbundenheit. Aus diesem Grund empfinden manche Partner das Bemühen um Verbundenheit als außerordentlich schwierig, wenn nicht gar unmöglich. Für sie ist es etwas Abstraktes, eine schöne Vorstellung, aber nicht mehr.

Solche Partner sind weder schlecht noch unfähig, aber sie haben eine gestörte Bindungsfähigkeit. In einem wichtigen Stadium ihrer Entwicklung, einer Zeit, in der sie eigentlich die Sicherheit einer vertrauenswürdigen, verläßlichen und Halt gebenden Elternschaft (gelebte Verbundenheit) hätten erfahren sollen, fand dies nicht statt. Als Erwachsenen fällt es ihnen nun schwer, die Mühen der Anpassungsphase auf sich zu nehmen, weil sie die Verbundenheit eines anderen Menschen niemals erfahren haben und daher nicht in der Lage sind, diese Erfahrung weiterzugeben. Sie haben nie die Sicherheit einer solchen Beziehung kennengelernt, und sie wissen nicht, welchen Wert es haben kann, schwierige Zeiten gemeinsam zu überstehen; die Früchte der Verbundenheit sind ihnen unbekannt. Da sie sich als kleine Kinder – physisch oder zumindest emotional – im Stich gelassen fühlten, neigen sie als Erwachsene dazu, Bindungen zu meiden oder diesen spätestens in der Anpassungsphase einer Beziehung wieder zu entfliehen.

Wenn Sie glauben, ein solcher Partner zu sein oder mit einem solchen zusammenzuleben (oder möglicherweise beides), dann ist Verbundenheit für Sie zwar nicht unmöglich, aber Sie werden wesentlich härter daran arbeiten müssen als Menschen, die auf eine behütete Kindheit zurückblicken können. Zum Glück ist menschliches Verhalten veränderbar. Wenn Sie eine dauerhafte Beziehung wirklich wollen und bereit sind, sich dafür einzusetzen, dann können Sie es auch schaffen. Sie sollten nur nicht den Fehler machen, die dazu nötige Zeit und die erforderlichen Mühen zu unterschätzen.

Ein anderer Grund für die Bindungsunfähigkeit mancher Menschen ist die Tatsache, daß sie noch immer – selbst im negativen Sinne – an einen ehemaligen Partner gebunden sind. Wer eine neue Beziehung eingeht, ohne seine alten Probleme gelöst zu haben, bringt einen enormen Ballast in die neue Beziehung mit ein. Verbundenheit setzt voraus, daß beide Partner bewußt in der Gegenwart leben. Ist einer der beiden noch mit der Vergangenheit beschäftigt, bedeutet dies eine zusätzliche Belastung für die Bemühungen des Paares, ihr Leben zu vereinen.

Trägheit kann ein weiterer Grund für Bindungsprobleme sein. Wenn wir von den Anforderungen des Alltags zu sehr in Anspruch genommen sind, schalten wir sozusagen auf »Autopilot« und handeln und entscheiden völlig unbewußt. Wir geraten mit allem in Verzug und meinen, nicht genügend Zeit für die notwendige Beziehungsarbeit zu haben. Statt dessen hoffen wir, das Unsrige getan zu haben, indem wir einfach jeden Abend nach Hause kommen.

In »I love you, let's work it out« weist David Viscott darauf hin, daß Verbundenheit in gut funktionierenden Partnerschaften niemals in Frage gestellt, sondern als Selbstverständlichkeit angesehen wird. Jeder einzelne leistet seinen Teil, und doch ist es ein gemeinsamer Beitrag. Jeder Partner setzt sich sowohl für den anderen als auch für die Beziehung ein.

Lebenslange Liebe und Verbundenheit verlangt viel von den beiden Partnern. Hingabe an ein gemeinsames Ziel: Mut zum Risiko; Reife und Geduld; die Fähigkeit, Widersprüche zu akzeptieren; den Willen, sich zu verändern; die Bereitschaft, die tägliche Herausforderung, Vertrauen und Nähe aufrechtzuerhalten und dabei gleichzeitig den Lebensunterhalt zu verdienen; Kinder großzuziehen; mit anderen Menschen umzugehen; sich mit wechselnden gesellschaftlichen Erwartungen in bezug auf Geschlechterrollen auseinanderzusetzen und sich darüber hinaus persönlich weiterzuentwickeln. Sicher verstehen Sie nun, warum dies nur sehr willensstarken Menschen gelingt.

Verbundenheit ist eine Daueraufgabe. Viel zu häufig gehen Paare davon aus, wenn man nach fünfzig Jahren auf den Kalender schaut und feststellt, daß die goldene Hochzeit vor der Tür steht, dann sei man sich nahe gewesen. Irrtum! Nicht wenige Paare feiern ihre goldene Hochzeit ohne einen Funken der Ehrfurcht, des Stolzes oder der Freude. Sie empfinden keine Spur von gegenseitigem Respekt oder Bewunderung für die gemeinsame Leistung, die diesen Anlaß ermöglicht hat. Viele Paare haken ein Jubiläum nach dem anderen ab und markieren damit eher die Stationen eines Dauertests, als ihr gemeinsames Werk zu feiern. Paul Pearsall nennt dies eine »passive« Monogamie, im Gegensatz zur »aktiven« Monogamie innig verbundener Partner. Die »Liebesbriefe« im Übungsteil können Ihnen helfen, Ihre Partnerschaft auch weiterhin aktiv und zu Ihrer Zufriedenheit zu gestalten.

Auch langjährige Beziehungen sind vor Konflikten, Schmerzen und Mißverständnissen nicht gefeit. Aber es ist die Art und Weise, in der engverbundene Paare mit Problemen umgehen, die sie von anderen, weniger engagierten Paaren unterscheidet. Verbundenheit selbst beseitigt keine Probleme, sie schafft lediglich den Kontext für ihre Lösung. Sie steht für den Wunsch, Probleme zu bewältigen, statt sich von ihnen überwältigen zu lassen.

Da beide Partner von der Dauerhaftigkeit ihrer Beziehung ausgehen, können sie Spannungen und gegensätzliche Bedürfnisse tolerieren. Auseinandersetzungen werden als das angesehen, was sie sind: ein Aufeinanderprallen unterschiedlicher Ansichten und keine Bedrohung der Zukunft der Beziehung. Zeiten, in denen die Partner nicht zusammensein möchten, werden einkalkuliert, ohne sie als Desinteresse an einer Zukunft als Paar zu werten. Trennung und Scheidung sind für solche Paare Vermeidungsstrategien und Flucht vor der harten Arbeit der Lösungsfindung.

Engagierte Paare sind bereit, ihre Probleme beim »Schopf zu packen«, weil sie selbst in den hitzigsten Auseinandersetzungen darauf bauen, daß ihr Streit ein Ende finden wird, nicht aber ihre Beziehung. Sie sind überzeugt davon, ihre Mei-

nungsverschiedenheiten überwinden zu können, und, was noch wichtiger ist, sie wollen aus diesen Begegnungen lernen, an ihnen wachsen und einen Streit nicht zerstören lassen, was sie sich gemeinsam erarbeitet haben.
Die beiden Ehe- und Familientherapeuten David Schnarch und Carl Whitaker verwenden beide die Metapher eines Schmelzofens, um Beziehungen zwischen engverbundenen Menschen zu beschreiben. Ein Schmelzofen ist ein Behälter, der in der Lage ist, enormem äußeren Streß (sehr heißen Temperaturen) zu widerstehen, während gleichzeitig in seinem Inneren aus weniger wertvollen Substanzen (Roheisen etc.) hochwertige Substanzen (Stahl) geschmiedet werden. Eine enorme Belastungsprobe, die zu einer Transformation führt. Sicher ist auch die Dynamik innerhalb einer Partnerschaft eine Art Schmiedevorgang und eine beglückende Bindung das wertvolle Endprodukt.

Merkmale engverbundener Paare

In ihrem Buch »Secrets of Strong Families« stellen Nick Stinnett und John DeFrain in Interviews mit Paaren immer wieder fest, daß Verbundenheit nichts mit Worten, sondern mit Verhalten zu tun hat, mit »aktivem und sichtbarem« Verhalten. Wie viele Menschen kennen Sie, die Ihnen ohne zu zögern erklären würden, ihre Ehe genieße »absoluten Vorrang«, und doch investieren sie weniger Zeit und Mühe in ihre Partnerschaft als in jeden anderen Lebensbereich? Nach einer Reihe gemeinsamer Jahre gehen viele Lebenspartner fälschlicherweise davon aus, die Beziehung erhalte sich selbst, dabei ist in Wirklichkeit genau das Gegenteil der Fall: ihr Überleben ist abhängig von der gemeinsamen Anstrengung eines Paares.
Engagierte Partner denken immer daran, daß eine Partner-

schaft oder Ehe ein eigenständiges Ganzes ist und daß individuelle Entscheidungen nicht getroffen werden sollten, ohne ihre Auswirkungen auf die Beziehung zu berücksichtigen. Wenn sich jeder Partner nur um seine eigenen Angelegenheiten kümmert, wird die Beziehung vernachlässigt; bringt nur einer von beiden Opfer, werden Aggressionen und Frustrationen aufgebaut. Es bedarf also einer gewissen Reife, die partnerschaftliche Verbundenheit aufrechtzuerhalten, denn das bedeutet häufig, zugunsten der Beziehung auf die Befriedigung eigener Wünsche zu verzichten. Menschen, die ihre eigenen Bedürfnisse um jeden Preis erfüllt sehen möchten, sind schlechte Kandidaten für engagierte Partnerschaften.
Die herausragendsten Eigenschaften erfolgreicher Partner sind:

- Flexibilität und die Fähigkeit, Veränderungen zu tolerieren
- der Wille, Grenzen zu akzeptieren
- der Glaube an eine gemeinsame Zukunft
- Risikobereitschaft/Vertrauen zueinander
- ein ausgewogenes Vertrauensverhältnis
- sich nicht nur lieben, sondern wirklich mögen (»die besten Freunde sein«)
- eine gemeinsame Vergangenheit

Erfolgreiche Paare halten von Zeit zu Zeit inne, um sich über ihre Beziehung Gedanken zu machen und notwendige Veränderungen vorzunehmen; sie verstehen, daß Verbundenheit ein ständiger, aktiver Prozeß ist. Die Partner können sowohl an sich selbst als auch aneinander arbeiten, und sie schaffen es, sich auf äußere Streßfaktoren einzustellen (Krankheit, Arbeitsplatzverlust, Arbeitsanforderungen etc.). Wenn sie mit einem Problem konfrontiert werden, suchen sie nach Alternativen, statt sich auf eine einzige Lösungsmöglichkeit zu beschränken. Entwickelt sich einer der Partner in eine neue Richtung, wird diese Entwicklung begrüßt und nicht als Bedrohung der Beziehung angesehen, weil ihre Flexibilität berücksichtigt, daß sie sowohl eigenständige Wesen als auch engverbundene Liebende sind und daher zeitweilig unterschiedliche Bedürfnisse haben. Sie sind sich immer bewußt, daß sie eine Partnerschaft zweier *Individuen* bilden.

Engverbundene Partner erwarten von ihren Gefährten keine Perfektion, und sie können zwischen einem klärungsbedürftigen Problem und einer irrelevanten Verstimmung, die zu vernachlässigen ist, unterscheiden. Sie achten die Grenzen der Möglichkeit, einander zu verändern, und halten es nicht für ihre persönliche Pflicht, sich gegenseitig glücklich zu machen. Wenn nötig, kann jeder der beiden seine persönliche Befriedigung ohne Bedauern zurückstellen, um der Beziehung Vorrang einzuräumen. Es herrscht Einverständnis darüber, daß dies zu einer für beide Seiten zufriedenstellenden Partnerschaft gehört.

Beide Partner haben das Gefühl, ganz sie selbst sein und ihren Gefühlen freien Lauf lassen zu können, ohne Angst vor Kritik oder Ablehnung. Sie können innerhalb der Beziehung Risiken eingehen (sexuell freizügiger oder offener in der Kommunikation werden), ohne fürchten zu müssen, sich dabei lächerlich zu machen. Ihre sexuelle Treue beruht auf Freiwilligkeit, nicht auf dem Gefühl, ein Opfer zu bringen.

Ein ausgewogenes Vertrauensverhältnis sorgt gleichzeitig für ein ausgewogenes Kräfteverhältnis innerhalb der Beziehung. Im Bedarfsfall sind die Partner in der Lage, ihre Zuständigkeiten zu vertauschen. In eher traditionellen Beziehungen mögen die Rollen nach Geschlechtern verteilt sein, wenn jedoch einer der Partner seinen Aufgaben durch Krankheit oder Abwesenheit nicht nachkommen kann, wird sie der oder die andere übernehmen und ausfüllen, so gut es geht. In traditionsunabhängigen Partnerschaften, in denen die Rol-

len nicht streng geschlechtsspezifisch verteilt sind, konzentrieren sich die Partner darauf, das Notwendige zu tun, und nicht, ob etwas »Männer- oder Frauenarbeit« ist. In beiden Fällen wird die notwendige Arbeit durch die gemeinsame Anstrengung des Paares erledigt. Mit Hilfe eines funktionierenden Verteilungssystems sind Haushaltsaufgaben kein Problem.
Trotz ihrer individuellen Schwächen haben beide Partner Freude aneinander und finden, daß ihre Stärken die Schwächen überwiegen. Ihre gemeinsame Zeit ist angefüllt mit Vertrautheit, lebhaften Unterhaltungen und häufig auch Humor. Sie haben ähnliche Wertvorstellungen und oftmals ähnliche persönliche Ziele. Paare wie diese haben bestimmte Rituale entwickelt und nennen sich des öfteren bei Kosenamen. Ihr »Paarstatus« genießt bei ihnen Priorität.
Und schließlich haben sie eine gemeinsame Vergangenheit, die ihnen ein starkes Gefühl der Verbundenheit gibt. Sie führen ein aktives Leben als Individuen, die jedoch in ihrer gegenseitigen Verbundenheit verankert sind. Aus den zahlreichen Erfahrungen ihres gemeinsamen Lebens haben sie viel übereinander gelernt und allein durch die zahlreichen gemeinsamen Tage und Nächte ein feines Gespür für die Launen, Bedürfnisse und Vorlieben des anderen entwickelt. Dieses verinnerlichte Wissen kann häufig Krisen verhindern, denn solange die Partner ihr Gespür füreinander bewahren (statt sich gegenseitig als selbstverständlich anzusehen), können sie vermeiden, daß sich aus Mißverständnissen ernsthafte Probleme entwickeln.
In seinem Buch »Couple Constancy« bezeichnet Lance Laurence die Anstrengungen engagierter Partner als Meistern der Aufgabe, sich aufeinanderzuzubewegen, ohne das Gefühl für sich selbst zu verlieren. In seinen Gesprächen mit verheirateten Paaren stellt er immer wieder fest, daß nichts davon erreicht werden kann ohne täglich erneuerte Hingabe, und diese Hingabe erfordert harte Arbeit.

Verbundenheit erarbeiten

Erstaunlicherweise scheint es zwischen dem Grad der partnerschaftlichen Zufriedenheit und dem Entschluß, sich zu trennen, keinen Zusammenhang zu geben. Manche unglücklichen Menschen bleiben über Jahre zusammen, andere Paare, die nur hin und wieder in Konflikt geraten, trennen sich. Die Entscheidung für eine Trennung scheint eher von den Erwartungen abzuhängen, die Partner an eine ernsthafte Beziehung stellen, als dem, was sich tatsächlich ereignet. Diese Erwartungen speisen sich aus unseren Kindheits- und Jugenderfahrungen, aus dem, was wir in der Schule, der Kirche und unserem sozialen Umfeld im weitesten Sinne gelernt und gehört und aus Büchern, Fernsehen und Filmen übernommen haben.

Ein Mensch, der an eine Partnerschaft keine hohen Erwartungen stellt und auch nichts bekommt, wird sich dennoch als zufrieden bezeichnen. Wer dagegen erwartet, in einer Partnerschaft glücklich zu werden und es auch zu bleiben, dann aber feststellt, daß dies nicht der Fall ist, wird früher oder später die Verbindung kritisieren. Der nächste Schritt ist der Gedanke, mit einem neuen Partner vielleicht glücklicher zu werden. Sollte auch das nicht funktionieren, wird sich das Muster wiederholen.

Aus diesem Grund sollten Partner als erstes darüber sprechen, was sie von einem gemeinsamen Leben erwarten, und offen diskutieren. Es liegt auf der Hand, dies in den ersten Wochen einer Begegnung zu tun. Allerdings haben Frischverliebte zu diesem Zeitpunkt ganz andere Dinge im Kopf. Zu Gesprächen über Erwartungen kommt es daher häufig als Reaktion auf Konflikte in der Anpassungsphase, wenn die unterschiedlichen oder unerfüllten Erwartungen erste Spannungen erzeugen. Der Abschnitt »Erwartungen« im Übungsteil kann Ihnen helfen, mit Ihrem Partner darüber zu sprechen, ehe es zu einer Krise kommt.

Verbundenheit bedeutet, die kindische Vorstellung zu begraben, bedingungslos akzeptiert zu werden von einem Partner, der alle unsere Bedürfnisse erfüllt und uns für sämtliche Enttäuschungen der Kindheit entschädigt. Es bedeutet, mit Enttäuschungen zu rechnen, ohne gleich den Stecker zu ziehen.

Bei Beziehungsproblemen wird als erstes der Partner zur Zielscheibe, als zweites die Beziehung selbst und erst ganz zum Schluß unser eigenes Verhalten. Erfolgreiche Partner haben gelernt, bei auftauchenden Spannungen und Konflikten zuerst das eigene Verhalten unter die Lupe zu nehmen, um herauszufinden, was ihr Beitrag zum Konflikt ist. Dem liegt die Erkenntnis zugrunde, daß wir zwar unser eigenes Verhalten bestimmen können, nicht aber das des Partners, wie sehr wir das auch wünschen und hoffen mögen.

Jede langjährige Beziehung muß Ungerechtigkeiten bewältigen, die einer dem anderen zufügt. Würde ein Paar darüber Buch führen (was engverbundene Paare niemals tun), stellte sich dabei vielleicht heraus, daß ein Ungleichgewicht vorhanden ist, daß einer der Partner ständig mehr in den anderen und in die Partnerschaft investiert und niemals Gleichstand herrscht. Das ist kein ausreichender Grund, um eine Beziehung zu beenden. Erfolgreiche Paare sind sich eines solchen Ungleichgewichts bewußt, wissen aber auch, daß beide Partner wertvolle Beziehungsarbeit leisten. Es gibt keinen Wettstreit. Sie sind nicht daran interessiert, festzustellen, wer der »bessere«, d.h. großzügigere Partner ist. Ihr Augenmerk gilt der Beziehung, und aus diesem Grund zählen *alle* Anstrengungen.

Verbundenheit heißt auch verhandeln, Kompromisse schließen und verzichten. Es bedeutet, daß sich zwei Individuen zusammenschließen, die eigene Vorstellungen haben von dem, was sie wollen und wann sie es wollen. Aus diesem Grund ist die Anpassungsphase die Arbeitsphase. Um verbunden zu bleiben, müssen die Partner die Beziehung mehr wollen als alles andere. Es wird Zeiten geben, in denen dies auf eine harte Probe gestellt wird, in denen die Gegenwart mit Ihrer Zukunft als Paar konkurriert. Es liegt an Ihnen, Ihre Bindung vor Schaden zu bewahren.

Schaden kann auf vielfältige Weise entstehen. Ein Partner, der ständig Überstunden macht, hat nicht die Zeit, sich um die Beziehung zu kümmern. Ein Mensch, der soviel Alkohol oder Drogen zu sich nimmt, daß die Verständigung mit dem Partner gestört wird und es zur Entfremdung kommt, setzt die Beziehung ebenfalls aufs Spiel.

Das brisanteste Thema jedoch ist sexuelles Verlangen nach anderen. Wenn wir mit einem Menschen eine tiefe Bindung eingehen, stehen alle anderen sozusagen »außen vor«. Durch die Wahl, die wir treffen, verzichten wir auf den Rest. Wer dagegen die Abwechslung bevorzugt und seine Optionen offenhalten möchte, sollte keine enge Bindung eingehen. Es erfordert Reife, sich für einen Menschen zu entscheiden und alles andere der Phantasie zu überlassen. Monogamie mag nicht jedermanns Natur, aber sie kann durchaus ein freiwilliger Akt sein.

Auch ein engverbundener Partner findet nicht nur seinen Gefährten oder seine Gefährtin sexuell anziehend; und doch wird diese Anziehung in einer Beziehung, in der sich die Partner sexuelle Treue versprochen haben, nur mit dem eigenen Partner ausgelebt. Dies scheint für die meisten engen Partnerschaften der entscheidende Punkt zu sein.

Sexuelle Treue

Fachleute sind sich darin einig, daß wesentlich mehr Paare sexuell treu sind, als allgemein angenommen wird. Seitensprünge sind sicherlich ein viel spannenderes Thema als partnerschaftliche Treue, deshalb ist es nicht verwunderlich, daß in Talk-Shows, Werbespots und Fernsehserien immer

wieder das Verbotene hervorgehoben wird. Zahllose Interviews aus meiner Praxis sowie die Rückmeldungen meiner Kollegen weisen jedoch darauf hin, daß Monogamie allgemein bevorzugt wird. Andrew Greeley veröffentlichte in »Versuchung zur Sünde« das Ergebnis einer Meinungsumfrage von 1990, nach der sechsundneunzig Prozent der Amerikaner angaben, in diesem Jahr sexuell treu gewesen zu sein.
Betrogen wird nicht nur auf sexuellem Gebiet; Sex mag das Endergebnis sein, ist aber längst nicht immer der auslösende Faktor. Viele Partner suchen außerhalb der Beziehung etwas, das sie auch bei ihrem Partner finden könnten, gingen sie das Risiko einer Konfrontation und Lösungssuche ein. Untreue bedeutet, Gefühle und/oder sexuelle Energien, die eigentlich auf den eigenen Partner gerichtet sein sollten, auf eine andere Person zu konzentrieren und dadurch die primäre Beziehung auszuhöhlen. Es muß nicht erst zum Seitensprung kommen, damit die Beziehung Schaden nimmt: Alles, was eine künstliche Mauer zwischen Partnern errichtet und ihre Effektivität als Paar lähmt, zählt dazu; wenn einer von beiden Geheimnisse hat und gezwungen ist, den anderen zu belügen, wird dadurch unweigerlich eine Mauer errichtet. Untreue ist eine Form indirekter Kommunikation, eine passive Art, den Partner etwas wissen zu lassen, über das man nicht direkt sprechen möchte.
Wenn die meisten Menschen sexuelle Phantasien oder Verlangen nach Sex außerhalb ihrer Beziehung haben, wie kommt es dann, daß manche von ihnen in der Lage sind, während ihrer gesamten Beziehung treu zu bleiben und andere nicht? Der Harvard-Psychologe Lawrence Kohlberg erhellt dieses Phänomen, indem er feststellt, daß Seitensprünge freiwillige Entscheidungen sind und die Fähigkeit, bestimmte Entscheidungen zu treffen, von unserer moralischen Entwicklung abhängt.
Kleine Kinder verhalten sich hedonistisch und ichbezogen. Der einzige Grund für sie, etwas nicht zu tun, liegt darin,

Schmerz zu vermeiden. (»Ich schlage meine Schwester nicht, weil ich sonst vielleicht eins auf die Finger bekomme.«) Später weicht dieser Hedonismus dem Bedürfnis nach Anerkennung (»Wenn ich meine Schwester nicht schlage, hat meine Mutter mich lieb«), gefolgt von einer Phase, in der Kinder lernen, Regeln und Autorität zu respektieren. Und schließlich erreichen sie ein Stadium der Entscheidungsfähigkeit, das sie befähigt, höhere Werte anzuerkennen und das Wohlergehen anderer zu berücksichtigen. (»Ich schlage nicht, weil damit keine Probleme gelöst, sondern nur noch mehr Probleme geschaffen werden.«)

Nicht jeder erreicht im Erwachsenenalter die höchste Stufe moralischer Entwicklung, wie man an den Begründungen von Partnern sehen kann, die zwar partnerschaftliche Treue pflegen, jedoch auf den unterschiedlichen Entwicklungsstufen (Reifegrad) stehen.

Niveau der Unreife: Ich betrüge meine Frau nicht, weil ich wahrscheinlich erwischt würde und dann die Hölle los wäre.

Niveau Heranwachsender: Ich bin meinem Mann treu, weil die Leute sonst über mich reden würden.

Voll entwickelt: Ich betrüge meinen Partner nicht, weil das unsere Bindung und das Vertrauen zwischen uns zerstören würde.

Für engverbundene Partner ist Treue etwas Freiwilliges und kein Opfer. Sie sind nicht bereit, für ein kurzes Abenteuer das kostbare Gefühl der Zusammengehörigkeit aufs Spiel zu setzen. Sie wissen, daß Affären vermeidbar sind. Entgegen der populären Annahme, es würde »einfach passieren«, läuft eine Affäre in klar vorhersehbaren Entwicklungsstufen ab, bei denen ein Absprung jederzeit möglich ist.

Die erste Stufe kann eingeleitet werden durch Kommunikationsprobleme der Partner, dem Mangel an gemeinsamer

Zeit, weil jeder den anderen für selbstverständlich hält, durch ungelöste Konflikte oder ständige Enttäuschung eigener Erwartungen. Jeder dieser Umstände führt zwangsläufig zu einer Art *Rationalisierung*. Hält ein Partner an seinem Treueversprechen fest, kann es zu keiner Affäre kommen, ehe der Prozeß der Rationalisierung stattgefunden hat. Die häufigste Form der Rationalisierung ist der Gedanke, Besseres »verdient« zu haben.

Statt mit dem Gefährten oder der Gefährtin zu sprechen und, wenn nötig, professionelle Hilfe hinzuzuziehen, sucht der Partner Ablenkung außerhalb des Beziehungsrahmens. Sollten Sie wirklich der Meinung sein, etwas Besseres verdient zu haben und dies innerhalb Ihrer Partnerschaft nicht finden können, dann konzentrieren Sie Ihre Energie lieber darauf, die Möglichkeiten einer Trennung zu erwägen, statt sich in eine Affäre zu stürzen. Eine Affäre wird an den Verhältnissen zu Hause nichts ändern, und wenn Ihnen daran nichts mehr liegt, dann fühlen Sie sich der Beziehung nicht länger verbunden und sollten mit Ihrem Partner darüber reden.

Eine weitere gängige Form der Rationalisierung ist das Vorschieben einer eingeschränkten Zurechnungsfähigkeit: »Ich wußte nicht mehr, was ich tat. Und dann kam eins zum anderen.« Vergessen Sie bitte nicht, daß Sie sehr wohl in der Lage sind, Ihre Bindung vor Schaden zu bewahren, und daß der Mißbrauch von Alkohol und Drogen einer der gefährlichsten Belastungsfaktoren ist. Wenn Sie so betrunken sind, daß Sie nicht mehr wissen, was Sie tun, setzen Sie damit bereits Ihre Beziehung aufs Spiel. Hören Sie auf, bevor Sie noch mehr kaputtmachen. Affären passieren nicht »einfach so«; sie sind bewußt getroffene Entscheidungen! Wir verleugnen unsere aktive Rolle dabei, um uns weiter einreden zu können, »gute« Partner zu sein; während wir gleichzeitig Risiken eingehen, die nicht wiedergutzumachende Schäden hervorrufen können.

Eine dritte Form der Rationalisierung ist das »Helfersyndrom«. Jemand anderem die Schulter zum Ausweinen zu bieten, ist ein mächtiges Gefühl und hebt das Selbstbewußtsein. Es ist eine Ehre, die auserwählte Person zu sein, bei der sich jemand ausweinen möchte. Aber Mitgefühl kann zu Zärtlichkeit und zärtliche Gefühle zu zärtlichem Verhalten führen, das unter gewissen Umständen in erotisches Verhalten umschlagen kann. Tröstung und Alleinsein hängen oft zusammen; und mit einem attraktiven Fremden allein zu sein, kann Verlangen wecken. Es ist nichts dagegen einzuwenden, für einen anderen »dasein« zu wollen; aber zuallererst sollten Sie daran denken, Ihre Bindung zu schützen, und das bedeutet, ehrlich zu sich selbst zu sein.

Carlfred Broderick führt in seinem Buch »Couples« einige Fragen auf, die man sich stellen sollte, wenn man das Bedürfnis verspürt, einen Menschen zu trösten, zu dem man sich gleichzeitig stark hingezogen fühlt. Ich habe sie etwas umgearbeitet. Ihre Antworten können Ihnen helfen festzustellen, ob Sie im Begriff sind, eine Affäre einzugehen; sie geben Ihnen Zeit, noch einmal gründlich nachzudenken, bevor Sie handeln.

1. Gibt er/sie mir das Gefühl, ihm/ihr ganz nahe sein zu wollen, um ihn/sie zu schützen und zu umhegen?
2. Habe ich das Gefühl, das Leid und den Schmerz wiedergutmachen zu wollen, den er/sie erlebt hat?
3. Würde es mir genauso gehen, wenn diese Person fünfundsiebzig Jahre alt wäre oder einen gewalttätigen Partner hätte?
4. Habe ich das Gefühl, viel mit ihm/ihr allein sein zu müssen, damit ich ihm/ihr helfen kann?
5. Ertappe ich mich dabei, von meinen Beziehungsproblemen zu sprechen, von Dingen, die ich eigentlich mit meinem Partner klären sollte, aber nicht tue?
6. Hat diese Person begonnen, großen Raum in meinen Gedanken einzunehmen? Mehr Raum als mein Partner?

7. Möchte ich ihn/sie berühren? Will ich mehr?
8. Weiß mein Partner, wo ich bin und was ich tue?
9. Warum helfen wir ihm/ihr nicht gemeinsam?

Broderick fügt warnend hinzu, daß sämtliche Paare, bei denen es zu Affären gekommen ist, etwas gemeinsam haben: Sie waren alle in der Lage, miteinander allein und abseits von anderen zu sein. Affären benötigen Ungestörtheit. Wenn Sie sich also in den obigen Fragen wiedererkennen, können Sie Ihre Lebensgemeinschaft dadurch schützen, daß Sie es vermeiden, mit der entsprechenden Person allein zu sein. Es mag vielleicht banal klingen, aber es funktioniert.

Denken Sie daran: Es liegt an Ihnen, das, was Sie und Ihr Partner aufgebaut haben, zu schützen. Ein einziger gedankenloser Moment kann genügen, vieles zu zerstören. So gedankenlos sollten engverbundene Partner nicht sein.

Frank Pittman hat viele der Mythen, die sich um das Thema Seitensprung ranken, demontiert. Für ihn besteht die Mehrzahl aller Affären aus ein wenig schlechtem Sex und viel Telefoniererei. Zudem vertritt er die Ansicht, die meisten Affären seien nichts anderes als Freundschaften, die aufgrund geschlechtsspezifischer Erwartungen und der Unfähigkeit der Menschen, Geschlechtergrenzen zu überwinden und Beziehungen zu unterhalten, ohne sie zu sexualisieren, aus dem Ruder gelaufen seien.

Betrogene Partner kommen fast immer unweigerlich zu dem Schluß, irgendwie versagt und den Partner in die Arme eines oder einer anderen getrieben zu haben. In Wirklichkeit geht es bei den meisten Affären eher um das Ego der Person, die die Affäre hat (um Ichbezogenheit beispielsweise), als um die Person, an der der Treuebruch verübt wurde.

Engverbundene Paare haben die feste Absicht, sich nicht auf Affären einzulassen. Aber auch sie sind nur Menschen und sind nun einmal fehlbar. Einige Partner halten nach einer Affäre eine Trennung für unumgänglich. Andere sehen eine

Chance, darüber hinwegzukommen. Dies ist bei jedem Paar anders. Eine einmalige Affäre kann dazu führen, daß ein Paar mehr über sich erfährt, aber auch sie hinterläßt Spuren. Einmal gestörtes Vertrauen läßt sich nur langsam wieder aufbauen. Die meisten innig verbundenen Paare versuchen es. Wiederholte Untreue dagegen signalisiert ein viel tieferliegendes Problem: Ein solcher Partner ist kein geeigneter Kandidat für eine innige Partnerschaft und sollte sich lieber auf Flirts beschränken.

Wie aber halten erfolgreiche Partner ihre Sehnsüchte unter Kontrolle? Wie schaffen sie es, Jahr um Jahr treu zu bleiben, wenn ihnen der Partner immer vertrauter und das Rätselhafte immer seltener wird? Wenn sie anderen attraktiven Menschen begegnen und die Fesseln der Monogamie spürbar werden? Das Zauberwort scheint »aktive« Monogamie zu sein: ewige Treue ohne Langeweile oder fehlende Spannung. Dies erfordert allerdings auch geistige Anstrengungen.

Guter Sex ist eine Einstellungssache. Erfolgreiche Partner wissen, daß sie selbst für ihr sexuelles Empfinden verantwortlich sind und nicht ihr Partner. (Eine gute Nachricht, denn wie Sie wissen, können Sie zwar Ihr eigenes Verhalten, nicht aber das Ihres Partners bestimmen.) Das bedeutet, daß Sie selbst die Fähigkeit haben, involviert zu bleiben, wenn Sie bereit sind, genügend Zeit und Kraft zu investieren.

Wer aus Langeweile am Sex eine Beziehung verläßt, geht davon aus, daß der Partner für Spannung zu sorgen hat. Solche Menschen stecken noch immer in der romantisierten ersten Beziehungsphase und werden unweigerlich enttäuscht werden.

Treue erfordert Disziplin, und Paare, die einander treu bleiben möchten, wenden diese Disziplin jeden Tag aufs neue an. Sie wollen eine gemeinsame Zukunft und werten jeden Tag als einen weiteren Schritt in diese Zukunft, die es zu beschützen gilt.

Verbundenheit: Die Sprache des »Wir«

Verbundenheit vermittelt ein unerhörtes Maß an Sicherheit. Verbundenheit befreit. Zeit, in der wir uns sonst mitunter den Kopf über Sorgen oder Eifersüchteleien zerbrechen, wird frei für andere Aktivitäten. Verbundenheit ist Vertrauenssache, weil wir uns der Treue unseres Partners niemals hundertprozentig sicher sein können. An einem gewissen Punkt müssen wir einfach loslassen und vertrauen. Es gibt keine Garantie dafür, daß unser Partner jeden Morgen neben uns liegen wird. Wir können es nur hoffen.

Genau auf diesem schwankenden Boden aus Glaube, Vertrauen und Hoffnung werden lebenslange Partnerschaften geformt. Vielleicht sind sie gerade deshalb so zerbrechlich: Um am Leben zu bleiben, braucht es Menschen ... und Menschen sind fehlbar.

Paaren, die von Anfang an vieles gemeinsam haben, mag es weniger schwerfallen, eine tiefe Verbundenheit aufzubauen, als Paaren, die aus Gegensatzpartnern bestehen. Allerdings können Gegensatzpaare im Laufe ihrer Entwicklung mehr wachsen. David und Vera Mace, die zusammen weit über dreißig Bücher über Sexualität, Ehe und Familie publiziert haben, kamen an ihrem fünfzigsten Hochzeitstag zu dem Schluß:

»Wir versuchten herauszufinden, was die entscheidenden Faktoren unserer gemeinsamen Jahre des Glücks waren ... Wir kamen zu einem interessanten Schluß. Bei dem Versuch, auszuwerten, mit welchen Vor- und Nachteilen wir angefangen und wie wir sie genutzt haben, kamen wir darin überein, daß, alles in allem, die Unterschiede zwischen uns und die Herausforderung, mit ihnen fertig zu werden ... mehr zu unserem letztendlichen Glück beigetragen haben als die Ähnlichkeiten, die wir zunächst für die vielversprechendsten Erfolgsgarantien hielten!« (S. 261)

Je mehr sich die Gesellschaft um uns herum an Scheidung als eine gängige Alternative gewöhnt, desto schwieriger wird es für Paare, ihre gegenseitige Nähe und Verbundenheit zu schätzen. Größere Unterstützungsapparate werden nötig sein, um ihnen über schwierige Zeiten hinwegzuhelfen. Wir werden weniger dauerhafte Ehen erleben, weil sich mehr Partner dagegen entscheiden, die notwendige Arbeit zur Aufrechterhaltung ihrer Verbundenheit zu leisten. Doch diejenigen Bindungen, die Bestand haben, werden von besonderer Qualität sein. Ken Dychtwald, ein Spezialist für Langzeitbeziehungen, spricht davon, daß Paare, die ihre goldene Hochzeit feiern, die Ehe *gemeistert* haben. Er vergleicht dies mit den Meistern eines Musikinstruments wie Violine oder Cello.

Ein Paar, das schwört, für immer zusammenzubleiben, geht nicht nur eine rechtliche, ökonomische, körperliche und emotionale Bindung ein, sondern auch eine seelische. Am Ende halten die Partner Rückschau, wie Barbara Ascher in ihrem Werk »Above all, Love«:

»Der wirkliche Tod ist nicht wie im Film. Mein Mann, der für ein normales Bett zu groß war, lag da, und seine Füße schauten unter dem Laken hervor. Ich stand dort und hielt seine Zehen umklammert, als könnte ich dadurch sein Leben retten. Ich klammerte mich fest, damit, wenn ich schon nicht verhindern konnte, daß er von den Klippen der Gegenwart, aus dem Hier und Jetzt stürzte, wir zusammen gehen würden. So war das in der Unterwelt der Intensivstation ...

Es schien, als sei die ganze Welt zur Nacht geworden. Kalt und schwarz. Kein Ort, den man freiwillig betreten würde. Die Ärzte versuchten freundlich zu sein. Ihre Augen sagten: ›Es liegt nicht mehr in unseren Händen. Es gibt nichts mehr, was wir noch tun können.‹ Eine Schwester mit jamaikanischem Akzent legte mir eine rosa Decke um die Schultern.

Jemand flüsterte: ›Es kann sich nur noch um Minuten handeln.‹

Nur noch Minuten, um sich all das zu sagen, was wir uns mitzuteilen vergessen hatten. Nur noch Minuten, um auf unsere gemeinsamen Tage zurückzublicken. Hatten wir uns gut genug geliebt?« (S. 30)

Gibt es irgend etwas, was *Sie* zu sagen vergessen haben? Sind Sie mit Ihrem Gefährten »up-to-date«? Es ist so einfach, sich der Bequemlichkeit einer langjährigen Beziehung hinzugeben und zu vergessen, sie zu pflegen. Seien Sie vorsichtig mit dem Gedanken, die Arbeit sei getan, nachdem Sie eine befriedigende Beziehung aufgebaut haben. Die Arbeit ist nie getan. Aber sie wird leichter.

11
Paarberatung: Wann sollte man sie in Anspruch nehmen, und was kann man erwarten?

Einer der Vorteile der Ehe ist, so scheint mir, daß, sollte ich ihn oder er mich einmal nicht mehr lieben, sie uns zusammenhält, bis wir uns vielleicht wieder ineinander verlieben. Judith Viorst

Es ist schwieriger, einen Führerschein zu erwerben als einen Trauschein. Das ist sicherlich Teil des Problems. Nur wenige der Bilder, mit denen uns die Werbung, Fernsehshows und Romane bombardieren, vermitteln uns einen Eindruck davon, wieviel Mühen es in Wirklichkeit kostet, wenn zwei Individuen ein gemeinsames Leben gründen.

Statt dessen werden wir mit Geschichten von Paaren überhäuft, die entweder im siebten Himmel schweben oder aber kurz davor sind, einander umzubringen. Nicht ein einziger Hinweis darauf, was ersteren die Zukunft bringen wird oder letztere soweit getrieben hat. Wir werden dazu verleitet anzunehmen, eine innige Partnerschaft falle einfach vom Himmel, und ignorieren dabei, welche Anstrengungen es kostet, eine für beide Seiten befriedigende Beziehung aufzubauen.

Während wir heranwachsen und derartige Leitbilder entwikkeln, setzt sich bei Männern und Frauen die Vorstellung fest, das Fortbestehen einer Beziehung habe mehr mit Glück als mit Arbeit zu tun. Fehlschläge werden der Wahl des »falschen« Partners zugeschrieben, und wenn der oder die »Richtige« erst einmal gefunden ist, dann wird der Himmel voller Geigen hängen. Entweder man findet den richtigen Partner oder nicht – entweder man bleibt zusammen oder nicht: Sich um lästige Kleinigkeiten zu kümmern, erscheint unnötig.

Aber Partnerschaft ist lediglich eine Abstraktion; wirklich sind nur die Menschen. Und wenn sie sich mit den »Kleinigkeiten« nicht auskennen, können sie ihre Fehler auch nicht erkennen und beheben. In unseren Schulen geben sich die Lehrer die größte Mühe, allen Schülern Algebrakenntnisse zu vermitteln, obwohl diese in Wirklichkeit nur von einem Bruchteil der Schüler jemals angewendet werden wird. Andererseits häufen sich die Scheidungsfälle, die Zahlen von Kindesmißbrauch, ehelicher Gewalt, Suchterscheinungen, Depressionen und Selbstmord, und dennoch gibt es weiterhin so gut wie keine Vorbereitung auf das Ehe- und Familienleben.

Therapeut/innen, Sozialarbeiter/innen und Erzieher/innen werden auch in Zukunft für eine ausgewogenere Erziehung der Jugend kämpfen müssen; für eine Erziehung, die uns für diese Gesellschaft nicht nur arbeits-, sondern auch lebensfähig macht. Ohne eine solche Vorbereitung auf zukünftige Beziehungen sind Paare nur ungenügend bereit und gewappnet für das, was vor ihnen liegt, und sie bleiben weiterhin romantisch verklärten Vorstellungen verhaftet. Es ist kein Wunder, daß dies zu Problemen führt.

Auf der Suche nach professioneller Hilfe

In der Vergangenheit gab es im wesentlichen zwei Gründe dafür, Paarberatungsstellen aufzusuchen: Entweder hatte die große Ernüchterung eingesetzt und die Partner hatten plötzlich einen »Fremden« neben sich, oder die Beziehung befand sich in einer tiefen Krise, die sie allein nicht mehr bewältigen konnten. Heute ist, vor allem durch die steigende Zahl der Wiederverheiratungen und Stieffamilien, ein dritter

Grund hinzugekommen: der Wunsch, sich Rat zu holen, *ehe* man sich bindet. Frauen und Männer, die heiraten oder sich wiederverheiraten, nachdem sie bereits lange allein gelebt haben, gehen ihre Ehen pragmatischer an. Sie versuchen ihre Partnerschaft einzuschätzen und wägen wie bei einem Geschäftsabschluß Pro und Kontra sorgfältig ab. Obwohl diese rationale Haltung keinen Vorwurf verdient, drängt sich einem dabei doch die Vorstellung auf, daß sie das Geschäft vor dem Traualter mit einem beherzten Handschlag besiegeln würden.

Die Mehrheit der ratsuchenden Paare heutzutage gehört allerdings nicht in diese Kategorie. Sie besteht aus Männern und Frauen, die nicht nur die Zukunft ihrer Beziehung in Frage stellen, sondern ernsthafte Zweifel daran haben, ob es überhaupt möglich ist, eine enge und für beide Seiten erfüllende Partnerschaft zu leben. Ihre Erfahrungen als Heranwachsende, die Erlebnisse in ihrem Arbeitsumfeld und beim Zusammentreffen mit anderen Paaren sind entmutigend.

Wenn sie in den Beratungspraxen eintreffen, leiden sie häufig bereits unter »Kriegsmüdigkeit« oder völliger Gleichgültigkeit. Als ob sie trotz fehlender Teile ein Puzzle zusammensetzen müßten, haben diese Paare das Unmögliche versucht, und manche sind schlichtweg erschöpft. Andere versuchen ihre Zweierprobleme durch eine Dreierkonstellation zu lösen. Geschieht dies in Form einer Affäre oder durch ein Baby, ist das Scheitern vorprogrammiert. Denn die dritte Person muß jemand sein, die außerhalb ihres täglichen Lebens steht und mit keinem der Partner gefühlsmäßig verbunden ist, ihnen deshalb als neutraler Zuhörer dienen kann.

Die Furcht vor professionellen Beratungsstellen ist verständlich. Viele Menschen scheuen sich davor zuzugeben, daß ihre Beziehung gefährdet ist, sie fürchten Vorwürfe und schämen sich für das »Versagen« auf einem Gebiet, das sie schlichtweg unterschätzt haben. Aus diesen Gründen warten Paare oft, bis sie kurz vor der Trennung stehen, bevor sie sich nach Hilfe umsehen. Viele haben versucht, die Probleme totzuschweigen, weil zu viele »heiße Eisen« mit Sicherheit einen Konflikt auslösen würden. Durch diesen Mangel an Kommunikation und in der Folge vermutlich auch an Körperkontakt ist die Intimität zwischen den Partnern meist weitgehend verlorengegangen, bis es zum ersten Termin kommt, und die Partner sind sich fremd geworden.

Wenn einer von beiden bereits entschlossen ist, die Bindung aufzugeben, ist es zu spät. Er oder sie mag an den Therapiestunden zwar teilnehmen, tut dies jedoch ohne Aufrichtigkeit, sondern beabsichtigt damit lediglich, den zukünftigen Expartner in die Hände eines anteilnehmenden Therapeuten zu übergeben, um so die eigenen Schuldgefühle zu reduzieren. Dagegen ist es kein Problem, dem Partner zuliebe eine Therapie zu beginnen. Häufig ändern die zögernden Partner ihre Einstellung, sobald sie den Wert einer objektiven und vorurteilsfreien Einschätzung durch einen Dritten kennengelernt haben. Die Therapie nur des Partners wegen *fortzuführen*, unterläuft dagegen ein gemeinsames Bemühen und rächt sich in jedem Fall. Wenn Sie an die Zukunft Ihrer Beziehung oder an eine Paartherapie nicht mehr glauben und nur noch der Form halber teilnehmen, dann sagen Sie das deutlich. Die Therapie kann dann darauf abzielen, die Trennung einzuleiten, statt Verbindung schaffen zu wollen, und der Therapeut kann sich darauf konzentrieren, Ihnen gemeinsam Trennungshilfe zu geben oder sich in einer Einzelbehandlung Ihrem Partner zuzuwenden.

Durch die Verbreitung der Immunschwächekrankheit Aids scheinen mehr und mehr Paare ihre »Wegwerfmentalität« in bezug auf Beziehungen zu revidieren und die Bereitschaft zu entwickeln, an dem zu arbeiten, was sie haben. Doch vielen Paaren fehlen dazu die Leitbilder. Vergeblich versuchen sie, das Vorbild der traditionellen Ehen ihrer Eltern in den Kontext einer doppelten Berufstätigkeit einzupassen. Ohne professionelle Hilfe halten sich diese Partner dann persönlich für Konflikte verantwortlich, die weit über sie hinausreichen. In einer Gesellschaft, in der die Rollenbilder von Frauen und Männern sich verändern, die Erwartungen in bezug auf Ehe und Partnerschaft jedoch die gleichen bleiben wie vor Generationen, sind Konflikte unausweichlich.

Menschen, die eine Paartherapie beginnen, können meist nur ein vages Gefühl der Unzufriedenheit thematisieren, ohne nachzuprüfen, ob es sich dabei um kleine Irritationen oder um schwerwiegende Probleme handelt. In einer gefährdeten Beziehung haben selbst Kleinigkeiten eine zerstörerische Macht. Es wird alles unter »Wir sind unglücklich« oder »Wir können nicht mehr miteinander kommunizieren« zusammengepackt. In Wirklichkeit gibt es das nicht. Auch Schweigen ist eine Form der Kommunikation. Was fehlt, ist ein effektiver Dialog, in dem jeder der Beteiligten das Gefühl hat, gehört zu werden und sich dem oder der anderen verständlich machen zu können. »Keine« Kommunikation ist in Wirklichkeit fruchtlose Kommunikation.

Häufig werden Paarberatungen aufgesucht, nachdem die »wahre« Persönlichkeit eines oder beider Partner zum Vorschein gekommen ist. Während Therapeuten dieses Stadium als notwendigen Teil des Anpassungsprozesses an das gemeinsame Leben ansehen, sind Paare sehr verunsichert, und es kommt zur Krise.

In der Frühphase einer Beziehung werden Unterschiede ohne Mühe toleriert, weil sich die Partner auf das Gemeinsame konzentrieren (einer der Hauptaspekte der romantischen Liebe). Menschen verlieben sich in das, was sie sehen und hören wollen. Kurzsichtig und taub stolpern sie einander in die Arme. Nichts ist zu schwer, und nichts kann sie aufhalten: Sie sind völlig aufeinander fixiert und halten alles für möglich.

Kleine Irritationen, Ticks und Gewohnheiten gelten als »liebenswert«, wenn sie überhaupt wahrgenommen werden.

Seine Schüchternheit ist süß, ihre Direktheit aufregend. Je mehr Zeit vergeht, je vertrauter die Partner miteinander werden, desto eher lösen sich idealisierte Partner in Luft auf und lassen wirkliche Menschen zurück, die sich mit dem auseinandersetzen müssen, was sie gerade entdeckt haben: Die Werbe- und Verliebtheitsphase ist nichts als Heuchelei, ein Versteckspiel. Seine Schüchternheit wird nun als unsoziales Verhalten betrachtet, und ihre Direktheit ist nichts anderes als Grobheit. Diese Täuschung wird persönlich genommen, statt sie als vorhersehbaren Schritt auf dem Weg zu einer Lebensgemeinschaft zu verstehen. Jeder fühlt sich irgendwie betrogen (der Grad der Enttäuschung ist abhängig vom Ergebnis der »Enthüllung«). Auf beiden Seiten herrscht das Gefühl, mit einer oder einem »Fremden« zusammenzuleben, was bei Menschen, die sich in der Verschmelzung mit ihrem Partner am sichersten fühlen, tiefe Ängste erzeugt.
Die Erkenntnis lautet: Hier sind zwei Menschen mit eigenen Vorstellungen und Erwartungen und einem Bedürfnis nach Kontrolle, daß diese Erwartungen auch erfüllt werden. Plötzlich erscheint alles viel weniger einfach als zunächst angenommen. Vielleicht war es keine kluge Entscheidung, sich zusammenzutun! Vielleicht ist es gar nicht der richtige Partner! Vielleicht sollten wir einfach Schluß machen!
Ein Paar, das an diesem Punkt Rat sucht, wird feststellen, daß das Erlebte kein Indikator für eine falsche Verbindung ist, sondern eher ein Anzeichen dafür, daß die Beziehung »Wachstumsschmerzen« verursacht. Wollen die Partner zusammenbleiben, wird ihnen diese Erkenntnis große Erleichterung verschaffen. Wollen sie es nicht, dann werden sie fortfahren, ihre Probleme als Beweis dafür anzusehen, daß sie eigentlich nicht füreinander bestimmt waren. Wenn Sie vorhaben auszusteigen, ist ein Grund so gut wie jeder andere.

Wann Sie eine Therapie in Anspruch nehmen sollten

Schon lange ehe ein Paar eine Partnerschaftsberatung aufsucht, ist der vorherrschende Gedanke: Es wird einfach nicht besser. Für manche Paare ist dies Grund genug, einen Termin auszumachen. Für andere muß es noch wesentlich schlimmer kommen, vor allem dann, wenn die Suche nach Hilfe als Zeichen von Schwäche oder als Hinweis auf ein Versagen angesehen wird. In Wirklichkeit erfordert es viel Mut, um Hilfe zu fragen, denn die Vorstellung ist beängstigend, daß die eigene Beziehung scheitern könnte, und es erscheint peinlich, sie nicht retten zu können. (Die Übungen »Anzeichen für Beziehungsprobleme« und »Stichworte« im Anhang des Buches können Ihnen helfen, Ihre Gedanken über den Zustand Ihrer eigenen Beziehung ein wenig zu ordnen.)

Sie mögen sich vielleicht fragen, ob Sie wirklich Grund genug haben, einen Spezialisten aufzusuchen, ob die Situation wirklich ernst genug ist, oder ob jemand anders Ihnen wirklich helfen kann? Vielleicht fühlen Sie sich auch hin- und hergerissen zwischen den Gefühlen, einen Termin auszumachen oder die Dinge selbst lösen zu wollen. Oder Sie wollen Ihren Termin wieder absagen. Diese Unentschlossenheit ist völlig normal, weil Sie nicht wissen, was Sie von einer Paarberatung erwarten können.

Ob es Zeit ist, sich anderweitig nach Hilfe umzusehen oder nicht, können interessierte Paare anhand der folgenden Richtwerte überprüfen.

Sie sollten eine Beratung in Erwägung ziehen, wenn:

- Sie nicht mehr in der Lage sind, offen zu kommunizieren, wenn es zu viele »heiße Eisen« gibt,
- Sie sich nicht mehr verstanden fühlen und keinen Wert mehr darauf legen, Ihrem Partner zuzuhören,
- Ihre Wahrnehmung der Probleme so gegensätzlich ist, daß Sie zu keiner Einigung mehr kommen,

- Der Konflikt bereits in Beschimpfungen, Drohungen oder körperliche Gewalt ausartet,
- Immer wieder die gleichen Argumente angeführt werden und Sie sich in keinen Punkten einigen können,
- Sie sich völlig unter der Kontrolle Ihres Partners fühlen,
- Sie immer größeren Groll empfinden, über den Sie mit Ihrem Partner nicht sprechen,
- Sie oder Ihr Partner über eine alte Kränkung nicht hinwegkommen können,
- Sie sich Ihrem Partner innerlich nicht mehr gewachsen fühlen und Nähe und Vertrauen dadurch unmöglich werden,
- Ihre Probleme so gravierend sind, daß beide oder einer von Ihnen sich mit Alkohol oder Drogen, übermäßigem Essen, Fernsehen oder Arbeiten etc. zu betäuben versuchen,
- Keine Ausgewogenheit in Ihren Bemühungen besteht; einer der Partner ständig überfordert ist,
- Sie wissen, was sich ändern müßte, Sie sich aber davor fürchten oder nicht wissen, wie Sie vorgehen sollen,
- Sie nicht länger darauf vertrauen, daß Ihr Partner an Ihrem Wohlergehen interessiert ist; Sie glauben, Ihr Partner sei zu egoistisch geworden, um weiter an der Beziehung mitzuwirken,
- Sie Ihre Wertvorstellungen Kompromissen opfern, um weiter zusammenzubleiben,
- Sie sich gegenseitig aus dem Weg gehen, statt Zeit füreinander zu finden,
- Sie sich fortgesetzt streiten, aber unfähig sind, sich zu einigen und aus dem Problem zu lernen,
- Ihr eigener Antrieb zu schwach ist, um selbst etwas zu verändern,
- Sie sich nicht liebenswert bzw. ungeliebt fühlen,
- Sie sich ständig einsam fühlen, selbst wenn Sie zu zweit sind,

- Sie mehr Wert darauf legen, recht zu haben, als Ihren Partner zu verstehen,
- Sie nur noch darauf hoffen, daß Ihr Partner »Mist baut«, und Ihnen dadurch Grund gibt, wütend zu sein,
- Sie die meiste Zeit nur noch wütend sind auf Ihren Partner,
- Sie die gutgemeinten Versuche Ihres Partners ignorieren und es vorziehen, sie oder ihn zu kritisieren,
- Sie ernsthaft an Scheidung denken.

Die zahlreichen Gründe, aus denen Paare eine Partnerschaftsberatung anstreben, werden bei David Schnarch am treffendsten zusammengefaßt:

»Die Ehe zwingt uns, unsere besten wie auch unsere schlechtesten Seiten wahrzunehmen (sofern wir den Mut haben, hinzusehen): Sie enthüllt unsere Fähigkeit, zu quälen und zu hassen, unser Verlangen, den Partner bestrafen und kontrollieren zu wollen, unsere versteckte Erbärmlichkeit und Unsicherheit, unsere verschämten sexuellen Phantasien und, vor allen Dingen, unsere oft unbewußte Angst davor, zurückgewiesen und auf uns selbst zurückgeworfen zu werden oder jemanden zu verlieren, den wir lieben.
Und genau diesen Ängsten hoffen Menschen ... zu entfliehen, indem sie heiraten. Jeder hofft, endlich seine ›andere Hälfte‹ gefunden zu haben, die ihn oder sie zu einem kompletten Ganzen machen wird. Eheprobleme tauchen häufig dann auf, wenn die dünne Membrane dieser Wunschvorstellung überstrapaziert wird, wenn die Wechselfälle des Lebens die Seifenblase der Scheinzusammengehörigkeit zum Platzen gebracht haben ...« (S. 46)

Wann Sie sich das Geld sparen können

Ein guter Paartherapeut wird Ihnen sagen, wann Sie Ihre Zeit und Ihr Geld verschwenden. Damit eine Therapie Wirkung zeigen kann, müssen bestimmte Bedingungen erfüllt sein. Therapie ist kein Wundermittel; sie ist eine Art Teamarbeit, bei der Ihre Mitarbeit unerläßlich ist.

Wahrscheinlich haben Sie Verwandte, Freunde oder Arbeitskollegen, die eine Paartherapie unternommen und damit »keinen Erfolg« gehabt haben. Es klappt eben nicht in jedem Fall. Die im folgenden aufgelisteten Merkmale tragen wesentlich zu Mißerfolgen in der Paartherapie bei. Sollten Sie oder Ihr Partner sich mit einigen dieser Merkmale identifizieren, dann machen Sie sich klar, daß die Prognose für eine Paarberatung in Ihrem Fall ungünstig ist und eine Einzeltherapie vermutlich die bessere Entscheidung wäre:

- Einer der Partner nimmt weder den Vorgang noch die Bemühungen ernst und interessiert sich nicht für das Ergebnis.
- Einer der Partner hat sich bereits entschieden, die Beziehung aufzugeben, und nimmt an der Paartherapie lediglich teil, um sagen zu können: »Ich habe es versucht.«
- Einer der Partner hat eine Affäre und ist nicht bereit, diese zu beenden.
- Trotz eindringlicher Mahnungen über die Folgen für die Beziehung, ist einer der Partner nicht bereit, sein Verhalten zu verändern (Gewalt, exzessiver Alkohol- oder Drogenkonsum, fortgesetzte Untreue).
- Einer der Partner ist zu unreif, um seine noch aus der Kindheit stammenden unrealistischen Erwartungen aufzugeben, und besteht darauf, daß diese vom anderen erfüllt werden.
- Einer der Partner ist zu sehr auf Unabhängigkeit und Ei-

genständigkeit bedacht und nicht bereit, sich auf gegenseitige Abhängigkeit (Interdependenz) einzulassen.

- Einer der Partner räumt der Beziehung weiterhin einen untergeordneten Stellenwert ein.
- Die Partner sind durch eine ungewollte Schwangerschaft und elterlichen Druck zusammengekommen und hatten nur mangelndes Interesse an einer freiwilligen Bindung.

Wie finde ich den richtigen Therapeuten?

Ihre Beziehung verdient die Aufmerksamkeit einer qualifizierten und erfahrenen Paartherapeutin oder eines Therapeuten. Am besten fragen Sie Menschen, die Ihnen nahestehen, ob sie Ihnen ein oder zwei Personen empfehlen können. Kennen Sie ein Paar, das eine erfolgreiche Paartherapie hinter sich hat? Dann lohnt sich ein Anruf bei ihrem Therapeuten, auch wenn dies keine Erfolgsgarantie ist. Manche Menschen passen einfach besser zusammen als andere.

Halten Sie in Ihrer Tageszeitung Ausschau nach öffentlichen Vorträgen an Universitäten und Volkshochschulen. Spricht dort jemand über das Thema Beziehungsprobleme? Besuchen Sie mehrere Veranstaltungen, bis Sie das Gefühl haben, daß dieser Referent oder die Referentin auf Sie nicht nur kompetent, sondern auch vertrauenerweckend wirkt. Neben Forschung und Lehre betreiben sie oft auch eine private Praxis.

Pro Familia, die Deutsche Gesellschaft für Sexualberatung und Familienplanung, bietet neben vielen anderen Diensten auch Partnerschaftsberatungen an. Die Telefonnummer der nächsten Beratungsstelle finden Sie im Telefonbuch, oder Sie erfragen Sie direkt beim Bundesverband der Pro Familia in Frankfurt am Main. Im Telefonbuch finden Sie auch die Anschriften der Wohlfahrtsorganisationen und kirchlichen Regionalverbände, die Ihnen weitere Beratungsstellen nennen können. Die Caritas und das Haus der Volksarbeit beispielsweise bieten ebenfalls Ehe- und Partnerschaftsberatungen an.

Wenn Sie sich für eine Therapeutin oder einen Therapeuten entschieden haben, bedenken Sie vor Ihrem Anruf, daß Sie sich nach einer Dienstleistung erkundigen und das Recht haben, Fragen zu stellen. Dazu gehören auch Fragen über die Person, die diese Dienstleistung anbietet. Erkundigen Sie sich nach seinem oder ihrem beruflichen Hintergrund, nach Berufserfahrung und was immer Sie für nötig halten, um die Qualifikation dieser Person einzuschätzen. Wenn Sie eine Partnerschaftsberatung und keine Einzeltherapie anstreben, sollten Sie unbedingt einen Spezialisten für Paar- und Familientherapie wählen. Die Arbeit mit Einzelpersonen ist etwas anderes als die Arbeit mit Paaren und Familien.

Sind Sie mit der Qualifikation Ihres Gesprächspartners zufrieden, müssen Sie herausfinden, wie teuer die Behandlung ist. Wie hoch ist der berechnete Stundensatz? Wie lange dauert eine Beratungsstunde? Gibt es bei den Preisen Verhandlungsspielraum? (Einige Beratungsstellen gehen durchaus auf die soziale Situation der Klienten ein.)

Paartherapien sind nicht billig. Die gesetzlichen Krankenkassen in Deutschland übernehmen keine Kosten, bei einigen privaten Krankenversicherern hat man in Einzelfällen mehr Glück. Allerdings gibt es deutliche Preisunterschiede zwischen den Beratungssätzen der einzelnen Beratungsstellen, z. B. zwischen Stadt und Land, außerdem erhalten einige Stellen höhere Zuschüsse als andere und können daher günstigere Sätze anbieten. Es lohnt sich also, bei verschiedenen Adressen nachzufragen. Betrachten Sie Ihre Partnerschaftsberatung als Investition in Ihre eigene Zukunft und in die Ihrer Familie. Schließlich beginnen Sie eine Therapie nicht, um bestehende Probleme mit einem Heftpflaster zu verarzten, sondern um verstehen zu lernen, wie es zu den Problemen kommen konnte und wie Sie sie in Zukunft vermeiden können. Aus diesem Grund kann sich eine erfolgreiche Therapie für Ihre Zukunft durchaus bezahlt machen.

Im folgenden erhalten Sie einen kurzen Überblick über die verschiedenen Berufsbilder von Beratungskräften. Grundsätzlich können Ärzte, Psychiater, Psychologen, Psychotherapeuten, Psychoanalytiker, aber auch Theologen, Pädagogen und Soziologen mit einer entsprechenden Weiterbildung für Partnerschafts- und Familienberatung Paarberatungen durchführen.

Psychiater sind Fachärzte für seelische Krankheiten und mentale Störungen, die, wie alle anderen Ärzte auch, ein Medizinstudium absolviert haben. Sie können Rezepte ausschreiben und behandeln vor allem nach einem medizinischen Krankheitsmodell und denken in Begrifflichkeiten wie Diagnose und Pathologie. Immer mehr von ihnen beginnen sich in Paar- und Familienberatung zu spezialisieren und vom traditionellen Krankheitsmodell abzurücken.

Psychologen oder (um allen Mißverständnissen vorzubeugen) *Diplompsychologen* haben ein Studium der Psychologie absolviert und sich durch eine entsprechende Weiterbildung für die Paar- und Familienberatung qualifiziert. Da die Bezeichnung »Psychologe« bis vor kurzem noch ungeschützt war, sollten Sie auf das »Diplom« vor der Berufsbezeichnung achten.

Die Berufsbezeichnung von *Psychotherapeuten* ist bis heute ungeschützt, darf also im Grunde von jedem verwendet werden. Die Psychotherapie dagegen ist eine Heilkunde und darf nur von Ärzten und Psychologen ausgeübt werden, die über eine entsprechende Genehmigung nach dem Heilpraktikergesetz verfügen. Wer diese Ausbildung absolviert hat, wird es entsprechend kenntlich machen.

Psychoanalytiker werden häufig mit Psychotherapeuten verwechselt. Dabei dürfen nur Ärzte und Psychologen, Personen, die sich auf eine bestimmte Therapieform, nämlich die

Psychoanalyse, spezialisiert haben, die Berufsbezeichnung Psychoanalytiker tragen. Die Weiterbildung zum Psychoanalytiker ist inzwischen nur noch Ärzten und Diplompsychologen erlaubt.

Bevor Sie Ihre endgültige Wahl treffen, hier noch ein kurzer Überblick über die verschiedenen Behandlungsansätze. Es gibt viele Arten, in der Paartherapie Ihre Probleme anzugehen. Die üblichsten Behandlungsmethoden fallen unter die folgenden Kategorien:

Psychodynamische Modelle (zurückgehend auf die von Sigmund Freud begründete Psychoanalyse) legen ihren Schwerpunkt auf das Innenleben (verdrängte Wünsche und Bedürfnisse) des Menschen. Ehe- und Partnerschaftsprobleme werden als Ergebnis einer gestörten Entwicklung eines oder beider Partner angesehen, vor allem als Ergebnis einer nur unvollständig vollzogenen Loslösung von den Eltern. Die Ursache für Beziehungsprobleme werden auf Situationen in der Kindheit zurückgeführt, während der nachpubertären Entwicklung wenig Aufmerksamkeit geschenkt wird. Auch äußere Stressoren werden nicht berücksichtigt. Das Augenmerk richtet sich auf bewußte und unbewußte Erwartungen der Partner, nicht auf ihre zwischenmenschlichen Prozesse.
Verhaltenstherapie (Konzentration auf Lerntheorien als Schlüssel zu menschlichem Verhalten). Hierbei geht es nicht um das Unbewußte, entwicklungsbedingte Aspekte oder innere Befindlichkeiten, sondern um das Verhalten des Menschen als Reaktion auf seine Umwelt. In der Paartherapie geht es um die Verhaltensmuster der Partner im Umgang miteinander und deren Auswertung, wobei die Vergangenheit des Paares keine Rolle spielt.
Humanistischer Ansatz (Konzentration auf das Wohlbefinden des einzelnen). Der Mensch wird in einem kontinuier-

lichen Wachstumsprozeß gesehen: es gilt ein sicheres Umfeld zu schaffen, in dem er sich entwickeln kann; Risikofreude und Spontaneität, gefühlsgesteuertes Handeln werden gefördert; Konzentration auf die Verantwortung des einzelnen; persönliche Hintergründe sind nicht von Interesse. Die Partnerschaft als Ort für persönliches Wachstum, das durch eine offene Kommunikation mit dem Partner ermöglicht wird: Motivation entsteht aus dem Wunsch des Menschen, das Beste aus sich zu machen.

Kognitive Therapie (Einfluß von Gedanken auf das Verhalten). Konzentration auf die Art und Weise, in der wir Informationen bei der Aufnahme verzerren, und die Tatsache, daß Gefühle maßgeblich von diesen verzerrten Gedanken beeinflußt werden. Persönliche Hintergründe sind nicht von Bedeutung. Die Paarberatung beschäftigt sich mit Selbstgesprächen und Störungen zwischen den Partnern, die Mißverständnisse herbeiführen.

Feministische Therapie (geschlechtsunabhängiger Ansatz). Beschäftigt sich mit der Resozialisierung von Frauen und Männern, basierend auf der Annahme, daß ein Großteil unseres Verhaltens durch Geschlechterrollen bestimmt wird und diese die persönliche Entwicklung behindern und damit auch den Aufbau einer befriedigenden Beziehung. Fehlfunktionen werden rigiden Rollenerwartungen zugeschrieben. Konzentration auf Schäden, die durch eine geschlechtsspezifische Sozialisation verursacht wurden. Ziel ist eine gleichberechtigte Partnerschaft mit ausgewogenem Kräfteverhältnis und die Steigerung von Nähe und Vertrauen durch die Beseitigung geschlechtsspezifischer Rollenerwartungen.

Familientherapie (systemischer Ansatz). Nicht individuelle Verhaltensweisen stehen hier im Vordergrund, sondern für die Partnerschaft wesentliche Beziehungsaspekte. Dahinter verbergen sich Konzepte wie Grenzen und Dreiecksverhältnisse und die Vorstellung, daß Individuen Teil eines größeren Systems sind. Ist ein Teil einer Familie betroffen, gilt dies auch für alle anderen Mitglieder. Im Vordergrund stehen Aspekte wie Verantwortungslosigkeit oder Überverantwortung und die Vergangenheit der Partner im Hinblick auf ihre Ursprungsfamilien.

Bei Gegensatzpaaren kann es vorkommen, daß RH- und LH-Partner sich zu unterschiedlichen Therapieformen hingezogen fühlen. Die Psychoanalyse, Gestalttherapie und Jungianischen Behandlungsansätze beschäftigen sich beispielsweise häufig mit Träumen. Linkshemisphärische Menschen haben jedoch oft Schwierigkeiten, sich an ihre Träume zu erinnern und kommunizieren zudem nicht in Bildern, so daß ihnen dieser Behandlungsansatz möglicherweise fremd bleibt. Andererseits ist die Verhaltenstherapie für lösungsorientierte Menschen sehr reizvoll. Für RH-Partner ist ein humanistischer Therapieansatz mit seiner Konzentration auf Gefühle und Beziehungen meist besser geeignet als eine kognitiv orientierte Therapie. Auch ein falsch gewählter Ansatz kann also der Grund für eine erfolglos gebliebene Therapie sein.

Wenn Sie mit einem Therapeuten oder einer Therapeutin Kontakt aufnehmen und Fragen stellen, achten Sie auf Ihren ersten Eindruck: Wird Ihren Fragen Beachtung geschenkt oder wirkt er oder sie eher zurückhaltend? Wird auf Ihre Fragen eingegangen oder werden sie mit Gegenfragen beantwortet? Geben Sie nicht gleich auf, wenn Sie beim ersten Anruf nicht zufrieden sind, schließlich suchen Sie nach dem Menschen, der Ihnen am besten helfen kann. Vielleicht haben Sie einfach den falschen Augenblick erwischt. Sind Sie auch nach dem zweiten Anruf noch unzufrieden, dann werden Sie sich auch in einer Sitzung nicht wohlfühlen.

Ein kompetenter Therapeut wird gegen Ihre Fragen nichts einzuwenden haben. Bereiten Sie sich schriftlich vor und fragen Sie gezielt, um Ihren Anruf so kurz wie möglich zu gestalten. Schließlich geht es nicht darum, per Telefon eine

Therapie einzuleiten, sondern einen potentiellen Therapeuten zu finden. Nehmen Sie sich Zeit.

Was Sie erwarten können

Viele Partner beginnen eine Paarberatung mit dem Gedanken: »Wenn der Therapeut meinen Partner ändern könnte, dann wäre alles gut.« Für viele ist es ein böses Erwachen, wenn sie feststellen, daß der Therapeut diese Macht gar nicht besitzt. Erfahrene Therapeuten haben nicht die romantische Vorstellung, einen anderen Menschen verändern zu können. Wenn Sie also auf diese Hoffnung bauen sollten, dann werden Sie mit Sicherheit enttäuscht.

Die erste Lektion ist gleichzeitig die schwierigste: Ihr Partner wird nichts ändern, was er oder sie nicht freiwillig zu ändern bereit ist. Allerdings kann der Therapeut Ihrem Partner (und Ihnen) helfen herauszufinden, welche Auswirkungen das Beharren auf alten Zuständen auf Ihre Beziehung haben wird. Ein Therapeut schafft Ihnen eine Art Freiraum, in dem Sie Veränderungen in Ruhe ausprobieren können, was außerhalb des Therapierahmens oft weniger leicht möglich ist. Auch wenn es vielleicht so aussehen mag, als könne ein Therapeut einen Menschen verändern, hängt es in Wirklichkeit allein vom Menschen selbst ab, ob er sich verändert oder nicht, der Therapeut unterstützt lediglich diesen Prozeß.

Viele Paare beginnen eine Paarberatung, um ihre Beziehung »reparieren« zu lassen. Sie betrachten das Ganze als eine Art chirurgischen Eingriff, bei dem der Therapeut die Operation vornimmt, während das Paar lediglich die Geschichte dazu liefert. Sie stellen sehr bald fest, daß von ihnen mehr erwartet wird, als das Erzählen ihrer Geschichte. Die häufigste Fehleinschätzung von Partnerschaftsberatungen geht davon aus, daß der Therapeut einem schon sagen werde, was man zu tun habe, und man selbst müsse diese Ratschläge dann nur noch befolgen. Zwar gibt es einige Therapieformen, die mit konkreten Anweisungen (Direktiven) arbeiten (bei Verhaltensänderungen beispielsweise), in einer gemeinsamen Paarberatung jedoch ist die aktive Teilnahme der Partner unbedingt erforderlich. Der Therapeut beschränkt sich darauf, als eine Art unparteiischer Kommentator und Katalysator zu fungieren, der bestimmte Dinge anstößt, um die natürlichen Verständigungsmechanismen eines Paares zum Vorschein zu bringen. Er muß die Partner lediglich darin unterstützen, ihre eigenen Lösungen zu finden.

Therapeuten können weder die Gefühle eines Menschen verändern noch seine Vergangenheit, sie können ihn auch nicht in jemand anderen verwandeln, ihn permanent motivieren oder eine ständige Quelle der Kraft sein. Ihre Macht ist – genau wie Ihre eigene – begrenzt. Der Unterschied zwischen einem Therapeuten und Ihnen liegt weniger darin, daß Sie und Ihr Partner es versäumt haben, bestimmte Dinge selbst richtigzustellen, die jetzt von Ihrem Therapeuten »erfolgreich« korrigiert werden, sondern darin, daß Sie *innerhalb* einer Partnerschaft *leben*, während der Therapeut diese Partnerschaft von *außen beobachtet*. Das verschafft ihm den großen Vorteil des unparteiischen Außenstehenden.

Wichtig ist, daß Sie und Ihr Partner sich darauf verlassen können, daß Ihr Therapeut Ihnen beiden das gleiche Interesse entgegenbringt. Jeder Ihrer Standpunkte verdient die gleiche Aufmerksamkeit und ist gleich wichtig. Es mag Zeiten geben, in denen es den Anschein hat, als erfahre einer von Ihnen eine Sonderbehandlung oder erhalte mehr Aufmerksamkeit. Das mag sogar stimmen. Doch es ist Teil des Prozesses, und Sie sollten darauf vertrauen. Ein Therapeut muß mitunter Zeit darauf verwenden, einen zurückhaltenden Partner richtig zu integrieren oder sich in einer Sitzung, die für einen von Ihnen besonders mühevoll ist, mit diesem intensiver beschäftigen.

Ziehen Sie aus einer Einzelsitzung nicht den Schluß, der Therapeut sei einseitig. Erst wenn Sie im Rückblick auf drei oder vier Sitzungen das Gefühl eines Ungleichgewichts haben, sollten Sie dieses zur Sprache bringen. Es ist wichtig, daß Sie dem Therapieprozeß vertrauen, unabhängig davon, ob er einmal unausgewogen erscheint. Noch wichtiger aber ist es, daß Sie Ihrem Therapeuten vertrauen.
Erfahrene Paarberater verfügen über ein umfangreiches Fachwissen und spezielle Techniken, mit denen sie den vor Ihnen liegenden Prozeß der Selbsterkennung erleichtern können. Von einem gut ausgebildeten Paartherapeuten können Sie und Ihr Partner in folgenden Bereichen Hilfe erwarten:

- Kennenlernen der Stärken und Schwächen Ihrer Beziehung
- Gedanken, Gefühle und Vorstellungen besser wahrnehmen lernen, die Ihr Zusammengehörigkeitsgefühl stören oder verstärken können
- Ihre Möglichkeiten und die jeweils damit verbundenen Konsequenzen herausarbeiten
- Verhalten ändern, um bestimmte Ziele zu erreichen
- Ehrlich kommunizieren
- Verhaltensmuster herausarbeiten, die Ihre Partnerschaft gefährden
- Lernen, Konflikte auszutragen, ohne dabei der Beziehung zu schaden
- Problemlösungstechniken erwerben
- Zurückliegenden Groll, alte Verletzungen und Enttäuschungen aufarbeiten und überwinden lernen
- Mögliche unrealistische Erwartungen in bezug aufeinander und auf die Partnerschaft aufdecken
- Eine Partnerschaft aufbauen, in der sich jeder von Ihnen als eigenständige Person respektiert fühlt
- Eine befriedigende sexuelle Beziehung aufbauen

- Als Paar an Stärke gewinnen
- Strategien entwickeln, wie Sie nach der Therapie mit bestimmten Situationen umgehen können

Eine Paarberatung kann Sie zwar nicht vor einer Trennung, dafür aber vor einer vorschnell getroffenen Entscheidung zum »Ausstieg« bewahren. Wenn Sie sich nach dem Besuch einer Therapie für eine Trennung entscheiden, wird dies ein vernünftiger Entschluß sein, mit dem beide Partner viel leichter leben können.

Die erste Phase

Der erste Termin ist üblicherweise ein Informationsgespräch. Wie viele Informationen ein Therapeut benötigt, hängt von der Art der Therapie ab, die Sie gewählt haben. (Ein Gestalttherapeut wird Sie vielleicht nur um einige kurze Kommentare zu Ihrer Beziehung bitten, während sich ein psychodynamisch-orientierter Therapeut sowohl nach Ihrer individuellen als auch nach Ihrer gemeinsamen Vergangenheit erkundigen wird.) Der im folgenden beschriebene Ablauf einer Paarberatung orientiert sich an meiner Arbeit als Ehe- und Familientherapeutin und den in meiner Praxis gemachten Erfahrungen.

In der ersten Phase einer Paartherapie treffe ich ein Paar einmal wöchentlich, im weiteren Verlauf der Therapie werden diese Besuche seltener. In der ersten Sitzung geht es mir vor allem darum zu erfahren, was die Partner ursprünglich zueinander hingezogen hat und was sie weiterhin zusammenhält. Ich bitte sie, mir von den Ehen ihrer Eltern zu erzählen und davon, was sie aus diesen Ehen gelernt haben und was es für sie heißt, ein eigenständiger Mann oder eine Frau bzw. ein Partner oder eine Partnerin zu sein. Ich möchte herausfinden, wie nahe sich die Partner sind und bitte sie um eine kurze Schilderung ihrer gemeinsamen Zeit. Dabei geht es mir vor allem um ihre anfänglichen Erwartungen und was aus ihnen geworden ist.

Ich erkundige mich nach den Gründen, gerade jetzt eine Paartherapie aufzusuchen und nach ihren Vorstellungen davon, wie ich ihnen helfen soll. Welches Ergebnis sollte ihrer Meinung nach am Ende unserer gemeinsamen Arbeit stehen? Dadurch kann ich ungefähr einschätzen, wieviel Zeit wir benötigen werden – eine Frage, die niemals ausbleibt. Obwohl sie lange gebraucht haben, um meine Praxis aufzusuchen, reagieren ausnahmslos alle erstaunt darauf, wie lange es dauern kann, die genannten Ziele zu erreichen. Außerdem ist es meine Pflicht zu überprüfen, ob ihre Wünsche realistisch sind. Versäume ich es, ihre unrealistischen Zeitvorstellungen zurechtzurücken, werden sie sich für den kommenden Mißerfolg verantwortlich fühlen.

Nachdem wir das, was nach Ansicht des Paares in der Therapie erreicht werden soll, und einen realistischen Zeitrahmen für die dazu notwendige Arbeit festgesteckt haben, bespreche ich einige grundlegende Dinge, wie die Ernsthaftigkeit der vor uns liegenden Arbeit, die Wichtigkeit, vereinbarte Termine einzuhalten, und die Handhabung von Absagen und Verschiebungen. Auch das Thema Diskretion kommt zur Sprache und die Tatsache, daß sexuelle Kontakte mit einem Therapeuten oder einer Therapeutin unter keinen Umständen zulässig sind. Außerdem mache ich den Partnern klar, daß eine eventuell bestehende Affäre eines der Partner beendet werden muß, bevor wir ernsthaft mit der Arbeit beginnen: geteilte Aufmerksamkeit bedeutet soviel wie gar keine Aufmerksamkeit. Bereitet es einem Partner Schwierigkeiten, eine Affäre zu beenden, beginnt unsere Arbeit eben an diesem Punkt.

Sollte einer der Partner mit mir ein Privatgespräch führen wollen, werde ich auch den anderen davon unterrichten, weil ich nicht einerseits »Geheimnisträgerin« sein und gleichzeitig unparteiisch bleiben kann. Dies ist gerade in der ersten Phase sehr wichtig, in der die Partner noch dazu neigen, die Therapie mit einer Gerichtsverhandlung zu verwechseln, in der jeder zu begründen sucht, warum sich gerade der andere verändern müsse.

An diesem Punkt höre ich immer wieder den Satz: »Ich bin nicht der/diejenige mit einem Problem.« Auch dahinter verbirgt sich eine falsche Vorstellung von Paartherapien: der Trugschluß nämlich, irgend jemand müsse schuld sein. Die meisten Paare scheuen allein aus diesem Grund eine Therapie, vor allem dann, wenn sie von kritischen und anspruchsvollen Eltern erzogen wurden. Die Partner rechnen mit Vorwürfen und sehen nicht ein, warum sie für etwas Geld ausgeben sollen, das für sie schmerzhaft werden könnte.

Meine Arbeit hat jedoch gezeigt, daß es immer nur *zwischen* den Partnern Probleme gibt. Ich gehe davon aus, daß beide Mitspieler sind, unabhängig davon, wer was begonnen hat. Mein Interesse liegt darin, ihnen dabei zu helfen, ihre Konfliktpunkte zu lösen – und zwar als Team.

Therapien sind nicht nur angenehm. Deshalb erwähne ich immer, daß mitunter einer oder sogar beide aussteigen wollen. Es wird Zeiten geben, in denen alter Groll wiederaufgedeckt wird, und das kann weh tun. Themen, die beide tunlichst vermieden haben, müssen zur Sprache gebracht werden, was unangenehm ist. Deshalb muß das Paar davon überzeugt sein, diesen Schmerz und diese Unannehmlichkeiten überwinden zu können. Die Partner müssen nicht nur lernen, darauf zu vertrauen, daß sie selbst alles bewältigen werden, was zum Vorschein kommt, sie müssen außerdem auch mir vertrauen, sie durch alles hindurchzuführen, und letztendlich auch dem Therapieprozeß selbst. (Häufig geschieht dies nicht vor der ersten Krise, die meist in der mittleren Phase auftritt.)

In meiner Praxis ist die erste Phase vor allem ein Lernprozeß.

Eine der häufigsten Ursachen für Paarprobleme ist die Unerfahrenheit der Partner. Was sollen sie auch über enge und engagierte Partnerschaften wissen, wenn sie in einer Gesellschaft aufwachsen, die sich kaum die Mühe macht, ihrer Jugend diesbezügliches Wissen zu vermitteln? Heranwachsende lernen allein durch Beobachten, und ihre Rollenmodelle sind nur allzu selten gute Vorbilder in Sachen Partnerschaft. Ohne entsprechende Kenntnisse jedoch können Partner nicht handeln, und sie werden versuchen, die Lücken mit Vermutungen und Wunschvorstellungen auszufüllen.

Den Anfang mache ich mit einem kurzen Überblick über die verschiedenen Arten von Beziehungen: abhängige, unabhängige, gemischte und Beziehungen mit gegenseitiger Abhängigkeit. *Abhängige Beziehungen* bestehen zwischen Partnern, die so aufeinander fixiert sind, daß keiner von beiden sich eigenständig entwickeln kann. Wenn der eine losläßt, stürzt der andere. Beide sind völlig miteinander verschmolzen und empfinden große Angst vor dem Alleinsein. *Unabhängige Beziehungen* bestehen aus zwei stark individualistisch orientierten Partnern, die sich vor Abhängigkeiten fürchten. Sie sind extrem selbständig, so daß kaum eine Beziehung besteht, außer aus pragmatischen Gründen. In *gemischten Partnerschaften* gibt es einen abhängigen und einen unabhängigen Partner. Sie haben die größten Probleme und sind am häufigsten in Paartherapien anzutreffen; was für den einen ein Problem ist, ist für den anderen keins. Ihre ureigensten Bedürfnisse laufen völlig konträr, und es ist ihnen unmöglich, sich in der Mitte zu treffen.

Die vierte Art, die *Beziehung auf Gegenseitigkeit*, ist der Prototyp eines sich gut verstehenden Paares. Zwischen den Partnern herrschen ein ausgewogenes Verhältnis zwischen individuellen und Beziehungsbedürfnissen, gegenseitiger Respekt, ein gleichgewichtiges Machtverhältnis, Wechselseitigkeit, das Gefühl persönlicher Sicherheit ebenso wie Teamarbeit, und sie haben gemeinsame Wertvorstellungen und

Ziele. Obwohl eine Paartherapeutin weitgehend wertfrei urteilen sollte, muß ich zugeben, daß ich das Modell der Gegenseitigkeit bei der Einschätzung hilfesuchender Paare als Muster verwende.

An dieser Stelle erzähle ich gewöhnlich etwas über den Unterschied zwischen reifer und unreifer Liebe. Jeder von uns wünscht sich einen Partner, der alle unsere Bedürfnisse erfüllt, und bei dem wir immer unseren eigenen Kopf durchsetzen können; dies ist eine noch aus Kindertagen stammende Wunschvorstellung. *Unreife Liebe* ist darauf ausgerichtet zu nehmen, zu bekommen, ausgefüllt zu werden und Sicherheit zu erhalten, weil die eigene Liebenswertigkeit angezweifelt wird. Diese Art von Liebe basiert auf der Empfindung: »Ich liebe dich, weil ich dich brauche.« Unreife Partner fühlen sich in ihren Beziehungen ständig hintergangen. Sie klagen unentwegt darüber, nicht genug zu bekommen (egal von was), und klagen lieber, statt zu agieren. Sie ziehen ihre Sicherheit aus anderen Menschen, niemals aus sich selbst.

Reife Liebe dagegen empfindet Dankbarkeit für das, was ist, und ein Gefühl der Freude darüber, den anderen zu lieben und als Paar soviel erreichen zu können. Hier herrscht die Empfindung vor: »Ich liebe dich, weil du meine Welt bereicherst.«

In der Therapie ist zu diesem Zeitpunkt jeder davon überzeugt, er oder sie selbst sei reif, der Partner dagegen unreif. Wir setzen uns mit dieser Annahme auseinander, um sie dann möglicherweise zugunsten der Erkenntnis zu korrigieren, daß beide Partner noch einen Zuwachs an Reife nötig haben. Verantwortung zu teilen, ist ein wichtiger Bestandteil der ersten Phase. Der eigene Anteil an der »Schuld« wird reduziert und Hoffnung auf neue Möglichkeiten verstärkt. Ist einer allein das Problem, dann hängt alles davon ab, ob dieser Partner wirklich eine entscheidende Persönlichkeitsveränderung durchlaufen kann. Haben dagegen beide Partner Anteil an den Problemen, kann jeder für sich entscheiden, ob er oder sie die notwendigen Veränderungen mittragen möchte, um das zu erreichen, was sie sich als Paar erhofft haben.

Diese Veränderungen setzen eine grundsätzliche Korrektur der gegenseitigen Einstellung voraus. Um wirklich ernsthafte Arbeit zu leisten – die sie dem nahebringt, was das Paar sich erhofft –, muß jeder Partner bereit sein, Risiken einzugehen. Auch diese Risiken sind Teil der Entwicklung von unreifer zu reifer Liebe. Die Partner müssen bereit sein:

- Die Realität des anderen anzuerkennen (wenn sie sagt, sie fühle sich verletzt, dann erzählen Sie ihr nicht, sie sei überempfindlich)
- Ihr eigenes Verhalten neu zu überdenken (wenn Sie das Gefühl haben, Ihr Partner sei ständig mit etwas hinter Ihnen her, dann überdenken Sie Ihr eigenes Vermeidungsverhalten und seine Auswirkungen auf den Partner)
- Nicht mehr ständig den anderen für verantwortlich zu halten (lernen Sie verstehen, daß Sie sich gemeinsam dorthin manövriert haben)
- Alte Verhaltensweisen aufzugeben, die der Beziehung abträglich sind (also auch Dinge, die Sie gerne tun oder aus alter Gewohnheit schon immer getan haben)
- Erwartungen zu verändern (in bezug aufeinander und auf die Beziehung)

Der letzte Punkt, »Erwartungen verändern«, gehört zur einfachsten Art, sich in seiner Beziehung wohler zu fühlen. In der ersten Phase der Therapie mache ich das Paar mit dem Konzept der falschen Erwartungen bekannt, da gerade diese die zukünftige Arbeit ernsthaft gefährden können. Zu viele Partner wünschen sich Dinge, die real nicht mehr existieren, sondern nur für einen kurzen Moment – vielleicht in der ersten Phase der Verliebtheit – vorhanden waren, als der

Reiz zwischen den Partnern am größten und für einen kurzen Zeitraum vieles möglich war. (Eine häufig geäußerte Klage: »Am Anfang war er so romantisch. Er hat mir kleine Liebesbriefchen geschrieben und auf dem Kopfkissen liegenlassen. Jetzt liegen die Zettel auf dem Küchentisch und lauten: ›Die Milch ist alle.‹«)
Die Crux liegt in der Annahme, alle möglichen Verhaltensweisen müßten beibehalten werden, weil sie Teil der Natur des jeweiligen Menschen seien. Diese Erwartung wird als Tatsache angesehen, die einem später vorenthalten wird, und man fühlt sich betrogen. In Wirklichkeit entsprach dieses frühere Verhalten einer Rolle – war Teil des Werbeverhaltens –, die im Laufe der Zeit aufgegeben wird, damit die wirkliche Person zum Vorschein kommen kann.
Erinnern Sie sich an die Zeit Ihrer ersten Verliebtheit, an die vielen gemeinsamen Stunden, die Sie verbrachten und an die langen Nächte. Hatten Sie nicht den Eindruck, die Gefühle würden für alle Zeit so bleiben oder Ihr Partner werde immer bis tief in die Nacht mit Ihnen aufbleiben wollen? Tatsache ist doch, daß sich diese Dinge im Laufe der Zeit verändert haben, nicht nur Ihr Partner ist anders geworden, sondern auch Sie selbst. Wenn Sie erst einmal aus dem künstlichen Nebel der ersten Monate (und auch Jahre) heraus- und in die Wirklichkeit zurückgefunden haben, dann mag das zwar enttäuschend sein, aber dafür können Sie anfangen, ehrlicher miteinander umzugehen. Niemand kann seine Beziehung verändern, ohne zunächst einmal seine gegenseitigen Enttäuschungen offenzulegen. Sobald das geschieht, sind Sie auf dem Weg in die zweite Phase. Sie ist die schwierigste Phase der Paartherapie, aber mit etwas Durchhaltevermögen sind Sie vielleicht bald in der Lage festzustellen, daß das Glück nicht darin liegt, das zu bekommen, was Sie wollen, sondern das zu schätzen, was Sie bereits haben.

Die zweite Phase

Je weiter ein Paar im Therapieprozeß fortschreitet, desto mehr reduzieren sich die Sitzungstermine. In dieser Phase treffe ich Paare meist nur noch vierzehntägig, um den Partnern genügend Zeit zu geben, das Erlernte auch umzusetzen. Gewohnheitsmäßige Reaktionen auf Streß, den Partner und sich selbst zu verändern, ist ein langsamer Prozeß. Die Paare brauchen Zeit, ihre neuen Umgangsweisen miteinander zu erproben.

In dieser Phase der Paarberatung finden zwischen den Partnern viele Gespräche statt, meist wird sogar mehr geredet als zugehört, denn auch diese Kunst gilt es erst zu erlernen. Es ist die Zeit des »Luftmachens«, die Partner äußern Groll und Verärgerung und enthüllen unerfüllte Träume. Die Vergangenheit schmerzt noch, die Gegenwart ist unerträglich und die Zukunft ungewiß.

Schmerz, Groll, Wut und Enttäuschungen blockieren alle Gefühle; erst durch die Gespräche, so schmerzhaft sie auch sein mögen, wird der Weg frei, alte Wunden verheilen zu lassen. Gefährlich und schädlich kann es werden, wenn Sie und Ihr Partner sich zu sehr auf Ihren Kummer konzentrieren und dabei das Vorwärtsgehen vergessen. Wenn Sie die Therapie in dieser Phase aufgeben, haben Sie nichts gewonnen, aber viel verloren. Die Hilfe liegt darin, sich auf das zu konzentrieren, was Sie verbindet, auf Ihre Beziehung, und nicht auf sich selbst.

Ihre Partnerschaft ist etwas, das allein von Ihnen beiden abhängt. Damit eine Therapie auch dann erfolgreich verlaufen kann, wenn Sie nur Haß für Ihren Partner empfinden, der sich »wie ein Idiot« benimmt, oder Sie keine Nachsicht für »ihre Dummheit« aufbringen können, müssen Sie Ihre Aufmerksamkeit verschieben und sich auf das Band zwischen sich konzentrieren. Schließlich sind Sie nicht auf die Beziehung wütend oder Ihre Bindung leid, Sie sind wütend auf

ihn, Sie sind *sie* leid. Diese Gefühle beziehen sie auf einen Partner, der oder die, aus Ihrer Sicht gesehen, kein guter Partner ist.
Für die Bewältigung dieser schwierigen Phase ist es wichtig, daran zu denken, daß Sie beide etwas geschaffen haben, und daß dieses Etwas vernachlässigt wurde und nun Ihre Aufmerksamkeit benötigt. Verlagern Sie Ihre Kraft und Ihre Aufmerksamkeit auf diesen Gedanken und nicht weiter auf Ihren Partner. Wenn Ihnen das gelingt, bedeutet das einen weiteren Schritt auf dem Weg von unreifer zu reifer Liebe. Reife Liebe fragt nicht nach »falsch« oder »richtig«, sondern danach: »Was können wir tun, um unsere Beziehung vor unseren eigenen Unzulänglichkeiten zu schützen?«
Meist ist es an diesem Punkt an der Zeit, dem Paar mitzuteilen, daß sich für mich bestimmte Themen herauszukristallisieren beginnen. Manchmal frage ich auch direkt: »Wenn Ihre Beziehung in einem Buch oder Film dargestellt werden sollte, welchen Titel würden Sie wählen?«
Einsamkeit ist ein solches Thema, weil viele Menschen sich in ihrer Beziehung sehr verlassen fühlen. Wir stellen hohe Ansprüche an Ehe und Partnerschaft; daher ist es eher verwunderlich, wenn Paare ihren Vorstellungen auch nur annähernd gerecht werden. Wir verlangen mehr von einer Partnerschaft, als diese je leisten kann. Wir wollen geliebt werden, so wie wir sind, mit allen Fehlern und Schwächen, und suchen Zuflucht vor einer unpersönlichen und manchmal verrückten Welt.
In unserem bloßen Dasein liegt eine fundamentale Einsamkeit, die durch nichts auszulöschen ist. Unabhängig davon, wie nahe wir anderen Menschen kommen, bleibt die Realität unseres isolierten Seins bestehen. Indem wir mit anderen verschmelzen, zusammengehen oder ihre Gesellschaft suchen, hoffen wir, diese Einsamkeit zu überwinden. Finden wir jemanden Besonderen, dann realisieren wir unsere Einsamkeit nicht mehr, doch sobald eine Beziehung in Gefahr gerät oder

gar endet, wird sie uns mit doppelter Macht wieder bewußt.

So wie eine einzelne Beziehung nicht in der Lage ist, unsere gesamten Bedürfnisse zu befriedigen, können wir dies auch nicht von unserem Partner erwarten. In der zweiten Therapiephase, in der die Versagensängste der Partner offen ausgesprochen werden, kommt dies deutlich zum Vorschein: »Ich weiß, daß du meine Unterstützung brauchst, aber irgendwie scheine ich nie genug zu tun« oder »Ich sagte dir immer wieder, wie schön du bist, und totzdem fragst du unentwegt, ob du nicht fett aussiehst.« In dieser Phase erkennen die Partner, daß viele ihrer Konflikte sich in Wirklichkeit um individuelle Probleme drehen und daß es schwierig ist, persönliche Probleme und Paarprobleme auseinanderzuhalten. Wenn wir vom Partner erwarten, daß unser mangelndes Selbstwertgefühl, Selbstvertrauen oder fehlende Motivation und Selbstsicherheit ausgeglichen werden, dann überfordern wir damit die Beziehung. Konflikte entstehen oft erst dadurch, daß wir Enttäuschungen und Ärger über uns selbst mit Enttäuschungen und Ärger über den Partner verwechseln.

Ich unterstütze Paare in dieser Phase dabei, »rote Tücher« oder andere Signale erkennen zu lernen, die Konflikte auslösen. Phrasen wie »Immer tust/mußt/hast du« oder »Nie kannst/willst/machst du« führen fast immer zu Streit. Die Partner erlernen produktive Gesprächstechniken und beginnen sich langsam von »der Verteidigung ihres Falles« ab- und zur »Anhörung beider Seiten« hinzuwenden.

Nun werden Veränderungen ausprobiert, die für beide Partner beängstigend sind. Jeder Mensch hat seine eigene Art, und am liebsten würde jeder so bleiben, wie er oder sie ist, während der andere sich verändert. Dies ist vor allem dann der Fall, wenn unsere eigenen Bedürfnisse erfüllt werden. Wer seine Wünsche erfüllt sieht, hat wenig Grund, etwas verändern zu wollen. Es unter diesen Umständen dennoch zu tun, bedeutet einen weiteren Schritt hin in Richtung reife Liebe.

Eine befriedigende Situation aufzugeben, damit die Bedürfnisse des Partners zufriedengestellt werden können, bedeutet, ein persönliches Opfer zu bringen – etwas, was unreife Liebe nicht kennt. Unreife Partner wollen alles, und zwar auf ihre Art. Zu Beginn einer Paartherapie sind die meisten Menschen der Ansicht, der Partner stelle immer nur Forderungen, während sie selbst immer nur Opfer brächten.

In der Mitte der zweiten Phase kann es vorkommen, daß einige Paare meinen, nicht weiter fortfahren zu müssen. Die Konflikte sind weniger geworden, und sie haben begonnen, wieder über ihre Zukunft nachzudenken. In neuem Optimismus vergessen die Partner, die erlernten Gesprächstechniken weiter zu verfestigen und auf ihren eigenen Anteil an den Partnerschaftsproblemen zu achten. Falsches Selbstvertrauen und ihre Fähigkeit, mit neuen Problemen umzugehen, läßt sie ihr Bemühen einstellen, in der Beziehung eine aktive Rolle zu übernehmen und sie vor Schaden zu bewahren. Sicher haben die Paare bereits Fortschritte gemacht, doch wieviel Arbeit noch vor ihnen liegt, zeigt sich erst in der Krise, die zu diesem Zeitpunkt fast zwangsläufig eintritt.

Ich bitte sie, eine persönliche Herausforderung anzunehmen. Jeder Partner wird gebeten, eine Veränderung zu nennen, die eine enorme Verbesserung für die Beziehung darstellen würde und auf die er oder sie sich einlassen könnte. Sobald sie sich entschieden haben, erkundige ich mich beim anderen Partner, ob er oder sie zustimmen und dies tatsächlich eine gravierende Veränderung zum Besseren bedeuten würde. Die Veränderung darf einerseits das Machbare nicht übersteigen, muß andererseits aber bedeutend genug sein, um eine deutliche Resonanz zu bewirken.

Haben sich die Partner auf eine einschneidende Veränderung geeinigt, erklärt sich einer der Partner bereit, diese für die nächsten dreißig Tage bedingungslos umzusetzen, unabhängig von der Reaktion des anderen. Es handelt sich um ein *individuelles* Engagement, das ausdrücken soll, wie wichtig die individuelle Verantwortung für das Wohlergehen einer Beziehung ist. Das Versprechen gilt der Beziehung, nicht dem Partner. Nach Ablauf der dreißig Tage ist der Partner niemandem außer sich selbst Rechenschaft schuldig darüber, ob er oder sie das Versprechen erfüllt hat oder nicht.

Die Veränderung eines Partners ist kein einseitiger Vorgang, sondern hat – ähnlich wie bei einem Uhrwerk ein Rädchen ins andere greift – Auswirkungen auf den Gefährten. Ein Mensch kann sich nicht verändern, ohne daß dies auf den Partner wirkt, und dieser muß sich ebenfalls umstellen, um auf die Veränderung des Partners reagieren zu können. Das Paar, das eben noch daran dachte, die Therapie zu beenden, weil es meinte, alles Notwendige bereits erlernt zu haben, findet sich plötzlich in einem Chaos wieder, weil es die Macht der Veränderungen völlig unterschätzt hatte.

Die Krise kann soweit gehen, daß einer der Partner meint: »Ich bin mir nicht sicher, ob ich damit weitermachen will. Ich weiß nicht einmal, ob ich noch länger zusammenbleiben will.« An diesem Punkt erinnere ich das Paar daran, daß es sich zu Beginn der Therapie nicht zum Zusammen*bleiben*, sondern zur Zusammen*arbeit* entschlossen hat. Sollte es am Ende des Prozesses die Trennung wollen, so ist das sein Entschluß. Zu diesem Zeitpunkt jedoch ist die Arbeit noch nicht beendet, und der Entschluß, nicht nur die Therapie, sondern auch die Partnerschaft aufzugeben, voreilig und unüberlegt. Für die Paare ist dies eine äußerst schwierige Zeit, und für den Therapeuten stellt sie die größte Herausforderung überhaupt dar.

Langsam beginnen die Partner zu verstehen, daß sie sich nicht nur mit einer, sondern mit »mehreren« Persönlichkeiten verbunden haben. Jeder Mensch verhält sich – je nach Kontext – auf ganz unterschiedliche Art und Weise. Mit meinem Ehemann gehe ich anders um als mit einem Patienten,

mit einem Freund anders als mit meinem Zahnarzt. Menschen sind komplexe und sehr vielschichtige Wesen. Sobald wir anfangen, uns zu verändern, kommen diese unterschiedlichen Aspekte unseres Wesens zum Vorschein. Sind die Veränderungen gravierend, müssen die, die uns nahestehen, lernen, mit einer »anderen«, neuen Person umzugehen.
Veränderungen bedeuten auch, daß der Partner nicht mehr genau einschätzbar ist, was bedrohlich wirken kann, wenn der andere sich bisher stark darauf verlassen hat: »Sie war immer so schüchtern und hat auf Partys mit niemandem ein Wort gewechselt. Aber jetzt geht sie geradewegs auf Menschen zu und spricht sie an. Ich habe Angst, daß sie jemanden kennenlernt, der interessanter ist als ich.«
Gute Beziehungen erkennt man daran, daß sie die persönliche Entwicklung des Partners zulassen. Allerdings kann man sich kaum darauf einstellen, wie stark sich eine solche Entwicklung auf die Paarbeziehung auswirkt. Für manche wirkt es wie Verrat: »So hat er sich noch nie verhalten« oder »Als ich sie kennenlernte, war sie ganz anders.« Fast scheinen wir zu erwarten, daß unsere Partner in einer Art tiefgefrorenem Zustand verharren sollten, damit wir selbst uns nicht anpassen, verändern oder gar weiterentwickeln müssen.
Menschen, die eine Paarberatung beginnen, möchten, daß ihre Partner sich verändern, dabei haben sie ganz konkrete Vorstellungen von diesen Veränderungen und davon, wie diese zur Befriedigung ihrer *eigenen* Bedürfnisse führen können. Allerdings sind Partner nicht immer derart kooperationsbereit und verändern sich oft auf ganz unerwartete Weise. Egal, ob das Paar auf eine Veränderung gefaßt ist oder nicht, die Tatsache, daß die gesamte Beziehung sich verändert, trifft es in jedem Fall unvorbereitet. Mit einem soliden Fundament kann eine Beziehung diesen Sturm überstehen, die auf wackligem Boden stehen dagegen werden es nicht alle schaffen.
Angesichts der durch die Veränderungen ausgelösten Krise

fragen sich viele Partner: »Was ist eigentlich passiert? Es lief doch so gut.« Im Rückblick müssen sie häufig erkennen, daß sie in alte Verhaltensmuster zurückgefallen waren, neue Erkenntnisse mißachtet und die Beziehung wieder einmal für selbstverständlich gehalten haben, statt sie als etwas Eigenständiges zu betrachten, das es zu pflegen gilt. Erst eine Krise ist in der Lage, die Partner aufzurütteln und zur erneuten aktiven Mitarbeit zu bewegen, so verschieden sie auch auf die Krise reagieren mögen.

In einem Punkt sind sich Therapeuten und Forscher völlig einig: Auslöser von Paarproblemen sind nicht die Unterschiede zwischen den Partnern, sondern die *Art und Weise ihres Umgangs mit diesen Unterschieden.* Wenn jeder Partner seine eigene Persönlichkeit einbringen, seine Bedürfnisse offen äußern und unterschiedliche Vorlieben ausleben möchte, ist Flexibilität lebenswichtig für eine Beziehung.

Im Anschluß an die Krise beginnen wir uns mit diesen Unterschieden zu befassen, denn sie sind das, was der Konflikt an die Oberfläche gebracht hat. Der permanente Kampf zwischen dem Erhalt der eigenen Persönlichkeit und dem Leben in einer Beziehung erscheint in einem neuen Licht, wenn jeder für sich zu akzeptieren lernt, daß dieser Konflikt ein notwendiger Bestandteil echter Nähe und daß wirkliche Nähe ohne dieses Tauziehen gar nicht möglich ist. Wir setzen uns gemeinsam mit der Funktion von Konflikten auseinander, die nun als unentbehrlicher Bestandteil einer lebendigen Beziehung gesehen werden.

Durch eine objektivere Sichtweise der Dinge kann jeder Partner offener an die Bedürfnisse des anderen herangehen und seine Beweggründe mit milderen Augen betrachten. Schließlich haben sie Wichtiges herausgefunden: daß sie sich sowohl ähnlich als auch unähnlich sind; daß sich vermutlich keiner von ihnen radikal verändern, aber jeder etwas von dem in sich tragen wird, was sie oder ihn zu Beginn ihrer Beziehung ausgemacht hat; daß eine Persönlichkeit sich ständig verändert und dies mal deutlich zu sehen ist, mal unsichtbar bleibt; und daß es für einen Partner mitunter nicht leicht ist, wenn der oder die andere sich verändert, daß sie es zusammen jedoch bewältigen können.

Die dritte Phase

In der letzten Phase der Paarberatung finden die Treffen nur noch alle drei bis vier Wochen statt, da das Paar nun wesentlich selbständiger ist als zu Beginn der Therapie. Sie vertrauen ihrer Fähigkeit, selbst vermitteln zu können, bevor aus einer Irritation ein Streit oder die Verständigung unmöglich wird. In dieser Phase geht es vor allem um folgende Aufgaben:

- Rückblick auf das Gelernte und Erreichte, vor allem im Hinblick auf die ursprünglichen Ziele
- Herausarbeiten von Problemstrukturen, die die Schwierigkeiten des Paares verursacht haben, und Erarbeiten von Umgangsweisen, die diese in Zukunft verhindern können
- Erörtern möglicher zukünftiger Streitpunkte und Erstellen eines Plans, wie diese gemeinsam gelöst werden können
- Anerkennen der eigenen Mitverantwortung an den Beziehungsproblemen
- Dem Partner zurückliegende Verletzungen verzeihen
- Sich erneut zur Bindung bekennen
- Loslösung vom Therapieprozeß und der Therapeutin oder dem Therapeuten als Betreuer/in

Es geht in dieser Phase darum, verstärkt zu verdeutlichen, wie wenig fruchtbar es ist, dem Partner Vorwürfe zu machen, statt sich mit dem eigenen Anteil an den Problemen auseinanderzusetzen, und damit dem einzigen Verhalten, das wir selbst kontrollieren können. Partnerschaftliche Handlungen sind bilateral, daher müssen auch Veränderungen von beiden Partnern geleistet werden. Sie sollen erkennen, daß sie sich gegenseitig in die Quere gekommen sind und daß fast alles, was sie sich gewünscht haben, vorhanden war, Reste kindlicher Ängstlichkeit und Habsucht oder jugendlicher Starrköpfigkeit jedoch verhinderten, daß sie sich in eine befriedigende und reife Beziehung einbrachten.

Es geht in dieser Phase darum zu erkennen, daß der eigene Partner nicht all das ist oder sein kann, was wir uns erträumt haben. Es geht darum, Grenzen zu akzeptieren, Wunschvorstellungen aufzugeben und mit Enttäuschungen umgehen zu lernen. Und es geht darum, auf das gemeinsam Erreichte stolz zu sein.

Paare, die eine Therapie zum Abschluß bringen, lernen die Früchte ihres Durchhaltevermögens zu schätzen. Leider geben sich viele damit zufrieden, den Zustand ihrer Beziehung von »unerträglich« auf »erträglich« abzumildern und in der zweiten Phase aufzuhören. Erst diejenigen, die die Behandlung fortsetzen, investieren wirklich in sich als Paar. Sie wissen, daß sie, selbst wenn sie bei einem Problem später wieder einmal Hilfe benötigen sollten, nicht versagt haben. Sie haben verstanden, daß eine gute Partnerschaft sich auch dadurch auszeichnen kann, daß die Partner wissen, wann es Zeit ist, Hilfe zu holen. Ein Großteil ihrer Bemühungen hat darin bestanden, Einstellung zu verändern, und zu Beginn der dritten Phase war eine der wichtigsten Veränderungen die Abkehr von einem strikten Schwarzweißdenken hin zu einem gesteigerten Bewußtsein für ihre realen Möglichkeiten. Wer die Suche nach Hilfe für ein Zeichen von Schwäche hält, macht es sich unmöglich, seine Situation zu verbessern. Wer dagegen erkennt, daß es sich in Wirklichkeit um einen Akt der Selbstbestimmung handelt, ist auf dem besten Weg, sich selbst zu helfen.

Die letzte Sitzung (die Paare wissen natürlich, daß sie auch in Zukunft jederzeit für eine »Wiederholungssitzung« wiederkommen können) ist voller gemischter Gefühle: dem Gefühl des Verlusts angesichts der Aufgabe alter Absprachen, aber auch des Gewinns durch die Annahme neuerer und besserer; Zuversicht prägt die Rückkehr des Paares in sein Alltagsleben und überschäumende Freude ihr Gefühl der Erneuerung. (Einige Paare entscheiden sich sogar dafür, ihr Versprechen zu erneuern, entweder in der Sitzung oder auf eine feierlichere Art mit Freunden und Verwandten.)

Auch Spannung und Traurigkeit kommen in der letzten gemeinsamen Stunde auf. Schließlich geht es in der Paartherapie auch darum, erwachsen zu werden und loszulassen. Die Partner müssen ihre Abhängigkeit von mir, als ihrer Therapeutin, aufgeben, ein Prozeß, den sie bereits begonnen haben, als die Sitzungen weniger häufig wurden.

Ein Abschluß bedeutet auch Abschied, und auch ich muß am Ende loslassen. Mein Loslassen ist angefüllt mit Freude, Stolz, Zufriedenheit und Trauer. Nachdem das Paar gegangen ist, denke ich an ihren ersten Besuch zurück. Damals schienen ihre Wünsche so unmöglich zu sein. Sie waren es nicht, aber das wußte nur ich. Jetzt wissen sie es selbst, und das ist viel wichtiger. Das Warten auf diesen Moment ist das Schönste an meiner Arbeit.

12
Offene Briefe

Lieber RH-Partner,
vieles, was Sie von Ihrem LH-Partner unterscheidet, kann als Stärke gelten, doch obwohl Sie durch Ihre Wesensart Ihre Beziehung bereichern, tauchen immer wieder Probleme auf. Das liegt daran, daß einige Ihrer persönlichen Stärken für Ihren Partner ein *Problem* sein können. Gerade das, was für Sie selbst immer äußerst hilfreich war, ist für Ihren Partner und das, was Sie verbindet, mitunter ein Hindernis.

Viele Menschen wissen genau, wo ihre schwachen Seiten zwischenmenschliche Probleme verursachen; aber auch unsere starken Seiten können das.

Diesen offenen Brief schreibe ich Ihnen, weil ich weiß, daß Sie wirklich Ihr Bestes versuchen, nur um immer wieder mit den gleichen ungelösten Problemen aufzuwachen. Sie sollten aufhören, sich auf das zu konzentrieren, was »falsch« läuft. In Wirklichkeit haben nämlich viele Ihrer Probleme ihren Ursprung in Dingen, die Sie durchaus »richtig« sehen oder »gut« machen, die im Umgang mit Ihrem LH-Partner aber dennoch im Weg sind.

Beschäftigen wir uns zunächst mit Ihren Stärken als rechtshemisphärischer Mensch und der Rolle, die diese Stärken bei Ihren Beziehungsproblemen spielen. Wir werden dann feststellen, was Sie tun können, um eine Eskalation dieser Probleme zu vermeiden, und ich werde aufzeigen, welche Vorteile es für Sie hat, auf diese Änderungsvorschläge einzugehen. Zunächst geht es darum, Ihre Stärken anzuerkennen und diese dann den Anforderungen einer Gegensatzpartnerschaft anzupassen.

Beginnen wir mit Ihrer *Spontaneität*. Sie spricht andere Menschen an, belebt Unterhaltungen und Interaktionen. Doch selbst wenn *Sie* mit diesem Wesenszug immer wunderbar zurechtgekommen sind, müssen Ihre Spontanreaktionen bei Ihrem LH-Partner nicht immer auf Beifall stoßen.

Wie alle Verhaltensweisen bewegt sich auch die Spontaneität auf einer Achse, die von freien, unbeschwerten Reaktionen bis hin zu selbstzerstörerischer Impulsivität reicht. Auch wenn Ihre Art der Spontaneität harmlos und unbelastet ist, kann es sein, daß Ihr Partner (in Ihren Augen) darauf überraschend negativ reagiert. Das hat verschiedene Gründe.

Ein linkshemisphärischer Mensch steht ungern im Mittelpunkt der Aufmerksamkeit und tut alles, um dies zu vermeiden. Nun kommt es vor, daß Ihr LH-Partner aber genau dort landet, weil Sie etwas tun oder sagen, das alle Aufmerksamkeit auf Sie und Ihren Partner lenkt.

LHs stellen sich gern so weit wie möglich im voraus auf Dinge ein, weil dies für sie die Gefahr reduziert, sich ein falsches Urteil zu bilden, sich zu blamieren oder jemanden unbeabsichtigt zu verletzen. Auf Ihre spontanen Reaktionen kann sich Ihr LH-Partner nicht vorbereiten, und ohne ausreichende Zeit zum Reagieren wird er oder sie »dichtmachen«. Die Verbindung zwischen Ihnen bricht ab, weil Sie sich zu schnell und ohne Rücksicht auf Ihre Beziehung auf unbekanntes Gebiet vorgewagt haben. Eine spontane Reaktion ist ein einseitiger Entschluß. Ihr Partner hat weder Zeit noch Möglichkeit, darauf einzuwirken. Daher wirkt Ihr Verhalten möglicherweise unsensibel, und Sie werden überrascht feststellen, daß Sie Ihren Partner verletzt oder gekränkt haben, obwohl das nie Ihre Absicht war.

Es ist wichtig, diese unterschiedlichen Reaktionszeiten zu berücksichtigen, wenn Sie mit Ihrem LH-Partner kommunizieren. Ebenso wie ein Mangel an Spontaneität ein Gespräch langweilig und leblos wirken lassen kann, kann Ihre Lebhaftigkeit einen linkshemisphärischen Menschen überfordern.

Natürlich sollen Sie Ihre Spontaneität nicht aufgeben, aber Sie sollten sich darüber im klaren sein, wie sie auf Ihren Partner wirken kann.
Wenn Sie feststellen, daß Sie es ein wenig übertrieben oder Ihren Partner überfallen haben, reagieren Sie darauf, etwa mit: »Es tut mir leid. Ich habe mich da wohl zu weit vorgewagt. Das wollte ich nicht.«
Als nächstes wollen wir uns Ihrer Fähigkeit, *sich auf mehrere Dinge gleichzeitig zu konzentrieren*, zuwenden, eine wirklich vorteilhafte Eigenschaft, wenn es gilt, Dinge unter Zeitdruck zu erledigen. Sie können gleichzeitig am Telefon eine Reise organisieren, einen Kochtopf überwachen und entscheiden, in welcher Farbe Ihr Büro gestrichen werden soll. Es bringt Sie nicht aus der Fassung, wenn aus einer Aufgabe zwei oder drei werden. Ein solches »Chaos« ist für Sie weit weniger frustrierend als für Ihren LH-Partner, der in der gleichen Situation vermutlich gereizt und panisch reagieren würde. Aus diesem Grund ist auch Ihr Tagesablauf voller als der Ihres LH-Partners, der die Dinge lieber der Reihe nach abwickelt.
Allerdings sind Sie, wenn Sie mehrere Dinge gleichzeitig erledigen, nicht in der Lage, dem einzelnen Ihre volle Aufmerksamkeit zu widmen, und Sie laufen Gefahr, Fehler zu machen. Für Ihren Partner ist dies ein wunder Punkt, da er oder sie meist viel Wert aufs Detail legt und sehr sorgfältig vorgeht. LHs vertreten die Auffassung, alles, was man tue, solle richtig getan werden. Sie dagegen sind eher der Meinung, alles, was man tut, kann auch zusammen mit etwas anderem erledigt werden.
Wenn Sie und Ihr Partner gemeinsam ein Projekt bearbeiten, prallen diese beide Wesensarten aufeinander. Es wird Zeiten geben, in denen es besser ist, Ihren natürlichen Drang zurückzustellen und sich ganz auf eine Sache zu konzentrieren. Wenn Ihnen das gelingt, wird die Zusammenarbeit wesentlich reibungsloser funktionieren.

Eine weitere Stärke rechtshemisphärischer Menschen ist ihre *Fähigkeit, mit Mehrdeutigkeiten umzugehen.* Anders als ein linkshemisphärischer Mensch verspüren Sie nicht den inneren Drang, sich auf eine Sache festlegen zu müssen, und Sie sind weit weniger um absolute Klarheit bemüht. Aus diesem Grund zermartern Sie sich bei Entscheidungen auch nicht den Kopf. Sie müssen sich nicht hundertprozentig sicher sein, bevor Sie in Aktion treten, was wiederum den Streß reduziert.

Diese Unbefangenheit im Umgang mit Ambiguität ist verbunden mit der Toleranz für widersprüchliche, gegensätzliche Gefühle. Sie müssen nicht alles verstehen, was Sie spüren, und empfinden oft völlig widersprüchliche Gefühle gleichzeitig (etwa Liebe und Haß). Durch diese Toleranz ist Ihr Innenleben ständig im Fluß; Sie verspüren keinen Drang, jedes Gefühl zu analysieren und auf seine »Wertigkeit« hin zu überprüfen.

Auch wenn Ihnen der Umgang mit Mehrdeutigkeiten und die Toleranz für widersprüchliche Gefühle keinerlei Probleme bereiten, könnten diese beiden Eigenschaften Ihren LH-Partner die Wände hochtreiben. Linkshemisphärische Menschen verlassen sich stark auf rationales Denken, und wo so viele Emotionen in der Luft liegen – noch dazu Emotionen, die für Sie keinen Sinn ergeben –, fühlen sie sich wie ein Schiff ohne Kompaß. Ihr LH-Partner hat das Gefühl, durch Ihre widersprüchlichen Bemerkungen hindurch zur Grundaussage vorstoßen zu müssen, die es in Ihrer Welt natürlich gar nicht gibt, weil sich Ihre Gefühle von einem Moment auf den nächsten drastisch verändern können. Dennoch sollten Sie im Hinterkopf behalten, daß dies im Gespräch mit Ihrem LH-Partner zum Problem werden kann.

Sich in vielen Situationen von Ihrer *Intuition* leiten zu lassen, ist eine weitere Stärke von Ihnen. Mit Hilfe dieser inneren Autorität können Sie Entscheidungen treffen, ohne sich lange Gedanken darüber zu machen, ob Sie nun die »richtige« oder »perfekte« Lösung gefunden haben. Da Ihnen Dinge nicht unbedingt einleuchten müssen, um sie als wahr anzuerkennen, können Sie auch Gefühle wahrnehmen, die mit Logik nicht greifbar sind. Intuition, verbunden mit einer großen Vorstellungskraft, ermöglicht es Ihnen, anderen Menschen durch *Einfühlungsvermögen* nahezukommen. Unnötig zu erwähnen, daß beide, Intuition und Einfühlungsvermögen, Bindungen zu anderen Menschen verstärken und für eine echte Intimität zwischen Partnern unentbehrlich sind. Dennoch können auch sie – mögen Therapeuten und Paarberater noch so große Stücke auf sie halten – Gegensatzpartnern Probleme bereiten. Vor allem dann, wenn Sie Ihre Intuition für unfehlbar halten und anmaßend auf ihr beharren:

RH: Ich sehe doch, daß du nicht ins Kino willst.
LH: Nein, wirklich. Es ist okay.
RH: Das sagst du doch nur so. Aber wenn wir erst dort sind, tut es dir doch leid, deine Fernsehsendung verpaßt zu haben.
LH: So wichtig ist mir das auch wieder nicht. Das würde ich dir schon sagen.
RH: Ich sehe doch, daß du das nur so sagst ...

Intuition ist eine wundervolle Eigenschaft und macht sich oft bezahlt. Aber wenn Sie mit ihrer Hilfe versuchen, die Gedanken Ihres Partners »zu lesen«, und Ihren eigenen Ansichten mehr vertrauen als Ihrem Partner, dann wird sie zum Handicap. Sie kränken damit nicht nur Ihren Lebensgefährten oder Ihre Gefährtin, sondern gefährden, wenn Sie sich mit ihm oder ihr nicht aussprechen, auch Ihre Beziehung. Sich in allen seinen Meinungen und Handlungen *allein* von der Intuition leiten zu lassen, ist immer problematisch, egal, wie richtig Sie damit in der Vergangenheit gelegen haben. Sie sollten Ihre Gabe dazu benutzen, das mitzuteilen, was sie Ihnen eingibt. Ihr Partner ist dafür verantwortlich, ehrlich darauf zu reagieren.

Ihr Gefühl für die *Interdependenz von Dingen* ermöglicht es Ihnen, Muster und größere Zusammenhänge zu erkennen, was sich auch auf Ihre Beziehung und Ihre Reaktionen auf den Partner auswirkt. Ihr Gespür hilft Ihnen, Beziehungsprobleme aufzudecken, die ansonsten unbemerkt geblieben wären, es trägt aber auch zur Frustration Ihres LH-Partners bei, wenn dieser versuchen sollte, mit Ihnen zu kommunizieren, während Sie damit beschäftigt sind, Querverbindungen zwischen scheinbar zusammenhanglosen Ereignissen herzustellen.

Für Sie ist es leichter über Dinge zu sprechen, wenn Sie die inneren Zusammenhänge erkennen, während Ihr LH-Partner protestiert und wissen will, was das eine mit dem anderen zu tun hat. Erwarten Sie nicht, daß er oder sie Ihren Gedankengängen folgen kann, aber es vereinfacht die Sache, wenn Sie die geheimnisvolle Verbindung zumindest ansprechen.

Ihre *Risikofreudigkeit* bringt eine gewisse Verspieltheit in Ihren Umgang mit anderen Menschen, sie gibt Ihnen Abenteuerlust und die Kraft, rechtzeitig zu handeln. So können Sie spontan reagieren und Situationen bewältigen, die Ihren Partner wahrscheinlich lähmen würden.

Problematisch daran ist, daß Ihre Risikofreudigkeit mitunter direkte Auswirkungen auf Ihren Partner hat, und es ist unerläßlich, daß Sie dies berücksichtigen. Nur weil *Sie* mit einer Situation zurechtkommen, sollten Sie nicht automatisch annehmen, für Ihren Partner gelte das gleiche. Eine gute Faustregel ist, niemals über den Partner verfügen zu wollen, selbst wenn Sie meinen, es handle sich um eine Kleinigkeit. (Halten Sie die Tischrede lieber selbst, statt Ihren Partner laut hörbar dazu aufzufordern.)

Und schließlich spielt Ihre Fähigkeit, *sich intensiv mit Ge-*

fühlen auseinanderzusetzen, eine wichtige Rolle für Ihre Beziehung und schützt diese davor, zu unpersönlich zu werden. Weil Intimität ohne Gefühle nicht möglich ist und Sie einen leichteren Zugang zu Emotionen haben als Ihr Partner, werden Sie feststellen, daß es meist Ihnen zufällt, Gespräche anzuregen oder einzufordern. Dies gibt Ihnen vielleicht das Gefühl, emotional tiefer involviert zu sein, in Wirklichkeit bedeutet es jedoch nur, daß Ihnen die »Sprache der Gefühle« geläufiger ist als Ihrem Partner.

Wenn Gefühle für eine Beziehung also lebensnotwendig sind und Sie einen natürlichen Zugang dazu haben, wo liegt dann das Problem? Für *Sie* gibt es kein Problem; Ihr Partner sieht das allerdings anders. Ihre Neigung, sich mitunter von Ihren Gefühlen übermannen zu lassen, erschwert gewisse Auseinandersetzungen. So ist es bei lösungsorientierten Gesprächen am günstigsten, sowohl die Fakten als auch die entsprechenden Gefühle dazu offen auszusprechen. Ihnen jedoch fällt es schwer, eines vom anderen zu trennen, was eine Lösungsfindung nicht unbedingt erleichtert, weil Sie dazu neigen, alles persönlich zu nehmen.

Um die Qualität Ihrer Gespräche zu fördern, sollten Sie daran denken, daß Ihr Wunsch nach Emotionalität die Verständigung mitunter behindert. Vielleicht erscheint Ihnen das paradox, weil Sie der Ansicht sind, Verständnis könne ohne die Offenlegung von Gefühlen nicht zustande kommen; bedenken Sie jedoch, daß Ihr Partner darauf angewiesen ist, mit klaren Fakten umzugehen, ohne die er oder sie sich nicht verständlich machen kann. Gelingt das nicht, wird er oder sie sich frustriert zurückziehen. Sie werden also nur durch gemeinsame Bemühungen in der Lage sein, produktiv und befriedigend miteinander zu kommunizieren.

Ich hoffe, Sie verstehen nun, daß viele Ihrer Paarprobleme nichts mit persönlichen Fehlern, Schwächen oder »falschem« Verhalten zu tun haben. Sie entstehen, wenn Ihre

Wesensmerkmale und die Ihres Partners aufeinandertreffen. Dies ist auch der Grund, warum es so schwer ist, die notwendigen Veränderungen einzugehen, ohne die Sie und Ihr Partner keine glückliche Beziehung aufbauen können.

Vielleicht fragen Sie sich nun: »Warum sollte ich meine Intuition außer acht lassen oder meine Spontaneität unterdrükken?« Schließlich sind sie Teil dessen, was Sie als Person ausmacht. Aus individueller Sicht mag dies keinen Sinn ergeben. Wenn es jedoch darum geht, eine Beziehung aufzubauen, zu entwickeln und zu erhalten, ist jeder Partner selbst verantwortlich dafür, auf welche Weise seine bzw. ihre Vorlieben (RH oder LH) diese Bindung beeinflussen: inwiefern sie sie stärken oder schwächen.

Jetzt, wo Sie alle notwendigen Informationen haben, können Sie anfangen, Ihren Teil beizutragen. Ihr Partner wird die seinerseits notwendigen Informationen im folgenden Brief finden. Und obwohl dieser an den LH-Partner gerichtet ist, würde ich Ihnen empfehlen, ihn ebenfalls zu lesen.

Lieber LH-Partner,

inzwischen haben Sie sowohl die Sonnen- als auch die Schattenseiten einer Beziehung von Gegensatzpartnern kennengelernt. Am Anfang waren Sie fasziniert von der Andersartigkeit Ihres RH-Partners. Einige dieser Unterschiede eröffnen Ihnen völlig neue Möglichkeiten, andere sind eher frustrierend und geben Ihnen das Gefühl, mißverstanden zu werden. In solchen Situationen ist es nur natürlich, die Fehler bei sich und dem RH-Partner zu suchen. In Wirklichkeit aber haben diese Probleme nichts mit persönlichen Unzulänglichkeiten zu tun. Sie entspringen sogar dem genauen Gegenteil, ein Paradox, das allen RH/LH-Beziehungen innewohnt: Die persönliche Stärke des einen ist oft ein Problem für den anderen.

Viele Menschen wissen genau, wo ihre schwachen Seiten zwischenmenschliche Probleme verursachen, aber den meisten von uns ist nicht klar, daß auch unsere starken Seiten das gleiche bewirken können. Dieser offene Brief an Sie ist eine Einladung, einen anderen Zugang zum Verständnis Ihrer Beziehung zu finden. Ich biete Ihnen ein neues Hilfsmittel zur Lösung Ihrer Probleme an: Die Erkenntnis, daß das, was Ihnen in Ihrem sonstigen Leben gute Dienste leistet, in einer Liebesbeziehung das genaue Gegenteil bewirken, daß eine Stärke zum Hindernis werden kann.

Wichtig ist, Ihre persönlichen Stärken anzuerkennen und diese dann den Anforderungen anzupassen, die der Aufbau einer glücklichen, dauerhaften Beziehung an Sie stellt. Dafür werden wir uns zunächst ansehen, welche Qualitäten Sie als linkshemisphärischen Menschen auszeichnen und wie diese zu Ihren Beziehungsproblemen beitragen. Anschließend gilt es zu klären, welche Veränderungen solche Probleme am ehesten verhindern oder beseitigen können; und wir werden prüfen, welchen Einfluß diese Veränderungen auf Ihr persönliches Wohlbefinden und die Zukunft Ihrer Beziehung haben können.

Da wäre zunächst Ihre *Fähigkeit zur Problemlösung*, eine große Bereicherung für Ihre Beziehung. Mit Ihrem kritischem Denken können Sie den Kern jeder Situation erfassen und, sobald Sie wissen, was das Problem ist, nach alternativen Lösungen suchen. Wenn Ihr Partner seine Probleme mit Ihnen besprechen möchte, haben Sie meist schon Antworten bereit. In vielen Situationen ist dies genau das, was Ihr Partner braucht. Dennoch kann es vorkommen, daß Ihre rasch erteilten Ratschläge nicht auf die Resonanz stoßen, die sie Ihrer Meinung nach verdienen.

In solchen Situationen ist Ihr RH-Partner weniger an Antworten als an Verbundenheit interessiert, er oder sie sucht eher »Reflexion« als »Resultat«. Das bedeutet: zuhören, antworten und teilen – und nicht Lösungen mitteilen. In dieser Situation möchte Ihr Partner, daß Sie sich mit seinem Problem auseinandersetzen und seine Verwirrung oder Scham, seine Angst oder auch seinen Stolz teilen. Verbundenheit entsteht, indem Sie vermitteln, daß Sie dieses Gefühl ebenfalls kennen und erlebt haben. Fehlt Ihnen ein vergleichbares Erlebnis, dann können Sie Verbundenheit herstellen, indem Sie bekennen: »Ich kann mir gar nicht vorstellen, wie sich das anfühlt. Erzähl es mir.«

Mit Ratschlägen oder Lösungen zerstören Sie die Intimität Ihres Gesprächs – die Ebene der Gefühle und Erfahrungen –, und es kann passieren, daß Ihr RH-Partner das Interesse verliert. Natürlich ließe sich auch darüber reden, wie Sie zu der Lösung gekommen sind, wie sie angewendet werden kann und welche Vor- und Nachteile jede Möglichkeit hat, aber damit sind Sie schon mitten in einem Monolog, für den Sie ein Publikum, aber keinen Gesprächspartner benötigen.

Um dem vorzubeugen, sollten Sie das Problem ansprechen, sobald Ihr Partner zu erzählen beginnt. Bittet er Sie nicht um Hilfe, dann fragen Sie nach: »Mir fällt da einiges ein, was du tun könntest. Soll ich es dir erzählen oder willst du, daß ich einfach nur zuhöre?«

Weil Sie auch dann noch lösungsorientiert denken, wenn Ihr Partner keine Ratschläge möchte, fällt es Ihnen vielleicht schwer, Ihre Aufgabe zu verstehen. Schließlich *möchten* Sie irgendwie helfen (zum Beispiel, indem Sie Ratschläge erteilen). In Wirklichkeit können Sie Ihrem Partner, auch ohne aktiv zu werden, helfen und sie oder ihn unterstützen, indem Sie einfach nur zuhören und gelegentlich zeigen, daß Sie wissen, was sie oder er empfindet. Es wird einige Zeit dauern, bis Sie sich mit dieser passiven Art der Unterstützung anfreunden. Ihr RH-Partner wird es zu schätzen wissen.

Eine weitere LH-Stärke ist Ihre *Vorliebe für logisch-rationale Kommunikation*. Dank Ihrer Fähigkeit, Fakten und Gefühle auseinanderzuhalten, können Sie über Probleme sprechen, ohne sie persönlich zu nehmen, und verhindern, daß Ihre Gefühle ausufern. Sie sind in der Lage, alle Seiten eines Arguments zu betrachten und jedes Thema in eine ausgewogene Perspektive zu rücken.

Die Bedeutung der Logik ist offensichtlich. Das Problem liegt darin, daß sie, sobald es um Intimität (Gefühlssprache) geht, schlichtweg keine Rolle mehr spielt. Wenn Sie dagegen Logik als einzig möglichen Weg zur »Wahrheit« ansehen und gefühlsmäßige Einsichten nicht anerkennen, hat Ihr Partner keine Möglichkeit, mit Ihnen zu kommunizieren, weil seine Sorgen nicht ernstgenommen werden.

Wenn die Gefühle Ihres Partners (oder Ihre eigenen) für Sie erst einen Sinn ergeben müssen, bevor Sie sie akzeptieren, dann wird Ihre Beziehung zu einem ständigen Kampf um Vertrauen, was nicht ohne Folgen bleiben kann. Durch das Ausblenden von Gefühlen, von denen sie sich nicht beeinflussen lassen wollen, versuchen LHs alle Menschen gleich zu behandeln. Das ist zwar demokratisch, nimmt Ihrem Partner und Ihrer Beziehung jedoch den Status des Besonderen. Als Faustregel kann gelten, daß Logik und Gefühl für den Erhalt einer glücklichen Beziehung gleich wichtig sind; jedes für sich kann – ohne das andere – schaden.

Gut funktionierende Beziehungen brauchen ein solides Fundament, zu dem Sie als linkshemisphärischer Mensch durch zwei weitere Stärken beitragen: Ihre *Stabilität* und Ihren *Ordnungssinn*. Jeder Physiker wird Ihnen bestätigen, daß Stabilität mit Berechenbarkeit zu tun hat. Sie mögen Routine und sind daher weniger prädestiniert, in der Beziehung eine unerwartete Krise hervorzurufen. Wenn Sie Veränderungen angehen, sind diese gut durchdacht und lange vorbereitet. Diese »Inkubationszeit« ermöglicht es Ihrem Partner, längerfristig auf die Veränderungen zu reagieren und sie zu integrieren, statt über Nacht handeln zu müssen.

Ihr Streben nach einem überschaubaren und kalkulierbaren Leben spiegelt sich auch in Ihrem Bemühen um Ordnung. Gefühlsausbrüche Ihres Partners lösen in Ihnen den Wunsch aus, die Dinge unter Kontrolle zu bringen. Solange die Emotionen wild durch den Raum schwirren, sitzen Sie die Situa-

tion lieber aus, statt sich daran zu beteiligen, was die Gefahr einer Eskalation vermindert und die Chancen für eine Lösung erhöht.
Obwohl Sie damit zwei Stärken in die Beziehung einbringen, sollten Sie sich bewußt sein, daß Ihr Bedürfnis nach Routine und Ordnung die Bedürfnisse Ihres Partners beschneiden kann. Wenn Ihr morgendliches Ritual dem der meisten linkshemisphärischen Menschen entspricht, dann besteht es aus einer immer gleichen Abfolge von Handlungen, die keinen Platz für Variationen oder Überraschungen lassen.
Wenn Sie jeden Tag nach dem Duschen zwei Scheiben Brot essen, verschließen Sie sich dem Gedanken, Brötchen im Bett zu frühstücken, und damit neuen Möglichkeiten. Sie sind in Ihrem vorhersehbaren Verhalten festgefahren und riskieren damit, Ihrem RH-Partner langweilig zu werden. Also lassen Sie Ihre Routine, der Beziehung zuliebe, ab und zu beiseite und überraschen Sie Ihren Partner – und sich selbst!
Ein weitere positive Eigenschaft ist Ihre Fähigkeit, *Ihre Aufmerksamkeit und Kraft auf eine einzige Sache zu konzentrieren*. Das ermöglicht es Ihnen auch, sich lange und ununterbrochen mit etwas zu beschäftigen. Mag Ihrem RH-Partner ein Projekt schon längst langweilig geworden sein (spätestens dann, wenn es sich zu wiederholen beginnt), Sie bleiben dabei und führen es zu Ende. Weder innere noch äußere Ablenkungen können Sie davon abhalten. Ihr Ziel ist der Schlußpunkt. Ihre Hartnäckigkeit läßt keine halben Sachen zu, was Ihnen schließlich zu dem befriedigenden Gefühl verhilft, etwas erreicht zu haben.
Allerdings kann Erfolg so verführerisch sein, daß man darüber andere, wichtigere Dinge vernachlässigt. Mit Ihrer zielgerichteten Konzentration, die alle anderweitigen, konkurrierenden Gedanken ausblendet, laufen Sie Gefahr, den Blick für das Ganze zu verlieren.
So ist durch Ihre starke Konzentration auf die Arbeit die Versuchung groß, den Gefährten seiner Wege gehen zu las-

sen, nur damit Sie mit Ihrer Beschäftigung fortfahren können. Sie werden immer wieder einmal die eigenen Bedürfnisse über die der Beziehung stellen, aber achten Sie darauf, dies nicht zu häufig zu tun. Ihre Beziehung braucht Pflege, und dies beinhaltet ein bestimmtes Maß an Intimität und regelmäßiges Beisammensein. Wenn Sie mit Ihren Gedanken die meiste Zeit woanders sind, liegt es allein bei Ihrem Partner, Gespräche und gemeinsame Stunden anzuregen, oder sie werden ganz vernachlässigt.

Eine letzte Stärke, die Ihrer Beziehung zugute kommt, ist Ihre *Selbstbeherrschung*. Sie wägen Ihre Gedanken und Handlungen sorgfältig ab, bevor Sie sie aussprechen bzw. umsetzen, und laufen seltener Gefahr, Ihrer Beziehung zu schaden oder Ihren Partner zu verletzen. Es gibt wenig, was Sie im Nachhinein zu bedauern hätten, und es kommt selten vor, daß Sie Ihren Partner kompromittieren oder sich selbst »in die Nesseln setzen«. In dieser Beziehung ist Ihre Selbstbeherrschung ein echter Vorteil. Mit Ihnen kann sich Ihr RH-Partner in der Öffentlichkeit jederzeit sicher fühlen, schließlich ist es mehr als unwahrscheinlich, daß Sie versuchen werden, die Aufmerksamkeit anderer zu erregen (ob im positiven oder negativen Sinne).

Der Haken daran ist, daß Sie zwar kaum durch irgendwelche Aktivitäten Schaden anrichten werden, daß aber auch Ihre *Inaktivität* mitunter Beziehungsprobleme verursachen kann. Am häufigsten geschieht dies durch mangelnde Spontaneität und Initiative.

Inaktivität und extreme Selbstbeherrschung verstärken Ihre Passivität als Partner. Die Beziehung verliert an Schwung und Elan, und die Verantwortung wird einseitig verlagert. Es liegt allein bei Ihrem RH, sich Dinge einfallen zu lassen, sie umzusetzen und für Spannung zu sorgen.

Wahrscheinlich haben Sie sich in Ihren RH-Partner verliebt, weil sie oder er Sie mit einem lebendigeren, wenn auch eher verborgenen Teil Ihrer selbst vertraut gemacht hat. Es ist Ihre

Aufgabe, diesen Teil von sich zu bewahren, damit er sich mit dem Ihres Partners zusammentun kann.

Selbstbeherrschung ist für die Stabilität einer Beziehung äußerst wichtig; wird sie jedoch zum dominierenden Faktor Ihrer Persönlichkeit und verdrängt Spontaneität durch Routine, besteht die Gefahr, daß völlige Unbeweglichkeit oder Härte die Oberhand gewinnen. Diese Unbeweglichkeit unterdrückt häufig das spielerische Verhalten, das Sie entwikkeln konnten, als Sie frisch verliebt und bereit waren, alles zu tun, um das Herz Ihres RHs zu erobern. Gehen Sie doch hin und wieder diese alten Risiken ein. Lassen Sie Ihr berechenbares Ich hinter sich und machen Sie Ihrem Partner wieder den Hof.

Doch warum sollten Sie Ihre logisch-rationale Lebenseinstellung aufgeben? Was ist falsch daran, sich zu beherrschen? Ginge es auf der Welt nicht viel friedlicher zu, wenn dies mehr Menschen gelänge und nicht weniger? Und wie soll eine Beziehung überleben ohne die Fähigkeit zur Problemlösung?

Ich hoffe, Sie haben erkannt, auf welche Weise Ihre persönlichen Stärken die Beziehung bereichern. Nun sollten Sie ebenso anerkennen, daß die gleichen Stärken gelegentlich auch Probleme verursachen können. Obwohl all diese Eigenschaften Ihnen persönlich gute Dienste leisten und auch weiterhin leisten werden, sollten sie auch im Zusammenhang mit Ihrer Beziehung gesehen und bewertet werden.

Vielleicht haben Sie beim Lesen bemerkt, daß ich mehr rechtshemisphärische Fähigkeiten genannt habe als linkshemisphärische. Es wäre irreführend, hier ein ausgewogenes Verhältnis herstellen zu wollen, weil RH-Partner ihre Beziehung auf vielfältigere Weise bereichern.

Dies liegt nicht daran, daß sie die besseren Menschen sind, sondern daß die Stärken rechtshemisphärischer Menschen in ihrem Streben nach Verbundenheit wurzeln. RHs engagieren sich, sowohl in der Anfangsphase als auch später, stärker für

ihre Partnerschaften, und genau davon handelt dieses Buch. Stünde dagegen das Individuum im Mittelpunkt, würden Ihre Eigenschaften als LH dominieren.
Sollten Sie den RH-Brief noch nicht gelesen haben, dann empfehle ich Ihnen, dies nachzuholen. Sie werden nicht nur einigen altbekannten Hemmnissen begegnen, sondern erfahren, mit welchen Aufgaben sich Ihr Partner in Zukunft beschäftigen wird.
Ich hoffe nun, daß diese neuen Erkenntnisse dazu beigetragen haben, Ihnen das Gefühl zu geben, für das Leben in einer Gegensatzpartnerschaft – mit seinen täglich neuen Herausforderungen – besser gewappnet zu sein!

Liebes Gegensatzpaar,
jeder Mensch wünscht sich einen Partner, der alle unsere Bedürfnisse erfüllt und uns die volle Kontrolle über die Beziehung überläßt. Diese Wunschvorstellung ist ein Überbleibsel aus unserer Kindheit, in der so vieles außerhalb unserer Kontrolle war und Konflikte uns Angst machten. Wenn uns diese Gefühle als Erwachsene wieder einholen, neigen wir dazu, den Partner für »inkompatibel« zu erklären und die Beziehung aufzugeben.
Meine persönlichen und beruflichen Erfahrungen haben mich zu einem anderen Schluß geführt: Unreife, nicht Unvereinbarkeit, ist das eigentliche Hauptübel. Paare benötigen ein gewisses Maß an menschlicher Reife, um ihre Unvereinbarkeiten – wie immer sie aussehen mögen – zu überwinden. Und es bedarf menschlicher Reife, um die Hoffnung fahren zu lassen, unser Partner könne gleichzeitig eine elterliche Phantasiegestalt sein, die uns bedingungslos liebt und an uns glaubt, uns zum Zentrum ihres Universums macht und unsere Bedürfnisse niemals vernachlässigt. Unvereinbarkeit stellt sich immer dann ein, wenn wir uns nach unserer Phantasiegestalt sehnen und statt dessen dem realen Lebensgefährten gegenüberstehen.

Es ist leicht für Gegensatzpartner, zu beschließen, die Anpassungsarbeit sei viel zu mühselig und es sei Zeit, »das Handtuch zu werfen«. Diese Einstellung spiegelt sich nicht nur in der heutigen Scheidungsrate, sondern auch in der Tatsache, daß jedes Jahr Hunderttausende von nichtehelichen Beziehungen in die Brüche gehen.
Jeder von Ihnen hat im Laufe seines Lebens festverwurzelte Vorlieben, Abneigungen und Ansichten entwickelt. Sie haben Gewohnheiten, die so tief sitzen, daß sie völlig unbewußt ablaufen. Und ein Großteil Ihrer Selbstsicherheit entspringt dem Gefühl, jederzeit und überall so sein zu dürfen, wie Sie sind, ohne daß Ihre Bedürfnisse durch die eines anderen eingeschränkt werden.
In »Prescription for Marriage« erklärt David Luecke die Vorstellung von einer mühelosen Übereinstimmung für illusorisch. Kompatibilität sei nichts, was von sich aus vorhanden ist oder nicht, sondern etwas, das man sich erarbeitet oder auch nicht. Für ihn ist Übereinstimmung das, was Paare aus ihren Unterschieden aufbauen.
Als Gegensatzpaar haben Sie eine Menge Erfahrung mit dem, was Luecke in seinem Werk anspricht: daß Partner lernen müssen, kreativ mit ihren Unterschieden umzugehen, statt ihrer Beziehung eine künstliche Einförmigkeit aufzwingen zu wollen; daß der Zwang zu Konformität nicht nur individuelle Talente untergräbt, sondern einer Partnerschaft auch ihren Schwung und ihre Vitalität nimmt; daß die Partner sich mit ihren Unterschieden nicht bekämpfen, sondern fordern sollten, und daß das Bemühen um Übereinstimmung ein fortdauernder Prozeß ist, der stets Priorität genießen sollte.

Übungen

Liebesbriefe

Für vielbeschäftigte Paare kann es äußerst hilfreich sein, einen Tag in der Woche festzulegen, an dem sie sich hinsetzen und gegenseitig einen Liebesbrief schreiben und zuschicken. In der Verliebtheitsphase sind solche Briefe nichts Ungewöhnliches, aber nach Jahren des Zusammenlebens ist es überaus belebend, sich einmal in der Woche daran zu erinnern, was einen zusammenhält. Und zwischen Mahnungen und Rechnungen einen Liebesbrief zu finden, ist schließlich immer eine schöne Überraschung. Sind in der Woche harte Worte gefallen, dann können die Gedanken im Brief daran erinnern, daß die Verbundenheit auch in schlechten Zeiten Bestand hat.

Die Briefe sollten weder dazu dienen, begonnene Diskussionen oder Auseinandersetzungen fortzuführen, noch in Form von Aufzählungen geschrieben sein. Sinn und Zweck ist es, Gefühle für den Partner und die Beziehung zum Ausdruck zu bringen. Mangelt es einem Partner nach einer anstrengenden Woche an Ideen, könnte der Brief lauten wie der folgende Beispieltext:

»Es fällt mir schwer, etwas zu schreiben, weil unser Streit von gestern abend mir noch immer zu schaffen macht. Trotzdem weiß ich, daß er genauso vorbeigehen wird wie all die anderen. Ich bin sicher, die Gewitterwolken werden bald abziehen, und wir können die Sache gemeinsam klären.«

(Hier wird deutlich, daß der Partner, trotz des noch spürbaren Grolls, kein Interesse daran hat, nachtragend zu sein oder dem anderen etwas heimzuzahlen. Reife Liebe strebt nach gegenseitigem Verständnis und nicht danach, quitt zu werden.)

Durch Zeichnen die rechte und linke Hemisphäre ansprechen

(Übertragen aus »Garantiert Zeichnen lernen« von Betty Edwards)

Je nachdem, was wir gerade tun, arbeitet unser Gehirn vorwiegend mit der linken oder der rechten Hemisphäre. Die folgende Übung ermöglicht es Ihnen, den Wechsel von der einen in die andere Hälfte sowie ihre unterschiedlichen Funktionen bewußt wahrzunehmen. Die nachstehenden Aufgaben werden zunächst die eine und dann die andere Hirnhemisphäre ansprechen. Wenn Sie sich ganz darauf konzentrieren, werden Sie den Wechsel bemerken.

Materialien: Bleistift und ein weißes Blatt Papier.

Anleitung:

1. Rechtshänder: Zeichnen Sie auf die *linke* Seite des Papiers das Profil eines Gesichts, das zur Blattmitte blickt.
   Linkshänder: Zeichnen Sie auf die *rechte* Seite des Papiers das Profil eines Gesichts, das zur Blattmitte blickt.
2. Ziehen Sie am oberen und unteren Ende des Profils jeweils eine waagerechte Linie, so daß der Rand und der Boden einer Vase entstehen.
3. Fahren Sie die Umrisse Ihres Profils mit dem Bleistift noch einmal nach und sprechen Sie dabei laut die Namen der jeweiligen Gesichtszüge aus (Nase, Stirn, Kinn etc.). Das Erkennen und Benennen der Gesichtszüge ist eine Funktion der linken Hirnhemisphäre.

4. Zeichnen Sie das Profil nun spiegelverkehrt mit einigen Zentimetern Abstand auf die gegenüberliegende Seite des Blattes, indem Sie mit dem oberen Teil beginnen. (Dadurch vervollständigen Sie die Vase.)
Achten Sie beim Zeichnen des spiegelverkehrten Profils auf ein Gefühl des Umschaltens. Das Zeichnen des zweiten Profils wird Ihnen schwerer fallen, und Sie werden am Ende feststellen, daß es für Sie weniger ein Profil war, als etwas, das Sie zu duplizieren versuchten. Sie haben beim Zeichnen mehr darauf geachtet, wo sich Ihr Bogen nach innen oder nach außen krümmen muß. Mit Hilfe Ihrer rechten Hemisphäre haben Sie versucht, das Verhältnis zwischen den gegenüberliegenden Umrissen zu bestimmen.
Es war leichter zu zeichnen, als Sie sich keine Gedanken darüber machten, ob die Nase wirklich wie eine Nase aussieht, als Sie weder analysierten noch den Kritiker spielten.
Ihre rechte Hirnhälfte ist mit der Frage beschäftigt: Wo trifft dieser Bogen auf den nächsten? Sie arbeitet mit räumlichen Vergleichen und Zusammenhängen.
Wenn Ihnen dagegen eine innere Stimme sagt: »Das ist aber kein sehr gelungenes Gesicht. Das sieht nicht aus wie ein Mund«, dann meldet sich damit Ihre linke Hemisphäre. Sie möchte die Situation dominieren und ist nicht daran gewöhnt, ausgeschlossen zu werden.

Reden

Gegensatzpaare haben oft viele Kommunikationsprobleme, wenn sie versuchen, die Sprache des anderen zu verstehen. Neben stark abweichenden Standpunkten gibt es noch viele weitere Aspekte, die eine Verständigung behindern. In diesem Abschnitt können Sie und Ihr Partner sämtliche Punkte überprüfen, die Sie beim Reden und Zuhören behindern. Verwenden Sie die folgende Liste, um Ihre Problemthemen zu identifizieren und anzugehen. Wenn es Ihnen nicht möglich ist, ohne erneute Auseinandersetzungen über diese Liste zu sprechen, dann benutzen Sie sie zum Ordnen Ihrer Gedanken, bevor Sie sich um professionelle Hilfe bemühen.

Jeder Partner erhält eine Liste und markiert die Punkte mit den Initialen des anderen, die dem Stil des Partners entsprechen. Anschließend werden die eigenen Initialen neben jene Merkmale gesetzt, die dem eigenen Stil entsprechen.

Vergleichen Sie die Listen und kreisen Sie die Merkmale ein, die mit den Initialen beider Partner versehen wurden. Sie stellen Konfliktpunkte dar, zu denen Sie beide beitragen, und sind gut geeignet, den Anfang zu machen. Um weitere Konflikte zu vermeiden, sollte sich jeder Partner zunächst auf seinen eigenen Anteil konzentrieren.

(Eine ausführlichere Beschreibung der Merkmale finden Sie in Kapitel 4.)

Partner 1	*Partner 2*
_____ Mangelndes Vertrauen	_____ Mangelndes Vertrauen
_____ Versäumnis, den Partner miteinzubeziehen	_____ Versäumnis, den Partner miteinzubeziehen
_____ Einweg-Kommunikation	_____ Einweg-Kommunikation
_____ Senden mißverständlicher Signale	_____ Senden mißverständlicher Signale
_____ Mangelnde Selbstreflexion	_____ Mangelnde Selbstreflexion
_____ Aggressive/verletzende Sprache	_____ Aggressive/verletzende Sprache

Partner 1 (continued):

_____ Abstrakte Ausdrucksweise/indirekte Kommunikation
_____ Vermeiden von »heißen Eisen«
_____ Informationen vorenthalten
_____ »Mechanische« Probleme
_____ Einer hat das Wort
_____ Streß
_____ Alkohol und Drogen
_____ Konkurrenzverhalten/Machtkämpfe
_____ Unfähigkeit, in der Gegenwart zu leben
_____ Überempfindlichkeit
_____ Schuldvorwürfe

Partner 2 (continued):

_____ Abstrakte Ausdrucksweise/indirekte Kommunikation
_____ Vermeiden von »heißen Eisen«
_____ Informationen vorenthalten
_____ »Mechanische« Probleme
_____ Einer hat das Wort
_____ Streß
_____ Alkohol und Drogen
_____ Konkurrenzverhalten/Machtkämpfe
_____ Unfähigkeit, in der Gegenwart zu leben
_____ Überempfindlichkeit
_____ Schuldvorwürfe

Zuhören

Befolgen Sie die Anleitungen der vorangegangenen Übung. Eine ausführliche Beschreibung der folgenden Merkmale finden Sie in Kapitel 5.

Partner 1
_____ Unerbetene Ratschläge
_____ Einseitige Problembetrachtung

Partner 2
_____ Unerbetene Ratschläge
_____ Einseitige Problembetrachtung

______ Logik zum falschen Zeitpunkt
______ Teilnahmsloses Schweigen
______ Starrheit
______ Wunde Punkte
______ Nachlassende Aufmerksamkeit
______ Verbale Tretminen
______ Geringe Selbstachtung
______ Fehlende Klarheit
______ Zurückhaltende/erdrückende Resonanz
______ Fehlendes Interesse
______ Zuviel Offenheit
______ Zuwenig Offenheit
______ Unfähigkeit, Schweigen zuzulassen
______ Unfähigkeit zu unterbrechen
______ Vorgefaßte Meinungen
______ Falsch verteilte Aufmerksamkeit
______ Innerliche Ablenkungen
______ Unpassende Beruhigungen
______ Selektiertes Zuhören
______ Kritik und Verurteilungen
______ Beschimpfungen

______ Logik zum falschen Zeitpunkt
______ Teilnahmsloses Schweigen
______ Starrheit
______ Wunde Punkte
______ Nachlassende Aufmerksamkeit
______ Verbale Tretminen
______ Geringe Selbstachtung
______ Fehlende Klarheit
______ Zurückhaltende/erdrückende Resonanz
______ Fehlendes Interesse
______ Zuviel Offenheit
______ Zuwenig Offenheit
______ Unfähigkeit, Schweigen zuzulassen
______ Unfähigkeit zu unterbrechen
______ Vorgefaßte Meinungen
______ Falsch verteilte Aufmerksamkeit
______ Innerliche Ablenkungen
______ Unpassende Beruhigungen
______ Selektiertes Zuhören
______ Kritik und Verurteilungen
______ Beschimpfungen

_____ Hinterfragen
_____ Taktieren
_____ Ablenkungen

_____ Hinterfragen
_____ Taktieren
_____ Ablenkungen

Erwartungen

In jede Beziehung, die wir eingehen, bringen wir auch unsere Erwartungen mit ein – beiderseitige, ausgesprochene und heimliche. Vor allem in Liebesbeziehungen wird häufig stillschweigend davon ausgegangen, der Partner habe an uns die gleichen Erwartungen wie wir an sie oder ihn. Problematisch wird es, wenn wir unser Handeln, ohne vorherige Klärung, an diesen stillschweigenden Erwartungen ausrichten. Die folgende Übung soll Ihnen helfen, diese Erwartungen ans Licht zu bringen, damit Sie offen über sie sprechen können.
Sollte es Ihnen nicht möglich sein, die Ergebnisse der Übung zu besprechen, ohne neue Auseinandersetzungen hervorzurufen, dann verwenden Sie sie zum Ordnen Ihrer Gedanken, bevor Sie sich um therapeutische Hilfe bemühen.

Hinweis: Diese Übung ist eine Partnerübung. Wenn Sie zur Zeit keinen Partner haben, dann beantworten Sie die Fragen im Rückblick auf Ihre letzte Beziehung. Auch ohne die Reaktionen eines Gefährten können Sie so Klarheit über Ihre eigenen Erwartungen erhalten.
Materialien: Bleistift, Schreibunterlage, genügend Platz auf dem Fußboden, Duplikat für den Partner.

Beginnen Sie die Übung, indem Sie sich Rücken an Rücken auf den Fußboden setzen. Bleiben Sie etwa zwei Minuten mit geschlossenen Augen sitzen und achten Sie auf Ihren unterschiedlichen Atemrhythmus. Versuchen Sie im gleichen

Rhythmus zu atmen. Wenn Ihnen das gelungen ist, drehen Sie sich langsam um und sehen Sie sich an. Beantworten Sie nun die folgenden Fragen.
Welche Erwartungen habe ich an meinen Partner:

1.
2.
3.
4.
5.

Welche Erwartungen stelle ich an mich als Partner/in:

1.
2.
3.
4.
5.

Welche Erwartungen hat mein Partner meines Erachtens an mich:

1.
2.
3.
4.
5.

Wenn Sie fertig sind, lesen Sie sich die Antworten abwechselnd laut vor. Tauschen Sie dann die Blätter aus und markieren Sie sämtliche Antworten, über die Sie gern mehr erfahren würden. Welche haben Sie überrascht? Geben Sie die Blätter zurück, und erklären Sie sich gegenseitig Ihre Antworten.

Informationsaustausch

Viele Paare verwechseln »Intimität« mit »Sex«. Obwohl Intimität ein Bestandteil der Sexualität ist, dreht sie sich vor allem um unsere geheimsten Gedanken, Träume, Hoffnungen, Wünsche, Ängste und Kränkungen. Es sind Informationen, die tief aus unserem Inneren kommen und die wir nur mit engvertrauten Menschen teilen.

Manchen Partnern ist es unmöglich, diesen Grad der Intimität zu erreichen und miteinander zu teilen. Es gehört nicht zu ihrer Art der Kommunikation. Die folgende Übung wurde konzipiert, um Paaren zu helfen, diese Stufe des Informationsaustausches zu erreichen.

Für diese Übung sollten Sie sich Zeit lassen. Kopieren Sie die untenstehende Liste für Ihren Partner und bitten Sie sie oder ihn, die Erklärungen allein und in Ruhe auszufüllen; vereinbaren Sie, wann Sie die Ergebnisse austauschen möchten.

Bitte denken Sie daran, daß solche intimen Antworten den betreffenden Partner verwundbar machen. Offen zu sein, ist immer ein Risiko. Obwohl es sich in diesem Fall um ein durchaus lohnenswertes Risiko handelt, ist es für darin unerfahrene Menschen ein sehr unangenehmes Erlebnis. Daher sollten Sie die Antworten respektieren und nicht anzweifeln. Falls die Übung in einer Auseinandersetzung endet, wird es lange dauern, bis Sie erneut genügend Vertrauen für den Austausch solcher Intimitäten aufgebaut haben.

1. So lange ich denken kann, habe ich mir immer gewünscht, ...
2. Wenn es um . . . .
   geht, fühlte ich mich sehr kompetent.
3. Andererseits hapert es mit meiner Fähigkeit . . . . . .
4. Einen Teil von mir verschließe ich vor dir, weil ich Angst habe, daß du . . . .
5. Ich bin stolz darauf, daß ich . . . .
6. Es fällt mir schwer zuzugeben, daß ich . . . .
7. Ich schäme mich, wenn ich daran denke, daß . . . . .
8. Wenn ich mich dir ganz öffnen würde, hätte ich Angst, daß du . . . .

9. Ich verstehe nicht, warum es mir so schwerfällt . . . .
10. Ich brauche deine Hilfe, um meine Art . . . . zu ändern.
11. Es fällt mir schwer zuzugeben, daß . . . .
12. Für mich bedeutet diese Beziehung . . . .
13. Es ist schön, daß ich in dieser Beziehung . . . .
14. Die größten Sorgen bereitet mir im Moment . . . . .
15. Du als mein Partner solltest unbedingt verstehen und daran glauben, daß ich . . . .
16. Womit du mich wirklich wahnsinnig machst, ist . . .
17. Womit ich dich wahrscheinlich wahnsinnig mache, ist . . . .
18. Was ich wirklich gut finde, ist . . . .
19. Was ich wirklich schlecht finde, ist . . . .
20. Es würde mir das Leben sehr erleichtern, wenn du . .
21. Es würde dir das Leben sehr erleichtern, wenn ich . .
22. Was mir mit dir zusammen wirklich Freude machen würde, ist . . . .
23. Was ich von dir über die Liebe gelernt habe, ist . . . .
24. Das Schönste daran, dein Partner/deine Partnerin zu sein, ist . . . .

Liebeswegweiser

Die meisten Menschen begehen den Fehler, ihren Partner so zu lieben, wie sie selbst gern geliebt werden möchten, anstatt herauszufinden, welche Vorstellungen ihr Partner davon hat, geliebt zu werden. Wenn Sie das Gefühl haben, mit Ihren Liebesbeweisen keinen rechten Anklang zu finden, dann sind Sie vielleicht einfach auf dem Holzweg.

Unten aufgeführt finden Sie eine Aufzählung bevorzugter Liebesbeweise. Wenn Sie diese entsprechend Ihren eigenen Neigungen von 1 (für den schönsten) bis 15 (für den am wenigsten attraktiven) durchnumerieren, errichten Sie Ihrem Partner damit einen Wegweiser zu Ihrem Herzen. Tauschen Sie die Listen anschließend aus und vergleichen Sie sie. Die Liste Ihres Partners sollten Sie behalten – als wunderbaren Leitfaden zu ihren bzw. seinen Wünschen.

_____ Zusammen spazierengehen
_____ »Ich liebe dich« sagen
_____ Offenheit (wenn du mir deine Gefühle, Ängste und Träume verrätst)
_____ Zärtliche Berührungen (keine erotischen)
_____ Mich mit Kosenamen ansprechen
_____ Mir Geschenke machen
_____ Mir Komplimente über mein Aussehen machen
_____ Mir Zeit und Raum für mich lassen
_____ Meine Fehler tolerieren
_____ Miteinander schlafen
_____ Mich respektieren
_____ Gemeinsame Unternehmungen anregen
_____ Zeit für uns schaffen
_____ Mir einen Teil meiner Arbeit abnehmen
_____ An mich glauben/mich ermutigen

Die unvermeidlichen Unterschiede

Eine wichtige Übung, die sich mit dem Kern vieler Konflikte von Gegensatzpartnern auseinandersetzt: den manchmal unüberbrückbar scheinenden Unterschieden.
Kopieren Sie die Übung, damit jeder Partner sein eigenes Blatt hat, und nehmen Sie sich Zeit, um die Sätze allein und in Ruhe zu vervollständigen. Setzen Sie sich anschließend zusammen, um über Ihre Bemerkungen zu sprechen.
Mit diesen Antworten offenbaren Sie viele geheime Gedan-

ken, und sie auszutauschen schafft große Nähe und Intimität. Es ist daher doppelt wichtig, daß Sie Ihrem Partner einfach nur zuhören und ihre oder seine Antworten nicht hinterfragen. Sie sollen Ihnen lediglich helfen, den Standpunkt Ihres Partners besser zu verstehen.

1. Folgende Unterschiede zwischen uns mag ich:
   1.
   2.
   3.

2. Folgende Unterschiede zwischen uns bereiten mir Probleme:
   1.
   2.
   3.

3. Die größten Verständigungsschwierigkeiten haben wir bei folgenden Unterschieden:

4. Dieses Bedürfnis von mir kollidiert mit einem deiner Bedürfnisse:

5. Manchmal frustriert mich unsere Verschiedenartigkeit, weil:

6. In den meisten Fällen halte ich mich für durchaus flexibel; Probleme bereitet mir:

7. Mir gefällt, wie wir mit folgenden Unterschieden umgehen:

Auf der Suche nach einem Lebensgefährten

Wissen ist Macht. Und Wissen über sich selbst ist das wirkungsvollste Hilfsmittel überhaupt, um Ihr Leben zu verändern. Eine Partnersuche ohne ausreichende Selbsterfahrung kann dazu führen, daß man einen Menschen wählt, der einem eher schadet als guttut. Wenn Ihre Suche bisher erfolglos verlaufen ist, dann sollten Sie überprüfen, ob Sie sich nicht vielleicht selbst im Wege stehen.

1. Nennen Sie fünf Charaktereigenschaften, die Ihr »Ideal-Partner« besitzen sollte:
   1.
   2.
   3.
   4.
   5.

2. Welche fünf Eigenschaften haben Sie selbst einem Partner zu bieten?
   1.
   2.
   3.
   4.
   5.

3. Welche fünf Eigenschaften würden einen Menschen auf Ihre »Niemals«-Liste plazieren?
   1.
   2.
   3.
   4.
   5.

4. Wenn Sie bereits mehrere ernsthafte Beziehungen hinter sich haben – welche Übereinstimmungen sehen Sie in den Partnern Ihrer Wahl?

5. Wenn es Ihnen nicht gelingen sollte, den richtigen Partner zu finden – wie denken Sie darüber, allein zu bleiben?

6. Sollte ein potentieller Lebenspartner Ihnen lieber ähnlich oder unähnlich sein? Warum?

Anzeichen für Beziehungsprobleme

In kriselnden Partnerschaften empfinden viele Paare eine Art schleichende Entfremdung, ohne genau sagen zu können, wodurch diese hervorgerufen wird. Verwenden Sie die folgende Liste, um Ihre Gedanken zu ordnen, bevor Sie mit Ihrem Partner sprechen oder sich um professionelle Hilfe bemühen.

Geben Sie Ihrem Partner eine Kopie der Liste und erklären Sie ihm oder ihr: »Du hast sicher selbst bemerkt, daß wir auseinanderdriften. Wir sollten darüber reden. Würdest du dir diese Liste ansehen und alles anstreichen, was dir Sorgen macht? Ich möchte wirklich, daß wir darüber hinwegkommen.«

Beginnen Sie am besten mit Problempunkten, die Sie beide angestrichen haben. Um das Konfliktpotential so niedrig wie möglich zu halten, sollten Sie sich darauf verständigen, nur über Ihre *eigenen* Beiträge zu dem jeweiligen Problem zu sprechen.

Sind die Spannungen bereits zu stark geworden, wird es Ihnen eventuell nicht mehr möglich sein, in Ruhe über diese Themen zu sprechen.

Möglicherweise sind die Punkte für Sie bereits so problembeladen, daß ein falsches Wort zum Streit führen würde. Sollte das der Fall sein, benötigen Sie für derartige Gespräche unbedingt Hilfe von außen.

______ Fehlende Verständigung über gegenseitige Erwartungen

______ Das Gefühl, auseinanderzudriften

______ Lange Phasen der Enttäuschung

______ Wut über eigenmächtige Entscheidungen

______ Das Gefühl, ausgenutzt zu werden

______ Unerwartete Zornesausbrüche

______ Das Gefühl der Entmutigung

_____ Ausweich- oder Fluchtverhalten durch Alkohol, Drogen, Essen oder Fernsehen
_____ Gegenseitige Angriffe in der Öffentlichkeit
_____ Ständige Kritik
_____ Mangelndes Interesse an Zweisamkeit
_____ Unausgesprochene Ressentiments
_____ Ständiges Genörgel
_____ Fehlende Interdependenz; zu häufige Suche nach Unterstützung von außen
_____ Nachlassender gegenseitiger Respekt
_____ Witze auf Kosten des Partners
_____ Das Gefühl einer unterschwelligen Entfremdung
_____ Sich gefangen fühlen
_____ Vernachlässigung der sexuellen Beziehung
_____ Differierende Prioritäten
_____ Unfähigkeit, sich zu einigen
_____ Unfähigkeit, als Paar über die Zukunft zu sprechen
_____ Permanente Wut auf den Partner
_____ Den Partner verletzen wollen
_____ Größeres Verlangen nach jemand anderem als danach, die Probleme mit dem Partner zu lösen.

Stichworte

Auch im Gespräch ist es mitunter nicht leicht, die genauen Probleme des oder der anderen herauszuarbeiten. Im folgenden finden Sie eine Auflistung möglicher Problembereiche, die sich auf fast alle Paare übertragen lassen.
Auch diesmal benötigen Sie eine Kopie, damit jeder von Ihnen die Möglichkeit hat, sich in Ruhe mit der Aufstellung auseinanderzusetzen. Vergleichen Sie anschließend Ihre Antworten, und konzentrieren Sie sich auf die Bereiche, die Sie beide für problematisch erachten.

Geld: Wie wird es ausgegeben, gespart, verliehen und kontrolliert? Was bedeutet es dem einzelnen?
Gesundheit: Tischmanieren, Bewegung, schlechtes Essen, Alkohol- und Drogenkonsum
Zeit: Wieviel Zeit verbringen wir allein bzw. zusammen? Wieviel widmen wir anderen Menschen, Vorhaben etc.? Verhältnis von aktiver und passiver Zeit
Arbeit: Welche Priorität genießt sie in unserem Leben? Welche Rolle spielen Erfolg bzw. Mißerfolg? Mögen wir unsere Arbeit oder nicht? Streßfaktoren
Freizeit: Wie wir als Paar oder Familie miteinander spielen; fahren wir gemeinsam oder getrennt in die Ferien? Gemeinsame Aktivitäten?
Sex: Wie häufig schlafen wir miteinander? Wie empfinden wir die Qualität unserer sexuellen Aktivitäten? Wie abwechslungsreich sind wir? Grad der Intimität? Wie sensibel sind wir im Bett? Was macht mir Spaß, was nicht?
Kommunikation: Wieviel Zeit verbringen wir damit, uns zu unterhalten? Grad der Vertrautheit in unseren Gesprächen? Privatsprache versus öffentliche Sprache, Kommunikationsblockaden
Kinder: Verantwortung, gemeinsam Eltern sein, Verständigung über unterschiedliche Erziehungsansichten, wie fühlen wir uns als Eltern? Wollen wir/ich/du weitere Kinder?
Verwandtschaft: Deine Familie, meine Familie, wie sehen die Kontakte aus? Welche Pflichten haben wir gegenüber unseren Familien? Wie sehen ihre Erwartungen an uns aus?
Heim: Wie spannungsgeladen oder behaglich ist es? Aufgabenverteilung? Wo wollen wir leben und warum?
Bindung: Was verstehen wir darunter? Wie empfinden wir sie – positiv/negativ? Zukunftspläne

Gefühlsvokabeln

Mitunter ist es schwer, den passenden Ausdruck für das zu finden, was wir gerne sagen möchten. Für Partner, denen manchmal die richtigen Worte fehlen, um ihre Gefühle auszudrücken, kann die folgende Liste eine Hilfe sein. (Ähnliche Gefühle wurden in Begriffsfeldern zusammengefaßt.)

froh, zufrieden, glücklich, befriedigt, fröhlich, freudig, gespannt, erfreut, entzückt, high, begeistert, ekstatisch, hingerissen, fasziniert, berauscht, erhaben, enthusiastisch

freundlich, liebenswert, sympathisch, angenehm, gütig, verbunden, großzügig, zärtlich, ruhig, gelassen, geliebt, behütet, begehrend, begehrenswert

befremdet, verblüfft, schockiert, bestürzt, überrascht

unglücklich, niedergeschlagen, deprimiert, trübsinnig, untröstlich, düster, trauervoll, elend, gequält, verzweifelt, traurig, mutlos, furchtsam, bange, erschöpft, ausgelaugt, angeschlagen/betroffen, unruhig, angsterfüllt, durcheinander, mißtrauisch, ernüchtert, teilnahmslos, gleichgültig

wütend, böse, erzürnt, empört, feindselig, gehässig, bitter, verärgert, unliebenswürdig, entmutigt, betroffen, überfahren, entfremdet, distanziert

rastlos, gedrängt, ungeduldig, nervös, beunruhigt, überwältigt, gequält, verloren, verwirrt, frustriert, reuevoll

unangenehm, peinlich, bloßgestellt, entwürdigt, unterschätzt, verletzt, herabgesetzt, verraten, unredlich, gedemütigt, getäuscht, betrogen, beschuldigt, in Verlegenheit gebracht, angeprangert, schuldig versunken, entrückt, vertieft, beschäftigt, gedankenverloren, interessiert, anteilnehmend

stolz, wichtig, erfolgreich, talentiert, kompetent, bewundert, respektiert, respektvoll, erfahren, weise, fähig, sicher, mächtig, zuversichtlich, verständig, mutig

neidisch, eifersüchtig, einseitig, nachtragend, abgelehnt, ignoriert

vertrauend, anerkennend, dankbar, akzeptiert, zuverlässig, willkommen, versöhnlich, hoffnungsvoll

absurd, dumm, lächerlich, irrational, kindisch

traurig, verletzt, leer, hilflos, entmutigt, machtlos, unsicher

Selbsteinschätzung

Die folgenden Fragen sollen Ihnen helfen, sich die Welt aus der Sicht Ihres Partners vorzustellen. Denken Sie einfach jeden Abend vor dem Zubettgehen darüber nach.

1. Wie hat es sich heute angefühlt, mit mir verheiratet (oder zusammen) zu sein? Was war schön daran? Was war weniger schön? (*Richtig* spannend wird es, wenn Sie später Ihren Partner fragen.)
2. Wie würde ich mich heute als Partner/in bewerten?
3. Gibt es eine einfache Möglichkeit, meinem Partner das Leben morgen ein wenig leichter zu machen? (Vielleicht setzen Sie diese Idee einfach um?!)
4. Durch welche einfache Geste mache ich uns das Leben als Paar bereits leichter? Würde ich es morgen noch einmal tun, auch wenn es heute gar nicht bemerkt wurde?

Bibliographie

Literatur zum Thema Gehirnhälftendominanz

Blakeslee, Thomas R.: Das rechte Gehirn. Das Unbewußte und seine schöpferischen Kräfte. Freiburg 1980.
Gazzaniga, Michael: Das erkennende Gehirn. Paderborn 1989.
Mecacci, Luciano: Das einzigartige Gehirn. Über den Zusammenhang von Hirnstruktur und Individualität. Frankfurt/M. 1994.
Springer, Sally P./Deutsch, Georg: Linkes Gehirn, rechtes Gehirn. Funktionelle Asymmetrien. Heidelberg 1995.

Quellenangaben

Ascher, Barbara: Above all, Love. 1992.
Banks, Dennis, (Letter), L. A. Times, 1991.
Barbach, Lonnie: Für einander: das gemeinsame Erleben der Liebe. Übers. v. Karin Peterson, Stuttgart, München 1988.
Beavers, Robert: Successful Marriage. New York 1985.
Beck, Aaron: Love is never enough. New York 1988.
Belenky, Mary Field u. a.: Das andere Denken: Persönlichkeit, Moral und Intellekt der Frau. Übers. v. Nele Löw-Beer, Frankfurt/M. 1989.
Berzon, Betty: Permanent Partners. New York 1988.
Bolton, Robert: People Skills. New York 1979.
Broderick, Carlfred: Couples. New York 1979.
Clark, Don: Loving Someone Gay. Berkely 1987.
Covey, Stephen: Die sieben Wege zur Effektivität: Ein Konzept zur Meisterung Ihres beruflichen und privaten Lebens. Übers. v. Angela Roethe, Frankfurt/M. 1992.
Csikszentmihalyi, Mihaly: Flow: das Geheimnis des Glücks. Übers. v. Annette Charpentier, Stuttgart 1992.
Dytchwald, Ken: In: Wallis, Claudia: The Not-So-Nuclear Family, Family Therapy Networker, 1993.
Edwards, Betty: Drawing on the Artist Within. New York 1986.
Edwards, Betty: Garantiert Zeichnen lernen: das Geheimnis der rechten Hirn-Hemisphäre. Reinbek bei Hamburg 1990.
Ehrenberg, Miriam und Otto: The Intimate Circle: The Sexual Dynamics of Family Life. New York 1988.

Ferris, Timothy: Das intelligente Universum: ein Blick zurück auf die Erde. Übers. v. Wolfgang Rhiel, Berlin 1992.

Fisher, Roger/Brown, Scott: Gute Beziehungen: die Kunst der Konfliktvermeidung, Konfliktlösung und Kooperation. Übers. v. Linda Gränz, Frankfurt/M. 1992.

Goldberg, Herb: Man(n) bleibt Mann: Möglichkeiten und Grenzen der Veränderung. Übers. v. Roswitha Enright, Hamburg 1990.

Greeley, Andrew: Versuchung zur Sünde. Übers. v. Bernhard Schmid, München 1993.

Jordan, Judith: Courage in Connection. Wellesley 1990.

Keen, Sam: Feuer im Bauch. Übers. v. Almuth Dittmar-Kolb, Hamburg 1992.

Laurence, Lance: Couple Constancy. Conversations with Today's Happily Married People. Ann Arbor, Michigan 1982.

Lerner, Harriet Goldhor: Wohin mit meiner Wut? Neue Beziehungsmuster für Frauen. Übers. v. Olga Rinne, Frankfurt/M. 1990.

Lindbergh, Anne Morrow: Muscheln in meiner Hand: eine Antwort auf die Konflikte unseres Daseins. Übers. v. Maria Wolff, München, Zürich 1990.

Luecke, David: Prescription for Marriage. Relationship Institute 1989.

Mace, David/Mace, Vera: Current Controversies in Marriage and Family. Beverly Hills 1985.

Pittman, Frank: Angenommen, mein Partner geht fremd ... Übers. v. Olga Rinne, Stuttgart 1991.

Polster, Erving: Jedes Menschen Leben ist einen Roman wert. Übers. v. Brigitte Stein, Köln 1987.

Sacks, Oliver: Der Mann, der seine Frau mit einem Hut verwechselte. Übers. v. Dirk van Gunsteren, Reinbek bei Hamburg 1990.

Satir, Virginia: Selbstwert und Kommunikation: Familientherapie für Berater und zur Selbsthilfe. Übers. v. Maria Basch und Elke Wisshak, München 1975.

Schnarch, David: Constructing The Sexual Crucible. New York 1991.

Stuart, Richard: Helping Couples Chance. New York 1980.

Watzlawick, Paul: Wie wirklich ist die Wirklichkeit? Wahn, Täuschung, Verstehen. München, Zürich 1994.

Viscott, David: I love you, let's work it out. New York 1987.

Wells, Carol G.: Sex beginnt im Kopf: der mentale Weg zu höchster Erfüllung. Übers. v. Ursula Bischoff, München 1991.

Yalom, Irvin: Existential Psychotherapy. New York 1980.

234.–
Fi. 13.8.11

Die Erwartungen bei ihrer Geburt waren hoch. Doch ihre illustre Herkunft brachte Walther, Wolfgang und Alma, den Kindern von Goethes Sohn August und dessen Frau Ottilie, nicht nur Glück. Dagmar von Gersdorff erzählt spannend von den wechselvollen und tragischen Lebenswegen der Enkel, deren bleibendes Verdienst es ist, das Erbe des Dichters gegen allen Widerstand vor Zersplitterung bewahrt zu haben. Daß Goethes Wohnhaus und seine einzigartigen Sammlungen heute nahezu unverändert existieren, ist der Klugheit seiner Enkel zu verdanken.

Dagmar von Gersdorff lebt als Literaturwissenschaftlerin und Schriftstellerin in Berlin. Im insel taschenbuch liegen von ihr außerdem vor: *Marie Luise Kaschnitz* (it 1887), *Goethes Mutter* (it 2925), *Marianne von Willemer und Goethe* (it 3150) und *Dich zu lieben kann ich nicht verlernen. Das Leben der Sophie Brentano-Mereau* (it 3235).

»Dagmar von Gersdorff geht gewohnt einfühlsam und angenehm zurückhaltend in der Diktion den Lebensspuren von Alma, Walther und Wolfgang von Goethe nach.« *Tilman Krause, Die Welt* insel taschenbuch 3350

Dagmar von Gersdorff

Goethes Enkel

Dagmar von Gersdorff

Goethes Enkel

Walther, Wolfgang und Alma

Mit zahlreichen Abbildungen

Insel Verlag

Der vorliegende Band folgt der gebundenen Ausgabe: Dagmar von Gersdorff, *Goethes Enkel. Walther, Wolfgang und Alma.* Insel Verlag Frankfurt am Main und Leipzig 2008. Umschlagabbildungen: Goethe-Museum Düsseldorf (Alma von Goethe), Klassik Stiftung Weimar (Walther und Wolfgang von Goethe)

insel taschenbuch 3350
Erste Auflage 2009

Hinweise zu dieser Ausgabe am Schluß des Bandes
Vertrieb durch den Suhrkamp Taschenbuch Verlag
Umschlag nach Entwürfen von Willy Fleckhaus
Satz: Hümmer GmbH, Waldbüttelbrunn
Druck: CPI – Ebner & Spiegel, Ulm
Printed in Germany
ISBN 978-3-458-35050-7

2 3 4 5 6 – 14 13 12 11 10

INHALT

ERSTER TEIL

Zu Lebzeiten Goethes

DAS HAUS gehörte nun ihnen. Das stattliche, am Weimarer Frauenplan gelegene Wohnhaus mit dem barocken Eingangsportal und der ansehnlich breiten Treppe, den Sammlungs- und Repräsentationsräumen, den Kammern, Höfen und Remisen war ihr Eigentum. Das Gartenhaus an der Ilm, wo sie die Sommerwochen verbracht, der Flügel, auf dem sie Mendelssohn gehört, die Kutsche, in der sie Goethe begleitet hatten – ihr Besitz. Die Gemälde und Bronzen, geschnittenen Gläser, bemalten Porzellane und antiken Büsten im Aldobrandini- und Urbinozimmer, die Uhren und Marmorwerke, der Apoll von Belvedere und die beiden schönen Knaben mit den Fackeln in Händen, insgesamt mehr als sechsundzwanzigtausend Kunstgegenstände, gereiht und geordnet in den dafür gebauten Kommoden, Kästen und Schränken – ihnen anvertraut. Es gehörte ihnen die berühmte Majolikasammlung der italienischen Renaissance, zweitgrößte ihrer Art in Deutschland nach der des Königs von Preußen. In ihrer Hand waren die naturwissenschaftlichen Kabinette, die einzigartige Mineraliensammlung mit siebzehntausendachthundert exakt beschrifteten Steinen und Fossilien, die Schubladen mit seltenen Münzen, für die auch ihr Vater sich begeistert, die er zuletzt noch aus Italien geschickt hatte. Und nicht zu vergessen Goethes Privatbibliothek mit sechstausendfünfhundert Bänden und zehntausend Briefen, die Mappen mit zweitausend Handzeichnungen, Kupferstichen und Aquarellen – alles in allem ein unvergleichlicher Schatz.

Es war das Haus, in dem sie geboren und aufgewachsen waren. Im oberen Stockwerk, das Goethe eigens für die Eltern ausbauen ließ, hatten sie gewohnt. Als Kinder waren sie oft in des Dichters Arbeitszimmer gekommen, wo sie malen und spie-

Das Wohnhaus Goethes und seiner Enkel am Frauenplan in Weimar 1828. Kupferstich von Ludwig Schütze nach Otto Wagner.

len durften. Mit dem gleichaltrigen Erbprinzen Carl Alexander hatten sie im Alkovenzimmer gelacht, im Hof getobt und manchmal den Sprung direkt durchs Fenster über dem Weinspalier in den Hausgarten gewagt. Der Großvater hatte den Krach milde lächelnd erduldet. Man wußte ja, wie sehr er sich über die Geburt der Enkel gefreut hatte.

Der erste Enkel

Die Spannung war groß. Ein männlicher Erbe sollte es sein, wie bei fürstlichen Häusern. Schließlich würde der Junge Träger des berühmtesten Namens werden, den man in Deutschland kannte. Er sollte das Geschlecht in alle Zukunft weiterführen. Daß Goethe selber so dachte, hat ein Besucher ausdrücklich vermerkt: *Es ist offenbar, daß er von seiner Unsterblichkeit als Dichter nur allzu überzeugt ist; er will aber auch in seinen Enkeln weiterleben.*[1]

April 1818. Als feststand, daß die Geburt in den nächsten Tagen erfolgen würde, hatte es der Dichter allerdings eilig, aus dem Haus zu kommen. Den unangenehmen Begleiterscheinungen einer Niederkunft wollte er auf jeden Fall entgehen. Man konnte nicht wissen, ob das Ereignis tatsächlich so erfreulich verlaufen würde, wie das junge Paar hoffte, oder ob nicht vielmehr das Gegenteil einträte. Die Geburtsvorbereitungen mit ihren unausweichlichen Aufregungen würden ihm nur schaden. Schwiegertochter Ottilie war von zarter Natur, kränkelte oft, und die ärztliche Kunst war begrenzt. Lieber floh Goethe nach Jena, überwachte den Ausbau der Universitätsbibliothek und verbrachte ruhige Abende bei Freund Knebel, der ihn in seinem Haus mit Blick über das Ziegenhainer Tal auf die anregendste Weise unterhielt.

Für seine Schwiegertochter Ottilie war die letzte Zeit sehr schwer gewesen. Sie litt an Kopfschmerzen, Migräne und Gesichtsneuralgien. Ihre Leber war geschwollen, sie hustete, sie klagte. Wie würde sie die Geburt überstehen? Und das Kind, käme es gesund zur Welt? In dieser Hinsicht hatte er selber, Goethe, keine guten Erfahrungen gemacht. Seine Kinder Karoline, Karl und Kathinka, die ihm Christiane Vulpius geboren hatte, waren alle auf unbegreifliche Weise schon im Säuglingsalter gestorben. Eines der Kinder kam tot zur Welt. Kein Arzt war imstande, ihm diese Katastrophen zu erklären. Geblieben war ihm nur einer, der kräftige Erstgeborene, sein einziger Sohn August. Der Neunundzwanzigjährige, seit einem Jahr verheiratet, bekleidete zum Glück eine gut dotierte Stelle als Kammerrat beim Großherzog Carl August von Sachsen-Weimar.

Und nun das Kind. Ein Leibhusar des Großherzogs war eigens als reitender Bote von Weimar herübergeschickt worden, um Goethe die erfolgte Geburt zu melden. Er war den Weg im Eiltempo geritten. Ein Junge sei auf der Welt, geboren am 9. April 1818.

Goethe nahm die Botschaft hochbeglückt zur Kenntnis. Der erste Enkel! Besondere Eile, nach Hause zu kommen, hatte er dennoch nicht. Die ersten Tage würde er in Ruhe abwarten. Es hieß, die Geburt sei schwer gewesen. *Gestern mittag hat Ottilie nach vier Tagen banger Angst und Erwartung einen Sohn geboren, und dies Ereignis, das von jedem nur als der Tod der kleinen, schwachen Frau erwartet ward, hat mich unbeschreiblich erfreut*, schrieb Caroline von Egloffstein an ihre Schwester Julie.[2] Für Ottilie waren die vier Tage eine einzige Marter gewesen. Nun mußte man sehen, ob sie und das Kind am Leben blieben.

Schon traf der erste Glückwunsch ein, übersandt von Staatsminister Christian Gottlob Voigt, dem treuen Kollegen. Das Billett war klug formuliert. Voigt gratulierte nicht nur *zur glücklichen Ankunft des kleinen Gastes,* sondern fügte hinzu: *in welchem das große Erbteil Ihres Namens perennieren soll ...* Damit drückte er aus, was alle dachten: Durch diesen Knaben wird der berühmte Name weitergetragen durch Jahrhunderte. Das mußte dem Dichter gefallen.

Zur angekündigten Taufe erschien Großvater Goethe pünktlich in Weimar und überbrachte, zusammen mit einer Anzahl farbiger Steine, ein eigens für das Neugeborene geschaffenes Gedicht: »Wiegenlied dem jungen Mineralogen«. Damit gedachte er, den Enkel in neun Strophen auf seine zukünftige Bestimmung als Naturwissenschaftler vorzubereiten. Die letzte Strophe des Gedichts lautete:

Nun! Wie es Vater und Ahn Dir erprobt
Gott und Natur und das All ist gelobt!
Komme! Der Stiftende führet Dich ein
Unserem Ringe willkommener Stein!

Leider zeigte die höfliche Aufforderung, sich dem Ring der Naturforscher einzureihen, keinerlei Wirkung. Der Enkel begeisterte sich später zwar für die Natur, doch nur dann, wenn sie als Kulisse romantischer Empfindungen dienen konnte. Für Steine interessierte er sich nicht im geringsten.

Die Namen des Jungen standen bereits fest. Er sollte Walther heißen, nach seinem Vater *Julius August Walther*. Sein zweiter Name war natürlich *Wolfgang*, wie es sich von selbst verstand. *Walther Wolfgang von Goethe*.

Am Tag der festlichen Taufe war zum ersten Mal auch die Familie der jungen Mutter vollständig im Haus am Frauenplan versammelt. Geradezu fürstlich, einem jungen Goethe angemessen, erschienen Auswahl und Anzahl der Paten. Daß sich unter ihnen zwei veritable Gräfinnen befanden, erstaunte niemanden. Gräfin Caroline von Egloffstein, mit ihren dreißig Jahren recht jugendlich wirkend, war Ottilies Freundin und eine begabte Musikerin. Der Vortritt gebührte jedoch der alten Reichsgräfin Luise Eleonore Maximiliane Ottilie Henckel von Donnersmarck, Ottilies 68jährige Großmutter. Als Oberhofmeisterin der russischen Erbgroßfürstin Maria Pawlowna trat sie würdevoll, allerdings mit nur mühsam zurückgehaltenem Unwillen unter die versammelten Gäste. Dieser Tag, der 21. April 1818, zählte nicht zu ihren glücklichsten. Sie nämlich war es gewesen, die von Anfang an die Heirat ihrer Enkelin mit dem Sohn dieses Hauses zu verhindern gesucht hatte. August von Goethe war leider Gottes – man wagte kaum, es nur zu denken – der illegitime, also nicht ehelich geborene Sproß der Demoiselle Vulpius, die vielleicht hübsch lockig, aber arm und ungebildet ins Haus gekommen war. In keiner Weise konnte sich ihr Sohn August, dessen Hang zum Alkohol und plebejischen Äußerungen die Reichsgräfin verabscheute, mit dem Uradel der Donnersmarcks und den aristokratischen Pogwischs messen. Angesichts der einigermaßen späten Nobilitierung seines Vaters war der plumpe August in ihren Augen ein durchaus ungeeigneter Partner für die reizende Enkelin Ottilie, deren Stammbaum fast lückenlos bis ins dreizehnte Jahrhundert zurückreichte. Die alte Dame würde darüber sogar *gezankt und getobt haben*, wußte Gräfin Julie von Egloffstein zu berichten, hätte nicht plötzliche Wehmut beim Anblick des Urenkels sie im letzten Augenblick daran gehindert.

Seine Exzellenz der Staatsminister Johann Wolfgang von Goethe war als Großvater väterlicherseits ebenso Pate wie auch der Großvater mütterlicherseits – dieser allerdings entgegen dem ausdrücklichen Wunsch der alten Reichsgräfin, die ihn nicht ausstehen konnte. Es war der in Kurland lebende Major Wilhelm Julius von Pogwisch, Gutsverwalter und Domherr von Kolberg, von dem sich die Mutter – zum großen Kummer der beiden Töchter – früh getrennt hatte. In Wirklichkeit hatten Ottilie und Ulrike ihren Vater, der nicht mit Geld umgehen konnte und sein Vermögen verspekuliert hatte, seit vierzehn Jahren nicht mehr zu Gesicht bekommen. Auch zu diesem hohen Tag war er leider nicht erschienen. Da Major von Pogwisch aber seiner Tochter Ottilie zu ihrer freudigen Überraschung mit einem langen und warmherzigen Brief zur Hochzeit gratuliert hatte, hoffte sie wohl, ihn durch die Einladung wieder in den Familienkreis zurückholen zu können.

Ein einziges Mal noch ist Major von Pogwisch tatsächlich nach Weimar gekommen, und zwar im Dezember des gleichen Jahres, in dem Walther geboren wurde. Er kam ins Goethehaus, wo er mit dem Dichter zu Mittag speiste, um den neugeborenen Enkel zu besichtigen. Doch obwohl ihm ein langes Leben von sechsundsiebzig Jahren beschieden war, hat Walther diesen Großvater niemals kennengelernt.

Laut Taufprotokoll war bei der Zeremonie persönlich nicht anwesend Frau Johanna Melber, geborene Textor, mit vierundachtzig Jahren die einzige noch lebende Schwester von Goethes Mutter. Es fehlte auch des Dichters Jugendfreund Willemer, bei dessen Gattin der Täufling später seine schönsten musikalischen Stunden verleben würde. Ernst von Schiller, Sohn des Dichters und seit Kindertagen mit August von Goethe befreundet, war ebenso zu Gevatter gebeten wie Goethes Hausfreund Johann Heinrich Meyer. Als Patinnen traten Ottilies Schwester Ulrike und ihre liebste Freundin Adele Schopenhauer in Erscheinung. Auffallen mußte, daß keiner der Verwandten von Christiane Vulpius, welche vor zwei Jahren gestorben war, einer Patenschaft gewürdigt wurde. Nur der sechzehnjährige Rinaldo Vulpius, Sohn ihres Bruders, durfte laut Taufprotokoll am festlichen Essen teilnehmen.

Enkel Walther war noch nicht lange auf der Welt, als schon von verschiedenen Besuchern seine angebliche Ähnlichkeit mit dem berühmten Großvater konstatiert wurde. Goethes Name überstrahlte alles, und da sein Sohn August tüchtig, aber keinesfalls mit Genialität gesegnet war, mußte es der Enkel sein, der die Begabung des Dichters erben und seinen Ruhm glänzend fortsetzen würde. Marianne von Willemer zählte zu

Walther von Goethe als Kind,
gemalt von Julie Gräfin Egloffstein

den ersten, die selbst aus der Ferne diese Prognose stellte. Kaum daß Walther laufen konnte, meldete sie aus Frankfurt: *Von dem großen Enkelchen wurde gerühmt, daß er Ihnen ähnlich sei.*

Ottilie war dreiundzwanzig, August dreißig Jahre alt, als der Dramatiker Bernhard von Beskow nach einem Abend bei den jungen Eltern befriedigt notierte: *Goethes Privatleben ist ebenso glücklich und sonnig wie seine schriftstellerische Laufbahn gewesen. Sein häuslicher Frieden wird vom Sohne und dessen Enkel verschönert. August v. Goethe ist verheiratet mit Ottilie v. Pogwisch, einer ausgezeichneten, interessanten und liebenswürdigen Frau, angebetet von ihren Freunden und von allen hochgeschätzt.*[3] Demnach verlief das Leben des jungen Paares in Einigkeit und Harmonie.

Überglücklich aber war Ehemann August, als Ottilie wieder ein Kind erwartete. Walther war noch nicht zwei Jahre alt, als es angekündigt wurde. Doch diesmal verlief die Geburt noch weit schwieriger und komplizierter als die erste. Es fehlte nicht viel, und Ottilie wäre samt ihrem Kind gestorben – Goethe rechnete bereits mit ihrem Tod. *Ich bin in alles, was erfolgen kann, ergeben, obgleich ihr Verlust einen unübersehbaren Umsturz meiner Zustände hervorbringen müsste*, so sein Kommentar.

Wieder war er vorzeitig aus Weimar geflohen, um während der beängstigenden Vorgänge im Oberstock seines Hauses nicht anwesend zu sein. Immer, wenn es um Leiden und Krankheit ging, floh er. Als sein Vater einen Schlaganfall erlitten hatte, fuhr er nicht mehr nach Frankfurt, kam auch nicht zur Beerdigung. Auch als Schiller starb, blieb er fern. Als seine Mutter Catharina Elisabeth sichtlich alterte, vermied er es zehn Jahre lang, sie zu besuchen; und selbst als er von ihrem Tod erfuhr, reiste nicht er, sondern seine Frau Christiane zur Regelung der Erbangelegenheiten nach Frankfurt. In Erwartung von Christianes Hinscheiden meldete er sich krank und zog sich in sein Zimmer zurück, bis man ihn von ihrem Ende benachrichtigte.

Es war die treue Freundin Adele Schopenhauer, die die Geburt von Ottilies zweitem Kind aus unmittelbarer Nähe miterlebte und mit erlitt. In ihrem Tagebuch heißt es: *Ottilie hat eine schwere, entsetzliche Niederkunft überstanden, sie und ihr Sohn leben. Wie das möglich war nach den Krämpfen, die ihr alle Kraft genommen und sie vier Tage und fünf Nächte so marterten, daß die eigene Mutter sie lieber tot wünschte als so leidend – es ist ein Wunder – das gellende Schreien – die Pogwisch und ihre Verzweiflung!*

Wieder ein Junge. Er kam am 18. September 1820 auf die Welt und erhielt auf Wunsch des Großvaters dessen eigenen Vornamen: *Wolfgang Maximilian von Goethe.*

Das Glück war vollkommen. Goethe verwöhnte seine Schwiegertochter, schickte ihr Geschenke, legte Schönes und Nahrhaftes auf ihren Tisch. Zu seinem ersten Geburtstag erhielt Wolfgang – Wolf genannt – eine blau-goldene Kindertasse mit zierlichen Schriftzügen: *Wolf heißt der Held / der mir gefällt / Ihn tausch ich nicht um die ganze Welt.* Sie befindet sich heute ebenso im Weimarer Goethehaus wie die Spielsachen der beiden Knaben: das Puppentheater, die Modelleisenbahn und Kulissen zum Theaterspiel, die schon August besaß: ein ägyptischer Tempel aus bemalter Pappe, eine Landschaft mit rot leuchtendem Vulkan.

Seit die Kinder drei und fünf Jahre alt waren, durften sie täglich aus den Mansardenzimmern des Oberstocks hinunter in die Zimmer des Großvaters kommen. Selbst im geheiligten Raum, dem Arbeitszimmer des Dichters, konnten sie sich nach Belieben aufhalten, durfte Wolf in eine Schublade des großen Schreibtischs seine Spielsachen einordnen und Walther in Bilderbüchern blättern. Jeden Tag durften sie, meist nach Tisch, den Großvater auch bei seiner Spazierfahrt begleiten. Man fuhr gewöhnlich zu den Orten, wohin er schon mit August seine Ausflüge gemacht hatte, rund ums Webicht, nach Gelmeroda, zum Schloß Tiefurt oder nach Belvedere.

Die Kinder, so klein sie waren, spürten die Zuneigung, die der siebzigjährige Großvater ihnen entgegenbrachte. Bei ihm wußten sie sich aufgenommen, hier waren sie willkommen. Seine Besucher konnten sich nicht genug über den großzügigen Umgang des Dichters mit seinen Enkeln wundern. Wilhelmine Bardua, deren Schwester Caroline die Kinder porträtierte, erlebte im November 1827 ein Mittagessen mit Goethe. Verblüfft notierte sie: *Der siebenjährige Wolf kam mit seiner Serviette zum Großvater; Goethe band sie ihm um, wurde aber von dem Jungen zurechtgewiesen, weil er statt des rechten Arms den linken freigelassen, und musst es noch einmal anders machen, wobei er überaus großväterlich sanft und geduldig verfuhr.*[4]

Ottilie von Goethe im Alter von 40 Jahren.
Pastell von Luise Seidler, um 1845

Sohn August, bei den Mahlzeiten ebenfalls zugegen, fand in der Regel weit weniger Beachtung. Seine Beziehung zu den eigenen Kindern schien den Gästen selten einer besonderen Betrachtung wert. Nur aus den Briefen, die August im Sommer 1830 aus Italien schrieb, erfahren wir sozusagen per Zufall, wie sehr er an seinen Söhnen hing, welche Geschenke er besorgte und wie viele Päckchen er schickte. Freilich, für die besonderen Erfordernisse der Kinder hatte ihr Vater auch nicht viel Zeit. Er war mit seinen verschiedenen Funktionen als Kammerrat des Großherzogs, Sekretär, Verwalter, Stellvertreter des Vaters und wirtschaftlicher Organisator von zwei Haushaltungen fast immer überfordert.

Ehefrau Ottilie war für August keine Stütze. Im Gegenteil, eine tüchtige Haufrau, wie er wohl gehofft hatte, war sie nie, wollte sie auch nicht sein. Ottilie hatte niemals in ihrem Leben selber gekocht, nie eine Mahlzeit bereitet. Die Küche war der Ort, den sie lieber nicht betrat. Selbst das Essen für die Kleinkinder wurde von Kinderfrau Wilhelmine zubereitet. Daß Ottilie gelegentlich den Säugling, der ihr von der Amme wohlverpackt und reinlich zur Mittagszeit in den Arm gelegt wurde, eigenhändig fütterte, registrierte die Umwelt mit wohlwollender Bewunderung. Auch sonst gab sich Ottilie nicht mit Haushaltsfragen ab. Stubenmädchen, Köchin und Küchenpersonal erledigten die täglich anfallenden Arbeiten, und sie benötigte viel Zeit für ihre eigenen Angelegenheiten, die englische Lektüre, die berühmten Gäste, die Ausfahrten mit dem Schwiegervater. Da sie notorisch unordentlich war, ihre Sachen überall herumliegen ließ und bei jeder Reise die notwendigen Dinge vergaß, die ihr dann nachgeschickt werden mußten, kam es mit August zu heftigen Disputen, gab es Streit und Tränen.

Ottilie dachte nicht daran, ihren Mann als den zu akzeptieren, den sie geheiratet hatte. In ihren Augen war er gewissermaßen ein Stoffel, da er ihre herrlichen Ideen nur belächelte. Schon vor der Verlobung hätte sie merken müssen, daß der nüchtern und realistisch veranlagte August zwar für die Ökonomie hervorragend, für romantische Phantasien aber nicht zu gebrauchen war. Er wiederum kritisierte ihre extravaganten Anschaffungen, die luxuriösen Kleider, Schals und Hüte und alle überflüssigen, an Verschwendung grenzenden Anschaffungen, mit denen sie das Budget überzog und ein Leben lang Schulden machte. In den Mansardenzimmern gab es Wortgefechte und häßliche Szenen. Goethe, dem die Spannungen natürlich nicht entgingen, zog sich mit geschickter Diskretion in seine Privaträume zurück.

Noch waren die kleinen Söhne das einigende Band. Doch die Meinungsverschiedenheiten, die lautstark und beängstigend den häuslichen Frieden bedrohten, wuchsen sich mit der Zeit zu einem veritablen Drama aus. Ottilies Benehmen sei unklug und unduldsam, urteilte selbst die sonst tolerante Adele Schopenhauer. Sie hatte diese Zerwürfnisse weiß Gott lange vorausgesagt. Aber gegen Ottilies Liebeswahn und Augusts erotische Wut, mit der er die Angebetete am Ende eroberte, war sie letztendlich machtlos gewesen. Daß sich Ottilie trotz der vorangegangenen Auseinandersetzungen und entgegen allen Warnungen in Augusts Arme geworfen hatte, blieb Adele, der unter vielen Katastrophen wenigstens die einer unglücklichen Ehe erspart blieb, nachgerade unbegreiflich.

August und Ottilie

Ottilie Wilhelmine Ernestine Henriette Freiin von Pogwisch, 1796 in Danzig geboren, war praktisch ohne Vater aufgewachsen. Der Niedergang ihrer Familie hatte sich vollzogen, als sie vier Jahre alt war. Ihr Vater, Major Wilhelm Freiherr von Pogwisch, ein im Grunde gütiger und weichherziger Mann, hatte mit der gleichen Nonchalance, mit der er die Töchter behandelte, sein ganzes Vermögen im Spiel verloren. Daraufhin hatte seine Schwiegermutter, die herrische Reichsgräfin Henckel von Donnersmarck, die sofortige Trennung von ihrer Tochter verlangt. Henriette von Pogwisch weinte – aber sie gehorchte. Mit ihren Töchtern Ottilie und Ulrike zog sie nach Weimar, wo ihre Mutter, die dort das Amt der Oberhofmeisterin bekleidete, eine Stelle bei der Herzogin Luise für sie bereithielt. Der kleinen Familie wurde eine Wohnung – nicht komfortabel, aber preiswert – in den Dachstuben des Fürstenhauses eingeräumt. Von nun an wuchsen Ottilie und Ulrike, vier und zwei Jahre alt, bei einer »alleinerziehenden« und berufstätigen Mutter auf, die viel abwesend war. Den Mittagstisch erhielten die Kinder bei der Gräfin Henriette von Egloffstein, die mit ihren Töchtern Caroline und Julie ebenfalls im Fürstenhaus lebte.

Ottilie war ein intelligentes und verständiges Kind. Sie lernte leicht, sprach gut englisch und französisch und erwies sich als exzellente Briefschreiberin. Niemals aber wurde sie schulisch gefordert, man verlangte, was Wissen betraf, wenig von den Schwestern, und da man sie nicht zu kontinuierlichem Lernen anhielt, besaß Ottilie später keinerlei Ausdauer und erst recht keine Disziplin. Ihren Anlagen nach hätte ein guter Unterricht ihr später einen entsprechenden Beruf ermöglicht. Doch das Gegenteil war der Fall. Man sah bei Töchtern auf ein gutes Klavierspiel sowie auf geschmeidige Konversation, wie sie allgemein von heranwachsenden jungen Damen in den gesellschaftlich gehobenen Salons erwartet wurde. Eigenständigkeit war nicht erwünscht und nicht erforderlich. So sah sich Ottilie, oft allein gelassen und geistig nicht gefordert, nach interessanten Ablenkungen und passenden Verehrern um.

Von Gestalt schmal und zierlich, kleidete sich Ottilie von Pogwisch schon als junges Mädchen gern »zigeunerhaft« und farbenfroh, mit einer Schwäche für extravagante Kleider und kühn dekorierte Hüte, die sie sich eine Menge kosten ließ. Für diese Art von Eitelkeit zeigte nicht einmal der sonst einsichtige Goethe Verständnis. Vermutlich erbte Ottilie ihre viel kritisierten Eigenschaften von ihrem zur Verschwendung neigenden Vater. In jeder Hinsicht vorurteilsfrei, war Ottilie auch in ihren moralischen Ansichten tolerant, konnte ungemein herzlich sein und einen Charme entfalten, der alle Besucher für sie einnahm. In den behaglich eingerichteten Mansarden des Goethehauses schuf sie sich dann ihren eigenen Salon, in dem sich interessante Vertreter ihrer Generation und ausländische Gäste in bunter Mischung trafen. Ottilie mit den dicken Locken und dem bräunlichen, italienisch anmutenden Teint agierte unter ihren Gästen mit einem Charme, dem sich Männer kaum entziehen konnten und der selbst Frauen wie die erfahrene Diplomatengattin Anna Jameson und die reiche, hochgebildete Sibylle Mertens zu ihren lebenslangen Gönnerinnen werden ließ.

Klein, braun, mit feurigen, geistblitzenden Augen, so beschrieb sie Frédéric Soret, der neue Erzieher der herzoglichen Kinder, der sich auf der Stelle in sie verliebte. Allerdings erkannte der erfahrene Pädagoge bald auch diejenigen Eigenschaften, die ihr das Leben schwermachten: *lebhaft, empfindsam, kokett, voll Phantasie, ab und zu auch launenhaft*, betonte er und merkte zugleich an, daß sie Bälle und schöne Kleider liebe, dennoch aber gute Literatur und geistvolle Gespräche vorziehe.

In diese verführerische Frau, die das Gegenteil seiner Mutter Christiane Vulpius darstellte, hatte sich August von Goethe glühend verliebt. Man flirtete zunächst nur miteinander, mehr nicht. Denn obwohl Ottilie von den leidenschaftlich vorgebrachten Gefühlen des Kammerassessors nicht unbeeindruckt blieb, verhielt sie sich unter den strengen Blicken der Großmutter Reichsgräfin lieber distanziert. Ihrer Familie schien es von vornherein klar, daß die selbstbewußte und intelligente Siebzehnjährige ihre Sympathie wohl interessanteren Männern zuwenden würde als dem rechtschaffenen, aber langweiligen August.

Goethes einziger Sohn hatte in Weimar das Gymnasium besucht, mit mäßigem Erfolg, denn sein Lerneifer war begrenzt. Der Direktor warf ihm *unverantwortlich häufiges Versäumen und geringe häusliche Vorbereitung* vor.[5] Die Leidenschaft des Heranwachsenden galt weniger dem Lernstoff als den Aufenthalten in der freien Natur und den faszinierenden Sammlungen seines Vaters an Münzen und Mineralien. Noch bevor August zum Studium nach Heidelberg geschickt wurde, verliebte sich der Sechzehnjährige in Caroline Schumann, Tochter eines Hofadvokaten, die seine Gefühle aufrichtig erwiderte. Augusts Aufbruch zur Heidelberger Universität machte der Romanze, die immerhin noch eine Weile schriftlich fortgeführt wurde, zum beiderseitigen Kummer ein Ende. Zuvor hatte der verliebte Student dem traurigen Mädchen, zusammen mit selbstgereimten Versen, einen Ring gesandt.

Nimm diesen Ring zum Pfande,
Niemals vergeß ich Dich;
Obgleich nach fernem Lande
Das Schicksal führet mich.

Hier denke ich Dein immer,
Stets sehe ich Dein Bild,

Wenn sich im Mondesschimmer
Mein Herz mit Sehnsucht füllt.

Vom Vater zurückgerufen, kehrte August, der sein Jurastudium an der Universität Jena fortgesetzt, aber nicht beendet hatte, ohne Doktortitel nach Weimar zurück. *Er ist recht brav und gut und ernsthaft, beinahe melancholisch in seinem Wesen: er ist recht gebildet und hat eine herzliche Anhänglichkeit in seinem Gemüt. Er ist mir sehr lieb*, lautete das Urteil von Schillers Witwe. Ludwig von Knebel schrieb aus Jena an seine Schwester: *Dies ist ein wunderlicher Mensch, aber ich habe ihn doch lieb. Er hat eine innere Rechtlichkeit und einen Ernst, der bis zur Melancholie geht. Wirklich neigt er auch dahin, so daß man zuweilen um ihn besorgt sein könnte.*[6]

Goethe, der den Sohn dringend in Weimar benötigte, regelte im Handumdrehen seine berufliche Karriere, indem er dem Herzog versicherte, August bringe zum Staatsdienst die besten Voraussetzungen mit. Diese Zusage wurde vom gehorsamen Sohn in der Tat eingelöst. August war fleißig, pünktlich, ordentlich und gescheit und arbeitete, nachdem er 1816 zum Kammerrat ernannt worden war, unermüdlich und zuverlässig. Sein Sohn werde respektiert *als ein Muster von Solidität*, hatte der Dichter Zacharias Werner Goethe schon aus Heidelberg berichtet.[7] Augusts Fleiß war bemerkenswert – ein Schöngeist und Charmeur war er allerdings nicht.

Ottilie, nach Abenteuern und neuen Freundschaften begierig, verhielt sich noch abwartend, als ein Zufall die Wende herbeiführte. Mitten in den Befreiungskämpfen gegen Napoleon im Jahre 1813 brachte der Krieg den Gardeleutnant Ferdinand Heinke nach Weimar. Der patriotische Aufruf des preußischen Königs hatte den Breslauer Jurastudenten zu den Waffen gerufen, er hatte in Leipzig gekämpft und sich in der Völkerschlacht durch Tapferkeit ausgezeichnet. Ottilie begegnete ihm über-

Der Breslauer Student und preußische Offizier Ferdinand Heinke im Jahre 1813. Zeichnung von unbekannter Hand

raschend im Salon von Johanna Schopenhauer, und der strahlende junge Held, dreißig Jahre alt, machte auf die Siebzehnjährige einen unauslöschlichen Eindruck.

Es war nicht nur eine kurze Liebelei. Ferdinand Heinke wurde Ottilies Lebensliebe. Kaum in Weimar eingetroffen, wurde er von Goethes Ehefrau Christiane, die er früher schon in Lauchstädt kennengelernt hatte, dem Dichter persönlich vorgestellt und durfte fast täglich wiederkommen, zumal er sich wie ein Retter verhielt, als Goethe sehr in Not war, wie Heinke in sein Tagebuch schrieb. Man hatte dem Dichter nämlich zwölf Donkosaken als Einquartierung geschickt, die vor dem Haus am Frauenplan lautstark randalierten. Es gelang dem jungen Offizier, die Kosaken nach *zweistündigem Straßenskandal* zur Umkehr zu bewegen. Als Dank widmete ihm Goethe – es war überdies Heinkes Geburtstag – ein Exemplar der »Wahlverwandtschaften«.

Ottilie, von Bewunderung überwältigt, sah in Ferdinand Heinke den Mann ihrer Träume. In seiner leuchtenden Tapferkeit, mit schöngeistigen Kenntnissen und einem verwegenen, doch vornehmen Wesen war er offensichtlich das Gegenteil von August, den der Vater sogar vom Wehrdienst zurückbeordert hatte. Doch alle Träume zerstoben, als Ottilie die Wahrheit erfuhr: Heinke war bereits vergeben. Noch vor dem Feldzug hatte er sich mit Charlotte Werner, der Tochter eines Bergbaudirektors, verlobt.

Niemandem konnte indessen entgehen, daß die temperamentvolle Adlige dem jungen Offizier – verlobt oder nicht – über die Maßen gefiel. *Abends bei Schopenhauers,* notierte er in sein Tagebuch, *Adele präsentierte uns ihrer bildschönen Freundin Ottilie von Pogwisch.*

Adele Schopenhauer, mit Ottilie gleichaltrig, war ihre engste und vertrauteste Freundin. Beide in Danzig geboren, beide ohne Vater aufgewachsen, beide im Kindesalter nach Weimar gekommen, schwärmten sie gemeinsam von romantischer Liebe und unvergänglichem Lebensglück. Adele allerdings besaß nicht Ottilies Charme, nicht ihre erotische Ausstrahlung. Sie war humorvoll und begabt und verfügte über eine wohlklingende Stimme, für die der musikalische Walther später besonders schwärmte. Doch im übrigen galt sie als häßlich, und ihre Heiratspläne zerschlugen sich allesamt – wodurch sie freilich Ottilies Kindern, die sie wie ihre eigenen ansah, treu und selbstlos verbunden blieb. Mit Adele Schopenhauer verfaßte Walther die Libretti zu seinen Opern, mit ihrer Hilfe schrieb Wolf sein Märchendrama »Erlinde«.

Auch Adele Schopenhauer war in den Gardeleutnant verliebt. Sie durchschaute aber ziemlich bald, daß er sich nur für Ottilie interessierte. Die beiden trafen sich heimlich, gingen schließlich sogar auch öffentlich Arm in Arm. Stolz bemerkte Heinke, daß Fräulein von Pogwisch *Glanzpunkt* und *Mittelpunkt* der Gesellschaft sei. *26. November. Abends bei Schopenhauers. Ottilie in der Rolle eines jungen Offiziers ist wieder der Glanzpunkt, und August v. G. wieder zum Totschießen unglücklich.* Schließlich beichtete er ihr in der Silvesternacht 1813, daß er sie mehr liebe, als erlaubt sei.

Nie in ihrem Leben konnte Ottilie dieses Geständnis vergessen. Sie hielt die Verbindung zu Heinke auch dann noch aufrecht, als sie längst verheiratet war, wurde Patin eines seiner Kinder und erreichte noch als Witwe, daß ihre Söhne sich mit Heinkes Töchtern – von denen eine Ottilie hieß – befreundeten. *Alles Gute, alles Schöne*, erklärte sie später, *ist vom Jahre dreizehn.*[8] *Nie ist mir ein Mann so lieb gewesen wie er, und schwerlich wird es je einer werden. Glaube nicht, liebe Mutter, daß ich dies aus einer romanhaften Idee sage und mir etwa in den Gedanken einer ewigen, unbesiegbaren Liebe wohlgefalle; – nein, sicher nicht* ... Das schrieb Ottilie nach des Freundes Abreise. Es war eine Leidenschaft, die nicht vergehen wollte. Auch Heinke konnte Ottilie nicht vergessen. Als Polizeipräsident von Breslau und Vater von sieben Kindern schrieb er ihr einen überaus wehmütigen Brief, der sie wieder an ihr glückliches Beisammensein erinnerte, und unter Tränen notierte Ottilie in ihr Tagebuch: *Mein armes, armes Leben, was wäre aus mir als seine Frau geworden* ...

Das Liebesdrama vollzog sich unmittelbar vor den Augen des wütenden August. Er raste vor Eifersucht, daß nicht er, sondern der preußische Leutnant am Christfest 1813 zu Ottilies Füßen unter dem Weihnachtsbaum sitzen durfte. Für ihn gab es nur einen Trost: Der Nebenbuhler hatte den Marschbefehl schon in der Tasche.

Ferdinand Heinke reiste weiter, August eroberte zielstrebig und zäh die alte Stellung zurück. Doch jetzt empfand Ottilie die Kluft zwischen ihm und ihrem Idol noch deutlicher. Im Vergleich zu dem kühnen preußischen Helden wirkte der junge Goethe schwerblütig. Vielleicht war seine Kindheit nicht so problemlos verlaufen, wie viele dachten, und trug die Schuld an seiner Schwermut und Schwunglosigkeit. Die Verschiedenartigkeit seiner Eltern, des berühmten Dichters und der aus einfachen Verhältnissen stammenden Mutter, die nie mit den vornehmen Gästen an der Tafel speiste und die Werke ihres Mannes nicht las, war bekannt. August hatte schon in der Schule spöttische Bemerkungen deswegen ertragen müssen. Als Goethe Christiane Vulpius heiratete, war er, der einzige Sohn, schon sechzehn Jahre alt. Achim von Arnim bezeichnete August als *stumpf*, Boisserée fand ihn *derb natürlich, ein bisschen gemein*. Es gab aber auch andere Urteile. Eckermann notierte nach einem Theaterbesuch 1823 zufrieden: *Ich sprach mit dem jungen Goethe sehr lebendig über das »Bild« von Houwald, welches vor einigen Tagen gegeben worden. Wir waren über das Stück einer Meinung und ich freute mich, wie der junge Goethe die Verhältnisse mit so vielem Geist und Feuer auseinander zu setzen wußte.*

Ottilie nannte Augusts Charakter *fremdartig* und sagte zu ihrer Mutter die prophetischen Worte: *Herr von Göthe steht nicht hoch genug über mir, daß er … mich zu etwas erheben könnte.* Eine zutreffende Erkenntnis, wie Adele Schopenhauer sofort bemerkte. Ottilie könne mit August niemals glücklich werden, meinte auch Julie von Egloffstein, denn sie sei leicht und flatterhaft, er aber *von trockner, pedantischer Lebensweise.*

Im kleinen Weimar konnten die beiden jungen Leute, ob sie wollten oder nicht, eine Begegnung kaum vermeiden. Man traf sich überall, im Theater, bei Hofe, im Redoutensaal und in befreundeten Häusern wie dem des Ministers Ernst August von Gersdorff und seiner schönen Frau Diane von Pappenheim, deren Tochter Jenny später bei dem jungen Elternpaar ein und aus ging. Ottilie bekannte am 26. Juli 1815 ihrer Mutter: *Seit gestern ist Herr von Goethe wieder redend in meinem Leben eingeführt ... Nun möchte ich nicht, dass er zur alten Liebe wiederkehrte, denn dann hätte ich die alte Qual ...*

Zugleich aber muß ihr bewußt geworden sein, was es bedeutete, den Sohn des größten deutschen Dichters zum Verehrer zu haben. Goethes sichtbares Wohlwollen bei verschiedenen Gelegenheiten war ihr keineswegs entgangen. Im Heinke-Jahr hatte er sie persönlich in sein Haus gebeten. Verwirrt und beglückt, hatte Ottilie während der ganzen Unterhaltung das Bildnis des Herzogs von Urbino betrachtet, welches Ähnlichkeiten mit ihrem preußischen Freund aufzuweisen schien. Es war Ottilies erster Besuch in diesem außergewöhnlichen Haus, in dem zu wohnen ein Traum sein mußte. Als sie Goethe später in seinem Garten wiedersah, schrieb sie an Adele: *Großer Gott, ich verging in dieser Stunde fast vor Glück und Wehmut.* Der Dichter hatte ihr, die ohne Vater aufgewachsen war, unsagbar imponiert. Vater, so nannte sie ihn zeit ihres Lebens.

Es wäre also entschieden ein Fehler gewesen, mit August zu brechen. Ottilie wurde im Oktober 1816 zwanzig Jahre alt, höchste Zeit, die Zukunft energisch in die Hand zu nehmen. So dumm war sie nicht, eine Verbindung auszuschlagen, die von großem Vorteil sein konnte.

Man verabredete sich von neuem. Sie möge bitte auf ihren Ruf achten, monierte die Großmutter Reichsgräfin verärgert. Man habe sie in der Stadt mit August gesehen. Aber schon damals verhielt sich Ottilie so leichtsinnig wie später bei ihren Liebesaffären: unüberlegt und inkonsequent.

Würde es eine Heirat geben? Das war ausgeschlossen, denn da gab es ein unüberwindliches Hindernis in Gestalt von Goethes Ehefrau Christiane. Selbst Heinke hatte die beleibte Dame reichlich *unangenehm* gefunden. Die Existenz der Vulpius war für Ottilies adelsstolze Verwandtschaft eine Zumutung. Ottilies Mutter allerdings schien allmählich schwankend zu werden, zumindest erschien ihr die Partie überlegenswert. Ottilie schrieb ihr im Juli 1816: *Ich glaubte früher, es wäre Dir ganz gleichgültig, uns verheiratet zu sehen oder nicht – jetzt weiß ich doch wohl, dass Du es wünschst.*

Mit Entsetzen sah Adele Schopenhauer ein Unglück herankommen, gegen das sie sich mit allen Mitteln gestemmt hatte. ... *lieben, wie das Wort in unseren Seelen steht, kannst Du A. nicht.* Sie riet der unschlüssigen Freundin allen Ernstes zur Flucht. Ottilie solle verreisen. Noch war Zeit, den schrecklichen Bewerber loszuwerden. ... *dieser harte wilde Mensch, ich weiß, er zerstört Dich noch ganz.* Zwar lagen beide, August wie Ottilie, erotisch auf einer Wellenlänge, beide waren leicht erregbare, sinnliche Naturen. Auf diesem Gebiet würde es keine Schwierigkeiten geben. Doch in ihren Lebensvorstellungen waren sie so unterschiedlich wie nur möglich.

Von Zweifeln zermürbt, gelobte Ottilie der Freundin schließlich, sich endültig von August zu trennen. *In zwei Stunden gehe ich an Hof – werde suchen, Herrn von Goethe zu sprechen und ihm auseinander zu setzen, daß unser Verhältnis enden muß ...* Ob sie es wirklich wollte, ist fraglich. Jedenfalls mißlang das Vorhaben gründlich. *Herr von Goethe war nicht an Hof* – ausgerechnet an diesem Abend war er zu den Freimaurern gegangen. Statt der erhofften Trennung, so erfuhr die entgeisterte Adele, ereignete sich das Gegenteil. Seine Exzellenz der Staatsminister von Goethe ließ sich bei Freifrau Henriette von Pogwisch melden, um in rein privater Angelegenheit bei ihr vorzusprechen.

Denn das Hindernis, das der Verbindung bislang im Wege gestanden hatte, existierte seit dem Juni 1816 nicht mehr. Nach furchtbaren Krämpfen und Schmerzen, die ihr fast die Besinnung raubten, war Goethes Ehefrau ihrem schweren Leiden

August von Goethe im Alter von 36 Jahren.
Kreidezeichnung von Joseph Joachim Schmeller, 1825

erlegen. Man hatte sie zu Grabe getragen. Ottilie war nun nicht mehr gezwungen, mit dieser fatalen Schwiegermutter unter einem Dach zu leben.

Die Verlobung der zwanzigjährigen Freiin Ottilie von Pogwisch mit dem sieben Jahre älteren Kammerrat August von Goethe wurde zu Silvester des Jahres 1816 bekanntgegeben.

Was bei Ottilies Einwilligung letztlich den Ausschlag gab, war nicht nur ihre Sehnsucht nach einem standesgemäßen und finanziell gesicherten Leben – es war vor allem die Persönlichkeit Goethes. Seine überragende Autorität, sein universales Wissen und nicht zuletzt seine väterliche Güte waren für ihren Schritt entscheidend. *Du weißt, ich liebe den Vater ungewöhnlich*, sagte sie im April 1817 zu August. Dieses Mannes Sohn zu heiraten und in seinem überaus kultivierten Haus zu leben, war nicht nur eine Chance, es war eine Auszeichnung, auf die niemand leicht verzichtet hätte.

Ottilie von Goethe, einen besseren Namen gab es nicht.

Die gegenseitige Zuneigung enthüllt unter anderem ein Brief, den der Dichter im Juli 1828 von Schloß Dornburg, wo Ottilie ihn mit den Enkeln besucht hatte, an seinen Sohn schrieb: *Sie war überhaupt allerliebst und gerade heute vermisse ich sie gar sehr.*

Ein Jahr nach Christianes Tod, am 17. Juni 1817, wurde in kleinem Kreise die Trauung vollzogen. Goethe hatte dem jungen Ehepaar im Dachgeschoß seines Hauses acht gemütliche Räume einrichten lassen, die er ihr »Schiffchen« nannte. Offenbar bestand nie ein Zweifel daran, daß die neue Schwiegertochter selbstverständlich ins alte Haus ziehen würde, obgleich August über die Mittel verfügte, seiner Familie ein eigenes Heim zu besorgen.

Zur Hochzeitsreise bei schönstem Sommerwetter fuhren die Neuvermählten im offenen Wagen zu den Dornburger Schlössern, nach Kösen und zur Rudelsburg. Die Pogwisch-Familie erblickte ein sehr verliebtes Paar. Einzig Adele Schopenhauer ließ sich nicht täuschen, verheimlichte aber ihre Sorgen und vertraute nur dem Tagebuch an: *Ottilie hat ihn lieb, liebt ihn nicht.* Sophie von Schardt hingegen berichtete ihrer Schwägerin Charlotte von Stein per Post, die jungen Leute seien äußerst glücklich miteinander. *Der Papa hat die Schwiegertochter sehr lieb. Noch in Jena, muß sie ihm alle Woche schreiben, und so er an sie. Er teilt ihr alle Schätze mit, die er con amore hegt oder hervorbringt. Da sie geistvoll ist, hat sie große Freude dran und schmiegt auch ihr Gemüt sehr freundlich am Vater hinauf.*[9]

Die Ehe begann hoffnungsvoll. August war vor Liebe nahezu blind und bereit, seiner kapriziösen Frau das herrlichste Leben zu bereiten, während Ottilie überzeugt blieb, den gutmütigen Ehemann mit der Zeit ihren Vorstellungen entsprechend zurechtbiegen zu können. Walther, der erste Sohn, ein gesundes Kind, wurde geboren, und Goethe hatte sich als herzlich erfreuter Schwiegervater erwiesen. Ottilie sandte ihm, der sie großzügig beschenkte, einen besonders charmanten Dank. Sie schrieb zu seinem Geburtstag im August 1818: *Ermüden Sie nicht, bester Vater, zu hören, daß ich Sie so sehr liebe und verehre ... Das Gefühl, als hätte ich Ihnen von dem ersten Augenblick meines Lebens als Tochter angehört, wird jeder verstehen, der Augenzeuge war, wie viel Liebe Sie mir beweisen.* Schöner konnte keine Schwiegertochter der Welt ihre Zuneigung ausdrücken.

Bereits zwei Jahre nach dem ersten Kind war der hübsche kleine Wolfgang – *Wolf, Wolfi, Wölfchen* – zur Welt gekommen. Anläßlich seiner Geburt hatte Goethe die tapfere Schwiegertochter mit einer großen Geldsumme beschenkt und ihr ein Gedicht dediziert, das gut gemeint war, aber auch deutlich machte, welche Rolle ihr in seinen Augen zukam.

Deiner Treue seis zum Lohne,
Wenn du diese Lieder singst,
Daß dem Vater in dem Sohne
Tüchtig-schöne Knaben bringst.

Genau betrachtet, verraten die Verse, daß er, Goethe, sich als der eigentlich Beschenkte ansah. *Die tüchtig schönen Knaben*, für ihn waren sie geboren worden. So stand auch zu erwarten, daß die unter seiner Aufsicht heranwachsenden, außergewöhnlich hübschen und begabten Enkel seinem Namen alle Ehre machen würden.

Walther und Wolf

Das große Haus füllte sich mit Leben. Seit die Kinder aus dem oberen Stock zu ihm herunterkommen durften, herrschte ungewohnte Lebendigkeit und geräuschvolle Heiterkeit in den geheiligten Räumen. Goethe erwähnt das Zusammensein mit den Enkeln fast täglich. Seine Tagebücher, sonst mit nüchternen und kurzen Bemerkungen zu Besuchern und wichtigen Tagesereignissen versehen, erfuhren einen entscheidenden Wandel. Als er Napoleon traf und von ihm mit einem hohen Orden ausgezeichnet wurde, notierte er knapp: »Beim Kaiser.« Äußerte er sich aber über seine Enkel, findet man Worte der Wärme und Zuneigung und, was sonst noch seltener war, ein plötzlich aufscheinendes Glücksgefühl. *Mit Walter zweiten Vers des Fischers gelesen und gesungen. – Mit Wolf die Albrecht Dürerschen Steindrücke besehen. – Walter die Geschichte des Siebenschläfers erzählt. – Erste Märzglöckchen durch die Kinder entdeckt. – Mit Wölfchen den Kalender und die Himmelszeichen durchgegangen und den Orion und Sirius gewiesen. – 1001 Nacht gelesen.*

Walther war drei Jahre alt, als der zwölfjährige Felix Mendelssohn aus Berlin – sein späterer Lehrer – auf dem Klavier des Goethehauses sein frühes Talent zeigte. Verblüfft erlebte Adele Schopenhauer, wie das gefeierte Wunderkind Hand in Hand mit dem Dreikäsehoch im Zimmer umhersprang und die ganze Familie – Goethe ausgenommen – sich zur Musik tanzend im Kreis drehte.

Beschäftigung mit Walther. Der Junge war ein freundliches, zutrauliches Kind. Ein von seiner Patin, der Malerin Julie von Egloffstein, wie in einer Momentaufnahme gezeichnetes Bild zeigt den dreijährigen Walther, der mit großen Augen von dem Buch, in dem er gerade blättert, aufblickt.

Der Junge machte Goethe viel Freude. *Kinder sind meinem Herzen am nächsten auf der Erde*, hatte der Dichter seinen *Werther* sagen lassen. *Der Umgang mit Kindern macht mich froh und jung*, äußerte er später in Ilmenau. Aus Verantwortungsgefühl und Liebe hatte er seinerzeit den Schweizer Hirtenjungen »Peter im Baumgarten« bei sich aufgenommen, und der elfjährige Fritz von Stein, vom Dichter wie ein geliebter Pflegesohn behandelt, bezeichnete diese Jahre als seine *glücklichste Periode.* Fritz lobte an Goethes Erziehung vor allem seine Toleranz und Großzügigkeit. Ob diese Erziehungsmaximen tatsächlich ideal waren, sei dahingestellt: ein systematischer, umfassender und konsequenter Wissenserwerb war jedenfalls Goethes Sache nicht. Er sah in der Erziehung vor allem die Aufgabe, angeborene Anlagen zu fördern. *Wohlgeborene gesunde Kinder bringen viel mit, dieses zu entwickeln ist unsere Pflicht*, schrieb er im »Wilhelm Meister«. Nach dieser Vorstellung handelte er auch bei seinen Enkeln. Er forderte Respekt und Ehrfurcht vor den Erwachsenen, war im übrigen großzügig, liebevoll und heiter.

Kanzler von Müller staunte. Er habe mit angehört, wie der Dichter sich mit dem Vierjährigen unterhielt wie mit seinesgleichen, registrierte er verwundert. *Ich traf ihn gegen 6 Uhr abends ganz allein, nur sein kleiner Enkel blätterte in Bilderbüchern und ward bei seinem lebhaften Wesen und öftren Fragen von dem alten Herrn aufs geduldigste von Zeit zu Zeit beschwichtigt, endlich aber durch allerlei Persuasionen vermocht, sich auf das Bett im Kabinett schlafen zu legen* (3. Februar 1823). Selbst als Goethe im März 1823 schwer krank lag, gab er sich nach Müllers Bericht trotz aller Beschwerden intensiv mit Walther ab, *sang ihm sogar ein Liedchen aus dem Spiegel von Arkadien vor.*[10] Man ahnt, welches Lebenselixier Walther und Wolf für Goethe bedeuteten.

Magnus von Stackelberg teilt mit, daß er den Dichter so gut wie nie ohne die Kinder antraf. *Goethe ... mit seinem schneeweißen Schlafrock, in dem er wie ein dicker weißer Hammel aussieht, zwischen seinem Sohn, seiner Schwiegertochter und seinen zwei Enkelkindern, die mit ihm spielen, im Gespräch über Schiller ... ist der interessanteste und liebenswürdigste Mensch.*[11]

Großvater und Enkel dachten sich gemeinsam Geschichten aus und erzählten sich ihre frisch erfundenen Märchen. Die Anwesenheit der »Neulinge«, die vertrauensvoll zu ihm aufblickten, wirkte herzerwärmend: Goethe war dann ganz in seinem Element. Seine Fähigkeit zur nicht endenden Geduld wurde von jedem Besucher bewundert. Eckermann notierte einmal: *Der kleine Walter kam gesprungen und machte sich an Zelter und seinen Großpapa mit vielen Fragen. ›Wenn Du kommst, unruhiger Geist‹, sagte Goethe, ›so verdirbst Du gleich jedes Gespräch.‹ Übrigens liebte er den Knaben und war unermüdet, ihm alles zu Willen zu tun.*

Gelernt wurde nebenbei auch – lehrreich war im Grunde alles, was Goethe unternahm. Bevor Wilhelm Rothe als Hauslehrer angestellt wurde, nahm der Dichter die Ausbildung und Erziehung der Kinder selbst in die Hand. *Walther war gar artig im Erzählen teilnehmend.* Der geborene Pädagoge nahm seine Aufgabe ernst. Tagebuch vom 10. Juni 1823: *Abends Hofrat Meyer und Soret ... Vorher mit Walthern Kupfer besehen und erklärt.* Mit dem gerade fünfjährigen Walther betrachtete er ein Buch über Indien, das ihn selbst schon als Kind gefesselt hatte. Allerdings gab es auch Ärger, wenn die Dinge nicht nach Wunsch verliefen und der Kleine ihm nicht gehorchte. *Einige leichte pädagogische Mißhelligkeiten mit Walther ... Walther war eine Stunde unartig mit allerley Spielereien beschäftigt.*[12] Ein Besucher erlebte, wie die Kinder, als sie im Garten zu laut tobten, zornig zurechtgewiesen wurden. Es war der Architekt Zahn, der sich unangemeldet in den Hof des Goethehauses geschlichen hatte, um nach dem Dichter zu fahnden. Er entdeckte aber nur zwei Knaben, *die wild umherrannten und einen großen Lärm trieben. Da öffnete sich plötzlich ein Fenster, und der Ersehnte lehnte heraus. Mit blitzenden Augen und einer Löwenstimme rief er herunter: »Wollt Ihr Lümmel endlich Ruhe halten!« Schrie's und warf klirrend das Fenster zu.*[13]

Im Jahre 1823 – Walther war fünf, Wolf drei Jahre alt – kam ein neuer Mitarbeiter ins Haus: der dreißigjährige Johann Peter Eckermann. Ihn hatte die Verehrung für den berühmten Dichter, über dessen Poesie er schon ein Büchlein verfaßt hatte, nach Weimar gebracht, und er war glücklich, bei Goethe als Sekretär, Redakteur und Herausgeber seiner Werke angenommen zu werden. *Der Empfang seiner Seits war überhaus herzlich und der Eindruck seiner Person auf mich der Art, daß ich diesen Tag zu den glücklichsten meines Lebens rechne.* Eckermann schildert das Haus, in dem er zehn Jahre lang ein und aus gehen wird, mit den Augen dessen, der an eine solche Pracht nicht gewöhnt ist: *ohne glänzend zu sein war alles höchst edel und einfach; auch deuteten verschiedene an der Treppe stehende Abgüsse antiker Statuen auf Goethes besondere Neigung zur bildenden Kunst und dem griechischen Altertum ...* Diese edle Welt der Klassik und Schönheit war die Umgebung, in der die Enkel aufwuchsen. *Mit welcher Sehnsucht denke ich oft Ihres Hauses,* hatte Achim von Arnim 1808 an Goethe geschrieben, *wo jedes Zimmer ..., jede Wand wie eine Weltgegend ein eigenes Leben hat.*[14]

Durch Eckermann erfährt man jene Einzelheiten des häuslichen Lebens, die ohne ihn kaum bekannt geworden wären. *Ich sah verschiedene Frauenzimmer, die unten im Hause geschäftig hin und wieder gingen; auch einen der schönen Knaben Ottiliens, der zutraulich zu mir herankam und mich mit großen Augen anblickte ... Diesen Mittag war ich das erste Mal bei Goethe zu Tisch. Es waren außer ihm nur Frau von Goethe, Fräulein Ulrike und der kleine Walter gegenwärtig und wir waren also bequem unter uns. Goethe zeigte sich ganz als Familienvater, er legte alle Gerichte vor, tranchierte gebratenes Geflügel und zwar mit besonderem Geschick ...*

Die Kinder hatten Glück. Ihr Großvater war eine Persönlichkeit, die von der ganzen Welt verehrt wurde, ein Dichter, der sich trotz seiner Arbeitsüberlastung die Zeit nahm, sich mit ihnen zu befassen, ein Großvater überdies, der neben seinen ernsthaft pädagogischen Seiten auch eine Menge Humor besaß. Goethe fand zuweilen sein listiges Vergnügen daran, die Kinder mit verschmitzter Miene in die Irre zu führen. Er überraschte sie mit hintersinnigen Rätseln oder komplizierten Denkaufgaben, die er sich eigens für sie ausgedacht hatte, um ihren Scharfsinn zu prüfen, und freute sich diebisch, wenn sie es nicht errieten.

Des Großvaters Sinn für skurrilen Humor und seine beinah kindliche Neugierde betraf auch das gewaltige Gebiet der Zauberkunst. Das war etwas Neues, das er mit den Kindern erkunden und erproben mußte: Zauber- und Taschenspielerkünste, die man aus einem eigens zu diesem Zweck angeschafften Buch erlernte. Sie wurden von den Enkeln im Haus eingeübt und dann vor Publikum ausprobiert.

Goethes Liebe zum Zauberwesen ging so weit, daß er seinen Enkeln sogar erlaubte, die Taschenspielertricks eines in Weimar gastierenden Berufskünstlers zu erlernen. Anschließend durften sie zur Darbietung ihrer »verderblichen« Künste eine Reihe wohlwollender Zuschauer ins Haus bitten. Es erschien der mit Walther gleichaltrige Erbgroßherzog Carl Alexander von Sachsen-Weimar mit seinem Lehrer Soret, die Vettern Rinaldo und Felix Vulpius, die Jugendfreundinnen Marie und Natalie Herder. Im Publikum saß auch Eckermann, der die Vorführung einigermaßen skeptisch über sich ergehen ließ. *Seine Enkel amüsierten sich mit Taschenspieler-Kunststückchen, worin besonders Walther geübt ist*, notierte er entsetzt. Offenbar hatte er seine Zweifel über derart unpädagogische Versuche auch Goethe gegenüber laut werden lassen, denn der Dichter entgegnete ihm energisch, er habe durchaus nichts dagegen einzuwenden, *daß die Knaben ihre müßigen Stunden mit solchen Torheiten aus-*

Johann Peter Eckermann.
Zeichnung von Joseph Joachim Schmeller

füllen. Es ist, besonders in Gegenwart eines kleinen Publikums, ein herrliches Mittel zur Übung in freier Rede und Erlangung einiger körperlichen und geistigen Gewandtheit.

Der genannte Zweck der *Erlangung geistiger Gewandtheit* machte es wohl auch nötig, daß für die Enkel ein teures Buch mit 350 illustrierten Seiten angeschafft wurde: *Carl der Tausendkünstler, oder Sammlung mechanischer-, chemischer-, magnetischer- und Karten-Kunststücke und arithmetischer Belustigungen, zur angenehmen und geselligen Unterhaltung. Mit 6 Kupfern. Leipzig, bey Carl Cnobloch, 1825.*[15]

Auch ein Puppentheater kam ins Haus. Goethe selbst hatte als Kind sein Marionettentheater heiß geliebt; noch jetzt kannte er viele Szenen auswendig, die er den Enkeln mit verstellter Stimme eindrucksvoll deklamierte.

Der sechsundsiebzigjährige Dichter, der in Wirklichkeit mit der »Farbenlehre«, der Herausgabe seines Briefwechsels mit Schiller und seit 1827 auch mit der Arbeit am zweiten Teil des »Faust« beschäftigt war, erübrigte für die Kinder trotzdem viel Zeit. Sie konnten sich auch dann auf ihn verlassen, wenn zu hohen Geburtstagsfesten künstlerische Darbietungen verlangt und am herzoglichen Hof ihre Mitwirkung bei Theaterstücken und Singspielen erwartet wurde. Umzüge und Charaden fanden statt, es gab Kinderbälle und Maskenfeste. *Mein Sohn und die Frauenzimmer präsentierten sich in ihren Masken. Er als Falstaff nahm sich besonders gut aus ... Die Kinder als Pulcinelle liefen mit drein.*

Neuerdings wurde auch wieder viel gesungen im Haus. Ottilie hatte eine schöne Altstimme, und ihre Mutter, »die Amama«, erteilte dem vierjährigen Walther ersten Klavierunterricht. Kostüme wurden genäht und mit wechselnden Rollen Verkleiden gespielt, schließlich war der Großvater jahrelang Direktor des Weimarer Theaters gewesen. Es fanden Liebhaberaufführungen statt, bei denen die Enkel selbstverständlich mitmachen durften. Goethe entwarf, plante und schrieb, die Kinder probten seine Texte, stellten »Lebende Bilder« dar, übten, lachten, lernten und überboten sich, sein Lob zu erhalten.

Noch führten die Eltern, Ottilie und August, eine halbwegs erträgliche Ehe. Goethe mochte seine Schwiegertochter und sah über ihre Extravaganzen gütig hinweg. Sie wiederum fand in ihm einen Vater, wie sie ihn nie gekannt hatte. Schon vor der Heirat hatte sie wahrheitsgemäß an August geschrieben, sie wolle seinem Vater eine Tochter sein, und zwar *dadurch, daß ich den Namen des Sohnes tragen werde ...*

Auch mit seinem Sohn, den er als den »einzig haltbaren Punkt« im Gefüge seiner täglichen Anforderungen bezeichnete, konnte Goethe zufrieden sein. August erledigte nicht nur die ihm vom Großherzog gestellten Aufgaben hervorragend, er agierte auch unersetzlich als offizieller Geschäftsträger seines Vaters, dessen Vermögen und Verlagsangelegenheiten er anstandslos erledigte. Nur durch Augusts unermüdlichen Einsatz war es Goethe überhaupt möglich, seine literarischen Arbeiten fortzusetzen und die Fertigstellung des »Faust« zu bewerkstelligen.

Dann aber zogen sich die Wolken des Unheils über der Mansardenwohnung zusammen. Während August mit Pflichten überhäuft war, ging Ottilie, entlastet vor allem durch den Einsatz ihrer unverheiratet mit im Haus wohnenden Schwester Ulrike, ihren eigenen Interessen nach. Als »Dame des Hauses« übernahm sie die Aufgabe der Repräsentation und Gästebetreuung. Als intelligente Gesprächsführerin, liebevolle Gastgeberin und anmutige Stellvertreterin des Dichters war sie unübertrefflich. Ihre Sympathie galt Goethe; als Augusts Ehefrau war sie weniger in ihrem Element. Der ständig überarbeitete Kammerrat zeigte für die geistigen Allüren seiner Frau keinerlei Verständnis, kam spät aus der Gastwirtschaft oder abstoßenden Kumpaneien nach Hause, benahm sich ohne das wünschenswerte Feingefühl und behandelte seine Frau unangemessen, so daß Ottilie, wäre Goethe nicht gewesen, ihn lieber heute als morgen verlassen hätte.

Die Katastrophe ließ unter derartigen Verhältnissen nicht lange auf sich warten. Sie nahte sich in Gestalt eines jungen Mannes, der Ottilie durch seine angenehme Erscheinung ebenso wie durch seine Klugheit entflammte und in einen Zustand versetzte, der keine Rücksichtnahme kannte und ihr mühsam erhaltenes Eheleben vollends erschütterte.

Charles Sterling, irischer Abstammung, blaß und rothaarig, Sohn des englischen Konsuls in Genua, sprach im Haus am Frauenplan vor. Das Empfehlungsschreiben, das er bei sich trug, stammte von keinem Geringeren als dem berühmten

Dichter Lord Byron persönlich. Der junge Mann wurde vorgelassen und verliebte sich anscheinend fast ebenso schnell in Ottilie wie sie sich in ihn.

Die vehemente Liebe der verheirateten Frau zu dem acht Jahre jüngeren Irländer nahm weit dramatischere Formen an, als es je bei Heinrich Nicolovius oder dem französischen Kunstreiter Baptiste, der eine Zeitlang als Ottilies Verehrer galt, der Fall gewesen war; selbst ihr Idol Ferdinand Heinke trat angesichts dieses Mannes in den Hintergrund. Keine Macht der Welt konnte Ottilie davon abhalten, sich mit dem bereitwilligen Sterling in ein stürmisches Liebesverhältnis einzulassen, das sie an den Rand der Verzweiflung brachte und dessen Folgen für ihre Ehe und die Kinder außerordentlich belastend waren.

In ihren Aufzeichnungen hielt Ottilie fest, was sie an diesem Mann faszinierte. *Ich lernte vor elf Jahren, im Mai 1823, Herrn Sterling kennen, und er war damals eine auffallend anziehende Erscheinung, groß und schlank, lichte Haare von einer ungewöhnlichen Farbe, glänzende und doch sanfte blaue Augen, eine feine durchsichtige Haut, die von Jugend und jeder vorübergehenden Empfindung, ja von jedem Gedanken gerötet wurde, Züge, welche sehr viel Ähnlichkeit mit den Bildern von Byron hatten, und ein Ausdruck von Poesie, Milde, Heiterkeit und Reinheit der Seele ließen ihn im Äußern, und mit der vollkommenen Übereinstimmung des Innern, wie ein Ideal von einem Jüngling erscheinen.*

Walther und Wolf waren, als Sterling auftauchte, fünf und drei Jahre alt. Goethe, der die Wirkung bemerkte, die der *dämonische Jüngling* auf seine Schwiegertochter ausübte, gab sich zunächst großzügig. Er kannte ihre *Verwirrtheiten* und war der Meinung, daß die Affäre vorübergehend sei. Doch Sterling blieb ein volles Jahr in Weimar, und das leidenschaftliche Verhältnis konnte auch dem Ehemann nicht verborgen bleiben.

August von Goethe, einst ein hübscher Jüngling mit dunklen Augen und dunklen Locken, den sogar die kritische Frau von Stein liebgewann, hatte sich in den Jahren der Ehe nicht zu seinen Gunsten verändert. Überhäuft mit Sorgen aller Art, war er bemüht, die ehelichen Probleme mit Alkohol zu betäuben. Zwar wurde er seiner beruflichen Verantwortung gerecht, niemand konnte ihn pflichtvergessen nennen, doch er trank zuviel, war dick geworden und benahm sich gegenüber seiner in höheren Regionen schwebenden Ehefrau bitter und vorwurfsvoll.

Ottilie wiederum fühlte sich weder während noch nach ihrer Ehe zum Verzicht bereit. Sie ließ August spüren, daß er ihr nicht genügte, und betrog ihn vor seinen Augen mit einem Jüngling, in dem sie ein Ebenbild des angebeteten Idols Lord Byron zu erblicken glaubte. Es kam zu täglichen Zerreißproben. Mit ihrer Forderung nach »Freiheit« und »Natürlichkeit« verteidigte Ottilie ihre egozentrische Verhaltensweise in der sicheren Vorstellung, in Charles Sterling endlich die wahre romantische Liebe gefunden zu haben.

Ein in ihrem Tagebuch erhaltenes Gedicht gibt Auskunft über Ottilies Seelenzustand, dieses Wogenmeer von Glück und Schmerz, in das sie sich rückhaltlos zu stürzen bereit war.

Gib mir Dein Bild – ich will es tragen
Als einen Schild, der Stärke gibt,
Und mutig jedem Schmerzlaut sagen:
Verstummt! Er hat mich ja geliebt!

Mit Unruhe beobachtete Adele Schopenhauer, in welch gefährliche Lage sich die Freundin begab. Sie wußte, daß Ottilie den gleichen sentimentalen Träumen nachhing wie als Sechzehnjährige, daß sie die rauschhafte Liebe suchte, die der nüchterne August ihr niemals geben konnte.

Die Ehe erreichte einen Tiefpunkt. *Durch welches Gefühl soll sich unser Verhältnis noch bessern?* klagte Ottilie ihrer Mutter, die August in Schutz nehmen wollte, *sieben Jahre lang habe ich mich ungeliebt gesehen, stets getadelt, stets verletzt: nun hängt nichts mehr von ihm ab, er mag sein wie er will, es kann mich zwar noch peinigend, aber nicht mehr erfreuend berühren.*[16] Sie verteidigte ihre Liebe zu Sterling gegen alle Vorwürfe mit der einen Begründung: Er sei ihr Ideal. Später hatte sie sogar die Absicht, ihm Walther und Wolf zur Erziehung zu übergeben.

Sterling, der Theologie studiert hatte, trug sich mit dem Gedanken, als Missionar in Afrika tätig zu werden. Sofort war Ottilie ernsthaft bereit, ihm zu folgen und an seiner Seite als Lehrerin unter den Wilden tätig zu werden. Selbst die sechzehnjährige Jenny von Pappenheim, Stieftochter des Ministers von Gersdorff, die häufig ins Haus kam, schüttelte über die Unausgegorenheit dieser abenteuerlichen Pläne den Kopf. Als sie sich in der Mansardenwohnung darüber unterhielten, erklärte Ottilie dem jungen Mädchen: *Was soll mir das Geld! Er wollte Missionar werden, ich stimme dem bei, es ist ein edler Beruf. ... Auch eine Schule wollte er gründen; ich würde die Wirtschaft führen ... Inmitten brennender Tränen rief sie aus,* so Jenny: *›Immer nur Leidenschaft, niemals Liebe!‹ Aber schon im nächsten Augenblick klammerte sie sich an die Leidenschaft, die ihr in der Maske der Liebe nahte – und dann immer dasselbe Trauerspiel: Glück, Seligkeit, Verlust und Reue.*[17]

Längst hatte Goethe die wachsende Entfremdung zwischen August und Ottilie bemerkt. Als er sich im Sommer 1823 zur Kur in das böhmische Marienbad begab, sandte er seiner Schwiegertochter, deren überspanntes Wesen er bei Freunden beschönigend »wunderlich« zu nennen pflegte, leicht verweisende, aber auch zweideutig-verständnisvolle Briefe, denen er ein Gedicht beilegte, das von unerlaubter Liebe handelte und Ottilie gefallen haben wird.

Tadelt man daß wir uns lieben,
Dürfen wir uns nicht betrüben,
Tadel ist von keiner Kraft.
Andern Dingen mag das gelten,
Kein Mißbilligen, kein Schelten
Macht die Liebe tadelhaft.

Allerdings benötigte Goethe zu jener Zeit selber moralischen Beistand in Liebesdingen. Es hatte sich nämlich der dreiundsiebzigjährige Dichter in Marienbad seinerseits ernstlich verliebt. Das allein wäre nicht »unstatthaft« und tadelnswert gewesen, hätte es sich nicht um ein blutjunges Mädchen gehandelt, dem er vor aller Augen den Hof machte. Es war die neunzehnjährige Ulrike von Levetzow, die er – man konnte es kaum glauben – zu heiraten beabsichtigte. Der Großherzog Carl August persönlich spielte den Vermittler und überbrachte der Mutter den Antrag seines bejahrten Ministers. Es war ein moralisch aufwühlendes Abenteuer, das es dem Dichter kaum gestattete, seiner siebenundzwanzigjährigen Schwiegertochter ihren Liebeswahn zu verbieten. Die eigenen Gefühlsaufwallungen und Herzensnöte stimmten den alten Herrn milde und nachsichtig.

Ottilie ihrerseits zeigte für die erotischen Anwandlungen ihres über siebzigjährigen Schwiegervaters nicht das mindeste Verständnis. Es war ein Skandal. Wie man hörte, war die »Marienbader Grazie« noch einige Jahre jünger als sie selbst. Sollte sie etwa dieses unreife Frauenzimmer als »Schwiegermutter« akzeptieren? Das konnte keiner von ihr verlangen. Es würde nichts anderes bedeuten, als dass man sie und die Söhne um ihr Erbe bringen würde. Die täglich skandalöseren Nachrichten aus Marienbad versetzten August und Ottilie derart in Empörung, daß beide schon daran dachten, mit ihren Kindern nach Berlin zu ziehen.

Goethes Heiratsantrag blieb unbeantwortet. Ulrike von Levetzow war zwar, wie sie später schrieb, nicht ganz abgeneigt, mochte sich aber so früh nicht von ihrer Familie trennen. Nach drei glücklichen Monaten reiste der Dichter in trauriger Verfassung nach Hause, in schwankender Kutsche auf seinen Knien die »Marienbader Elegie« niederschreibend. Seine Hoffnung auf ein verjüngendes Leben an der Seite einer liebevollen jungen Frau hatte sich zerschlagen.

Im herbstlichen Weimar frostig empfangen, erkrankte der enttäuschte Dichter schwer und war wochenlang dem Tod nahe. Ende des Jahres 1823 fuhr Ottilie ohne August, der zum Reisen keine Zeit hatte und mit den Kindern zurückblieb, alleine nach Berlin. Aus der Ferne dankte sie ihm in einem ihrer seltenen Briefe, daß er ihr die Reise ermöglichte: *ließe sich ein Gedankenhändedruck 82 Meilen weit fühlen, so würdest du mit mir zufrieden sein.*

Goethes Bitte an Freund Zelter, sich in Berlin der Schwiegertochter anzunehmen, zeigt ungeschönt, wie er Ottilie einschätzte: unruhig und rastlos von einem Ereignis zum anderen jagend. *Ottilie west nun in Berlin und wird es von Stund zu Stunde treiben, bis sie von Zeit zu Zeit pausieren muß.* Eine ähnliche Charakterisierung findet man auch in den Briefen der in Berlin weilenden Caroline von Humboldt. *Wir besitzen seit einigen Wochen Frau v. Goethe hier ... Sie hat alles daheim gelassen, was ihr Glück und Zufall gegeben, um – hier zu tanzen. Und dabei sieht sie so schwach und kränklich aus, daß man's gar nicht begreift, warum sie gerade so tanzen muß* (3. Februar 1824).[18]

Dann erfuhren die Daheimgebliebenen die Wahrheit: Charles Sterling war seiner Geliebten nachgereist. Diese Nachricht brachte das Faß zum Überlaufen. Der Ehekrach muß, als Ottilie zurückkam, furchtbar gewesen sein. Die Folgen der Auseinandersetzung ließen nicht auf sich warten. Ottilie erklärte rundheraus, sie wolle sich von August trennen. Die Heiratsgelüste des Schwiegervaters, das Unverständnis des Ehemanns, die Geständnisse des Geliebten – alles zerrte an ihren Nerven. Ottilie war dem Zusammenbruch nahe. Ein Leben mit August sei nicht länger zu ertragen, erklärte sie ihrer entgeisterten Mutter.

Ottilie verlangte die Scheidung.

Der Skandal stand vor der Tür. Henriette von Pogwisch, ihrerseits vom Leben nicht verwöhnt und gerade wieder enttäuscht durch einen Grafen Edling, der sie vorgeblich hatte heiraten wollen, warnte die Tochter vor übereilter Leichtfertigkeit. Ottilie sei ohne Geld, ohne eigenes Einkommen. Sie solle *diese Art von Existenz nur noch zwei Jahre zu ertragen versuchen,*[19] sagte die Mutter. Eine Scheidung, zumindest zum jetzigen Zeitpunkt, sei die schlechteste Lösung.

In tiefer Verstimmtheit, über Leber- und Kopfschmerzen klagend, ließ Ottilie ihre Kinder wieder unter der Aufsicht ihrer Schwester Ulrike zurück und reiste im Juli 1824 zur Kur nach Ems und Schlangenbad. Bettine von Arnim, die Ottilie dort traf, schilderte ihrem Mann das »extravagante« Verhalten von Goethes Schwiegertochter: *wenn sie daran dachte, nach Hause zu müssen, von wo sie schon 11 Wochen entfernt war, fing sie an zu weinen, ... packte jeden Tag ein und aus trotz den dringendsten Bitten des alten Goethe ...* (24. August 1824). Das war gut beobachtet.

Nach ihren Kindern schien sie keine Sehnsucht zu haben. Um so intensiver beschäftigte sich Goethe mit den daheimgebliebenen Enkeln. Walther war jetzt sechs, Wolf vier Jahre alt. *Die Kinder sind munter und viel um mich her, besonders da ich sie mit großen Jenaer Erdbeeren speise*, berichtete er Ottilie vergnügt. Seine Briefe an die Schwiegertochter spiegeln das häusliche Leben in allen seinen Facetten. *Die Kinder sind wohl und froh; Walther durch Stunden, Klavierüben und Hofbesuche beschäf-*

tigt und zerstreut. Wie sorgfältig er sich der Kinder annahm, geht auch aus seinem Tagebuch hervor. *Ich fuhr mit Walther spazieren, der nach der Zurückkunft mich mit mancherlei Geschichten unterhielt.* Und: *Mit Walther spazieren gefahren in den Unteren Garten. Mit Walther zum Belvedere.* Über seine bereitwillige Beschäftigung mit den Enkeln erstaunt, notierte die Dichterin Pauline Hase: *unter dem Spiegel standen niedliche Arbeiten und mancherlei Spielzeug seiner Enkel, die viel bei ihm sind*, und der Archäologe Magnus von Stackelberg notierte: *er hat eine rührende Art, sich mit ihnen zu unterhalten, und spricht dann ganz in ihrem Sinne; drum sie auch an ihm hängen und ganz mit ihm vertraut sind.*[20] Als Bettine von Arnim mit ihrer Schwester Gunda von Savigny 1824 Goethe überraschend besuchte, drehte sich das Gespräch hauptsächlich darum, wie sie und Achim sich mit ihren sechs Kindern beschäftigten.

Damals begann Goethe, den jüngeren Enkel sichtlich zu bevorzugen. Wolf, hübscher und zutraulicher als Walther, wurde sein Liebling. *Wolf hält sich besonders zu mir und hat eine Schublade in meinem Schreibtisch sich zu Kleinigkeiten und anderen Spielsachen angemaßt, die er jeden Tag umlegt; aber stets mit Sorgfalt und in einer gewissen symmetrischen Ordnung, woran man sich zu erfreuen hat*, vermeldete er zufrieden am 13. August 1824. Kurz darauf ließ er einen neuen Schreibtisch eigens für die Enkel anfertigen und neben dem seinem aufstellen. Er befindet sich noch heute samt Tintenfaß und Sandbüchse am alten Platz im Goethehaus.

Der kleine Wolf genoß erkennbar die Bevorzugung durch den geliebten Großvater. Als Walther, wie Goethe am 25. Dezember 1825 dem Grafen Reinhard schrieb, *durch Leben und Lernen aus dem Kreise großväterlicher Liebe hinausgeführt wurde*, war es Wolf, *der mir immer liebenswürdiger erscheint, je mehr er sich in meiner Nähe gefällt.* Über den Siebenjährigen bemerkte Goethe: *Unterhaltung mit Wölfchen bis in die Nacht.* Der Junge

Goethe im Alter von 59 Jahren.
Ölgemälde von Gerhard von Kügelgen, 1808/09

war demnach noch spät bei ihm geblieben. *Nachts beschäftigte sich Wölfchen mancherlei Lieder im Takt halb singend vorzutragen, welches ihm nicht übel gelang.* Auch Eckermann wußte um die gegenseitige Zuneigung. *Als ich diesen Abend gegen acht Uhr in Goethes Hause anfragte, hörte ich, er sei noch nicht vom Garten zurückgekehrt. Ich ging ihm daher entgegen und fand ihn im Park auf einer Bank unter kühlen Linden sitzen, seinen Enkel Wolfgang an seiner Seite* (23. Juli 1827).

Weihnachten 1827 hieß es: *Abends fortgesetztes Lesen der gestrigen Werke. Später Unterhaltung mit Wölfchen.*

Ottilie kehrte erst dann nach Hause zurück, als August sie nach zwei Monaten ermahnte, *weil neue Geldausgaben von mir unmöglich zu bestreiten sind.* Ein glückliches Wiedersehen mit dem gutmütigen Ehemann wird es angesichts ihrer Leidenschaft zu Charles Sterling kaum gegeben haben, doch immerhin war sie rechtzeitig zu Goethes Geburtstag am 28. August 1824 zurück, der in großem Stil gefeiert wurde. Die Enkel erlebten die Begeisterung mit über einen Jubilar, von dem Willibald Alexis damals schrieb: *Diese herrliche Gestalt, diese offene, mächtige Stirn, und vor allem das klare, große Auge des alten Mannes!* Auf ihren Großvater waren sie stolz.

Dann ereignete sich ein doppeltes Unglück: August und Ottilie wurden beide zur gleichen Zeit sehr krank. Es war ein Segen, daß man sich auf »Tante Ulrike« als Kindermädchen verlassen konnte. Beim Ausreiten stürzte Ottilie vom Pferd und erlitt schwere Verletzungen an Stirn, Gesicht und Knie. Sie sah so furchtbar aus, daß Goethe sich weigerte, sie in diesem Zustand zu sehen. Die Nase hatte Knochensplitter verloren, die Oberlippe mußte mehrfach genäht werden. Sulpiz Boisserée aus Heidelberg war zu Besuch, der Ottilie in ihrer Wohnung erlebte. *Grüne Rouleaus, bleiches totenhaftes Aussehen durch dies grünliche Licht; Stirn, Nase und Oberlippe mit schmalen weißen Pflastern ver-*

klebt, wie eine mit Papier verklebte Fensterscheibe. Alter und junger Engländer, einige Damen zur Gesellschaft um die Kranke, die mitten im Zimmer sitzt mit ihrem vom Sturz gelähmten Knie. Noch nach vier Monaten meldete Ottilie ihrer Schwester Ulrike, sie sei verzweifelt, denn sie bleibe *auf ewig entstellt.*

August erkrankte in dieser Zeit an Blasen- und Nierenkoliken, sichtbares Zeichen seiner psychischen Belastung. Das Verhältnis war so angespannt, daß Ottilie auch an Adele Schopenhauer schrieb: *Das einzige, was mir Frieden geben könnte, wäre, daß August sich von mir scheiden ließe und ich in einen ruhigen Winkel zöge; dies will er nicht, und doch ist das Leben so nicht zu ertragen; ich bewundere, daß er diesen Trübsinn, diese ewige Unzufriedenheit mit meinem Zustand so geduldig erträgt; doch so kann es nicht bleiben.*

Ottilies Geständnis, sie wolle nicht länger mit August leben, wurde am 8. August 1826 geschrieben. Zwei Monate später verliebte sie sich erneut in einen Gast des Hauses, und auch diesmal war es ein Engländer. Charles des Voeux war nach Weimar gekommen, um Goethes »Tasso« zu übersetzen, und Ottilie war durchaus bereit, ihm mit ihren guten Englischkenntnissen dabei behilflich zu sein. Charles des Voeux scheint ein schöner, beeindruckender und, wie selbst Knebel fand, »ausgezeichneter« Mann gewesen zu sein, und Ottilie erblickte in dem intelligenten Mann offenbar schon den neuen Partner: Wenn er erschien, waren ihre nervösen Kopfschmerzen, die sie beim Anblick von August befielen, wie weggeblasen. Was ihr fehlte, waren männliche Anerkennung und erotische Bewunderung, was sie brauchte, war eine Aufgabe, in der sie ihre Fähigkeiten sichtbar und erfolgreich hätte zum Ausdruck bringen können. Die gemeinsame Übersetzertätigkeit mit Charles des Voeux beflügelte sie und gab ihrem Leben einen Sinn.

In dieser zwiespältigen und unerfreulichen Situation bewahrte Ehemann August offensichtlich noch immer seine gleichmütige Ruhe. Zu überarbeitet, um sich mit den ständigen Affären seiner Frau zu befassen, behandelte er sie mit Nachsicht. Es kam zu einer unerwarteten Wende. Ottilie, einunddreißig Jahre alt, wurde schwanger.

Goethe war höchst erfreut, als ihm der unverhoffte Nachwuchs angekündigt wurde. Doch seine Schwiegertochter wurde durch die Beschwerden der Schwangerschaft derart reizbar und nervös, daß man froh war, als sie sich zu einem Besuch bei ihren Verwandten in Dessau entschloß. Die beiden Söhne, neun und sieben Jahre alt, wurden wieder Großmutter und Tante übergeben.

Goethe befand sich auch jetzt mit den Enkeln im glücklichen Einvernehmen. Kanzler von Müller notierte: *Ich traf ihn mit Kindern und Enkeln, auch Eckermann, noch bei Tische, höchst milde und munter, vergnügt und mitteilend* (20. Juni 1827). Ebenso erlebte Eckermann das Zusammensein. *Der Kanzler ließ sich melden und trat herein und setzte sich zu uns an den Tisch. So auch kamen Goethes Enkel Walter und Wolfgang nach einander gesprungen. Wolf schmiegte sich an den Kanzler. Goethe forderte ihn auf, sein Stammbuch zu holen, in das Zelter die Worte »Lerne gehorchen!« hineingeschrieben hatte. ›Das ist doch das einzige vernünftige Wort‹, sagte Goethe lachend, ›was im ganzen Buche steht.‹*[21]

Als Ottilie zurückkam, ging es ihr noch immer miserabel. Selbst Goethe war von ihrem elenden Befinden mitgenommen. *Meine Schwiegertochter sieht ihrer Entbindung, und wir mit ihr, umso sehnsuchtsvoller entgegen, als sie diesmal in ihrem Zustand mehr als billig zu leiden hat*, schrieb er an Zelter.

Ottilies beklagenswerter Zustand hatte jedoch noch einen anderen Grund. Ein Liebesbrief ihres Verehrers Charles des Voeux hatte sie – trotz der Schwangerschaft – auf ein Wiedersehen mit ihm hoffen lassen. Er aber war, um allen Problemen aus dem Weg zu gehen, abgereist. Nun ging es ihr schlechter als je zuvor. Der Ehemann verstand sie nicht, Sterling schrieb nicht, Charles des Voeux blieb in Dresden. In ihrer Verzweiflung wurde ihr die Familie zur unerträglichen Belastung. *Ich gehe nach Tiefurt, liebe Mutter, in der Absicht, mir dort ein Zimmerchen zu mieten und bis zum 1. Oktober dort zu bleiben. Wie reizbar ich bin, wie alles mich in einen Zustand der Verzweiflung bringt, hast Du selbst gesehen; ich vermag die Qual des Gedankens aber nicht mehr zu ertragen, durch diese heftigen Erschütterungen, die sich ja beinah täglich erneuern, die Gesundheit des Kindes zu gefährden ...*

Offenbar hatte Frau von Pogwisch das Verhalten der Tochter scharf kritisiert. *Tadele mich nicht zu sehr, – ich habe keine Kräfte mehr und kann wirklich nicht anders. Wie soll ich wohl das Leben ertragen, wenn ich alle Verhältnisse erst habe bis zum Schlimmsten kommen lassen. Lebewohl und gönne mir Ruhe.* Sie wollte die bevorstehende Geburt in der Einsamkeit erwarten.

Alma, die einzige Tochter von August und Ottilie, wurde am 27. Oktober 1827 in Weimar geboren. Goethe eilte von seinem Schreibzimmer nach oben. *Als er das erste Mal heraufkam, sie zu sehen*, notierte Ottilie über ihren Schwiegervater, *beugte er sich mit auf den Rücken zusammengehaltenen Händen, wie es seine Art war, zu ihrer Wiege hinab und sagte, nachdem er sie lange freundlich betrachtet hatte: Alma soll sie heißen.*[22]

Alma Sedina Henriette Cornelia lauteten die Namen, die das Kind bei der Taufe erhielt. *Alma* ist die spanische Bezeichnung für *Seele* – möglich, daß Goethe davon inspiriert wurde. *Sedina* entstammte einem Einfall von Ottilie. *Henriette* hieß das Kind nach Großmutter Henriette von Pogwisch, die auch zur Patin ernannt wurde, *Cornelia* nach Goethes Schwester, wie es Adele Schopenhauer vorgeschlagen hatte.

Seine Freude über den Neuankömmling verkündete der Großvater sogleich den verschiedenen Freunden. Seinem Herzog gegenüber bekundete er mit großer Zufriedenheit: *Das neueintretende Lebendige hat die Kraft uns im Leben zurückzuhalten, wenn wir uns auch allenfalls bequemten es endlich zu verlassen.* Der Dichter Karl Streckfuß beglückwünschte ihn in diesem Sinne: *Möge das Neugeborene Ihnen dieselbe Freude bereiten, welche die beiden schönen und liebenswürdigen Knaben, die ich an Ihrem Tische mit Vergnügen betrachtet und beobachtet habe, Ihnen schon jetzt machen.*

Zelter in Berlin wurde über das gute Gedeihen des Kindes informiert. Ottilie *beschäftigt sich, das Töchterchen heranzufüttern, das vorderhand ganz niedlich und freundlich aussieht.* Die Taufe fand am Sonntag, dem 2. Dezember 1827, mit großem Zeremoniell im »Saal« des Goethehauses statt. Anwesend waren außer Vater August und Großvater Goethe auch Ottilies

Alma von Goethe, gemalt von Luise Seidler

Mutter und Schwester, drei Gräfinnen von Egloffstein, Frau von Groß, Herr von Wegener, Fräulein Emma Froriep, Fritz von Stein und Kammerherr von Waldungen, ferner der Organist Gottlob Töpfer, Vetter Nicolovius aus Berlin und der Engländer James Lawrence. Ein Taufgeschenk in Form eines dreiteiligen silbernen Bestecks, mit »Alma« graviert, blieb bis heute erhalten.

Auch der Prinzenerzieher Frédéric Soret war Pate von Alma. Der Schweizer Soret, ein wenig steif, aber gebildet und geschätzt, nahm gerne an Ottilies Einladungen zu Maskenfesten und Schlittenpartien teil und hing, nach seinen Briefen zu schließen, mit Verliebtheit an ihr. Ottilie von Goethe, schrieb er, sei *die junge Dame mit dunkelbraunem Haar und eleganter Figur, deren große und lebhafte Augen abwechselnd den stolzen Blick des Adlers und den zärtlichen des Engels haben.* Mit seinem Schüler, dem Erbprinzen Carl Alexander, kam Soret oft zu Goethe, der den Knaben Zeichnungen erklärte und, als er ihren Gesprächen im Alkovenzimmer lauschte, zu Soret bemerkte: *Kinder sind die allerbesten Erzieher, denn sie hören williger und aufmerksamer einander zu und reden untereinander eine verständlichere Sprache als wir.*[23]

Walther war schon seit seinem vierten Lebensjahr oft mit dem gleichaltrigen Carl Alexander, dem Enkel des Herzogs Carl August von Sachsen-Weimar, zusammen. Soret hatte die Kinder im Dornburger Rokokoschloß zusammengebracht. *Der kleine Walther Goethe war einige Tage bei meinem Zögling in Dornburg. Sein Großvater fragte mich, ob ich mit ihm zufrieden gewesen sei, und ich stellte dem Jungen ein gutes Zeugnis aus. ›Sein Anschauungskreis‹, sagte ich unter anderm, ›ist schon recht weit, der Besuch hat daher meinem Zögling sehr genützt‹* (Juli 1824). Überrascht habe man festgestellt, daß Walther von Goethe schon mehr gelernt hatte als der sächsische Prinz. *Walther plauderte mit ihm über Dinge, die dem Prinzen völlig neu waren.*[24]

Zum weiteren Paten erkor Ottilie tatsächlich auch ihren Verehrer Charles des Voeux. Schon vor der Zeremonie sei sie tagelang zu nichts anderem fähig gewesen, bekannte sie Adele Schopenhauer, als *stundenlang am Fenster zu stehen und jedes Klopfen, jeden Fußtritt für den seinen zu halten ... und Du kannst Dir denken, in welchen Zustand meine Nerven gerieten ...* Selbst angesichts seines Rückzugs blieb sie unverbesserlich in ihren irrealen Liebesträumen, daran hatte die Geburt von Alma nichts geändert. *Ottilie sieht elend aus und schleppt sich immer fort*, merkte sogar Caroline von Egloffstein.[25] Da ein anderer Mann nicht in Sicht war, klammerte sich Ottilie an des Voeux. Er aber verließ eilig Weimar, um in diplomatischer Mission nach Berlin zu gehen und eine andere zu heiraten.

Alma war noch keine sechs Wochen alt, als Ottilie ihm einen anklagenden Brief nachsandte. *Des Voeux! Sie haben mich tief und unheilbar verletzt. Mit dem Glauben an das Traumbild Ihrer*

Freundschaft gebe ich den letzten Anspruch an Glück für ewig auf... Sie war so wenig belehrbar, daß sie sich noch nach Jahren – wie bei Ferdinand Heinke, wie bei Charles Sterling – der Überzeugung hingab, gerade für diesen Mann die richtige Frau gewesen zu sein. In aller Naivität schrieb sie an Adele Schopenhauer: ... *hätte Gott mich gesund und blühend des Voeux in den Weg geführt, hätte ich ihn schuldlos und innig lieben können, meine Hand hätte es vermocht, ihn zu ewigem Ruhme zu geleiten.*[26]

»Ruhm« – auch das gehörte zu den Dingen, die Ottilie bei ihrem Ehemann kaum zu erwarten hatte. Ihre Unzufriedenheit legte sich beklemmend auf ihr Eheleben. August pflegte abends die verschiedenen Wirtshäuser Weimars aufzusuchen; man munkelte, daß er bei gewissen »Weibern« Entschädigung für die Ehekälte zu Hause suche. Einmal hatten ihn Engländer nachts betrunken auf der Straße aufgegriffen und nach Hause gebracht.

Daß die Ehe ihrer Eltern nicht glücklich war, merkten auch Walther und Wolf, die die Kräche hautnah miterlebten. Doch immer fanden sie im Kummer einen Trost, fanden Rückhalt und Ermutigung. Kinderfüße auf der Treppe, die zu den unteren Räumen führte: Walther und Wolf liefen zum Großvater. Goethe beschwichtigte, holte Mappen und Bilder herbei, sprach über die Sterne, las ihnen vor: »Erzählungen aus Tausend und einer Nacht«.

Inmitten dieser verhängnisvollen und ungeklärten familiären Lage gab es einen Lichtblick. Es war die Anwesenheit der jungen, sehr hübschen Jenny von Pappenheim. Sie kam jetzt regelmäßig ins Haus, um sich mit besonderer Freude der kleinen Alma anzunehmen. Begeistert schrieb sie: *Nach der Geburt von Alma, Goethes reizender Enkelin, die meine lebendige, sehr geliebte Puppe war, wurden meine Beziehungen zu Goethes Haus und Familie sehr innig. Täglich stieg ich nun zu Ottilie hinauf, ich lernte*

Jenny von Pappenheim als junges Mädchen in Weimar

die kleine Alma wickeln, ihr Milch im Schnabeltässchen geben, bekümmerte mich zu Anfang wenig um die Mutter, und wenn die Kinderfrau beschäftigt war, hieß es: Fräulein von Pappenheim ist ja da und hat das Kind.

Jenny von Pappenheim, geboren 1811, wuchs im Haus von Goethes Kollegen, dem Juristen und Staatsminister Ernst August von Gersdorff, der ebenfalls häufig zu Goethe kam, als dessen Stieftochter auf. Die Familie von Gersdorff wohnte in der Nähe des Theaters, nur einen Katzensprung vom Frauenplan entfernt.[27] Gersdorff, Vater eines Sohnes, hatte nach dem Tod seiner ersten Frau die schöne, früh verwitwete Diane von Pappenheim geheiratet, Jennys Mutter. Der neuen Ehe entstammte eine zweite Tochter, Cäcilie von Gersdorff, die Walthers Spielgefährtin und Jugendfreundin wurde.

Jenny war fünfzehn, als sie zum erstenmal Goethe mit seinen Enkeln beschäftigt sah. *Er war leicht steif und zugeknöpft, aber niemals ihnen gegenüber. Kamen sie zu ihm, was häufig geschah, so hatte er immer neue, interessante Dinge zu zeigen und zu erklären: den Kindern Bilder und geschnittene Steine, den Heranwachsenden Bücher und Kunstwerke. Rührend war es, wie er auch für das körperliche Wohl der Kinder besorgt war, wie er sich der Ausführung seines Planes, den Griesebachschen Garten für sie zum Tummelplatz zu kaufen, freute.*[28]

Goethe mochte die reizende Jenny, die sich nicht nur um Alma kümmerte, sondern bald auch zur Freundin von Walther und Wolf avancierte, denen sie Französischunterricht erteilte; er fand sie so hübsch und weiblich anziehend, daß er wünschte, seine Enkelin Alma werde ihr ähnlich. *So kam ich häufig an Goethes Tür vorüber*, berichtet Jenny, *kehrte ich ein, so war es in seinem Eß- und Empfangszimmer oder in seinen Gärten, wo ich ihn traf...* Goethe schenkte ihr einen Ring, in dessen Kristall sich ein schwarzer Einschluß befand, *wie ein Pfeil, der ihn getroffen habe*, bemerkte er anzüglich.[29]

Auch der Archäologe Magnus von Stackelberg war von der jungen Jenny äußerst angetan. Er schildert seinen Aufenthalt im Goethehaus im August 1829: Es wurde *zu meiner Unterhaltung die schönste junge Dame von Weimar täglich eingeladen, ein Fräulein Gersdorff, sanft und jungfräulich, mit einem Paar der schönsten Augen, bei hoher schlanker Gestalt.* Jenny empfand die Atmosphäre des Goethehauses als fürstlich, und die beiden adrett gekleideten, aufgeweckten Enkel kamen ihr vor wie »zwei verwunschene Prinzen«. Nach und nach wurde offenbar, daß der heranwachsende Walther sich im Laufe des Unterrichts in sie verliebt hatte, und zwar so heftig, daß er noch zehn Jahre später über Jennys Heirat mit Werner von Gustedt in Verzweiflung geriet. Sie hatte zu seiner Verliebtheit allerdings auch durch zärtlich klingende Briefchen beigetragen. In Wirklichkeit bevorzugte Jenny jedoch den hübscheren Bruder. *Wolf war mit sechs Jahren ein heiteres, sehr gesprächiges Kind mit den wunderschönen Goetheschen Augen, voll Lust zu jedem Spiel, der Liebling seines Großvaters. Er wurde ein denkender, lernender Knabe, der mit Leidenschaft auf- und erfaßte. Noch ein halbes Kind, fühlte er die Liebe eines Jünglings.* Mit dieser bedeutungsvollen Beschreibung spielte Jenny auf eine frühreife Sexualität des Jungen an. Seine *tiefen, dunklen, glühenden Augen* machten Eindruck, und wie Goethe war sie der Meinung, daß Wolf zum Dichter geboren sei.

Jenny von Pappenheim schwärmte auch für die Mutter der Kinder, obgleich sie deren Unrast schon damals erkannte; sie nannte Ottilies Wesen »elektrisierend« und schrieb: *das geistig Anregende im Verkehr mit ihr übte einen unwiderstehlichen Zauber auf mich aus; der Weg nach den Dachstuben zu dem »verrückten Engel« (wie Frau von Egloffstein sie nannte) wurde nur zu gern von mir zurückgelegt.*[30]

Im Sommer 1828 reiste Ottilie ohne die Kinder als Begleiterin ihrer Großmutter, der Reichsgräfin, nach Karlsbad. Alma war kaum ein halbes Jahr alt, bekam gerade die ersten Zähnchen, wie ihr der zehnjährige Walther stolz meldete. Goethe benutzte ihre Abwesenheit zu gemeinsamen Ausflügen mit den Enkeln und Kutschfahrten nach Berka, wo man im Freien rastete und aus mitgebrachten Körben Leckereien verzehrte. Carl von Holtei, Augusts Freund, war mit von der Partie. *Unter all den kleinen und großen Festen, die uns vereinigten, waren bei schönem Frühlingswetter die Picknicks die beliebtesten. Zu Fuß, zu Wagen, zu Pferde gings hinaus nach Tiefurt, Ettersburg, Belvedere. Tiefurt besonders, unter herrlichen alten Bäumen ... wo bei Spielen,*

Spaziergängen, dicker Milch, auch wohl bei einem ländlichen Ball im Pavillon große Heiterkeit herrschte.[31] Die Großherzogin Maria Pawlowna hatte Spielzeug geschickt, das Goethe *der hübschen kleinen Alma* gab. An Freund Zelter schrieb der Dichter im Oktober 1828: *Das kleine Volk im zweiten Grade hat etwas eigen Anmutiges und Gefälliges.*

Während Ottilie unterwegs war, durfte auch die kleine Alma gemeinsam mit den Brüdern in Goethes Arbeitszimmer kommen, am kleinen Schreibtisch sitzen und mit ihren Puppen spielen, von denen sich eine besonders wertvolle Biedermeierpuppe mit Wachskopf und echtem Haar bis heute erhalten hat. Es war ein Vorzug, daß sich die Kinder in diesem Raum aufhalten durften, den Luise Seidler vorsichtig als wahres »Heiligtum« bezeichnete. *Goethes Studierzimmer hatte die Sonnenseite; niedrige Fenster gingen nach dem Garten. In der Mitte des Gemachs sah man einen großen, schlichten, mit hellgrauer Ölfarbe angestrichenen Tisch und eben solche Stühle; einer derselben, auf dem Goethe zu sitzen pflegte, war durch ein Polster erhöht. Auch ein Stehpult erblickte man in dem Zimmer; aber kein Sopha, keine moderne Bequemlichkeit. Hier diktirte der Dichter, sitzend oder auf und abwandelnd, die Hände auf dem Rücken.*

Früher als geplant wurde Ottilie aus Böhmen zurückgerufen: Großherzog Carl August von Sachsen-Weimar war gestorben. Auf die Nachricht hin begab sich Goethe in die Einsamkeit der Dornburger Schlösser. Ottilie vermißte ihn. Zum erstenmal wurde ihr bewußt, wie es sein würde, wenn er, das Zentrum, der Mittelpunkt, fehlte. In ihr Tagebuch schrieb sie: *Es ist mir eine unbeschreiblich traurige Empfindung, das Haus ohne den Vater zu finden, es sagt mir, wie es künftig sein wird. Die Kinder und August waren, Gottlob, wohl. Alma erkannte mich nach der ersten halben Stunde vollkommen ...*

Mit dem Ehemann kam es sofort zu einer erregten Auseinandersetzung. Ohne sie zu fragen, hatte er ihrer Schwester Ulrike, die sich in Ottilies Abwesenheit rührend um Alma kümmerte, das Wohnen im Haus untersagt – nicht eben auf die feinste Weise, wie Adeles Mutter Johanna Schopenhauer spitz anmerkte. Der Rauswurf Ulrikes, die elf Jahre lang im Goethehaus gelebt und ihrer Schwester geholfen hatte, empörte die ganze Familie. Henriette von Pogwisch rief, die armen Kinder dürften doch nicht nur »den Männern« überlassen bleiben. Sie ahnte nicht, daß es bald keinen Mann im Haus mehr geben würde.

Die Kinder wurden hineingeboren in eine eigenartige Welt. Goethes Freunde, einst groß und bedeutend, waren jetzt, als Walther, Wolf und Alma sie sahen, uralt und fast schon bedrükkend seltsam. Charlotte von Stein saß hinter einem grünen Lampenschirm am Fenster; sie starb, als Walther neun Jahre alt war. Freundliche alte Leute waren ihr Bruder Ernst von Schardt und seine Frau Sophie, die von Goethe sagte: *Der Papa hat die Schwiegertochter sehr lieb* ... Charlotte von Schiller und ihre Schwester, die Schriftstellerin Caroline von Wolzogen, erschienen als vornehme alte Damen, die man zuweilen mit Schirm und Hund im Park an der Ilm spazierengehen sah, desgleichen die wegen ihrer einstigen Schönheit und theatralischen Begabung gerühmte Schauspielerin Caroline Jagemann, jetzt Frau von Heygendorf, die, üppiger geworden, zuweilen im Hause erschien.

In Weimar wohnten außerdem noch die Verwandten von Großmutter Christiane Vulpius. Ihr Bruder, der Schriftsteller Christian August Vulpius, war als Bibliothekar an der Großherzoglichen Bibliothek, als Übersetzer und Bearbeiter vieler Schauspiele bei Goethe tätig gewesen. Berühmtheit hatte er durch seinen Räuberroman »Rinaldo Rinaldini« erlangt. Seine Söhne Rinaldo und Felix besuchten ihre Vettern am Frauen-

Das sogenannte Juno-Zimmer im Goethehaus

plan häufig. Rinaldo Vulpius studierte Jura und wurde in Weimar als Aktuar angestellt. Sein Bruder Felix, der Medizin studierte, hat den Kontakt zu Walther und Wolf zeitlebens nicht abreißen lassen und sie bis zu ihrem Tod medizinisch betreut.

Wieland, Herder und Schiller, von denen im Hause oft die Rede war, lebten nicht mehr. Ihre Nachkommen aber wohnten weiterhin in Weimar, und man kannte sich. Wielands Enkelin Lina wohnte gegenüber dem Haus der Gersdorffs und war mit Jenny und Cäcilie gut befreundet. Schillers Tochter Emilie wurde wie Walther und Wolf zur Prinzessin Augusta von Sachsen-Weimar eingeladen, der späteren deutschen Kaiserin.

Es war, solange Goethe lebte, eine überaus anspruchsvolle Umgebung, in der die Kinder heranwuchsen. Luise Seidler, die nach Weimar kam, um Goethe zu porträtieren, hat in ihren Erinnerungen mit Bewunderung nicht gespart. Der Dichter hatte sie zuerst in das Urbino-Zimmer gebeten, in welchem auch Ottilie ihren Schwiegervater zum ersten Mal sah. *Das Gemälde des Herzogs von Urbino*, schreibt die Malerin, *hing neben anderen italienischen Gemälden der Renaissance und einem Kupferstich von Heinrich Wilhelm Tischbein. An das Urbinozimmer stieß der Empfangssalon. Über dem Sopha hing eine sehr schön in Wasserfarben ausgeführte Copie von Meyers Hand: ›die Aldobrandinische Hochzeit‹, ohne Rahmen, mit einem grünseidenen Vorhange verwahrt; in der Größe des Originals. Auch ein Flügel fehlte nicht. Im Nebenzimmer standen nahe beim Fenster die Ludovisische Juno und der Jupiter des Phidias, beide kolossal. An den Wänden sah man die ganze Geschichte der Psyche von Raffael, aus der Villa Farnesina, ausgezeichnet aquarellirt; über dem Kamin hing eine treffliche alte Kopie nach Tizian ... Durch das geschilderte Zimmer kam man in ein mittelgroßes blaues Gemach, welches ganz mit Gypsen, vorzüglich Büsten, angefüllt war; aus diesem gelangte man auf einen von wildem Wein und Epheu grün umrankten Balcon, von dem eine kleine Treppe in den Garten hinabführte ...*[32]

Den Kindern war jede Kammer, jeder Winkel, jeder Gegenstand im Haus vertraut. Sie kannten die Kostbarkeiten wie die Kuriositäten, die versteckt in Kästen und Laden ruhten, den Stock mit dem Wiedehopf, von Wolf als Mariannes »Liebesbote« enthüllt, die antiken Figürchen im Glasschrank, die Lederhandschuhe von Urgroßvater Textor, die getrockneten Blumenkränze und das Futteral mit dem gravierten Glaspokal aus Marienbad – nichts blieb vor ihnen verborgen.

Die Zahl der Besucher, die die Enkel im Haus am Frauenplan miterlebten, war überwältigend. Die Komponisten Zelter und Mendelssohn traten durch die von einer lateinischen Inschrift bekrönte Haustür, über der in großen Lettern die Worte eingemeißelt waren: AD GLORIAM DEI ET CIVITATIS ORNAMENTU AEDES HAE A. MDCCIX SUNT EXAEDIFICATAE ... DEUS TER OPTIMUS TER MAXIMUS SERVET DOMUM. (GOTT ZUM RUHM UND DER STADT ZUM SCHMUCK WURDE DIES HAUS ANNO 1709 ERBAUT ...

DER ALLGÜTIGE UND GROSSE GOTT SCHÜTZE DAS HAUS.)

Zahlreiche Künstler eilten über das am oberen Treppenabsatz eingelegte SALVE, um den Dichter in Marmor und Ton abzubilden: Rauch, Schadow und Schinkel aus Berlin, die Medailleurin Angelica Facius und der französische Bildhauer David d'Angers, der im Juli 1831 Goethes kolossale Porträtbüste schuf, die Maler Carl August Schwerdgeburth und Johann Melchior Kraus, Heinrich Meyer, Ferdinand Jagemann und Johann Joseph Schmeller, der in Goethes Auftrag alle seine Freunde porträtierte.

Die Geselligkeit in Goethes Haus war ein vielfaches Kommen und Gehen, berichtet Jenny von Pappenheim. Die Enkel erlebten den Philologen Göttling, den Archäologen von Stackelberg, den Oberbaudirektor Coudray und den zweiundsechzigjährigen Naturforscher Alexander von Humboldt. Als letzter Gast weilte im März 1832 Siegmund von Arnim im Goethehaus, der seiner Mutter Bettina mitteilte, daß der Dichter – wie der Neunzehnjährige sich ausdrückte – *nicht mehr in der Welt lebt, sondern nur noch wie in einem Buche darin herumblättert ...*[33]

Waren diese Gesellschaften durch besondere Größen der Kunst und Wissenschaft, Humboldt, Rückert, Zelter, Rauch, Felix Mendelssohn veranlasst, so hatten sie einen anderen Charakter und auch für Goethe ein anregendes Interesse, so die gut beobachtende Jenny von Pappenheim. Man diskutierte über die Farbenlehre und den neu entdeckten Elefantenzahn, über die Geschichtsschreibung des Plutarch und die historischen Berichte von Raumer. Die Enkel wurden in des Großvaters Lektüre ebenso eingeweiht wie in seine Studien, Natur- und Wetterbeobachtungen.

Wenn Goethe zum Essen einlud, waren Sohn und Schwiegertochter, der Hauslehrer und die Enkel meistens seine Tischgäste. *Man aß nach damaliger Zeit gut, nach jetziger Zeit einfach,* bemerkt Jenny von Pappenheim, *erst in den letzten Jahren hatte er einen Koch, vorher Haushälterinnen, mit denen er die Wirtschaft führte ohne Ottiliens Hilfe. Er hatte kein Vertrauen in ihre wirtschaftlichen Talente und sagte wohl scherzend: ›Ich hatte mir so eine kochverständige Tochter gewünscht, und nun schickt mir der liebe Gott eine Thekla und Jungfrau von Orleans ins Haus.‹ Die Unterhaltung war bei diesen kleinen Anlässen stets sehr animiert. Sie drehte sich immer um Gegenstände der Kunst und Wissenschaft.*

Magnus von Stackelberg, im November 1829 fünf Tage bei Goethe zu Gast, konnte ihn im Umgang mit den Enkeln nicht genug rühmen. *Es war eine Lust, den Alten mit den Kindern, die immer ab und zu bei ihm vorkamen, sprechen zu hören, denn er hat eine rührende Art, sich mit ihnen zu unterhalten ... Ich könnte nicht aufhören, von ihm zu erzählen, so hat er mich bezaubert, so schlicht und naiv ist sein Reden, so ungekünstelt und ungewählt sind seine Worte und immer treffend; er hat die Natursprache in seinem Besitz.*[34]

Erstaunlich war, in welche Fachgebiete die Enkel eingeführt wurden. Keine Stunde sollte ungenützt vorübergehen. Goethes Tagebuch: *Mittag mit der Familie. Die französischen Angelegenheiten, literarische und politische, durchgedacht ... Auf Wölfchens Veranlassung wurde der Globus geholt und die letzte Reise der Russen um die Welt dadurch versinnlicht* (1. Juli 1829). *Mittags speiste(n) Ottilie und Walther mit. Es wurden wissenschaftliche und Weltangelegenheiten durchgesprochen* (17. März 1831). Schon dem fünfjährigen Walther hatte Goethe als Maxime für den kommenden Lebensweg ins Stammbuch eingetragen:

Ihrer sechzig hat die Stunde
Über tausend hat der Tag.
Söhnchen! werde dir die Kunde
Was man alles leisten mag.

Größtes Ereignis für die Kinder war in jedem Jahr das Weihnachtsfest. Der Dichter ließ es sich niemals nehmen, für den Heiligen Abend auch solche Geschenke zu besorgen, die in Weimar nicht zu haben waren, den Kindern aber Freude machen würden. Rechtzeitig bestellte er darum in Frankfurt die berühmten, aus Marzipan und Mandeln fabrizierten Bethmännchen, die ihm seine Mutter, solange sie lebte, selber gebakken hatte. Unbekannt waren in Weimar auch die Frankfurter Brenten, die Frau Aja zusammen mit Maronen und Pfeffernüssen pünktlich zu jedem Weihnachtsfest für den kleinen August geschickt hatte, wobei sie sich weigerte, die von Goethe bestellten Kanonen mitzuliefern: Für Kriegsspielzeug sei sie nicht zu haben.

Wie an den Sohn dachte Goethe mit gleicher Liebe auch an die Enkel. Nun war es nicht mehr seine Mutter, sondern Freundin Marianne von Willemer, die er um Pfeffernüsse, Ingwerkonfitüre und Spielzeug für Walther und Wölfchen bat. Sie bekamen ihre Soldaten, auch wenn sie nicht aus Zinn, sondern nur aus Holz und bemalter Pappe bestanden. Ein Offizier zu Pferde mit gezogenem Säbel, Herzog Carl August nicht unähnlich, und salutierende Infanteristen mit Dreispitz und Kokarde blieben bis heute erhalten.[35] Dazu gab es für Walther ein Tagebuch und die Gitarre, die er sich gewünscht hatte, für Alma eine Puppe mit Porzellankopf und Seidenkleid, so kostbar, daß sie zum Spielen fast zu schade war, für Wolf den »Robinson Crusoe« und für beide Enkel den teuersten Taschenspielerkasten, der auf der Frankfurter Messe zu haben war. Es waren unvergleichliche Überraschungen, die der liebevolle Großvater seinen Enkeln bereitete.

Die Kinder wuchsen heran wie kleine Götter. Sie durften sich weit mehr herausnehmen als jemals Sohn August. Goethe ertrug manches ihnen zuliebe, Eckermann sah es mit an. *Abends einige Augenblicke bei Goethe ... Ich fand ihn umgeben von seinem Enkel Wolf und Gräfin Caroline Egloffstein, seiner intimen Freundin. Wolf machte seinem lieben Großvater viel zu schaffen. Er kletterte auf ihm herum und saß bald auf der einen Schulter und bald auf der andern. Goethe erduldete Alles mit der größten Zärtlichkeit, so unbequem das Gewicht des zehnjährigen Knaben seinem Alter auch sein mochte. ›Aber, lieber Wolf, sagte die Gräfin, plage doch Deinen guten Großvater nicht so entsetzlich! er muß ja von Deiner Last ganz ermüdet werden.‹ ›Das hat gar nichts zu sagen, erwiderte Wolf; wir gehen bald zu Bette, und da wird der Großvater Zeit haben, sich von dieser Fatigue ganz vollkommen wieder auszuruhen.‹ ›Sie sehen, nahm Goethe das Wort, daß die Liebe immer ein wenig impertinenter Natur ist.‹*

Zukunftspläne

Ein Lieblingsthema zwischen Goethe und seinen Enkeln war die herrliche Welt des Theaters. Es scheint für beide Jungen von größtem Interesse gewesen zu sein, zu erfahren, welche Stücke aufgeführt, von wem die Kulissen gebaut, welche Musik gespielt und wie die Darsteller beurteilt wurden. Das ging so weit, daß Wolf selber eigene Rezensionen verfaßte, während Walther die Arien nachsang.

Schon mit sieben und neun Jahren hatten die Brüder singend und spielend Goethes Singspiel »Jery und Bätely« aufgeführt. Wolf, der im September elf Jahre alt wurde, sah im Weimarer Theater hintereinander Shakespeares »König Lear«, Marschners »Vampyr«, er deklamierte Kotzebue, schrieb anschließend seine »Theaterurteile«, referierte die Akte des »Alpenkönigs«, schrieb nachher seine Rezension und führte am 15. November 1831 ein Nebentheater auf.

Im Gegensatz zum Kaiserlichen Rat Goethe, der seinem Sohn die Theaterbesuche verbot und seine dramaturgischen Versuche wenig schätzte, hatten es die Kinder bei Großvater Goethe mit einem Kenner zu tun, der vom positiven Einfluß des Theaters überzeugt war und an ihren Schilderungen großes Gefallen fand. Es klang zufrieden, wenn er ins Tagebuch notieren konnte: *Abends schrieb Wolf Komödienzettel* (23. 4. 1828).

Goethe, der von den literarischen Produkten seines Enkels Wolfgang viel hielt, hat seine ersten »Rezensionen und Kritiken« nach Kräften gefördert. Wenn der Junge aus dem Theater kam und schwungvoll erzählend das Ereignis wiedergab, verlangte der Dichter sein Urteil auch in schriftlicher Form. *Nach Tische Wölfchen. Dessen Theaterleidenschaft scherzhaft beschwichtigt. Besieht man es genau, so findet sich, daß das Theater*

Erbgroßherzog Carl Alexander von Sachsen-Weimar als Kind. Gemälde von Julie Gräfin Egloffstein

das einzige eigentlich Lebendige im bürgerlichen Leben ist … Wölfchens Rezensionen sind deshalb sehr merkwürdig, wie er dieselben nicht anders als beurteilend aufnimmt, anstatt daß Walther sich nach der Absicht des Dichters und Spielers zu leidenschaftlichem Anteil hinreißen lässt. Ottilie kam aus dem Theater. Die Kinder kamen nach, und die Verhandlungen über jenes Stück gaben Anlaß zu obenstehenden Betrachtungen (7. Dezember 1831).

Dem Prinzenerzieher Soret erschien Wolfs Begabung schon beinahe beunruhigend. Phantasie und Intelligenz des Jungen seien *überbordend*, die körperliche Entwicklung bleibe hinter der geistigen zurück, fand er besorgt.

Das Weimarer Theater war für die Kinder auch deshalb von höchstem Interesse, weil es die Werke des eigenen Großvaters waren, die dort aufgeführt wurden, dazu an einem Ort, an dem er selber jahrzehntelang als Direktor gewirkt hatte. Als Eckermann einmal wegen der auf der Bühne präsentierten Unmoral Einwände gegen den Besuch von Kindern erhob, antwortete ihm Goethe, man brauche wegen eines unmoralischen Buches oder skandalösen Theaterstücks bei Kindern keine Sorgen zu haben: *Das tägliche Leben ist, wie gesagt, lehrreicher, als das wirksamste Buch.*

Allerdings hat Goethe doch einmal das Haus unter Protest verlassen. Herr von Bülow berichtet, daß Goethe die Schauspielerin Henriette Sontag nicht leiden konnte. Er war mit seinen sechs- und achtjährigen Enkeln im Theater, als ihm Spiel und Darstellerin so mißfielen, daß er die Kinder bei den Händen nahm und sie trotz ihres Widerstrebens zur Loge hinausführte.

Das Theater blieb dennoch das größte Vergnügen, und zwar in einem Maße, daß die Brüder sich bereits eine Zukunft beim Theater vorstellten. Goethe notierte im Februar 1831: *Spazieren gefahren mit den Knaben, welche beide mit dem lustigsten Wetteifern ihre theatralischen Tendenzen, Teilnahme, Unternehmungen und Pläne auf das Lebhafteste vortrugen, als wahrhafte Poeten sich darstellend …*

Goethe benutzte die Theaterbesessenheit seiner Enkel auch dazu, sie zu eigenen Texten anzuregen. Der Erfolg gab ihm recht. Sie verfaßten kurze Dramen, die mit verteilten Rollen und musikalischer Untermalung in seinem Haus oder bei »Amama« von Pogwisch aufgeführt wurden. Zu den Mitwirkenden gehörte Charlotte Voelckel, die ein wenig in Walther verliebt war, sowie die gleichaltrige Ida Melos. Walther hat die Kinderfreundin später am Rhein besucht, als sie schon die Frau des Dichters Ferdinand Freiligrath war. Ida Melos-Freiligrath hat die Liebhaberaufführungen beschrieben und die bevorzugten Autoren genannt: *Kotzebue, Houwald, Iffland, Frau von Genlis, Florian (denn es wurde auch französisch gespielt) u. a. lieferten die Stücke. Aber auch Aufführungen von größeren Prä-*

tensionen fanden häufig statt; die Laune des Verliebten, die Fischerin, Jery und Bätely und andere kleine Sachen von Goethe wurden öfters in Gegenwart des alten Herrn und eines erlesenen Publikums mit Aufwand aller unserer Kräfte glänzend dargestellt. Charaden und lebende Bilder kamen auch öfters an die Reihe, zuweilen in großem Stil und in den Gemächern Goethes, wo dann der Hof und die ganze Hofgesellschaft Zuschauer waren und La Roche die Leitung übernahm.

Es haben sich einige der handgeschriebenen Programme zu den von Walther und Wolf in Szene gesetzten Stücken erhalten. Als Schauspieler agierten außer den Verfassern Auguste von Buchwald, Ida, Marie und Luise Melos, Cäcilie von Gersdorff, Felix Vulpius und Erna von Mandelsloh. Ida Melos versicherte später noch einmal: *Unser Hauptvergnügen bestand im Theaterspielen.*[36]

Sechs kleine Theaterstücke aus den Jahren 1830 bis 1837, der Kinder- und Jugendzeit von Walther, haben sich in seinem Nachlaß gefunden, auch ein *Zaubermärchen mit Musik*, dessen Verfasser *Walther von Habenichts* dem Publikum auf seinem Programmzettel befahl: *Unmäßiges Schluchzen ist verboten.*

Trotz seiner Anstrengungen beim Dichten und Musizieren war aber nicht Walther, sondern nach wie vor der hübsche Wolf des Großvaters Liebling. Er war anschmiegsam und *charmant* und schickte dem geliebten *Apapa* viele kleine Briefchen in deutscher, französischer oder lateinischer Sprache, schmeichelte ihm und war nach Jenny von Pappenheim *ein heiteres, sehr gesprächiges Kind mit den wunderschönen Goetheschen Augen.* Frédéric Soret erlebte den Dichter an einem Abend im Februar 1830 unzufrieden, ärgerlich, halb krank. Da kam Wolf herein, streichelte ihn, und Goethe erwiderte die Liebkosungen *zärtlicher als sonst. Wolf ist der Liebling des Großpapas, ich treffe ihn sehr oft bei ihm; Walther, das arme Kerlchen, wird etwas vernachlässigt, er hat kein so liebenswürdiges Wesen wie der jüngere Bruder und weiß nicht so zärtlich zu schmeicheln*, konstatierte er. *›Sehen Sie hier* *das gute Kind‹, sagte Herr von Goethe heute abend zu mir, ›alle Abend bringt es seinen Großvater zu Bette, nimmt ihm sein Halstuch ab und bindet ihm eines für die Nacht um.‹ Da Wolf gähnte, sagte ich ihm, er solle schlafen gehen. ›Nein, noch nicht!‹ rief er, ›es ist noch nicht 9, ich muß erst Großpapa zu Bett bringen!‹*[37]

Auch andere Gäste waren meist mehr von Wolf angetan als von seinem blassen, unscheinbaren Bruder. Sulpiz Boisserée notierte bei seinem Besuch im Februar 1832: *Wolfi, der jüngste Knabe, ein allerliebstes, munteres, freies, natürliches Kind, holt gleich beim Großvater von den Pfeffernüssen, die ich von Willemer mitgebracht.* Nicht von Walther, nur von Wolf ließ Goethe sich zu Bett geleiten. Der Junge stand ihm wesensmäßig nahe, war ein guter Schüler, besonnen, konzentriert und literarisch interessiert. Er wird später, obgleich zum Juristen ausgebildet, immer der Philologie zuneigen; am liebsten wäre er Privatgelehrter geworden. Wolf *schreibt Trauer- und Lustspiele, sammelt die Komödienzettel, liest grenzenlos . . .*, teilte Goethe Ulrike von Pogwisch mit. In den Tagebüchern heißt es: *Wolf erzählte mir ein Märchen, das er sich ausgedacht hatte. – Wölfchen, der mir von der griechischen Mythologie zu erzählen hatte. – Wölfchen las in dem ersten Bande meiner Biographie und machte neckische Bemerkungen dazu.*

»Tante Ulrike«, Ottilies Schwester, erfuhr auch die Gedanken, die sich Goethe besonders über diesen Enkel machte. *Wölfchen hält sich wie immer ganz nah an den Großvater, wir frühstücken zusammen, und von da an zieht sich's durch den ganzen Tag durch . . . Wolf ist klug, wie alle Kinder und alle Menschen, die unmittelbare Zwecke haben. Wenn ich sehe, wo er hinaus will, so mach ich mir einen Spaß, seine Wünsche bald zu hindern, bald zu fördern, wodurch er sich aber in seinem Gange keineswegs irren lässt.* Dem sechsjährigen Wolf schrieb Goethe folgende Widmungsverse ins Stammbuch:

Meinem lieben Wölfchen

Eile Freunden dies zu reichen,
Bitte sie um eilig Zeichen,
Eilig Zeichen daß sie lieben.
Lieben das ist bald geschrieben;
Feder aber darf nicht weilen,
Liebe will vorübereilen.

Weimar, d. 28. May 1826 Goethe

Damals galt der Eintrag ins Stammbuch als wichtiger Freundschaftsbeweis. In Ottilies Stammbuch, das sie seit ihrer Verheiratung führte, finden sich nicht weniger als fünfhundert Einträge, wobei sie natürlich von Goethes berühmten Gästen ebenso profitierte wie Walther und vor allem Wolf, in dessen rotgoldenes Exemplar sich so bedeutende Besucher eintrugen wie Mendelssohn und Rauch, Graf Sternberg, Zelter und Ludwig Tieck, Charlotte von Stein und Johanna Schopenhauer. Goethe schenkte den Stammbüchern große Aufmerksamkeit, was das Interesse seiner Enkel an Handschriften sicherlich förderte und dazu beitrug, daß Wolf später eine eigene Autographensammlung anlegte.[38]

Wolf schien zum Dichter geboren. So jedenfalls hatte es Goethe schon prophezeit, als der Junge erst fünf war, und dabei war es geblieben. In Weimar notierte sich Rat Grüner am 7. September 1825 folgende Bemerkung: *›Sehen Sie meinem Wolf in die Augen‹, sagte Goethe, ›es spricht so etwas heraus, daß ich meinen sollte, er werde ein Dichter.‹*

Zwar wirkte auch Walther in erstaunlichem Maß als »Poet«. Er verfaßte viele Theaterstücke, darunter »Das Märchen von dem rothen Flecken«, komponierte die Musik dazu und agierte bei den Liebhaberaufführungen im großen Saal als talentierter

Schauspieler und Dirigent zugleich. *Walther war ein leidenschaftlicher Theaterfreund*, berichtet seine Freundin Ida Melos, *und wir kamen fast nie zusammen, ohne dass etwas aufgeführt wurde. Walther war Schauspieler, Dirigent, Dekorateur und Orchester, alles in einer Person. Wir hatten fortwährend Rollen einzustudieren; und unser gestrenger Dirigent verstand gar keinen Spaß darin. Er nahm die Sache so ernst wie ein richtiger Künstler, der er auch seiner ganzen Anlage nach war . . .*[39]

In Walthers Stammbuch notierte Goethe zu seinem siebten Geburtstag am 9. April 1825 die herzlichen Worte:

Seinem lieben, guten,
erstgebohrnen
heute siebenjährigem
Enckel
Walther von Goethe
treugesinnt
JWvGoethe.
Weimar d. April 1825.

Dazu gab er ihm ein Rätsel auf:

Nicht sterblich, noch unsterblich, aber von Natur
Gebildet also daß er nicht nach Menschen Art,
Noch Götterweise lebe, sondern stets aufs neu
Geboren werde, wechselsweise zum Untergang;
Gesehn von keinem, allen aber wohlbekannt,
Vorzüglich Kindern, die er sich besonders liebt.

Walthers Qualitäten als Regisseur und Schauspieler traten bei der Aufführung des Singspiels »Die Fischerin« so glänzend zutage, daß das Stück noch einmal für Goethe allein gegeben werden mußte, der von Walthers Darbietung absolut entzückt war. Seitdem, so versicherte Soret im November 1831 Julie von Egloffstein, liebe der Dichter diesen Enkel besonders und ziehe ihn neuerdings sogar dem geliebten jüngeren vor – er, Soret, habe Goethe und Walther Hand in Hand sitzend gesehen, wie sie sich gegenseitig Zärtlichkeiten sagten. Walther sei vor Glück nahezu verrückt.

Angesichts von Ottilies wechselnden Liebschaften schien August von Goethe bisher verhältnismäßig ruhig geblieben zu sein, denn über sein friedfertiges Wesen erstaunt, hatte Ottilie nach ihrer Rückkehr aus Böhmen ihrer Freundin Adele Schopenhauer gemeldet: *August schien entschlossen, mit mir gut sein zu wollen* (9. Juli 1828). Bemerkte sie nicht, wie schlecht es ihm ging? War sein Zustand ihr gleichgültig? Denn in Wirklichkeit erhoffte sich Ottilie das wahre Glück noch immer durch eine neue Beziehung, träumte sie von einer Romanze mit dem idealen Mann. Dem Liebhaber des letzten Jahres, Charles des Voeux, klagte sie, obwohl er sie längst verlassen hatte, wie unglücklich sie in ihrer Ehe sei. Schon früh habe sie an Scheidung gedacht. Erhalten blieb das Konzept dieses Briefes. *Des Voeux, wähnen Sie nicht, daß ich August anklagen und mich ganz freisprechen will, nein, unsere beiderseitige größte Schuld ist, dass auch nicht eine gemeinschaftliche Saite in uns klingt; er würde mit jeder anderen Frau glücklicher geworden sein, denn ich besitze für ihn nicht einmal die kleine Kunst, ihn zu amüsieren … Denken Sie, dass nicht etwa dieses unglückliche Verhältnis obwaltet, seit ich Sterling kenne, sondern dass ich mich schon wollte scheiden, als Walther kaum zwei Monate alt!*[40]

Daß es August körperlich und seelisch schlechtging, war nicht länger zu verheimlichen. Ihm wuchs alles über den Kopf. Er wollte nur noch weg, wollte die Flucht ergreifen, versprach sich Heilung und Befreiung von einem Aufenthalt in Italien. Es dauerte lange, bis sein Vater, der ihn bei Honorarfragen und finanziellen Obliegenheiten nicht entbehren wollte, die Reise endlich genehmigte.

Wie unglücklich August sich fühlte, geht aus einem bösen Gedicht hervor, das er für die Zeitschrift verfaßte, die seine eigene Frau unter dem für sie bezeichnenden Titel *Chaos* gegründet hatte. Es war typisch für Ottilie, daß sie, im Hause eines Dichters lebend, auch selber mit einem poetischen Erzeugnis hervortreten wollte. Augusts Gedicht beweist derart deutlich seinen Ärger, daß man sich wundert, es tatsächlich veröffentlicht zu finden.

Ich will nicht mehr am Gängelbande
Wie sonst geleitet sein,
Und lieber an des Abgrunds Rande
Von jeder Fessel mich befrein …

August von Goethe liebte seine drei Kinder. Er sei immer ein guter und rührender Vater gewesen, versicherte Jenny von Pappenheim, einfallsreich beim Erfinden neuer Spiele. Doch sie erlebte auch den Konflikt zwischen ihm und seinem alles dominierenden Vater. *Ich stand einmal mit ihm am Fenster des Eßzimmers kurz vor Tisch*, erzählt Jenny. *Im Garten ging Goethe auf und nieder, seine Enkel kamen hinuntergelaufen, um ihn zu holen. Jubelnd umschlangen sie den Großvater, erzählten, lachten, spielten; er freute sich sichtlich ihrer lieblichen Gegenwart, und ich sah mit Vergnügen zu. Da fiel mein Blick auf August: er starrte mit zusammengekniffenen Lippen, blaß und schwer atmend, auf dasselbe Bild, sein Aussehen sagte mehr als Worte.*[41] August war zumute, als dirigiere der Vater nicht nur sein Leben, sondern entfremde ihm sogar die eigenen Kinder.

Im April 1830 war es endlich soweit. Der vierzigjährige Kammerrat wirkte so erschöpft, daß Goethe ihm die Reise nicht länger abschlagen konnte. Der Sohn war krank. Herzschmerzen, Entzündung der Schleimhäute, allgemeine Schwäche, Kopfschmerzen. Das einzige, was ihn in der letzten Zeit getröstet hatte, war Walthers schönes Klavierspiel. Die Kinder hatten ihn auch erheitert, als er krank zu Bett lag. *Gestern Abend haben mir Walther und Wolf mit ihrem Puppentheater eine von Walther selbst verfasste Komödie vorgespielt, was mich auf eine Stunde etwas erheiterte ...* Dennoch schien es ihm, als wäre er *nur noch geborgt auf der Welt ...* (26. Februar 1830).

Italien sollte die Erlösung bringen. August verließ Weimar im April des Jahres 1830. Über Frankfurt, Basel und Genf reiste er nach Mailand. 2000 Taler waren ihm für die Reise bewilligt worden.

Bereits nach drei Wochen fühlte August sich so wohl wie seit Monaten nicht. Seiner Frau schrieb er in halb wehmütigem Ton, er verstehe schon jetzt die vorausgegangenen Auseinandersetzungen nicht mehr. *Liebe Ottilie. Ich bin nun 150 Meilen weit von Dir entfernt und will Dir doch auch ein vertrauliches Wort zukommen lassen, welches Dir meinen Zustand klar machen soll. Ich ging wirklich so krank aus Weimar daß ich nicht glaubte Frankfurth lebendig zu erreichen,* so am 13. Mai 1830 aus Mailand. ... *Ich wollte Du könntest mich jetzt beobachten, welche Ruhe im Gemüt ist eingetreten, wie stark fühle ich mich wieder, mit welcher Leichtigkeit steige ich die 54 Stufen zu meinem Zimmer! Dir danke ich alles dieses, denn Du hast doch den Entschluß befördert und das Ganze gemacht, ich will es in der Zukunft zu vergelten suchen, könnte ich nur mein früheres Unrecht gegen Dich austilgen ... Was machen denn die Kinder? ... Lebe wohl küsse die Kinder, grüße den Vater, die Großmutter und Mutter auch Ulriken und denke zuweilen wohlwollend an Deinen August.*[42]

Einen Monat nach der Abreise verteidigte August seinen fluchtartigen Aufbruch nicht bei Ottilie, wohl aber bei seinen Freunden, dem Weimarer Ehepaar Gille, bei dem er in seiner bedrängten Lage oft Zuflucht gesucht und Mitleid gefunden hatte. Der Brief läßt erkennen, daß er sehr wohl wußte, wieviel er geleistet und wie wenig Anerkennung er dafür bekommen hatte. *Ich habe meine Verhältnisse alle in moralischer Hinsicht rein verlassen, nach 20jähriger Dienstzeit habe ich mir keinen Vorwurf gegen den Staat zu machen, ich habe meine Fähigkeiten und meine*

Kraft soweit ich beides besaß gern und ununterbrochen für denselben verwendet; als Sohn habe ich seit meiner frühsten Jugend mehr als mancher andere gethan und mehr als mancher andere in meiner Lage entbehrt …

Bei jedem schönen Ereignis dachte August während der Reise an seine Kinder. Mit den Söhnen war er, der Komödienliebhaber und Theaterkenner, oft zu Weimarer Aufführungen gegangen. Jetzt berichtete er am 11. Mai 1830 aus Mailand, daß er das Marionettentheater besucht, »Die Hexen von Benevent« und den »Carneval von Venedig« als Ballett gesehen habe: *Es ging alles vortrefflich, ich habe viel gelacht, und wünschte Walther und Wolf recht an meiner Seite.* Er sandte den Kindern Grüße und Geschenke. *In dem anderen Kistchen sind einige Kleinigkeiten für die Kinder, nämlich 2 Halstücher für Walther und Wolf, ein Kleidchen für Alma und ein weißes Rosenbouket für Ottilie zur Erinnerung des 17 t Juny.* Das war ihr Hochzeitstag, an den er sie erinnern wollte. *Liebe Ottilie. Diese Zeilen nebst den weißen Rosen sind dem 17 t Juny gewidmet … Dieses Simbol möge auch für die Zukunft Freude bedeuten, indem Du siehst daß ich in der Ferne eines Tages mit Rührung gedenke, den ich noch oft mit Dir zu durchleben hoffe. Die anderen Kleinigkeiten, als die Halstücher sind für Walther u. Wolf bestimmt, das Kleidchen für Emmi-Minzi, grüße die Kinder herzlich und küsse sie in meinem Namen.* Emmi-Minzi war der Kosename für die dreijährige Alma. An Ottilie sandte er Noten und Lieder und ermahnte sie in einem halb vorwurfsvollen Ton, besser für die Kinder zu sorgen: *Bei den Jungens sieh doch einmal wieder nach den Köpfen, Du verstehst mich, so auch sorge für Reinhaltung der Zähne bei denselben* (2. Juni 1830).[43]

Die eigenständige Reise bewirkte eine spürbare Veränderung. *Es ist das erste mal, im 40ten Jahre, daß ich zum Gefühle der Selbstständigkeit gekommen*, bekannte August, offenbar zu seiner eigenen Verwunderung. Noch wenige Wochen zuvor hatte er sich nach Weimar zurückgesehnt, zumal Eckermann, der ihn bisher begleitet hatte, sich von ihm trennte. *Eckermann geht morgen ab und ich stehe allein in der fremden Welt, wie wird es mir vorkommen? Doch ich muß durch, es koste was es wolle, doch ich hoffe nicht das Leben* (23. Juli 1830).[44]

Ottilie antwortete ihrem Mann freundlicher, als sie es je in seiner Anwesenheit getan hatte. *Du magst die angenehme Überzeugung haben lieber August, daß Du uns allen einen wahrhaft freudigen Tag bereitet. Der Vater sitzt über seinen Münzen, s e h r mit Deinem Kauf zufrieden, und Alma hat ihr rotes Röckchen gar nicht wieder hergeben wollen. Ich aber habe mich an dem schönen Bouquet erfreut, und alle Arien schon einmal durchgesungen ... Die Kinder werden glückselig sein; Walther kommt hoffentlich diese Woche zurück, aber an Wolf werde ich sein Tuch schicken.*

Goethe freute sich in der Tat über die kostbaren und seltenen Medaillen, die August für ihn erworben hatte. *Wenn Mutter und Kinder durch die artigen Aufmerksamkeiten ergötzt sind, Alma im roten Kleidchen herum läuft und die, noch auswärts sich befindende Knaben, bey ihrer Rückkehr, mit dem ächt Mayländischen Andenken erfreut werden sollen, so wird der Münzfreund kaum sein Vergnügen ausdrücken können ...* (5. Juli 1830).

Der zehnjährige Wolf schrieb seinem Vater: *Lieber Papa! Wie geht es Dir. Du glaubst nicht was mir das Halstuch für Freude gemacht hat. Die Mama wird Dir wohl geschrieben haben, daß ich 5 Wochen in Dessau war wo es wunderhübsch war. Die Alma sacht immer, wo ise Papa. Grüße den Doktor Eckermann. Die Omama lässt Dich grüßen und die Mama und Tante auch ... Leb wohl. Dein Dankbarer Sohn Wolf. Weimar, d. 13. August 1830.*

Augusts Verbundenheit mit den Kindern war stärker, als ihm wohl selber bewußt gewesen war. Mit den Interessen und Liebhabereien seiner Söhne war er bestens vertraut. Während er am Lido von Venedig Muscheln suchte, Seekrabben und Quallen beobachtete, dachte er daran, welche Freude sie bei diesen Entdeckungen gehabt hätten. *Um uns zu erholen fuhren wir nach Tisch auf das Lido und hatten einen schönen Anblick auf das Adriatische Meer. Hier liegen eine Unzahl von Muscheln, ich dachte recht an Walther und Wolf, auch sah ich von den Großen Gallertartigen Mollusken mit ihren bunten Armen von denen welche 2-3 Fuß groß waren … wir brachten beinahe eine Stunde mit Beschauung des Meers und naturhistorischen Gegenstände zu* … (9. Juni 1830 aus Venedig).

Bald darauf hatte August ein wenig angenehmes Erlebnis zu verkraften: Durch einen Sturz mit der Kutsche erlitt er einen Schlüsselbeinbruch. Bei unerträglicher Hitze mußte er, mit einem *30 Ellen langen Verband um den Körper* und den Stichen der Moskitofliegen ausgeliefert, in La Spezia das Zimmer hüten. Zu seiner Überraschung meldete sich plötzlich ein Freund vergangener Tage bei ihm. Es war kein anderer als Charles Sterling, der Liebhaber seiner Frau. *Er hatte meinen Unfall erfahren,* berichtete August, *und ist gekommen mir einige Tage Gesellschaft zu leisten. Es ist mir ein wahrer Trost in meiner Einsamkeit, er hat mir auch Bücher mitgebracht … dann zog Sterling neben mich in ein Zimmer wo wir die Thüren aufhaben und so zusammen leben …* Was bei dieser Nachricht in Ottilie vorging, die unverhofft ihren Geliebten und ihren Ehemann beieinander wußte, kann man nur ahnen.

Goethe ermahnte seinen Sohn, er möge durch diese Reise wieder in einen akzeptablen Zustand gelangen und gesund zurückkehren. *Fahre in allem und jedem so fort und es wird ein freudiges Wiedersehen und Zusammenleben erfolgen.* Erhaltung des Hausfriedens und des guten »Zusammenlebens«, darauf kam es ihm an. *Mögest Du alsdann an dem seligen Frieden unsers Hauses wie wir ihn jetzt genießen, ganz hergestellt mit Liebe und Freude teilnehmen.* Goethes Briefe belegen, wie glücklich er, der Großvater, in dieser Zeit mit den Enkeln war. In die kleine Alma, die vier Jahr alt wurde, schien er ganz und gar verliebt. *Das*

Mädchen, zum Bewundern gescheut, von lebhaftem Willen, sehr leicht auf einen andern Gegenstand zu lenken, deshalb ihre Gegenwart höchst anmutig. Alle Kinder seien *munter und tätig*, berichtete er, *die Aprikosen unter meinen Fenstern sind zur Reife gediehen, die Knaben lassen sich solche schmecken, das Mädchen zieht die Kirschen vor.*

Am 28. August 1830 wurde in Weimar Goethes Geburtstag gefeiert. Sein Sohn, von seinem Schlüsselbeinbruch geheilt und in Florenz eingetroffen, dachte mit rührender Anhänglichkeit an diesen *hohen Tag*. Von früher Kindheit an galt der Geburtstag des Vaters für August als der wichtigste Tag im Jahr. *Mein erster Gedanke war, wie alles sich jetzt im Vaterhaus rege, um Ihnen bester Vater zu diesem Tage Glück zu wünschen. Ich sah Ottilien und die Kinder geputzt mit Blumen u. Glückwünschen vor Ihr Bett treten ... Sie schreiten umher, sagen manches freundliche Wort und manche Träne der Freude glänzt in den Augen der Teilnehmenden. (Geht es mir doch auch nicht anders indem ich dieses schreibe.)*

Im Oktober sah August zum ersten Mal in seinem Leben die Stadt Rom. Er bat Freund Gille: *Lassen Sie meinen Vater wissen daß ich hier in Rom bin. Meine Dankbarkeit gegen ihn ist ohne Grenzen, daß er mir alle diese Genüsse verschafft.* August Kestner, der Sohn von Charlotte Kestner, »Werthers Lotte«, der als Diplomat in Rom akkreditiert war, führte den jungen Goethe durch die Stadt. Mit ihm und dem Maler Preller unternahm der Neuankömmling auch den ersehnten Ausflug nach Frascati, unglücklicherweise an einem Tag, an dem August sichtlich angeschlagen war. Sie ritten bis zum Albaner See, wo er vor Fieber glühte, so daß man umkehrte und abends um zehn Uhr Rom wieder erreichte.

In dieser Zeit schrieb Ottilie an Adele Schopenhauer: *Wenn ich mir denke, dass ich August nicht wiedersehen könnte, so empfinde ich auch nicht die leiseste Bewegung. Er war in einem beklagenswerten Zustand, als er ging, und ich fragte mich oft, ob dieser wutähnliche Zustand durch den Tod oder Wahnsinn enden werde.*

Tod oder Wahnsinn – Ottilie sollte unfreiwillig recht behalten. Die Freunde Kestner und Preller brachten den todkranken August in der Wohnung Via di porta Pinciana Nr. 17 zu Bett und beschlossen, bei ihm zu wachen. Mitten in der Nacht sprang August plötzlich hoch fiebernd aus dem Bett, stürzte sich auf Preller, den er fast erdrückte, und brach dann auf seinem Lager zusammen. Er starb am Morgen des 27. Oktober 1830.

Die Diagnose der Ärzte lautete: Pocken, verbunden mit einem Gehirnschlag. Heutige Mediziner diagnostizieren nach dem schriftlich vorliegenden Befund eine Meningitis, also eine Gehirnhautentzündung, die infolge der gleichzeitig schwer geschädigten Leber zum Tod führte.

Bei *heiterem Sonnenscheine* wurde August als »Goethe filius« am 29. Oktober 1830 auf dem protestantischen Friedhof von Rom nahe der Cestius-Pyramide, die sein Vater schon Jahre zuvor betrachtet und sogar gezeichnet hatte, begraben.

Verhehlen konnte man sich nicht, daß die Neigung zum Alkohol das Leben des jungen Mannes verkürzt hatte. *Alle die Ihm nah waren*, schrieb Kestner, *fanden, daß er viel zu viel Wein trank – Ich habe ihn nicht trunken gesehen ... aber auch mir war seine Bereitheit, jede Stunde des Tages Wein zu trinken, auffallend, ja anstößig*. Noch am Vorabend seines Todes habe er wieder fast eine Flasche geleert. Er teile dies nur unter dem Siegel der Vertraulichkeit und absoluten Verschwiegenheit dem Kanzler mit. Goethe solle davon nichts erfahren.

Erst Tage später gelangte die Todesbotschaft nach Weimar. Der Kanzler und Hofrat Vogel mußten sie dem Vater überbringen. Goethe habe sie ruhig angehört. *Es war rührend, den Greis mit Mühe seine Tränen unterdrücken zu sehen, als ich ihm die Bot-*

schaft brachte, schrieb Hofrat Vogel an Rahel Varnhagen. Goethe habe ihnen dann das Wort abgeschnitten mit der Bemerkung: *Als er fortging, gab ich ihn schon verloren!*

Ottilie bewahrte Haltung. Sie war froh gewesen, August in Italien zu wissen; seine Rückkehr erscheine ihr drohend wie eine unheilbringende Wolke, hatte sie zu Adele gesagt. Entsprechend kühl nahm sie zunächst die Todesnachricht auf, oder, wie Eckermann berichtet: *Ruhig und gefasst.* Johanna Schopenhauer aber bedauerte die Kinder und ließ keinen Zweifel daran, daß sie von Goethes Schwiegertochter nicht viel hielt. *Die Kinder bekommen Vormünder. Sie sind dereinst, Gott gebe, so spät als möglich, des Großvaters einzige Erben. Auf welche Weise er für die Mutter sorgen will, hängt von ihm ab. Gewiß geschieht es nicht auf die Weise, daß ihre Wünsche, ins Ausland, besonders nach England zu ziehen, befriedigt werden können; wenigstens werden die Vormünder nicht zugeben, dass sie die Kinder mitnimmt.* Das schrieb sie an Augusts Freund, den Dichter Carl von Holtei.[45]

Wollte Ottilie nach England ziehen? Tatsächlich hatte sie in Augusts Abwesenheit ein neues Liebesverhältnis angeknüpft. Der Erwählte, wieder ein Engländer, hieß Samuel Naylor.

Goethe litt. Als er seine Schwiegertochter am Morgen nach der Todesbotschaft in Trauerkleidung sah, so Jenny von Pappenheim, streckte er ihr die Hände hin mit den Worten: *Nun wollen wir recht zusammenhalten.* Am 27. November 1830 notierte er am Abend: *Kam Walther aus dem Schauspiel und erzählte.* Danach ging er zu Bett, wurde aber nach zehn Uhr durch einen Bluthusten wieder aufgeweckt. Der Arzt wurde gerufen. Goethe glaubte, auch er werde nun sterben. Er schrieb an Zelter: *Das Außenbleiben meines Sohns drückte mich, auf mehr als Eine Weise, sehr heftig und widerwärtig. Plötzlich ... riß ein Gefäß in der Lunge und der Blutauswurf war so stark, daß, wäre nicht gleich und kunstgemäße Hülfe zu erhalten gewesen, hier wohl die ultima linea rerum sich würde hingezogen haben ...*[46]

Von den Kindern wird berichtet, sie hätten die Nachricht vom Tod ihres Vaters verhältnismäßig gleichmütig aufgenommen, zumal ihre Mutter nicht weinte, nicht klagte, nicht schluchzte, sondern starr und stumm blieb. Walther, Wolfgang und Alma hatten den Vater seit fast einem halben Jahr nicht mehr gesehen. Er war fern, war ihnen entrückt. Die Gegenwart des mächtigen Großvaters hatte seine Stelle eingenommen. Daß ihre Liebe und Anhänglichkeit zu August größer war, als die Umgebung ahnte, würde sich später zeigen. Die Gräfinnen Egloffstein kommentierten das traurige Ereignis unterschiedlich. *Im Goetheschen Hause geht alles den alten Gang, und die Lücke ist schon völlig ausgefüllt, die der Tod des Sohnes und Gatten, ja des Vaters sogar, gemacht hatte. Die Kinder denken nicht mehr an ihn, und selbst der Kanzler ist davon empört.*[47] Goethe aber trauere um den Sohn, er wünsche sich ein Porträt von ihm. Ottilie erwarte, daß ihr Schwiegervater ein Monument anfertigen lasse; sie habe indessen die Bepflanzung von Augusts Grab in Rom bezahlt.

Über Ottilies Unfähigkeit, die Kinder zu erziehen, hatte sich die Gräfin Henriette Egloffstein, Mutter von Caroline und Julie, schon vor Jahren kritisch geäußert. Als der sechsjährige Walther sich den Arm brach, bemerkte sie bitter: *Walterchen ist recht wohl und trägt sein Missgeschick mit ruhiger Heiterkeit. Aber die Torheit und den Leichtsinn der Mutter muß ich verachten. Alles andere kann ich ihrem irregeleiteten Kopf verzeihen, doch diese Gleichgültigkeit eines Mutterherzens ist empörend und verächtlich. Arme Kinder! Was wird euer Los einst sein? Sinnlichkeit, Eitelkeit und Eiseskälte werden eure Lehrmeister sein ...*[48]

Man wußte allgemein um Ottilies mangelnde mütterliche Fähigkeiten. Ihre Disziplinlosigkeit hatte schon August beklagt. Er bat sie noch von Italien aus, den Kindern mehr hygienische Pflege zukommen zu lassen und dafür zu sorgen, daß sie besser lernten. *Wolf kann seinen Namen noch nicht schreiben, er schreibt immer statt Goethe Goehte ...*[49]

Auch der Großvater erkannte bald, welchen Mangel Walther, Wolf und Alma nun litten. *Oft sah er die Enkel wehmütig an und sagte: ›Ihr armen Kinder!‹ – es schnitt mir durchs Herz*, berichtete Allwina Frommann am 16. November 1830 Marianne von Willemer. Aber sah er voraus, wie katastrophal und regellos es nach seinem Tod weitergehen würde? Sogar die junge Jenny von Pappenheim erlebte fassungslos Ottilies Unruhe und Hektik. *Ich fand meine Freundin in ihren hübschen Mansardenstuben, umgeben von Büchern und Papieren, vor einem kleinen offenen Bücherschrank; ihre Augen glänzten, ihre braunen Locken schienen schon zwanzig Mal nach hinten geschüttelt zu sein; ihre kleine weiße Hand hielt ein Buch, ihre Wangen brannten, und schon ihre Begrüßung zog mich in die lebhafteste Unterhaltung … welch buntes Durcheinander: Kleider und Schärpen, Blumen und Bücher, die sie sich zum Geburtstage wünschte, verschiedene Adressen, quer darüber einige Verse ihrer Tasso-Übersetzung, den Titel einer neuen Geschichte Irlands* … Ottilie war bereits mit Gedanken an eine neue Heirat beschäftigt. … *nichts hatte Bestand in diesem Kopfe, in dem die Phantasie Alleinherrscherin war*, schreibt Jenny. *Da warf sie zwanzig verschiedene Männerbilder, tausend Lebenspläne, Gedanken, momentane Empfindungen durcheinander, bis die Bilder zerbrachen, die Gedanken ausarteten – dann saß sie vor den Trümmern und weinte! …*[50]

An ihre Kinder schien Ottilie beim Pläneschmieden kaum zu denken. Für sie war eine Situation eingetreten, die sie sich von Anfang an gewünscht hatte: Abwesenheit des Ehemannes, Nähe des Dichters, der von nun an jeden Mittag mit ihr und den Kindern zusammen die Mahlzeiten einnahm. Auf August konnte sie gut verzichten.

Bald allerdings merkte Goethe enttäuscht, daß eine gemeinsame Haushaltsführung mit seiner Schwiegertochter unmöglich war. Ärgerlich nahm er ihre Unfähigkeit wahr, einen Haushalt zu organisieren, geschweige denn zu leiten. Darüber hinaus quälte ihn eine überaus peinliche Entdeckung: Sohn August hatte erhebliche Schulden hinterlassen, die nun beglichen werden mußten. Ottilie sah sich dazu außerstande; also mußte Goethe von seinem Hausfreund Meyer dreihundert Taler leihen, was noch nie vorgekommen war. *Mein oekonomisches Wesen erlebt eine wunderliche Krise*, gestand er und besprach mit Ottilie energisch die jetzt notwendigen Sparmaßnahmen. Zufrieden konnte er schließlich Mitte Februar 1831 notieren: *Das Haushaltungswesen kam immer mehr ins Klare.* Das bedeutete aber auch, daß er erstmals einen eigenen Koch einstellte. Auf diese Weise sind wir durch Aufzeichnungen darüber informiert, was bei Goethe auf den Tisch kam.[51] Das Mittagessen am 25. Dezember 1831 bestand aus *märkischen Rübchen*, die Zelter als Delikatesse aus der Mark Brandenburg geschickt hatte. Dazu gab es *Coteletten und 2 Hasen*, wovon einer als Braten für den 27. Dezember in Vorrat genommen wurde. Zum Dessert reichte man *Apfelcombot.* Am 26. Dezember 1831 aß Familie Goethe *Blumenkohl mit Kalbsmilch-Rindsbraten.* Der letzte Kücheneintrag stammt vom 14. März 1832, dem Tag, an dem der Dichter schwer erkrankte. Der Koch empfahl *Graupensuppe, Hering, Herzkohl, Würstchen, Krametsvögel und Compot.*

Was die Finanzlage betraf, sahen die Schwestern Egloffstein düstere Zeiten heraufziehen und glaubten Ottilie bereits am Rande des Ruins. Sie erhalte von ihrem Schwiegervater nur vierhundert Taler Witwengeld, dazu kämen zweihundertvierzig Taler aus der Witwenkasse. Für jede andere Frau würde diese Summe reichen, während es für Ottilie gewiß *wie nichts* sei.[52] Goethe ließ Ottilie in der Tat wissen, daß für Küchenausgaben nur noch dreißig Taler verbraucht werden dürften. Es erschien ihm sogar notwendig, ihre Ausgaben künftig zu überwachen. Bis zu Schillers Schwägerin Caroline von Wolzogen drang die Nachricht von Goethes unglaublicher Sparsamkeit. *Er hat den Schlüssel des Holzstalles unter seinem Kopf-*

Goethe mit seinen spielenden Enkeln im Hausgarten

kissen und lässt das Brot abwiegen.[53] Goethes Tagebuch vermeldet häufiger als früher *Rechnungssachen.* Aus dieser Zeit stammt auch das *Milchbuch* des Dieners Krause und die Liste der dem Keller entnommenen Weinflaschen, beide eigenhändig vom Dichter kontrolliert und quittiert.

Angesichts seiner neuen Erfahrungen beschloß der Dichter auch, ein zweites Testament aufzusetzen. Das bereits vorhandene war durch Augusts plötzlichen Tod ungültig geworden. Der Kanzler Friedrich von Müller als gesetzlicher Vertreter der Obervormundschaftsbehörde wurde herbeizitiert. Goethe nannte ihm die Vormünder seiner Enkelkinder, die der Sohn klugerweise noch vor der Italienreise bestimmt hatte, *falls er mit dem Tode abgehen sollte.* Es waren Augusts Freunde, der Kammerherr Franz von Waldungen, den später Hofrat Vogel ablöste, und Regierungsrat Carl Büttner. Obgleich Ottilie die leibliche Mutter war, hatte sie keinerlei gesetzliche Handhabe, die Vormundschaft ihrer Kinder selber zu übernehmen.

Ottilie äußerte gegen die Vormünder massive Vorbehalte. Am 15. November 1830 notierte Müller: *Nachher großer Streit darüber mit Ottilie.* Witterte sie im Kanzler schon damals ihren Feind? Daß er ihr Gegner war, würde sich später in jahrelangen Auseinandersetzungen herausstellen.

Der achtzigjährige Goethe war nun der einzige Mann im täglichen Leben der Kinder. Er war es, der Anweisungen gab und den Tageslauf bestimmte. Walther, Wolfgang und Alma, zwölf, zehn und vier Jahre alt, scheinen nur selten von August gesprochen zu haben; merkwürdigerweise war auch nie ein Doppelporträt entstanden, auf dem sie die Eltern gemeinsam hätten sehen können. Er habe die Rolle des Hausvaters wieder übernommen, meldete Goethe dem Grafen Sternberg und äußerte sich bei Boisserée mit einiger Zufriedenheit: Er lebe mit der Familie in einem Behagen, das, wenn er es beschreiben solle, *zwischen die Idylle und das Märchen falle.* Auch Marianne von Willemer erfuhr, wie glücklich der alte Freund mit den Kindern sei: *... meine drei Enkel, zwei Knaben und ein Mädchen, sind wirklich wie heiteres Wetter, wo sie hintreten, ist es hell. Im Augenblick Freude, er sei wie er wolle! und so wollen wir die guten Geister loben, die uns dergleichen Lichtlein angezündet haben.*

Besonders über die fast vierjährige Alma, die im Hängekleidchen mit ihren langen Locken niedlich genug aussah, empfand Goethe, der noch nie ein kleines Mädchen großgezogen hatte, sichtlichen Stolz. An Ulrike schrieb er: *Das Mädchen ist allerliebst und, als ein echt geborenes Frauenzimmerchen, schon jetzt inkalkulabel. Mit dem Großvater im besten und liebevollen Vernehmen ... Anmutig, indem sie, bei entschiedenem Willen, sich ablenken und beschwichtigen lässt. Übrigens keinen Augenblick ruhig, lärmig, aber leidlich, und mit einigem Scherz gar bald in Ordnung und Zucht gebracht. Wolf, halb eifersüchtig, bemerkte schon, daß sie in einigen Jahren seine Rolle übernehme ...*[54]

Ottilie blieb für ihren Schwiegervater die aufmerksame Gesellschafterin und besorgte Tochter, die sie auch vorher war.

Sie hielt ungebetene Gäste von ihm fern, führte die Zeitschrift »Chaos« weiter, interessierte sich für seine Arbeiten, las ihm vor, sorgte für sein Wohl in leiblicher wie geistiger Hinsicht. Erfreut schrieb Goethe an Zelter, er könne wohl sagen, *dass sie und die Kinder sich allerliebst benehmen, wovon viel zu melden wäre, aber nichts zu melden ist, weil das Zarte sich nicht in Worten ausspricht.* Ottilies Liebe zu ihm, dem »Vater«, war womöglich noch größer als in den Jahren mit August. Das beweist ein Billett vom Sommer 1831. *Ich sende Ihnen hier das »Chaos«, bester Vater; doch wenn es auch in meinem Innern auf vielen Punkten chaotisch sein mag, so ist doch in einem Gefühl und einem Gedanken vollkommen Licht: in dem, Sie zu lieben und Ihnen anzugehören. Ihre ergebenste Tochter Ottilie.*[55]

An die Enkel denkend, schrieb Goethe an die Frankfurter Freundin Marianne von Willemer, es sei seine Absicht, *nach Meiden, Scheiden, Leiden* nun wieder an Freuden zu denken. Besonders zur Weihnachtszeit wollte er die Kinder das *Ausbleiben* des Vaters vergessen lassen. Er bestellte Bücher über fremde Länder, beschaffte Tiere aus Zinn, Kegel und Kreisel und einen *Zauberturm*, auf welchem man eine Bleikugel herunterrollen lassen konnte.[56] Die Versuche mit illusionistischen Zaubertricks wurden fortgesetzt. Wegen eines Zauberkastens wandte sich Goethe wieder an Marianne. *Auf dem Frankfurter Weihnachtsmarkt werden gewiß solche Kästchen zu haben seyn, worin mancherlei Geräthschaften zu Taschenspieler-Künsten mit Anweisung zum Gebrauch beysammen sind. Nun wünschte ein solches, und zwar wie es einem Anfänger, einem Knaben von 12 Jahren genügen könnte, wohlgepackt, baldigst durch die fahrende Post, mit beygelegter, alsogleich zu bezahlender Rechnung zu erhalten.*

Zwei Monate zuvor war der Vater der Kinder gestorben, Goethe glaubte deshalb, seinen Wunsch noch deutlicher erklären zu müssen. *Hier ist es nun zu tun, das Weihnachtsfest den Enkeln, nach ihrem Sinne, möglichst auszuschmücken, welche, so froh, als läge nichts hinter ihnen, dieser so ersehnten Epoche lernend, musizierend, spielend entgegenleben.* Er, der Großvater, lenkte die Enkel mit der Ankündigung an schöne Geschenke ab, so daß sie sich auf das Fest so unbefangen freuen konnten, *als läge nichts hinter ihnen.*

Jener Zauberkasten, den Marianne damals für die Enkel besorgte, blieb bis heute erhalten, ein blauer Holzkasten, gefüllt mit allen Gegenständen, die man zum Zaubern braucht. Da gibt es gedrechselte Rollen, Dosen mit Schraubdeckeln, verschieden große Kugeln, Karten mit Sternen, quadratische Zahlenkartons im marmorierten Kästchen, ein magisches Quodlibet, ein Zauberquadrat, Zwillingspüppchen als Polichinells und Dosen mit doppeltem Boden. Der Inhalt ist handwerklich perfekt und kostbar gestaltet, der Zauberkasten gilt als der berühmteste seiner Art, darin befinden sich auch noch die handschriftlichen Anleitungen zur Ausübung der Zauberkunststücke.

Drei Wochen später berichtete Soret, der Erzieher des mit Walther gleichaltrigen Prinzen Carl Alexander: *Die Knaben unterhielten sich mit Taschenspielerkunststückchen. Goethe hält das für eine diesem Alter sehr förderliche Übung; sie rege die Erfindungsgabe an, übe das Auge, verleihe Gewandtheit, Geschicklichkeit und Geistesgegenwart* ... (23. Januar 1831). Mit ähnlichen Worten hatte Goethe seine Passion schon Eckermann zu erklären versucht.

Goethe schätzte auch den professionellen *Hofkünstler* Ludwig Döbler, der schon beim König von Preußen auftrat und im Juni 1831 im Goethehaus gastierte. Goethes Tagebuch berichtet: *Professor Döbler aus Wien, Walthern einige Kunststücke zu lehren.* Einen Monat später stellte Goethe befriedigt fest: *Abends mit der Familie. Walther machte seine Becherkünste recht artig.* Die Becher befinden sich in dem von Marianne besorgten »Taschenspielerapparat«, für dessen Übersendung Goethe ihr den fälligen Betrag von 8 Gulden 30 Kreuzern pünktlich bezahlt hatte. Er fand es dann am 17. Juli 1831 wichtig genug, in sein Tagebuch einzutragen: *Walther gab eine Vorstellung seiner erlernten Taschenspielerkünste.* Die Notiz beweist nichts anderes als den Stolz eines Großvaters, bei seinem Enkel erreicht zu haben, daß er den Zuschauern seine Künste geschickt und ohne Verlegenheit präsentierte.

Die Kinder lebten, als wäre nichts geschehen. Solange der Großvater für sie sorgte, schienen sie nichts zu vermissen.

Seinen zweiundachtzigsten Geburtstag am 28. August 1831 wollte Goethe mit niemandem sonst verbringen als nur mit seinen Enkeln. Er hatte eigens eine Wagenfahrt in den Thüringer Wald organisiert, um den mit Sicherheit zu erwartenden Huldigungen aus dem Weg zu gehen. Die Reise sollte ihn in jene Gegenden führen, die voller Erinnerungen waren an seine erste Weimarer Zeit, als er Charlotte von Stein liebte, die nun seit vier Jahren tot war, als er den jungen Herzog begleitete und an die Wand einer Jagdhütte sein melancholisches Gedicht schrieb. Eine Abschiedsreise sollte es beileibe nicht werden, wohl aber eine Überblicksreise über *Stätten früherer Leiden und Freuden*, wobei er das Vergangene *an die Gegenwart knüpfen* wollte. An der Seite seiner neugierigen und vergnügten Enkel, wußte er, würde es eine erfreuliche Fahrt werden.

Goethes Tagebuch vom 28. August 1831: *Ilmenau. Früh nach fünf aufgestiegen. Mit Wölfchen gefrühstückt. Der gute Walther setzte sein Morgenschläfchen fort.* Walther meldete noch am Geburtstagsabend seiner Großmutter nach Weimar: *Liebe Amama! Eben bringt man dem Apapa, welcher schon zu Bette liegt, das zweite Ständchen. Wir amüsieren uns herrlich in dieser schönen Gegend ...* Die Ehrungen, die Goethe zuteil wurden, färbten auch auf die Enkel ab. Überall wurden sie bevorzugt behandelt, vom Rentamtmann Mahr bis zum Oberforstmeister von Fritsch. Man nahm sie mit zum Vogelschießen, führte sie durch eine Porzellan- und eine Puppenfabrik und verwöhnte sie mit gutem Essen.

Es war Goethes letzte Ausfahrt mit seinen Enkeln. Nach dem Abschied von Ulrike von Levetzow hatte er Weimar nur noch einmal verlassen, als er sich beim Tod des Herzogs Carl August

Goethe in seinem Todesjahr, 1832.
Kupferstich von Carl August Schwertgeburth

auf die Dornburger Schlösser zurückzog. Am Abend vor seinem Geburtstag bestieg er mit Berginspektor Mahr, dessen Bericht vorliegt, den Kickelhahn. *Am 26. August 1831 gegen Abend traf Goethe mit seinen beiden Enkeln und Bedienung im Gasthofe zum Löwen hier (in Ilmenau) ein ... G. unterhielt sich mit ihnen (den Enkeln) über das, was sie gesehen, und hatte eine innige Freude an ihren Antworten und bisweilen wirklich recht scharfsinnigen Bemerkungen. Es war 2 Uhr, und ich musste zur Tafel bei ihm bleiben, wo die Gespräche fortgesetzt und von den beiden Enkeln die abenteuerlichen Wege durch die Fichtenwälder, da sie bisweilen die steilsten Abhänge hinauf- und hinuntergegangen waren, sehr malerisch geschildert wurden. Der erhabene Apappa (so nannten ihn seine Enkel) hatte seine herzliche Freude darüber, wie seine freundlichen Gesichtszüge verrieten.*[57] Der Dichter war zum Jagdhaus Gabelbach gegangen und hatte jene Holzhütte besucht, an deren Bretterwand er ein Menschenalter zuvor die Verse schrieb: *Über allen Gipfeln ist Ruh.* Daß er in Tränen ausbrach, als er die Verse wiederentdeckte, haben die Kinder nie erfahren.

Seine Freude über die Enkel, die wesentlich zu seiner Verjüngung beitrugen, schilderte Goethe Marianne von Willemer. *Die Feier meines Geburtsfestes war diesmal zu meiner Beschämung brillant. Ich, der ich es voraussah, entzog mich in ein heiteres Bergstädtchen am Thüringer Walde, wo ich vor vierzig – fünfzig Jahren manches Erfreuliche und Leidige, soviel Glückliches als Widerwärtiges erlebt hatte ... Diese Einblicke, das Vergangene ans Gegenwärtige knüpfend, wurden erhöht und belebt ... dadurch, dass ich meine Enkel mitgenommen hatte. Diese lieben Wesen und Neulinge drangen, ohne poetisches Vehikel, in die ersten, unmittelbarsten Zustände der Natur ...*

Dann begann der Herbst des Jahres 1831. Jeden Abend kam Ottilie zu ihrem Schwiegervater herunter, besprach mit ihm den zweiten Teil des »Faust«, las ihm vor. Das Einvernehmen zwischen Mutter und Großvater, die harmonische Atmosphäre wird sich auf die heranwachsenden Kinder, die Goethe seine *lieben Wesen und Neulinge* nannte, wohltuend ausgewirkt haben. Zudem war Goethe vermutlich der einzige Mensch, der mit ihnen über den gestorbenen Vater sprach. Soret berichtet, daß Goethe sich noch ganz am Ende seines Lebens mit ihm darüber unterhielt. *Goethe sprach dann von seinem Sohn, von dessen Reisen, seinen leichtsinnigen Streichen und seinem Tod, vielfach so vertraulich, so rückhaltlos, mit so philosophischer Gefasstheit, daß ich ebenso überrascht wie ergriffen war. Er geht sonst traurigen Gedanken am liebsten aus dem Wege und erwähnt selten diesen Verlust.*[58]

Später war es Wolf, der den Vater mehr vermißte als der Bruder und sein Zimmer mit Erinnerungsstücken an August ausschmückte. Daß er, Wölfchen, bis zuletzt seine besondere Stelle im Herzen des Großvaters einnahm, zeigt Goethes Tagebuch zu Beginn des Jahres 1832:

9. Januar. Kam die Theaterchronik zu Wölfchens großer Zufriedenheit.

10. Januar. Abends Ottilie. Vorher Wölfchen.

17. Januar. Nach Tische mit Wölfchen Kupfer angesehen und ihn urteilen lassen.

19. Januar. Ottilie, Wölfchen und Alma waren am Hof zu einem Kinderballe. Traten noch einen Augenblick bei mir ein, vergnügt über das Erlebte.

20. Januar. Mittags mit der Familie, Doris Zelter. Nachher allein. Nachts Wölfchen vorlesend.

1. Februar. Spät Ottilie. Später Wölfchen.

20. Februar. Später Wölfchen, der mich zum Domino nötigte, aber dabei sehr artig war.

Von Alma war weniger die Rede. Goethe fand sie »allerliebst«, und so erscheint sie auch auf dem Kinderbild von Luise Seidler, mit dunkelblondem Haar und großen blauen Augen. Sie war noch keine fünf Jahre alt, als Goethe sich immerhin notierte: *Alma einige Stunden bei mir, betrug sich sehr artig auf dem Wege einer sittlich-sozialen Kultur.* Die Hauptrolle aber spielten immer die Knaben.

25. Februar 1832. Die Kinder kam aus dem Fra Diavolo, etwas ermüdet.

10. März 1832. Abends Ottilie. Walther aus dem Don Juan zurückkehrend und die Melodien nachsingend. Wölfchen war nicht wohl und deshalb abwesend.

Am 14. März 1832 unternahm Goethe nach dem Essen – es gab Graupensuppe und gebratene Krammetsvögel – eine Ausfahrt in die Umgebung. Zwei Tage später bekam er Fieber. Der Arzt Dr. Vogel glaubte, er habe sich einen Katarrh, eine leichte Erkältung, zugezogen. Goethes Notiz vom 16. März 1832: *Den ganzen Tag wegen Unwohlseins im Bette zugebracht.*

Das war seine letzte Tagebucheintragung.

Von seinem nahen Ende hatte Goethe, so der Arzt, keinerlei Vorgefühl. Viel weniger noch konnten sich die Kinder den endgültigen Abschied vorstellen. Bisher hatte sich der Großvater noch immer von seiner Schwäche erholt. Er war oft krank gewesen, und diesmal erschien sein Zustand weit weniger bedrohlich als sonst. Selbst im Herbst 1830, als er vom Tod seines Sohnes erfuhr und Blut spuckte, war er wieder aufgestanden. Nach Aussage seines Arztes hatte er sich seit 1830 *einer vorzüglichen Gesundheit erfreut.*[59] Die Enkel waren von seiner kräftigen Natur felsenfest überzeugt. Von jeder Kolik, jedem Herzkrampf hatte ihn Hofrat Vogel bisher geheilt – mit Blutegeln und Abreibungen, mit Marienbader Wasser, warmen Fußbädern und kaltem Champagner.

Die Erkältung schien sich zu legen – plötzlich aber kam es zu einer drastischen Verschlechterung. Goethe erlitt einen schweren Herzinfarkt, der damals aber nicht als solcher diagno-

Goethes Schlaf- und Sterbezimmer
im Haus am Frauenplan

stiziert wurde, man sprach von *Brustschmerzen*. Angst und Unruhe trieben den Kranken schweißüberströmt bald ins Bett, bald auf den Lehnstuhl – der Arzt hat den Zustand beschrieben. *Der Schmerz, welcher sich mehr und mehr auf der Brust festsetzte, presste dem Gefolterten bald Stöhnen, bald lautes Geschrei aus. Die Gesichtszüge waren verzerrt, das Antlitz aschgrau, die Augen tief in ihre lividen Höhlen gesunken, matt, trübe; der Blick drückte die grässlichste Todesangst aus.*[60] Der Kranke verharrte im Lehnstuhl, da das Sitzen ihm das Atmen erleichterte. *Gequält sagte er: Hat denn mein Sohn in Rom auch so leiden müssen.* Das war am 20. März 1832.

Am 21. März schien es noch einmal besserzugehen. Goethe ließ seinen Enkel Walther rufen und forderte ihn auf, ihm ein komödiantisches Stück, »Der versiegelte Bürgermeister«, vorzulesen. Walther las ihm vor wie immer. Nachmittags ging es ihm wieder schlecht, die Sinne versagten zuweilen. In der Nacht wachten Ottilie und die Kinder, der Arzt und der Sekretär Kräuter im Nebenzimmer.

Früh 6 Uhr trank er noch seinen Kaffee mit Wolf und bestellte sich Wildbret und Fische für Mittag, hieß Ottilie auf ihr Zimmer gehen und sprach von baldiger Wiederherstellung. Der Großvater saß aufrecht, hatte Wünsche und Pläne. Ottilie hielt seine Hand. Am Morgen des 22. März frühstückte er mit seinem Lieblingsenkel Wolf und begrüßte den Tag, an dem er sterben würde, mit den frohen Worten: *Also hat der Frühling begonnen, und wir können uns dann um so eher erholen.*

Doch entgegen allen Hoffnungen nahte das Ende: Herzversagen. Goethes Antworten wurden mühsamer und undeutlicher. »Mehr Licht«, sollen seine letzten Worte gewesen sein. Als er nicht mehr sprechen konnte, zeichnete er mit der Hand ein »W« in die Luft und bat die Schwiegertochter, sich ganz nah zu ihm zu setzen. *Ottilie übertraf sich selbst an liebevoller Pflege und auch bis jetzt noch an Standhaftigkeit,* berichtete Kanzler von Müller Caroline von Egloffstein.

Am Mittag des 22. März 1832, um halb zwölf, so das Bulletin des Hofrats Vogel, *drückte sich der Sterbende bequem in die linke Ecke des Lehnstuhls, und es währte lange, ehe den Umstehenden einleuchten wollte, daß Goethe ihnen entrissen sei. So machte ein ungemein sanfter Tod das Glücksmaß eines reich begabten Daseins voll.*[61]

Walther und Wolf hatten im Arbeitszimmer gewartet. Ohne die Anwesenheit des Großvaters erschien ihnen der Raum kalt und leer. Am offenen Türrahmen baumelte die Schnur mit den aufgefädelten Visitenkarten der Besucher, die dem Dichter ihre Aufwartung machen wollten; daneben hing der bekannte Postkutschenfahrplan. Auf dem Stehpult glitzerte die Glaskugel, mit der er ihnen oft das Spektrum der Regenbogenfarben erklärt hatte, und auch der Globus, auf dem er Wolf Amerika zeigte, stand an seinem angestammten Platz. Auf dem

Schreibtischbord lehnten die vielbenutzten Nachschlagewerke, und im hölzernen Tintenfaß, das einst ihrem Vater gehört hatte, steckte in schwarzschimmernder Tinte die Gänsefeder, gespitzt und vorbereitet zu neuen Werken – der Großvater mußte nur erst gesunden.

Plötzlich wurden sie eilig herbeigerufen: Die Enkel sollten ihren Großvater noch einmal sehen. Sein Tod muß für sie entsetzlich gewesen sein, schlimmer noch als der Hingang ihres Vaters August, den sie so gut überstanden hatten, eben weil es den Großvater gab.

Gestern Vormittags halb Zwölf Uhr starb mein geliebter Schwiegervater, der Grofsherzogl. Sächsische wirkliche Geheime-Rath und Staatsminister

JOHANN WOLFGANG VON GOETHE,

nach kurzem Krankseyn, am Stickflufs in Folge eines nervös gewordenen Katharrhalfiebers.

Geisteskräftig und liebevoll bis zum letzten Hauche, schied er von uns im drei und achtzigsten Lebensjahre.

Weimar, 23. März 1832.

OTTILIE, von GOETHE, geb. von POGWISCH,
zugleich im Namen meiner drei Kinder,
***WALTHER*, *WOLF* und *ALMA* von *GOETHE*.**

Die Anzeige, mit der Ottilie am 23. März 1832 den Tod Goethes bekanntgab.

ZWEITER TEIL

Nach Goethes Tod

Bei Goethes Beerdigung war die Menschenmenge so zahlreich, daß Soldaten dem Leichenzug Bahn schaffen mußten. *Der Sarg wurde mitten in der Kapelle auf einen Teppich, rot mit goldnen Sternen durchwirkt, gestellt, auf welchem Goethes Eltern getraut, er getauft und getraut und sein Sohn und seine Enkel ebenfalls getauft worden sind und auf welchem er auch hat ruhen wollen ...*[62]

Goethes Testament, mit Kanzler von Müller vorher intensiv erörtert und juristisch beglaubigt, war bereits am 8. Januar 1831 bei der Landesregierung hinterlegt worden. Es würde der Grundstein sein für das künftige Wohl und Wehe von Ottilie und ihren Kindern.

Die Testamentseröffnung ergab, daß Goethe seine Enkel zu Universalerben eingesetzt hatte. Sie würden seinen gesamten Besitz an mobilem und immobilem Eigentum erhalten. Bis zu ihrer Volljährigkeit sollten die Vormünder ihre Rechte wahrnehmen; danach würden sein Wohnhaus, das Gartenhaus an der Ilm, Immobilien und Gärten an die Enkel fallen. Auch das vorhandene Kapital von 58 000 Reichstalern sollte den drei Enkeln erst nach ihrer Volljährigkeit übergeben werden und bis dahin unangetastet bleiben.

Zum Unterhalt hatte Goethe für Ottilie 500 Taler jährlich festgesetzt, im Grunde eine wohlbemessene Summe, mit der sie aber nie auskam. Der Paragraph lautete: *Meine geliebte Schwiegertochter Ottilie, geborene von Pogwisch, soll außer freier Wohnung und Gartengenuß jährlich 500 Taler sächsisch an Wittum aus meinem Nachlaß erhalten.* Dazu wurden kostenloses Wohnen, die Benutzung von Mobiliar und Silber, Tisch- und Bettzeug und die freie Benutzung der Gärten zugesichert.

Für die Erziehung und Ausbildung der Enkel waren ebenfalls 500 Reichstaler bestimmt, auszuzahlen in vierteljährlichen

Raten. Es lag im Ermessen der Vormünder und des Kanzlers von Müller, ob dieser Betrag je nach Bedarf und Studienkosten erhöht werden müsse. Mit erreichter Volljährigkeit der Kinder sollten auch diese 500 Taler der Mutter zufallen – vorausgesetzt, daß sie nicht wieder heiratete. Diesen Passus nahm der Dichter ausdrücklich auf. Wenn Ottilie eine zweite Ehe einginge – was er nicht hoffe –, erhielte sie nichts.

Seine umfangreichen Kunst- und Naturaliensammlungen, die Briefe und Tagebücher, Kollektaneen aller Art sowie seine Privatbibliothek mit sechstausend Bänden stellte Goethe unter die besondere Aufsicht des Bibliothekssekretärs Kräuter. Testamentsvollstrecker war nach Paragraph 15 Friedrich von Müller. Diese Bestimmung würde sich als fatal erweisen. Der Kanzler nämlich nutzte das Amt über Gebühr aus und provozierte durch sein selbstherrliches Verhalten gegenüber den Enkeln einen lebenslangen Streit.

Für die Kinder trat mit Goethes Tod eine völlig neue Situation ein, ein schwerer Bruch, den sie kaum verkraften konnten. Bestürzt hatte Ottilie einmal, als sie nach einer Reise Goethe nicht vorfand, ausgerufen: *Es ist mir eine unbeschreiblich traurige Empfindung, das Haus ohne den Vater zu finden* ... Jetzt war sie da, die gefürchtete große Leere. Nur Alma, ohnehin zu klein, um das Geschehene zu begreifen, war krank und von ihrer Patin Emma Froriep noch vor dem Begräbnis in ihr Haus geholt worden.

Den Enkelsöhnen fehlte der Großvater. Wer würde seinen Platz einnehmen? Ottilie war dazu nicht imstande, im Gegenteil, sie wirkte bestürzend orientierungslos und klammerte sich wie aus der Bahn geworfen an die eigene Mutter als an ihren einzigen Halt. Ohne Freund, ohne Ehemann, ohne Geliebten fühlte sie sich wahrhaft verlassen. Sie hatte August loswerden wollen – jedoch nur, um ihn durch einen anderen Mann zu ersetzen. Plötzlich frei, war sie in ihrer Bindungslosigkeit unglücklich. Nie hatte sie damit gerechnet, wichtige Entschlüsse alleine fassen zu müssen.

Ottilie war durch den Tod Goethes überfordert und außerstande, die Erziehung der Kinder selbständig in die Hand zu nehmen. Daraus resultierten bald auch ihre Differenzen mit den von Goethe eingesetzten Vormündern der Kinder. Kanzler von Müller hatte längst erkannt, daß Ottilie zwar in Gesellschaft charmant und gewinnend, im Ernstfall aber chaotisch und recht naiv sein konnte und meist mit den eigenen Angelegenheiten mehr beschäftigt war als mit denen ihrer heranwachsenden Söhne.

Von nun an waren für die drei Kinder nur noch Frauen zuständig: Ottilie, ihre Schwester Ulrike, Großmutter Henriette von Pogwisch und Urgroßmutter Eleonore Ottilie Gräfin Henckel von Donnersmarck, die dreiundneunzig Jahre alt wurde. Es war ein Vierfrauenhaushalt, dem der Mittelpunkt fehlte. Die Situation war so unbefriedigend, daß Ottilie auf Ferdinand Heinke verfiel, den sie vor zwanzig Jahren für die Dauer von drei Monaten geliebt hatte. Heinke nämlich hatte sich wieder gemeldet und in Ottilie die alten Gefühle wachgerufen. *Selbst als ich wirklich den geliebten Namen unter dem Brief erblickte, wagte mein Herz noch nicht, sich zu freuen; es ist so verschieden, was eine Frau verlangt, (um) befriedigt zu sein, und was ein Mann in der Regel zu geben versteht!* (26. November 1831) Gerne hätte Ottilie ihm ihren Sohn Walther zur Erziehung übergeben. Doch das lehnte Heinke ab. Er lebe in einem glücklichen Familienkreis mit Frau Charlotte und seinen sieben Kindern. Die alte Beziehung wurde trotzdem wieder aufgenommen, und einige Jahre später besuchte Walther den Jugendfreund der Mutter.

In ihrer Unschlüssigkeit machte Ottilie ziemlich verrückte Pläne. Es stellte sich jetzt als Defizit heraus, daß sie keine wirkliche Aufgabe besaß. Sie hatte als Dame des Hauses und repräsentative Gesellschafterin des großen Dichters eine Beschäftigung wahrgenommen, für die sie gelobt worden war und die ihr lag, sie durfte sich geliebt fühlen und war am Ziel ihrer Wünsche gewesen. Die ganze Welt hatte auf sie geblickt.

Diese Zeit war mit einem Schlage vorbei. Vorbei der Glanz, der Ruhm, das Glück. Weimar erschien ihr wie ein großes Totenhaus. Ottilie wußte nur eines: Sie wollte die Stadt verlassen, wollte reisen, sich womöglich an einem anderen Ort niederlassen. Sie dachte an Dresden oder Wien, zwei kultivierte Städte, in denen man ein neues Leben beginnen konnte. Daß sie, die Sechsunddreißigjährige, nicht wieder heiraten würde, erschien ausgeschlossen. Sie hatte die feste Absicht, einen Mann zu finden und glücklich zu werden. Sie sehnte sich nach Liebe, brauchte sie wie die Luft zum Atmen.

In dieser Situation traf ein Kondolenzschreiben von Charles Sterling ein. Nach acht Jahren war dies sein erstes Lebenszeichen. Ein Brief von dem Mann, auf den sie jahrelang gewartet hatte, den sie trotz gelegentlicher Affären immer noch liebte und der ihr von einer bevorstehenden Reise an den Rhein schrieb – keine Nachricht konnte erfreulicher sein.

Nichts konnte Ottilie von Goethe nun mehr in Weimar halten. Zwei Monate nach Goethes Tod, im Mai 1832, reiste sie an den Rhein. Ihr Vorwand lautete: Sie wolle Adele Schopenhauer wiedersehen, die mit ihrer Mutter nach Unkel bei Bonn gezogen war, in die unmittelbare Nähe der wohlhabenden Sibylle Mertens-Schaaffhausen, mit der Adele in mehr als nur freundschaftlicher Hinsicht eng verbunden war. Allerdings verheimlichte Ottilie weder ihrer Mutter noch ihren Söhnen, daß es sie magisch zu dem *dämonischen Jüngling* hinzog, der ihr mitteilte, auf dem Weg nach London in Mainz Station machen zu wollen.

Das Rendezvous gelang. Ottilie war selig. Das gelungene Liebesabenteuer mit dem Mann ihrer Träume machte sie geradezu tollkühn. *Liebe Mutter, Sterling kam gestern abend an,* jubelte sie. Frau von Pogwisch solle mit Walther und Wolf sofort nachkommen. *Du wirst uns also in corpore finden. Weit davon entfernt zu wünschen, daß die Kinder Sterling nicht sehen sollen, ist es mir vielmehr sehr lieb. Komme, beste Mutter, und genieße mein frohes Gesicht. Deine Ottilie.*[63]

Vier Wochen blieb Ottilie am Rhein. Während sie auf der Insel Nonnenwerth ihr Liebesglück mit dem achtundzwanzigjährigen Charles Sterling genoß, wohnten Walther und Wolf bei ihrer Freundin Adele. Nach Aussage von Johanna Schopenhauer war Ottilie wieder so *liebenswürdig, unerträglich, verrückt, geistreich wie immer.* Ottilies Verliebtheit ging so weit, daß sie nach der Absage von Heinke nun hoffte, Sterling nähme Walther in seine Obhut. Sie habe ihn gebeten, den Sohn zu sich zu nehmen, meldete sie der entgeisterten Adele. Nicht etwa Leidenschaft habe sie auf diesen Gedanken gebracht, sondern die Überzeugung, daß Walther einen männlichen Führer brauche. Vermutlich wollte sie dadurch das Band zu ihrem Geliebten fester knüpfen. Hatte nicht Goethe einst Fritz von Stein wie einen Sohn zu sich genommen, weil er die Mutter liebte? Aber Sterling hielt Ottilie mit vagen Versprechungen hin und reiste nach London weiter.

Ottilie kehrte mit den Söhnen nach Weimar zurück. Doch als sie ins Haus am Frauenplan traten, erstarrten sie vor Schreck. Goethes Zimmer waren versperrt worden. Sie erblickten ein Vorhängeschloß, das die geheiligten Räume vor ihnen, den Verwandten, sichern sollte.

So hatte man sich die Heimkehr nicht vorgestellt! Das Ausgeschlossensein aus der gewohnten und geliebten Welt war für Walther und Wolf ein unvorstellbarer Schock. Sie kamen in das Haus, in dem sie geboren worden waren, das ihre Heimat war, und man verwehrte ihnen den Zugang zu Räumen, in denen sie sich Tag für Tag aufgehalten hatten. Erst jetzt kam ihnen die Abwesenheit des Großvaters mit allen vorher nie erahnten Konsequenzen furchtbar zu Bewußtsein.

Empört schrieb Ottilie dem Kanzler von Müller, daß, solange sie im Hause lebe, auch nur sie für die Räume und deren Schlüssel zuständig sei. Erregt fügte sie hinzu: *Der Mann, der, wie es scheint, allein wußte, daß ich die Tochter war, ist tot, und ich sehne mich herzlich aus einer Stadt, wo alle es scheinen vergessen zu haben.* Der Protest nützte ihr nichts. Sie sei abgereist, ohne die Zimmer zu verschließen, konterte der Kanzler, jeder Unbefugte hätte sich ohne große Mühe an den Schätzen vergreifen können. Später würde sich herausstellen, daß gerade er, der Nachlaßverwalter, sich unerlaubt der Schätze bediente, die er hatte bewahren sollen.

Für Walther und Wolf, die wie versteinert vor den verschlossenen Türen standen, war dies ein Unrecht, das sie nie verwinden konnten. Ohnmächtig mußten sie hinnehmen, daß sie ausgeschlossen waren aus ihrem Paradies. Andere griffen in ihre Privatsphäre ein. Es war ihre ureigene Welt, die man ihnen zu betreten verbot. Angesichts des nun beginnenden erbitterten Machtkampfes zwischen dem Kanzler und ihrer Mutter mag den Brüdern damals zum ersten Mal der Gedanke gekommen sein, ihm die grobe Taktlosigkeit genau zu dem Zeitpunkt heimzuzahlen, an dem sie volljährig sein würden.

Im Sommer des folgenden Jahres 1833 fuhr Ottilie wieder an den Rhein. Diesmal nahm sie nur Walther mit, der in Frankfurt seinen Paten kennenlernen sollte, den Bankier von Willemer. Der reiche Mann hatte sich einst seine Frau Marianne als sechzehnjährige Tänzerin aus dem Frankfurter Theater geholt – er hatte sie ihrer Mutter buchstäblich abgekauft. Die dunkellokkige, reizende und musikalisch wie poetisch begabte Marianne war mit Goethe befreundet gewesen – daß ihre Gedichte im »West-Östlichen Divan« standen, konnte Walther noch nicht wissen. In der kultivierten Atmosphäre von Willemers Gerbermühle, die schon der Großvater geliebt hatte, fühlte der Junge sich ausgesprochen wohl. Marianne, immer noch als professionelle Gesangslehrerin tätig, musizierte mit Walther und spielte ihm Stücke aus der »Zauberflöte« vor. Doch auch außerhalb der Willemer-Welt gab es in Frankfurt Erlebnisse, die den Fünfzehnjährigen nachhaltig bewegten. In einer Frankfurter »Kinderschule« und einer »Versorgungsanstalt« führte man ihm erstmals Armut und Not unmittelbar vor Augen – das waren Eindrücke, die sein soziales Empfinden prägten und später sogar zu seiner ersten und einzigen Buchveröffentlichung führten.

Seine Mutter Ottilie war anderweitig bewegt. Sie hatte die Bekanntschaft eines Engländers gemacht, Captain Story, in den sie sich in kurzer Zeit ebenso leidenschaftlich verliebte, wie es auch bei Charles Sterling und Charles des Voeux der Fall gewesen war: Sie erwog, seinetwegen für immer nach Frankfurt zu ziehen. Ottilies Briefe an Adele Schopenhauer erläutern ihre erotischen Eskapaden mit entwaffnender Aufrichtigkeit. In fast kindlicher Eitelkeit war Ottilie stolz darauf, immer wieder männliche Verehrer in ihren Bann zu ziehen. Die Moral einer spießigen Umgebung galt nicht für sie, die ihr Liebesglück erzwingen wollte, unbekümmert um die Meinung anderer. Dabei war Ottilie im Hinblick auf die Zukunft ihrer drei Kinder von geradezu unbegreiflichem Leichtsinn. Der persönliche Anspruch ging ihr über alles. In der Liebe habe niemand ihr Vorschriften zu machen, erklärte sie rücksichtslos. *Du hast geglaubt*, schrieb sie an Adele, *ich sei im Begriff, Captain Story zu heiraten, und ich war wohl nicht weit davon entfernt.* Sie habe dem neuen Verehrer aber ihre Gefühle für Charles Sterling nicht verschwiegen und befürchte jetzt, der Geliebte könne sie für eine kokette und flatterhafte Dame halten.

Was ihre Söhne darüber dachten, interessierte sie weniger.

Marianne von Willemer, Walthers Patin, im Alter von 25 Jahren. Pastell von Johann Jacob de Lohse, 1809

Die beiden Jungen müssen hin- und hergerissen gewesen sein. Für den leicht erregbaren Wolf war diese rastlos nach Abenteuern suchende Mutter kaum der richtige Rückhalt. Ottilie hatte versprochen, zu seinem Geburtstag bei ihm zu sein, kam dann doch nicht, weil ein Fest in Frankfurt sie festhielt, und Wolf saß an seinem dreizehnten Geburtstag mutterseelenallein in Weimar.

Damals konnten die Kinder noch kaum beurteilen, in welchem Maß es ihrer Mutter an Verantwortungsgefühl mangelte. Sie werden wohl gemerkt haben, daß Versprechen nicht eingehalten, Pläne geändert, Vorhaben umgestoßen wurden, seit der Großvater nicht mehr lebte. Doch sie wagten keine Kritik. Nur einmal hat der enttäuschte Walther seiner Mutter zugerufen, er könne es nicht mehr ertragen: *Eure stets wechselnden Pläne, Eure Unruhe und das ganze Durcheinander ...*[64]

Enttäuscht wie so oft, ohne ein Heiratsversprechen von Sterling, ohne Zusage von Story, klagte Ottilie im Februar 1834 der geduldigen Adele: *Ich glaube mehr und mehr, dass ich auf eine Veränderung meiner Lage sinnen muß, da ich diesen Zustand von Herzensleere und Geistesleere nicht aushalten kann.* Und im März 1834, wieder an Adele Schopenhauer, ihren Jammer über die Finanzlage: *Was aus mir und meinem Leben werden soll, begreife ich nicht, mit jedem Jahr, ich könnte sagen mit jedem Pulsschlag, gehe ich größerer Armut und Einsamkeit entgegen.* Sie könne bald nicht mehr bei Hofe erscheinen, weil sie nichts anzuziehen habe, obgleich ihr die Vormünder *einen bedeutenden Zuschuß* gewährt hätten. Sie müsse das Geld der Kinder angreifen. *So geht es von Stufe zu Stufe fort, und Alma wird wohl auf dem Land aufwachsen.* Aus jeder Zeile spricht ihre Unfähigkeit, die Finanzen in Ordnung zu halten und die Situation zu meistern.

Im Mai 1834 hielt es Ottilie in Weimar wieder nicht mehr aus, es zog sie magisch nach Frankfurt. Walther reiste mit. Offenbar ging es um ein Wiedersehen mit Captain Story, an dem Ottilie um so mehr hing, als der geliebte Sterling auf drei Bittbriefe nicht geantwortet hatte.

Marianne von Willemer, die ihn verabscheute, sah das nicht ungern: *Ich bitte Sie, mir graut vor diesem Sterling, und ihm wollten Sie Walther anvertrauen ...*

Die kinderlose und liebevolle Bankiersgattin hätte den musikalisch begabten, etwas schüchternen Patensohn gern zu sich genommen, doch das war unmöglich, Willemer war schwer erkrankt. Sie warnte Ottilie dringend vor falschen Schritten: *Walther geht zugrunde, wenn er nicht unter männliche Aufsicht kommt, ich scheue mich gar nicht, Ihnen dies zu sagen ... sein weiches Gemüt, die geringe Ausdauer, seine körperliche Schwäche sind gefährliche Beiträge zu seiner Biographie.*[65] Das waren deutliche Worte, und sie trafen den Kern. Doch Ottilie nahm keine Notiz davon.

Während des Frankfurter Aufenthalts führte Walther regelmäßig Tagebuch. Auf rührende Weise hielt er fest, ob es mit dem Italienischunterricht vorwärtsging, erwähnte das Klavierspiel mit der *guten Geheimrätin Marianne*, notierte, wie oft er von seiner Mutter mit immer neuen Aufträgen zu ihrem englischen Freund Captain Story geschickt wurde. Erst als das Geld nach drei Monaten verbraucht war und auch Marianne von Willemer sie nicht mehr unterstützte, reiste Ottilie mit ihrem Sohn nach Hause zurück. Das war im Juli 1834.

In Weimar angekommen, stellte Ottilie fest, daß sie schwanger war.

Wie Walther zumute war, als er, der Sechzehnjährige, von einem »Ereignis« erfuhr, das kein freudiges war, geht aus einem späteren Brief hervor. Ahnungslos und bereitwillig hatte er sich in Frankfurt als »postillon d'amour« zwischen seiner Mutter und ihrem neuen Freund benutzen lassen, nun mußte er sich hintergangen vorkommen. Das von anderen als »kokett« bezeichnete, in Wahrheit nicht sehr verantwortungsvolle Verhalten, mit dem die Mutter ihre Familie in Verruf brachte, konnte den empfindlichen Jungen nur kränken. Das Erlebnis der unerwünschten Schwangerschaft seiner Mutter wirkte sich bei Walther psychologisch verheerend aus. Eine lebenslange Scheu vor Frauen und Angst vor weiblicher Sexualität haben ihn nie mehr verlassen.

Als sich die Schwangerschaft der verwitweten Frau von Goethe nicht länger verbergen ließ, begab sich Ottilie nach Wien. Behilflich waren ihr in dieser prekären Lage zwei Freundinnen, die ihr auch in Zukunft mit Geld und gutem Rat zur Seite standen. Die eine war die Schriftstellerin Anna Jameson, eine aus Irland stammende Diplomatengattin, die nach ihrer Scheidung mit Erfolg kunsthistorische Bücher schrieb. Sie bewunderte Ottilie, war ihrem faszinierenden Wesen »verfallen« und lud

Ottilies Freundin Sibylle Mertens-Schaaffhausen.
Zeichnung von Ludwig Krevel, um 1830

sie sogar ein, zu ihr nach Kanada zu ziehen, um sie immer in der Nähe zu haben.

Die zweite, ebenso hilfsbereite Gefährtin war die reiche Sibylle Mertens, geborene Schaaffhausen, die schon erwähnte Freundin von Adele Schopenhauer, eine damals international anerkannte Archäologin, die ihre antiken Funde in mehreren Forschungsarbeiten veröffentlicht hatte. Beide Frauen liebten Ottilies Mut und Offenheit ebenso wie ihre bedenkenlose Fähigkeit zu spontanen Handlungen und sinnlicher Liebesleidenschaft, die ihnen in dieser unverhüllten Direktheit nicht zu Gebote stand. Wie Julie von Egloffstein bemerkte, war Ottilie *originell, melancholisch und komisch zugleich, dabei nicht ohne Verstand und scharfe Ecken.* In der peinlichen Situation einer ungewollten Schwangerschaft kümmerten sich beide Frauen mit Hingabe um die werdende Mutter. Anna Jameson zog sogar mit ihr nach Wien, und Sibylle Mertens hielt sie mit stattlichen Summen über Wasser.

Im Februar 1835 brachte Ottilie von Goethe ihr viertes Kind zur Welt. Sie hatte Glück, daß in der entscheidenden Stunde ein tüchtiger Arzt zur Stelle war, der sie auch in Zukunft nicht verlassen würde. Dr. Romeo Seligmann, siebenundzwanzig Jahre alt, unverheiratet und als anerkannter Arzt unablässig im Einsatz, befand sich im gleichen Hotel »Zum Römischen Kaiser«, in dem auch Ottilie residierte, als man ihn zur Entbindung zu ihr rief. Dr. Seligmann würde sich später in vielen schwierigen Fällen von Krankheit und Depression auch ihrer Söhne hilfsbereit annehmen.

Das Neugeborene war ein Mädchen. Ottilie nannte es nach ihren beiden hilfreichen Freundinnen Anna Sibylle. Den Familiennamen Goethe konnte sie dem Kind freilich nicht verleihen; sie begnügte sich mit ihrem Mädchennamen Pogwisch, den sie in den wienerisch klingenden Nachnamen Poywisch umwandelte.[66]

Goethes Schwiegertochter, verwitwet, unverheiratet und ohne einen Mann an ihrer Seite, mußte nach Weimar zurück, wo Mutter und Schwester, Walther, Wolf und Alma sie längst erwarteten. Allerdings war es kaum möglich, mit einem Wickelkind vor ihnen zu erscheinen. So ließ sie den Säugling bei Wiener Pflegeeltern zurück. Dr. Seligmann versprach, sich um die Kleine zu kümmern. In Weimar hielt sich inzwischen hartnäckig das Gerücht, sie habe ihr Neugeborenes in ein Findelhaus gesteckt[67] – demnach war die skandalöse Schwangerschaft nicht unbemerkt geblieben.

Nach zehn Monaten Abwesenheit kehrte Ottilie von Goethe im Juli 1835 nach Hause zurück. Sie war sichtlich mitgenommen und gab sich so zurückhaltend, daß Kanzler von Müller, der alles zu wissen schien, ihr ausnahmsweise ein gutes Zeugnis ausstellte. *Ihr Wiederauftreten war nicht ganz ohne Schwierigkeiten; doch benahm sie sich bescheiden und gewandt* ... Zu vermuten ist, daß ihre Söhne über die in Wien zurückgelassene Halbschwester informiert waren. Ahnungslos blieb dagegen die fröhliche siebenjährige Alma, die sich in der Obhut von Großmutter und Tante äußerst wohl gefühlt hatte.

Ottilies »bescheidenes« Auftreten hing damit zusammen, daß es ihr körperlich wie seelisch miserabel ging. Sie fand in Weimar, das ihr wie ein staubiges Nest vorkam, kaum noch Freunde vor, und das Geld war ausgegeben. Ein von ihr verfaßtes Gedicht, dessen sprechender Titel »Die Bettlerin von Weimar« ihre Gefühle bei der Heimkehr in ein leeres Haus, eine ungeliebte Umgebung wiedergibt, bezeugt ihre Misere. *Schlagt mir die Erinnerung tot!* lautet die entscheidende Zeile. Zu allen übrigen Problemen kamen noch die unerquicklichen Verhandlungen mit den Vormündern: Es sei höchste Zeit, mahnten sie, über die Zukunft ihrer jetzt siebzehn und fünfzehn Jahre alten Söhne nachzudenken, die durch ihre lange Abwesenheit sträflich vernachlässigt worden waren.

Welche Ausbildung sollte Walther erhalten? Als man Goethe zu Grabe trug, war er es, der in Vertretung des Vaters als ältester Enkel dem Sarg folgen mußte. *Walther hat mit mehr als kindlicher Kraft sich beherrscht und ist – als Haupt der Übriggebliebenen – als erster Leidtragender gefolgt ... Wolf konnte sich nicht überwinden und hat sich vor allem gefürchtet*, schrieb seine Patin Caroline von Egloffstein an ihre Schwester Julie.

Die knappe Beschreibung trägt einen beinahe prophetischen Charakter. Wolf fürchtete sich, Walther hat sich beherrscht. Er nahm sich zusammen, als man den Großvater aufgebahrt und ausgestellt hatte im schwarzverhängten, von Wachskerzen erhellten Vorsaal seines Hauses, zur Seite die Orden und Ehrenzeichen, der goldene Lorbeerkranz auf einem Kissen von Silberstoff, an den Türen Ehrenwachen und Militär. Er, Walther, schritt hinter dem Leichenwagen zwischen Felix Vulpius und Dr. Vogel. Er beherrschte sich, ging aufrecht, wußte hinter sich die drei Staatsminister Dr. Schweitzer, Freiherrn von Gersdorff, Freiherrn von Fritsch, gefolgt von Eckermann, Riemer und Soret, dem Oberbaudirektor Coudray und dem Kanzler von Müller, von akademischen Dekanen der Universität Jena und übrigen Honoratioren. So hielt man Einzug in der mit Zypressen geschmückten Kapelle der Fürstengruft. Fünftausend herandrängende Menschen wurden von Soldaten und der Polizei in Schach gehalten. Unter Eberweins Leitung sang der Theaterchor einen nach Goethes Worten vertonten Choral, hielt Superintendent Röhl die festliche Predigt, nahm die Zeremonie kein Ende. Wolf blieb dem Ereignis fern. Sein Bruder aber hielt tapfer stand.

Buchstäblich von diesem Tag an war Walther dazu verurteilt, für die Hinterlassenschaften Goethes einzutreten. Er nahm sich zusammen, wie am Begräbnistag, als er die Bürde des Erbes auf sich lud. Jetzt aber war es geboten, einen bürgerlichen Beruf zu erlernen. Seine Familie war überzeugt, er sei zum Musiker geboren. Kein Geringerer als Goethe hatte diese Prognose gestellt. Sein Patriarchenwort galt als unumstößliches Gesetz.

Walthers musikalische Begabung war Goethe lange schon aufgefallen. Im Sommer 1824 notierte er, daß der Sechsjährige im Wald den zweiten Vers des »Fischers« sang. Es beeindruckte ihn, wie der Achtjährige kleine Stücke auf dem Klavier auswendig spielte. Vom Dreizehnjährigen hieß es dann stolz, daß er *anmuthige Melodien auf dem Pianoforte* vortrug und offenbar frei phantasierte. Sogar der Komponist Zelter hatte anerkennend über Walther gesprochen. Im Juni 1830 hatte Felix Mendelssohn zum zweiten Mal das Haus am Frauenplan besucht. *Spielte nach Tisch treffliche Dinge*, notierte Goethe und zeigte sich höchst zufrieden, daß Ottilie ihre Söhne vom vormittäglichen Lateinunterricht befreite, damit sie ihn hören konnten. Mendelssohn berichtete seinen Eltern: *Die beiden Knaben, Walther und Wolf, sind lebendig, fleißig und zutunlich, und wenn sie von Großpapas Faust sprechen, so klingt das gar zu nett.*

Um seine Ansicht zu bekräftigen, hatte Goethe im Juni 1830 nochmals auf Walthers Musikbegeisterung hingewiesen. Der Junge, bemerkte er humorvoll zu Ulrike von Pogwisch, habe sich in eine schöne Sängerin verliebt. *Walther komponiert Arien, die er, von ihr gesungen, allenfalls hören möchte. Wer weiß, wohin das führen kann. In der Hauptsache aber haben die Bemühungen deiner Frau Mutter seinem Flügelspielen entschiedenen gründlichen Vorteil gebracht; das Übrige muß man wirken und werden lassen.*

Die »Frau Mutter«, das war »Amama« von Pogwisch, eine keineswegs unbedeutende Frau, gebildet, belesen, emanzipiert. Auch Goethe gehörte zu den Mitgliedern der französischen Lesegesellschaft, die sie in Weimar begründet hatte. Sie war es auch, die Walther den ersten Klavierunterricht gab. Erst seit seinem fünfzehnten Lebensjahr erhielt er Musikunterricht bei dem Weimarer Kapellmeister Karl Eberwein, der Goethes Gedichte vertont hatte.

Walther war zur Musik vorbestimmt – damit schien seine Zukunft besiegelt. Er liebte in der Tat die Oper, liebte Musik überhaupt. *Aus dem Don Juan zurückkehrend und die Melodien nachsingend*, hatte Goethe stolz bemerkt. Das war im März 1832, zwölf Tage vor seinem Tod.

Die familiäre Übereinstimmung war Ottilie hoch willkommen. Für sie galt es ohnehin als selbstverständlich, daß sich aus

Walther und Wolfgang, 20 und 18 Jahre alt,
am Flügel im Juno-Zimmer. Zeichnung von B. von Arnswaldt, 1838

dem begabten Jungen ein berühmter Komponist entwickeln würde. Um so empörter war sie über die unerwarteten Einwände, die die verständnislosen Vormünder erhoben. Diese erklärten nämlich, das Musikstudium sei sehr kostspielig, erst einmal müsse Walthers Begabung nachgewiesen werden, und verlangten zu allem Überfluß die schriftliche Expertise eines Gutachters, bevor sie ihre Zustimmung geben könnten.

Für Walther war das eine noch nie erlebte Situation. Er, der immer nur gelobt wurde, sollte nun vor einer Jury sein Talent beweisen. Würde er den Nachweis überhaupt erbringen können? Hatte er genug geübt und gelernt, um, wie der Großvater glaubte, ein brillanter Musiker zu werden? Walther hatte weit begabtere Kinder erlebt. Im Oktober 1831 war – unvergeßlich für ihn – ein zwölfjähriges Mädchen zu Gast: Clara Wieck aus Leipzig. Über den Weimarer Aufenthalt notierte Vater Wieck, der seine Tochter begleitete: *Den 1. Oktober Mittag 12 Uhr hatten wir Audienz bei dem 83jährigen Minister Exzellenz von Goethe ... Er empfing uns sehr freundlich; Clara mußte sich zu ihm auf das Sopha setzen. Bald darauf kam seine Schwiegertochter mit ihren beiden sehr geistreich aussehenden Kindern v. 10-12 Jahren. Clara wurde nun aufgefordert zu spielen, und da der Stuhl vor dem Klavier zu niedrig war, holte Goethe selbst aus dem Vorzimmer ein Kissen und legte es ihr zurecht. ...*[68] Goethe vermerkte seinerseits in seinem Tagebuch: *Ein sehr geschicktes Frauenzimmerchen, Pianoforte spielend, von ihrem Vater angeführt, hatte sich bei mir hören lassen. Es waren neue Pariser Kompositionen, große Fertigkeit des Vortrags verlangend, aber immer heiter, so daß man gerne folgte.*

Damals war Walther dreizehn. Wie nahm er das wunderbare Spiel von Clara auf? Zelter hatte zwar freundlich bemerkt: *Walther spielt schon recht artig mit einem Finger auf dem Fortepiano eigene Zusammensetzungen, die einen Zusammenhang haben.* Doch Walther wußte, daß er nichts leistete, verglichen mit diesem Mädchen. Clara war dann nochmals zu Gast, spielte ihre Stücke souverän vor, und wieder war die Familie begeistert. Zum Dank erhielt sie von Goethe ein fürstliches Geschenk: eine Kapsel mit seiner Porträtmedaille, auf der sie eingraviert die Widmung fand: *Der kunstreichen Clara Wieck.*

Nun sollte Walther sein Können vor Experten präsentieren. Ottilie kam auf die gute Idee, ihn bei Felix Mendelssohn anzumelden, mit dem sie im Hause getanzt und sogar einmal poetische Rätsel, sogenannte »Endreimspiele«, verfertigt hatte. Der erst sechsundzwanzigjährige Komponist, seit September 1835 Direktor des Leipziger Gewandhausorchesters, erkundigte sich zunächst nach Walthers Charakter und seinen Interessen, bevor er ihn zum Vorspiel einlud.

Mutter und Sohn reisten nach Leipzig. Die Prüfung fand statt. Das Gutachten, am 27. November 1835 niedergeschrieben, fiel weder eindeutig zustimmend noch ermutigend aus. Mendelssohn ließ nämlich keinen Zweifel daran, daß es nur Freundschaft und Dankespflicht gegenüber Goethe sei, weshalb er sich dem Enkel überhaupt widme. In Wirklichkeit haßte er, der gerade den genialen Chopin als Gast bei sich hatte, alle *halben Virtuosen*, wie er seiner Mutter erklärte[69] – und als *halbes Talent* empfand er gerade auch den Enkel Goethes. Streng äußerte er, daß bei diesem Jungen kein Tag mehr zu verlieren sei, wenn er das Musikstudium *mit Ernst und Gründlichkeit* fortsetzen wolle. *Mir scheinen nämlich seine angeborenen Fähigkeiten zur Musik, sein Talent dazu*, so Mendelssohn wörtlich, *bei weitem dem überwiegend, was er bisher gelernt hat; seine Ideen beim Phantasieren, sein Ausdruck beim Spielen sind oft ganz überraschend, aber seine Finger, seine Geschmacksbildung, seine Fähigkeit im Schreiben noch sehr weit zurück ...*[70]

Mendelssohns Beurteilung ließ seine Skepsis früh erkennen. Walther dürfe nicht wie bisher Musik nur zu seinem eigenen Vergnügen treiben. Bei seiner technischen Unvollkommenheit seien tägliches Üben in Klavierspiel und Generalbaß sowie zusätzliche Lektionen, möglichst bei einem Lehrer in Weimar, unerläßlich.

Nun galt es, die Vormünder zu überzeugen. Der Jurist Carl Büttner und der herzogliche Kammerherr Franz von Waldungen kamen überein, daß es nach Mendelssohns Zeugnis keinen Grund für Walther gebe, neben dem Musikunterricht nicht auch das Weimarer Gymnasium zu besuchen, wo er das Abitur machen sollte. Ihnen erschien eine gründliche Allgemeinbildung wichtig. Auf ihren Wunsch und gegen den ausdrücklichen Willen Ottilies war zuvor schon Wolf in das Landschulheim Schulpforta in Kösen bei Naumburg geschickt worden, wo es der Junge allerdings nur drei Monate aushielt. Wie es hieß, hatten die strengen Regeln der Anstalt ihn entmutigt. Wolf wurde krank, riß aus und war am Jahresende 1835 wieder zu Hause.

Auch für Walther verlangten die Vormünder den geregelten Schulbesuch. Es schien ihnen dringend geboten, daß der Siebzehnjährige, der jahrelang teuren Privatunterricht erhalten hatte, endlich eine öffentliche Schule besuchte. Schüchtern und verzärtelt, wie er war, sollte Walther erst einmal *die für einen jungen Mann ... nöthige selbständige Haltung und mehrseitige Charakter=Entwicklung* erlangen, und zwar im Wettbewerb mit gleichaltrigen Klassenkameraden auf einer normalen Schule, auf der er weit besser gefördert werden könne *als durch isolirten Privatunterricht.*

Diese Beurteilung war nicht aus der Luft gegriffen. Die Vormünder erkannten, was auch Marianne von Willemer schon angemahnt hatte. Walther, der als Kind witzig und gesprächsfreudig sein konnte, erschien mit einemmal menschenscheu und unzugänglich. Während der jüngere Wolf, schon damals größer als der Bruder, durch sein schönes Gesicht und die braunen Augen dem Großvater glich, war Walther eher klein, unansehnlich und gehemmt. Früher hatte der Neunjährige seine Briefe an die Großmutter vergnügt mit *Dein Faselhans* unterschrieben, und ein »Faselhans« war er auch gewesen. Über den elfjährigen Walther notierte Goethe, er erscheine *singend und tanzend, in seiner ganzen Possenhaftigkeit.* Am 5. Februar 1830 hieß es: *Mittag Walther, welcher viele musikalische und andere Faxen machte und sehr unterhaltend war.* Einige Tage später: *Mittag speiste Walther mit mir. Wolf kam nach Tische, und der Narrenpossen war kein Ende.* Und: *Posse zwischen den beiden wegen eines zu verabreichenden Geburtstagsgeschenkes.*

Daß Walther, solange Goethe lebte, beliebt und aktiv war, geht auch aus den kleinen Billetts hervor, die sich, bisher unveröffentlicht, erhalten haben. Cäcilie, jüngste Tochter des Staatsministers Ernst August von Gersdorff, schrieb dem siebzehnjährigen Walther aus dem Straßburger Internat, wo sie perfektes Französisch lernen sollte, recht verliebte und wehmütige Briefe. Sie habe sich bei ihm wie zu Hause gefühlt und freue sich unmäßig über jeden seiner Briefe, antwortete sie dem *Herrn Baron Walther in dem lieben Weimar* im September 1835. *Daß die gute Mutter krank ist tut mir sehr leid, und den armen Wolf beklage ich sehr, grüße ihn herzlich von mir ... Lebe wohl, lebe tausendmal wohl, lieber lieber Walther, alles mögliche Schöne an Wolf, Alma, Amama, Erna und alle ... Deine treue Cäcilie.*[71]

In Walthers Wesen war nach Goethes Tod ein so deutlicher Wandel eingetreten, daß es den Vormündern beängstigend erschien. Auch dem Arzt Dr. Vogel fiel seine Befangenheit auf, und er erklärte mit Nachdruck, ein volles Musikstudium mit täglich fünf, sechs Übungsstunden nebst Notenlesen und Partiturspielen sei mit dem Besuch des Gymnasiums nicht vereinbar. Er wünsche eine schriftliche Beurteilung von Walthers allgemeinen Kenntnissen.

Bei dieser Gelegenheit verblüffte der Junge durch ein stabiles Wissen, das zugleich auch ein gutes Licht auf den Hauslehrer Wilhelm Rothe warf, der die Brüder in den humanistischen Fächern unterrichtet hatte. In Latein und Deutsch, Geschichte und Geographie schnitt Walther gut ab, ebenso in Mathematik, worin Professor Kunze ihn unterrichtete. Englisch hatte er durch seine Mutter gelernt, Französisch durch Jenny von Pappenheim. Auch Italienischkenntnisse waren vorhanden. Die Vormünder bestanden daraufhin nicht mehr auf dem Besuch des Gymnasiums, verlangten aber weiterhin Unterricht in den allgemeinbildenden Fächern. Nur von den alten Sprachen sollte Walther befreit, das Geld dafür in den Musikunterricht gesteckt werden. Dieser Ansicht war auch Kanzler von Müller, der nach einem Antrag Ottilies einer Erhöhung der Ausbildungskosten für Walther von 500 auf 800 Taler zustimmte.

In geradezu prophetischer Voraussicht bedauerte Vogel, der »geniale Arzt«, wie Goethe ihn nannte, daß der Musikerberuf für Walther überhaupt vorgeschlagen worden sei. Es würden nämlich durch derartige künstlerische Ambitionen in der Öffentlichkeit Erwartungen geweckt, deren Erfüllung zweifelhaft sei *in dem Maße, wie man um des Namens willen wünschen solle, der mein Mündel ziert und drückt.* Dr. Vogel war der einzige, der es unumwunden auszusprechen wagte: Der große Name war schön und bedeutend, aber auch drückend und belastend.

Mendelssohn hatte sich nach einigem Zögern bereit gefunden, Walther als zukünftigen Meisterschüler ab Herbst 1836 einige Stunden monatlich zu unterrichten. Zuvor konnten Walther und Wolf, blaß, dünn und kränklich alle beide, eine sommerliche Ferienreise antreten. Wolf insbesondere war in diesem Jahr sehr krank gewesen. Seit Ostern 1836 besuchte er das Weimarer Gymnasium. Kurz vor dem Eintritt hatte der Sechzehnjährige einen schweren Anfall erlitten, von dem er sich kaum erholte. Ihn quälten neuralgische Anfälle, er litt unter Asthma und Kopfschmerzen, genau wie seine Mutter. Damals kündigten die Krankheiten sich an, unter denen Wolf von Goethe sein Leben lang zu leiden hatte. Körperliche Qualen vergällten ihm das Studium und den Beruf. Bei Wolfs Eintritt in die Obersekunda wiederholten sich die Anfälle; sie kamen später mit solcher Wucht, daß er schließlich daran starb.

Zum Sommer des Jahres 1836 wurden die Brüder von Bertha von Schmeling, einer mütterlichen Verwandten, eingeladen, ihre Ferien auf dem pommerschen Rittergut Nassenheide bei Stettin zu verbringen. Die fünfunddreißigjährige »Tante Bertha« war mit Walther und Wolf durch ihre Urgroßmutter Reichsgräfin Henckel von Donnersmark verwandt, die als geborene Gräfin von Lepel von diesem Landgut stammte. Auch Großmutter Henriette von Pogwisch war mit ihren Brüdern Victor und Leo hier aufgewachsen.

Nassenheide wurde der Ort, den Walther einzig und für immer liebte. Nirgendwo in der Welt hat er sich jemals so wohl gefühlt wie hier. Der abgelegene Landsitz mit seinen Wirtschafts- und Nebengebäuden, den baumbestandenen Alleen, den Wäldern, Wegen und einem stillen Teich war auf wundersame Weise dazu angetan, seinem Gemüt zu entsprechen und ihm ein Gefühl von Heimat zu vermitteln. Hier war er frei, hier drückten keine Anforderungen und kein großer Name. Und nicht nur das: Bertha von Schmeling gelang es, den begabten Walther mit dem in Stettin lebenden Komponisten Carl Loewe bekannt zu machen – für den Jungen eine Begegnung von unvorhersehbarer Bedeutung.

Mit mütterlicher Fürsorge nahm sich »Tante Bertha« der Brüder an. Weit intensiver als die eigene Mutter spürte sie, wie schlecht es den beiden ging. *Walthers Gestalt erscheint mir oft so schwächlich, daß es mich besorgt macht, obgleich ich Dir wohl sagen kann, daß er sich hier recht sehr erholt, er sieht wieder viel wohler aus.*[72]

Es war eine Bekannte der Schmelings, die das Elend der Brüder durchschaute und klarsichtig die Ursache benannte. *Das Bedeutendste bleibt der Umstand*, schrieb sie einer Freundin, *daß Goethes beide Enkel, W a l t h e r und W o l f, hier zum Besuch ... sich befinden, die sinnigsten und bescheidensten, und, nebenher, ziemlich häßlichsten Jünglinge, die man sehen kann. Alle Herzen gewinnen sie durch die kindliche Demut, die sie ziert; sie fühlen die erdrückende Last ihres übergewichtigen Namens, und alles vereinigt sich, um ihre Jugend mit Sehnsucht zu erfüllen. Allein ohne männliche Verwandte, ohne männlichen Schutz, Anhalt, Leitung – mit einer geistreichen, aber tollen, aus allen gegebenen Maßen und Bahnen divergierenden Mutter und deren Excentricitäten, Verstimmung und Schuldenlast – fühlen sie sich unglücklich, ohne eigentlich zu wissen, was sie quält.*[73] »Schuldenlast« der Mutter, die aus »gegebenen Bahnen« heraustrat: Also war die Nachricht von der Geburt der Stiefschwester offenbar bis zu den fernen Verwandten gedrungen.

»Tante Bertha« lud die Brüder nach Rügen ein, um ihnen die schöne Insel zu zeigen. Walther aber brach den Aufenthalt vorzeitig ab, um nach Hause zu fahren. Sein Umzug nach Leipzig stand bevor. *Ich will,* schrieb er der Mutter, *da ich trotz meiner 18 Jahre weiß, dass auf dieser Welt kein dauerndes Glück zu erwarten, die paar Tage unter Euch gern mit der trüben Abschiedsstunde erkaufen ...*

Vielleicht lähmte ihn auch die Trauer darüber, daß die kleine Halbschwester Anna gerade in diesen Tagen gestorben war. Über den Zustand des Kindes, das Ottilie Pflegeeltern übergab, hatte der zuverlässige Arzt Dr. Romeo Seligmann, der ihr schon bei der Geburt zur Seite stand, Ottilie regelmäßig Nachrichten zukommen lassen. In Wien wütete wieder die Cholera, und die Berichte von dort klangen zuletzt katastrophal. Das Kind war eineinhalb Jahre alt, konnte laufen und sprechen, als Dr. Seligmann einen erschreckenden Bericht nach Weimar schickte. *Gnädige Frau, Anna ist heute um ein Weniges besser ... noch nicht zur Genesung, sondern bloß zur längeren Dauer ihrer Existenz. Sie ist ungemein verelendet und abgemagert ...*[74] Er hoffe inständig, daß sie mehr essen und zunehmen würde. Das war am 18. Juni 1836. Am 4. Juli 1836 starb sie.

Vielleicht hätte der Tod des Kindes vermieden werden können. Ottilies Freundin Sibylle Mertens sprach von »Versäumnissen«. Sie, die in Genua ein Waisenhaus finanziell unterstützte, hatte mehrfach angeboten, Anna als verwaiste Annietta zu sich zu holen. *Schreiben Sie mir genau, meine geliebte Freundin, wo Anna sich befindet – warum konnte sie nicht in meine Nähe gebracht werden?* Ottilie hatte ihr die Absicht verkündet, mit dem Kind zu der in Kanada lebenden Anna Jameson zu ziehen. Die Söhne sollten entweder nachkommen oder in Weimar bleiben. Nichts war wirklich durchdacht. Erschrocken mahnte Sibylle Mertens, vor der Übersiedlung doch an die achtjährige Alma zu denken. Auf jeden Fall würde sie Anna in ihrem Heim unterbringen können. Dazu war es nun zu spät.

Die Todesanzeige für ihre Tochter, die Ottilie in die Zeitung setzen ließ, ist aufschlußreich. Mit welchem Namen konnte sie die Veröffentlichung unterzeichnen? Wie sollte sie sich nennen? *Witwe von Goethe* kam auf keinen Fall in Frage. Sie hatte die Tochter ja wohlweislich schon mit ihrem abgewandelten Mädchennamen als *Anna Poywisch* bei den Pflegeeltern zurückgelassen. Welchen Stand sollte sie, die ledige Mutter, angeben? Einigermaßen grotesk, nannte sie sich jetzt *Hausinhabers-Witwe*. Vor ihrem inneren Auge muß überraschend der Ehemann aufgetaucht sein: Wenn August noch lebte, wäre er jetzt der »Hausinhaber« am Frauenplan. In der »Wiener Zeitung« vom 8. Juli 1836 stand zu lesen: *Verstorben zu Wien: Den 4. Julius. Der Frau Ottilia Stori, Hausinhabers-Witwe, ihr Kind Anna Poywisch, alt 1 Jahr, am Breitenfeld Nr. 54, an der Auszehrung*. Daraus läßt sich schließen, wer der Vater des Kindes tatsächlich war: nicht des Voeux, nicht Charles Sterling, sondern jener Engländer, den sich Ottilie bei ihrem letzten Frankfurter Aufenthalt zum Geliebten nahm: Captain Story.

Der Tod der Halbschwester, die Unbeständigkeit der Mutter, ihre Klagen und leidbringenden Affären, das alles muß bei Walther eine psychische Krise ausgelöst haben. Wie sehr dem Achtzehnjährigen der Tod des Mädchens naheging, wird deutlich, wenn man seine Erzählung liest, die er zehn Jahre später schrieb. Die Geschichte heißt: »In der Wiege und im Grab, oder: die arme Fanny«. Darin läßt er ein vaterloses kleines Mädchen sterben, das den Namen Anna trägt.

Im Oktober 1836 begann Walther von Goethe mit dem Unterricht bei Felix Mendelssohn. Die Stunden dort wurden ein Desaster. Mendelssohn hielt nichts von seiner Begabung, so daß Walther nahezu verzweifelte. »Gedemütigt« nannte er seinen Zustand. Außerordentlich unfreundlich habe der Lehrer ihn wissen lassen, er spiele nicht besser als ein Zwölfjähriger. *Er war sehr heftig, und mir standen die dicken Tränen in den Augen.* Wie sich zeigte, hatte Walther vor seinem Lehrer Angst, und Angst auch vor dem Komponieren. Mendelssohn hatte ihm eine musikalische Aufgabe gestellt, *die ich gewiß aus Angst nicht machen kann.* Während des Unterrichts wurde ihm bedeutet, daß sein Talent für eine Komponistenkarriere nicht groß genug sei. Mendelssohn hatte ihm sogar unfreundlich angedeutet, er möge sich einen anderen Lehrer suchen. Walthers unglücklicher Brief an die Mutter trug den Hinweis: »Allein zu lesen«. Er endete immerhin mit dem Vorsatz: *Und ich bin entschlossen, ganz von vorne anzufangen in der Komposition. Wie schrecklich, dass nur so viel Geld und Zeit auf die Musik verwandt ist und ich doch nichts gelernt habe. Allein, Musiker werde ich auf alle Fälle ...*[75]

Der trotzige Vorsatz half nichts, denn Mendelssohn zeigte sich von Stunde zu Stunde verärgerter. Er stellte seinem Schüler musikalische Aufgaben, die nach seiner Meinung nur stümperhaft gelöst wurden. Wenn Walther nicht Goethes Enkel wäre, äußerte er wütend, würde er ihn keine Stunde länger unterrichten. Walther wollte so schnell wie möglich Leipzig

Walthers Lehrer, der Komponist
Felix Mendelssohn-Bartholdy

verlassen. Doch von Nassenheide aus riet Bertha von Schmeling, er möge aushalten, sonst würde man nicht Mendelssohn, sondern ihm die Schuld geben, *und das würde Deinem angebornen Künstler-Ruhm doch abermals gewiß wehe tun …* Sie zumindest hielt ihn für einen geborenen Musiker.

Auch Ottilie wünschte keinen Wechsel. Als Walther ihr erklärte, nur dann in Leipzig zu bleiben, wenn sie zu ihm zöge, willigte sie ein. Sie, die selber halt- und hilflos war, sollte dem schwachen Sohn als Zuflucht und Stütze dienen. In seinem ganzen Leben hat Walther es nicht fertiggebracht, sich dem Einfluß der Mutter zu entziehen, worunter er selbst am meisten litt. Er wollte sie meiden und hing doch mit kindlicher Liebe an ihr. Eine Art Haßliebe trieb ihn nach jeder Flucht zurück in ihre Nähe. Drei Monate wollte er es ihr zuliebe bei Mendelssohn noch aushalten. *Drei Monate werden, wenn sie mich auch hart mitnehmen, mich doch nicht zu Grunde richten, und stürbe ich wirklich, was aber leider nicht der Fall sein wird, so wäre ich ja glücklicher, als Du in dieser lieblosen Welt mich machen kannst.*

Im Laufe des Jahres wurde das Lehrer-Schüler-Verhältnis zwar besser, aber nicht erfolgreicher. Mendelssohn schien zu resignieren. Walther nahm zur gleichen Zeit noch Unterricht bei Klengel und dem Thomaskantor Weinlig, was allerdings eine nochmalige Erhöhung des Unterrichtsgeldes erforderlich machte. Die Vormünder erwarteten entsprechend den steigenden Kosten ein überzeugendes Resultat.

Die ständige Überforderung hatte zur Folge, daß Walther an Erschöpfungszuständen litt. Seine Konstitution war immer schwach gewesen, nun bekam der Neunzehnjährige Herzkrämpfe. *Ich bin zu sehr eingeschüchtert*, meldete er nach Hause, *so daß auch mein Talent alle Unbefangenheit und Freiheit in seiner Entwicklung verliert...* Wie *Tränenweiden auf steinigem Boden*, so könne auch sein *Liebe und Freundschaft bedürfendes Herz nirgends Wurzeln fassen.*

In diesem ohnehin gereizten und entmutigten Zustand erfuhr er, daß seine Freundin Jenny von Pappenheim, die Stiefschwester der Cäcilie von Gersdorff, geheiratet hatte. *Ich muß immer und immer an Jenny denken – das ist auch ein Schmerz, den ich nie verwinden werde*, schrieb er und klagte, daß er sich hintergangen fühle. Im Grunde hätte er wissen können, daß die schöne und kluge Stieftochter des Ministers von Gersdorff schon vor Jahren der großen Liebe ihres Lebens begegnet war. Doch der Bräutigam, ein aristokratischer Engländer, war an Lungentuberkulose gestorben. Jetzt, vier Jahre nach seinem Tod, heiratete Jenny den Gutsbesitzer Werner von Gustedt, mit dem sie nach Westpreußen zog und Mutter von fünf Kindern wurde.

In dieser Phase der Niedergeschlagenheit, der Enttäuschungen und Zweifel kam es in Walthers Leben zu einem Ereignis von existentieller Bedeutung. Er machte seine ersten sexuellen Erfahrungen. Seine Sehnsucht galt freilich nicht den schönen jungen Frauen, den Pianistinnen und Sängerinnen, die er gelegentlich im Tagebuch erwähnte. Sie betraf vielmehr das männliche Geschlecht.

In Leipzig hatte Walther die Bekanntschaft des acht Jahre älteren Robert Schumann gemacht, den er zutiefst verehrte. Das überlegene Können des genialen Komponisten entflammte ihn. Fast täglich traf man sich am Mittagstisch des »Hotel de Bavière«, und aus Anerkennung und Bewunderung wurde Innigkeit und Intimität. Robert Schumann entdeckte und erweckte die verborgenen Anlagen des neunzehnjährigen Adepten.

Walther von Goethe war homosexuell veranlagt. Er hat freilich im Lauf seines Lebens alle Zeugnisse und Spuren seiner homophilen Neigungen sorgfältig zu tilgen versucht. Homosexualität war nicht nur mit gesellschaftlichem Tabu belegt, sie konnte auch mit Gefängnis bestraft werden. Nur durch die Briefe Dritter erfährt man, warum er, der unter Frauen aufwuchs und von Frauen umgeben war, sich nie von Frauen angezogen fühlte. Als seltsam erscheint es überdies, daß sich ausgerechnet in Briefen, die Robert Schumann an die von ihm umworbene junge Pianistin Clara Wieck schrieb, die eindeutigsten Hinweise auf seine intime Beziehung zu Walther von Goethe finden. Schumann äußerte sich überdies über einige Wesenszüge seines Freundes auf eine Weise, die die Frage beantworten kann, warum Goethes Enkel niemals geheiratet hat.

Zwischen Clara Wieck und Robert Schumann, die sich kannten, seit Clara elf Jahre alt war und Schumann im Haus ihres Vaters als Mieter wohnte, kam es im Jahre 1836 zu einer tief-

Robert Schumann im Alter von 30 Jahren

greifenden Auseinandersetzung. Ursache war der erotische Umgang des Komponisten mit dem »kleinen Goethe«, wie er ihn nannte. Im Leben Robert Schumanns hatte es bis dahin nicht nur käufliche Frauen gegeben, bei denen er sich seine unheilbare, im Wahnsinn endende Geschlechtskrankheit einfing, sondern auch wechselnde männliche Freunde, die er als seine »Sonnenjünglinge« zu bezeichnen pflegte. Im Jahre 1836 – Schumann war sechsundzwanzig – umgab den angehenden Komponisten ein Kreis von jungen Künstlern, die sich die »Davidsbündler« nannten. Da waren ein junger Grieche, ein Engländer, ferner ein sehr reicher und talentvoller Mensch namens Frank aus Breslau und eben auch *der junge Goethe, Enkel des Alten, der bis jetzt aber noch ohne hervorstechenden Charakter* sei.[76] Schumann tat nichts, um das eindeutig homoerotische Verhältnis vor der Umworbenen zu verschleiern. Walther sei ein Mensch, der sich eigentlich nur von Männern, Jünglingen verstanden fühle, schrieb er ihr und bezeichnete den jungen Geliebten ohne Umschweife als im Umgang heikel und schwierig.[77] In seinem Tagebuch nannte Schumann den zu ihm aufblickenden Musikus zugleich *lüstern* und *moralisch verdorben*[78] – Eigenschaften, die ihn offenbar faszinierten und derart fesselten, daß er gewillt war, dem entzückten Walther ein neues musikalisches Werk zu widmen, welches schon im Titel auf ihr *mannmännliches* Verhältnis anspielen sollte.

Die Beziehung zwischen den beiden Musikerfreunden, von denen jeder auf einen schwierigen Werdegang verweisen konnte – Schumann hatte sich durch übermäßiges Üben seine Pianistenkarriere zerstört –, wurde zur Enttäuschung von Clara auch im nächsten Jahr fortgesetzt, obgleich Schumann ihr hoch und heilig eine Wandlung versprochen hatte. *Also, Robert, ich beschwöre Dich, das Eine, thue es nicht mehr ...*

Im Juni des Jahres 1837 reisten beide, Walther von Goethe und der von ihm bewunderte Robert Schumann, gemeinsam nach Weimar. Schumann wollte Goethes Haus besichtigen. Es herrschte ständig schlechtes Wetter, so daß sie viel in der Stube sitzen mußten, wobei es Schumann erst richtig auffiel, wie verliebt Walther in ihn war, eifersüchtiger und schmachtender, so fand er, als etwa seine Geliebte Ernestine oder die Charitas, zu der es ihn immer wieder trieb. *Walthers Mutter, die exzentrische, liebes- und leiderfahrene Dichterin Ottilie, beklagte übrigens, daß er sich niemals nach Mädchen umsehe, obwohl für jeden, der die Augen aufmachte, ersichtlich war, daß sie selbst eifersüchtig alles getan hatte, um das zu verhindern.*[79] Die Stimmung im ehemaligen Dichterhaus muß bedrückend gewesen sein, weshalb Schumann eilig in seine Heimatstadt Zwickau abreiste. In sein Tagebuch schrieb er anschließend: *Veränderung von da in meinem Wesen und wahrhafte Sehnsucht nach einer Frau.*

Clara hatte ihm erklärt, sie liebe ihn, aber er müsse sich ändern, sonst werde sie sich von ihm trennen. Schumann antwortete entwaffnend aufrichtig: *es geschieht etwas, dem ich nicht gewachsen bin* (11. 10. 1837), und notierte fürchterliche Rückfälle. *Bin ich unverbeßerlich am Ende?* fragte er sich in seinem Tagebuch vom 28. 11. 1837.[80]

Im September 1837, drei Monate nach dem Ausflug mit Walther, hielt Robert Schumann um Clara Wieck an. Sie warf ihm »das Eine« vor, das zu schrecklich sei, es auszusprechen, womit sie zweifellos seine Homophilie meinte.[81] Einen Monat später erklärte Clara ihrem Bräutigam noch einmal, ihn nie zu heiraten, wenn er »das Eine« nicht lasse. Er aber war, ohne es ihr zu sagen, mit dem *kleinen Göthe* stark betrunken nach Connewitz gewandert, wo es wieder zu dem »Einen« gekommen war. Schumann hatte Clara schlicht geantwortet: *und ich tue es dennoch.*[82]

Die dem Ausflug folgenden Herbstferien verbrachte Walther in Weimar, und diesmal fühlte er sich so zufrieden, daß ihm sogar sein Bruder Wolf, der an späten Masern fast ein Jahr lang krank zu Bett lag und nun Goethes Gartenhaus bewohnte, als liebenswürdigster Mensch von der Welt erschien. Wolf las gerade Goethes »Dichtung und Wahrheit« und äußerte erstaunt, es sei ein Buch, *welches mich auf das Mächtigste anregt, in alle Fugen meines Herzens und Geistes eindringt und mich auf eine ganz neue Art denken und anschauen lehrt.*

Die Brüder bekamen damals Besuch von Wolfs Freund, dem Theologiestudenten und späteren Konsistorialrat Otto Mejer, der ihre *seltsamen Charaktere* eingehend beschrieb. Beide traten ins Zimmer: *Walter schon in der Gestalt, die er dann behalten hat, zu klein für den großen, nicht ausdrucksvollen Goethekopf, und älter aussehend, als er war, Wolf höher aufgeschossen, mit langem dunkeln Haar um das schmale Gesicht, dessen Oberteil mit seinen mächtigen Augen ganz vom Großvater war.*[83] Wolf erschien ihm unfrei und unsicher, was sich in distanziertem Stolz und steifer Haltung ausgedrückt habe. *Der Sohn mied die Gesellschaften der Mutter, die adligen Kreise, und suchte die Einsamkeit.*[84]

Walther scheint seine homosexuellen Neigungen weiterhin ausgelebt zu haben. Freunde waren der Mediziner Heinrich Horn und der Schriftsteller Carl Stahr.[85] Er hatte Gefährten wie den Musiker William Sterndale Bennett, der in seinem Tagebuch von langen Spaziergängen mit Robert Schumann und Walther berichtet. Ein begabter Mitschüler bei Mendelssohn, Louis Köhler, und Franz von Schober, einstiger Intimgefährte von Franz Schubert, wurden seine Freunde. Walthers Tagebuch ist zu entnehmen, daß es meist junge Männer waren, die ihn anzogen. Sein großherzoglicher Freund Carl Alexander von Sachsen-Weimar, dem diese Neigung nicht unbekannt war, hat ihn als »Blaubart« bezeichnet und von seinem »Blaubartzimmer« gesprochen – als sei ausgerechnet Walther von Goethe derjenige, der in seiner Kammer – oder in seiner Herzenskammer – weibliche Leichen verborgen habe. Davon wird noch die Rede sein.

Nach dem Desaster mit Mendelssohn fand in Walthers Leben ein Umschwung statt, der ihn aufatmen ließ. Die Bekanntschaft mit dem Komponisten Carl Loewe, die Bertha von Schmeling im Sommer 1836 arrangiert hatte, erwies sich als Glücksfall. Der Komponist interessierte sich für die Arbeiten des jungen Musikerfreundes und sandte ihm am 19. April 1838 eine herzliche Einladung.

Mit seinen ersten Kompositionen im Gepäck, einem »Allegro« und der »Meermaid« nach einem altschottischen Gedicht, reiste der zwanzigjährige Walther nach Stettin. Carl Loewe empfing ihn mit offenen Armen. Unter seiner Anleitung begann Walther tatsächlich mit der Komposition einer Oper: »Anselmo Lancia«, nach einem Text von Theodor Körner. Durch Loewe ermutigt, blieb er länger als vorgesehen, glücklich über den Freund und das Fortschreiten seiner Oper. Er komponiere, teilte er der Mutter in einer nie gekannten Phase von seltenem Übermut mit, so nebenbei zur Erholung nach der ersten gleich eine weitere, ebenfalls einaktige Oper mit dem Titel »Alessandro Stradella«. Er wolle sich ferner der großen Oper zuwenden. Man möge ihm so schnell wie möglich geeignete Texte senden, schrieb er nach Hause, möglichst eine *componible tragische Liebesgeschichte, da solche sujets mich am meisten ansprechen.* Liebe ja, aber tragisch mußte sie sein. Bald glaubte er auch, das Richtige gefunden zu haben: *›Enzio‹ wird die Oper heißen! ... Ich kann jetzt gar nichts mehr denken als Musik, ich mag spazieren gehen, lesen, ja selbst schlafen, so verfolgen mich Melodien, Modulationen und alle möglichen musikalischen Gedanken, so dass ich oft todmüde bin, ohne eine Note komponiert zu haben.*[86]

»König Enzio oder Der Gefangene von Bologna. Große romantische Oper in 3 Aufzügen. Musik von Walther von Goethe«, so der Titel von Walthers dritter Oper. Das tragische Schicksal des unehelichen Sohnes von Stauferkönig Friedrich II., der über zwanzig Jahre lang in Bologna gefangengehalten wurde, hatte schon den Dichter Ernst Raupach zu einem historischen Trauerspiel inspiriert. Der Stoff war auch bereits vertont worden, und zwar von keinem anderen als Richard Wagner, dessen Werk 1832 in Leipzig uraufgeführt worden war. Für Walther verfaßte Adele Schopenhauer das Libretto.[87]

Kaum glaubte die Familie, Walthers Schaffenseifer bedeute den Durchbruch zu einer steilen Karriere, zweifelte er schon wieder an seinen Fähigkeiten. Wahrscheinlich ahnte Walther trotz des freundschaftlichen Zuspruchs von Loewe, daß seine musikalischen Ideen weder originell noch neu waren, daß sein Können hinter dem der zeitgenössischen Komponisten zurücklag. Die Genialität, die die Familie vermutete, war offensichtlich nicht vorhanden. Bitter schrieb er der Mutter: *Was nützt das alles. Um nach einigen Jahren, oft Monaten, über das klägliche*

Machwerk zu lächeln, und so geht es fort und fort, bis die Gedanken vergeudet, die Jahre verronnen und das Leben dahin ist. Man hat einige Ries Papier mit schwarzen Tippelchen beklext ...

Carl Loewe aber tat alles, um ihn zu ermutigen, und nannte ihn den geborenen Liedvertoner. So komponierte Walther neben seiner Oper noch »Lieder ohne Worte«, von denen eines durch die »Klosternovellen« des Leipziger Schriftstellers Gustav Kühne angeregt wurde, mit dem Ottilie in Leipzig eine Liebesbeziehung begonnen hatte. Das Zeugnis, das Loewe Ottilie schickte, zeigt einen Optimismus, der wohl seinem Gefühl, jedoch nicht ganz der Realität entsprach. *Der Aufenthalt Walthers hieselbst hat mich für den vergangnen Frühling gleichsam selbst gefördert, da die natürliche Intelligenz für den erlernbaren Teil der Musik bei ihm eine wahrhaft bewundernswürdige Höhe erreicht hat,* beteuerte der Komponist am 18. Juli 1838. *Seine echte Künstlernatur eignet sich auch die schwierigsten und ihm noch ganz fremd und fern liegenden Gegenstände mit einer reißenden Schnelligkeit an ... Ja, meine gnädige Frau, er ist zum Künstler geboren, und zwar für die edelsten Blüten und Früchte dieser Kunst, zum Gesangskomponisten ... Er wird gewiß einer glänzenden artistischen Laufbahn entgegengehen, besonders ist ihm diese auf dem Felde der Oper zu prophezeien.*

Fraglich ist, ob das Lob des gutmütigen Komponisten nicht eher einem Aufenthalt bei Goethe zu verdanken war, den Ottilie ihm 1820 vermittelt hatte. Mehr als fünfzig Kompositionen nach Gedichten und Balladen Goethes hat Loewe geschaffen, darunter »Die wandelnde Glocke«, »Der getreue Eckart«, »Wandrers Nachtlied«, »Erlkönig« und »Zauberlehrling« sowie Lieder und Szenen zum »Faust«.

Mit seiner zweiten, ebenso günstigen Beurteilung, die vermutlich für Walthers Vormünder gedacht war, stellte Carl Loewe seinem Schüler ein menschlich anrührendes Zeugnis aus. *Herr Walther von Goethe ist durch ausgezeichnete und ungewöhnliche Fähigkeiten für die Tonkunst so reich begabt und in einer so entscheidenden Entwicklungsperiode für Komposition begriffen, dass es sehr zu bedauern und nachteilig sein würde, wenn derselbe eine Unterbrechung heterogener Art erleiden müsste. Stettin, den 28ten September 1838.*[88]

Als Walther nach Weimar zurückkam, fand er die Familie nach langer Zeit wieder einmal vollständig beisammen. Der achtzehnjährige Wolf bereitete sich auf das Abitur vor. Alma, die ihrem Vater August immer ähnlicher wurde, erhielt gemeinsam mit anderen Mädchen Privatunterricht. Walther war in guter Stimmung, da sein Freund Robert Schumann ihm tatsächlich sein neues Werk widmete. Humorvoll-ironisch hatte der Komponist bei ihm angefragt: *Es hängt nun ganz von Ihnen ab, auf welche Weise Sie unsterblich werden wollen. Ob mit W. v. G. zugeeignet, oder: Sr. Hochwohlgeboren Herrn W. v. G.* Es handelte sich bezeichnenderweise um die »Davidsbündler-Tänze op. 6«, Anspielung auf die gemeinsam verbrachte Zeit.

Zufällig hat sich aus diesem Jahr 1838 eine Schilderung über das Weihnachtsfest im Hause Goethe erhalten, für dessen glänzende Ausgestaltung Ottilie, die ohnehin nie zu sparen bereit war, offenbar keine Kosten scheute. Der Bildhauer Franz Woltreck, der aus Rom anreiste, um Ottilies Porträt anzufertigen, schrieb einem Freund: *Ich habe den hl. Weihnachtsabend hier bei Frau v. Goethe sehr angenehm verlebt, wo ich 3 enorm große Zuckerbäume mit anputzen und die übrigen zum Bescheren bestimmten Sachen mit arrangieren half. Eine so reiche Menge von Geschenken habe ich nie an einem Weihnachtsabend in einem Hause beisammen gesehen. Und wie interessant war es hier! Urgroßmutter, Großmutter, Mutter und die schon erwachsenen Urenkel vereint zu finden! Die Bescherung war in dem klassischen Hause des alten Goethe, und welche liebe Stimmung herrschte! Wie freundlich war man gegen alle Fremden! ...*

Unter den Gästen befand sich erstaunlicherweise auch der

Kanzler von Müller, obgleich ihm Ottilie längst schon mit einigem Mißtrauen begegnete. Weitere Gäste waren Johann Peter Eckermann, die Malerin Luise Seidler, verschiedene Engländer und Weimarer Freunde. Der Bildhauer sah mit Staunen alle Räume Goethes mit Wachskerzen illuminiert: *mich fesselte im langen Saal die schöne Beleuchtung … des kolossalen Junokopfes aus der Villa Ludovisi, des großen Kopfes der Minerva aus Velletri und des großen Jupiterkopfes aus dem Vatican … Wir blieben im Anschauen dieser hohen edlen antiken Formen, bis der Engel auf dem Zuckerbaum in Flammen aufging … Wir waren sehr heiter, die jungen Herren v. Goethe machten die Bedienung mit einer Liebenswürdigkeit, die man wohl nicht genug rühmen kann.*[89]

Der Zusammenbruch

Carl Loewe hatte seinem Schüler empfohlen, die einaktige Oper »Anselmo Lancia« so bald wie möglich in Weimar aufführen zu lassen. Bevor es soweit war, wollte Walther auf jeden Fall noch Wien kennenlernen, die Hauptstadt Österreichs, die für ihr reiches Musikleben berühmt war. Seine Mutter hatte ihn wissen lassen, daß sie für immer dorthin ziehen wollte, nicht nur, weil Töchterchen Anna Sibylle in Wien begraben lag. Auch wußte er, daß Robert Schumann seit einem halben Jahr in Wien wohnte, um zu prüfen, ob er sich in dieser Stadt eine Existenz aufbauen könne; ihn wollte er endlich wiedersehen. Auf der Anreise hörte er ein herrliches Beethoven-Konzert und notierte in sein Tagebuch: *Ja, es ist etwas Großes, Erhabenes um die Kunst! Ich muß vorwärts, wenn ich auch sehe, daß der Weg durch manche Öde, durch manche Wüste geht. Das Erreichen ist nichts, nur das Streben gilt vor Gott!*

Doch trotz der musikalisch aufrüttelnden Erlebnisse traf Walther *krank und trüb* am Tag nach seinem einundzwanzigsten Geburtstag, dem 10. April 1839, in Wien ein. Zu seiner Mißstimmung trug entschieden die Tatsache bei, daß er erfahren mußte, Robert Schumann habe die Stadt vor kurzem verlassen. Außerdem machte ihm seine finanzielle Situation Sorgen. Er hätte schon die letzten Stunden bei Mendelssohn ohne Zugeständnisse der Vormünder nicht bezahlen können. Das Musikstudium verschlang Geld, und er hatte wenig Aussicht auf eigene Einkünfte. Vor der Abreise hatte Walther den Weimarer Amtsarchivar Carl Friedrich Obstfelder zu seinem Vermögensverwalter bestellt, bei dem er sich nun nach seiner pekuniären Lage erkundigte. Eine Abrechnung hat sich erhalten, wonach ihm mit beginnender Volljährigkeit ein Vermögensanteil von 28 585 Talern zustand. Dabei durfte jedoch das Kapital niemals angegriffen, stets nur die Zinsen verbraucht werden. Schon vor drei Jahren hatten die Vormünder bei der Landesregierung angemahnt, daß die Zinsen zur Ausbildung der Enkel nicht ausreichten; es müsse der Verkauf der Goetheschen Sammlungen ins Auge gefaßt werden.

Mit einundzwanzig Jahren endlich volljährig, war Walther von Goethe als ältester Enkel Erbe des großväterlichen Nachlasses, und als solcher trat er nun plötzlich auch auf. Als erste Maßnahme bestimmte er, daß das Haus und die Sammlungen Goethes in Zukunft für jedermann verschlossen zu bleiben hätten. Niemand dürfe mehr ohne seine persönliche Einwilligung die Räume des Großvaters betreten.

Sein Bruder Wolf unterstützte ihn nachdrücklich bei dieser Anweisung. Man wollte sich die Besucherkolonnen vom Leibe halten. *Wir haben keinen italienischen Palast*, sagte Wolf, *sondern ein Thüringer Holzhaus, das es einfach nicht aushalten würde.* Das Verbot galt selbstverständlich auch für den Kanzler von Müller, der von seinem Recht als Testamentsvollstrecker über Gebühr Gebrauch gemacht und selbstherrlich Goethes nachgelassene Schriften eingesehen, sogar einiges davon ausgeliehen hatte. Schlimmer noch: Wie man unter der Hand erfuhr, hatte Müller, der sich mit besonderen Befugnissen ausgestattet glaubte, Goethes Manuskript der »Lila« sogar verschenkt. Dem mußte Einhalt geboten werden. Beide Enkel hatten kein Vertrauen mehr zu Müller, er wurde zum Erbfeind der Goethebrüder. Jetzt forderten sie von ihm den Schlüssel zurück, den Goethes Sekretär Kräuter bis dahin bei sich verwahrt hatte.

Wie es scheint, besaß »der Schlüssel« für Goethes Enkel nicht nur seine praktische Funktion, sondern hatte geradezu symbolische Bedeutung. Nach dem traumatischen Erlebnis mit dem Vorhängeschloß vor Goethes Zimmern war es dieser Schlüssel, der ihnen jetzt die Türen öffnen sollte. Die Symbolkraft des Schlüssels wird an unerwarteter Stelle noch deutlicher. In der

Erzählung »Vom Dach herunter« schildert Walther, wie dem zitternden Diener des Schlosses der Schlüssel zu einem verbotenen Zimmer aus der Hand fällt – direkte Anspielung und Nachhall dessen, was er erleben mußte. Der Schlüssel übertrug ihnen die alleinige Verfügungsgewalt über den Schatz, den der Großvater in seinem langen Leben erworben hatte – und über sein ganzes Haus. Hier hingen nach wie vor die alten Gemälde von Rubens und Cranach, hier erhob sich die kolossale römische Juno, standen die Büsten von Schiller und Herder, von Herzog Carl August und der Königin Luise, hier lagen die Mappen mit den kostbaren Graphiken von Holbein und Dürer, lehnten in Nischen die römischen und griechischen Skulpturen. Den Eintretenden empfingen die beiden Jünglinge, von denen der eine den Arm um den Hals des Bruders legte, während der andere, ernst und pflichtbewußt, die brennenden Fackeln hielt: hoch erhoben die eine, die andere aber zu Boden gesenkt. Sie standen dort, solange man denken konnte, zwei Knaben, die zueinandergehörten wie der Schlaf und der Tod.

Sieben Jahre lang hatten die Enkel warten müssen, bis man ihnen den bewußten »Schlüssel« aushändigte. Walther ließ seinen Bevollmächtigten Obstfelder einen neuen Antrag stellen: *daß der Öffentlichkeit der Zutritt in den Kunst- und Naturaliensammlungen, in der Bibliothek und überhaupt in den Zimmern meines seligen Großvaters von Goethe nicht mehr gestattet und ihm ein Schlüssel zu den Wohnzimmern meines seligen Herrn Großvaters eingehändigt werde, damit ich nach meinem Willen über diesen Schlüssel verfügen kann.*[90]

Das war deutlich. Walther hatte es nie verwunden, mit welcher Unerbittlichkeit der Kanzler mit ihnen, den Nachkommen, verfahren war. Seit sieben Jahren hatten sie die Zimmer nicht betreten dürfen, während Sekretär Kräuter, im Besitz des Schlüssels, sich die Freiheit herausnahm, wildfremde Menschen durch ihr Haus zu führen. Ottilie hatte sich beschwert, daß der

Kanzler eigenmächtig Papiere aus Goethes Bibliothek herausgab, und ihm in ohnmächtiger Empörung geschrieben: *Was aber dies alles auf das Höchste steigern mußte, ist, daß ich und meine Kinder mich von dem Eintritt in das Zimmer meines Schwiegervaters ausgeschlossen sehe, und daß der Schlüssel, der mir allein jedem Gefühl nach zukömmt, in den Händen von Kräuter ist. Ich war unangenehm betroffen durch das große Vorlegeschloß vor der Türe, denn wahrlich es hätte nicht dieses schmerzlichen Zeichens bedurft, daß dort alles für mich geendet sei …*

Walther wird in solchen Augenblicken auch an seinen Vater gedacht haben, der solche Dinge zuverlässig geregelt hätte. Alles wäre anders gekommen, wenn August noch lebte. Kanzler von Müller verschanzte sich hinter Goethes Testament, Ottilie pochte auf ihre familiären Rechte. Begreiflich, daß sie sich in Weimar nicht mehr wohl fühlte. *Nie werde ich zu überzeugen sein*, hatte sie Müller vorgeworfen, *daß es in dem Sinne meines Schwiegervaters sei, daß Schwärme von Fremden sein Zimmer betreten, und wir, die Nächsten, daraus verbannt sind.*[91]

Walther erreichte schließlich alles, was er verlangte: den Besitz des Schlüssels und die Schließung des Hauses. Im Namen der Regierung verfügte der Kanzler am 26. Juni 1840 – gegen seinen eigenen Willen –, daß mit Ausnahme der »höchsten Herrschaften«, nämlich der Großherzoglichen Familie von Sachsen-Weimar, der Zutritt zum Haus am Frauenplan zukünftig niemandem mehr gestattet sei.

Fortan blieb für fast ein halbes Jahrhundert das Goethehaus mitsamt Einrichtung, Sammlungen und Archiven, Bibliothek, Arbeits- und Sterbezimmer der Öffentlichkeit verschlossen. Nur einzelnen wenigen Freunden war es im Laufe von fünf Jahrzehnten vergönnt, das Heiligtum zu betreten. Nicht einmal einem Kenner und Goethefreund wie Karl August Varnhagen von Ense wurde eine solche Vergünstigung zuteil. Er reiste im August 1853 eigens aus Berlin an – vergebens. Dagegen stand ihm Schillers Wohnhaus offen: *das Haus gehört der Stadt, der Eintritt ist umsonst, in den Zimmern sind viele schätzbare Reliquien.* Varnhagen wartete in glühender Sommerhitze bis zum Freitag, hatte aber auch dann kein Glück. *In das Goethe'sche Haus war nicht zu gelangen ... Weimar war überaus still, wie ausgestorben, der Markt ganz leer. Es ist ein trauriges Wesen mit diesem Ort, er kommt nicht wieder zu Kräften, bei allem guten Willen des jetzigen Großherzogs nicht; dazu gehört mehr, dazu gehört ein Herzog Karl August, mit ächten Fürsteneigenschaften, der lebt und leben lässt ...*[92]

Alle Welt nahm den Enkeln die Maßnahme übel. Sie verhinderten, so hieß es, nicht nur den Einblick in Goethes Arbeitszimmer, sondern hielten auch Bibliothek und Archiv fest unter Verschluß und schadeten damit der Wissenschaft. Es konnten kaum Arbeiten über Goethes Werke entstehen. Als Varnhagen sich beim Großherzog Carl Alexander nach der längst fälligen Veröffentlichung des Briefwechsels zwischen Goethe und dem Herzog Carl August erkundigte, erfuhr er, daß die Enkel die Korrespondenz zurückhielten und die Ausgabe verzögerten. Doch Goethe selbst hatte, als er sein Testament machte, dem Kanzler von Müller gegenüber verfügt: *Die übrigen Sammlungen soll man wenigstens zwanzig bis fünfundzwanzig Jahre lang nicht zerstreuen, noch veräußern, damit meine Enkel sich an ihnen heraufbilden und erst in spätern, reifern Jahren weitere Beschlüsse darüber fassen.*[93]

Durch Walthers Verfügungen blieb die Aura des Hauses über Jahrzehnte unversehrt erhalten. Seit Walthers Regelung wurde nichts mehr verändert und nichts verkauft. Die Räume blieben von 1832 bis 1882 nahezu unberührt.

Während Walther in Wien war, hatte seine Mutter ihre Beziehungen spielen lassen, um der ersten Oper ihres Sohnes zur Aufführung zu verhelfen. Sie hatte Briefe geschrieben, Bekanntschaften erneuert, in Weimar den Kapellmeister Eberwein und den Dramaturgen Genast persönlich aufgesucht – und sie hatte schließlich Erfolg. Die Oper »Anselmo Lancia« wurde in Weimar angenommen.

Der junge Komponist begab sich auf die Heimreise. Dabei versäumte er nicht, an allen Stationen die alten Bekannten aus der Welt Goethes zu besuchen: in Frankfurt die Familien Melber und Textor, auf der Gerbermühle Marianne von Willemer, die ihn herzlich wie früher empfing, in Bonn Ernst von Schiller, Sohn des Dichters, den er aber offenbar auch für einen Enkel hielt, denn Walther notierte in sein Tagebuch: *Ein wunderbares Gefühl ergriff mich, als ich dem Enkel Schillers die Hand reichte! – ... als sei ich ihm nahe verwandt, als sei er mein Bruder.* Er fuhr zu Adele und Johanna Schopenhauer, sah in Hildesheim Julie und Caroline von Egloffstein, in Berlin Fritz und Allwina Frommann wieder – alle, die er aufsuchte, stammten aus dem Umkreis Goethes. Es war die Welt des Großvaters, in der er sich am liebsten bewegte.

Auch auf Stift Neuburg, das Verwandten von Goethes Schwester Cornelia Schlosser gehörte, fand er sich ein. Dort hatte Walther die Begegnung mit einem jungen Mann, die ihn, wie er schrieb, *tief bewegte.* Unter dem 9. Oktober 1839 schrieb er ins Tagebuch: *Zu Tisch kam der junge Pole. Ich sah und hörte bei Tisch nur ihn; denn nie sprach mich ein mir gänzlich Fremder so schnell an wie Ladislaw. Eine jede seiner Bewegungen trug den eigentümlichen Zauber seiner Nationalität, und (er) äußerte sich immer gleich liebenswürdig und anmutsvoll, er möchte nun mit polnischer Lebhaftigkeit in der Mazurka durch das Zimmer fliegen oder mit niedergeschlagenen Augen und schmerzlich bewegter Stimme die Lieder seines Landes singen; die traurigen Berichte über sein Vaterland waren wahrhaft herzzerreißend, und der weiche Ton seines Organs und das kurze, fast grausige Lachen, mit dem er zuweilen die Erzählung der schrecklichsten Ereignisse wie unwillkürlich begleitete, lie-*

ßen fühlen, wie bitter der Gram sein junges neunzehnjähriges Herz zerrissen.

Am nächsten Tag fuhr Walther nicht minder bewegt fort: *Ich war sehr trübe; denn schon empfand ich die bitterste Reue über den Entschluß meiner Abreise und ein wahrhaftes Gefühl von Ekel gegen Weimar ... Ich mußte Klavier spielen, ich war so wunderbar erregt, halb traurig, ihn so bald verlassen zu müssen, ohne ihm näher bekannt zu sein, halb freudig bei dem Gedanken, ihn im Winter in Wien zu treffen, daß ich wohl dadurch begeisterter wie gewöhnlich war; ich spielte meine ›Lieder ohne Worte‹ sowie einige Bellinische Themas. Wir schieden. Ladislaw jagte zu Pferde durch den Hof, er ohne mich zu lieben, ich aber bleibend als sein Freund.*[94]

Walthers empfindsames Gemüt wurde durch den Anblick des schönen Polen so erregt, daß er beinahe die Fassung verlor – neben der falschen Berufswahl und den wiederholten Schwächeanfällen muß seine Homoerotik der hauptsächliche Grund für die seelische Katastrophe gewesen sein, in die er sich immer mehr getrieben sah. Hilfsbedürftigkeit und Krankheit ließen ihn in die Arme der Mutter flüchten, der er jedoch seine homophilen Neigungen, seine Erregbarkeit und Anfälligkeit keinesfalls gestehen durfte – eine Zerreißprobe, die ihn an den Rand des Abgrunds bringen würde.

Die Uraufführung von Walthers Oper »Anselmo Lancia« fand in Anwesenheit des einundzwanzigjährigen Komponisten am 15. Oktober 1839 in Weimar statt. Anwesend war die gesamte Familie: Großmutter Henriette von Pogwisch, Mutter Ottilie mit der zwölfjährigen Alma, Adele Schopenhauer, die eigens für zwei Tage aus Bonn herüberkam, und Bruder Wolf, der einen Monat zuvor das Abitur bestanden hatte und, wie die Mutter mitteilte, schon bei der Opernprobe *selig und triumphierend aussah.*[95]

Dem einaktigen Werk ging eine Aufführung der »Geschwister« von Goethe voraus. Der Beifall war freundlich, Walther konnte zufrieden sein. Seine Mutter feierte das Ereignis mit einem großen Souper für vierzig Gäste, darunter auch dem Kanzler von Müller. Schließlich galt es, Walthers Begabung erfolgreich zu präsentieren. Seinem Gönner Carl Loewe, der zur Aufführung gedrängt hatte, berichtete Walther glücklich: *Die Musik hat allgemein gefallen, und mein Debut ist ein vollkommen gelungenes zu nennen … Ich bin voll Mut und werde mich nun an eine große Oper in drei Akten machen, denn ich fühle nun einmal hauptsächlich Beruf, für die Bühne zu schreiben.*

Er war aber nicht »voll Mut«, denn kaum erschien die erste ablehnende Kritik, erfaßte ihn tiefe Niedergeschlagenheit. Selbst von seinem Freund Robert Schumann fühlte er sich verraten. Schumann hatte schon am 17. Oktober 1839 einen Korrespondentenbericht verfaßt. *Vom jungen Walther v. Göthe, Göthes Enkel, der unter Mendelssohn und C. Loewe Studien gemacht, ging vorgestern zum ersten Mal hier eine Oper in Scene, und erhielt aufmunternden Beifall, wenn sie auch natürlich nicht mehr als ein mit Lust und Liebe gewagter Versuch genannt werden kann. Namentlich fehlte es an richtiger Auffassung der Situationen, während sich andererseits oft eine freundliche melodische Ader zeigte.* Das klang gut gemeint, doch in der Formulierung einer »freundlich melodischen Ader« spürte Walther offenbar eine abschätzige Kritik heraus. Er habe auf dramatische Höhepunkte verzichtet, sollte das heißen, verharre in melodischer Konvention, während Richard Wagner mit pathetischen Opern wie »Rienzi« bereits erste Erfolge erzielte.

Was Walther offenbar am meisten kränkte, war die Tatsache, daß kein einziger Rezensent darauf verzichtete, ausdrücklich auf ihn als »Goethes Enkel« hinzuweisen, auch Robert Schumann nicht. Die »Allgemeine Musikzeitung« ließ sogar anklingen, der Beifall habe nur seinem Namen gegolten: *Dem jungen Componisten fehlte in den Räumen der Beifall nicht, wo sein Großvater oft so Schönes geschaffen, so Schönes angeordnet hatte.* Walther war schon einmal empfindlich verletzt worden, als der Musikverleger Hofmeister ihn geradeheraus wissen ließ, er werde seine Liedkompositionen doch nicht bloß auf seinen weltberühmten Namen hin drucken.

Jetzt bereute er zutiefst, sich überhaupt der Öffentlichkeit präsentiert zu haben. Er brauche keinen Ruhm. An Adele Schopenhauer schrieb er, eine schwere Demütigung erlitten zu haben und den Kopf vor Scham nicht mehr heben zu können. *Warum gab ich die Partitur her?* Es sei eine *Entheiligung* gewesen, die Aufführung ein einziges Fiasko, die Glückwünsche nur Persiflage, die protegierenden Worte von Genast zutiefst peinlich. In der Zeitschrift »Didaskalia« vom 7. November habe gestanden: *An der Instrumentierung sieht man noch sehr den Anfänger*, das kränke ihn am meisten. Obgleich im »Hamburger Correspondenten« später eine lobende Kritik stand, fühlte sich Walther *künstlerisch zertreten.* Adele Schopenhauer antwortete ihm nach der Aufführung: *Wollte Gott, ich könnte hinzufügen: es ist Friede in Dir! Aber noch immer hast Du nicht die stille Liebe zu Deiner Kunst, die Dich im Schaffen Glück finden lässt.* Die Oper »Anselmo Lancia« wurde eine Woche später in Weimar noch ein einziges Mal wiederholt. Das Werk ist seither niemals mehr gespielt worden.

Walther wußte nicht, wohin er sich in Zukunft wenden sollte. Weimar war nicht der Ort, wo er leben, die Musik nicht der Beruf, den er ausüben wollte. Für ihn gab es nirgends Zufriedenheit, nirgends Ruhe; in dieser Beziehung waren sich Mutter und Sohn ähnlich. Denn umhergetrieben wie ihr Sohn war auch Ottilie. Sie hatte auf die Ehe mit dem zwei Jahre jüngeren Schriftsteller und Journalisten Gustav Kühne gehofft – da hatte er ihr plötzlich seine Hochzeit mit einer blutjungen Frau mitgeteilt. Die spendable Geldgeberin Sibylle Mertens schrieb der enttäuschten Freundin: *Kann ich denn gar nichts tun für Deine Ruhe und Deinen Frieden, Du gequältes Herz, und ist denn mein guter Wille ebenso hilflos wie Dein Schmerz?*[96]

Walther waren immerhin vier Wochen Glück beschieden. Er erlebte in Bonn ein ungetrübtes Zusammensein mit seinem Bruder. Wolf hatte trotz wiederholter asthmatischer Anfälle das Abitur mit Auszeichnung bestanden und in Bonn mit dem Jura- und Philologiestudium begonnen. Damit wählte er genau die Fächer, die auch sein Großvater bevorzugt hatte: Jura aus Pflicht, Literatur aus Neigung. Jetzt schon zeichneten sich seine Interessen ab. Neben der streng juristischen Seite besaß er eine Vorliebe für Sprache und Literatur, und er begann zu schreiben. Da Goethe resolut erklärt hatte, aus Wolf würde »ein Dichter«, sah er sich insgeheim nach geeigneten Stoffen um, an denen er sein Talent erproben konnte.

Das Zusammensein der Brüder, die von sich sagten, sie lebten *wie ein stilles junges Ehepaar*, verlief ungewöhnlich harmonisch. Im Grunde waren sie sehr verschieden, sowohl nach Charakter und Interessen als auch in ihrem Äußeren. Eine Besucherin in Goethes Hausgarten hat sie geschildert. *Die Herren Barone kamen durch den Garten zu uns gegangen, um Jeder von uns ein seidenes Tuch zu schenken. Deutlich sehe ich die Beiden noch heute vor mir: Baron Wolf groß, schlank, ernst und zurückhaltend, Baron Walter klein, beweglich, lebhaft und liebenswürdig.*[97]

Die Musik war das beide verbindende Element. Wolf korrigierte Walthers Kompositionen, sie musizierten miteinander, fuhren gemeinsam zur Jugendfreundin Ida Melos und besuchten Sibylle Mertens, die daraufhin einen optimistischen Brief an Ottilie schrieb. *Walther, dessen heitere, frische Beweglichkeit einen wahren Frühling von Lust, Leben und Sonnenschein verbreitet, aus welchem heraus sein herrliches Talent achtende Anerkennung erobert, hat uns öfter ... die Freude gemacht, ein paar Stunden mit uns zuzubringen: Ich sah ihn mit wahrem Schmerze scheiden. Wolf, abgesonderter, in sich verschlossener, hat indeß in seiner Schweig-*

samkeit mein Herz sehr gewonnen, und ich sinne, um den rechten Weg zu finden, ihm näher zu treten, ohne ihn zu belästigen oder zu stören.[98]

Nach vier Wochen brüderlicher Gemeinsamkeit zog es Walther nicht etwa zurück nach Weimar, sondern nach Wien, wie immer im Schlepptau seiner Mutter, die schon den Umzug plante. Ihr Freund Romeo Seligmann lebte dort, Anna Sibylles Grab war dort, und sie, Goethes Schwiegertochter, würde jederzeit Zugang haben zu den elegantesten Salons Wiens.

Für Walther war das Anziehende an dieser Stadt die Musik, und er fand dort endlich auch den lange gesuchten Lehrer. Es war der schon vierundsechzigjährige Ignaz Ritter von Seyfried, der noch bei Mozart gelernt hatte, Komponist von über hundert Bühnenwerken, Messen und Symphonien. Seyfried war ein kultivierter Musiker, der großes handwerkliches Können, aber wenig Originalität besaß. Von Seyfrieds Wohlwollen ermutigt, begann Walther wieder zu komponieren. Seine »Vier Gesänge mit Begleitung des Pianoforte«, als Opus 5 gedruckt, widmete er Marianne von Willemer.

Nach und nach kam auch die restliche Familie nach Wien. Die dreizehnjährige Alma und ihre Erzieherin Constanze Scheibe trafen ein, Walther feierte mit ihnen im April 1840 seinen 22. Geburtstag und notierte mit kindlicher Freude penibel die Geschenke: von der Mutter *Schillers Biographie und eine selbstgehäkelte Mütze, Notenbüchel* und einen *delicieusen* Klavierstuhl, von Alma Portefeuille und Näschereien, *von der Scheibe Lineal, Schnurrbartkämmchen und einen allerliebsten Briefbeschwerer.* Im Frühsommer reiste sogar die Großmutter an, begleitet von Luise Seidler, die Almas Porträt anfertigte. In den Semesterferien stieß dann noch Wolf zu ihnen, und überraschend erschien Vetter Felix Vulpius, der sein medizinisches Examen abgelegt hatte, mit Heinrich Horn, der Walthers enger Freund

und Gefährte wurde. Sie streiften durch die Etablissements der Stadt und tauschten Erinnerungen aus an ihre schöne Kindheit, an die Spiele und Theateraufführungen und an die Abenteuer im Goetheschen Hausgarten, wohin sie nicht über die Treppe, sondern meist den Weg durchs Fenster und über das Weinspalier genommen hatten.

Walther besuchte die Wiener Oper und war nebenbei fleißig. Am 12. Juni 1840 konnte er der Textdichterin Adele Schopenhauer mitteilen, seine Oper »König Enzio« sei vollendet. Am 28. August notierte er, wie in jedem Jahr, *Apapas Geburtstag*, und zwar noch freudiger als sonst, denn Robert Schumann hatte sein »Allegro für Pianoforte« in der »Neuen Zeitschrift für Musik« 1840 positiv beurteilt. *Ein großer Name ist eine gefährliche Erbschaft, wie schon oft geäußert worden*, begann Schumann sein Lob. *Wir begrüßen in obengenanntem Componisten einen Enkel Goethe's, der ihn als Kind noch scherzweise seinen ›Musiker‹ nannte, mit seinem prophetischen Geiste vielleicht vorhersehend, dass sich Walther einmal ganz der Musik widmen würde, für die er schon in frühesten Jahren Anlage zeigte. Ob nun Goethe'sches Blut in ihm fließt, lässt sich nach einer so kleinen Arbeit freilich nicht ermessen. Der Componist, nicht viel über 20 Jahre zählend, hat aber bereits sich auch in größeren Werken, sogar in der Oper versucht, und wie er fleißig ist, weiß der Schreiber dieser Zeilen auch, so dass wir denn, Erfreuliches erwartend, bald mehr von seinen Leistungen berichten zu können hoffen.*

Walthers körperliche Konstitution und seine schwachen Nerven aber erlaubten ihm keinerlei seelische Belastung, ja er schien neuerdings wie von Furien gejagt. ... *ich habe eine Angst in mir, als verfolge mich jemand mit einer Hetzpeitsche*, klagte er der Mutter.

In dieser Phase der Angst und des Gefühls, isoliert zu sein, beschäftigte ihn ein grausiges Thema, das ihn über Jahre nicht mehr loslassen sollte. Er wollte ein Drama schreiben, dessen Hauptgestalt ihm aus einer alten Prager Sage entgegengetreten war: »Der Golem«. Sein Golem ist der von anderen Geschaffene, ein mutterloses Kunstwesen ohne Gefühlsleben, ein Unglücksmensch, der, auch in der Liebe isoliert, als einsamer Außenseiter vegetieren muß. Walther dichtete:

Er, den nicht Liebe schuf,
Hört nicht der Liebe Ruf . . .

Über Jahre hat Walther an seinem »Golem« gearbeitet. Des Dramas wegen besuchte er in Wien das Judenghetto und die Armenviertel, beschäftigte sich mit jüdischer Religion, besorgte sich den »Talmud«, das »Buch Jezira«, eine »Geschichte des hebräischen Volkes« sowie die »Geschichte der Juden im Mittelalter«. Damit nicht genug, legte er eine lange Liste aller bekannten Veröffentlichungen zum »Jüdischen Cultus« an. Er studierte »Die Welt der Hexen« von 1580, »Kabbalistische Briefe« von 1741, las ein Werk »Über Zauberglauben und andere Schwärmereien« von 1787 und anschließend Kiesers »System des Tierischen Magnetismus« von 1822. Er verschaffte sich Bücher über Alchimie und – vermutlich noch ohne Kenntnisse vom zweiten Teil des »Faust« – über die Entstehung des Homunculus. Er machte sich Auszüge aus einer »Sammlung der merkwürdigen Visionen, Geister- und Gespenstergeschichten« von 1792, dann verfertigte er mit schöner Handschrift die siebzig Seiten des ersten Kapitels, das am Hof des Kaisers Rudolf II. in Prag spielte, wozu er sich noch Woltmanns »Neue Volkssagen der Böhmen« von 1821 besorgte. Schließlich legte er die Rollen des Dramas fest, das sich in seinen nachgelassenen Papieren gefunden hat: *DER GOLEM. Ort: Prag. Nacht und Tag. Duodrama mit Chören in drei Abteilungen. Personen: Der Rabbi. Der Golem. Stumme Personen. Eine Orientalin. Knaben. Träger.*

Zu einem späteren Zeitpunkt wurde »Der Golem« fortgesetzt. Vieles, was zu diesem Drama erarbeitet wurde, scheint wie aus Walthers Kindertagen wiederauferstanden zu sein: die vom Großvater geförderten Taschenspielerkünste, der aus Frankfurt beschaffte Zauberkasten, die Erinnerungen an seine eigenen Fertigkeiten und der Beifall während der Darbietungen seiner »verderblichen Künste« im Goethehaus. Walther beschaffte sich ein Buch mit dem Titel: »Das Wesen und Treiben der Gauner, Diebe und Betrüger Deutschlands mit einem Wörterbuch der Diebes-Gespräche« von Rochlitz, 1846 erschienen, das vielleicht auch seinen Großvater begeistert hätte. Von der Kinderzeit mit ihren harmlosen Spielen und Zaubereien spricht in Walthers Drama der Rabbi Loew, nachdem er den Golem geschaffen hat:

Wer hätt es gedacht
Daß dem harmlosen Spiel
Das als Kind ich vollbracht,
Werde ernstestes Ziel.

Auf die sexuelle Problematik des Autors weisen Zeilen hin, die der Unsichtbare dem Rabbi zuruft: *Rabbi! Du hast Dich entzogen / Der Liebe, der heißen, schmerzvollen Liebe; / Den Frauen und ihrer Liebe.* Entsetzt stellt der Rabbi die Frage: *Bin ich verdammt? – Jawohl!* klingt unerbittlich die Antwort. Da wird im Stück auf eine Kindheit mit Büchern hingewiesen, da treten Gestalten auf, die den Luxus und die Verschwendungssucht Ottilies zu spiegeln scheinen. Der Golem, so heißt es im Text, wünscht sich eine Mutter, die reich ist, behängt mit Juwelen, die in einem prächtigen Palais wohnt – so hat es Walther einmal wörtlich seiner Mutter geschrieben: wie gerne er ihr einen Palast schenken würde, in dem sie wohnen sollte.

In Walthers wirklichem Leben bahnte sich eine Katastrophe an. Es muß im Winter 1840/41 eine rätselhafte, nie geklärte Erschütterung in seinem Leben gegeben haben, die ihn vollends zu Boden warf. Sein erbärmlicher Zustand war nicht gut zu verbergen, doch er konnte sich keinem Menschen anvertrauen. Seine Verstörung war schließlich so groß, daß er sich das Leben nehmen wollte.

Man kann über die Ursache dieses Zusammenbruchs nur spekulieren. Die Verzweiflung, die ihm auf der Stirn geschrieben stand, konnte sowohl mit seiner homoerotischen Veranlagung zu tun haben als auch mit der Tatsache, daß der angebetete Robert Schumann im September 1840 Clara Wieck geheiratet hatte. Dazu kam die unglückliche Berufswahl. Ihn mußte die Erkenntnis niederschlagen, daß er als Komponist niemals etwas Großes, Geniales schaffen und erreichen würde.

Walther veränderte sich, wurde heftig und böse gegen seine Mutter. Mit ihr in einer Wohnung zusammenzuleben sei ihm fortan unmöglich, erklärte er ihr, und auch wenn er die Absicht einer radikalen Trennung in seiner neurotisch zu nennenden Abhängigkeit nicht durchführte, machte er die Drohung wahr. In übergroßer Sensibilität hat Walther immer unter der Lebenstragik der Mutter gelitten, die sich in jeder Hinsicht – auch in ihren Erwartungen an die Söhne – tief enttäuscht sah. *Du kennst mich doch*, antwortete er, als sie ihn aufforderte, zu ihr nach Weimar zu kommen, *also laß mich in Ruhe und auf meine Art meinen Weg gehen ... Euer ewiges S c h w e b e n über der Erde, statt auf ihr zu g e h e n, Eure stets wechselnden Pläne, Eure Unruhe und das ganze Durcheinander wirkt immer störend auf mich ein.*[99]

Noch feindseliger verhielt Walther sich plötzlich auch gegen den mit der Mutter eng befreundeten Arzt Dr. Romeo Seligmann, der ihm, dem zehn Jahre Jüngeren, mit Wohlwollen entgegengekommen war. In jenen entscheidenden Tagen des Zusammenbruchs fand eine Auseinandersetzung schwerwie-

Der Wiener Arzt Dr. Romeo Seligmann

gendster Art statt. Der entgeisterten Mutter schrieb Walther am 22. Juni 1841: *Seligmann und ich sind voneinander geschieden wie zwei Menschen, deren Lebenswege für immer auseinandergehen ... zerbrich Dir nicht den Kopf über eine Sache, die Du doch nie erraten kannst, über die Seligmann nicht sprechen darf und über die ich nicht sprechen werde ...*[100]

Zu vermuten ist, daß es bei der Unterredung mit dem Arzt nicht nur um Walthers körperliche Leiden ging. Angesichts seiner Depressionen wird auch das Gebiet der Homosexualität zwischen den beiden Männern zur Sprache gekommen sein. Der rätselhafte Inhalt in Walthers Brief an die Mutter weist in seinen dunklen Andeutungen auf dieses Problem hin.

Seligmann ordnete eine sofortige Ortsveränderung an. Ottilie beschloß, mit Alma nach Weimar zu fahren, Walther wollte weiter nach Berlin und Nassenheide. Er war in einem bedauernswerten Zustand. *In meinem tiefsten Innern bin ich eigentlich doch todunglücklich. Ich mag die Welt, die Menschen, die Natur, kurz, was ich will, betrachten, so ziehe ich daraus nur eine schmerz-*

liche Wehmut. Die Menschen scheinen mir wenig liebenswert, hatte er seiner Mutter bekannt. Er besuchte zunächst seinen Vetter Heinrich Nicolovius, den Enkel von Cornelia Goethe, in Berlin und reiste weiter nach Stettin zu Carl Loewe und auf das Gut der Bertha von Schmeling. Hier endlich fand er Frieden.

Es ist kaum nachzuvollziehen, was Dorf und Gut Nassenheide dem schwierigen jungen Mann bedeuteten: es war der einzige Ort, wo er sich so heimatlich wohl fühlte, daß er daran dachte, für immer dort zu bleiben. Hier war seine Großmutter aufgewachsen, hier hatte die Urgroßmutter als junges Mädchen gelebt. Niemand verlangte besondere Leistungen von ihm, nicht einmal Carl Loewe, der ihn zwar ermutigte, aber nicht drängte, während in Wien die Konkurrenz der besseren Musiker ihn niederdrückte. Walther fürchtete sich vor den Menschen der großen Städte, den Salondamen mit ihrem Vornehmtun und ihrer Oberflächlichkeit. Endlich war er keine »Zimmerherrenexistenz« mehr und kein verlorener Sohn. Er liebte die gleichmäßig wiederkehrenden ländlichen Vorgänge und zog die Weite der Felder und die Stille der Wälder jedem gesellschaftlichen Treiben vor.

Nassenheide war der einzige Ort, wo keiner nach seinem Namen fragte. Der Aufenthalt war Balsam für seine gereizten Nerven. *Noch ein paar Monate in Wien, und ich wäre gewiß zugrunde gegangen*, schrieb Walther im August 1841 aus Nassenheide. Das war bitterernst gemeint. Er hatte in Wien keinen Ausweg mehr gesehen. Immerhin war es dem Arzt Dr. Seligmann gelungen, ihn am Leben zu erhalten. Walthers Dank, durch einen Zufall nicht vernichtet, fiel allerdings spröde aus und zeigte seinen Widerwillen gegen den engsten Freund der Mutter. *Ich werde nicht vergessen*, schrieb Walther, *daß, wenn auch zwischen uns kein Band mehr besteht, Sie doch das Ihrige taten, um mich mir selbst und meiner Familie zu erhalten. – Ich denke wir haben beide getan was wir tun mußten …*[101]

Das Gutshaus in Nassenheide bei Stettin

Doch selbst in der ländlichen Stille von Nassenheide überfiel ihn die alte Schwermut. *Wenn wir abends im Garten auf- und abgehen, die Blumen so sanft duften ... da möchte mir das Herz zerspringen –, wenn ich gegen Mittag über die Wiesen hingehe ... und dann plötzlich ein kühler Hauch vom Walde herüberweht – ich empfinde nur Wehmut. Wenn ich mit Bertha auf dem kleinen offenen Wagen fahre und es Abend wird und die Schatten so lang werden ... und hier und da ein paar stille Gestalten unter dem großen Baum vor dem Hause sitzen und dem Gerassel des Wagens lauschen, wenn er kommt, vorbeifliegt, in der Dunkelheit verschwindet, ja, meine liebe Mutter, da möchte mir immer das Herz brechen. Es ist nicht Schmerz, nicht Unglück, nein, es ist eine unnennbare Leere, ein Gefühl der Sehnsucht nach einem anderen Lande ...*

Er endete seine Seelenschilderung mit dem Geständnis: *Fröhlichkeit kann ich empfinden, Glück nie!*[102]

Walther von Goethe hatte, was sein musikalisches Schaffen betraf, in keiner Hinsicht Erfolg. Der Verlag Breitkopf und Härtel sandte ihm seine eingeschickten Kompositionen zurück, auch der Musikverleger Schott wollte seine Arbeiten nicht veröffentlichen. Einige Lieder von Walther erschienen verstreut in Zeitschriften, andere in verschiedenen Verlagen: »Sechs Lieder für eine Singstimme« Opus 6-8 bei Simrock in Bonn; »Sechs Lieder für eine Singstimme« Opus 14 bei Haslinger in Wien. Die Gedichte, die Walther sich zur Vertonung aussuchte, stammten von Eichendorff, Kerner und Heine, Lenau, Geibel und anderen, singbare Texte wie: *Es ist so süß zu scherzen / mit Liedern und mit Herzen …* Einige Gedichte seines Großvaters hat der Enkel ebenfalls vertont: das »Kophtische Lied« (*Geh, gehorche meinen Winken*) und »Wandrers Nachtlied« (*Der du von dem Himmel bist*), drei Lieder aus dem Singspiel »Claudine von Villa Bella«, die liedhaften Verse »Mit Mädchen sich vertragen«, »Liebe schwärmt auf allen Wegen«, »Langsam weichen mir die Sterne«, »Ein Blumenglöckchen vom Boden hervor« und »Verfließet, vielgeliebte Lieder«. Keines dieser Lieder ist bekannt geworden.[103] Der größte Teil seiner Lieder blieb ungedruckt, nur für sein Liederheft Opus 20 und die »Altdeutschen Lieder«, die dem Bruder Wolf gewidmet sind, erfuhr Walther einiges Lob. Verbittert hat Walther einmal ausgerufen: *Ich möchte lieber Kümmeltürk als Goethe heißen, denn da soll man singen wie Mozart und sprechen wie der Großpapa!*[104]

Der Mißerfolg setzte sich fort. Keine einzige deutsche Bühne nahm Walthers Oper »König Enzio« an, obgleich viele Freunde – Vetter Georg Melber in Frankfurt, Sibylle Mertens in Köln, Adele Schopenhauer in Bonn, Caroline von Egloffstein in Hannover, seine Mutter in Berlin – sich unablässig für eine Aufführung einsetzten. In nicht weniger als zwanzig Städten wurde der Versuch unternommen, die Oper »König Enzio« unterzubringen. Das Werk wurde überall abgelehnt. Musikalisch starke Konkurrenten traten auf den Plan. In Weimar siedelte Franz Liszt sich an, Komponist und gefeierter Klaviervirtuose seiner Zeit. Verdis Oper »Nabucco« wurde 1842 umjubelt, wahre Triumphe erlebte Richard Wagner bei der Uraufführung seiner Oper »Rienzi« in Dresden – und Wagner war nur fünf Jahre älter als er, der minder begabte junge Goethe.

Ottilie hatte am 10. Februar 1842 Franz Liszt in Weimar um eine Begutachtung der Oper gebeten – Liszt lehnte ab. Daraufhin wandte sie sich an den Generalintendanten der Berliner Oper, der zur Beurteilung des Werks eine interne Kommission einsetzte. Zu ihr gehörte Oberregisseur von Lichtenstein, der kurz zuvor das Originalmanuskript des »Fliegenden Holländers« von Wagner zur Begutachtung erhalten und die *erfindungsreiche Musik* gerühmt hatte.[105] Sein Urteil über Walthers Werk fiel weniger positiv aus. Ottilie erfuhr, daß die Arbeit zwar solide, die Behandlung des Stoffes aber mehr lyrisch als dramatisch sei, ferner ließen die Instrumentierung sowie die Behandlung der Singstimmen eine *ausgebildete Individualität* vermissen. Damit wollte er sagen: Der junge Goethe ist noch zu uneigenständig, zu abhängig von Vorgängern wie Bellini, überdies kraftlos in der Intonierung und reichlich sentimental ... Der Intendant der Hannoverschen Bühne, Heinrich Marschner, nannte das Werk *flach* und mahnte: *Entschädigt ein momentanes Gefallen für ewiges Vergessen? Und wird der Untüchtige nicht immer vergessen? Ganz gewiß! Ein Deutscher aber, zumal ein Göthe, muß immer nur Tüchtiges wollen ...*[106]

Zurück in Wien, erfuhr Walther zu seinem Entsetzen, daß sein Lehrer Ritter von Seyfried gestorben war. Die schmerzliche Erkenntnis, daß nicht er dessen geliebter Meisterschüler gewesen war, sondern ein anderer, bedeutete eine weitere Erschütterung. Nur noch *in Träumen* gedachte er seiner großen Ambitionen. Ein kümmerlicher Rest davon hat sich im Nachlaß gefunden, Programme, Noten und Andenken, die mit der pompösen Aufschrift: *Mein Künstler- Leben- Treiben- und Träumen* die vergebliche Liebe eines Tonschöpfers dokumentieren.[107]

In Träumen endete, was er im Leben nicht erreichen konnte. Eine tiefgreifende Krise kündigte sich an. Walther von Goethe nahm von einer Karriere als Komponist Abschied. Er sah sich als gescheitert an. Schon am 7. Januar 1842 schrieb er seiner Mutter, er habe sich als Künstler ganz aufgegeben und beklage sein *verpfuschtes Leben*. Das Steuer zu wenden, etwas Neues zu beginnen, dazu besaß der Vierundzwanzigjährige weder den Willen noch die Kraft.

Ein anderes großes Problem kam auf die Brüder zu. Kanzler von Müller teilte ihnen mit, daß der Deutsche Bund ihm als Testamentsvollstrecker ein Kaufangebot für Goethes Wohnhaus einschließlich der Sammlungen vorgelegt habe. Die gebotene Summe belief sich auf 40 000 Reichstaler. Die Idee habe die Unterstützung des kunstsinnigen preußischen Königs Friedrich Wilhelm IV. gefunden. Geplant werde die Errichtung eines Nationaldenkmals, das der Regierung von Weimar unterstellt und Besuchern bei freiem Eintritt zugänglich gemacht werden solle. Die Bundestagskommission, gebildet aus den Gesandten von Österreich, Preußen, Bayern, Sachsen und Weimar, stimmte dafür, alle Bundesländer bis auf Hessen und Württemberg signalisierten ihre Zustimmung; aus Kopenhagen, Hannover, Karlsruhe, Darmstadt, Dresden und München lagen positive Antworten vor.[108] Er, Müller, bitte um eine Stellungnahme.

Walther hätte das Angebot gerne angenommen. Er brauchte das Geld, und der Kanzler riet dringend zu. Die genannte Summe sei angemessen, nämlich 20 000 Reichstaler für das Haus, den Garten und die beiden Nebenhäuser, 20 000 Reichstaler für die Kunstschätze. Da allerdings, wie Müller richtig vermutete, die Enkel, ihre Mutter und ihre möglichen Nachkommen dann keinen Wohnort mehr hätten, sollten sie den Erwerb von Baugrund, etwa zur Ackerwand hin, zur Bedingung machen. Müller ging es vordringlich darum, das Haus des größten deutschen Dichters in eine Nationalstiftung einzubringen, damit es kein »Familiendenkmal« werde, wie Alma sich ausdrückte.

Der Zeitpunkt war gekommen, auf den man lange gewartet, auf den man vielleicht hingelebt hatte. Endlich sah man einer sorgenfreien Zukunft entgegen. Vor allem Walther, der wohl nie mit eigenen Einkünften rechnete, wollte auf das Gebot eingehen. Doch Wolf befand, die Summe sei viel zu niedrig. Briefe gingen hin und her, erstmals gab es zwischen den Brüdern eine heftige Auseinandersetzung. Wahrscheinlich wären die Details besser mündlich geklärt worden, da man sich nun auf verhängnisvolle Weise mißverstand. Wolfs Einwände machten den ängstlichen Walther so kopfscheu, daß er rasch einlenkte. *Hätte ich nur nach m e i n e m Wunsch gehandelt so hätte ich trotz der geringen Summe von 40 000 Reichsmark j a gesagt, denn ein Sperling in der Hand ist besser wie eine Taube auf dem Dache,* teilte er Wolf mit und fügte hinzu: *ich habe freilich nie die Aussicht, mir meinen vollständigen Unterhalt zu erwerben, wie es Dir wohl in 3-4 Jahren möglich sein wird.* Doch: *Etwas gegen D e i n Gefühl zu tun, lieber Wolf, würde mir immer sehr schmerzlich sein …* Er hätte sich auch gerne mit einem Schlag von der Verpflichtung befreit, die ihn bedrückte und ihm den Atem abschnürte: immer und ewig zum Hüter und Sachwalter des großväterlichen Besitzes verdammt zu sein.

Dennoch entschloß sich Walther – gegen seine Überzeugung – Wolf zuliebe zum Verzicht. Dem Bruder fiel ein Stein vom Herzen, wie Bertha von Schmeling bestätigte, bei der er sich in Berlin aufhielt. *Als der Brief kam, ergriff ihn das heftigste Zittern, und er war außer sich.* Der Hausverkauf würde Wolfs Leben, schrieb sie, *in den tief innersten Fasern zerreißen …* Wolf, der in Weimar den hinteren Teil von Goethes Wohnhaus bewohnte, hatte in Gedanken bereits einen Umbau entworfen: mit einer Mauer wollte er das Hinterhaus vom Vorderhaus abtrennen. Walther aber fragte ihn daraufhin nicht ohne Humor, welcher Bundestag wohl *das halbe Haus* kaufen würde.

Der Kanzler, über die Absage der Brüder entgeistert, fragte am 1. Dezember 1842 nach der Höhe ihrer Forderungen. Walther reagierte zwölf Tage später von Wien aus: Nur wenn der Bundestag mindestens 60-70 000 Reichsmark bewillige, würden sie das Angebot annehmen. Der Kanzler befand Anfang Januar 1843, 50 000 Taler seien das Äußerste, das man fordern könne. Zur gleichen Zeit schrieb Walther an Wolf: *Daß es angenehm wäre, das Ganze zu behalten, glaube ich gern, aber wir sind dazu doch nicht reich genug; denn dann müssten die Sammlungen würdig aufgestellt werden, man müsste einen Kustos haben, sie würden fast das ganze Haus füllen, und wir hätten eine Reihe Kunstzimmer, aber kein Wohnhaus. Haben wir wirklich großen Vorteil vom Verkauf des Hauses, so denke ich, wir sollen es ja tun; sonst lieber die Sammlungen möglichst hoch verkaufen und das Haus behalten.*

Wolf erwiderte dem Kanzler unverändert kühl am 11. Januar, unter 80 000 Talern werde man nicht verkaufen. Es sei schließlich nicht irgendein Haus, sondern das Haus Goethes. Am ersten Februar 1843 gab daraufhin Walther seine endgültige Meinung bekannt: auch zum Höchstpreis wolle man nicht verkaufen, denn *wenn Deine Seufzer daran kleben*, so an Wolf, nütze ihm die größte Summe nichts. Zufrieden war Walther jedoch nicht. *Ich will Geld, Geld, keine Kunstsachen, kein Haus, sondern Geld …* Doch zugleich war ihm der Gedanke, das Haus zu einem öffentlichen Museum zu machen, in Innersten zu-

Der Jurist und Kanzler Friedrich von Müller

wider. Das Haus des Großvaters preisgeben? Sie waren die letzten, die das Glück in diesen Räumen kannten. In diesem Haus hatten sie, die Enkel, am Tisch der Götter gesessen.

Ottilie machte den Vorschlag, nur die Sammlungen zu veräußern, das Haus zu behalten. Das wollte auch Alma. Am 19. Februar 1843 übermittelte Walther dem Kanzler seine neuerliche Absage im Namen der Familie: ein Verkauf *sei unvereinbar mit ihren Gefühlen der Pietät gegenüber dem Großvater.*

Die Absage in ihrer Endgültigkeit erregte nun wiederum Wolfs Bedenken. Er wollte die Verhandlungen nicht restlos abbrechen. Der Kanzler war über den ablehnenden Bescheid ohnehin so erbittert, daß er seinem Ärger über die Goethe-Familie in einem amtlichen Schreiben Luft machte. Er erklärte am 24. Februar 1843 den Bundestagsvertretern: *der schwache und nachgiebige Walther von Goethe, der gerade von Anfang her derjenige war, welcher am meisten für den Verkauf des Hauses stimmte, sei von der leidenschaftlich auf ihn eindringenden Mutter überwäl-*

tigt worden, da sie es eigentlich sei, die sich einer Nationalstiftung widersetze und das Zustandekommen hintertreibe. Sie wolle die Sammlungen in Wirklichkeit sogar nach Frankfurt geben. Die Söhne aber, führte er aus, stemmten sich *in knabenhaftem Hochmut* und wegen der *übertriebenen sentimentalen Anhänglichkeit an die von dem verewigten Großvater bewohnten Räume* gegen einen Verkauf.

Die Brüder waren von der Unaufrichtigkeit des Kanzlers und seinen eigenmächtigen Eingriffen in Goethes Archiv überzeugt. Noch im Alter bezeichnete Wolf den inzwischen gestorbenen Müller als den Mann, der ihre Minderjährigkeit mißbraucht habe und leichtfertig mit Handschriften des Großvaters umgegangen sei. Die Benutzung der Archive, der Handschriften, Briefe und Tagebücher Goethes, die der Kanzler hinter ihrem Rücken eingesehen und ausgeliehen hatte, sollte in Zukunft unmöglich sein.

Das Drama spitzte sich zu. Ottilie, die in der Tat Verhandlungen mit Frankfurt begonnen hatte, schlug den Verkauf der Kunstsammlungen vor. Darauf gingen die Söhne nicht ein. Goethe hatte testamentarisch verfügt, daß seine Sammlungen nicht auseinandergerissen werden sollten. Der Wert seiner Kunstschätze, der weit höher lag als vermutet, konnte damals noch nicht beurteilt werden. *Meine Manuskripte, meine Briefschaften und Sammlungen jeder Art sind der genauesten Fürsorge wert*, hatte Goethe bei der Abfassung seines Testaments zu Müller gesagt. *Nicht leicht wird jemals so vieles und so vielfaches an Besitztum interessantester Art bei einem einzigen Individuum zusammenkommen ... In diesem Sinne möchte ich diese meine Sammlungen k o n s e r v i e r t sehen.*[109] In Paragraph 4 seines Testaments hatte der Dichter festgehalten: *Eine eigentliche Taxe dieser relativ unschätzbaren Gegenstände ist nicht wohl möglich.* Keinesfalls sollten die Dinge einzeln versteigert werden.

Der Bundestag zeigte sich nunmehr bereit, 60 000 Taler für Haus und Sammlungen zu zahlen. Das war eine stattliche Summe, und Almas Vormünder Dr. Büttner und Dr. Vogel empfanden es als ihre Pflicht, zugunsten ihres Mündels auf dieses Gebot einzugehen. Die Brüder wurden energisch aufgefordert, in den Verkauf einzuwilligen.

Nun saßen sie in der Falle. Es kam zu turbulenten Auseinandersetzungen. Ottilie wehrte sich empört gegen die Erpressung ihrer Söhne. Alma habe schon bitterlich geweint, schrieb sie aus Wien, *daß man das Haus verkaufen wolle, und niemand schütze sie.*[110]

Endlich kam es zu einer Einigung. Walther und Wolf beschlossen zum dritten Mal, das Haus nicht zu verkaufen. Dafür waren sie gezwungen, Alma den ihr zustehenden Anteil von 20 000 Talern auszuzahlen. So geschah es. Anstatt endlich zum ersehnten Reichtum zu gelangen, mußte Walther, der sein eisernes Kapital nicht angreifen wollte, eine Hypothek von 6200 Talern auf das Haus eintragen lassen und sich zusätzlich 7000 Taler leihen. Er stürzte sich in Schulden, obgleich er immer wiederholte, er brauche nur Geld: *Geld, um einfach und gemütlich in meinem lieben Wien leben zu können ...*

Kanzler von Müller, mit seinem Projekt endgültig gescheitert und von der Familie restlos enttäuscht, verwünschte die *sentimentalen* Brüder, deren Gefühlsduselei die Gründung einer Nationalstiftung verhinderten. Alexander von Humboldt allerdings fällte ein günstigeres Urteil. Er hatte in Berlin Wolfgang von Goethe empfangen, um ihn im Namen der preußischen Regierung zum Verkauf des Hauses zu überreden, war jedoch gegen den ausgeprägten Familiensinn machtlos. Das nötigte ihm einige Bewunderung ab. *Der sinnige junge Herr, der mir sehr gefallen, ist tief in sich zurückgezogen*, bemerkte er und nannte Wolf, den er sehr sympathisch fand und für dessen Verwendung im diplomatischen Dienst er sich später einsetzte, dem Minister von Bülow gegenüber einen *sentimental-phantastischen Jüngling von 22 Jahren.*

Immer noch erhoffte sich Walther finanzielle Erleichterung durch den Verkauf der Sammlungen an den Bund. Die Brüder boten sie im Oktober 1843 dem Bundestag zu dem genau errechneten Preis von 41 357 Talern an. Sie erhielten keine Antwort, da der Kommission nur am Inhalt mit Haus gelegen war. Am 12. Januar 1844 ordnete König Friedrich Wilhelm IV. den Abbruch der Verhandlungen an.

Noch im April 1845 schaltete der Erbgroßherzog Carl Alexander sich ein. Mit einem persönlichen Appell an die gemeinsame Kindheit und das Wohl der traditionsreichen Stadt Weimar bat er Walther und Wolf, dem Bundestag Haus und Sammlungen zu verkaufen. Ein Wohnrecht sollte ihnen wohl zugesichert werden. Er erreichte nichts. Damit war der letzte Versuch, eine Nationalstiftung zu gründen, gescheitert.

Trotz der Schuldenlast blieben die Brüder bei ihrer Weigerung, das Haus herzugeben. Sollten sie nicht mehr ungestört durch den Saal gehen, nicht mehr das schöne Jünglingspaar mit den Fackeln betrachten, nicht mehr ungehindert das heilige SALVE überschreiten dürfen? Der Gedanke, fremde Menschen in ihren Räumen herumschlendern zu sehen, war ihnen zuwider, und es widerstrebte ihnen, den einzigen Zufluchtsort, den sie auf der Welt besaßen, für eine wenn auch noch so große Summe zu veräußern.

Im Grunde war das Festhalten an diesem Haus auch Ausdruck ihrer Goetheverehrung. Der Großvater hatte seinen Wohnsitz mit Bedacht ausgestaltet und in seinem Testament unter Paragraph 7 eigens verfügt: *Mein Wohnhaus und meine Gärten mögen bis zur Volljährigkeit meiner Enkel von ihnen in Gemeinschaft besessen und unveräußert erhalten werden, es sei denn, daß die Umstände eine Veräußerung besonders rätlich oder notwendig machten.* Alma war noch nicht volljährig, und »notwendig«

war eine Veräußerung nicht. Das Haus, ihre Heimat, sollte nicht zum Allgemeingut werden, auch nicht gegen hohe Eintrittsgelder.

Daß die Schätze erhalten blieben und nicht, wie bei Schiller, verkauft und zersplittert wurden, das hatte die Welt in Zukunft nur ihnen, Goethes Enkeln, zu verdanken.

Almas Tod

Bei allen familiären Schwierigkeiten gab es zum Glück die Schwester Alma. Sie brachte Heiterkeit und Licht in das unruhige Miteinander ihrer komplizierten Familie. Alma liebte die Brüder, und die Brüder liebten sie. Walther nannte sich bei ihr *Dein Bruder Zankhans Brummbär*, sie schrieb zurück: *Adieu mon chère frère / Sie sind und bleiben ein alter Bär.* Nach der Weimarer Aufführung seiner Oper »Anselmo Lancia« bezeichnete sie sich stolz als die *Schwester eines Komponisten*, der besser sei als Meyerbeer, und schmeichelte ihm, wie wunderbar seine Musik sei. Sie bewunderte und vergötterte ihn.

Während Walther und Wolf an Gestalt und Aussehen – und leider auch mit ihren diversen Erkrankungen – offensichtlich nach der Mutter geraten waren, glich Alma mehr ihrem Vater August. Sie hatte seine Hauptmerkmale geerbt, das vorstehende Kinn, die gewölbte Stirn. Eine Schönheit war sie nicht, aber wie ihr Vater praktisch veranlagt, eine gute Schülerin und sprachlich gewandte, flüssige Briefschreiberin.

Alma war ein Sonntagskind, unbeschwert und strahlend, gespannt auf Neuigkeiten und immer voller Wünsche. *Liebe Dicke*, so Student Wolf an die Elfjährige, *ich erlaube mir dir zum heiligen Christ ein Paar Gliederpüppchen zum Bekleiden, ein Heft Noten zu Deinen musikalischen Studien zu schenken, das Kinder-Theater wird Dir hoffentlich ebenso viel Spaß machen als mir früher, wo ich mich an einem ganz gleichen unzähligemal ergötzte. Deinen lieben Brief werde ich nächstens auf sehr schönem Papier beantworten. Dein Wolfgang.*

Was Alma den Brüdern voraushatte, war ihre stabile Gesundheit. Sie bekam zwar die üblichen Kinderkrankheiten, hatte aber kein schwaches Herz, keine Neuralgien und kein Asthma und war im Kern, wie Wolf befand, robust wie eine

Alma von Goethe als Achtjährige,
gemalt 1834/35 von Luise Seidler

Römerin. Man mußte sich keine Sorgen um ihr Wohlergehen machen wie um den labilen Walther und den anfälligen Wolf. Unterrichtet wurde sie vom Hauslehrer Rothe, der auch die Brüder erzogen hatte. Außerdem nahm sie Mal- und Zeichenunterricht, tanzte und spielte Klavier.

Oft ging Alma zu ihrer Urgroßmutter, der alten Gräfin Henckel von Donnersmarck, die im Haus der Charlotte von Stein an der Ackerwand lebte. Bei Frau von Stein hatten immer eine Reihe von Orangenbäumen vor der Hausfront gestanden; diese Tradition wurde fortgesetzt. Therese Böhlau hat es beschrieben. *Wie Alma da vor mir steht auf den Stufen des lieben Hauses, vor dem die Orangenbäume in großen Kübeln gereiht prangten ... Sie trug damals ein feines, hellbräunliches Kleid; ein sehr farbiger, römischer Longshawl umhüllte ihre Schultern, und ein weißer Battisthut vollendete den sommerlichen Anzug, der eine zierliche Ge-*

stalt von Mittelgröße umschloß. Alma wird damals knapp zwölf Jahre alt gewesen sein. Ihre Haare, ein kräftiges goldschimmerndes Blond, umgab in reicher Fülle eine breite, sehr gewölbte Stirn ... Ein energischer, frischer, voller Mund über einem kräftig entwickelten Kinn ist mir in lebhafter Erinnerung ... Alma war die Gesundheit und Jugend selbst.[111]

Seit Ottilie ihr Domizil in Wien aufgeschlagen hatte, wo sie teure Wohnungen oder Hotelsuiten mietete, wohnte Alma bei Großmutter Henriette von Pogwisch, die sie sehr liebte, im geräumigen Haus an der Esplanade. Erhalten blieb ein Brief der vierzehnjährigen Alma an die Großmutter, die zu Bertha von Schmeling gereist war. *Liebe Ammama! Wie geht es Dir denn hoffentlich bist Du recht gut in Berlin angekommen, ob es Dir gefällt brauche ich Dich wohl nicht erst zu fragen, denn wenn man bei Tante Bertha ist gefällt es einem immer ... Wolf kam den selben Abend wo Du den Morgen abgereist warst und es that ihm sehr leid dich nicht mehr getroffen zu haben. Hier ist nichts weiter vorgefallen als daß die halbe Papiermühle in Oberweimar gestern früh um 6 Uhr abgebrandt ist. Bitte sage an Hugo, die Handschriften würde ich besorgen, schicken könnte ich vor der Hand nichts da ich sehr viel zu sticken und zu nähen hätte. Ich wollte du wärst wieder hier kein Mensch will mit mir spatzieren nach Tiefurt oder nach Oberweimar gehen. Von Walther haben wir einen Brief er ist nicht krank. Du brauchst dich also nicht zu ängstigen. Nun Adieu liebe Ammama. Komm bald wieder Deine Dich liebende Enkelin Alma.* Am Rand hinzugefügt: *Der Mutter geht es leidlich sie war gestern in deinem Garten.*[112]

Ihr glückliches Naturell und ihr liebenswürdiges Wesen machten Alma beliebt. Mit den Töchtern des Geheimrats Thon verbrachte sie die Sommertage im Kurort Berka. Freundin Therese erlebte, wie man mit den Mädchen vom Ort zusammenkam und am Abend auf hochbeladenen Heuwagen von der Wiese heimfuhr. *Wir liefen an den weit abgelegenen Ziegelbrunnen, um dessen besonders gutes Quellwasser in großer Kanne zu schöpfen ... Wir hatten unsere Köchin mit nach Berka genommen, und die einfachen Gerichte, die sie uns bereitete, schmeckten Alma vortrefflich, so daß sie sich die Rezepte für Zuhause aufschrieb, mit den Worten: ›Die sind für Wien! Da hat meine Mutter des Abends immer gelehrte Gesellschaft, das langweilt mich, da will ich ihnen lieber etwas Gutes kochen‹ ...*

Mit ihrem von Vater August geerbten Sinn für die Realität gründete Alma im Alter von vierzehn Jahren mit ihren Freundinnen einen Wohltätigkeitsverein. Es ging darum, die Kinder armer Familien zu beschenken, für die gestrickt, genäht und gesammelt wurde. Die Erzeugnisse wurden auf dem Weihnachtsbasar zugunsten bedürftiger Familien verkauft. *Alma führte Buch über die Armen, deren man sich annahm, und über Das, was man ihnen schenken wollte*, berichtete Therese Böhlau. *Ihr humorvoller Verkehr mit den armen Kindern, die zum Maßnehmen oder Anprobieren in die Sitzung bestellt wurden und die sie unter Scherz und Lachen aus- und anzog, erfüllte mich schon damals mit aufrichtiger Bewunderung. ... Auch als sie bereits in Wien war, handelten Almas Briefe hauptsächlich von der Sorge um »ihre« Kinder.* Bei jeder Sitzung waren fünf Silbergroschen in die gemeinsame Kasse einzuzahlen. *Kurioserweise wurde die Kasse im Haus der Frau von Stein in einem Wandschrank aufbewahrt, an dessen Innenseite Goethes inzwischen gestorbene Intimfreundin mit Bleistift alle die Bücher notiert hatte, die sich Goethe im Laufe der Jahre von ihr lieh.*[113]

Alma hatte in Weimar so viele Freundinnen und Aktivitäten, daß es ihr leid tat, wenn sie ihre Mutter nach Wien begleiten mußte. Zu ihrem Freundinnenkreis gehörten Cäcilie von Gersdorff, Helene Thon und deren Schwester Therese, später verheiratete Böhlau, Dorothee Huhn, Ottilie von Häsler, Thekla Thomson, Cäcilie Vogel, Ida Krause, Charlotte Swaine und

Alma von Goethe. Zeichnung von H. A. J. B. Chélard, 1845.
Im Hintergrund Goethes Gartenhaus

Olga von Grant, die für Walther schwärmte und so verliebt in ihn war, daß sie ihn, wie es hieß, heiraten wollte. Aus Wien schrieb Alma Briefe voller Heimweh an die Großmutter. *Ich freue mich ungeheuer auf Weimar. Daß ich nicht bei Olgas Konfirmation sein kann, tut mir sehr leid … – Ach, wie viele Bälle wird es den Winter in Weimar geben!* Ihre Rückkehr nach Weimar malte sich die Vierzehnjährige begeistert aus: *Mine muß Sand-*

torte backen, Amama Tee dansant in Allels Garten geben ... übrigens muß im Garten alles mit bunten Lämpchen, (welche Amama noch im weißen Kasten in der Schlafstube stehen hat) erleuchtet sein, so wird mein Einzug den der Erbgroßherzogin noch übertreffen.[114]

Walther erhielt von einer der Mutter-Tochter-Reisen im Sommer 1842 einen Bericht, der ihn nicht nur ärgerte, sondern in volle Wut versetzte. Ottilie schilderte ihm ein »Reiseabenteuer«, das sie in ihrer leichtsinnigen Eitelkeit offenbar als für den Sohn geeignet fand. Sie war mit Alma in einem Landgasthof abgestiegen. Der Zufall wollte, daß sich vor ihrer Zimmertür drei Männer – nach Ottilie drei Gentlemen – laut miteinander unterhielten. Sogleich habe sie, noch *ohne Schuh und Strümpfe*, die Tür geöffnet und eine *kleine flirtation* mit den Herren begonnen, um, wie sie kokett hinzufügte, *nicht aus der Übung zu kommen.*

Diese aufreizende Formulierung, vor allem aber die Anwesenheit seiner noch nicht fünfzehnjährigen Schwester bei dieser Episode brachte Walther in Harnisch. »Um nicht aus der Übung zu kommen«, eine derartige Äußerung erschien ihm nachgerade zynisch. Hatte die Mutter nicht schon genug »Flirtationen« begonnen und beendet? Hatte nicht er, Walther, als Liebesbote fungieren müssen zwischen ihr und »Freund« Story? Hatte sie nicht durch ihren Leichtsinn Geburt und Tod eines Kindes verursacht? Und nun dieser Brief einer Mutter, die es überdies bedauerte, wie Ottilie ihrer Schilderung kokett hinzugefügt hatte, nicht auch noch am Abend in der Gaststube mit den Engländern flirten zu können, da das einer »Lady« untersagt war. Walthers Antwort zeigt Ärger und Empörung: *... ich finde Deine Abenteuerlust nicht sehr günstig für Alma und wollte Du bliebst immer als Lady oben in Deiner Stube; überhaupt sehe ich für Alma die größten Gefahren, da Du viel zu sehr mit Dir beschäftigt bist, um sie immer zu hüten.*[115]

Walther haßte die erotischen Eskapaden seiner Mutter. Ihre Leichtfertigkeit in amouröser Hinsicht muß seine psychische Störung noch vertieft haben: die Angst vor weiblicher Sexualität. Auf ihn, der sich nur von Männern verstanden fühlte, nur vom männlichen Eros angezogen wurde, wirkte das Getändel der eigenen Mutter doppelt abschreckend. Daß sie, die sechsundvierzigjährige Witwe von Goethe, mit bloßen Beinen vor fremden Männern auftrat, neben sich im Türrahmen die hübsche, neugierige Tochter, erschien ihm überaus abstoßend. Eine Vorbildfunktion erfüllte diese Mutter nicht. Das mangelnde Verantwortungsbewußtsein und den leichtsinnigen Charakter seiner Schwiegertochter muß auch Goethe schon bei der Abfassung seines Testaments vor Augen gehabt haben, als er ihr ein festes »Wittum« zusicherte – es sei denn, man habe ihr die Erziehung der Kinder entzogen.

Alma genoß in Weimar die jugendlichen Vergnügungen, die die Stadt vielfältig bot. Die Liste der Geschenke, die sie im Oktober 1843 zu ihrem sechzehnten Geburtstag bekam, bezeugt ein glückliches Leben. Großmutter und Tante schenkten einen dunkelblauen Samthut mit Rosen und ein Florkleid nebst Unterkleid, Walther *einen sehr schönen Ring und Handschuhe.* Auch der Wunschzettel, der in zweifacher verbesserter Ausführung erhalten blieb, ist der eines lebenslustigen jungen Mädchens: *ein weißes Crepekleid mit weißen Rosen, einen türkischen Wollmousselin,* einen *Bouquet-Halter* aus Bronze, Atlasschuhe und bunte Lederschuhe aus Wien, *eine schottische Echarpe, Kragen, Manschetten, Handschuhe, Geld.*

Geld war nie genug da. *Für die 3 Taler danke ich Dir tausendmal, da meine Kasse an der galoppierenden Schwindsucht leidet.* Die Vormünder bedachten Alma am Weihnachtsfest mit Schmuck. *Denke nur, ich habe ein wundervolles Armband von Gold mit Granaten (es ist ganz elastisch) von Herrn von Waldungen bekommen, es passt ganz zu der Brosche, die ich früher einmal von Büttner be-*

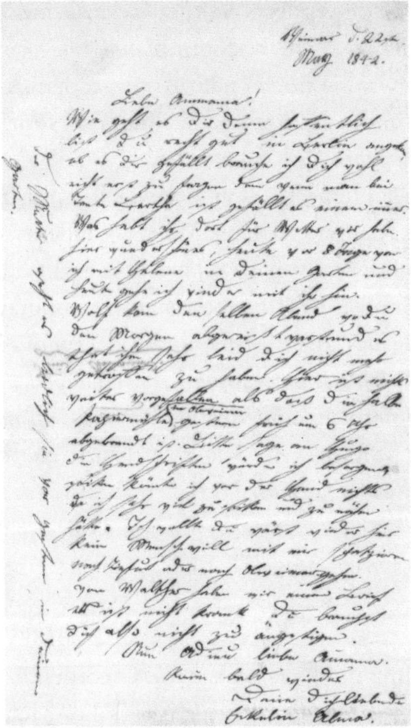
Weimar d. 22ten May 1842.

Liebe Omama!

Nun Adieu liebe Omama.
Komm bald wieder
Deine dich liebende
Enkelin Alma.

Brief der 15jährigen Alma an ihre Großmutter Henriette von Pogwisch

kommen habe. Die Freude war um so größer, als Alma bereits einen ersten Verehrer hatte. Es war ein Sohn der Tante Bertha, Hugo von Schmeling, Fähnrich im Garde-Jäger-Bataillon zu Potsdam, der wegen seiner Verschwendungssucht – was Alma sicher nicht wußte – von Walther schon zurechtgewiesen und von der Mutter abgelehnt worden war. Einen anderen Bewerber, den jungen Boyneburg, lernte Alma bei einem Fest im Haus der Großmutter kennen. *Herr von Beuneburg, ein Bruder von unserem hiesigen Beuneburg, ein sehr hübscher Mensch, welcher eine süperbe Figur hatte und prächtig tanzte*, gefalle ihr und wolle demnächst wiederkommen.

Alma war groß geworden. Walther hatte sie schon humorvoll gebeten, nicht mehr zu wachsen, *damit Du nicht größer wirst wie ich.* Jetzt war sie noch einen Kopf größer als ihre Mutter, sehr schlank und nach Aussage Walthers *ein heiteres, unbefangenes, anmutiges, sehr kluges Wesen.*[116]

Großmutter Henriette von Pogwisch hat Alma in einem Brief an ihre Tochter Ottilie in Wien als äußerst vergnügungssüchtig geschildert. Sie habe wahrhaftig nichts als Feiern und Tanzen im Kopf. Ihre Charakterisierung klingt widersprüchlich. *Übrigens liebt Alma wenig, und von Deiner Herzenswärme hat und wird sie nie etwas haben, wie sie überhaupt der Himmel unter ihren Geschwistern am wenigsten mit Kopf und Gemüt begabt. Sie wird aber eine rechtliche brave Frau sein können, nur fehlt ihrem Gemüt und ihrem Kopf für mich das Bestechende, was der Frauen bester Schmuck ist.* Andererseits sei Alma *sehr leidenschaftlich*, und es hätten schon einige junge Männer Weimars ein Auge auf sie geworfen.

Nachdem Alma in Wien konfirmiert worden war, durfte sie im Herbst 1843 mit Großmutter und Tante nach Weimar zurückreisen. Es gab Mitte Oktober 1843 ein Wiedersehen mit Jenny von Pappenheim, Natalie und Marie Herder, Franz von Schober und Franz Liszt. Auf einen Ball bei Häslers hatte sich Alma zur Zufriedenheit der Mutter passend und elegant vorbereitet: *so haben wir einen sehr schönen weißen Atlas gekauft, unten kommt ein Rosen Bouquet, vorne ein Bouquet, auf die Ärmel Rosen und in die Haare die schöne Rose von Dir.* So hat Luise Seidler Alma gemalt, im weißen Kleid, jenen Rosenkranz im Haar, den sie sich zum sechzehnten Geburtstag gewünscht hatte.

Es gab in Weimar aufregende Neuigkeiten. Erbgroßherzog Carl Alexander hatte sich mit Prinzessin Sophie der Niederlande verheiratet, und die Vormünder hatten Alma 150 Reichstaler zu ihrer *Präsentation* bei Hofe bewilligt. Bei der ersten offiziellen Vorstellung am 15. Oktober 1843 fragte Carl Alexander, der gleichaltrige Freund ihrer Brüder, ob er sie duzen dürfe. Sie verneinte. ›... *aber Alma werde ich Sie doch nennen*‹, rief er amüsiert. Seine Frau Sophie sei *reizend graziös liebenswürdig, alles alles, kurz ein Engel*, schrieb Alma der Mutter, nachdem sie zum ersten Mal eine Einladung ins Weimarer Schloß erhalten hatte, das ihr mit seinen erleuchteten Kugellampen, den Kronleuchtern, Blumen und Spiegeln wie ein *Feenpalast* vorkam. Ihre Liebe zu dem freundlichen Fürstenpaar wuchs, so daß sie der Mutter schließlich einen ernsthaft gemeinten Plan erläuterte: Sie wolle in den Dienst des Hauses Sachsen-Weimar treten, wolle »Hoffräulein« werden.

Die Antwort, die Alma von der Mutter auf dieses unschuldige Ansinnen hin erhielt, fiel ungemein böse und heftig aus. Ottilie, die ein Leben in Wien dem kleinstädtischen Weimar bei weitem vorzog, reagierte auf eine Weise, die man heute als »Psychoterror« bezeichnen würde. Sie übte ihre Macht über die Tochter ungehemmt aus und überschüttete sie mit Vorwürfen. Alma wolle sich mit ihrer Absicht, am Weimarer Hof tätig zu werden, nur von ihr trennen, denn ohnehin habe sie für die Mutter keine Liebe übrig.

Alma war erschüttert. *Liebe gute Mutter! Über Deinen Brief konnte ich wohl nur außer mir sein, ich habe so geweint, daß ich nicht Zeichenstunden nehmen konnte. Ich hatte nicht gedacht daß Du so an meiner Liebe zweifeln kannst ... es ist töricht von mir gewesen den Wunsch Hoffräulein zu werden zu haben ...* Sie hätte, fügte sie hinzu, niemals gedacht, daß die Mutter ihre Idee *so auslegen würde*. Ihr schöner Plan war im Keim zerstört. *Adieu gute Mutter, ich hoffe daß Du nach diesem Brief eine bessere Meinung und Beweis meiner Liebe siehst.*

Nur an Walther schrieb Alma noch kleinlaut, nachdem sie ihm das glückliche Leben bei Hofe in leuchtenden Farben ausgemalt hatte: *es umarmt Dich Deine sehr gern Hoffräulein werden möchtende Schwester Alma.*

Ihren Vorsatz, die Tochter selber so bald wie möglich in Weimar abzuholen, hatte Ottilie inzwischen schon wieder geändert. Der alte Oberforstmeister von Fritsch sollte Alma nach Wien bringen. Alma, die in diesem Oktober 1844 siebzehn Jahre alt wurde, verließ nur ungern die Freundinnen und das herzogliche Paar. Vielleicht hat das strikte Verbot, den Beruf eines »Hoffräuleins«, also einer Hofdame mit eigenem Einkommen, zu bekleiden, wie es Jenny von Pappenheim, wie Großmutter und Urgroßmutter es taten, sie im Innersten getroffen. Die Chance, zu einem eigenen Leben im geliebten Weimar zu gelangen, war durch die eiserne Ablehnung der Mutter unmöglich geworden.

Als Ottilie Alma in Linz in Empfang nahm, um die Reise nach Wien auf dem Dampfer fortzusetzen, klagte die Tochter über Ermüdungserscheinungen und Mattigkeit. Sie lebte sich dann aber doch ein und war erfreut, daß die Familie des mit der Mutter befreundeten Botanikers Endlicher ihr zu Ehren ein Gartenfest gab. Alma trug bei diesem Fest das rosa Moirékleid und den Kranz von Rosen, mit dem sie in Weimar geglänzt und in dem sie mit dem Erbgroßherzog den ersten Tanz getanzt hatte.

In der Nacht nach dem Gartenfest ging es ihr schlecht. Kopfschmerzen stellten sich ein. Am Tag darauf – es war der Geburtstag ihres Bruders Wolf – zeigten sich ernste Anzeichen einer Erkrankung. Die Maßnahmen der beiden befreundeten Ärzte, Dr. Seligman und Feuchtersleben, blieben ohne Wirkung. Das Fieber stieg.

Was wußte man über den Typhus? Die Infektionskrankheit, die vorwiegend junge Menschen befällt, entsteht hauptsächlich durch verunreinigtes Wasser und verdorbene Speisen. Sie beginnt mit Mattigkeit, Gliederschmerzen, Frösteln, es folgen steigendes Fieber, bohrende Kopfschmerzen und eine zarte, kleinfleckige Rötung der Haut. Das Fieber bleibt einige Tage

Alma von Goethe auf dem Totenbett

auf gleicher Höhe, dabei kommt es zu Darmkrämpfen und Koliken. Dann trübt sich das Bewußtsein. Das Delirium setzt ein.

Ob die Ärzte die Schwere der Krankheit erfaßten, die sie lediglich als »nervöses Fieber« diagnostizierten, ist ungewiß. Alma stöhnte und litt. Sie phantasierte, wollte eine Figur vom Ofen holen. Am Abend des 28. September erhob sie sich plötzlich vom Sofa, umschlang die Mutter, rief: *Mein Mutterchen – Mamachen!* und sank zurück.

Am anderen Morgen starb sie.

Das Drama »Erlinde«

Einen Tag nach Almas Tod feierte Wolf – noch ahnungslos – seinen vierundzwanzigsten Geburtstag. Sein Jurastudium wollte er – was weder Vater noch Großvater geschafft hatten – mit der Promotion zum Dr. jur. abschließen. Ihn interessierte vor allem das deutsche Recht im Mittelalter, auch darin ein echter Romantiker.

Aus dem hageren Studenten war ein gutaussehender, schlanker junger Mann geworden. Mit seinen dunklen, das Gesicht umrahmenden Haaren und der bräunlichen Haut glich er seiner Mutter, hatte auch ihre schönen schwarzen Augen und verfügte über ein gewandtes, äußerst liebenswürdiges Auftreten, das schon Alexander von Humboldt beeindruckt hatte. Ein Porträt aus dem Jahr 1850 zeigt den angehenden Diplomaten im hellen Anzug mit Weste, seidener Halsbinde und glänzenden Lackschuhen, er trägt das glatte Haar in der Art von Franz Liszt kinnlang, der Strohhut und ein dunkles Lippenbärtchen lassen ihn wie einen modischen Dandy erscheinen. Dabei war Wolf in Wirklichkeit alles andere als ein Lebemann: reserviert, empfindlich und so kontaktscheu, daß er als Einsiedler bezeichnet wurde und kaum Freunde hatte.

Sehen Sie meinem Wolf in die Augen, hatte Goethe einst zu einem Besucher gesagt, *es spricht so etwas heraus, daß ich meinen sollte, er werde ein Dichter.* Offenbar hatte sich der Enkel diese Voraussage zu Herzen genommen. Er wollte schreiben und veröffentlichen, wollte ein Dichter werden. Mitten in den aufreibenden Verhandlungen um den Verkauf von Goethes Wohnhaus und die Gründung einer Nationalstiftung besaß er die Nerven, sich an eine literarische Arbeit zu machen, die 1842 unter dem Titel »Studenten-Briefe« erschien. Es waren die autobiographischen Mitteilungen eines Zweiundzwanzigjährigen in Form von Briefen, die die Kommilitonen *Heinrich und Alfred* miteinander wechseln, anspruchslose und im Grunde gänzlich unpolitische Betrachtungen, gedacht für kommende Erstsemester.

Romantisch beginnt der erste »Studentenbrief«: *Die Reisetasche als Unterlage, einen prächtigen blauen Himmel über mir, die schönsten Hügelwellen vor mir, ein bischen Baumgesäusel, Vögelgezwitscher um mich, so schreibe ich an Dich, in der hellen Sonne liegend, neben Saatfeldern, in denen der Wind Farbenwellen zieht.*

In die Briefe hatte der romantische Autor Gedichte eingefügt, die seine Gefühle wiedergeben:

Lebensdrang

Es wird mir im Hause zu enge,
Es leidet mich nicht mehr daheim;
Fort muß ich, ich muß in's Gedränge,
Ich will ein Bursche nun sein ...

So zu einander gehören,
So Bruder und Freund zu sein,
Das will ich freudig beschwören,
Das ist das wahre Daheim.

Doch letztlich sind es die Bekenntnisse eines Einsamen, der Freundschaft inmitten des studentischen Getümmels zwar beschwört, aber nicht finden kann. *Heinrich* – der Autor selbst – schreibt an *Alfred*: *Ja, einsam! Das ist das Wort, an das ich immer wieder stoße, an dem ich immer wieder scheitere. Wenn meine Seele sich doch nicht stets nach einer Ansprache sehnte. Die stille Trauer, die mich fasst, wenn ich vom schiefen Fenster meines Mansard-Stübchens aus in den regnerischen Abend starre ...*[117]

Alfred spricht dem unglücklichen Heinrich Mut zu. *Führe*

nur bald etwas aus und sende es mir; Du tust doch so wenigstens etwas in dem Leben und Streben, in das Du nicht den Mut hast, Dich hineinzustürzen ... so findest Du doch noch einen Freund, nach dem Dein Herz so stöhnt ...

Der Autor schildert die trockene Gelehrsamkeit der Universität und ermutigt kommende Erstsemester, indem er auf sich selbst verweist: Auch er habe aus dürrem Holz noch Funken zu schlagen vermocht. *Gott sei Dank! Ich fühle, daß ich immer augenblicklich für alles Schöne erregbar bin, woher es auch kommt. So kann ich durch die trockenste Beschäftigung in eine Art Begeisterung versetzt werden ... Neben meiner Jurisprudenz sind es vorzüglich historische Studien, durch die ich mich angezogen fühle ... Dazwischen schlingt sich die Beschäftigung mit der Mythologie und Tragödie der Griechen.*

Hier beschrieb Wolf bereits seine wissenschaftlichen Interessen, denen er später intensiv nachgehen würde. Während des Studiums jedoch, so der Autor der »Studenten-Briefe«, habe er eine bedeutende Persönlichkeit immer vermißt. Offenbar fehlte ihm eine Autorität, wie sie sein Großvater gewesen war. *Ach Gott, wenn mir doch das Glück zu Theil würde, in die Nähe eines ausgezeichneten Mannes zu kommen.* Er suchte nach einem *männlichen Geist*, der ihm behilflich wäre, *Irrwege* zu vermeiden und die *tierischen Elemente* – also seine sexuellen Triebe – niederzuhalten. Derartige Bekenntnisse sind von erstaunlicher Offenheit, denn trotz der Anonymität blieb der Verfasser der »Studenten-Briefe« natürlich nicht unbekannt.

Wolf war mit seinem Erstlingswerk, das ebenso wie Walthers späteres Buch im Verlag der mit Goethe befreundeten Familie Frommann erschien, bald schon nicht mehr einverstanden. Beide begingen den Fehler, ihre noch unausgereiften und unbedeutenden Erzeugnisse viel zu früh der Öffentlichkeit zu präsentieren. Walther erlitt mit seiner Oper Schiffbruch, Wolf mit seinem Studentenbuch, das ihm später sogar peinlich war. Freilich, ihr Großvater war bei seinen ersten Veröffentlichungen im gleichen Alter gewesen wie sie, aber er hatte mit »Götz« und »Werther« die Welt in Staunen versetzt.

Wolf plante weitere Veröffentlichungen. Mit großem Interesse hatte er die naturphilosophischen Vorlesungen Schellings gehört, ausgiebige Exzerpte angefertigt und mit Schelling darüber in langen Briefen diskutiert.[118] Im Nachlaß finden sich seine Notizen über die Beziehung des Menschen zur Natur, besonders zu der Frage, *wie der Mensch zum Göttlichen stehe.* Wolf behauptete, daß die Natur durch das Christentum *herabgewürdigt* und *vernachlässigt* sei, und verfaßte darüber den philosophischen Essay: »Der Mensch und die elementarische Natur«. Sein Anliegen war es, das ursprünglich eng gedachte Verhältnis zwischen Mensch und Natur wiederherzustellen. Er war so besessen von dieser Vorstellung, daß ihm seine Schwester Alma mit ihrem natürlichen Wesen als schönste Vermittlerin seiner Idee erschien. Bei ihrem Tod schrieb er traurig: *Möge nicht der lichte gute Geist, der Naturfrieden mit ihr unserer Familie entwichen sein ...*

Bei dem einen großen Essay sollte es nicht bleiben. Wolf beschäftigte sich auch weiterhin mit diesem Thema und ernannte seine Dissertation, die er 1845 mit »Summa cum laude« abschloß, zum »Zweiten Beitrag«. Unter dem Titel »De Fragmento Vegoiae, cujus sit monumenti in tractandis antiquitatibus juris Romani« hatte er die in lateinischer Sprache verfaßte Weissagung einer etruskischen Nymphe namens Vegoia untersucht, welche mit Naturkatastrophen drohte, falls das von Jupiter vermessene und eingeteilte Land willkürlich von Menschen verändert würde. Mommsen nannte diesen Text *eine naturphilosophisch-moralische Predigt*[119], Wolf fand darin jenen kosmologischen Gehalt, der ihn schon in seinem Essay »Der Mensch und die elementarische Natur« beschäftigt hatte.

Beide Beiträge, der philosophische und der wissenschaftliche, sollten nun noch durch ein poetisches, möglichst lyrisches Werk vervollständigt werden. Nicht nur als Wissenschaftler, sondern auch als Dichter wollte er hervortreten. Es trieb ihn, als *Dritten Beitrag* ein Naturmärchen zu verfassen, das zugleich naiv und symbolisch, poetisch und dramatisch sein sollte. Er begann mit ersten Vorarbeiten, las das »Thüringische Gelehrten-Lexikon des 14. Jahrhunderts«, dann bat er Adele Schopenhauer, die gerade an ihren »Feld- und Waldmärchen« arbeitete, um ihre Mitwirkung.

Die alte Freundin der Mutter willigte gerne ein. Doch die Zusammenarbeit erwies sich als dermaßen schwierig, daß sie schließlich, als das Unternehmen dem Ende zuging, mit einem Seufzer in ihr Tagebuch schrieb: *26. Oktober 1842. Die Erlinde ist fertig. Mir ist recht wehmütig ... Er* [Wolf] *ist auf dem Wege sich sehr unglücklich zu machen durch Übertreibung, Schwärmerei u Talent. Gnade ihm Gott! und lasse ihn den Menschen finden der ihm was tun kann. Ich bin es nicht.*[120] In umständlicher gemeinsamer Arbeit war das Märchendrama »Erlinde« entstanden. Es erschien 1845 und erlebte 1851 eine zweite Auflage. »Erlinde« – Goethes »Erlkönig« klingt an, ins Weibliche gewendet. Hauptpersonen sind Eginolph, Graf v. Berka, Erlinde, die Nixe der Ilm, sowie der Mönch des Klosters Paulinzella. Wichtigste Gestalt aber ist der am Hof lebende Dichter Kurt der Langenwiesner. Er spricht aus, was sich der Autor als sein eigenes Lebensmotto denkt:

Ein edler Sänger werden,
Ist traun! Ein herrlich Los auf Erden.
Er soll die goldne Brücke schlagen,
Auf der sich Götter zu den Menschen tragen.

Ottilies Freundin Adele Schopenhauer mit ihrer Mutter.
Ölgemälde von Caroline Bardua, um 1809

Erlinde, ein Melusinen- und Undinenwesen, die Nixe aus der Ilm, hat sich den Grafen von Berka zum Geliebten erkoren. Doch nach einiger Zeit verläßt er sie, in Treue zu seiner eigenen Frau und seiner Kirche, wobei der Widerspruch zwischen den alten, heidnischen Naturgöttern, die dem Menschen wohl taten, und dem neu eingedrungenen christlichen Glauben, der die Mensch-Natur-Einheit zerstörte, wichtigstes Thema darstellt. Erlinde entschwindet, während die Elemente toben, und mit ihr das Heer der Wasser-, Wald- und Hausgeister. Der Graf, der ihrer elementaren Kraft nicht traute, stürzt von einem Felsen und stirbt.

Das Besondere an Wolfs Märchen-Erzählung: Sie ist nicht in einem Fabelreich angesiedelt, sondern mitten in Thüringen. Das gibt dem Autor Gelegenheit, die Schönheit seiner Heimat in lyrischen Bildern zu schildern. Die Handlung spielt an Orten, die Wolf kannte und liebte. Da ist das von Naturgeistern bewohnte Gebirge am Finsterberg, der Wald von Tannroda und das alte Kloster Paulinzella, da ist das liebliche Tal der Ilm zwischen Ilmenau und Manebach, wohin er mit dem Großvater gefahren war, der Schneekopf, die Schlucht bei Hetschburg, der Schloßgarten zu Buchfart, der Wald am Sachsenstein und die Stammburg Berka, deren Ruinen es noch gab. Das Stück spielt vor dem Hintergrund der Kreuzzüge zur Zeit Friedrichs II. von Hohenstaufen. Es ist bemerkenswert, daß sich auch Walther diese historische Epoche aussuchte, als er das Schicksal von König Enzio, Sohn von Friedrich II. von Hohenstaufen, als Opernstoff wählte. Das Drama »Erlinde« läßt auch die Hoffnung des Autors aufleuchten:

Es wächst der Geist, er wird gesunden,
Wenn sich der Mensch und die Natur gefunden.

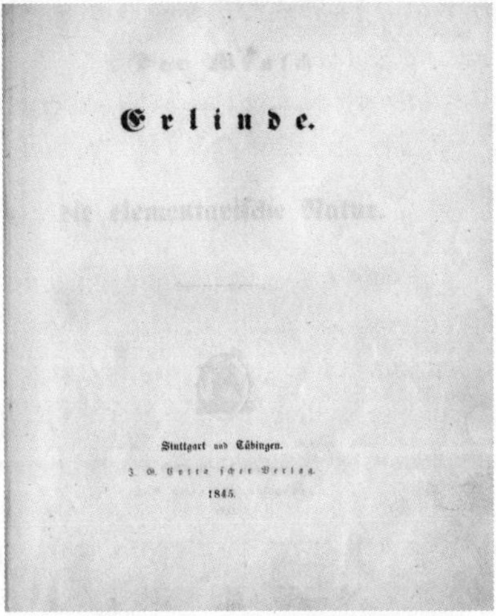
Erlinde.

Stuttgart und Tübingen.
J. G. Cotta'scher Verlag.
1845.

Wolfgang von Goethes Märchendrama
»Erlinde«, 1842. Titelseite

Kein Geringerer als Goethes Freund, der Naturforscher Alexander von Humboldt, hatte das Manuskript vor der Veröffentlichung gelesen und den jungen Autor sehr ermutigt. Doch der befreundete Otto Mejer war von dem Werk nicht angetan. Vermutlich störte den Theologen die im Drama ausgesprochene Ablehnung des Christentums als Zerstörerin des Glaubens an die Naturgötter. Daß das Werk unvollendet, sein Hauptgedanke undurchführbar sei, habe der Autor, über die mangelnde Resonanz enttäuscht, selber erkannt, sagte Mejer, der das Werk *sprachgewandt und phantasievoll*, doch im Ganzen epigonal fand. Allerdings waren ähnliche Themen schon Jahrzehnte zuvor von Achim von Arnim in der Alraunen-Erzählung »Isabella von Ägypten«, von E. T. A. Hoffmann in »Klein-Zaches«, von Friedrich de la Motte Fouqué 1812 in der »Undine« behandelt worden. Wolf beendete sein Werk mit Worten, die wie sein Credo klingen:

Was er von Lieb' und Treue,
Von Leid und bittrer Reue,
Vom stillen Geist, von Lust der Welt gesungen,
Ist nicht verweht, ist in das Herz gedrungen.

Alma war tot. *Was soll ich Dir von unserem Jammer sagen?* hatte Ottilie ihrer Mutter von Wien aus im November 1844 geschrieben. *Ich bin durch alle Qualen durchgegangen.* Sie konnte sich von dem Schicksalsschlag, der sie getroffen hatte, nicht erholen. *So einsam werde ich übrig bleiben, so leer wird alles um mich her werden! ...*

Bedrückend für Ottilie war das Bewußtsein, daß sie das Unglück vielleicht hätte verhindern können. Bevor Alma nach Wien abreiste, hatte sie ihr noch einen flehenden Brief geschickt, in Weimar bleiben zu dürfen. *Alle Leute sind außer sich, daß ich weg gehe, der Erbgroßherzog sagte neulich: Nein Alma, Sie müssen bleiben ... Sie gehören nun einmal zu Weimar, zu uns, wir dürfen Sie nicht fortlassen! ...* Jetzt klagte die Mutter mit Tränen in den Augen bei Carl Alexander: *unser aller Frühling ist hin.*

Ottilie ging es miserabel wie lange nicht. Man überschüttete sie mit Vorwürfen, die Tochter nach Wien geholt zu haben, wo schon die kleine Anna Sibylle gestorben und der Typhus bekanntlich verbreitet war. Daran starben nach Alma noch zwei weitere Mädchen ihres Alters, die ebenfalls am Gartenfest teilgenommen hatten. Die Zeitungen wie die Klatschpresse befaßten sich ausgiebig mit der Todesart von Goethes einziger Enkelin. Almas Erbe von 60-70 000 Talern würde nun an die Mutter als ihrer gesetzlichen Erbin fallen. Das führte zu dem Gerücht, Ottilie habe die Tochter der Erbschaft wegen vergiftet. Die Verleumdung wurde auch von der Dichterin Annette von Droste-Hülshoff kolportiert, die, ein Jahr jünger als Ottilie und über deren unmoralischen Lebensstil entrüstet, einer Freundin mitteilte: ... *in Weimar zweifelt niemand, daß sie zu diesem Zweck vergiftet worden ist. Das Publikum hält die Goethe dieser Tat fähig und würde sie (wie jene Dame sagt) mit Kot und Steinen werfen, wenn sie's wagen sollte zurückzukommen.*[121]

Ottilie wirkte gequält, als sie nach Weimar zurückkam. Einen Bericht, den man für objektiv halten kann, schrieb der Großherzog Carl Alexander am 12. März 1845 an Jenny von Pappenheim. *Vor einigen Tagen kam Frau von Goethe an, die sich wegen Familienangelegenheiten herbegeben hatte. Es schmerzte mich, sie zu sehen; ich kann sie nur einem entwurzelten Stamm vergleichen, der auf dem Wasser schwimmt, so ohne Ziel, ohne feste Absichten, ohne Plan, ohne Zukunft ist sie ... Ich sah auch Walther, der bald nach seiner Mutter kam; er sieht so schwächlich und gedrückt und lebensuntauglich aus, – verzeihen Sie den Ausdruck, – dass es einen schmerzt, wenn man ihn sieht.*[122]

Es sollte noch schlimmer kommen. Während Walther in Weimar inzwischen einen Rechtsanwalt eingeschaltet hatte, um sich mit seiner Hilfe gegen den Testamentsvollstrecker durchzusetzen, der – wie bisher – eigenmächtig über Goethes Archiv verfügen wollte, wurde Wolf schwer krank. Die Anstrengungen der Dissertation hatten seine Gesichtsschmerzen neu hervorgerufen und unerträglich werden lassen. Der Arzt riet ihm zu einer Kur im Süden, doch selbst die heißen Bäder von Capri versagten. Wolf verlangte nach seiner Mutter, die ihn bereitwillig nach Neapel und Rom begleitete.

Otto Mejer begegnete zufällig im Oktober 1845 dem Freund in Rom auf der Spanischen Treppe. Er sah einen schwachen und matten Menschen, der sich mühsam die Stufen heraufschleppte. Es war Wolf von Goethe. Seine Mutter war bei ihm. Wolf war auf Capri schwer erkrankt und dem Tode nahe gewesen. Nun wollten er und die Mutter, gemeinsam mit Sibylle Mertens und Adele Schopenhauer, den Winter in Rom verbringen. Es hätte ein angenehmes Zusammensein werden können, hätten sich Wolfs Gesichtsschmerzen nicht so verschlimmert, daß er kaum mehr zu sprechen wagte. Noch Wochen später war er geschwächt, sprach wörtlich von seinem *hilflos stöhnenden Leiden*, nannte seinen Zustand selbst eine *körperliche Verzweiflung* und trug sich mit dem Gedanken, katholischer Priester zu werden.

Ein einziges Mal wird in Mejers Bericht erwähnt, daß Wolf von Goethe auch an Heirat gedacht habe. Im Goethehaus befindet sich ein Briefbeschwerer, den Wolf Olga von Grant schenkte, die er in Italien traf und mit der er 1857 gemeinsam Weihnachten feierte. Doch hatte nicht auch Wolf homophile Anlagen? Das heikle Thema wird in einem Gedicht des Dreißigjährigen mit einer Offenheit, wie sie Walther niemals zu äußern wagte, ausgesprochen.

Voraus! Voraus! mit deinem Kainszeichen,
Was ich dir auf die Stirne brannte;
Sie werden aus dem Weg dir weichen,
Weil ich dich einst Genossen nannte.
Doch hast du mich, ich habe dich so lieb.
Hab Mut! Sei treu und voll Geduld,
Es wird einst klar was lang ein Rätsel blieb:
Das Leben in dem Tod, der Schwäche Kraft,
Die tiefe Weisheit, so die Torheit schafft,
Die höchst Reinheit aus der tiefsten Schuld.[123]

Beim Aufenthalt in Rom 1847 ging es Wolf so schlecht, daß er nicht einmal in der Lage war, eine Kutsche zu besteigen, um das Grab seines Vaters an der Cestius-Pyramide zu besuchen. Seine Mutter fuhr ohne ihn mit Adele Schopenhauer zum Grab ihres Ehemannes. Zum ersten Mal stand sie vor dem Stein mit der lateinischen, von Goethe gewählten Inschrift: Hier ruht *der dem Vater vorangegangene Sohn.* Ottilie brach in Tränen aus und weinte unaufhaltsam. Es muß ihr am Grab deutlicher als sonst zu Bewußtsein gekommen sein, wie falsch ihr Leben seit zwanzig Jahren verlaufen war. Der ältere Sohn ohne Stellung und Beruf, der jüngere krank und ebenfalls berufslos, die einzige Tochter im blühenden Alter gestorben, sie selber eine rastlos umhergetriebene, unglückliche Frau.

Adele Schopenhauer, die an Augusts Grab neben ihr stand, erinnerte sich noch genau daran, wie heftig Ottilie die Scheidung verlangt und wie inständig sie gehofft hatte, der ungeliebte Ehemann möge nicht mehr aus Italien zurückkehren. Welche Liebeserlebnisse mit anderen Männern hatte sich die schöne Freundin erträumt, und was war davon geblieben! Enttäuschung und Treulosigkeit und ein uneheliches Kind, das lange tot war. Mit August wäre vieles anders geworden. Julie von Egloffstein hatte Ottilie vor einiger Zeit die Gegenstände aus Rom mitgebracht, die August bei seinem Tod am Leibe trug: sein grünes Portefeuille, die gelblederne Brieftasche, zwei Reiseflaschen, sein Petschaft, den Stadtplan von Rom, ein Dictionnaire und ein neues Federmesser mit der Eingravierung »Charles Sterling«.[124] Auf diese Weise hatte Ottilie erfahren müssen, daß ihr Geliebter Charles Sterling, der nichts mehr von sich hören ließ, zum Freund ihres Mannes geworden war.

Sechs Jahre lang war Wolf nahezu unaufhörlich krank und außerstande, eine geordnete Tätigkeit zu übernehmen. Ottilie begleitete ihn an jeden seiner Kurorte. Mutter und Sohn, von Adele Schopenhauer oder Sibylle Mertens begleitet, verbrachten drei Winter in Rom, die Sommer in Wien, wo der Arzt Romeo Seligmann Hilfe bot. Im Oktober 1847 wurde der Siebenundzwanzigjährige so schwer krank, daß Ottilie schon *die Flügel des Todes* um ihn rauschen hörte. In einem Brief an Walther sprechen sich Mutlosigkeit und unselige Resignation offen aus. *Willst Du mir nicht helfen, Walther, willst Du nicht mit mir vereint versuchen, ob wir uns nicht eine Existenz zimmern können, wo wir weniger leiden? Gönnt Ihr meiner Seele nicht bald Ruhe, muß ich Euch so unglücklich fortwährend sehen, so wird mir bald der Friede, den Ihr meinem Alter versagt ...*[125]

Als sie sich in der größten Verzweiflung befand, kamen ihre alte Mutter, Schwester Ulrike und Sohn Walther nach Meran, um ihr zu helfen. Im Februar 1848 erlebte Wolf endlich einmal eine Phase relativer Gesundheit, die er zu einem Brief an Freund Mejer nutzte. *Wenn ich Etwas arbeite, so sind es römische Rechtsaltertümer – dann das Heidentum in den ersten Jahrhunderten des Mittelalters ...* Er käme aber immer nur schrittweise voran, fügte er resigniert hinzu. *Meine Kenntnisse sind doch lückenhaft, meine Gesundheit hindert mich, die Lücken gründlich auszufüllen, und erlaubt mir nur ganz fragmentarisches Arbeiten ... Das Leben ruft: tue es nicht! Mein Innerstes ruft: tue es! Weil ich das Buch schreibe, werde ich nicht gesund, und ich werde nicht gesund, als bis ich es geschrieben habe.*[126] Mit »Buch« war eine große Studie gemeint über den byzantinischen Kardinal Bessarion, an der er noch jahrelang arbeiten würde.

1849 fuhr Wolf, schon wieder krank, nach Freiwaldau, um die neuartigen Kaltwasserkuren zu erproben. Diese Kur verlangte jedoch nach einer spartanischeren Natur, als er sie besaß. Sie war schmerzhaft und quälend, die Anwendungen halfen nichts und trugen ihm nur noch größere Leiden ein. Was seine Gesundheit, sein weiteres Leben betreffe, schrieb er, habe er *gar keine Hoffnung mehr.*

Wolfgang von Goethe hatte bisher noch nicht einen Tag beruflich gearbeitet.

Auch Walther, teils von Verlegern gebeten, teils von der Mutter gedrängt, begann zu schreiben. Er wollte Geld verdienen, denn die finanzielle Lage war für ihn äußerst ungünstig. Der Zinssatz war gesunken, und Walther, der keine Einnahmen besaß, machte Schulden. Am 8. Dezember 1845 klagte er seiner Mutter, daß er der schlechten Zinslage wegen sein Kapital habe angreifen müssen. *Ich vermöble so ein Staatspapierchen nach dem andern und bin zuletzt vis à vis de rien* ... Er nahm den russischen Geschäftsträger, Baron Apollonius von Maltitz, als Mieter ins Goethehaus, der dort fünf Jahre lang die Beletage – mit Ausnahme von Urbino- und Deckenzimmer – bewohnte. Dazu hatte man das ganze Haus instandgesetzt, wie Bibliothekssekretär Kräuter Eckermann zu berichten wußte, und zwar innen und außen, *so daß es nie so schön ausgesehen hat wie jetzt*, es sei wieder *wie zu Lebzeiten des alten Geheimrats.*

Bei Walthers Veröffentlichungen handelte es sich bisher ausschließlich um musikalische Themen. Er schrieb Opernkritiken und Rezensionen, wie er es schon beim Großvater geübt hatte. Jetzt wurde allerdings Ernst daraus. Er lieferte musikalische Berichte aus Wien und verfaßte einen über mehrere Hefte sich erstreckenden Dialog zwischen *Operndirektor und Kritiker*, der ebenso kundig wie humorvoll ausfiel. In der »Neuen Berliner Musik-Zeitung« vom April 1849 erschien seine Besprechung von Aubers Oper »Haydée« und in der »Gazette Musicale« von 1849 ein sehr persönlicher Nekrolog auf den Komponisten Alfred Jules Becher, dem Walther seine Bekanntschaft mit Liszt verdankte. Den Plan, Wolfs »Erlinde« als Oper zu vertonen, hatte Becher nicht mehr ausführen können; er wurde im Gefolge der 48er Revolution als Verleger einer radikal-politischen Zeitschrift standrechtlich erschossen.

Dem Komponisten Walther von Goethe wurde trotz all seiner musikalischen Bemühungen letztlich nur ein einziges Mal eine gute Besprechung zuteil. Der Berliner Musiker Otto Lange, der ihn persönlich schätzte, lobte seine Lieder »Nachsommer« und »Meine Grüße« und schrieb in der »Berlinischen Zeitung« vom 23. Januar 1847 zu Walthers »Slavischen Bildern«: *Walther von Goethe, der Enkel des Dichters, befindet sich gegenwärtig in unserer Mitte. ... Jüngst hörten wir von ihm in einem Privatkreise neue Lieder vortragen, in denen er die Eindrücke, welche das Volksleben in Böhmen und Mähren während eines längeren Aufenthaltes auf ihn gemacht, musikalisch wiederzugeben versucht. Wir zählen diese Lieder zu dem Besten, was in neuerer Zeit auf dem Gebiete der Liedermusik uns zu Gehör gekommen ist. Walther von Goethe ... ist ein Talent, das unter der großen Zahl von Liederkomponisten hohe Beachtung verdient.*

Doch die erhoffte Beachtung blieb aus.

Seinem Freund Fritz Frommann klagte Walther am 8. Juni 1847 einigermaßen mutlos: *Recht sehr bitte ich Dich doch aber ..., den kleinen bekannten Musikus, zuverlässig ein ausgezeichnetes Talent, nicht ganz zu vergessen ... Mich erhält wenigstens die Sekkatur einzig und allein am Leben, denn hätte ich nicht meine Opern, die keine Bühne finden, meine Lieder, die ohne Verleger bleiben, so wäre ich ein ganz elender Mensch, so aber geht es immer fein still und sacht vorwärts; wohin, ja das weiß der dort oben besser wie der alte Musicalis Musicantus Edler von Musicus.*[127]

Dem Brief lag ein Gedicht bei:

Wenn ich endlich nicht mehr leide,
Bei der Weide sei mein Grab,
Wie der morschen hohlen Weide
Starb das Herz mir innen ab.

Als Ottilie ihrer Freundin Sibylle Mertens Walthers Besuch ankündigte, teilte sie zugleich mit, er habe ein *Herzübel, so daß er oft früh zu Bett geht, oft spät aufsteht ... seine Jugend ist verloren.*[128]

Walther resignierte, nicht nur auf dem Gebiet der Musik, sondern im Hinblick auf sein ganzes künftiges Leben. Zu einem Zeitpunkt, da sie beide, Walther und Wolf, durchaus noch mit Nachwuchs rechnen konnten, schrieb Walther, vom Ende des Goethe-Geschlechts fest überzeugt, im November 1845 an Schuchardt: *Sie haben viel Mühe durch uns, aber wenn Sie so in den Sammlungsräumen oder dem Arbeitszimmer des Großvaters in unserm Sinne schalten, wenn Sie Staub, Moderhauch und böse Geister bannen, da denke ich doch, es gereut Sie nicht, daß Sie treu an uns, den Überbliebenen von Tantals Haus, halten. Glauben Sie mir: das Reich der Eumeniden geht zu Ende. Wolfs beständiges Leiden, dazu der Mutter und unser aller Schmerz um Alma, ... die große Last, die Haus und Sammlungen uns aufbürden, das alles sind freilich Störungen für Geist und Streben ... und uns bliebe nichts als Jammern und Klagen, hätte ich nicht den Mut und festen Willen, eben ruhig durch Feuer und Wasser zu gehen – und die Taminoflöte hat Jeder, wenn er nur will.*

Als Mutter Ottilie ihrem Sohn 1851 eine feste Anstellung übermitteln wollte – es ging um die Musikredaktion der »Ostdeutschen Post« –, erhielt sie zur Antwort, man verdiene dabei nicht genug: *da ich entschieden ungern arbeite, will ich auf jeden Fall meine Zeit verwertet wissen ...*[129] In Wirklichkeit schrieb er – gewissermaßen heimlich – an einer literarischen Arbeit. Er hatte in den von Dr. Seligmann eingerichteten Suppenküchen die bedrückende Situation des Proletariats aus nächster Nähe kennengelernt und litt unter den verheerenden Zuständen. In der Bevölkerung gärte es. Man verlangte bessere Lebensbedingungen, forderte gleiches Wahlrecht. Auch er, Walther von Goethe, stand auf der Seite der Rechtlosen, entschlossen, die schreiende Ungerechtigkeit und Ungleichheit der Stände anzuprangern. Am 13. März 1848 riefen Wiener

Bürger, Proletarier und Studenten vor dem Parlament in einer gemeinsamen Demonstration nach einer Konstitution. Schüsse jagten die Menge in die Flucht. Es bildete sich eine Nationalgarde, die einerseits der Forderung nach einer Konstitution zum Recht verhelfen, andererseits für die Wiederherstellung von Ruhe und Ordnung sorgen sollte. Sie bestand aus Männern aller Schichten, Studenten, Künstlern, Akademikern, Handwerkern und Arbeitern, die gemeinsam gegen soziale Mißstände und Arbeitslosigkeit vorgehen wollten. Walther war ebenfalls fest entschlossen, sich zu bewaffnen und der Nationalgarde beizutreten. *Die Verhältnisse waren hier wirklich auf einen Punkt gekommen*, berichtete er am 21. März 1848 seiner Großmutter Henriette von Pogwisch nach Weimar, *daß übrigens etwas geschehen mußte ...*

Von März bis Juni 1848 erprobte Walther sich militärisch, was ihm, der wegen Kränklichkeit vom Militärdienst suspendiert worden war, jetzt erst recht nicht leichtfiel. Am 12. Mai 1848 gab Walther der Großmutter einen neuen Bericht aus Wien. *Liebe Amama ... Die Arbeiter bekommen nach und nach Beschäftigung, aber freilich sind noch viele Tausende brotlos, aber allmählich wird es sich doch machen. – In der Woche vom ersten bis 8ten Mai waren wir nicht nur tag täglich, sondern fast tag nächtlich auf den Beinen, und da ich außerdem noch bei meinem Feldwebel exerzierte, so bin ich oft tüchtig müde gewesen, das gestehe ich ... In meiner Uniform komme ich mir sehr gespaßig vor, Mama betrachtet mich dagegen mit mütterlichem Stolz; nächstens wird sie sich: Nationalgardistenmutter unterzeichnen ...*[130] Sein Bruder fand seine Aktivität jedoch völlig überflüssig und beschwor ihn von seinem Kurort Freiwaldau aus, den Unsinn so schnell wie möglich wieder zu beenden.

Was Walther bei der Familie unerwähnt ließ: Soeben war unter dem Titel »Fährmann, hol über« sein erstes und einziges

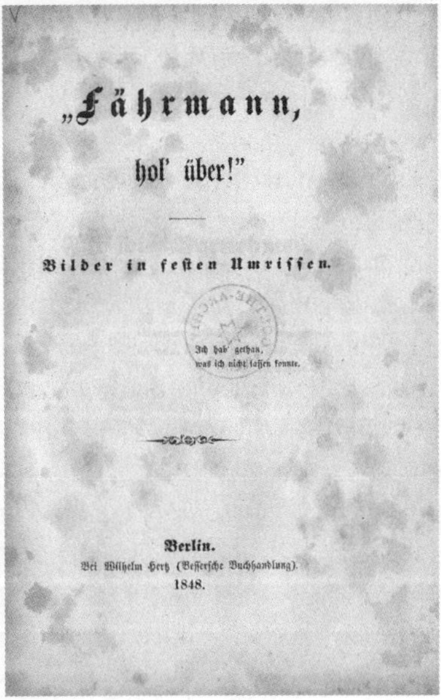
„Fährmann,

hol' über!"

Bilder in festen Umrissen.

Ich hab' gethan,
was ich nicht lassen konnte.

Berlin.
Bei Wilhelm Hertz (Besser'sche Buchhandlung).
1848.

Walther von Goethe »Fährmann, hol' über!«,
1848. Titelseite

Buch erschienen, an dem er mit Herzblut geschrieben hatte. *Ich hab' getan, was ich nicht lassen konnte*, las man wie eine Entschuldigung auf dem Vorsatzblatt, dem eine ebenso merkwürdige Widmung folgte: *Für die Vornehmen.* Mit keinem Wort gab er sich als Verfasser zu erkennen.

Folge der strengen Geheimhaltung war, daß bis zum Jahre 1906 tatsächlich niemand wußte, daß Goethes ältester Enkel mit einunddreißig Jahren ein Buch veröffentlicht hatte, auf das er große Hoffnungen setzte, das aber unbemerkt beim Verleger verstaubte. Vermutlich ahnte nicht einmal Ottilie, daß ihr Sohn der Verfasser war, obgleich sie selber eine nicht unerhebliche Rolle in diesem Buch spielte. Nur die alten Freundinnen des Autors waren eingeweiht worden: Bertha von Schmeling, die im April 1848 für den Druck bei Verleger Wilhelm Hertz in

Berlin gesorgt hatte, und Allwina Frommann, die das Werk jubelnd begrüßte und zwanzig Jahre später das Vernichten der unverkäuflichen Exemplare besorgen mußte.

Es sind drei Erzählungen, in denen Walther sein Anliegen vorträgt. Ihr gemeinsames Thema ist die Mahnung, den Armen und Unterdrückten, den vom Schicksal Vernachlässigten, mehr Liebe und Menschlichkeit entgegenzubringen. Der Titel war nicht schlecht gewählt: »Fährmann, hol' über!« Ein »Fährmann« ist stark und mächtig, er hilft den Schwachen und bringt sie sicher ans andere Ufer – »Fährmann« kann ein Gott, aber auch ein Mensch sein.

Als Walther das Manuskript seinem Freund Fritz Frommann zur Beurteilung schickte, schlug er als Untertitel vor: »Bilder in festen Umrissen.« Sein Lehrer Mendelssohn hatte »Lieder ohne Worte« komponiert; ein ähnlich musikalischer Gedanke scheint anzuklingen. Frommann hatte dem Autor dringend geraten, jede Erzählung einzeln in einer Zeitschrift erscheinen zu lassen. Diesem Vorschlag wäre vermutlich mehr Erfolg beschieden gewesen, aber Walther, obwohl bereits von *Scrupeln* gepeinigt, weigerte sich: Der Text würde dadurch nur an Bedeutung verlieren.

Als Motto stellte er seinem Buch ein Zitat der zeitkritischen französischen Autorin George Sand voran – Zeit- und Sozialkritik war auch Walthers Anliegen. Die erste Erzählung mit dem Titel: »In der Wiege und im Grab, oder: Die arme Fanny« spielt in einem Schloß. Die glückliche Gräfin P. trägt ihr Kind zur Taufe, während ihre unglückliche Amme Fanny ihr Kind durch den Tod verloren hat. Im Gegensatz zur einfachen Amme ist die Gräfin nicht zum Muttersein geeignet. Sie stillt ihr Kind nicht, ist Kindern gegenüber gleichgültig, widmet sich stattdessen lieber ihrer Schönheit und der sie umgebenden glänzenden Gesellschaft. Für diese Dame ist die Amme, deren Kind unehelich zur Welt kam, nur eine *Person*, die man mit Mühe erträgt. Immerhin überweist sie dem Frauenverein eine gewisse Summe und läßt für die Armen Suppe kochen, *weil es sich so gehört.* Der Erzähler schildert eine reiche, kalte Frau, von der er sich mehr Anteilnahme, mehr Mitgefühl wünscht: *Nur ein paar freundliche, mutgebende, gute Worte des Weibes zum Weibe!* mahnt er. *Es ist ja so leicht, die Gräfin bliebe ja immer noch die glückliche, vornehme, reiche Gräfin, die Amme immer noch das elende, verlorene Geschöpf . . .*

Die Vorbilder sind leicht zu entschlüsseln. Da gibt es die *Gräfin Großmama*, eine Oberhofmeisterin wie Walthers Großmutter Gräfin Henckel. Da ist vor allem die *Gräfin P.*, eine geborene Tirleborg-Berbisch alias Ottilie von Pogwisch. Ottilie hatte ihre Kinder ebenfalls nicht selber gestillt, sondern einer Amme übergeben, auch sie beteiligte sich nur aus Pflichtgefühl an der Suppenküche, die Romeo Seligmann eingerichtet hatte. Das gestorbene Kind der Erzählung ist ein *Ännchen* wie Ottilies totes Kind, das Anna hieß.

Das Buch »Fährmann, hol' über!« erschien 1848, mitten in der Zeit größter revolutionärer Unruhen – doch von Revolution ist darin nicht die Rede. Verlangt wird eine *edle Gesinnung* und etwas Mitgefühl gegenüber den Unterdrückten, das ist alles. Der gutwillige Autor schien wenig Ahnung von der Realität zu haben.

»Vom Dach herunter« lautet der Titel der zweiten Erzählung. Dargestellt wird eine menschliche Katastrophe. Beim Errichten eines Triumphbogens für den jungen Grafen stürzt der Zimmergeselle Wallner vom Gerüst und ist tot. Der eben heimgekehrte Grafensohn sieht vom Fenster des Schlosses eine mit Sand notdürftig verdeckte Blutlache, erfährt vom Unfall und läßt der Witwe fünfzig Gulden schicken. Anklagend bemerkt der Erzähler: *Graf Egon gab das Doppelte an Gulden für seine Meerschaumpfeife aus, als was er der jungen Witwe Wallner schicken ließ.*

Die Vornehmen sind unmenschlich. Doch an den Privilegien dieser Vornehmen wird nicht gerüttelt, ein Aufbäumen der Geschundenen findet nicht statt. Im Gegenteil, die junge Witwe, für das Geldgeschenk dankbar, bietet sich dem Grafen unterwürfig zu weiteren Diensten an. Eine mitleidige alte Nachbarin hilft schließlich, so daß die Verarmte doch noch vertrauensvoll in die Zukunft blicken kann.

Besonders dieser versöhnliche Schluß weist den Verfasser als einen sozial unrealistischen Schwärmer aus.

In der dritten Geschichte mit dem Titel: »Es ist ja nur der eine Tag« findet ein Streitgespräch statt zwischen einem Grafen und dem Autor, der sich als Menschenfreund und Philanthrop bezeichnet und die Behauptung aufstellt, das arbeitende Volk besitze, was das vornehme entbehre: den Sonntag. Der Graf entgegnet empört, daß er sich am Sonntag zu Tode langweile, da die Geschäfte geschlossen seien. Der Menschenfreund führt ihm den fröhlichen Feiertag der Arbeiter und ihrer Kinder vor Augen, die sich sonntags auf der Türschwelle sonnen dürfen, anstatt wie sonst *im knarrenden Räderwerk* der Spinnmaschinen herumkriechen zu müssen. *Aber mein Gott, was gehen mich die schmutzigen Fabrikkinder an?* entgegnet der Graf.[131] Sein Kontrahent erzählt ihm ein Gegenbeispiel. Er schildert die arme Näherin Frau Thomas, die am Sonntag arbeiten muß, um für einen Fürsten rechtzeitig ein Faschingskostüm zu fertigen, während ihre unbeaufsichtigte Tochter Minchen, die sich auf den Sonntagsausflug freut, die Händchen verbrennt. Und nicht nur das: Der Fürst sagt den Ball ab, er braucht das Kostüm nicht, umsonst haben Mutter und Kind ihren einzigen freien Tag geopfert. Der Graf zuckt zu diesem Bericht nur die Achseln: Was geht ihn das Leben kleiner Leute an! Das Streitgespräch gipfelt schließlich darin, daß der *Volksfreund* den uneinsichtigen Grafen bittet, er möge sich doch *zum Ganzen, zur Masse* wenden – an diesem Punkt bricht die Erzählung jäh ab. *Still,* ruft der Graf, *jetzt werden Sie revolutionär! Sie müssen etwas anderes ersinnen, oder man sperrt uns ein!*

Der Autor lenkt ein, als fürchte er die Staatsgewalt, wenn er schreibend an den gegebenen Grenzen rüttelt. Schon mit dem bloßen Wort »revolutionär« fürchtet er, seine Kompetenz bereits überschritten zu haben. Im Nachwort bemerkt er, daß das Volk in der Pariser Revolution zwar schon viele Rechte erreicht habe, doch *das Recht der Liebe … hat es sich nicht erkämpft.* Die Kluft zwischen Hoch und Niedrig sei geblieben. Deshalb rufe er mit bittender Stimme: *Fährmann, hol' über!*

Das Anliegen des Verfassers angesichts der ihn umgebenden Zustände ist legitim, sah er doch auf der einen Seite Luxus, Kultur und Überfluß, auf der anderen das Großstadtproletariat, Hunger und Ohnmacht. Doch seine treuherzige Art des Erzählens, die ungeschickt konstruierten Beispiele und vor allem die verhinderten Konsequenzen wirken naiv. Anzuerkennen ist allein die Tatsache, daß Walther von Goethe sich nicht unbeteiligt verhielt, sondern mit Verantwortungsgefühl auf die Mißstände hinwies. Sie zu ändern, war er literarisch-sprachlich wie menschlich-persönlich außerstande. Seine anspruchslosen Erzählungen bewegen sich letztlich auf dem Niveau lehrhafter Jugendbücher, deren große Ära damals begann und in denen zu Großmut, Mitleid und Wohltätigkeit gegenüber den Armen aufgefordert wurde. So las man es auch bei jenen Schriftstellerinnen, die Walther persönlich kannte, wie Amalie Winter und Thekla von Gumpert, die kurzzeitig mit seinem Freund Franz von Schober verheiratet war.

Das Nachwort birgt eine Überraschung. Der Autor läßt den Drucker raten, wer die Texte wohl verfaßt habe. Der alte Drukker fragt, ob es ein Vornehmer sei oder ein einfacher Mann wie er selbst, der dieses Buch geschrieben habe. *Nein, gewiß! Du bist weder Prinz noch Graf, bist einer der Unsrigen!* ruft er aus. *Als ich so recht krank war und meine Gedanken bunt durcheinander fuhren, ... da sollen mich zwei fremde Herren besucht haben; der eine sehr groß, der andere klein und schmächtig. Der große hat allerlei aus der Apotheke holen lassen, der andere hat die Sachen bezahlt ... Nun – du meinst es gut mit uns; nicht nur mit mir, sondern mit allen, die da leiden, mit den Armen, mit dem Volk. Ob du durch das, was du geschrieben, etwas erreichen wirst, wer kann's wissen, aber dein Wille, ja dein Wille ist gut ...!* Damit erteilte Walther sich selber die Absolution. Auch wenn er nichts erreichen konnte – er hatte den »Fährmann« herbeigerufen.

Doch dieser »Fährmann« kam zu spät. Längst waren wichtigere Bücher erschienen, sozialkritische Literatur war an der Tagesordnung. Als Walther sich nach zwei Jahren bei seinem Verleger nach dem Absatz erkundigte, mußte er erfahren, daß insgesamt nur 163 Exemplare verkauft worden waren. Zwanzig Jahre später verlangte der Verleger *den Pack von Goethe* los zu sein, wie Allwina Frommann notierte, bevor sie die restlichen 792 Bücher mit dem Handwagen abholte.

Zur gleichen Zeit, während das Buch »Fährmann, hol über!« gedruckt wurde, entwickelte sich ein energischer Streit zwischen Goethes Erben und dem Nachlaßverwalter Friedrich von Müller. Der geschickte Jurist war auch in literarischen Dingen nicht unbegabt und hatte, von Ehrgeiz getrieben, ohne Wissen der Brüder damit begonnen, Goethes Briefe aus den gehefteten Konvoluten herauszulösen und nach eigenem Gutdünken zu ordnen, um zwei Korrespondenzen herauszugeben: Goethes Briefwechsel mit Knebel und mit dem Grafen Reinhard. Er sträubte sich über Jahre, das Verfügungsrecht über Goethes Archiv an die Enkel abzutreten, und bezog sich dabei auf Goethe, der noch zu Lebzeiten die Sorge für die genannten Veröffentlichungen in seine Hände gelegt habe.

Die Auseinandersetzung mit dem Kanzler ließ Walthers Anwesenheit in Weimar als geraten erscheinen. Er beschloß, sich im Gartenhaus der Urgroßmutter Henckel einzurichten, das sie ihm vermacht hatte. Er wohne nicht gerne im Goethehaus am Frauenplan, hatte Walther der Mutter früher schon mitgeteilt, das Haus sei für ihn nur eine Last, ein fressendes Kapital, und an den *garstigen, halbwüsten untersten Garten* wolle er gar nicht denken. Es sei zwar ganz gemütlich, wenn er oben in Wolfs Stube den Ofen anzünde, um dem Ort *wieder einige Lebenswärme einzuhauchen*, er lasse auch die dringlichsten Reparaturen durchführen, doch fremde Arbeiter *pochend und lärmend so dicht an des Großvaters Bett zu wissen* sei ihm unheimlich. *Unser Haus macht einen öden, wüsten Eindruck, wenn ich so abends mit dem Laternchen hereintrete in den toten stillen Hof und hinaus in Wolfs Stübchen steige, wenn ich dann meine Lichter anzünde und hinausschaue in den Garten, wo alles so stumm ist und so traurig, da komme ich mir vor wie ein aus dem Grabe Erstandener, der nach Jahrhunderten durch die verfallene Burg seiner Väter schreitet.* Die ersten Tage habe er noch im Vorderhaus gewohnt, *aber all die Öde, die einen da umgab, der Mond, der auf die breite Treppe schien – das alles war zu unheimlich.*[132] Nur als er 1849 schwer an den Pocken erkrankte und wegen der Ansteckungsgefahr isoliert werden mußte, zog er zurück in seine alte Mansarde im Goethehaus.

Da auf gütlichem Wege nichts auszurichten war, nahmen sich die Brüder einen Anwalt, um auf juristischem Wege gegen den allmächtigen Testamentsvollstrecker vorzugehen. Der junge Rechtsanwalt Dr. Voigt gab im Namen der Enkel eine Erklärung ab, die juristisch so zwingend war, daß der Kanzler sich endlich bereit erklärte, ihnen die Briefe Reinhards und das dreibändige Manuskript des Goethe-Knebel-Briefwechsels auszuhändigen. Er versprach es – doch es geschah nichts. Noch drei Jahre später mußte Walther die Manuskripte anmahnen. Schließlich setzte er gegen den beharrlichen Widerstand des Kanzlers seinen Willen durch: Die alleinige Verfügung über das Archiv, die Briefe, Tagebücher und Handschriften Goethes oblag den Enkeln.

Nun begann die wichtigste Arbeit: die Sicherung der Papiere, ihre Konservierung, Katalogisierung und Archivierung. Mit der Herstellung der Kataloge beauftragte Walther Johann Christian Schuchardt, der sich früher als Registrator der von Goethe beaufsichtigten Anstalten für Wissenschaft und Kunst bewährt hatte. Noch zu Goethes Lebzeiten hatte Schuchardt mit der Inventarisierung von Kunstwerken aus Goethes Besitz begonnen. An den Katalogen, die bis zu Goethes 100. Geburtstag im August 1849 fertig sein mußten, sollten die Enkel mitarbeiten. Für Walther stellte sich diese Aufgabe als eine schwere Belastung heraus. Der Druck der Geschäfte zertrümmere seine Leier, klagte er der Mutter, *daß der Musiker schier des Teufels werden möchte.* Es ging nebenbei auch um notwendige Renovierungen an Haus und Gärten. Walther klagte am 15. Dezember 1847: *Da habe ich meinen Beutel ruiniert, mir jede Häuslichkeit unmöglich gemacht, um das Haus zu kaufen, umsonst – ich quäle mich mit den Geschäften und komme innerlich noch weniger davon los wie äußerlich, so daß ich keine größere Musikidee fassen kann – umsonst!*

Schuchardt stellte die Kataloge immerhin rechtzeitig fertig. Der erste Band erfaßte die Gemälde, Zeichnungen und Graphiken aus Goethes Besitz, der zweite Band die Bronzen, Gemmen, Medaillen, Münzen, Kleinkunst, Vasen, Terrakotten, Gipsabgüsse und Majoliken, der dritte Band alle Gegenstände aus dem Bereich von Mineralogie und Naturwissenschaft. In letzter Minute mußte noch ein Vorwort geschrieben werden, in dem sich die Brüder gegen den Vorwurf, das Haus unter Verschluß zu halten, wehrten. Sie baten darin *diejenigen, welche den Großvater wahrhaft lieben und verehren*, die Verurteilung ihrer Handlungsweise auf später zu verschieben. Die Kataloge seien keine Verkaufsangebote, sondern ein erstaunliches Verzeichnis all dessen, was der Großvater *während seines langen und glücklichen Lebens* angesammelt habe.

Zu Goethes hundertstem Geburtstag richtete das Festkomi-

Treppenaufgang im Haus am Frauenplan mit der sogenannten »Ildefonso-Gruppe« der beiden fackeltragenden Jünglinge

tee an Walther die Bitte, er möge eine Ouvertüre zu Goethes »Tasso« komponieren. Der Vorschlag traf offenbar zu spät ein. Statt seiner schrieb Franz Liszt eine Tasso-Ouvertüre.

Walther und Wolf von Goethe waren nun im Alleinbesitz des größten Schatzes, der jemals von einem Dichter in Deutschland zusammengetragen worden war. Ihnen gehörte das ganze Haus samt Inventar, das Archiv und die Bibliothek, in der sich Erstausgaben und Widmungsbände, Bücher zur bildenden Kunst aller Epochen, zu Architektur und Musik, Journale und Almanache befanden. Im Archiv lagen die ersten Handschriften des »Götz« und die Reinschrift der »Römischen Elegien«. Sie verfügten über einen einzigartigen Schatz von Medaillen und Münzen, darunter 1120 italienische und 560 Münzen anderer Länder. Den Münzschrank hatte einst ihr Vater tischlern lassen, während der neugotische Schrank im Arbeitszimmer, in dem Goethe den zweiten Teil des »Faust« hinterlegt hatte, von der Mutter beschafft worden war. Sie besaßen die Zinnsuiten, die antiken, mittelalterlichen und neuzeitlichen Kleinbronzen in den Sammlungsschränken und die Bildnismedaillons des Bildhauers David d'Angers wie die 140 gezeichneten Porträts, die der Maler Schmeller auf Goethes Wunsch von seinen Freunden wie von ihnen, den Enkeln, angefertigt hatte.

Und jeder, der die elegante Treppe emporstieg und über das SALVE im Fußboden schritt, erblickte dort auch die Gruppe der beiden Jünglinge, die wie zwei Wächter neben der Eingangstür standen, und es legte der eine seinen Arm um die Schulter desjenigen, der die Fackeln trug, vertraulich an ihn geschmiegt wie an einen Bruder.

Wolfgang von Goethe als Dichter und Diplomat

Jahrelang war Adele Schopenhauer mit Ottilie und ihren Söhnen zusammen gereist, sozusagen als fester Familienanhang. Sie waren im Januar 1845 zusammen in Rom und verbrachten den Herbst und Winter des Jahres 1846 gemeinsam in Neapel. In Italien entfalteten sich Adeles dichterische Fähigkeiten, sie schrieb unentwegt, und nachdem ihre »Feld-, Wald- und Wiesenmärchen« erfolgreich waren, wurde von den Verlegern in Deutschland alles veröffentlicht, was sie anbot. Auch ihre fünf an Walther gerichteten »Genueser Briefe« wurden in der »Leipziger Novellenzeitung« gedruckt.

Nach fast dreißig Jahren Trennung besuchte Adele ihren Bruder, den Philosophen Arthur Schopenhauer, noch einmal in Frankfurt. Fast unmittelbar danach erkrankte sie an *inneren Schmerzen*, man vermutete eine Geschwulst im Unterleib.[133] In Bonn bei ihrer Vertrauten Sibylle Mertens angekommen, setzte Fieber ein, und Adele konnte von da an *ohne Gifte*, womit wohl Morphium gemeint war, nicht mehr existieren. Ihre Kräfte nahmen zusehends ab, sie wartete nur noch darauf, Ottilie wiederzusehen. Als die Freundin am 29. Juli 1849 eintraf, kam sie eben noch rechtzeitig. Knapp einen Monat später, am 28. August 1849 – Goethes 100. Geburtstag –, wurde Adele Schopenhauer, zweiundfünfzig Jahre alt, auf dem Alten Friedhof in Bonn beigesetzt. Im Nachruf, den er drucken ließ, erinnerte Walther an ihre entzückenden Märchen und lobte *die Grazie ihres Humors.* Aus Adeles Nachlaß erhielt er ihre Kupferstiche und einen geflügelten Amor aus Bronze.

Ihre Bibliothek hatte Adele Schopenhauer für Wolfgang bestimmt.[134] Der promovierte Jurist wäre lieber das geworden, was Goethe früh in ihm sah: ein Dichter. Doch er ahnte wohl die Grenzen seiner Begabung. *Gesundheit, Harmlosigkeit, Glück, diese drei … dürfen den Dichter nicht verlassen. Und bin ich denn einer?* fragte er seinen Freund Mejer. Insgeheim schrieb er an langen Abenden Verse nieder. Aber ein Dichter – *bin ich denn einer?*

Obgleich von Zweifeln geplagt, ließ Wolf dennoch 1851 einen Band mit Gedichten bei Goethes Verleger Cotta erscheinen. Diesmal verheimlichte der Autor seine Urheberschaft nicht. Auf dem Titel prangte sein voller Name. WOLFGANG VON GOETHE. GEDICHTE. Das ließ aufhorchen. Wer war der Verfasser, Großvater oder Enkel? Man erfuhr es bald. Diese Gedichte, oft nur kurze Vierzeiler, epigonal in Form und Inhalt, reichten an das poetische Genie Goethes bei weitem nicht heran. Der Band enthält rund hundert Gedichte, Sonette und Ghaselen. Einige *An Personen* gerichtete Verse wenden sich an einen Freund, der dem Autor die *Brüderschaft* versagte, an eine vergeblich umworbene Frau und *An Alexander von Humboldt.* Die meisten Gedichte spiegeln die psychische und existentielle Not des Autors, beklagen Isolation, Leere und Einsamkeit.

Ich stehe stets daneben
Und trete niemals ein.
Ich möchte einmal leben
Und möchte einmal sein.

»Heimatsehnsucht«, »Sanftes Sehnen«, »Täuschung« sind Gedichte, die in oft schwülstigen Versen banale Gedanken verkünden. *Ich lernte wenig noch aus dicken Büchern, / Wer kann des Lebens wahren Sinn erfassen, / Auf Sesseln überspannt mit feinen Tüchern? …* Seinem Freund Mejer hatte Wolf bekannt, auch wenn es ihm gesundheitlich besserginge, werde er doch niemals *wirklich leben.* Dies wurde zum Grundgefühl seiner Lyrik.

Meine Ernte

Ich ging dahin am Felde
Und brach mir Halme ab,
Gedenkend all' der Jahre,
Die ich verloren hab.

Es kam der Herr der Ernte
Und prüfte ihren Stand,
Ich streifte von der Ähre
Die Körner in die Hand.

Es kam der Knecht, der Schnitter,
Die Garbenbinderin,
Ich aber sann und träumte
Von Lieb' und Liebessinn.

Es kam der Erntewagen,
Sie buken neues Brot.
Ich hielt die leeren Halme
Und dachte an den Tod.

Eines der Gedichte richtet sich an eine geliebte, unbekannt gebliebene Frau.

AN SOPHIE VON S.

Du wähnst an eines Toten Sarg zu stehn?
Nur von Erstarrung bin ich festgehalten;
Ich harre noch der höchsten der Gewalten,
Es wird, wenn du es willst, ein Gott erstehn.

Ein Weib in Liebe lehrt die Welt verstehn!
Du kannst in mir ein neues Sein entfalten,

Du ahnest nicht, welch herrliche Gestalten
In mir, Erlösung harrend, schweigend stehn.

Ich kann nicht zärtelnd, scherzend dich umspielen,
Geschickt nach deiner Gunst mit Pfeilen zielen,
O liebe mich, damit ich lieben kann.

Ich kann, wenn du mir nahst, nur sinnend schweigen,
Im frommen Kuß zu deiner Hand mich neigen.
Erlöse mich vom alten Zauberbann.

Als es Wolf gesundheitlich besserzugehen schien, bewarb er sich um eine Anstellung im diplomatischen Dienst Preußens. Seine Mutter war überglücklich, als geschah, was sie kaum für möglich gehalten hätte: Der Sohn wurde übernommen. Durch Vermittlung des Prinzen Wilhelm, der mit Wolfs Jugendgespielin Prinzessin Augusta von Sachsen-Weimar verheiratet war, wie auch durch die Fürsprache des berühmten Alexander von Humboldt wurde der zweiunddreißigjährige Jurist bei der preußischen Gesandtschaft angestellt. Es war ein Beruf, der ihm tatsächlich zu liegen schien, und der erste Posten, auf den man den jungen Gesandtschaftsattaché im Frühjahr 1852 schickte, war Rom.

Diesmal schien ihm das Glück gewogen. Wolf sprach fließend italienisch, war mit der Kultur des Landes vertraut, gab sich elegant und gesellschaftlich gewandt und war in der Lage, den preußischen Gesandten am Vatikan, Baron von Uslar, würdig zu vertreten. Graf Kuun, der ihn aus Rom kannte, sah in Wolf den Südländer, *einen Herrn mit einer mehr italienischen als deutschen Physiognomie, mittelgroß, schlank, etwas blaß, mit sehr lebhaften schwarzen Augen und schwarzem Backenbart.*[135]

Aber Wolf kränkelte nach wie vor. Er war nahezu ständig von Kopfschmerzen geplagt und fühlte sich trotz der neuen Auf-

Wolfgang von Goethe im Alter von 34 Jahren.
Ölgemälde von Carl Begas, 1854

gabe umhergetrieben wie ein Nomade. So schrieb er es auch dem Direktor der Königlichen Bibliothek in Berlin, die er zu Studienzwecken im Winter 1853 aufsuchte. Wolf entschuldigte sich, daß man sich nicht hatte treffen können, weil er krank im Hotel Meinhardt lag, und setzte hinzu: *da Fügung und Brauch mir das Leben eines Nomaden geben, schlage ich so rasch als möglich, sobald ich in der Nähe einer großen Bibliothek bin, mein gelehrtes Zelt auf und hänge den Kessel über das Feuer.* Das Weihnachtsfest hatte der Dreiunddreißigjährige allein und krank im Berliner Hotel verbracht. Aus den Worten vom *Nomadenleben* spricht die alte Schwermut.

Ein Jahr später wurde Wolf zum Legationssekretär befördert. Hoch erfreut schrieb seine Mutter im Februar 1854 an Sibylle Mertens: *Wolf hat in letzter Zeit das Leben in der großen Welt kennen lernen und all seine Kräfte und seine Zeit ist von Geselligkeit in Anspruch genommen. Ich gönne es ihm, weil es ja gerade Krankheit war, die ihn so viele Jahre von Allem ausschloß.*[136] Otto Mejer jedoch erfuhr nur von Wolfs Unlust und Energielosigkeit. *Sie fragen, ob ich gesund bin? Nie! – Ob ich glücklich bin? Nie!* Ironisch meldete Wolf, daß er leider tat, wozu man ihm als Siebzehnjährigem riet, nämlich sich »zu ducken«: ... *da duckte ich mich zum ersten Mal und wurde Kammerherr. Voriges Jahr duckte ich mich zum zweiten Mal und wurde Attaché. Aber Eines duckte ich nie ... das ist mein Herz. Mit dem setze ich mich auf siebzehn Rosse, und fort geht es, und Euch lasse ich das Glück und nehme die Glückseligkeit.*[137]

Im August 1855 meldete Wolf dem Freund, er habe seine Mutter – wörtlich schrieb er: unsere außerordentliche Mutter – in Wien besucht, habe auch Walther dort getroffen und sei glücklich gewesen zu spüren, daß beide ihn liebten. Ottilie hatte zu Wolf nach Rom kommen wollen, besaß aber keine finanziellen Mittel mehr, denn, so Julie von Egloffstein, *sie hat bereits alles wieder vertan* – womit sie das Kapital von 70 000 Talern meinte, das Ottilie durch Almas Tod zugefallen war.

Ursprünglich hatte Wolf daran gedacht, für immer in Italien zu bleiben. Seiner Mutter erklärte er, seinen Besitz in Deutschland aufzulösen *und hier einen neuen zu gründen, wo Wohnung, Kunstwerke, Sammlungen, eine Bibliothek das ausdrücken sollten, was in mir lag ...!* Mit anderen Worten, er wollte in Italien ein Leben als Privatgelehrter führen. Dann aber hielt er es wiederum in der Ewigen Stadt nicht länger aus und reichte seine Bitte um Versetzung ein.

Wahrscheinlich waren an Wolfs Wunsch, Rom zu verlassen, nicht nur die Kopfschmerzen schuld. Er hatte sich vergeblich um eine geliebte Frau bemüht und war zurückgewiesen worden, das verleidete ihm den weiteren Aufenthalt. Im Sommer 1856 verließ er Rom und wechselte zur preußischen Gesandtschaft beim König von Sachsen.[138]

Seine Mutter folgte ihm auch nach Dresden. Ottilie hatte einen kalten italienischen Winter hinter sich, in dem sie derart von asthmatischen Krämpfen und Erstickungsanfällen gefoltert worden war, daß sie an Sibylle Mertens schrieb: wenn sie oft so leiden müßte, wolle sie lieber nicht leben.[139] Die vier folgenden Jahre blieb Ottilie in Wolfs Nähe, wenn auch das schwierige Wesen des Sohnes, der auf alles *übel, müde und verstimmt* reagierte, sie sehr bedrückte. Im Rückblick dachte sie mit Wehmut an Goethe und entgegnete einem Verwandten Schillers, der sie über den Dichter befragt hatte: *Ich habe fünfzehn Jahre mit meinem Schwiegervater zusammengelebt, mit einem jungen, warmen, törichten Herzen, mit einer großen Dosis Phantasie und ebensoviel Unvernunft, und nie habe ich auch nur einmal gefunden, er sei kalt oder gar herzlos ...* (4. Juni 1861) Goethes schönster Charakterzug sei seine Neidlosigkeit gewesen. *Wenn ihm etwas Großartiges begegnete, empfand er Anerkennung, aber niemals Neid.*[140]

Wolfs Vorgesetzter in Dresden war Heinrich Alexander Graf von Redern, ein Bruder des Berliner Theaterintendanten und Vater einer dunkelhaarigen Tochter namens Marie, in die sich Wolf bald glühend verliebte. *Nur wer freien will, hat eine Heimat!* hatte er früher notiert: Er, der Nomade, wünschte sich diese Heimat. Komtesse Marie war eine vom strengen Vater dirigierte Tochter, die ihr Leben in keiner Weise selbst in die Hand nehmen durfte, vielmehr mußte der Bewerber unbedingt den Ansprüchen der Eltern genügen. Wie war es in dieser Hinsicht um Wolf von Goethe bestellt? Verfügte er über Vermögen? Das Gehalt eines Legationssekretärs war keineswegs üppig. Aber hatte man nicht gehört, er habe ein großes Erbe in Aussicht? Man wird sich über die Regelung von Goethes Nachlaß Gedanken gemacht haben. Wie stand es um den Adelstitel? Ebenso wie Bruder Walther bestand Wolf plötzlich auf der Anerkennung des Freiherrentitels, was vermutlich mit der geplanten Ehe zusammenhing. Der Großherzog von Sachsen-Weimar nahm sich der Sache an und bestätigte den Brüdern nach vorausgegangener Prüfung das freiherrliche Adelsdiplom am Tag vor Goethes Geburtstag, dem 27. August 1859.

Ottilie lud die gräfliche Familie von Redern zu einer Liebhaberaufführung in ihre Dresdner Wohnung ein, um die begehrte junge Dame auf diese Weise in Augenschein zu nehmen. Was sie sah, war bezaubernd: *eine schlanke Gestalt und ein wunderlicher schwarzlockiger Kopf mit offen und heiter blickenden Augen ... Im ersten Augenblick nicht hübsch, ja, vielleicht häßlich, war doch die blendend weiße Stirn, die weißen Zähne und ein entschiedener Ausdruck von Originalität, Lebhaftigkeit und Natürlichkeit ihr eigen ...* So also sah die Frau aus, die ihr Sohn zu heiraten begehrte. Als drei Tage später die Gräfin Redern mit Komtesse Marie zu einer Dankvisite bei ihr vorsprach, stellte Ottilie fest, wie überaus reizend Marie war, *keine Spur mehr von Häßlichkeit. Im Gegenteil, armer Wolf, da wird es nicht an Freiern fehlen.*[141]

Mit Wolf muß in dieser Zeit seines Liebeswerbens eine positive Veränderung vor sich gegangen sein. Die Nähe der aparten Schönheit machte aus dem Eigenbrötler einen umgänglichen und geselligen Menschen. Dies geht aus Briefen hervor, die Marie von Savigny, die Gattin des preußischen Legationsrats, aus Dresden an ihre Eltern in Berlin schrieb.[142] Sie schilderte ihnen Wolf von Goethe als einen klugen, umgänglichen und aufgeschlossenen jungen Mann, der in seiner Wohnung gerne einen Kreis ausgewählter Menschen um sich sah, darunter den Direktor des Kupferstichkabinetts, den Arzt und Maler Carl Gustav Carus, den Schriftsteller Gustav Kühne, den Gemäldedirektor Schnorr von Carolsfeld, das Diplomatenehepaar von Savigny. Wolf verkehrte außerdem am königlichen Hof und lernte bei der Präsentation ausländischer Gesandter im Frühjahr 1860 auch den Sächsischen Oberhofmarschall Georg Rudolf von Gersdorff kennen. Er besuchte einen Karnevalsball im Palais der Fürstin Taxis, war Gast bei Familie von Schoenburg und der Gräfin Moltke, nahm an einer *großen musikalischen Soirée* bei Graf und Gräfin Lüttichau teil und lud selber zu erwählten Diners ein. Man kann annehmen, daß die ungewöhnliche Geselligkeitsfreude und Tanzlust des gutaussehenden, unverheirateten jungen Goethe auch mit der Anwesenheit der entzückenden Marie von Redern zusammenhing.

Doch auch diesmal war Wolf kein Glück beschieden. Er wurde abgewiesen. Es waren allerdings nicht die Konkurrenten, die ihm im Wege standen, sondern sein undurchschaubarer Charakter, der seinem Vorgesetzten offenbar nicht behagte. Graf Heinrich von Redern besuchte Ottilie allein und sprach sich offen mit ihr aus. Es habe den Eindruck gewonnen, der elegante junge Diplomat sei von hypochondrischem Wesen. Von der Mutter wollte er hören, wie es tatsächlich um ihren Sohn bestellt sei, bevor er ihm seine Tochter anvertraue. Vielleicht spielte auch die unterschiedliche Religionszugehörigkeit eine

Rolle. Otto Mejer berichtet, daß Wolf mit ihm über die schwierige Erziehung von Kindern gesprochen habe, deren Eltern unterschiedlichen Konfessionen angehörten. Jedenfalls scheinen Ottilies Auskünfte den Grafen nicht befriedigt zu haben. Seine Tochter wurde krank, von Scharlach war die Rede, man sah sie nicht mehr. Das Verhältnis zwischen Wolf und Marie war schon zu Ende, bevor es überhaupt begonnen hatte.

Gab es Bedenken anderer Art? In Wolfs Lyrikband war seine Liebeserklärung an die geheimnisvolle »Sophie von S.« zu lesen wie auch das prekäre Gedicht an den männlich-geliebten Freund. In Wolfs Nachlaß haben sich später Schriften gefunden, die wie bei Walther auf homophile Neigungen deuten. In einem Dramenentwurf aus den Jahren 1844 bis 1847 mit dem Titel »Hadrian und Antinoos« heißt es: *Hadrian hat Antinoos immer um sich gehabt als Bild des schönsten Menschen, als vollendete Jünglingsgestalt.* Eine Stelle lautet:

Unsel'ger Wunsch nach innigster Vereinigung,
der in der Form des Körpers sich zerschellt,
Versuch, sich ineinander einzuschließen,
Ein Aufeinanderliegen wird daraus.

Ferner existiert ein unvollendetes Manuskript, betitelt: »Der getreue Eckart«. Wolf hat sich über Jahrzehnte mit diesem Sagenstoff beschäftigt, der schon Goethe 1813 zu seiner Ballade »Der getreue Eckart« angeregt hatte. Wolf las dazu das Nibelungenlied und Grimms »Sagen«, untersuchte verschiedene Vorformen des Eckart-Stoffes und notierte aus einer Fassung von 1538: *Ein höchst neu Fastnachts-Spiel, der treu Eckart genannt, darinne alle Stand der Welt begriffen werden.* Möglicherweise war an eine Gestalt wie die des Faust gedacht.

Wolf, der sich von den Rederns zurückgewiesen sah und wieder unter heftigen Asthmaanfällen litt, nahm Ende 1859 Urlaub, fuhr nach Venedig, wo sich Ottilie mit Schwester Ulrike aufhielt, und nahm Quartier im Hotel Vittoria *neben der großen Uhr auf dem Marcusplatze rechts. Es ist*, schrieb er, *die Gegend, in der der Apapa 1786 wohnte, sein Quartier lag schräg gegenüber von dem meinigen ... Es tut mir leid, daß ich mir keine handlichen Abschriften der glücklichen Reisen des Urgroßvaters aus dem Jahre 1739, des Vaters aus dem Jahre 1830 mitgenommen, um auch ihre Erinnerungen hier verfolgen zu können ...*

Der Gedanke an die *glücklichen Reisen des Urgroßvaters* Johann Caspar Goethe, dessen italienische Beschreibung seiner »Viaggio d'Italia« in Goethes Privatbibliothek lag, hat Wolf, wie seine Notizen erweisen, eingehend beschäftigt. Er hatte die Handschrift des Urgroßvaters aus Goethes Archiv entnommen und mit eigenen Anmerkungen versehen. »Zur Reise des Urgroßvaters nach Italien 1740« überschrieb er sein Vorhaben.[143]

Ich lese wieder des Apapas Reise, teilte Wolf Freund Mejer noch aus Venedig mit. Damit war wiederum die »Italienische Reise« des Großvaters gemeint. Doch so glücklich der Dichter in Venedig gewesen war, so unglücklich war nun der Enkel. Wieder wurde er so krank, daß er weder eine Gondel besteigen noch ins Theater gehen konnte. *Jedesmal bin ich noch in einem Gesundheitszustande hier gewesen ... in welchem ich interessante Gebäude, Archive, Bibliotheken, Kirchen, Gallerien wegen ihrer Temperatur fliehen mußte, und von allem Dem, was man hier als gebildeter Mensch sehen muß und möchte ... kann ich Nichts aufsuchen ...*[144] Die versprochene Beförderung wartete er nicht in Dresden ab, sondern begab sich, wieder erkrankt, zu einer dreimonatigen Kur nach Karlsbad und Franzensbad, wo er unter rheumatischen Beschwerden litt, *welche mein Blut peitschen.*

Ende des Jahres 1860 wurde Wolfgang von Goethe zum Legationsrat ernannt. Doch nach Dresden wollte er nicht mehr zurück. Mit vierzig Jahren nahm er Abschied vom diplomatischen Dienst, den er acht Jahre lang versehen hatte – nahm Abschied von einem Beruf überhaupt. Nicht mehr als Dichter, sondern als Gelehrter wolle er arbeiten. *Ich kann eigentlich die Stellung eines Schriftstellers nicht leiden*, beteuerte er Mejer gegenüber, selbst der Ruhm sei ihm *antisympathisch*. Da er aber fortwährend produziere, befinde er sich sozusagen im ständigen Widerspruch mit sich selbst.

Widersprüchlich sind Wolfs Äußerungen allerdings. Der Ruhm bedeutete ihm nichts? Bei der Veröffentlichung seiner Gedichte hatte er noch geschrieben:

Strebe nicht berühmt zu werden,
Und du wirst es endlich sein.

In Zukunft wolle er sich eigenen Vorhaben widmen, hatte Wolf die Familie wissen lassen. Doch da sich Goethes einzigartiges Archiv mit dem größten in Deutschland erhaltenen Dichternachlaß in der Obhut der Enkel befand, war er es, Wolf, der sich als Jurist und Philologe dafür verantwortlich fühlte. Das Archiv enthielt des Dichters sämtliche Handschriften, Tagebücher und Briefe, Reiseberichte, Entwürfe und Vorarbeiten zu literarischen Werken, Ungedrucktes und Sekretiertes, Gelegenheitsgedichte und Verse, die niemand kannte, sowie Dramen und Singspiele und seinen Briefwechsel mit den Geistesgrößen seiner Zeit: mit Lavater und Knebel, den Brüdern Humboldt und beiden Schlegels, mit Bankier von Willemer und Verleger Cotta, mit den Grafen Reinhard und Sternberg, dem Minister von Gersdorff und dem Kunstsammler Boisserée, mit Voss und Voigt und vielen anderen. Der Dichter war ein Briefschreiber von Gnaden gewesen, der in seinem Leben mehr als vierzehntausend Briefe geschrieben und neuntausend empfangen hatte. Goethe war der Ansicht: *Briefe gehören unter die wichtigsten Denkmäler, die der einzelne Mensch hinterlassen kann.*

Goethes Gartenhaus im Park an der Ilm 1828

Das gewaltige Konvolut war sämtlich noch zu ordnen, zu sichten, zu kommentieren. Alles darin Befindliche war weitgehend unveröffentlicht, und Germanisten, Professoren, Verleger warteten darauf, daß ihnen dieses Material endlich zugänglich gemacht werde.

Vergeblich. Das Betreten von Arbeitszimmer und Bibliothek war ohne Ausnahme jedermann untersagt. Bis heute haben sich Kärtchen mit handgeschriebener Einzelerlaubnis für diejenigen erhalten, denen Walther Zutritt gewährte und die er jeweils persönlich durch die Räume führte.

Doch auch ohne Benutzungserlaubnis des Archivs erschienen nach und nach erste Veröffentlichungen zu Goethes Leben, die von den Enkeln so bitter kommentiert wurden, als habe man ihnen persönlich ein Leid zugefügt. Unter den Publikationen, die ohne ihre Mitwirkung entstanden, waren Werke wie »Goethes Verhältnis zur Musik«, »Weimarer Erinnerungen«, »Goethe und Frankfurt«, »Goethes Stammbaum«, »Goethe als Staatsmann«, »Goethes Jugendzeit«, »Die Uhr von Goethe«, »Goethe und Franz Schubert«, »Goethe und Spinoza«, »Goethe und Charlotte von Stein«, »Goethes Stellung zur Bildenden Kunst«, »Goethes Beziehung zu Köln«, »Frauenbilder aus Goethes Leben«. Jedes Werk wurde argwöhnisch studiert, und selbst in den Briefwechseln Goethes mit Herzog Carl August oder den Brüdern Wilhelm und Alexander von Humboldt mußten Stellen gestrichen werden, die ihrer Empfindlichkeit allzu kompromittierend erschienen.

Großen Ärger gab es, wenn die Enkel auf Publikationen stießen, die auf ihre Gefühle keine Rücksicht nahmen. Im Oktober 1864 war in einer österreichischen Wochenzeitschrift ein erotisches Gedicht von Goethe abgedruckt worden, das Wolf nicht kannte, auch nicht kennen konnte, weil der Großvater diese Verse schon zu Lebzeiten sekretiert hatte – und zwar *sinnlich-verfänglicher Zustände wegen*, wie der Dichter sich ausdrückte. Das Gedicht trug den Titel: »Das Tagebuch«. Wolf erkundigte sich sofort gereizt bei Salomon Hirzel, wie er zu diesen Versen gekommen sei. Der Verleger antwortete, er sei keineswegs Besitzer des Gedichts, es handele sich vielmehr um die Abschrift eines längst gestorbenen Freundes. Das entsprach nicht der Wahrheit. Hirzel selbst war es, der das Gedicht nach Riemers Handschrift kopiert hatte.[145]

Solche Vorkommnisse gaben den Brüdern recht damit, Goethes Nachlaß unter Verschluß zu halten. Das Haus am Frauenplan lag im Dornröschenschlaf. Hier und da bröckelte es, hier und da wurde ausgebessert und renoviert. Doch es wurde nichts verändert und nichts verkauft.

Die Räume Goethes blieben mehr als fünfzig Jahre lang nahezu unberührt.

Walther von Goethe als großherzoglicher Kammerherr

Am 27. August 1852, anläßlich Goethes Geburtstag, ernannte Carl Alexander von Sachsen-Weimar, soeben Großherzog geworden, Walther von Goethe zu seinem Kammerherrn und verlieh ihm den Hausorden zum Weißen Falken. Auch Wolf wurde zum Kammerherrn ernannt, entwickelte aber kein engeres Verhältnis zum Großherzog, dem er allenfalls von Rom aus zu einigen antiken Kunstwerken verhalf.

Walther hingegen fand endlich zu der ihm eigenen Bestimmung. Für ihn begann eine neue Epoche. Kenntnisse, Takt, Intelligenz und vornehme Gesinnung erwiesen sich als ideal für diesen Posten eines »Kulturattachées« im Lande Sachsen-Weimar, und der unbesoldete Dienst als Kammerherr kam seinem Bedürfnis nach Unabhängigkeit außerordentlich entgegen. Er hatte es bei Carl Alexander, dem Sohn des wenig bedeutenden Großherzogs Carl Friedrich und der klugen, künstlerisch begabten Zarentocher Maria Pawlowna, mit einem Fürsten zu tun, der sich weit mehr für kulturelle als für politisch-militärische Aufgaben interessierte und dessen Bestreben es war, die Stadt Weimar wieder zu einem geistigen Mittelpunkt zu machen. Nach der glanzvollen, »Goldenen« Epoche unter Goethe und Herzog Carl August sollte ein »Silbernes Zeitalter« entstehen. Diese Intentionen wurden von Walther nach Kräften unterstützt. Er verlegte seinen Wohnsitz im November 1852 endgültig von Wien nach Weimar.

Dem Großherzog hatte bisher ein Adjutant zur Seite gestanden, der ihm zum geliebten, nahezu unentbehrlichen Freund geworden war. Es handelte sich um Leo Graf Henckel von Donnersmarck, ein Vetter von Ottilie. Doch Leo hatte sich nach seiner Hochzeit mit Emma von Parry mehr und mehr zurückgezogen. Walther von Goethe, zwar weniger gut aussehend und weniger gewinnend, dafür aber geistvoll und gebildet, rückte an seine Stelle. Ihn mußte Carl Alexander nicht erst, wie den Grafen Leo, um das brüderliche Du bitten – ihn kannte und duzte er von Kindesbeinen an.

Wie weit die Freundschaft zwischen den beiden gleichaltrigen und gleichgearteten Männern ging, die schon als Kinder miteinander gespielt, gelacht und gelernt hatten, ist schwer zu sagen. An Wolf schrieb der Großherzog über seine Beziehung zu Walther: *... immer mehr Genuß finde ich an seinem Umgang. Ich ruhe mich aus in seiner edlen, fein gesaiteten und fein gebildeten Seele.*[146] Es klingt fast wie ein Liebesbrief, wenn der Fürst, der schließlich viele Ratgeber um sich hatte, seinem abwesenden Kammerherrn erklärte, er fehle ihm *beständig und in zunehmendem Maße ...*

Großherzog Carl Alexander scheint für Männerfreundschaft nicht unempfänglich gewesen zu sein. Die Tagebücher des dänischen Dichters Hans Christian Andersen, der 1844 und 1846 zweimal länger in Weimar weilte, sprechen von einer Freundschaft, die inniger kaum gedacht werden kann. *Ich liebe richtig den jungen Herzog*, bekannte er in seinen Memoiren. Man drückte sich unter dem Tisch die Hände, küßte sich, faßte sich um den Leib, ging Arm in Arm und flog einander um den Hals, notierte Andersen in sein Tagebuch.[147]

Seit Walther von Goethe als Kammerherr in Weimar lebte, war der Großherzog mit ihm am häufigsten und liebsten zusammen. Er sah in ihm seinen vertrautesten Freund, den er auch bei längeren Aufenthalten nicht missen wollte. Er liebte Walthers geistreiche Unterhaltung und suchte seine Nähe. *Ist es mir zu verargen*, schrieb er einmal, *daß ich bei Dir mich so sehr gefalle?*

Mit ähnlichen Worten hatte sich auch Sibylle Mertens einmal geäußert. *Walthers Nähe und Umgang hat für mich etwas so*

Carl Alexander Großherzog von Sachsen-Weimar, Pastell unter Glas von Berthold Woltze

unendlich Wohltuendes, beruhigendes und milderndes, schrieb sie 1854, *wie ich es nur von sehr wenigen Menschen jemals habe sagen können: er ist so durchaus von innen heraus edel und gut, daß man im Zusammenleben mit ihm besser wird, als man ist …* Er sei einer der Menschen, *die man jeden Tag um sich haben möchte.*[148]

Zur Männerfreundschaft trug bei, daß Carl Alexander durch seine Kindertage im Hause Goethes ein großer Verehrer des Dichters war. Der Vierjährige durfte sonntags um zwölf, aber auch wochentags ins Haus am Frauenplan kommen, wo sie sich dermaßen wild betrugen, daß unter den Erwachsenen kein

Gespräch möglich war. Man sammelte Kastanien, spielte im Alkovenzimmer Domino, machte Seifenblasen und Federballspiele, pflanzte Blumenzwiebeln, und wie mit seinen Enkeln ging der Dichter geradezu zärtlich auch mit dem kleinen Prinzen um.

Jetzt war es Walther, der an der Seite des Fürsten Sternstunden genoß. Ihm wurden Aufgaben geboten, die ihm lagen und ihn zufriedenstellten. Walther war es, der die Vertreter des Jungen Deutschland wie Gustav Kühne zu Vorträgen und einen Goethefreund wie Carl Gustav Carus zum Jubiläum nach Jena einlud, der dafür sorgte, daß Grillparzers »Sappho« auf die Weimarer Bühne kam und verdienstvolle Schauspieler wie Karl La Roche mit Orden geehrt wurden. Gemeinsam mit dem Großherzog holte er Künstler wie Hebbel und Freiligrath, Peter Cornelius, Arnold Böcklin, Franz von Lenbach und Ernst von Wildenbruch, Hoffmann von Fallersleben und Bonaventura Genelli in die Residenzstadt.

Über seinen Amtsantritt im Winter 1852 hat Walther ein handschriftliches Tagebuch hinterlassen.[149] Demnach war er am 6. November 1852 früh von Wien abgereist und zwei Tage später im Gartenhaus seiner Urgroßmutter, der sogenannten »Villetta«, eingezogen. *Zwey Tage nicht ganz wohl zu Hause, dann mich bey Hofe gemeldet.* Die Aufzeichnungen enthalten nichts von dem, was wirklich zwischen den Freunden vorging, geben aber die kulturellen und gesellschaftlichen Ereignisse detailliert wieder, unter anderem die Begegnung mit dem Komponisten Hector Berlioz. November 1852: *1. Probe v. »Benvenuto Cellini« in Anwesenheit des Komponisten Hector Berlioz; Herr v. Ziegesar stellte mich Herrn Berlioz vor. – Den 16ten Nov. In die Stadt übersiedelt. Mittages zur Tafel befohlen ... dann nach Tafel Prinzeß Carl v. Preußen vorgestellt. Von Gästen erwähne ich noch: Herrn Berlioz, Kapellmeister Liszt, Mr. Charley, Musik-Kritiker aus London. Abends 1. Aufführung des Cellini im Theater unter Leitung v. Liszt.*

Samstag den 20ten. Großes Konzert von H. Berlioz im Theater unter Mitwirkung des Montagschen Singvereins. »Romeo u. Julie« v. Berlioz. Fausts Höllenfahrt, die ersten Abteilungen v. demselben Komponisten.

Nichts erfahren wir allerdings von Walthers Beurteilung der neuen Musik und nur wenig über den weltberühmten Klaviervirtuosen Franz Liszt, der in Weimar als »Kapellmeister in außerordentlichen Diensten« aus Maria Pawlownas Privatschatulle bezahlt wurde.

Das Weihnachtsfest am 24. Dezember 1852 verbrachte Walther allein. Wirtschafterin Minchen Bachstein hatte seine Stube geschmückt, Leo Graf Henckel ihn besucht. *Abends allein zu Haus; an die Mutter geschrieben.* Am Feiertag war er mit der Jugendfreundin Charlotte Voelckel-Hardtmuth zusammen, der Neujahrstag wurde am Hof mit großem Konzert begangen, wobei Walther grundsätzlich – auch in den folgenden Monaten – jede Komposition sowie die Ausführenden namentlich festhielt. Nebenbei besuchte er ältere Damen wie Gräfin Caroline Egloffstein, Großtante Vulpius, Hofrätin Voelckel und die Schriftstellerin Amalie Winter, bei der Goethes »Pandora« im Beisein von Carl Alexander mit verteilten Rollen gelesen wurde. Walther ging auch zum Tee der Fürstin Carolyne von Sayn-Wittgenstein, der schwärmerisch-exzentrischen Lebensgefährtin von Franz Liszt, welcher am 19. Februar 1853 den »Fliegenden Holländer« von Richard Wagner, am 25. Februar »Die Walpurgisnacht« von Mendelssohn dirigierte, bevor er mit dem »Tannhäuser« eine *musikalische Wagner-Woche* einleitete.

Seine Gefühle beim Hören dieser erfolgreichen Musikwerke gab Walther nicht preis. Nur durch einen Brief an Carl Alexander wissen wir, daß ihm die rauschenden Tonkaskaden von Franz Liszt und Richard Wagner mißfielen und er beide – schon wegen ihres Lebenswandels – zutiefst verachtete.

Walthers Verhältnis zum Großherzog war niemals das eines Untergebenen. Der Enkel Goethes fühlte sich selbstverständlich mit dem Enkel Carl Augusts gleichrangig. Er trug einen Namen, dem Carl Alexander Respekt zollte, er besaß Ansehen, Tradition und Adel, dessen war er sich wohl bewußt.

Nicht nur in ihrem Wesen, auch in ihrem Geschmack stimmten Fürst und Kammerherr überein. Als Kinder hatten sie gemeinsam »Robinson Crusoe« gelesen, jetzt lasen sie Stifters »Nachsommer«, woraufhin Walther das von ihm bewohnte Gartenhaus als *Casa delle Rose* bezeichnete. Beide beschäftigte die Lektüre von »Witiko« in einem Maße, daß der Großherzog seine Briefe mit *Herzog Wratislaw* unterzeichnete und den Freund als *Witiko* titulierte. Infolgedessen schrieb Walther: *Witiko muß sich entschuldigen.* Er sei krank und trage eine Haube mit Gänsefeder. *Er mit einer Gänsefeder! Der Enkel eines Schwanes! In der Besserung verharrend. Walther, der Kränkliche.* (13. März 1866)

Carl Alexander wiederum nannte Walthers Behausung anspielungsreich *Blaubartshof* oder auch *Blaubartsburg* und fragte ebenso vorsichtig wie höflich an, ob er wohl gerade jetzt im *Blaubartshof* willkommen sei. Es sind schwierige, kaum zu enträtselnde Anspielungen, die die Freunde nicht nur mündlich, sondern sogar brieflich austauschten. »Blaubartshof«? Schon in seinem Buch »Fährmann, hol über!« hatte Walther ein *Blaubartzimmer* erwähnt auf eine Weise, die mit dem eigentlichen Anliegen seiner Geschichten nicht das geringste zu tun hatte. Seine Anspielungen sind offensichtlich autobiographischer Natur. In der Erzählung »Vom Dach herunter« schildert der Autor mit einer gewissen Suffisance, wie *sich die an rheumatischem Gesichtsschmerz leidende Gräfin P.* – Walthers Mutter – und ihr soeben volljährig gewordener Sohn in einem *roten Kabinett* aufhalten, welches, wie es im Text heißt, *ebenso verderblich* sein konnte *wie das berühmte Kabinett des Blaubart es für dessen schöne Gemahlin wurde.* Damit nicht genug, wird eine weitere

Walther von Goethe im Alter von 35 Jahren.
Ölgemälde von Gustav Jäger, 1853

Fährte ausgelegt. In dem *blutroten* Kabinett herrschte trotz des offenen Fensters *eine unheimlich schwüle Luft.* Listig fügte der Autor hinzu: *Auf welche Weise die Physiker dies erklären werden, ist mir unbekannt, ich muß aber wiederholen: die Luft des Kabinetts war schwül, furchtbar schwül.*

Das seltsame Kabinett, die roten Wände, der Geruch von Verderbtheit und drückender Schwüle, das alles spielt an auf Walthers verborgene Homoerotik. Solche und andere verrätselte Stellen waren wohl auch der Grund, warum er das Buch anonym erscheinen und seine Mutter nichts davon wissen ließ. Die unerklärliche Szene im rot-schwülen Kabinett wird unter Anwendung des Blaubart-Motivs, des verräterischen »Schlüssels«, noch weiter ausgemalt. Der Haushofmeister, heißt es, *drehte den Schlüssel einigermaßen zitternd um, wobei er denselben beinah fallen ließ und also abermals an die Gemahlin des Blaubart erinnerte, nur daß bei der unglücklichen Dame der Schlüssel wirklich zu Boden fiel und mit Blut befleckt – –!* Hier endet die geheimnisvolle Szene bei Walther.[150] Er konnte die Blaubart-Erzählung von Ludwig Tieck kennen, der Goethe in Weimar besucht hatte. In Tiecks Drama »Der Blaubart« von 1812 verrät der blutverschmierte Schlüssel den Mörder: Als die Frau die verbotene Tür öffnet, liegen im *schwülen* Zimmer die Leichen von Blaubarts ermordeten Frauen. Doch das ursprüngliche historische Vorbild für den »König Blaubart« war Gilles de Rais, Marschall von Frankreich und berüchtigter Sadist, der allerdings nicht Frauen, sondern junge Knaben mißbrauchte, bevor er sie tötete.[151]

Was Walthers Gefühlsleben betrifft, wissen wir nur von Männerfreundschaften und Männerbekanntschaften. Die im »Fährmann« wiedergegebene Szene scheint eine Anspielung zu sein, die nur von Freunden des Autors verstanden wurde.

Frauen hingegen haben Walthers Aufmerksamkeit, wie Ottilie bitter klagte, nur selten erregt. Auch Carl Alexander bemerkte, daß der Freund sich nur Männern gegenüber öffnen könne. Die in ihn verliebten oder sich für ihn interessierenden Damen hat Walther, zumal wenn sie jünger waren, scheu gemieden. In seinen Tagebüchern werden nur jene Sängerinnen gerühmt, die ihn, den Musikliebhaber, durch ihre schöne Stimme in Bann zogen. Mutter Ottilie hat sich Sorgen deswegen gemacht. Obgleich sie mit ihrem dominierenden Wesen die Söhne ständig für sich beanspruchte, wünschte sie Walther doch schließlich auch versorgt zu sehen. Verärgert ermahnte sie ihn: ... *ich dächte, Du machtest einmal die Augen in dieser Beziehung auf, während Du jetzt an den Mädchen vorüber blickst, als wären sie ein Regiment, wo ein Soldat wie der andere erscheint, und als wäre es eine Sorte Geschöpfe, die Dich nichts angingen ...*[152] Ottilie ahnte nicht, wie recht sie damit hatte.

Mit Walthers schwierigem Charakter, seinen Empfindlichkeiten und gereizten Reaktionen, die jeden anderen abgeschreckt hätten, übte der Großherzog eine geradezu unglaubliche Nachsicht. Einziger Dissenz war offenbar die gestelzte Art, in der Walther des Großherzogs Post beantwortete. Während Carl Alexander ihm in einem freundschaftlichen Ton schrieb, pflegte Walther einen zeremoniellen und gewundenen Briefstil. So am 30. März 1856 aus Venedig: *Könnte ich der erlauchten Fürstin meine ehrfurchtsvollsten Wünsche persönlich zu Füßen legen; leider ist mir Solches nicht gegönnt durch eine längere Indisposition meiner Mutter – ich fühle, wie ich Höchsten Vorwurf einigermaßen verdiene. Treu ergebener Diener W. W. von G.* Einen Besuch im November 1863 lehnte er folgendermaßen ab: *mit der Bitte, Ew. Königliche Hoheit wollen geruhen, mich noch eine kurze Zeit hinter dem Vorhang zu lassen, verharre ich ...* Woraufhin Carl Alexander ihm am 20. Dezember 1863 erwiderte: ... *und nun schreibe mir einen vernünftigen Brief in Morgenhöschen oder auch ohne Höschen, aber nicht mit Kothurnen.*

Über Walthers Tätigkeit am Hof von Sachsen-Weimar existieren vom Herbst 1858 bis zum März 1859 tägliche Aufzeichnungen unter dem Titel: »Tagebuch der Hof=Pflicht und Geselligkeit«.[153] Steif protokollarisch beginnen die Notate: *Rückkehr des regierenden Hofes nach Weimar am 1. November 1858.*

10. 11. 1858 Im Theater Schillers »Räuber«. (Der 10. November war Schillers Geburtstag.)

13. 11. 1858 Goethes »Geschwister«.

23. 11. 1858 Otto Rank »Über das populäre Element in Schillers Dramen«.

19. 12. 1858 Abends Norma. Es sang Pauline Viardot-Garcia.

24. 12. 1858 Weihnachts-Heiliger-Abend. Der Großherzog ließ mich am Vormittag kommen und machte mir schöne Weihnachtsgeschenke.

30. 12. 1858 Abends im Theater Großvaters Iphigenie. Frl. Daun vortrefflich. Nach dem Theater Serenissimus bei mir zum Tee.

9. 1. 1859 Anfang der Hofdienstwoche. Abends in die Hofloge: »Der Freischütz«.

13. 1. 1859 Abends in die Hofloge: »Florian Geyer« v. Wilhelm Genast.

15. 1. 1859 Schluß der Hofdienstwoche. Abends im Theater Stradella. (Es handelte sich vermutlich nicht um seine eigene Oper »Allessandro Stradella«, sondern um das erfolgreiche Werk von Friedrich von Flotow).

28. 1. 1859 Der Großherzog und die Großherzogin nebst dem Erbprinz v. Reuß u. Gemahlin ließen sich für 12 Uhr zur Besichtigung der großväterl. Räume ansagen.

16. 2. 1859 Ich machte bei Graf und Gräfin Redern Visite. Abends Don Pasquale v. Donizetti. Gräfin Redern war in der kleinen Seitenloge links; ich ging nach der Vorstellung sogleich herüber um die Gräfin durch das Gewühl im Corridor nach der Mittel-Hofloge zurückzuführen.

17. 2. 1859 Ich erkundigte mich nach dem Befinden der Gräfin Redern.

18. 2. 1859 Ich erwartete die Gräfin auf der Eisenbahn und brachte sie schließlich in ihr Coupé – die Gräfin ging direkt nach Dresden zurück.

Die detaillierten Berichte über das Befinden des Ehepaares von Redern zeigen, daß Walther über die Heiratspläne seines Bruders wohl informiert war. Wolfs vergebliche Werbung um die schöne Marie von Redern lag zwei Jahre zurück.

Walthers Aufzeichnungen enden mit dem Eintrag:

21. 3. 1859 Zur Erinnerung an des Großvaters Todestag am Vor-Abend: FAUST.

Gedanken an frühere, schönere Tage verließen Walther nie. Von einer Reise zurückgekehrt, war er über den Berg von Pflichten, der ihn erwartete, geradezu froh. *Auf diese Weise überwinde ich am besten das fremde Gefühl, welches mich stets bei der Rückkehr nach Weimar ergreift und, als Mahnung an Vergangenes und hier Erlebtes, ergreifen muß* (Oktober 1859). Anläßlich der Feiern zu Goethes und Carl Augusts Geburtstag erklärte er: *Erinnerungstage wie der 28ste August und der nahende 3. September schlagen Brücken mit der Vergangenheit; das Gewesene erscheint in schönem, verklärtem Lichte.*

Das Haus am Frauenplan wurde zu Walthers Lebensaufgabe. Um so empörter war Ottilie über Falschmeldungen in der Öffentlichkeit. Rellstab habe in der Zeitung behauptet, *daß die Treppe im Hause des Vaters umgebaut ist und das SALVE früher über der Tür statt auf der Schwelle stand* – dabei opfere ihr Sohn nun seit Jahren alles zur Instandhaltung des Hauses, klagte sie bei Sibylle Mertens.[154] Walther beachtete solche Zeitungsmeldungen kaum. Er kümmerte sich um das neu gegründete Freie Deutsche Hochstift in Frankfurt, dessen Ehrenmitglied er 1863 wurde, um die Enthüllung des Denkmals für Herzog Carl August und um das Goethe-Schiller-Denkmal in Weimar, außerdem um die Dreihundertjahrfeier in Jena, das

Grab seiner Urgroßmutter Catharina Elisabeth Goethe in Frankfurt am Main und die Grabstätte seiner Schwester Alma in Wien. Seine Aufgaben waren vielfältig und oft kompliziert, aber niemals politischer Natur. So etwa spielte der Krieg Preußens gegen Dänemark weder in Briefen noch in Tagebüchern eine Rolle, obgleich es um den Besitz Schleswigs ging. Dorthin reiste Walther in jedem Jahr, seit Tante Ulrike von Pogwisch, der die Wohnung an der Weimarer Esplanade zu teuer geworden war, sich als Priorin in das Damenstift des Klosters St. Johannis in Schleswig zurückgezogen hatte, wo sie im eigens für sie erbauten Haus ihren Neffen gastfreundlich empfangen konnte.

Im März 1864 – der deutsch-dänische Krieg war in vollem Gange – schrieb Walther dem Großherzog: *Den ganzen Tag beschäftigt, in allen Räumen des Goethe'schen Hauses ordnend, bessernd, genieße ich doch, bei guter Witterung, gute Frühstunden in ländlicher Villetta, oder schaue ... vom Garten aus dem nächtlichen Reigen von Erlkönigs Töchtern zu.* Er zog erst zum Jahresende aus dem kalten Gartenhaus der Urgroßmutter ins Goethehaus um. *Ich frühstücke in einer Schachtel und schlafe in einer Kiste, ich lebe von Siegellack und Oblaten! Weimar, 22. 12. 64.*

Zu einer ernsthaften Verstimmung zwischen dem Fürsten und seinem Kammerherrn kam es nur ein einziges Mal, und zwar bei Walthers Entdeckung, daß der Freund tatsächlich eine unerlaubte Abschrift von Goethes Tagebüchern besaß. Daran hatte der Fürst nur illegal gelangen können. Carl Alexander rechtfertigte sich mit der Erklärung, es handele sich dabei schließlich auch um seinen Großvater Carl August. Er habe das Manuskript in einer Zeit, da die Enkel der Stadt den Rücken kehrten, für Weimar retten wollen. *Der Inhalt*, schrieb er, *legt das Verhältnis dar, in dem Dein Großvater zu meinen Großeltern stand; die Intimität dieses Verhältnisses ist größer gewesen, als die Welt es zu wissen braucht und weiß*[155] – eine anzügliche Bemerkung, die auch ihr eigenes Verhältnis zu berühren schien.

Für Carl Alexander war Walther von Goethe unersetzlich. Dreißig Jahre lang hatte der Fürst in ihm den kundigsten Berater. Schon in seiner Jugend hatte Walther das Schauspiel geliebt, jetzt machte er seine Leidenschaft zum Beruf. Carl Alexander hatte geäußert: *auf der Bühne solle das Heilig-Schöne nie verletzt werden! – unschöne Trauerspiele sehen wir leider außerhalb der Bühne nur zu viele!* (September 1856) Also empfahl Walther ihm den Dichter Brachvogel, der ausgezeichnete Stücke schreibe, allerdings *in Berlin den Beifall in dürftigem Frack entgegennahm.* Bei anderer Gelegenheit war es wiederum Walther, der die gegenwärtige Theaterpraxis kritisierte. *Unter Goethe wurden Verse gesprochen, später deklamiert, jetzt werden sie gebrüllt,* kritisierte er (Oktober 1858). Vom Kurort Bad Steben aus beschrieb Walther eine Reise mit der Eisenbahn: *selbst Homer brächte keine Odyssee mehr zustande* bei dieser Fahrweise (September 1859).

Carl Alexander bekundete immer wieder sein Interesse an Walthers musikalischer Begabung. Angebote kamen auch von anderer Seite. Emma von Schmeling wollte ihm eine Stelle als Dirigent in Dessau vermitteln, aber Walther schlug statt seiner den begabten Freund Wilhelm Stade vor mit den Worten, er sei ja nur *der Walther Goethe, in dem noch dazu der »Musiker« seit den letzten Jahren einigermaßen dem »Enkel« hat weichen müssen.* Enttäuschung wird darin spürbar.

Dagegen ließ ihn ein freundlicher Brief von Carl Loewe aus Stettin aufleben. Glücklich nahm Walther die Verbindung zu seinem musikalischen Gönner wieder auf und antwortete ihm am 7. August 1865 mit einem glühenden Freundschaftsbrief. Er lebe nach wie vor in Weimar, berichtete er, besuche aber oft seine Mutter in Wien, bei der auch sein Bruder sich aufhalte. *Im Großväterlichen Hause steht noch das Salve auf der Schwelle und das gelbe Sälchen ist noch das gleiche ... Meine Wohnung habe ich in der Mansarde aufgeschlagen, die früher auch meine*

Eltern bewohnten … Seine Gesundheit sei zwar *nur mäßig gut*, doch Loewes Brief beglücke ihn, *der mir zeigt, daß ich noch mit Ihnen, noch für Sie lebe!*

Das Weimarer Musikleben unter der Stabführung von Franz Liszt, der auf der Altenburg sein elegantes Domizil zu einem Musikzentrum gestaltet hatte, veranlaßte Walther nur zu beißender Ironie. Als der Großherzog ihn zu neuen Kompositionen anregen wollte und schrieb: *Du hast von Gott ein wunderbares Talent für Musik bekommen, benütze es doch und komponiere*, entgegnete Walther mit dem ihm eigenen Sarkasmus: *Einstweilen mögen die rauschenden Accorde von Vater Liszt und seinem tugendsamen Schwiegersohn die fürstlichen Hallen durchfluten! – ich meinerseits verharre indes an den ernsten Fluten der Saale.*[156]

Der Gesangspädagoge Otto Lange aus Berlin, der Walthers Lieder mit hohem Lob bedacht hatte, bat ihn, eine Komposition zum zweiten Teil des »Faust« zu schreiben. Er solle sich nicht mit seinem Alter entschuldigen – Walther war eben fünfzig geworden: sein Großvater habe noch mit achtzig »Faust II« geschrieben! Doch die Ermahnung fiel nicht auf fruchtbaren Boden.

Walther von Goethe war der Besitzer unermeßlicher Schätze und lebte doch außerordentlich bescheiden. Kostbare Angebote des fürstlichen Freundes lehnte er kategorisch ab, akzeptierte nur kleine Geschenke und ärgerte sich sogar, daß Carl Alexander in seiner Abwesenheit den Goetheschen Garten für ihn neu gestalten ließ. *Geschenke sind bei einer Natur wie die meinige nur in kleinen Dosen … und sehr vorsichtig anzuwenden*, mahnte er und nahm auch eine Kiste mit »Goethe-Reliquien« nicht an, weil sie zu teuer sei. Allerdings ließ er es sich gerne gefallen, daß der Großherzog ihm und Wolf 1876 die Räume im Botanischen Garten von Jena überließ, die einst Goethe innehatte.

Ottilies Schwester Ulrike von Pogwisch
im Alter als Priorin

Da ihm Walthers finanzielle Situation bekannt war, bot Carl Alexander ihm eine feste und gut dotierte Tätigkeit an. Seine Frau Sophie benötige einen zuverlässigen Betreuer ihrer Sammlungen an Büchern, Handzeichnungen und Kunstwerken. Dafür werde ihm ein Jahresgehalt von 1000 Talern geboten. Großherzogin Sophie hatte zu Walther von jeher das größte Vertrauen. Das gute gegenseitige Verhältnis wurde noch vertieft, nachdem Walther sie und die herzoglichen Kinder während der Sommeraufenthalte auf ihre schlesischen Besitzungen begleitet hatte. Trotzdem lehnte er das ehrenvolle Angebot, für sie tätig zu werden, ab – zu groß war die Angst, seine Freiheit könne beschnitten werden.

Bisher konnte Walther Urlaub nehmen, wann immer er wollte. Er besuchte Tante Ulrike von Pogwisch in ihrem Schleswiger Johannesstift, begleitete seine Mutter 1854 und 1855 nach Pisa und Venedig, besuchte vier Jahre hintereinander Mutter und Bruder in Wien und fuhr in die Kurbäder Böhmens, nach

Bad Soden und Süddeutschland – er wollte unabhängig bleiben. Als der Großherzog das Angebot erneuerte und ihn bedrängte, seine Frau Sophie zu unterstützen, entgegnete ihm Walther mit Nachdruck, seine Aufgabe, Goethes Enkel zu sein, sei wahrhaftig schon schwierig genug.

Auch Wolf lebte nicht mehr in Dresden, sondern war 1869 endgültig nach Jena gezogen; und zwar der hervorragenden Universitätsbibliothek wegen, die noch Goethe eingerichtet hatte. Wolf beschäftigte seit vielen Jahren eine Arbeit, die er kontinuierlich fortführte und erweiterte: »Die italienischen Bibliotheken bis zum Jahre 1500 und ihre Verzeichnisse«. Seine zunächst weitgespannten Studien hatten sich während der Forschungen auf eine große Büchersammlung konzentriert, die des venezianischen Kardinals Bessarion. Es liege für ihn, versicherte Wolf, ein unendlicher Reiz darin, *solch eine Geschichte urkundlich aus der Asche erstehen zu machen.*[157]

Niemals war Wolf in den letzten Jahren frei von Krankheiten gewesen. Er litt unter schweren asthmatischen Anfällen, unter Neuralgien, Herzschmerzen, Gliederschmerzen. Als er im Oktober 1864 seiner Mutter zuliebe nach Wien fuhr, kamen rheumatisches Fieber und Gesichtsschmerzen erneut zu solchem Ausbruch, *wie ich mich nicht erinnere einen ähnlichen ertragen zu haben.* Auf einem kleinen Zettel in den Akten des Goethe-Archivs steht: *Als ich mich an das Universum anlehnte, fiel ich um, als ich mich an Gott anlehnte, blieb ich aufrecht.* Auf einem anderen undatierten Blatt aus Franzensbad fanden sich die trostlosen Zeilen:

Ich habe einst gelesen, daß Gott die Seinen schützt;
Wo ist das denn gewesen? Was hat es denn genützt?

Eines Augenleidens wegen konnte Wolf seine Briefe nicht mehr selbst schreiben, sondern mußte sie diktieren, wie einst der Großvater es tat. Er, der Enkel, bemerkte dazu: *Man stirbt lange, selbst wenn man einmal angefangen hat.*[158] Unterbrochen wurde seine Arbeit durch einen neunmonatigen Aufenthalt mit der Mutter 1867 in Weimar, eine offenbar furchtbare Zeit, *die in jeder Beziehung zu den peinlichsten meines Lebens gehört hat.* Fest steht, daß sein Bruder Walther in diesem Jahr einen Herzinfarkt erlitt und im Jahr darauf in Dresden *an einem Brustleiden*, also einer weiteren Herzerkrankung, darniederlag.

Im Winter 1868/69 hatte Wolf der nötigen Studien wegen nach Italien fahren und einige Monate in Venedig und Florenz verbringen wollen, sich dann aber unglücklicherweise überreden lassen, mit Mutter und Tante Weihnachten in Wien zu verbringen. Bei Glatteis stürzte er in Wien aufs Pflaster und wurde krank *wie in den schwersten Zeiten.* Als er endlich für acht Monate in Venedig und Padua leben konnte, war er glücklich über die Funde, die er in den dortigen Archiven machte.

Wolfs Beschäftigung mit Katalogen und Verzeichnissen erscheint nur folgerichtig angesichts eines Großvaters, dessen Sammelleidenschaft und Interesse für die Weltliteratur er immer bewundert hatte. Schon als Kind lernte Wolf, Bücher wie einen Schatz zu hüten. So wird auch sein Protest gegen eine Öffnung des Archivs verständlich. Der großväterlichen Anleitung entsprang sein Bedürfnis, die Bibliothek, das Archiv und das Arbeitszimmer wie ein Gralshüter unter Verschluß zu halten. Hätte er Zugeständnisse gemacht, wäre der Strom der Neugierigen nicht abgerissen. Schon Goethe hatte nur den intimsten Freunden wie Riemer, Eckermann und dem Kanzler von Müller Zutritt in sein Arbeitszimmer gewährt. König Ludwig I. von Bayern wurde abschlägig beschieden, er mußte Nasenbluten vortäuschen, um auf dem Weg zum Schlafzimmer einen kurzen Einblick ins angrenzende Arbeitszimmer nehmen zu können.

Nur wenigen Kennern gestattete Wolf Einblick ins Archiv. Der Sohn des Grafen Reinhard durfte 1850 Goethes Briefwechsel mit seinem Vater publizieren. 1851 erschien Goethes Korrespondenz mit Knebel, 1863 mit dem Herzog Carl August, 1866 folgte Goethes Briefwechsel mit dem Grafen Sternberg, 1876 erschien als vorläufig letzter Briefwechsel Goethes Korrespondenz mit den Brüdern Humboldt. Im übrigen blieb das Goethe-Archiv für jedermann verschlossen.

In manchem nun veröffentlichten Brief fanden Walther und Wolf sich selbst wieder, konnten nachlesen, wie sich Goethe einst über die geliebten Enkel geäußert hatte.

Für seine Vorsichtsmaßnahmen jedoch wurden Wolf wie Walther als engstirnige Pedanten kritisiert. Nur Freund Mejer verteidigte Wolfs Haltung. Er habe in sechsundvierzig Jahren an Wolf Goethe *niemals etwas Kleinliches oder auch nur Enges* gesehen. *Er war ein groß angelegter Mensch, von umfassender Bildung, von weitem Gesichtskreise, von eigenen Gedanken, von vornehmstem Charakter, voll aufrichtiger Menschenliebe, treu, wahr, arbeitsam ... Wäre nicht die schmerzende Last seiner Krankheit und die glänzende seines Namens auf ihm gewesen, so wäre er nach menschlichem Ermessen ein bedeutender Mann geworden sein ... Eine schwungvolle Seele ...*[159]

Von Natur verschlossen und ernsthaft – um nicht zu sagen humorlos –, wurde Wolf jedoch mit der Zeit unversöhnlich reizbar, wenn er sich von Neugierigen belästigt, von Aufdringlichen angestarrt fühlte. Seine Wut ging schließlich so weit, daß er der Kaiserin von Rußland, die ihn sehen wollte, ausrichten ließ, er sei kein wildes Tier. Einmal von Mejers Ehefrau mit dem Ausruf angesprochen: *Wenn das Ihr Großvater gehört hätte!*, antwortete Wolf verbittert: *mein Großvater war auch ein Hüne, und ich bin ein Hühnchen.*[160]

Seit seinem Austritt aus dem diplomatischen Dienst hatte Wolf in jeder freien Minute an seinen »Studien und Forschungen« italienischer Bibliotheken des Spätmittelalters gesessen. Endlich hielt er die Arbeit für vollendet. Otto Mejer sollte sie begutachten und sich um einen Verleger kümmern. Der Theologe fand zwar die Abhandlung *die eingehendste, ernsthafteste, treueste, gelehrteste Forscherarbeit*, doch vermißte er die unerläßliche Unterscheidung zwischen bewiesenen und nur vermuteten Fakten. Die Arbeit war in seinen Augen unwissenschaftlich. *Der Forscher in ihm stand unter der Herrschaft des Dichters*, kritisierte er, während Wolf sich damit rechtfertigte, sein Ziel sei keine Biographie über den Kardinal, sondern lediglich die Inventarisierung aller über ihn erschienenen Abhandlungen. Konsistorialrat Mejer war entsetzt. Was er vor sich hatte, war lediglich eine Zusammenstellung von Zufallsfunden. Er riet Wolf von einer Veröffentlichung ab, bevor die Arbeit nicht geändert sei, der Autor gebe sich sonst der Lächerlichkeit – er schrieb: der falschen Beurteilung – preis.

Wolfs Enttäuschung war furchtbar. An ein abschließendes Resultat habe er nicht gedacht, wiederholte er. Aus physischen und geistigen Gründen sei er zu einer Umarbeitung nicht in der Lage. Er wies dabei auf *unangenehme Geschäfte* in bezug auf Goethes Nachlaß hin, die seine Zeit raubten. *Dein Verriß*, schrieb er, *ist ein so schwerer neuer Schlag für mich, daß ich seit Tagen ringe, ihn nur einigermaßen zu verarbeiten.* Auch sei er trotz aller Zweifel zur sofortigen Veröffentlichung entschlossen, da sich das kommende Vatikanische Konzil unter Papst Pius IX. gerade auf die in seinem Buch erhellten Beschlüsse des damaligen Konzils von Florenz beziehe. Ohne diese Veröffentlichung werde er *wieder einmal, zum tausendsten Mal, veraltet, ein Greis, werde gestorben sein, ehe ich nur geboren bin* (12. Februar 1870).

Wolf ließ seine Abhandlung nun unvollendet und auf eigene Kosten bei Verleger Frommann in Jena drucken.[161] Das Werk erschien unter dem Titel: »Studien und Forschungen über das

Leben und die Zeit des Cardinals Bessarion 1395–1472. Abhandlungen, Regesten und Collectaneen von Wolfgang v. Goethe.« Es wurde ihm kaum je Beachtung zuteil.

Im Jahr 1870 kehrte Goethes Schwiegertochter Ottilie, nun vierundsiebzig Jahre alt, für immer nach Weimar zurück. Ihre Mutter war vor zwanzig Jahren gestorben, seither lebte auch ihre Schwester Ulrike nicht mehr in Weimar. Ottilies Lebensfreundinnen, die sie über Jahre begleitet hatten, Adele Schopenhauer, Anna Jameson und Sibylle Mertens, waren tot. Als auch ihre große Lebensliebe Ferdinand Heinke gestorben war, bekannte die sonst so stolze und selbstbewußte Ottilie, die Natur habe sie zwar mit den besten *Baumaterialien* ausgestattet, sie seien aber ungenutzt geblieben, *weil mir der Bau- und Ratmeister versagt war, der sie zu einem Ganzen gefügt.*[162] Mit anderen Worten, Heinke hätte ein solcher Baumeister sein können. Ottilie selbst hatte es nicht vermocht, ihr Leben in den Griff zu bekommen.

Ottilie richtete ihre Zimmer wieder in denselben Mansarden ein, aus denen sie einst mit fliegenden Fahnen ausgezogen war. Gegenstände, die sie liebte, versammelte sie um sich, antike Funde aus dem Besitz von Sibylle Mertens, Skulpturen, Lampen und Vasen. Das Bild des Herzogs von Urbino hing in ihrem Salon, der mit Wiener Biedermeier-Möbeln ausgestattet wurde. Auch Goethes Porträt von Stieler und ein Bildnis von Wolf schmückte ihr Zimmer. Ein kleines Porträt ihres Ehemannes August hing über der Eingangstür.

Seit mehr als sechzig Jahren diente der Familie die alte Wilhelmine Bachstein, die schon zu Goethes Lebzeiten in seinem Haus als vierzehnjährige Kinderwärterin der Enkel begonnen hatte. Die junge Adelheid von Schorn besuchte hier die altgewordene Ottilie und traf bei ihr fast immer Walther an, Wolf dagegen nur ein einziges Mal. Häufige Gäste an Ottilies Teetisch, an dem es gewöhnlich aus Gründen der Sparsamkeit nur Zwieback und kleine Butterbrötchen gab, waren die Schriftstellerin Amalie Winter mit ihrer Tochter Melanie, Jenny und Therese von Gerstenbergk und die von Berlin nach Weimar gezogene Freundin Allwina Frommann, Walthers alte Gönnerin, *ebenso hässlich als gescheit, fein und liebenswürdig ... Was sie als junge Mädchen im Goethehaus an Anregung und Freundschaft von dem Dichter empfangen, gab sie den Seinen im Alter wieder ...*

Erstaunlich oft kam auch die inzwischen fünfzigjährige Charlotte Hardtmuth, die als Walthers Jugendgespielin bei seinen Theateraufführungen mitgewirkt hatte. Wie es hieß, habe sie ihn geliebt, er aber habe ihr Liebeswerben als lästig empfunden. Bei seinem bekannten Desinteresse an Frauen wäre es durchaus denkbar. Charlotte war in Walthers Stücken als zuverlässige Darstellerin aufgetreten, so wie er, der damals Achtzehnjährige, ein unermüdlicher Verfasser von Musikdramen war. In »Das Mädchen von Mecheln« wirkte die fünfzehnjährige Charlotte im Frühjahr 1836 im Haus seiner Großmutter mit, im Winter 1836 war sie die Anne in Walthers *nach einem dänischen Roman* gestalteten Sprechstück »Anunciata«, in seinem Zweiakter »Eduard« stand sie mit Bertha von Schmeling auf der Bühne, und in Walthers letztem Drama mit dem traurigen Titel »Zu spät« verkörperte sie im Juli 1837 – neben Walther als *Maler Alfred* – die sechzehnjährige Nichte Marie.

»Zu spät« war es nun auch für eine Verbindung der Jugendgespielen. Immerhin umrankte beide die Sage, Walther habe Charlotte am Sarg seines Großvaters auf die Stirn geküßt.[163] Jetzt, im Alter, waren sich beide zugetan, sogar Familien-, Erb- und Testamentsangelegenheiten wurden offen zwischen ihnen besprochen.[164]

Ottilie im Alter von 56 Jahren.
Zeichnung von S. Dahl, 1859

Wolfs Freund, der Konsistorialrat Otto Mejer, sah Ottilie von Goethe in ihren Mansardenzimmern nach langen Jahren wieder, fand *eine zarte Gestalt mit einem energischen Gesicht, dessen Züge bisweilen streng erscheinen konnten. Wie früher hatte sie reiche, im Gespräche vielgeschüttelte Locken, damals noch dunkelblond, dann frühe weiß, die Hände überaus schmal und fein, Bewegung und Rede ausdrucksvoll, aber bei aller Lebendigkeit stets bemessen. Offenbar war die Frau, bevor sie durch eine von einem Sturz mit dem Pferde herrührende Narbe entstellt worden war, schön gewesen.* Er bewunderte damals wie später eine Eigenschaft, die auch die Söhne hervorgehoben haben: ihre *Energie des Herzens. In den großen, festen, markierten Zügen ihrer Handschrift drückte sich der Mut der eigenen Meinung aus*, erklärte der Besucher, *sich unterzuordnen verstand sie nicht.*[165]

Ottilies Herrschsucht nahm im Alter nicht ab, im Gegenteil. Sie ließ die Söhne nicht aus der Umklammerung. Sie litt, also mußte man helfen. Sie rief, also mußte man kommen. Walthers Briefe an den Großherzog sind durchzogen von Äußerungen dieser Art. Die Söhne lebten in ständiger Furcht, die immer dünner und gebrechlicher werdende Mutter könnte sterben. Wolf sah es als ein Unglück voraus, *vor dem ich seit Jahren Tag und Nacht in Furcht lebe*, wie der Fünfzigjährige dem Freund schrieb. *Ich habe die Überzeugung, daß man von dem Augenblick an, wo man aufhört, ein Kind zu sein, d.h. keine Eltern mehr hat, in eine Stellung in der Welt tritt, die man eigentlich nicht auszufüllen vermag...*[166]

Am 26. Oktober 1872 starb Ottilie von Goethe in ihrer alten Mansarde im Goethehaus. Bis zuletzt war sie klar und tätig gewesen. Noch im Mai hatte sie Romeo Seligmann gebeten, ihr aus Wien die zurückgelassenen Gegenstände von Alma zu schicken, eine Kette, eine Brosche, eine rotlederne Brieftasche. Im Sommer hatte sie mit Allwina Frommann Pläne gemacht, an einen anderen Ort zu ziehen. Bis zuletzt hielt sie ihre beiden Söhne wie eine Herrscherin in Atem, gab Ratschläge, bat und befahl. Im Herbst verschlechterte sich ihr körperlicher Zustand rapide. Sie starb an Herzversagen.

Einen Monat vor ihrem Tod hatte Otto Mejer sie noch einmal besucht. *Wolf hatte recht, sie war wie ein Hauch. Aber ihre alte Lockenfülle umgab noch das schmale Gesicht, und auch im Anzuge war ihr Geschmack der alte: sie trug einen farbigen Umhang mit kleiner Goldborte. Jahre und Krankheit waren ihr sehr anzusehen; als ich aber ihr gegenübersaß, richtete sich im Gespräch das gesenkte Haupt nach wenig Minuten in die Höhe, und es gab Momente, wo man hätte meinen können, die Zeit sei spurlos an ihr vorübergegangen... Ihre Söhne und meine Kinder, alte und neue Freunde, Liebe und Haß, Bewunderung und Verwerfen, Kleines, Großes und Größ-*

tes bewegte das Gespräch, nicht zum Wenigsten die große Zeit des Krieges, der eben vorüber war und das Eine Deutschand, ihre alte Hoffnung, geschaffen hatte; Schmerzen, Freude, Erinnerung, noch immer Liebe zum Leben, alles klang lebhaft an. Mir war, als erlebe ich den Schlußsatz eines Beethovenschen Musikstückes. Als ich nach einer Stunde Abschied nahm und in der Türe einen letzten Blick zurückwarf, war die alte Frau in sich zusammengesunken ... Ich wußte, ich werde sie nicht wiedersehen.[167]

Durch den Tod der Mutter wurde Wolf zunehmend einsam. Er litt unter Angstgefühlen, die vermutlich auch von seiner Herzkrankheit herrührten. Im Goethehaus richtete er sich in derjenigen Mansarde ein, in der früher sein Vater gewohnt hatte. Daß er das ganze Zimmer mit Erinnerungen an August ausstattete, war Beweis dafür, wie sehr er als Zehnjähriger unter dem Tod des Vaters gelitten hatte.

Seinen Freund Otto, der ihn mit Frau und Kindern im Sommer 1874 in Weimar besuchte, führte Wolf – eine große Ausnahme – durch Goethes Räume. Er zeigte dem Freund den Schreibtisch, *den sein Großvater einst dem Knaben dort hatte vors Fenster setzen lassen, damit er bei ihm arbeite.* Jetzt erfuhr der Besucher auch den Grund, warum die Brüder finanziell äußerst eingeschränkt lebten. Ottilie hatte nie mit Geld umgehen können. Durch kostspielige Salons und einen großzügigen Lebensstil, durch unentwegtes Reisen, teure Hotelsuiten in Rom und Venedig, Genua und Mailand, Pisa und Neapel, die Privatquartiere in Dresden, Eisenach und Jena, dabei die Wohnung in Wien, die sie auch während der Abwesenheiten beibehielt, hatte sie nicht nur das vorhandene Vermögen dezimiert, sondern auch das Kapital der Söhne verbraucht. Die Einnahmen aus Goethes Werken waren damals weder groß noch bedeutend genug, um diese Ausgaben decken zu können. Es fehlte den Enkeln nicht nur das Fundament zu einem sorgloseren Leben, sondern zu ihrem Kummer auch zur Erhaltung des Besitzes. Nach ihrem Tod zeigte sich, daß sämtliche Balken unter Goethes Wohnräumen verrottet waren.

Obwohl es nun nach dem Tod der Mutter selbstverständlich gewesen wäre, die Kunstschätze Goethes zu Geld zu machen, schienen weder Walther noch Wolf daran zu denken. Sie schritten wie früher durch das Haus, zeigten ausgewählten Besuchern das, was sie zu zeigen genötigt wurden, zogen auch Schubladen auf oder öffneten Schränke, um sich des Inhalts zu vergewissern, und schienen mit ihrer Entscheidung zufrieden. Wolf, der Jurist und Philologe, entschied über neue Veröffentlichungen wie die Herausgabe der »Italienischen Reise« 1861 und Goethes naturwissenschaftliche Korrespondenz 1874. Walther, der sich beim Großherzog scherzhaft *Wächter, Hüter und Stationsbeamter des Goethehauses* nannte, führte den umfangreichen, die gesamte Verwaltung betreffenden Briefwechsel mit dem Juristen Karl Böttger[168].

Beide Brüder blieben, was sie immer gewesen waren: die pflichtbewußten und stolzen Bewahrer des großväterlichen Erbes.

Wolfs Zustand verschlimmerte sich. Das alte Leiden der furchtbaren Gesichtsneuralgien kehrte zurück, er konnte weder lesen noch schreiben. Als Ottilies Schwester Ulrike von Pogwisch, die beide Brüder oft in ihrem Schleswiger Anwesen besucht hatten, im September 1875 starb, schien für ihn der Verlust vollkommen. *Ich kenne das Leben seitdem nicht mehr.* Neuerdings wurde er gepeinigt von einer beängstigenden Atemnot, die ihm das Leben zur Qual machte.

Pflegebedürftig geworden, zog Wolf im Herbst 1879 nach Leipzig um. Er brauchte einen Betreuer, und es erschien unmöglich, gemeinsam mit Walther, der noch die alte Wilhelmine Bachstein bei sich hatte, in den Mansarden des Goethehauses zu leben. Also nahm der kranke Wolf eine bescheidene

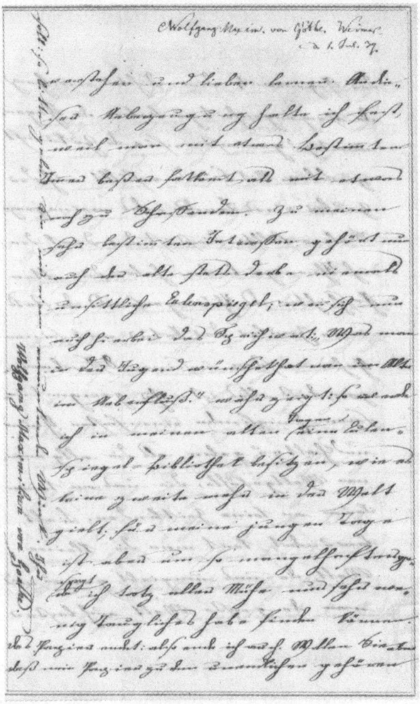

Handschrift von Wolfgang von Goethe

Wohnung als Untermieter des Kutschers und Geschirrführers Seiffried, einer bürgerlichen Leipziger Familie. Durch Bertha von Schmeling hatte er immerhin einen guten Betreuer und Sekretär gefunden. Es war der mehr als dreißig Jahre jüngere Gutsbesitzerssohn Ernst Thalmann. Großherzog Carl Alexander nannte ihn in seinem Tagebuch Wolfs *ami de feu*[169] – Thalmann war also nicht nur Wolfs Pfleger, sondern auch sein Freund.

Bis zuletzt schrieb Wolf, solange es seine Kräfte erlaubten, an seinem großen Thema, dem umfassenden Verzeichnis der italienischen Bibliotheken des Mittelalters, wobei es ihn bekümmerte, in Leipzig nicht die Bücher zu finden, die man ihm in der Jenaer Bibliothek zur Verfügung stellen konnte. Große

Freude bereitete ihm zuletzt der Vorschlag von Jenny von Gustedt, seine »Erlinde« auf die Bühne zu bringen; sie habe den richtigen Theaterdirektor gefunden. Wolf antwortete ihr, da sein rechter Arm durch neuralgische Schmerzen gelähmt sei, nur kurz: *Rühre die Wunde nicht an, denn nur dünn ist die Haut, die darüber wuchs: daß meine Erlinde einen lebenskräftigen Keim hatte, glaube auch ich, aber es war niemand da, der sie pflegte.* Ihrem Drängen entgegnete er am 1. Januartag des Jahres 1881 noch einmal: *Es wäre unnatürlich gewesen, wenn ich nicht an die Erlinde Hoffnungen geknüpft hätte ... Es hat nicht sein sollen! Ob die Zeit der Erlinde gekommen ist, weiß ich nicht. Ob gar meine Zeit gekommen?!*[170]

Nach Weimar ist Wolf nicht mehr zurückgekehrt. Am 3. März 1881 schrieb er seinem theologischen Freund Mejer: *Was Gott tut, ist ja i m m e r weise, aber oft sehr schmerzlich und dunkel.* Am 20. Januar 1883 kam Wolfgang Maximilian von Goethe, dreiundsechzig Jahre alt, nach einem schweren Anfall von »Brustkrämpfen«, wie er sie als Gymnasiast von sechzehn Jahren zum ersten Mal erlebte, nicht mehr zu sich.

Noch am gleichen Tag war in der Weimarer Zeitung die Anzeige zu lesen:

Heute entschlief in Leipzig mein theurer Bruder,
der Königlich Preussische Legationsrath und
Grossherzoglich Sächsische Kammerherr,
Dr. jur. Wolfgang Maximilian Freiherr von Goethe
Comthur des Falken-Ordens.
Gottes unerforschlichem Willen sich beugend, zeige dieses
tieferschüttert an.

Weimar, 20. Januar 1883 *Walther Freiherr von Goethe.*

Zwischen Wolfs Papieren fand ich einen Zettel mit der Aufschrift: *Dem unvergeßlichen geliebten Freunde! Röschen.* Wahrscheinlich hat dieses Blatt einen Blumenkranz begleitet.

Drei Tage später wurde Wolf auf dem Alten Friedhof von Weimar bestattet. Jenny von Gustedt notierte in ihr Tagebuch: *Heute haben sie meinen lieben Wolf neben seiner Mutter begraben, er ging jammervoll zugrunde an der Kraft, die von innen zehrte, weil sie sich nach außen nicht entfalten durfte.* Walther sagte in seiner erschütternden Rede am Grab des Bruders, nun seien genau zehn Jahre vergangen seit dem Tod *der heißgeliebten Mutter, die so unbedingt den Mittelpunkt und Hauptinhalt gebildet, daß mit ihrem Hinscheiden das letzte Band sich löste, das unsere Zeit mit einer großen, glanzvollen Vergangenheit verknüpfte.*

Aus Wolfs Leipziger Nachlaß gelangten Handzeichnungen Goethes, zwei Landschaften der Herzogin Anna Amalia, neun Zeichnungen von Allwina Frommann und Ansichten der Wohnungen, die Wolf in Rom bewohnte, ins Goethehaus.[171]

Vergangenheit und Erinnerung – von nichts anderem als von seiner glücklichen Kindheit handelt das erste Gedicht, das Wolf seiner einzigen Gedichtsammlung vorangestellt hatte.

Aus der Ferne

Wie schön! wenn aus vergang'nen Zeiten
Ein Jugendhauch den Geist bewegt,
Und leis' an längstverklung'ne Saiten
Des vielbewegten Herzens schlägt!

Ist es ein Traum aus frühen Tagen?
Ist es der Kindheit Sonnenblick?
Ich fühl' es tief und kann's nicht sagen,
Ich fühle erster Tage Glück.

Was mir dazwischen hingeflossen,
Vergessen ist es wie das Heut;
Was mich umgibt, wird übergossen
Vom Zauber der Vergangenheit.

Ich ernenne meinen Bruder Walther von Goethe zu meinem Universal-Erben. So lautete der erste Paragraph von Wolfs Testament. Alle Wertsachen und Erinnerungsgegenstände erhielt Walther, während Wolfs Privatbibliothek, insgesamt 629 wissenschaftliche Werke aus Literatur und Kunst, Geographie und Geschichte, an die Universität Jena ging. Dort befinden sich auch heute seine 46 Mappen mit Vorarbeiten zu Publikationen, Studien zur italienischen Sprache, zur Manessischen Liederhandschrift, Forschungen zur italienischen Renaissance, Mappen mit *Sentenzen, Worterklärungen, Reflexionen*, Auszüge aus der »Geschichte Thüringens«, die er zur »Erlinde« und zum »Getreuen Eckart« benutzte, und *auch ein Bündel loser Noten von Walther von Goethe.*

Ernst Thalmann, inzwischen verheiratet und im eigenen Haushalt lebend, erhielt aus Wolfs Vermögen 22 000 Mark. Er wurde nach Wolfs Tod auch der Vertraute von Walther, dessen langjährige Betreuerin Wilhelmine Bachstein im hohen Alter starb.

Es hat sich ein Billett gefunden, geschrieben von Walther: *Lieber Thalmann! Kommen Sie bald zu mir! Es geht mir nicht gut. Der Bruder Wolfgangs.*

Walther war stets ein Verehrer liebenswürdiger älterer Damen, die seinen Weg begleiteten und überwachten, aber keine Forderungen an ihn stellten. An der Spitze der Skala rangierte bis zu ihrem Tod die geliebte Großmutter Henriette von Pogwisch, seine erste Klavierlehrerin. An zweiter Stelle stand die unverheiratete Schwester der Mutter, Ulrike von Pogwisch. Sie war einmal sehr hübsch gewesen und besaß, anders als Ottilie, ein *reizendes, feingeschnittenes Gesicht.*[172] Hilfsbereit und selbstlos, hatte »Tante Ulrike« die beiden Neffen von früh an betreut und auf Reisen begleitet. Ihr Tod bedeutete nach dem der Mutter eine Lücke, die, wie Walther dem Großherzog schrieb, *den Verlust erst vollkommen machte.*

Immer zog Walther ältere Freundinnen, die so ungefährlich waren wie alte Tanten und vertrauenswürdige Kusinen, jungen Frauen vor. Das kam seiner Veranlagung offenbar entgegen. Er liebte Adele Schopenhauer, war gerne Gast bei Marianne von Willemer und Sibylle Mertens, den Freundinnen seiner Mutter. Offenbar waren die alten Damen sogar in seine »Blaubart«-Eigenschaften eingeweiht. Zu Walthers Dauerfreundinnen, deren Bekanntschaft noch aus Goethes Zeiten herrührte, zählte Emma Froriep sowie die verehrte Allwina Frommann, die Tochter von Goethes Verleger, von der sechzig Briefe erhalten sind, in denen sie ihren Schützling nur ein einziges Mal kritisiert: *Ist es denn wahr, daß niemand mehr die Zimmer und Sammlungen des Großvaters sehen kann?* Allwina lebte zuletzt als unzertrennliche Freundin in Ottilies und Walthers Nähe.

Verbunden blieb er in alter Treue der schon von Goethe geförderten Malerin Luise Seidler, die ihn als Kind mehrmals porträtiert hatte. Als ihr Ende nahte, spielte Walther ihr seine Me-

Walther von Goethe.
Gouache von Luise Kugler, 1846

lodien vor. Im Salon der Mutter traf er weiterhin die alte Marie von Herder, vor der sich schon Alma gegrault hatte, sowie die zehn Jahre ältere Jenny von Gerstenbergk, die über sein Leben berichtete. Amalie von Seebach, mit Wolf befreundet, stand auch Walther zur Seite, ebenso Tante Bertha von Schmeling, die er immer wieder in Nassenheide aufsuchte. Die einzige Bekannte, die nicht auf irgendeine Weise mit Goethe in Verbindung stand, war die Übersetzerin und Blumenmalerin Eufemia von Kudriaffsky, deren Bekanntschaft Walther in Wien machte. Sie war ihm bis Weimar gefolgt und hatte ihm ihr Stammbuch mit den Eintragungen von Brahms und Grillparzer vermacht.

Als Varnhagen Ende Juli 1858 Ottilie besuchte, fand er bei ihr bezeichnenderweise außer Walther nur ältliche Damen vor: *das alte Fräulein Froriep, Frau Doktorin Gumprecht, Frl. v. Herder, Fräulein Louise Seidler. Auch Walther von Goethe fand sich ein und war nach seiner Art sehr zuvorkommend.* Walther wie immer, umgeben von alten Damen aus Goethes Lebenskreis, die ihn respektvoll verwöhnten.

Diejenigen jungen Mädchen dagegen, die sich in Walther verliebten, wurden nicht erhört. Wir wissen, daß seine Jugendgespielin Charlotte Voelkel ihn anschwärmte, während er sie, wie er seiner Mutter schrieb, nur als lästig empfand. Es existieren auch noch die Briefe der jugendlichen Cäcilie von Gersdorff an den neunzehnjährigen Musikstudenten, die er jedoch so oberflächlich-desinteressiert erwidert haben muß, daß die Freundschaft einschlief und Cäcilie statt seiner den Grafen Beust heiratete.

Auf einen Brief, den ihm die einst geliebte Jenny von Pappenheim Weihnachten 1857 nach Weimar schrieb, reagierte Walther zunächst ohne Interesse. *Mein lieber lieber Walther, Ich weiß nicht was Dein Herz empfinden wird bei dem Gedanken eines Wiedersehns, ich weiß nicht ob nach allen Wirren, Stürmen, Erfahrungen des Lebens, der Zeit und des Todes dein Gefühl wie das Meinige .... das ächte und wahre Freundschaftsgefühl als ein hohes, unverlierbares Eigentum sich gerettet hat ...* Sie traf in Berlin Wolf wieder, Walther jedoch nicht. *Gott spare mir eine Täuschung – ich möchte noch einmal ein bisschen Lehrerin spielen, wenn Dein Herz mir wieder entgegen kömmt. Deine alte Freundin Jenny.*[173] Erst nachdem Jenny von Gustedt als Witwe nach Weimar zurückgekehrt und im Haus ihres Schwagers Beust eingezogen war, nahm Walther den Faden wieder auf und begrüßte sie *wie das Allerbeste* in seiner Stadt. Wirkliche Wärme aber hat er ihr auch dann nicht entgegengebracht.

Ohne seine beherrschende Mutter zu leben, hatte Walther sich niemals vorstellen können. Er lebte in Erinnerungen. In keinem Jahr versäumte er, an Goethes Geburtstag zu denken; regelmäßig steht in seinen Tagbüchern: *Apapas Geburtstag.* Wie schon seinem Vater scheint auch ihm ein Freudenschimmer diesen Tag verklärt zu haben, als genügten schon die zwei Worte, das Ereignis in die Gegenwart zurückzurufen: *Apapas Geburtstag.* Die Zeit mit dem Großvater war einzigartig gewesen. *Glauben Sie mir: das Reich der Eumeniden geht zu Ende*, hatte er mit dreiundzwanzig Jahren gesagt. Nun war er, was er nie sein wollte: der letzte Besitzer von Goethes Vermächtnis.

Walther von Goethe war eine Persönlichkeit, welche aus dem Alltäglichen und Gewöhnlichen vollkommen heraustrat, schrieb Großherzog Carl Alexander an Jenny von Gerstenbergk. *Geboren zu der Zeit, wo der Ruhm seines unsterblichen Großvaters seinen Höhepunkt erreicht hatte und der Gegenstand von nie gesehener Bewunderung und Verehrung vom In- und Auslande, von der ganzen Welt war, genoß Walther Goethe von der Wiege an die schmeichelnden Töne der Bewunderung für den Großvater ...* Die Welt habe Forderungen an ihn gestellt, ihm aber keine Vorrechte eingeräumt. *Diese Umstände erschwerten Walther sowohl wie seinem Bruder den Lebensweg und erzeugten bei Beiden oft eine Erbitterung gegen diese Welt ... Dabei kannte der edle Charakter Walthers absolut keine Selbstliebe ...* So habe er auch verlockende finanzielle Angebote trotz der *keineswegs glänzenden Vermögensverhältnisse* ausgeschlagen. *Das Wort Rücksicht war gleichsam die Devise seines Lebens ...* Immer habe er die Bedeutung des Großvaters über alles gestellt. *Auch selbst der treusten Freundschaft* sei es nicht gelungen, ihn zu seiner musikalischen Begabung zu ermutigen. Walther sei zurückhaltend und scheu gewesen, *aber er bot dem, der ihn nahe kannte, den Genuß treuster Freundschaft, und das in jeder Beziehung und zu allen Zeiten. So war Walther Goethe.*[174]

Die »Weimarer Zeitung« würdigte 1885 Walthers und Wolfs Verdienste: *Die Pietät gebot den Erben des großen Dichters, weder das Haus noch die Sammlungen zu verkaufen. Die »Deutsche Nation« tat nichts für sie, und so waren sie angewiesen auf das allerbescheidenste Leben. Nach dem Tode ihrer Mutter und ihrer Schwester verbrachten beide Brüder ihr Dasein in staunenswerter Zurückgezogenheit. Beide blieben unvermählt.* Wie hatte die Freundin Jenny von Pappenheim die Brüder bezeichnet? Sie seien, erklärte sie, *zwei in Nachtvögel verzauberte Prinzen, die einen vergrabenen Schatz bewachen.*[175]

Adelheid von Schorn hat Walther kurz vor seinem Tod im Goethehaus aufgesucht. *Ich wollte den Letzten, der den Namen Goethe trug, noch einmal sehen. Das Zimmer, in dem ich oft bei seiner Mutter gesessen, war jetzt so mit Büchern angefüllt, die auf dem Sofa, auf Tischen und Stühlen lagen, daß faktisch nur ein Stuhl für einen Besuch freigehalten war. Walter saß – matt und zusammengesunken – auf einem Rohrstuhl am Ofen, vor sich einen kleinen Tisch, auf dem ein Glas Wasser stand. Er war gut und liebenswürdig wie immer, sein feines, weiches, schüchternes Wesen hatte etwas Rührendes ...*[176]

Der Großherzog besuchte seinen Freund laut Tagebuch fast täglich, und immer mit Gewinn. *19. Juni 1883. Einstündiger Besuch bei Goethe, wie immer für mich sehr wohltuend durch den herzenswarmen Geist meines ausgezeichneten Freundes, den Gott segnen und behüten wolle! ...*[177] Allerdings ging es Carl Alexander bei diesen Gesprächen auch um die Kunstsammlungen Goethes, die er nicht in alle Winde zerstreut, sondern für Weimar gerettet sehen wollte. Walther hörte sich die Vorschläge geduldig an, machte aber keine Zusagen oder Versprechungen. Doch dann setzte er, ohne dem Großherzog eine Andeutung zu machen, am 24. September 1883 sein Testament auf.

Noch einmal 1884, im Jahr vor seinem Tod, schuf Walther eine neue Komposition. Vielleicht hat er bei dieser Gelegenheit auch seine früheren musikalisch-literarischen Arbeiten und Opernrezensionen geordnet und in Mappen zusammengestellt, die er mit der romantischen Aufschrift versah: *MEIN KÜNSTLER-LEBEN-TREIBEN- UND TRÄUMEN. AUS LO-*

SEN BLÄTTERN ZUSAMMENGEFASST VON WALTHER VON GOETHE. Es ist der romantisch-verklärende Titel für das, was zu werden ihm das Schicksal versagt hatte. Als er neun Jahre alt war, hatte ein Besucher des Großvaters Walther gesehen und notiert: *Goethes Antlitz belebte sich und erstrahlte in ausdrucksvollem Lächeln, als sein kleiner Enkel hereinkam, welcher mittlerweile herangewachsen ist und ein tüchtiger Musiker zu werden verspricht. Er richtete seinen Blick auf ihn wie auf seine Zukunft und war erfreut, ihn seinen Gästen vorstellen zu können.*[178]

Walthers Mappen[179] vermitteln den Eindruck, als wolle der verhinderte Künstler noch nachträglich seinem Leben den Stempel seines musikalischen Wollens aufdrücken. Das erste Blatt mit der Aufschrift *Biographisches* führt aus: *Zu meinen Musicalischen Leiden und Freuden gehörig; enthält Briefe von Loewe und seiner Familie; sowie von anderen Musikalischen und Künstlerischen Dingen Bericht und Kunde ...* Da finden sich die Visitenkarten von Robert Schumann und Giacomo Meyerbeer, Bänder und getrocknete Blumen, Glückwunschkarten aus der Jugend, da liegt die Korrespondenz, die sich um mögliche Aufführungen seiner Opern drehte, mit denen er letztlich niemals Erfolg hatte. Er hatte auch die Programme aufbewahrt von jenen Konzerten, bei denen seine Lieder gesungen wurden – in Wien, als vor geladenem Publikum »Der Ritt zum Liebchen« erklang, »Die Träne«, »Liebes-Frage« und »Das Lied von der Lanze«.

Aber auch die handgeschriebenen Programmzettel aus der Kinderzeit, als der elfjährige Walther mit der reizenden Charlotte Voelckel, mit Cäcilie von Gersdorff, Felix Vulpius und den Schwestern Marie, Ida und Luise Melos selbstverfertigte Singspiele aufführte, ruhen in der »Künstler-Mappe«. Seine Patin Caroline von Egloffstein hatte damals ihrer Mutter von den Aufführungen im Haus am Frauenplan berichtet: *Vor einigen Tagen haben die Goethekinder ganz allerliebst »Jery und Bätely« gespielt. Walther war charmant als Windbeutel in der Rolle von Tho-*

mas, Wolf ein sentimentaler eitler Bursche als Jery. Alle sangen zum Entzücken.

Der Großherzog erkundigte sich täglich nach dem Befinden des gealterten Freundes. Im Tagebuch Carl Alexanders heißt es: *Leipzig, 2. 1. 1885 Besuch bei Walther Goethe, der seit Dezember in Leipzig weilt und im Augenblick durch einen Hexenschuß dort festgehalten wird. Er hinterließ mir einen schmerzlichen Eindruck. 15. 4. 1885. Während des Mittagessens empfing ich aus Leipzig eine Depesche des jungen Vulpius, des Arztes, die mich davon unterrichtete, daß die Schwäche Walther Goethes zunimmt ... Abends um elf Uhr eine neue Depesche von Vulpius empfangen, die mir anzeigte, daß mein lieber und ausgezeichneter Freund Walther gestorben ist.*

Walther von Goethe starb am 15. April 1885, gerade siebenundsechzig Jahre alt geworden, in einem Leipziger Hotelzimmer, wo er sich seit Weihnachten alleine aufhielt. Anfang April 1885 erfuhr man, daß er dort bedenklich erkrankt sei. Der Mediziner Walther Vulpius, fünfundzwanzigjähriger Sohn des Vetters Felix, fand ihn durch einen Blutsturz schon so geschwächt, daß ihm nicht mehr zu helfen war. Er und Thalmann wachten am Sterbebett. Am Tag darauf wurde Walther nach Weimar überführt. Im Goethehaus am Frauenplan stand der Tisch zu seinem 67. Geburtstag noch gedeckt und war mit Blumen geschmückt.

Tagebuch von Carl Alexander: *18. 4. Um 3¾ Uhr mit meiner Familie nach dem Friedhof aufgebrochen. Es hatten sich dort viele Menschen aus allen Schichten versammelt. Schöner Gesang und würdige Ansprache von Heß.* Die Ansprache wurde in der Weimarer Zeitung veröffentlicht.

So ist denn der letzte des Goetheschen Geschlechts der kühlen Erde zum ewigen Schlaf wiedergegeben! schrieb die Hofsängerin

Die Gräber der Enkel Walther, Wolfgang und Alma
und ihrer Mutter Ottilie von Goethe

Marie Schmidt. *Heute Nachmittag vier Uhr fand unter feierlichem Gedränge die Beerdigung statt. Eine hochansehnliche Versammlung aus allen Schichten der Bevölkerung erwartete ehrfurchtsvoll den Großherzog und seine Gemahlin. Es sprach Oberkirchenrat Dr. Hesse: »Was sichtbar ist, das ist zeitlich, was aber unsichtbar ist, das ist ewig.«* Auf Walthers Grabtafel steht:

Mit ihm erlosch Goethes Geschlecht,
dessen Name alle Zeiten überdauert.

Alma von Goethe, die vierzig Jahre lang auf dem Währinger Friedhof von Wien, gegenüber von Schubert und Beethoven, bestattet lag, wurde drei Monate nach Walthers Tod auf den Weimarer Friedhof überführt. *Einen Augenblick gibt es, in dem Gott nicht allwissend ist – wenn er einer Mutter ihr Kind nimmt,* hatte Ottilie in ihr Tagebuch geschrieben. Noch von Rom aus gab sie ein Grabmonument für die Tochter in Auftrag, und zwar bei einem Schüler des berühmten Bildhauers Thorwaldsen, Jens Adolf Jerichau, der ein liebliches Bildnis schuf, wozu er Almas Totenmaske benutzte. Er stellte Alma als ein im Schlaf liegendes junges Mädchen dar, mit einem Kranz von Rosen im Haar. Das schöne Marmorbild wurde erst 1910 in die Familiengrabstätte in Weimar eingefügt, in der Ottilie von Goethe nun mit ihren drei Kindern Walther, Wolfgang und Alma gemeinsam ruht.

Mit einer Spannung, die sich kaum beschreiben ließ, wurde die Eröffnung von Walthers Testaments erwartet. Zu wessen Gunsten hatte sich der letzte Goethe entschieden? Hatte er an seine Heimatstadt, an die Nation gedacht? Das Testament, von Walther noch einen Monat vor seinem Tod, dem 10. März 1885, mit zwei Zusätzen versehen, lautete:

§ I.

Ich ernenne das Großherzogtum Sachsen (den Staat) zum Erben des aus dem Nachlaß meines seligen Großvater, des Geheimrats Johann Wolfgang von Goethe herrührenden, in der Stadt Weimar belegenen Immobiliarbesitzes. Der genannte Erbe erhält daher

das Wohnhaus (eigentliche Goethehaus) nebst Garten, Nr. 1219 des Fundbuchs am Goetheplatz;
das Wohnhaus Nr. 1220 daselbst;
das Wohnhaus Nr. 1221 daselbst;
das Wohnhaus Nr. 1217 in der Seifengasse.

§ II.

Der genannte Erbe erhält weiter die ebenfalls aus dem Nachlasse meines Großvaters herrührenden, im Goethehaus verwahrten Sammlungen von Bildern, Medaillen, Mineralien, Kunstwerken aller Art usw., ebenso alles, was in dem von meinem Großvater benutzten Vorzimmer, Studierstube und Schlafzimmer sich befindet.

§ III.

Den in vorstehenden beiden Paragraphen erwähnten Besitz stelle ich unter die direkte Oberaufsicht Sr. Königlichen Hoheit des Großherzogs, indem ich alle bezüglichen speziellen Bestimmungen und Anordnungen in Höchstdesselben fürsorgende Hand lege.

In Paragraph 4 schlug Walther vor, den Gesamtbesitz in eine Stiftung umzuwandeln, und verfügte, daß von seinem Kapital zehntausend Taler zur Instandhaltung der Gebäude verwendet werden sollten. Das Gartenhaus an der Ilm vermachte er samt Park dem Großherzoglichen Krongut als Spielplatz für die Kinder der fürstlichen Häuser Sachsen-Weimar und Reuß. Zur Erbin des Goetheschen Familienarchivs einschließlich seines *wissenschaftlichen, poetischen, literarischen, administrativen und familiären Inhalts* sowie aller Schriftstücke und Akten setzte er die Großherzogin Sophie ein. Selbstlos, wie er war, wollte Walther auch im Testament nicht von *seinem* Vermächtnis sprechen, sondern nannte es das *Goethesche Vermächtnis*, als ob das große Vermögen weiterhin dem Großvater gehöre und ihm nur auf Zeit anvertraut worden sei.

Alle Liegenschaften, Häuser und Gärten fielen mithin dem Staat Sachsen-Weimar zu; der literarische Nachlaß hingegen ging an die Großherzogin Sophie, die das gesamte Archiv sofort in das Schloß holen ließ. Durch Walthers kluges Testament wurde die Grundlage geschaffen für das Goethe-Nationalmuseum und die Goethe-Gesellschaft, beide bereits noch in Walthers Todesjahr 1885 gegründet. Die Anregung zur Schaffung des Goethe- und Schiller-Archivs ging ebenfalls von der Großherzogin Sophie aus. Die von ihr initiierte, historisch-kritische

Gesamtausgabe der Werke, Briefe und Tagebücher Goethes, die sogenannte Sophienausgabe, kann als eine mäzenatische Jahrhundertleistung bezeichnet werden.

Es sei, als wäre durch die Öffnung des lange verschlossenen Hauses die Seele Goethes wieder in der Stadt eingezogen, schrieb der Großherzog im Juni 1897 an Jenny von Gerstenbergk: *Walther v. Goethe wie sein Bruder wußten ihrem Leben den glanzvollsten Schluß zu geben, den man sich nur erdenken konnte ... Diese Tat der beiden Brüder aber verbindet ihre Namen mit dem ihres Großvaters und mit der Dankbarkeit von allen Denen, die in Wahrheit die Bildung erkennen und erstreben.* Walthers Testament habe in dem Augenblick, in dem es bekannt wurde, in Weimar neues Leben erweckt.

Während die Großherzogin mit ihrem Expertenstab erste Vorkehrungen zur Sicherung des umfangreichen Archivs traf, stieg Carl Alexander Tag für Tag die Treppe im Haus am Frauenplan empor, erblickte die mit Lorbeer bekränzten, fackeltragenden Jünglinge, trat über das vertraute SALVE und schloß die Tür zu Goethes Räumen auf. Mit Ehrfurcht betrat er das kleine Zimmer, in dem Goethe gestorben war, betrachtete den Sessel neben dem Bett, in dem der Dichter noch an seinem letzten Morgen Walther zu sich rief und seine Anweisungen erteilte, ging in des Dichters Arbeitszimmer. Hier sah er den Kinderschreibtisch wieder, den Goethe einst für seinen Enkel Wolfgang anfertigen ließ. *Wolf hält sich besonders zu mir und hat eine Schublade in meinem Schreibtisch sich zu Kleinigkeiten und anderen Spielsachen angemaßt,* hatte Goethe über den Vierjährigen verlauten lassen, bevor ein eigener Schreibtisch für die Enkel aufgestellt wurde.

Offenbar war nichts in diesem Zimmer verändert worden. Keiner hatte seit Goethes Tod an die Dinge gerührt. Der alte Glo-

Goethes Arbeitszimmer mit dem für die Enkel angefertigten Kinderschreibtisch

bus stand verstaubt an seinem Platz. Der Arbeitstisch befand sich, wie immer umgeben von den vier alten Birnbaumstühlen, mitten im Zimmer. Tintenfaß und Streusandbüchse lagen ordentlich im marmorierten Pappkasten, die Tinte war eingetrocknet, die Gänsefeder steckte fest. Früher habe das hölzerne Tintenfaß, hatte Wolf gesagt, seinem Vater August gehört. Das Stehpult stand, wo es immer gestanden hatte, darauf der opalisierende Flakon in Napoleongestalt, den Eckermann von einer Reise mitgebracht hatte, und auch die Glaskugel, mit der Goethe zur Freude der Kinder alle Regenbogenfarben erglänzen ließ, war noch da. Die Schnur mit den aufgefädelten Visitenkarten der Besucher, die um Audienz baten, hing an der Wand, daneben ein längst nicht mehr gültiger Postkutschen-Fahrplan.

Carl Alexander hatte immer geglaubt, das Haus gut zu kennen. Wie erstaunte er aber, als er hinter dem Arbeitszimmer noch einen weiteren Raum erblickte, *eine anmutige Bibliothek*, von deren Existenz er nichts gewußt hatte.[180] In seiner Jugend war er als Spielgefährte der Enkel oft ins Haus gekommen, und jedesmal war es ein Ereignis gewesen. Der Dichter hatte ihnen die seltenen Steine gezeigt, die aus Böhmen eingetroffen waren, und sie durch seine neuen *optischen Apparate* in Erstaunen versetzt. Als sie größer waren, durften sie einen Blick auf die Handschrift des »Götz von Berlichingen« werfen, und einmal zeigte ihnen Goethe ein Buch, das er anscheinend eben erst erhalten hatte: Es war der »Sardanapal« des Lord Byron. Dieses Buch, für Kinder eigentlich nicht bestimmt, hatte er gleich wieder in der Schreibtischschublade verschwinden lassen.

Carl Alexander ging zum großen Schreibtisch, auf dessen Bord in Reih und Glied Goethes kostbare, in Leder gebundene Handexemplare standen, und zog eine der Schubladen auf, an die er sich zu erinnern meinte. Das Buch des Lord Byron, so berichtete er später, *lag noch an der gleichen Stelle.*[181]

Beim Verlassen der Räume sah er drei Bilder, die er nicht kannte, die man ihm nie gezeigt hatte. Es waren farbige Porträts, Kinderbildnisse von Goethes Enkeln. *Meine drei Enkel, zwei Knaben und ein Mädchen, sind wirklich wie heiteres Wetter, wo sie hintreten, ist es hell*, hatte Goethe gesagt. Die kleine Alma sah lieblich aus mit ihren langen Locken, die ihr über die Schultern fielen. Daneben hingen die Bildnisse der Brüder Walther und Wolf in ihren blauen Anzügen mit dem großen, weißen Kragen, zwölf und zehn Jahre alt. Damals konnten sie nicht wissen, daß sie, wie Jenny es ausdrückte, als *zwei verzauberte Prinzen* einst einen großen Schatz zu bewachen hätten.

Der Wolf gefällt mir über die Maßen wohl, bemerkte Goethe zu Eckermann, *er ist ein tiefer fester Charakter, von dem sich einmal viel erwarten lässt. Walther dagegen ist viel leichter, er hat mehr das Naturell seiner Mutter – Wolf mehr das seines Großvaters.*

An seinem letzten Geburtstag, an dem er gemeinsam mit den Enkeln in den Thüringer Wald fuhr, hatte Goethe sie als *seine lieben Wesen und Neulinge* bezeichnet, und so waren sie auch auf den Bildnissen zu sehen, zwei Brüder, die ernst und zuversichtlich aus großen Augen erwartungsvoll in die Welt blickten.

1 Goethe. Die letzten Jahre, Bd. 38, S. 122/123
2 Egloffstein, S. 127/128
3 Goethe aus der Nähe, S. 174
4 Goethe aus der Nähe, S. 306
5 Weisbecker, S. 177
6 Bode, Sohn, S. 137
7 Bode, Sohn, S. 122
8 Stern, Johanna Schopenhauer, S. 189
9 Bode, Sohn, S. 208
10 Goethe. Die letzten Jahre, Bd. 37, S. 25
11 Goethe. Die letzten Jahre, Bd. 38, S. 143
12 Goethe. Die letzten Jahre, Bd. 37, S. 14
13 Goethe aus der Nähe, S. 297
14 Deetjen, S. 7
15 Heute im Goethe-Museum Düsseldorf: Aus dem Nachlaß von Ottilie von Goethe.
16 Janetzki, S. 61
17 Lily Braun, S. 129/130
18 Karoline von Humboldt in ihren Briefen an Alexander von Rennenkampff, Berlin 1904, S. 166
19 Janetzki, S. 61
20 Goethe. Die letzten Jahre, Bd. 38, S. 142
21 Eckermann, S. 246
22 Janetzki, S. 70
23 Soret, S. 125/126
24 Goethe. Die letzten Jahre, Bd. 37, S. 186
25 Egloffstein, S. 301
26 Bode, Sohn, S. 286
27 Gersdorffs Wohnhaus, in dem er von 1812-1848 lebte, steht in der heutigen Wielandstraße 2.
28 Lily Braun, S. 80
29 Jenny von Pappenheim vererbte den Ring ihrer Enkelin Lily Braun, in deren Besitz er sich bis 1963 befand.
30 Schorn, S. 24

31 Lily Braun, S. 150
32 Seidler, Erinnerungen, S. 70/71
33 Goethe. Die letzten Jahre, Bd. 38, S. 916
34 Goethe. Die letzten Jahre, Bd. 38, S. 142/143
35 Goethe-Museum Düsseldorf
36 Wilhelm Buchner, Ferdinand Freiligrath. Ein Dichterleben in Briefen, Lahr 1881, Bd. I, S. 365 f.
37 Vertraulich III, S. 298
38 I. Stolzenberg, Ein Stammbuch von Ottilie von Goethe, in: Jb. Sammlung Kippenberg, NF III, 1974, S. 85
39 Wilhelm Buchner, Ferdinand Freiligrath. Ein Dichterleben in Briefen. Lahr 1881, Bd. I, S. 365 f.
40 Janetzki, S. 73.
41 Lily Braun, S. 137
42 Bode, Sohn, S. 313
43 A. v. Goethe, Auf einer Reise nach Süden, S. 215
44 Bode, Sohn, S. 220
45 Goethe in vertraulichen Briefen, S. 329
46 Goethe. Die letzten Jahre, Bd. 38, S. 342 f.
47 Egloffstein, S. 377
48 Vulpius, S. 17
49 Janetzki, S. 75
50 Lily Braun, S. 126-131
51 Deetjen, Goethes tägliche Tafel
52 Egloffstein, S. 370
53 Goethe. Die letzten Jahre, Bd. 38, S. 810
54 Goethe. Die letzten Jahre, Bd. 38, S. 415/416
55 Janetzki, S. 101, 102
56 Heute im Düsseldorfer Goethe-Museum
57 Goethe. Die letzten Jahre, Bd. 38, S. 448-451
58 Goethe. Die letzten Jahre, Bd. 38, S. 522 ff.
59 Hesse, S. 72
60 C. Vogel, Die letzte Krankheit Goethes, Berlin 1833
61 Goethe. Die letzten Jahre, Bd. 38, S. 559
62 Goethe aus der Nähe, S. 364-366
63 Janetzki, S. 113
64 Büch, S. 274

65 Rahmeyer, S. 171
66 Rahmeyer, S. 176
67 Houben, S. XV
68 Kühn, S. 61
69 Eckart Kleßmann, Die Mendelssohns. Bilder aus einer deutschen Familie, Frankfurt am Main 1993, S. 211
70 Vulpius, S. 23
71 Unveröffentlicht, Goethe-Schiller-Archiv (GSA) Weimar
72 Vulpius, S. 28
73 Vulpius, S. 27, 28
74 Rahmayer, S. 185
75 Vulpius, S. 28/29
76 Weissweiler, S. 27
77 Weissweiler, S. 78
78 Robert Schumann, Tagebücher I, Frankfurt am Main 1994, S. 28, 47, 119 f.
79 Weissweiler, S. 86
80 R. Schumann, Tagebücher II, S. 36, 37, 47
81 Weissweiler, S. 89
82 Weissweiler, S. 91
83 Mejer, S. 15
84 Mejer, S. 11
85 Mann für Mann. Ein biographisches Lexikon, S. 291
86 Vulpius, S. 35
87 Der Komponist Johann Josef Abert (1832-1915) schrieb ebenfalls eine Oper »König Enzio«; sie wurde 1862 in Stuttgart uraufgeführt.
88 Vulpius, S. 37
89 Völker, Weihnachten bei Goethe
90 Vulpius, S. 83
91 Vulpius, S. 84
92 Tagebücher von K. A. Varnhagen, Leipzig 1861, Bd. 10, S. 237/238, Bd. 14, S. 327
93 Goethe. Die letzten Jahre, Bd. 38, S. 335
94 Vulpius, S. 49
95 Vulpius, S. 50
96 Janetzki, S. 126

97 GSA Rep. 37/XLV, 5
98 Vulpius, S. 56
99 Vulpius, S. 81/82
100 Vulpius, S. 118
101 GSA, unveröffentlicht
102 Vulpius, S. 65/66
103 Die vollständige Bibliographie der Kompositionen Walther von Goethes s. Bergmann.
104 Jelinek, S. 59
105 Georg Droescher, Walther von Goethes Oper »König Enzio«, in: Jb. der Goethe-Ges. Bd. 14, 1928, S. 200-207
106 Vulpius, S. 77
107 GSA, Rep. 37, XXXI, 1-4,8
108 J. Schultze, Der Plan eines Nationaldenkmals in Weimar. Der Deutsche Bund und die Erben Goethes, in: Jb. der GG Bd. 12, 1926
109 Deetjen, S. 18
110 Vulpius, S. 93
111 Böhlau, S. 117/118
112 Goethe-Museum Düsseldorf, Inv. KK 3551
113 Böhlau, S. 120
114 GSA Weimar
115 Rahmeyer, S. 352
116 Schmidt, S. 20, 23, 25
117 Studentenbriefe, S. 52-55
118 Die Briefe von Wolfgang von Goethe an Schelling befinden sich im GSA Weimar.
119 Schuller, S. 168
120 Büch, S. 276
121 Rahmeyer, S. 246
122 Lily Braun, S. 259
123 Wolfgang von Goethe, Gedichte, Cotta 1851, S. 89
124 F. Noack, Der Nachlaß August von Goethes in Rom. In: Jb. der Goethe-Gesellschaft Bd. 29, 1908, S. 206/7
125 Schorn, S. 34
126 Mejer, S. 53
127 Jelinek, S. 58/9

128 Houben, S. 151

129 Vulpius, S. 125, 133

130 Vulpius, S. 144

131 »Fährmann«, S. 135

132 Vulpius, S. 124

133 Büch, S. 314

134 Wolfgang von Goethe hat seinen schriftlichen Nachlaß einschließlich seiner umfangreichen Bibliothek der Universitätsbibliothek Jena vermacht.

135 Mejer, S. 80

136 Houben, S. 187

137 Mejer, S. 61

138 Berichte aus Wolfgang von Goethes diplomatischer Tätigkeit 1852-1860 GSA, Rep. 37, XL, 4

139 Houben, S. 213

140 Bode, Stunden mit Goethe, S. 147/148

141 Houben, S. 163

142 Karl Friedrich von Savigny, Bd. I, S. 23, Bd. II., S. 721, 728, 759

143 GSA, Rep. 37, XLII, 4, 1-4

144 Mejer, S. 71

145 S. Goethes Gedichte 1800-1832, Frankfurt am Main 1998, Bd. II, S. 1325

146 Vulpius, S. 147

147 Pöthe, S. 76

148 Houben, S. 188

149 Walther von Goethe, Mein Winter in Weimar. Mein Sommer in Weimar. Goethe-Museum Düsseldorf, Inv. KK 3502

150 Hinweise verdanke ich R. J. Baerlochers Beitrag im Goethe-Jahrbuch 117, Weimar 2001, S. 183.

151 Hinweise verdanke ich Herrn Willi Diedrich, Berlin.

152 Vulpius, S. 162

153 Goethe-Museum Düsseldorf, Inv. 3528

154 Houben, S. 217

155 Vulpius, S. 156

156 Vulpius, S. 157

157 Mejer, S. 78

158 Mejer, S. 87

159 Mejer, S. 113
160 Mejer, S. 19- 20
161 Die Korrespondenz von Wolfgang von Goethe mit dem Verleger Frommann über den Druck seiner Arbeit umfaßt 200 Seiten.
162 Houben, S. 222
163 Redslob, Der Garten der Erinnerung, Naumburg 1928, S. 26
164 Vulpius, S. 217/218. Die Briefe von Walther und Wolf von Goethe an Charlotte Hardtmuth befinden sich im Goethe-Museum Düsseldorf.
165 Mejer, S. 9
166 Mejer, S. 101
167 Mejer, S. 102
168 Die Korrespondenz zwischen Walther von Goethe und Böttger befindet sich im Goethe-Museum Düsseldorf.
169 Vulpius, S. 116, 217
170 Lily Braun, S. 372-376
171 Jahrbuch der Goethe Gesellschaft Bd. 9, 1922, S. 334
172 Schorn, S. 42
173 GSA Weimar
174 Schorn, S. 48/49
175 Lily Braun, S. 358
176 Schorn, S. 47
177 Vulpius, S. 223
178 M. P. Pogodin, in: Mit Goethe durch das Jahr. Ein Kalender für das Jahr 1979, S. 77
179 GSA Rep. 37, XXXI, 1-4, 8
180 Pöthe, S. 195
181 Pöthe, S. 195

- *Achim und Bettina in ihren Briefen.* Briefwechsel von Achim von Arnim und Bettina Brentano. Hg. von Werner Vordtriede. 2 Bde. Frankfurt am Main 1988
- Amft, Hubert, *Dem Geist des Ortes verpflichtet.* Lebensbilder und Werk von sechs Weimarer Schriftstellerinnen. Weimar 2005
- Andersen, Hans Christian, *Das Märchen meines Lebens.* Frankfurt am Main 1979
- Baerlocher, René Jacques, *Auch Briefe haben ihr Erlebtes.* Anmerkungen zu einem Brief Walther von Goethes vom 8. Juni 1847, in: Goethe-Jahrbuch Bd. 109. Weimar 1993, S. 131-143
- Baerlocher, René Jacques, *Nachsommer in Weimar. Walther von Goethe* (Ausstellungsbroschüre). Weimar 1997
- Baerlocher, René Jacques, *Walther von Goethe – Epilog zu einem Jubiläumsjahr,* in: Goethe-Jahrbuch Bd. 117, Weimar 2001, S. 179-200
- Bechstein, Karl, *Häuser und Gärten in Alt-Weimar.* Weimar 1938
- Bergmann, Alfred, *Die Kompositionen Walther von Goethes. Eine Bibliographie,* in: Jahrbuch der Sammlung Kippenberg Bd. 7, 1927/28, S. 175 f.
- Beutler, Ernst, *Essays um Goethe.* Leipzig 1941
- Biedrzynski, Effi (Hg.), *Goethes Weimar. Das Lexikon der Personen und Schauplätze.* Zürich 1992
- Bode, Wilhelm, *Goethes Sohn.* Berlin 1918. Neuauflage, hg. von Gabriele Radecke, Berlin 2004
- Böhlau, Therese, *Alma von Goethe,* in: *Stunden mit Goethe.* Hg. von Wilhelm Bode, Bd. 6, Berlin 1910
- Braun, Lily, *Im Schatten der Titanen. Ein Erinnerungsbuch an Baronin Jenny von Gustedt.* Stuttgart 1910
- Büch, Gabriele, *Alles Leben ist Traum. Adele Schopenhauer. Eine Biographie.* Berlin 2002
- Buchner, Wilhelm (Hg.), *Ferdinand Freiligrath. Ein Dichterleben in Briefen.* Lahr 1881
- Carus, Carl Gustav, *Lebenserinnerungen und Denkwürdigkeiten.* Nach der zweibändigen Originalausgabe von 1865/66 neu hg. von Elmar Jansen, Bd. I/II. Weimar 1966

– Deetjen, Werner, *Goethes tägliche Tafel vom 25. Dezember 1831 bis 15. März 1832*, in: Jahrbuch der Sammlung Kippenberg, Bd. 7, 1927/28
– Denecke, Toni, *Das Testament. Menschenschicksale um das Haus am Frauenplan.* Weimar 1965
– *Die Bibliothek Maximilian Wolfgangs von Goethe* (Versteigerungskataloge). 2 Bde. Kiel 1905
– Droescher, Georg, *Walther von Goethes Oper »König Enzio«*, in: Jahrbuch der Goethe-Gesellschaft Bd. 14. 1928, S. 200-207
– Eckermann, Johann Peter, *Gespräche mit Goethe in den letzten Jahren seines Lebens.* Frankfurt am Main 1999
– Egloffstein, Hermann, Freiherr von, *Alt-Weimars Abend.* Briefe und Aufzeichnungen aus dem Nachlasse der Gräfinnen Egloffstein. München 1923
– Fischer-Dieskau, Dietrich, *Robert Schumann. Das Vokalwerk.* München 1985, S. 54
– Gajek, Bernhard, *Wolfgang Maximilian von Goethe*, in: Neue Deutsche Biographie VI, Berlin 1964, S. 576 f.
– Geiger, Ludwig, *Goethe und die Seinen.* Leipzig 1908
– Gersdorff, Dagmar von, *Goethes Mutter. Eine Biographie.* Frankfurt am Main und Leipzig 2001
– Gersdorff, Dagmar von, *Marianne von Willemer und Goethe.* Frankfurt am Main und Leipzig 2003
– Gersdorff, Dagmar von, *Goethes späte Liebe. Die Geschichte der Ulrike von Levetzow.* Frankfurt am Main und Leipzig 2005
– Gerstenbergk, Jenny von, *Ottilie von Goethe und ihre Söhne Walther und Wolf in Briefen und persönlichen Erlebnissen.* Stuttgart 1901
– Goethe, August von, *Auf einer Reise nach Süden.* Erstdruck nach den Handschriften. Hg. von Andreas Beyer und Gabriele Radecke. München 1999
– Goethe. *Die letzten Jahre.* I. und II. = Bd. 37, (1823-1828), Bd. 38, (1828-1832). Hg. von Karl Eibl u. a. Frankfurt am Main 1993
– *Goethe in vertraulichen Briefen seiner Zeitgenossen.* Zusammengestellt von Wilhelm Bode. 3 Bde. Berlin u. Weimar 1982
– *Goethe aus der Nähe.* Texte von Zeitgenossen, ausgewählt und kommentiert von Eckart Kleßmann. Zürich 1995
– Goethe, Walther von, *Fährmann, hol' über!* Berlin 1848. Nachdruck 1911

– *Walther von Goethe.* Zum 100. Todestag am 15. 4. 1985. Goethe-Museum, Anton-und-Katharina-Kippenberg-Stiftung. Düsseldorf 1985
– Goethe, Wolfgang Maximilian von, *Studenten-Briefe. Erstes Semester. Briefe und Lieder eines alten Burschen und krassen Fuchses.* (Anonym.) Jena 1842
– Goethe, Wolfgang Maximilian von, *Der Mensch und die elementarische Natur.* (Anonym.) Stuttgart 1843
– Goethe, Wolfgang von, *Erlinde.* Stuttgart und Tübingen 1845 u. 1851
– Goethe, Wolfgang von, *Gedichte.* Stuttgart und Tübingen 1851
– Goethe, Wolfgang Maximilian von, *Studien und Forschungen über das Leben und die Zeit des Cardinals Bessarion 1395-1472.* Abhandlungen, Regesten und Collectaneen. I. Die Zeit des Concils von Florenz. Erstes Heft. (Als Manuscript gedruckt.) (O. O.) 1871
– *Goethe-Handbuch.* Hg. von Bernd Witte, Theo Buck, Hans-Dietrich Dahnke, Regine Otto, Peter Schmidt. 4 Bde. Stuttgart 1996-1998
– *Goethe und seine Welt.* Unter Mitwirkung von Ernst Beutler hg. von Hans Wahl und Anton Kippenberg. Leipzig 1932
– *Goethes Kunstsammlungen.* Zusammengestellt von Christian Schuchardt. Teil 1-3, Jena 1848-1849
– Golz, Jochen (Hg.), *Das Goethe-Schiller-Archiv 1896-1996.* Beiträge aus dem ältesten deutschen Literaturarchiv. Weimar, Köln u. Wien 1996
– Gräbner, Karl, *Die Großherzogliche Haupt- und Residenzstadt Weimar nach ihrer Geschichte und ihren gegenwärtigen gesamten Verhältnissen dargestellt. Ein Handbuch für Einheimische und Fremde.* Erfurt 1830, Reprint Leipzig 1987
– Hecker, Max, *Walther von Goethe,* in: Allgemeine Deutsche Biographie, Bd. 49, 1904, S. 479-490
– Houben, Hans Heinrich, *Ottilie von Goethe. Erlebnisse und Geständnisse* 1832-1837. Leipzig 1923
– Huschke, Wolfram, *Musik im klassischen und nachklassischen Weimar 1756-1861.* Weimar 1982
– Jelinek, Oskar, *Die Geistes- und Lebenstragödie der Enkel Goethes. Ein gesprochenes Buch.* Wien 1938
– Jagemann, Caroline von, *Erinnerungen.* Hg. von Eduard v. Bamberg, Dresden 1926

– Janetzki, Ulrich (Hg.), *Ottilie von Goethe. Goethes Schwiegertochter. Ein Porträt.* Frankfurt am Main 1982
– *Karl Friedrich von Savigny (1814-1875).* Bd. I und II, hg. von Willy Real. Boppard 1981
– Kempen, Wilhelm van, *Ein Weihnachtsabend bei Ottilie von Goethe.* In: Jahrbuch der Goethe-Gesellschaft 1929, Bd 15.
– Klein, Otto, *Alma von Goethe, des Dichters Enkelin.* Mit 3 Porträts. Leipzig 1910
– Kraft, Werner, *Goethe. Wiederholte Spiegelungen aus fünf Jahrzehnten.* München 1986
– Kroeger, Heinz, *Aus Alma v. Goethes Brieftasche*, In: Jahrbuch der Sammlung Kippenberg, Bd. 8, 1930
– Kühn, Dieter, *Clara Schumann, Klavier.* Frankfurt am Main 1998
– Kuhn, Karl, *Aus dem alten Weimar. Skizzen und Erinnerungen.* Wiesbaden 1904
– Littrow-Bichoff, Auguste von, *Alma von Goethe.* In: Chronik des Wiener Goethe-Vereins, Jg. 6, 1887, S. 28-34
– Loeb, Ernst, *Der Enkel Einer. Betrachtungen zu einer unbekannten Stammbuch-Eintragung Walther von Goethes* (1862). In: Jahrbuch der Goethe-Gesellschaft N. F. 26 (1964), S. 260-265
– *Mann für Mann.* Biographisches Lexikon zur Geschichte von Freundesliebe und mannmännlichem Sex im deutschen Sprachraum. Hg. von B. U. Hegemöller, Hamburg 1998
– Mit Goethe durch das Jahr. *Die Nachkommen Goethes.* Ein Kalender für das Jahr 1979. Zürich und München 1978
– Mejer, Otto, *Wolf Goethe. Ein Gedenkblatt.* Weimar 1889
– Kanzler von Müller, *Unterhaltungen mit Goethe.* Hg. von Ernst Grumach. Weimar 1959
– Pöthe, Angelika, *Carl Alexander, Mäzen in Weimars »Silberner Zeit«.* Köln/Weimar/Wien 1998
– Rahmeyer, Ruth, *Ottilie von Goethe.* Frankfurt am Main und Leipzig 2002
– Sachsen-Weimar, Carl Alexander Großherzog von, *Tagebuchblätter einer Reise nach München und Tirol im Jahre 1858.* Hg. und erl. v. Conrad Höfer. Eisenach 1933
– Schmidt, Günter, *Alma von Goethe. Ein Lebensbild.* Msch.schrift, unveröff. O. D., GSA Weimar

– Schuller, Wolfgang, *De fragmento Vegoiae: Wolfgang Maximilian von Goethe und seine Doktorarbeit*, in: Antike und Abendland 45, 1999, S. 165-176
– Clara und Robert Schumann, *Briefwechsel.* Kritische Gesamtausgabe, hg. von Eva Weissweiler. Basel/Frankfurt am Main 1984
– Schopenhauer, Adele, *Feld-, Wald- und Wiesenmärchen*, hg. von Karl Wolfgang Becker. Hanau 1987
– Schorn, Adelheid von, *Das nachklassische Weimar unter der Regierungszeit von Karl Alexander und Sophie.* Weimar 1912
– Sedlacek, Carola, *Walther von Goethe.* In: Goethe-Handbuch, Bd. 4/1, hg. von Hans-Dietrich Dahnke u. Regine Otto, Stuttgart/Weimar 1998
– Seeliger, Domietta, *Adele Schopenhauer: nicht nur die Schwester des Philosophen.* Analyse des Erzählwerks von Adele Schopenhauer und der dramatischen Dichtung »Erlinde« von Wolfgang Maximilian von Goethe und Adele Schopenhauer, Frankfurt am Main 2004
– Seidler, Luise, *Erinnerungen.* Hg. von Hermann Uhde. Berlin 1922
– Soret, Fréderic, *Zehn Jahre bei Goethe. 1822-1832.* Leipzig 1929
– Stolzenberg, Ingeborg, *Ottilie von Goethes Lebensverhältnisse in den ersten Jahren nach Goethes Tod.* In: Jahrbuch der Sammlung Kippenberg, NF II, 1970
– *Verlassenschaften. Der Nachlaß Vulpius.* Edition Weimarer Klassik, Weimar 1995
– Völker, Werner, *Weihnachten bei Goethe.* Stuttgart 1999
– Vogel von Frommanshausen, Hermann, *Allwina Frommann, eine treue Freundin des Goethehauses*, in: Jahrbuch der Goethe-Gesellschaft, NF. Bd. 3, 1938, S. 257-281
– Vulpius, Wolfgang, *Walther Wolfgang von Goethe und der Nachlaß seines Großvaters.* Weimar 1963
– *Weimar. Lexikon zur Stadtgeschichte.* Hg. von Gitta Günther, Wolfram Huschke und Walter Steiner. Weimar 1998
– Weisbecker, Walter, *Goethe zwischen Geist und Sinnenfreude.* Frankfurt 1994
– Weissweiler, Eva, *Clara Schumann.* Hamburg 1990

Personenregister

Bildnachweis: Freies Deutsches Hochstift/Frankfurter Goethe-Museum, Frankfurt a. M., Foto Ursula Edelmann: S. 114; Goethe-Museum Düsseldorf: S. 10, 60, 176, 179, 183, 223, 251; Heinrich-Heine-Institut, Düsseldorf: S. 136; Klassik Stiftung Weimar: S. 16, 19, 26, 32, 41, 51, 57, 65, 72, 91, 97, 101, 103, 123, 133, 159, 161, 167, 173, 189, 191, 201, 209, 214, 227, 231, 247, 256, 266. Weitere Nachweise über das Archiv des Insel Verlags.